大田年鉴

DATIAN YEARBOOK

2016

大 田 县人 民 政 府 主 办
大田县地方志编纂委员会 编

大田屏山“雾海茶”人家　　刘冬春 摄

方志出版社
Publishing House of Local Records

图书在版编目（CIP）数据

大田年鉴. 2016 / 大田县地方志编纂委员会编． —
北京 ：方志出版社，2016. 11
ISBN 978-7-5144-2179-8

Ⅰ. ①大… Ⅱ. ①大… Ⅲ. ①大田县—2016—年鉴
Ⅳ. ① Z525.74

中国版本图书馆 CIP 数据核字（2016）第 273629 号

大田年鉴（2016）

编　　者：大田县地方志编纂委员会
责任编辑：刘方圆
出 版 人：冀祥德
出 版 者：方志出版社
地址　北京市朝阳区潘家园东里 9 号（国家方志馆 4 层）
邮编　100021
网址　http://www.fzph.org
发　　行：方志出版社发行中心
电话（010）67110500
经　　销：各地新华书店
印　　刷：福州德安彩色印刷有限公司
开　　本：889 × 1194　　1/16
印　　张：20.75
字　　数：591 千字
版　　次：2016 年 11 月第 1 版　　2016 年 11 月第 1 次印刷
印　　数：001~800 册

ISBN 978-7-5144-2179-8　　定价：150.00 元

大田年鉴

2016

编 辑 说 明

一、《大田年鉴》由大田县人民政府主办、大田县地方志编纂委员会承编的，全面记述大田地情的大型综合性年刊。《大田年鉴》以马列主义、毛泽东思想、邓小平理论、“三个代表”重要思想、科学发展观为指导，坚持辩证唯物主义和历史唯物主义的立场、观点和方法，实事求是，存真求实，遵循国务院《地方志工作条例》和中国地方志指导小组《地方综合年鉴编纂出版规定（试行）》等有关法规和规定进行编写，力求思想性、科学性、资料性三者有机统一。《大田年鉴》编纂宗旨是为国内外各界人士及时提供全面、准确的大田县情资料，坚持为大田县经济建设、政治建设、文化建设、社会建设、生态文明建设服务。

二、《大田年鉴》采用条目体，入鉴文稿务求观点正确、资料翔实、文化朴实、文字简洁，且突出本年度的地方特色和时代特色，符合国家保密规定。本年鉴检索系统有：卷首设详细目录，书眉排有栏目、分目标题。2016年卷《大田年鉴》为第二十卷，结构为类目、分目、条目三个层次，主要记载2015年1月1日至12月31日大田县自然、政治、经济、文化、社会等方面的大事、要事、新事、特事，个别条目为了交代前因后果及保存资料的完整性，内容有适当的上溯或下延。

三、本年鉴中数据，原则上以统计局公布的数据为准，县统计局没有数据的，参照各专业部门提供的数据。记数与计量均使用阿拉伯数字，有小数的一般保留两位小数，百分数一般保留一位小数。

四、本年鉴稿件资料由大田县各部门、各乡（镇）提供，单位负责人审稿，在类目下署责任编辑姓名、条目后署撰稿人姓名。所有稿件均经过县地方志办公室编辑加工，并经县地方志编委会、县分管领导、县保密局审定。

五、本年鉴“先进人物”收录受到省委、省政府以上机关表彰的先进人物，或做出贡献、在全省范围有影响的人物；“逝世人物”收录曾担任过正科级以上（含正科级）的领导干部、离休干部及省级以上劳动模范；“先进人物”按表彰时间先后排列；“逝世人物”按卒月排列。

六、本年鉴由大田县地方志编纂委员会办公室编纂，得到中共大田县委、大田县人民政府的关心与支持，各撰稿单位和出版社、印刷公司给予积极配合，在此深表感谢。疏漏、错误之处，谨请批评指正。

岩城夜景（陈德传 摄）

6月3日，省委常委、省纪委书记倪岳峰（右二）在大田县县长熊旭明（左二）的陪同下，到大田县奇韬镇调研村级组织换届选举工作（林起煌 摄）

三明市第十一届林博会于11月6—9日在三明举行，图为领导、专家到大田展区参观指导（林起煌 摄）

10 月 27 日，省委县（市、区）巡视五组在县龙山宾馆召开巡视大田县工作动员会（涂宝燕 摄）

11 月 26 日，中共大田县委十二届十次全体会议在县龙山宾馆七楼会议室召开（涂宝燕 摄）

1月15—17日，大田县第十六届人民代表大会第四次会议召开（林建伟 摄）

1月14—16日，政协第九届大田县委员会第四次会议在县影剧院召开（林建伟 摄）

8月2日，泉州大田商会成立庆典暨大田投资项目推介洽谈会在晋江举行（林起煌 摄）

10月8日，县中医院新院区落成搬迁。该项目总投资1.64亿元，占地15333.41平方米，总建筑面积33591平方米，设置床位300张。项目建成将进一步完善大田县中医药医疗、预防、保健、科研等服务功能，使老年病科、骨伤科、针灸康复科等中医专科专病特色科室更好发展，极大地改善群众就医环境（林建伟 摄）

吴山乡和洋新村（陈德传 摄）

锦绣福田小区（林跃 摄）

镇东古桥（林跃 摄）

大田县华兴乡京口村村貌（陈广程 摄）

11月3—7日，中国老体协在浙江省东阳市举行“全国老年人气排球之乡”命名授牌仪式，大田县被评为第二批“全国老年人气排球之乡”，并在气排球展示交流活动中获“优胜奖”“体育道德风尚奖”（林克雄 提供）

1月4日，大田县新年音乐会在县体育中心上演， 意大利那不勒斯皇家爱乐乐团倾情演出（陈德传 摄）

金色济阳（陈德政 摄）

8月19—28日，全国健美操锦标赛在大田县体育中心举行（林建伟　涂宝燕摄）

8月21日，大田县中小学生在县体育中心参加2015年“浩沙杯”全国健美操锦标赛开幕式团体操表演（卢国首 摄）

9月28日晚，大田县“铭记历史 圆梦中华”——纪念抗日战争胜利70周年暨庆祝建国66周年歌咏晚会在县体育中心举行（涂宝燕 摄）

大田县格林实业公司“妈妈组”弹性工作制和“妈妈组”亲情管理，3月8日，在中央电视台一套《新闻联播》和《朝闻天下》播出。图为全国“工人先锋号”妈妈班组工作画面（林建伟 摄）

12 月 28 日，大田县举办迎元旦“中国梦 · 劳动美”窗口服务礼仪职业技能竞赛
（林建伟　摄）

8 月 15—16 日，“浩沙杯”第六届大田县游泳联谊赛在翰霖泉运动中心举行（刘冬春 摄）

2 月 4 日，2015 年大田县文化科技卫生“三下乡”启动仪式在奇韬镇举行（林建伟　摄）

大田县茶艺表演队在市第十一届林博会上进行大田县高山茶茶艺表演（林起煌 摄）

12月5日，大田县举办大体操推广“快闪秀”活动，在汽车站、时代广场、白岩公园、凤翔新天地、岩城文化广场和体育场上演（林建伟 摄）

广平万宅银杏林（刘冬春 摄）

目 录

特 载

大 事 记

大田概貌

中共大田县委

大田县人民代表大会

大田县人民政府

政协大田县委员会

中共大田县纪委

社会团体

武　装

法　治

农业·农村

林　业

水利 · 电力

工　业

交通·邮电

商业贸易

城建·旅游

财政·税务

金　融

市场监督管理

综合管理

科学技术

教　育

文化·体育

卫 生

社会生活

乡镇概况

人　物

重要文件选编

统计资料

附　录

特 载

□ 编辑 范立洋

在县委十二届八次全会上的报告

汤俊生

（2015 年 1 月 6 日）

这次全会的主要任务是，深入贯彻落实习近平总书记来闽考察重要讲话、党的十八届四中全会和中央经济工作会议精神，按照省委九届十一次、十二次全会，市委八届八次、九次全会和省市经济工作会议部署要求，进一步动员全县广大党员和干部群众统一思想、凝聚合力，抢抓机遇、攻坚克难，全力推动大田科学发展跨越发展。

刚才，旭明同志对今年经济工作作了全面具体部署，就《关于深入贯彻落实习近平总书记来闽考察重要讲话精神加快大田科学发展跨越发展的实施意见》和《关于全面推进依法治县建设法治大田的实施意见》作了说明，请大家认真抓好落实。这两份《实施意见》，是县委根据中央精神和省市委部署，结合大田实际研究起草形成的，经征求各方意见建议，现提交全会讨论。县委常委会向全会提交的关于 2014 年工作的报告，也已书面印发大家，请同志们提出意见建议。这里，我讲三个问题。

一、明确任务、狠抓落实，全力推进大田科学发展跨越发展

中央和省市经济工作会议，是在国内外形势发生新的深刻变化背景下召开的，会议实事求是总结了去年经济工作，深刻分析了当前国内国际形势，对今年经济工作做出了全面部署。根据中央精神和省市委部署，县委提出今年我县经济工作的总体要求是，全面贯彻党的十八大、十八届三中、四中全会和中央经济工作会议精神，深入学习贯彻习近平总书记系列重要讲话和来闽考察重要讲话精神，认真落实中央支持福建进一步加快经济社会发展的一系列政策措施，按照省市委全会和经济工作会议部署要求，主动适应经济新常态，坚持稳中求进工作总基调，坚持以提高经济发展质量和效益为中心，坚持“转型驱动、绿色发展”工作主题，深化改革开放，突出创新驱动，做大产业龙头，加强民生保障，力求好中求快，进一步加快大田科学发展跨越发展，为建设机制活、产业优、百姓富、生态美的新福建做出新贡献。全县各级各部门务必要按照这一要求及今年经济工作部署，切实抓好贯彻落实。

1. 围绕大局抓落实。一要统一思想认识。做好今年经济工作，首先要正确理解和把握经济发展的新常态，要认识新常态、适应新常态、引领新常态，切实把思想和行动统一到中央和省市委决策部署上来。认识新常态就是要看到，目前我国经济正在向形态更高级、分工更复杂、结构更合理的阶段演化，经济增长速度从高速增长转向中高速增长，转变发展方式从规模速度型粗放增长转向质量效益型集约增长，经济结构调整从增量扩能为主转向存量增量并存的深度调整，经济发展动力从传统增长点转向新增长点。适应新常态就是要看到，新常态标志着我国经济进入了一个新的发展阶段，不仅在总量，而且在结构、质量、效益、环境等方面都提出了更高的要求。引领新常态就是要看到，在新的发展阶段必须顺势而为、主动作为，而不是消极应对。只要我们积极主动地适应新常态，扬长避短，就能在新一轮的竞赛中跑在前面，推动我县经济持续健康发展。**二要盯紧目标任务**。县委常委会在认真研究今年经济形势，充分考虑各种因素后，提出今年我县经济工作的目标任务是：地区生产总值增长11.5%，地方公共财政收入增长8%，农林牧渔业总产值增长5.2%，全社会固定资产投资增长20%，规模以上工业增加值增长14%，出口总值增长12%，验资口径实际利用外资增长10%，社会消费品零售总额增长14%，居民消费价格总水平涨幅控制在3%左右，城镇居民人均可支配收入增长11.5%，农村居民人均可支配收入增长11.5%，城镇登记失业率控制在3.6%以内，完成上级下达的人口与计划生育、单位生产总值能耗降低和主要污染物减排年度任务。全县各级各部门务必要围绕上述目标，致力稳增长、转方式、增活力、抓统筹、强保障，确保全年目标任务完成。**三要把握工作主题**。县委十二届七次全会明确了“转型驱动、绿色发展”的工作主题，这是我们统领发展的方向标。这个主题的核心是发展，就是要让发展成为大田的最强音，成为工作的主旋律，坚持发展不动摇、扭住发展不放松，在壮大实力、惠及民生、提升形象的过程中，进一步凝聚全社会支持发展、参与发展的正能量。特色是绿色，就是既要“金山银山”，又要“绿水青山”，做足“山水”文章，挖掘生态潜力，以更大的力度加强生态建设和环境保护，努力走出一条生产、生态、生活共赢的发展路子。关键是转型，就是要通过转型发展做大经济总量、提升增长质量，增加社会财富、惠及民生大众，在全市乃至全省发展大局中保持我们的既有优势、保住我们的应有地位。

2. 把握机遇抓落实。一要把握发展机遇。在区域优惠政策逐步淡化的大背景下，习近平总书记对福建工作的重要指示和来闽考察重要讲话，给福建发展带来了千载难逢的重大历史机遇，同时中央和省里相继出台了支持赣闽粤原中央苏区振兴发展、福建省深入实施生态省战略加快生态文明先行示范区建设等政策措施，以及省纪委挂包帮扶我县，这些将为我县加快科学发展跨越发展提供有力的政策支持和保障。当务之急是要吃透用好用足政策，各级各部门要抓紧组建团队专门研究，围绕中央和省市的政策文件，弄清政策实质，制定落实措施，策划项目对接，力争更多项目能够进入支持范围、获得政策优惠。二要正视发展问题。当前，必须正视我县发展中面临的不利因素和困难挑战，主要是：经济总量不够大，三次产业结构不合理，缺乏大项目、好项目支撑，转型发展任务艰巨；农村基础设施比较薄弱，民生投入不足，新型城镇化进程不快；部分企业生产经营困难，融资难、融资贵以及征地难等问题突出；财政收入增速放缓，投资支撑渐显疲态；房地产、金融信贷风险增大等。对此，我们必须高度重视，加强研判，认真解决。同时，必须增强我县在全省和全市产业布局中被边缘化的危机意识，进一步加快融入沿海经济圈和市生态工贸区建设。三要坚定发展信心。面对经济下行压力，全县经济社会发展的基本面是好的、大盘是稳定的、风险是可控的。就去年而言，经济持续增长，10项主要经济指标中有6项指标增幅高于全市平均水平，成功引进了生态环境工程恢复与治理、宇隆超纤、铭井精化等一批大项目好项目，特别是国道“纵五”、泉南高速上京互通、屏吴公路等一批重大交通基础设施动工建设，形成新的经济增长点，为经济增长提供了重要支撑。同时，通过开展教育实践活动，广大党员干部受到了一次思想洗礼，解决了一批“四风”突出问题和群众反映集中的问题，焕发出了干事创业的良好精神状态，形成了想发展、谋发展的整体合力。这些都为我们做好今年各项工作奠定了坚实基础，全县各级各部门务必要坚定信心、抢抓机遇，顺势而为、借势而上，推动共识变成共为、愿望成为现实。

3. 突出重点抓落实。突出抓好推进产业转型升级、推进重点项目建设、推进新型城镇化、加强生态建设四个重点。

一要把产业转型升级作为主攻方向。工业要抓龙头铸链条建集群，继续实施产业龙头促进计划，改造提升机械铸造、建材水泥、矿产品深加工等传统产业，大力发展节能环保、生物医药等新兴产业，实施红狮水泥、鑫鹭峰铸造、浩特纺织服饰等工业重大项目30个以上，确保全年完成投资150亿元以上，新增规模以上工业10家以上，完成规模以上工业总产值350亿元以上。农业要推进现代特色农业发展，在稳定粮食生产的基础上，重点抓好“两茶两花”和富硒产业等特色农业，实现“5个1万”目标，即：全年改造提升生态茶园1万亩以上、低产油茶林1万亩以上，新种植洛神花1万亩以上、樱花1万亩以上，建立富硒农产品基地1万亩以上。加强农产品品牌建设，提高农产品市场占有率，提升农产品附加值。三产要加快发展提升比重，突出发展民宿旅游，成立工作领导小组，制定出台《大田县民游民宿试点方案》，以屏山乡内洋村、桃源镇蓝玉和东坂村、济阳乡济阳村等村为重点，开展民宿旅游试点，培育乡村旅游特色和品牌；加快发展现代物流，培育发展总部经济、电子商务等新型业态，重点实施长隆物流集散中心、浩沙体育文化创意产业园、紫诚电子等重大项目20个以上，确保全年完成投资30亿元以上，力争全县第三产业增加值增长10%以上。

二要把重点项目建设作为主要抓手。要抓在建促投资，今年安排实施重点项目133个、年度计划投资71.68亿元，重点加快推进岩兴工业气体、浩沙体育文化创意产业园等在建项目建设，加大生态环境工程恢复与治理、元韬赤金粉生产等预备项目的前期工作力度，确保全年新开工项目47个以上、竣工或部分竣工投产（使用）项目59个以上。要抓引资增后劲，全面落实鼓励招商引资和争取上级项目资金工作暂行办法，创新招商方式，深化“三维”对接，继续实施田商回归工程，积极对接融入福建自贸园区，着力引进一批科技型、税源型、生态型的大项目、好项目，力争全年新引进亿元以上项目10个以上，签约落地央企项目1个以上。要抓基础强保障，突出抓好泉南高速上京互通、国道“纵五”（大田段）、华石公路（二期）等重大交通基础设施项目建设，加快城市管道天然气、污水管网等能源、市政项目建设，做好吉泉铁路（大田段）、古大高速（大田段）等项目的前期工作，力争莆炎高速（大田段）动工建设，加快实现公路交通互联互通，确保全年完成投资80亿元以上。

三要把推进新型城镇化作为重要任务。要加快中心城市建设，深入实施“大城关”战略，做大中心城市规模，有序推进农业转移人口市民化，重点加大城市“四大板块”开发力度，深入推进“两违”治理，全力推进总投资80亿元的石牌集镇改造、国际商城、北部新城等18个城建项目建设，力争城镇化率提高到47%以上，积极争取列为省级新型城镇化试点县。要深化美丽乡村建设，围绕“一好五美”目标，以高速公路、国省道沿线及重要节点为重点，加快实施“水源清洁”“家园清洁”“田园清洁”工程，重点推进屏山吴山济阳连片打造、桃源整镇推进、省道沿线景观带等项目建设，打造一批环境整洁、配套完善、房屋美观、自然生态的新型农村社区。要抓好建设和桃源2个市级中心镇改革发展，用好城乡建设用地增减挂钩、土地整治、三旧改造、财税和投融资等配套政策，增强小城镇产业发展、公共服务、吸纳就业功能。要保障和改善民生，更加注重保障基本民生，围绕教育、医疗、卫生、造福工程、社会保障等群众最关心的领域，实施民生及社会事业项目20个以上，力争完成投资10亿元以上。要更加关注低收入群众生活，稳步推进精准扶贫工作，落实好就业创业各项扶持政策，确保新增城镇就业2000人以上，转移农村劳动力5200人以上。要更加重视社会大局稳定，强化“守土”意识，坚持用法治思维和法治方式化解社会矛盾，尤其要解决好土地征用、房屋拆迁、环境污染治理过程中引发的矛盾，着力从源头上减少矛盾纠纷发生。

四要把加强生态建设作为重大战略。以列入省重点生态功能区为契机，进一步巩固生态优势、提升生态价值、建设生态文明。要突出矿山水土流失治理，全面推行“五园”治理模式，重点推进银川矿区矿山地质环境治理、废弃矿山复垦、小流域治理等项目，全年治理水土流失面积5万亩以上，力争水土流失面积占国土面积比重下降至10%以内。要突出环境综合整治，进一步落实“河长制”，建立健全长效治理机制，重点抓好流域水环境整治、农村环境连片综合整治、坑口水库饮用水源地整治等项目，确保全年完成投资2亿元以上。要突出生态保护体系建设，深入推进造林绿化和“四绿”工程，对重点生态功能区、生态极为脆弱区实行禁伐，确保完成造林绿化3.2万亩以上，全县森林覆盖率稳定在75%以上，积极创建省级园林县城、省级森林城市，力争通过国家级生态县考核验收。

4. 强化责任抓落实。一要强化责任分解。各级各部门要把落实好这次全会精神以及两个《实施意见》文件精神作为当前的重要任务，抓紧分解细化责任，把压力传导下去，做到军令到岗、责任到人。各级领导干部要敢于正视困难、敢于攻克难关，特别是要针对项目建设、产业转型、生态建设等经济社会发展中的难点问题拿出过硬措施，确保完成县委全会确定的各项目标任务。二要强化督促落实。县纪检（监察）、效能、“两办”等部门要紧紧围绕中心工作，改进督查方式，突出督查重点，确保县委县政府各项决策部署落到实处。省市将实行经济形势“一季一分析”、重点项目“一月一督查”制度，我县将参照上级做法，建立相关工作机制，组织开展专项督查，既现场解难、推进工作，又改进作风、服务基层。三要强化考核评价。要进一步改进考核办法，提高考核的针对性，结合各乡镇实际和部门职能，合理设置考核指标，探索差异化考核评价办法，力求体现全县工作重点、凸显各自工作特色。要明确考核的导向性，把意见实施、政策落实、项目推进作为干部考核评价的重要内容，激发广大干部干事创业的积极性、主动性。

二、准确把握、全面推进，进一步加快大田依法治县进程

全面推进依法治县，是贯彻落实四中全会精神、全面推进依法治国重大战略的具体部署，是推动各项事业发展的必然要求。全县各级各部门务必要认真领会，深入贯彻，努力为大田科学发展跨越发展提供法治保障。

1. 进一步增强法治自觉。就是要认真学习贯彻党的十八届四中全会和省市委全会精神，把思想和行动统一到中央精神和省市委部署上来。党的十八届四中全会首次以依法治国为主题，对全面推进依法治国做出重大部署，确立了建设中国特色社会主义法治体系、建设社会主义法治国家的总目标，明确了“五个体系”的总布局，提出了“六大任务”的总抓手。省市委全会进一步明确了推进法治建设的指导思想、总体目标和基本原则。我们要充分认识到，加强法治建设，核心要义是坚持党的领导、人民当家做主、依法治县有机统一，坚持依法治县、依法执政、依法行政共同推进，坚持法治国家、法治政府、法治社会一体建设；根本准则是坚持依宪执政，严格执行国家法律，确保宪法和法律得到全面正确实施；前提条件是坚持立法先行，形成科学完备、有效管用的地方法治体系；生命力是坚持严格依法行政，加快建设职能科学、权责法定、执法严明、公开公正、廉洁高效、守法诚信的法治政府；生命线是保证公正司法，让人民群众在每一个司法案件中都能感受到公平正义；基础是增强全面法治信仰，大力弘扬社会主义法治精神；根本保证是加强党的领导。全县各级各部门要按照中央精神和省市委部署，从大田实际出发，从具体事情做起，全面推进依法治县。

2. 进一步推动法治实践。一要把握正确方向。既要按照中央和省市委要求，坚定不移地走中国特色社会主义法治道路，坚持党的领导，坚持人民主体地位，坚持法律面前人人平等，坚持法治和德治相结合，又要与大田的实际相结合，把中央和省市委推进法治建设的各项要求，落实到推进依法治县的全过程。**二要创新法治方式。**着力在生态执法、涉法涉诉信访事项、人口计生依法行政、交通事故纠纷调解、网络舆情管理等方面加大探索力度，培育工作亮点，努力取得实效；要强化文明执法，完善行政执法程序，建立执法全过程记录制度，推行重大执法决定法治审核制度，落实行政执法责任制，完善网上行政执法平台建设，增强行政执法过程的透明度和说服力。**三要坚持统筹推进。**要把握好全面建成小康社会、全面深化改革、全面推进依法治国、全面从严治党的关系，统筹推进严格执法、公正司法、全面守法等重点任务，特别是要把法治建设融入发展大局中来谋划、来布局，促进经济建设与法治正向互动、齐头并进。

3.进一步培植法治精神。一要推进依法执政。依法治县关键在依法执政，各级党委要自觉在宪法和法律的范围内活动，以法治的理念、法治的体制、法治的程序开展工作，完善党委依法决策机制，促进党委重大决策与重大事项合法论证和依法听证全覆盖。**二要推进依法行政。**各级政府要围绕建设法治政府，加快转变政府职能，继续推进简政放权，深化行政审批制度改革，全面推行政府权力清单制度，健全依法决策机制和权力运行的制约监督体系，完善决策监督和责任追究制度，严格落实行政执法责任制，做到法定职责必须为，法无授权不可为。**三要推进司法公正。**要围绕司法公平公正，支持审判机关、检察机关、侦查机关依法独立公正行使权力，进一步健全完善司法管理体制和司法权力运行机制，加强对司法活动的监督，深入推进审判公开、检务公开和警务公开。要强化司法为民，落实司法便民利民措施，拓宽公民有序参与司法的渠道。**四要推进社会法治。**坚持系统治理、依法治理、综合治理、源头治理，处理好活力和秩序、维稳和维权、常态治理和应急处置、专项整治和长效机制的关系，加快形成党委领导、政府负责、社会协同、公众参与、法治保障的社会治理体系。加强普法教育，大力弘扬社会主义核心价值观，积极开展“国家级法治县”创建活动，深化“法律六进”、法治宣传教育进家庭“八个一”等活动，增强法制宣传的针对性和实效性，形成全民自觉学法守法用法的良好氛围。

4.进一步提升法治保障。一要加强组织领导。各级党委要把贯彻四中全会精神，全面推进依法治县作为当前一项重要任务，摆上重要议事日程，完善工作机制，促进工作落实。县依法治县领导小组要加强建设法治大田的系统谋划、整体推进、督促落实。各级党员干部特别是领导干部要带头学习宪法法律和党章，增强法制意识、规则意识和党的意识，带头遵守法律、带头依法办事，不断提高运用法治思维和法治方式深化改革、推动发展、化解矛盾、维护稳定的能力。**二要强化队伍建设。**加强行政执法队伍、司法队伍、法律服务队伍、律师队伍的思想政治建设，推进法治队伍的专业化、正规化、职业化，提高职业素养和专业水平。积极发挥法学会等枢纽型社会组织的作用，大力发展公证员、基层法律服务工作者、人民调解员队伍，推动法律更好地服务人民群众。**三要形成工作合力。**要发挥党委统揽全局、协调各方的领导核心作用，支持人大、政府、政协、司法机关以及人民团体依法依章有效履行职能，不断发展基层民主，扩大公众有序政治参与，保障人民当家做主权利，让法治大田建设成为全县人民共同参与的社会实践。

三、从严治党、转变作风，为加快大田发展和推进依法治县提供坚强有力保障

加快大田科学发展跨越发展，全面推进依法治县，必须进一步加强党的领导，提高党的建设科学化水平。全县各级党组织要落实从严治党责任，全面加强党的思想、组织、作风、反腐倡廉和制度建设，努力把党的政治优势和组织优势转化为推动大田各项事业发展的强大动力。

1.突出主业抓党建。一要强化职责意识。要准确把握上级关于加强新形势下党的建设的新论断新部署新要求，增强党要管党、从严治党的责任意识，树立“把抓好党建作为最大政绩”的理念，找准结合点、切入点和着力点，真正做到围绕经济抓党建、抓好党建促发展。**二要增强工作实效。**党委书记要履行好“第一责任人”职责，定期研究部署党建工作，当前重点要谋划好村级组织换届工作，物色好村“两委”人选，特别是党组织带头人；班子成员要落实“一岗双责”，抓紧抓实抓好分管领域的党建工作。**三要完善考评机制。**要加大党建工作考评分值和权重，健全完善党委书记抓党建工作述职评议、党建工作考核评价等机制，重督促、严考评、强问责，把抓党建成效作为干部选拔任用的重要依据，推动党建责任落到实处。

2.坚持从严管干部。一要从严教育。加强党员干部理想信念教育，践行习总书记提出的“好干部”标准和“三严三实”要求，养成道德习惯，规范权力行使，培育优良作风，严格按照党的原则和规矩办事，努力做焦裕禄、杨善洲、谷文昌式的好干部。**二要从严监督。**

监督要立足于平时，注意抓早抓小抓预防，完善平时考核和年度考核，加强对干部履职情况的了解和掌握，建立完善领导班子思想政治状况分析研判制度，认真落实函询诫勉和廉政谈话提醒机制，及时发现和纠正党员干部存在的苗头性倾向性问题。**三要从严管理**。坚持以严的标准要求干部、以严的措施管理干部、以严的纪律约束干部，使干部心有所畏、言有所戒、行有所止。同时，要严把“入口关”，进一步树立正确选人用人导向，扩大民主、严格程序，匡正风气、严明纪律，坚决防止“带病提拔”。

3. 持之以恒改作风。一要抓整改落实。围绕拓展教育实践活动成效，进一步巩固已有成果，落实整改方案，兑现整改承诺。同时，要针对新情况、新问题，密切关注变异、变种的“四风”问题，坚持稳扎稳打、步步为营、久久为功，防止“四风”问题反弹回潮。要从解决“四风”问题延伸开去，努力改进学风、文风、会风。**二要抓制度执行**。教育实践活动开展以来，县委制定下发了机关干部作风行为规范“十不准”、整治乡镇干部“走读”、转变会风文风等规章制度，各教育实践活动单位也按照活动要求，出台了相应的制度规定。对这些已有的制度，要进一步健全完善好、督促落实好，让制度发挥出应有效应。**三要抓作风转变**。深入实施“五到一线”“马上就办”“百名干部进百企”等做法，推动党员干部更多地走出办公室、走出机关、沉到一线，主动帮助企业和群众办实事、解难题。要提高效能，继续整治“庸懒散拖”、破除“中梗阻”现象，把作风建设引向深入，以良好的党风促政风带民风。

4. 惩防结合促廉政。一要落实主体责任。认真落实党委主体责任，坚持“一把手”负总责，牢固树立“抓好党风廉政建设是本职、不抓党风廉政建设是失职”的意识，做到重要工作亲自部署、重大问题亲自过问、重要环节亲自协调、重要案件亲自督办。**二要严厉惩治腐败**。深入贯彻中央“八项规定”精神，认真履行纪委监督责任，始终保持惩治腐败的高压态势，严肃查办发生在重点领域、关键环节和群众身边的腐败案件，做到有腐必反、有贪必肃。**三要建立长效机制**。进一步加强对权力运行的制约和监督，健全领导干部常态化监督制度，逐步建立“管人、管事、管钱”的制度体系，把权力关进制度的“笼子”，保障干部多干事、干成事、不出事。

同志们，进一步加快大田科学发展跨越发展，意义重大、责任重大。让我们更加紧密地团结在以习近平同志为总书记的党中央周围，按照省委省政府、市委市政府部署，解放思想、抢抓机遇，开拓创新、奋发有为，努力为建设机制活、产业优、百姓富、生态美的新福建做出新贡献！

词语注释

1. 两茶两花：高山茶、油茶，洛神花、樱花。

2. 五个体系：完备的法律规范体系，高效的法治实施体系，严密的法治监督体系，有力的法治保障体系，完善的党内法规体系。

3. 六大任务：完善以宪法为核心的中国特色社会主义法律体系，加强宪法实施；深入推进依法行政，加快建设法治政府；保证公正司法，提高司法公信力；增强全民法治观念，推进法治社会建设；加强法治工作队伍建设；加强和改进党对全面推进依法治国的领导。

4. 法律六进：法律进机关、进乡村、进社区、进学校、进企业、进单位活动。

5. 法治宣传教育进家庭“八个一”：每户有一份“法制宣传教育告知单”，一本常用法律书，一份定期的法制入户宣传单，一张“法律服务联系卡”，每天收看一台法制节目，每户培养一名学法明白人，每年对村、社区普法骨干、家庭学法明白人组织一次培训，每年开展一次遵纪守法示范户评选活动。

6. 五到一线：项目推进在一线，矛盾化解在一线，帮扶济困在一线，富民强村在一线，政策宣传在一线。

政府工作报告

——2016年1月20日在大田县第十六届人民代表大会

大田县人民政府县长　熊旭明

各位代表：

现在，我代表县人民政府，向大会报告工作，《大田县国民经济和社会发展第十三个五年规划纲要（草案）》一并提请审议，请县政协委员和列席代表提出意见。

一、2015年和“十二五”经济社会发展回顾

2015年，面对严峻复杂的经济形势，县政府在上级党委、政府和县委的正确领导下，在县人大及其常委会的法律监督、工作监督和县政协的民主监督支持下，紧紧依靠全县人民，围绕“转型驱动、绿色发展”工作主题，坚持稳中求进工作总基调，主动适应新常态，脚踏实地，锐意进取，全县经济社会继续保持平稳发展态势。一些重要领域取得新进展：

——特色优势农业进一步凸显，被中国营养学会授予“中国高山硒谷”称号，被国家农业部授予“大田高山茶”国家级农产品地理标志示范样板。

——院士工作站取得“零”的突破，新设立威斯特环保科技、竞源生物技术等两家省级院士工作站。

——华石线二期、屏吴公路建成通车，国道“纵五”、“泉南”高速上京互通顺利推进，“兴泉”铁路、“莆炎”高速前期工作扎实开展。

——乡村民宿游、茶园生态游、古村风情游悄然兴起，内洋村获评首批中国乡村旅游模范村，福建茶天下旅游开发公司入选中国乡村旅游模范户，8家“农家乐”被评为“中国乡村旅游金牌农家乐”。

——被授予省级“生态县”、省级“园林县城”称号，探索总结了矿山水土流失综合治理“五园”模式经验。

——成功举办2015年“浩沙杯”全国健美操锦标赛，大田籍运动员郭燕兰、施生焯在全国第九届残运会暨第六届特殊奥林匹克运动会上摘获二金三铜，中国老年人体育协会授予我县“全国老年气排球之乡”。

——荣获全国法治县创建活动先进单位、全省第三轮首批“平安县”、第四届省级“文明县城”、省级“教育工作先进县”、省级“计生工作先进县”等荣誉称号。

一年来，我们的主要工作和成效是：

（一）扩大投资成效明显。注重对接争取，共争取各类资金11.80亿元，其中：省纪委挂钩帮扶项目11个、4.25亿元，国家专项建设基金项目7个、2.06亿元；置换存量债务资金11.15亿元。注重项目推进，七个重大项目组148个重点项目完成投资109.24亿元，动工建设45个、竣工投产51个；招商对接项目82个，落地58个、完成投资15.11亿元。注重创业创新，新增企业506家、个体工商户2002户、注册资本22.55亿元，分别增长17.8%、17.3%、19.2%；主导或参与制定国家标准7项、地方标准3项，5家企业新创或复评福建名牌产品。

（二）产业转型步伐加快。特色现代农业持续推进，建成东坂畲药科普园、竞源生物金线莲产业化示范园和蓝玉智能温控大棚等示范项目，建立富硒农产品基地1.5万亩，新培育家庭农场28个、专业合作社48个，实现土地规模流转3.5万亩。工业经济稳步提升，深化“百名干部服务百家企业”活动，兑现各类扶持奖励资金8314万元，帮助企业无偿办理应急转贷资金17笔、8925万元，新增规上工业企业11家，万华实业、正仁环

保等10家企业被列入省市级上市后备企业。现代服务业加快发展，引进“赶街网”农村电子商务公共服务平台，建立县级运营中心和50个村级服务网点，获评省级农村电子商务示范县；新增物流企业3家、中介服务机构26家。

（三）城乡面貌明显改观。城市品位得到提升，赤岩路全线贯通，城市污水处理厂二期、主城区污水收集系统（福塘至石牌段）等项目建成投入使用，福莱桥、岩城明珠景观桥、城市绿道、汽车站迁建等项目基本建成；深化“街长制”，加大“两违”和环境卫生综合整治力度，城市进一步美化、净化、亮化。美丽乡村扎实推进，投入2.64亿元，实施美丽乡村重点项目52个，桃源整镇推进、屏山吴山济阳连片打造取得新突破，魁城、杞溪等8个村入选第一批省级传统村落，东坂、万宅等12个村入选第一批市级历史文化名村。生态环境持续好转，成立公安生态环境保护大队，生态综合执法、环境监察机制得到健全，严管、勤查、联动、重罚的“河长制”工作机制在全省推广，成为全省首批水土流失治理企业化运作试点合作县，完成水土流失治理面积4.99万亩。

（四）民生保障更加有力。社会保障得到加强，投入1.02亿元，实施为民办实事项目19个，完成“造福工程”和危房改造504户、2528人，保障性安居工程建设1360套、配租配售549套，县社会福利中心一期、8个农村幸福院等项目基本建成，实现脱贫3606人。社会事业协调发展，实施中小学扩容、城乡幼儿园等项目23个，教育教学质量稳步提升，顺利通过国家义务教育发展基本均衡县评估认定；完成县中医院搬迁，改造乡镇卫生院2所、村级卫生所90个，县乡村三级医疗机构全面实行药品零差率销售；县图书馆、尚逸国际影城建成投入使用；“生育文明·幸福家庭”活动深入实施；库区移民后扶工作扎实开展；村（居）委会换届工作顺利完成；工商联、慈善总会作用有效发挥。推进社会治理创新，深化“平安大田”建设，落实信访工作“路线图”，全面实施“四四三”大调解工作模式，严厉打击各类犯罪行为，社会大局和谐稳定；道路交通、矿山开发、食品药品等领域安全生产监管得到加强，应急处置能力有效提升。与此同时，人民武装、国防动员、民兵预备役、人民防空、双拥、地方志、档案、民族宗教、外事侨务、老区、老龄、老体协、工会、青少年、妇女儿童和关心下一代等各项工作全面推进。

（五）自身建设持续加强。深入开展“三严三实”专题教育，严格执行廉洁自律准则，严格落实中央“八项规定”精神和党风廉政建设责任制，“三公”经费及会议费下降15.4%。依法接受人大法律监督、工作监督，自觉接受政协民主监督，办理人大代表议案（建议）132件、政协委员提案（来信）83件，办结率、满意率均达100%。行政审批、行政监察、审计监督和机关效能建设不断加强，县政府公众评议满意度获得全市第一。

各位代表！刚刚过去的一年，为“十二五”规划画上了圆满句号。五年来，我们不仅克服了超乎寻常的困难，也取得了超出预期的成就。

这五年，是我县综合实力提升最快的五年。预计2015年实现地区生产总值162.5亿元，年均增长12.1%；人均GDP5.2万元，年均增长12.5%。地方公共财政收入6.87亿元，年均增长11.6%。城乡居民人均可支配收入分别达到2.7万元、1.3万元，年均分别增长11.9%、13.7%。金融机构存、贷款余额分别是“十一五”末的1.59倍、2.52倍。2011—2013年连续三年被评为福建省县域经济发展“十佳县”。

这五年，是我县产业发展成效最好的五年。京口工业集中区成功升格为省级经济开发区。新增规上工业企业25家，8家企业上市挂牌交易或展示。新培育省级科技型企业17家，6家企业建立了研发中心，院士工作站从无到有。新批办外资企业12家，新增限上商贸企业32家。新获“中国洛神花之乡”“中国高山硒谷”两个国字号品牌，专利授权量是“十一五”期间的2.5倍。

这五年，是我县城乡面貌变化最大的五年。建成“一园两道”“四桥五路”等一批市政重大项目，城市建成区面积从6.7平方公里扩大到8.1平方公里，“城在山中、山在城中、绿水环绕”的生态岩城初显。新增集镇建设面积23.3万平方米、村庄建设面积40.5万平方米，新培育美丽乡村示范点40个，有3个村入选中国传统村落、1个村入选国家级少数民族特色村寨。被列为省级新型城镇化试点县，城镇化率从42.9%提高到47%。

这五年，是我县人民群众受惠最多的五年。累计民生支出61.22亿元，实施为民办实事项目190个，新建或改造公路里程219.54公里、安保工程855公里，建设各类保障性住房6402套、配租配售5327套，“造福工程”和危房改造3635户、1.71万人，县体育文化中心、残疾人“福乐家园”等一批公共服务设施建成投入使用；义务教育阶段学生实现就近免试入学，免除城乡居民基本殡葬服务费，城区公交实现全覆盖，农村安全饮用水问题基本解决，市民告别了饮用地下水历史。

这五年，是我县改革开放成果最丰的五年。成功举办“中国高山茶文化节”“全国艺术体操锦标赛”“全国健美操锦标赛”，全国首个“大体操”培训基地落户我县，“小县办大赛”引起外界广泛关注。农村综合改革、行政体制改革、行政审批制度改革、医药卫生体制改革等深入推进。县委群众工作部、“河长制”等创新经验在全省推广。先后荣获全国科技进步县、全国十大生态产茶县、全国计划生育优质服务先进县、全国农村集体“三资”管理示范县、国家卫生应急综合示范县等荣誉称号。

各位代表，回顾过去的五年，我们迈出了坚实步伐，发展的速度令人振奋，发展的成就令人瞩目，发展的历程令人难忘。这些成绩的取得，是上级党委、政府和县委正确领导、科学决策的结果，是县人大、县政协和社会各界有效监督、全力支持的结果，是40万大田人民风雨同舟、奋力拼搏的结果。在此，我谨代表县人民政府，向积极投身于大田改革发展的广大干部群众，向长期关心支持大田建设的社会各界人士，向始终理解支持政府工作的各位代表、各位委员致以衷心的感谢和崇高的敬意！

在肯定成绩的同时，我们也清醒地看到存在的困难和问题，主要表现在：经济总量偏小，产业结构不合理，第三产业发展滞后，转型发展、创新发展任务艰巨；企业生产经营比较困难，“大众创业、万众创新”氛围还不够浓厚；城乡一体化进程不快，基础设施、文化教育、医疗卫生、社会保障等公共服务领域还不能满足城乡居民的需求；水土流失治理任重道远，生态环境保护亟待加强；财税增收基础不够稳固，财政资金使用效率不高；行政效能和服务水平有待进一步提高，个别部门和少数干部仍然存在不作为、慢作为、乱作为现象，等等。对此，我们将高度重视，采取有力措施加以解决。

二、顺势而谋，努力实现“十三五”发展新跨越

今后五年，是大田在更高起点上加快经济发展方式转变、全面深化改革的攻坚期，也是全面建成小康社会的决胜期。我们既要看到世界经济短期内难以迅速恢复的局面，又要看到我国经济发展总体向好的基本面，更要看到中央进一步支持福建加快发展、建设生态文明先行示范区等重大机遇，只有认识新常态、适应新常态，开拓创新、迎难而上，“好”字优先、能快则快，才能推动大田经济社会发展再上新台阶。

“十三五”时期我县国民经济和社会发展的指导思想是：高举中国特色社会主义伟大旗帜，全面贯彻党的十八大和十八届三中、四中、五中全会精神，以马克思列宁主义、毛泽东思想、邓小平理论、“三个代表”重要思想、科学发展观为指导，深入贯彻落实习近平总书记系列重要讲话精神和对福建工作的重要指示，坚持“四个全面”战略布局，坚持发展是第一要务，着力创新发展、协调发展、绿色发展、开放发展、共享发展。按照省委省政府和市委市政府决策部署，牢牢把握中央支持海峡西岸经济区建设和福建加快发展的重大机遇，突出“转型驱动、绿色发展”工作主题，以保持经济稳定较快增长为目标，以转型升级为主线，以提高发展质量和效益为中心，加快形成引领经济发展新常态的体制机制和发展方式，全面推进经济建设、政治建设、文化建设、社会建设、生态文明建设和党的建设，推动经济社会发展再上一个新台阶，努力为建设机制活、产业优、百姓富、生态美的新福建做出新贡献。

“十三五”经济社会发展的奋斗目标是：实现“三个一”，即一个突破、一个提前、一个确保。地区生产总值突破300亿元，年均增长9%以上；城乡居民人均可支配收入提前比2010年实现翻番；确保实现全面建成小康社会目标。

——经济结构更加优化。主要经济指标更加协调，主导产业更加突出，一产做特、二产做强、三产做旺，先进制造业、现代服务业和新兴产业的贡献率加大，发展的质量和效益明显提升，到2020年三次产业结构优化为14∶51∶35。

——城乡区域更加协调。宜居宜业宜游城市初步建成，各具特色的小城镇和美丽乡村加快发展，新型城镇化试点取得显著成效，常住人口城镇化率达52%以上，户籍人口城镇化率达46%以上，城乡一体化和区域协调发展新格局基本形成。

——改革开放更加深入。服务型政府建设进一步推进，市场主体活力进一步增强，对外合作和竞争能力进一步提高，重点领域和关键环节改革取得新突破，若干领域成为全市乃至全省改革开放的排头兵和试验田。

——创新活力更加迸发。大众创业、万众创新浓厚氛围形成，发展动力加快转换，企业自主创新能力不断增强，科技进步对转型升级的支撑作用明显提升，高新技术产业增加值占地区生产总值的比重达3%以上。

——生态环境更加优美。主要污染物排放得到有效控制，全县森林覆盖率达75%以上，水土流失面积占国土面积比重下降至5%以内，出境断面水质达到国家地表水Ⅱ类标准，成为闽江上游重要的生态屏障。

——人民生活更加幸福。社会保障体系进一步完善，基本公共服务进一步均等化、普惠化，社会更加和谐稳定，城乡居民收入持续增长，人民群众生活质量不断提高，2018年前实现全县贫困人口全部脱贫。

三、奋发有为，全力确保“十三五”良好开局

2016年，是“十三五”开局之年，必须牢牢把握稳增长、调结构、强动力、惠民生、防风险的总体要求，全力以赴开好局、起好步。主要预期目标是：地区生产总值增长9.5%；地方公共财政收入增长6%；农林牧渔业总产值增长4.5%；全社会固定资产投资增长20%；规模以上工业增加值增长12%，出口总值增长10%，验资口径实际利用外资增长10%；社会消费品零售总额增长13%，居民消费价格总水平涨幅控制在3%左右；城镇居民人均可支配收入增长10%，农村居民人均可支配收入增长10.5%；城镇登记失业率控制在3.6%以内；完成上级下达的人口与计划生育、单位生产总值能耗降低和主要污染物减排年度任务。

围绕实现上述目标，着重抓好以下七个方面工作：

（一）深化项目带动，扩大有效投资

推进项目建设。全年实施重点项目141个、年度计划投资74.9亿元，新开工项目52个以上、竣工或部分竣工投产（使用）项目68个以上。抢抓省市纪委挂钩我县的有利机遇，围绕进一步扩大有效投资七个领域和国家专项建设基金五个方面投向，落实乡镇和部门“一把手”责任，加大项目策划、对接和争取力度，做实项目前期工作，确保项目报得出、争得到、能落地。围绕资源开发利用、产业链延伸、财源培植，创新招商考评激励机制，用好七个专业招商小分队，坚持全员招商与专业招商相结合，提高招商选资实效，力争全年落地开工亿元以上项目10个以上。

提升基础设施。动工建设国道“纵五”二期、“兴泉”铁路、“莆炎”高速，建成“泉南”高速上京互通、国道“纵五”一期、县汽车站迁建项目，加快“梅大”高速前期工作，硬化自然村公路30公里以上。继续实施农网升级改造和配网改造工程，动工建设35千伏建设输变电工程，建成110千伏京口输变电工程等项目。动工建设雪山水库，加快闽江上游尤溪流域（大田段）防洪工程二期建设，建成济阳、吴山、前坪、文江小流域综合治

理和均溪河安全生态水系建设等项目。

强化服务保障。健全项目工作“四个一”机制，落实“两月一次”重点项目现场推进会制度。强化项目全程跟踪代办，全面实行网上审批、并联审批和“一站式”服务，减少审批环节，压缩办理时限，破解审批瓶颈。建立项目征迁“属地负责、分组推进、集中攻坚”工作机制，依法打击“两违”、无理取闹等行为，推进“和谐征迁”，破解用地瓶颈。创新投融资机制，发挥政银企对接平台作用，引导信贷资金向重点项目倾斜，在基础设施、公用事业等领域积极应用政府与社会资本合作的PPP模式，破解资金瓶颈。

（二）注重有效供给，推动转型升级

促进工业提质增效。围绕帮扶稳工业，深入开展“百名干部服务百家企业”活动，设立产业发展基金，综合运用兼并重组、技术改造、应急转贷等措施，全力帮助企业减轻负担、开拓市场、增产增效。围绕资源办工业，进一步延伸矿产品八条产业链，每条产业链组建一个工作团队、制定一个专项规划，力争培育一个龙头企业、建立一个产业基地，重点推进上京机械铸造产业集聚区、太华润岩石英新材料产业基地、永大陶瓷文化创意产业园建设。围绕转型强工业，深入实施“中国制造2025”行动计划，引导企业开展“机器换工”，培育一批省市级智能制造示范企业，重点推进威斯特环保装备、宇隆超纤等项目建设；大力引进发展新能源、新材料等新兴产业，重点抓好六角宫库面光伏发电、中工塑胶等项目建设；大力发展园区经济，完善配套服务设施，引导企业向园区集中，全年新开发园区面积2000亩以上，新增规上工业企业10家以上。

发展特色现代农业。以创建国家富硒农业公园为抓手，大力发展富硒大米、茶叶、油茶、洛神花等优势特色农产品，积极开展富硒农产品地方标准制定和“三品一标”认证工作，建立富硒农产品示范基地5万亩，动工建设富硒文化创意产业园，打响“硒田”品牌，做足“乡味”文章，提升农产品附加值。以“一产接二连三”为抓手，鼓励发展高效设施农业、休闲观光农业和林菌、林药等林下经济产业，扶持发展三九军大、仙顶实业、广联木业等一批产业化龙头企业，加快发展“互联网+农业”，推动农业从“无税型向有税型”转变。以培育新型农业经营主体和新型农民为抓手，开展“小承包大经营”，鼓励家庭农场、专业大户、农民专业合作社、农业社会化服务组织发展，引导土地向新型经营主体流转，新增家庭农场30个以上，促进生产经营规模化、集约化、商品化。

推动三产业态创新。大力发展乡村民宿旅游，按5A级景区标准加快中国高山生态茶休闲旅游项目核心区开发，按AAA级景区标准完善桃源东坂、济阳济中等旅游基础设施，动工建设世外桃源·沃沃亲子基地等项目，打造一批生态休闲、康体养生、红色文化、民俗风情等特色旅游村镇。大力发展电子商务，完善“赶街网”、邮政、供销等电商物流配送体系，鼓励自营电子商务平台和网上专业市场发展，建成电子商务集聚区，争创国家级农村电子商务示范县。大力发展城市经济、总部经济、赛事经济，鼓励发展现代物流、商务中介、服务外包等生产性服务业，支持发展商品贸易、休闲娱乐、健康养老、家政服务等生活性服务业；加快商品房去库存，促进房地产市场平稳健康发展。

（三）坚持以人为本，统筹城乡发展

做大做美城市。全力推进新型城镇化试点县建设，深入实施“南进东拓北扩西延”战略，将新一轮县城总体规划修编与产城联动相结合，优化教育、医疗、文体等公共服务设施空间布局，有序推进农业转移人口市民化，增强城市功能和活力。以市政提升“五千工程”为抓手，加快城市“四大板块”开发力度，重点抓好香山北路改造、宝田路、城市绿道、城市供水、污水管网改造、公共停车场和公交首末站点等市政基础设施建设，动工建设浩沙体育文化创意产业园、国际商城、美食文化城等项目，完成赤岩路一期、兴田路路面“白改黑”，建成龙腾盛世市民广场、县汽车站迁建等项目。深入开展省级“森林县城”创建，提升“街长制”，建成智慧城市信息共享平台，增强城市人流、物流、信息流、资金流的“虹吸效应”，逐步把城市打造成宜居之城、宜业之城、宜游之城。

建设美丽乡村。继续实施宜居环境建设行动计划，加快桃源整镇美丽乡村、上京福能绿色小镇等小城镇建设，逐步形成各具特色的城镇节点。按照“一好五美”的要求，与生态示范县创建、休闲农业、乡村旅游、农村环境综合整治相结合，延伸拓展“点线面”攻坚，加快美丽乡村创建升级，每个乡（镇）新培育1个以上特色村，着力打造省道沿线美丽乡村景观带。加强历史文化名村和传统村落保护，努力形成“一村一韵、一村一景”的乡村发展格局。

精准扶贫脱贫。用好苏区老区政策，推进国家扶贫改革试验区建设，实施“156”精准扶贫攻坚计划，落实“54321”结对帮扶贫困户制度，加大项目、资金倾斜力度，通过产业扶持、培训扶智、异地搬迁、救助保障、生态补偿等措施，抓好2个市级扶贫开发重点乡、10个整村推进精准帮扶试点示范村、10个产业扶贫示范点和100户扶贫示范户，确保全年减少贫困人口3462人。

（四）深化改革开放，增强发展动力

推进重点领域改革。深化全国小微企业信用体系建设试验区创建工作，大力发展绿色金融、普惠金融，加大金融对实体经济的支持力度；加强监测预警和联动处置，防范化解金融风险；加快村级融资担保基金建设，推进扶贫小额信贷创新试点工作。积极应对财税体制改革，全面实行预算绩效管理，切实加强税收征管。深化集体林权制度改革，加大新型林业经营主体培育力度，扩大林权抵押贷款规模。稳步开展农村地籍和房屋调查，扎实推进不动产登记制度改革。抓好事业单位分类改革和均溪镇省级小城镇机构改革试点工作。

激发创业创新活力。开展全国小微企业创业创新基地城市示范创建活动，加大创业孵化、技能培训力度，逐步将福塘标准厂房打造成省级创业创新示范产业园，入驻小微企业30家以上，培育众创空间2家以上。加强与科研院校的产学研合作，支持企业开展技术改造、技术创新，鼓励企业争创品牌，主导或参与制定国家、地方和行业标准，增强企业自主创新能力，重点加快威斯特环保科技院士工作站、竞源生物技术院士工作站、宝山机械博士后工作站等研发机构建设。深入实施“人才强县”战略，建立县政府“智库”，大力培养本土人才，引进留住更多优秀人才和创新团队在我县创业发展。

提升对外开放水平。主动融入海上丝绸之路核心区，主动承接自贸区外溢效应，鼓励企业扩大地产品出口和自营出口，支持跨境电子商务发展。用好“林博会”“中国高山茶文化节”等平台，深化田台经济、文化、科技等领域交流合作。深入实施“田商”回归工程，发展壮大商会经济，实现产业、项目、技术、资金、税源“五回归”。

（五）加强生态建设，保护绿水青山

划定生态红线。积极争创国家级生态文明示范县，按照省重点生态功能区定位，高水平编制全县生态环境保护工程专项规划，理清生态文明建设路线图，划定生态功能保障红线。实行最严格的耕地保护政策，落实耕地占补平衡，推进土地节约集约利用。注重源头管控，强化环保、水保“三同时”，严格实行“四个一律”，即对不符合环境保护法律法规的建设项目，一律不予立项；对水土流失治理不到位、环保不达标的企业，一律不予通过年检；对城区和乡（镇）所在地周边、公路河流两侧一重山及生态脆弱区，一律实行禁伐；对监管不力、执法不严的单位和个人，一律严肃追究责任。

强化综合整治。持续推进水土流失综合治理，重点抓好银川矿区地质环境治理三期、太华万湖矿区水保生态治理企业化运作试点等一批“五园模式”示范项目，加大造林绿化力度，落实“三个必造”，构筑绿色生态屏障，让山更绿。提升“河长”制，深入开展万里安全生态水系建设，加大坑口水库和乡村集中式饮用水源地环境保护力度，加强文江河、均溪河流域水环境保护与修复，强化农村垃圾、畜禽养殖、农业面源、重金属等污染防治，切实保护和净化水环境，让水更清。推进水泥等重点行业企业节能降耗、清洁生产，强化机动车尾气、建筑施工、道路扬尘等综合治理，抓好生活垃圾无害化处理，确保大气环境质量优于国家二级标准，让天更蓝。

健全体制机制。创新考评问责机制，严格落实党政领导环保“一岗双责”，探索建立生态环境保护优先绩效考评体系，实行领导干部生态环境损害责任终身追究制。健全综合执法机制，成立生态环境保护指挥中心，发挥生态综合执法局、公安生态环境保护大队、生态检察室、生态环境审判庭作用，完善环境执法与环境司法衔接联动工作机制，严厉打击偷排、直排、水洗砂、水洗矿、乱弃土弃渣等违法行为。完善利益导向机制，强化企业生态环境治理主体责任，探索生态补偿和市场化治理模式，着力构建“谁破坏、谁治理，谁保护、谁受益”的生态保护格局。健全全民参与机制，大力宣传节约资源、保护环境和水土保持基本国策，大力倡导绿色、简单、低碳、文明的生活方式，营造全民参与和有力监督的良好氛围。

（六）着力共建共享，增进民生福祉

健全社会保障体系。完善就业政策，统筹做好大中专毕业生、农村转移劳动力、城镇困难人员、退役军人就业工作，城镇新增就业2600人以上、农村劳动力转移就业5100人以上。加大棚户区、危房改造力度，新开工保障性安居工程1712套，基本建成1198套，实施“造福工程”和危房改造400户以上。加强社会保障服务能力建设，推进城乡居民基本养老保险一体化和机关事业单位养老保险制度改革，实现城镇职工、城乡居民基本医疗保险统一管理。推进县社会福利中心二期和农村幸福院建设，妥善解决空巢老人养老问题。开展殡葬管理专项整治，完善县殡仪馆配套服务设施。健全未成年人、农村留守儿童、残疾人关爱服务体系，统筹做好双拥优抚、救灾救济、社会救助、公益慈善、老龄事业、关心下一代等工作。

加快社会事业发展。坚持“教育强县”战略，优化全县教育布局和资源配置，加快推进农村义务教育薄弱校改造、城区中小学扩容、城乡幼儿园等21个项目建设，全面提升教育教学质量。深化县级公立医院和基层医疗卫生机构综合改革，开展乡村“智慧医疗”，实施太华卫生院迁建，完成县妇幼保健院搬迁，改造提升奇韬、屏山等乡镇卫生院和30个村级卫生所。坚持计划生育基本国策，落实一对夫妇可生育两个孩子政策，综合治理出生人口性别比失衡和政策外生育问题。深化国家公共文化服务体系示范区创建活动，抓好博物馆搬迁和地面无线数字电视覆盖提升工程，推进象山夏季体育综合训练基地项目建设；创建国家一级图书馆，开展全民阅读活动，打造“书香大田”；加强文化遗产保护与传承，加大“大田土堡群”“章公祖师文化”保护与开发力度，力争朱坂“丰场戏”列入省级非物质文化遗产名录；开展全民健身运动，推广普及“大体操”，办好一场高水平体育赛事。做好第三次全国农业普查工作。支持老干部、工会、共青团、妇联、科协工作，加强侨台、档案、地方志、民族宗教工作，推动各项社会事业协调发展。

提升社会治理能力。巩固省级文明县城创建成果，广泛开展群众性精神文明创建活动，提高全民素质。启动实施“七五”普法，深化“平安大田”、“法治大田”建设，引导全社会尊法学法守法用法；构建调解、仲裁、行政裁决、行政复议、诉讼等有机衔接的多元化社会矛盾纠纷化解体系，推进阳光信访、责任信访、法治信访；加强社会诚信建设，完善守法诚信褒奖和违法失信惩戒机制；强化“三大卡口、七张网络”建设，严厉打击各类违法犯罪行为。严格落实安全生产“党政同责、一岗双责、失职追责”和企业主体责任，深入开展“打非治违”专项行动，加强食品药品安全监管，强化隐患排查治理，坚决遏制重特大事故发生。加强应急管理和防灾减灾体系建设，提高应急救援和抗灾救灾能力。

（七）转变政府职能，提高服务水平

坚持依法行政。把依法行政贯穿于政府工作的各个领域、各个环节，不断提高运用法治思维和法治方式解决问题的能力。自觉接受人大法律监督、工作监督和政协民主监督，主动接受群众及媒体监督，认真办理人大代表议案（建议）和政协委员提案（来信）。加快转变政府职能，落实行政审批项目清单、公共服务项目清单、权力清单、责任清单等制度，让权力在阳光下运行。

持续改进作风。巩固拓展党的群众路线教育实践活动和“三严三实”教育成果，打好作风建设攻坚战、持久战，决不让“四风”问题反弹回潮。把“抓落实”作为政府工作的生命线，践行“马上就办”，全面推进“四下基层”和“一线工作法”，把问题解决在一线、工作完成在一线。加强政府绩效管理，加大效能督查和问责力度，不断提升政府执行力。

做到清正廉洁。严格遵守党的政治纪律和政治规矩，严格执行廉洁自律准则和党纪处分条例，始终把纪律和规矩挺在前面。严格落实党风廉政建设责任制和中央“八项规定”精神，严肃财经纪律，全面规范公务接待、公务用车，加大工程建设、矿产开发、土地出让、政府采购、中介服务和国有资产管理等领域的监管力度，扎紧制度笼子。加大行政监察和审计监督力度，严肃查处各类违纪违法案件，打造为民、务实、清廉政府。

各位代表，“十三五”的蓝图已经绘就，加快发展的号角已经吹响。让我们在县委的坚强领导下，紧紧团结和依靠全县人民，一心一意、一鼓作气、一往无前，共同把大田建设得更加美丽繁荣，让大田人民生活得更加幸福安康！

大事记

□编辑 范立洋

1月

4日 市委书记邓本元、市长杜源生率领市委市政府工作组到县推进一季度项目建设，并召开汇报会，县领导汤俊生、熊旭明参加。

5日 县人大常委会组织常委会组成人员以及部分省、市、县人大代表，对县政府25个工作部门开展2014年度工作测评。将测评中反映的问题，提交县政府及有关部门进行整改，并将评议结果报送县委参阅。

6日 中共大田县委十二届八次全体会议召开，贯彻落实总书记习近平来闽考察重要讲话、党的十八届四中全会，省委九届十一次、十二次全会，市委八届八次、九次全会以及中央和省市经济工作会议精神，听取和讨论县委书记汤俊生所作的常委会2014年的工作报告，审议通过《中共大田县委、大田县人民政府关于深入贯彻落实习近平总书记来闽考察重要讲话精神加快大田科学发展跨越发展的实施意见》和《中共大田县委关于全面推进依法治县建设法治大田的实施意见》。县几套班子领导参加。

7—8日 省委书记尤权到县调研茶产业和乡村旅游发展情况，并到吴山乡和洋村看望慰问特困户、低保户，省领导叶双瑜、潘征、陆开锦、张立先、林国耀、陈则生，市领导邓本元、杜源生、王刚、潘东升，县领导汤俊生、熊旭明陪同。

12—13日 县委副书记、县长熊旭明赴成都与中铁二院对接吉泉快速铁路在我县线路走向及站点设置有关事宜。

13日，县政府召开吉泉铁路大田县境内走向及站场设置专题研讨会，副县长廖荣才主持。

16—25日，中铁二院工程集团有限责任公司总体高级工程师李云一行、成都中铁二院土建二院副总工程师张志勤一行先后到县开展吉泉铁路现场踏勘，县长熊旭明、副县长廖荣才陪同。

13日 全国法治县创建检查组组长吴鸣一行到县考评督导2015年全国法治县创建活动先进单位工作，县领导汤俊生、张英跃、张爱兰、陈钦梅、陈庆建、朱文绣、陈福东、叶其勇参加。

14日 市委领导邓本元、冯新婷到县召开座谈会，集体约谈县委领导班子成员。

14—16日 政协第九届大田县委员会第四次会议召开，县领导班子出席。

14—17日 大田县第十六届人民代表大会第四次会议召开，县领导班子出席。

21—22日 省委常委、纪委书记倪岳峰到县指导第二批党的群众路线教育实践活动整改工作，并召开座谈会，省纪委常委、秘书长江玉平，市委常委、市纪委书记冯新婷，市委第十二督导组组长陈木星，县领导汤俊生、熊旭明、郑建勋、廖金辉、张勇民参加。

22—23日 省级生态县复核组组长陈曦到县复核生态县工作情况，县领导熊旭明、谢军陪同。

24日 大田县见义勇为模范（先进个人）座谈会在县龙山宾馆召开，省见义勇为基金会会长傅镛堃，县领导张英跃、陈钦梅参加。

29日 屏山乡民宿旅游项目建设现场推进会召开，县领导汤俊生主持，江太生、廖荣才参加。

30日 县长熊旭明实地调研泉南高速上京互通项目建设进展情况和桃源蓝玉村美丽乡村建设情况。

2月

4日 县政府防范企业欠薪专题会议在县政府三楼会议室召开，县领导熊旭明、谢军、廖荣才参加。

5日 县疾控中心办公新楼搬迁，副县长陈钦梅参加揭牌仪式。

10日 第二实验幼儿园项目建设专题研究会在县政府二楼会议室召开，副县长陈钦梅主持。

12日 县委书记汤俊生主持召开防范和化解欠薪问题专题会，县领导熊旭明、廖金辉、谢军、余维语、叶其勇参加。

26日 大田县2014年工作表彰暨2015年全县人口和计划生育工作会议在县影剧院召开，县几套班子领导参加。

3月

1日 县长熊旭明、副县长涂剑峰调研指导南门桥至澹多桥栋山片区商业风情街改造工作。

3日 县长熊旭明到京口工业园区调研指导企业生产经营情况，并协调解决存在的困难和问题。

6日 全县农业农村工作会在县政府四楼会议室召开，县领导汤俊生、江太生、温如校、廖荣才、张友生参加。

10日 台湾南投市市长宋怀琳一行到县福建高山茶文化创意产业园、大丰羽生物科技公司调研，县委常委、统战部长江太生陪同。

13—18日 县人大常委会副主任郑宜堆一行8人到桃源镇兰玉村、赤头坂国有林场、建设镇贵竹林矿区、广平镇五峰村、梅山乡璞溪村，调研2011年以来造林成果巩固情况。

23日 县政府常务会议在县政府二楼会议室召开。会议研究2015年县直部门综合财政预算支出安排情况、《大田县森林防火工作责任追究和奖惩办法》、省级森林县城创建工作、农村土地承包经营权确权登记颁证工作、闽江上游防洪工程建设有限公司经营管理问题、创建国家公共文化服务体系示范区有关问题、鸭蛋山非正规垃圾填埋资源化治理项目，成立大田县征地拆迁工作领导小组，补充《大田县城市污水处理特许经营协议》。县长熊旭明主持会议，常务副县长谢军，副县长余维语、戴绍松、廖荣才、涂剑峰参加。

24日 县委书记汤俊生会见兴业银行三明分行行长高鹏一行，商谈兴业银行与大田县银政合作事宜。

县委副书记、县长熊旭明会见三钢集团副董事长、党委副书记、副总经理黎立璋一行，洽谈合作开发石灰石矿有关事宜。

25日 环保部华东督查中心处长王曙光一行到县，开展实施国家重金属污染综合防治“十二五”规划2014年度现场核查工作，县长熊旭明陪同。

4月

1日 县长熊旭明主持召开推进医疗卫生事业发展工作专题现场会议，研究存在的困难和问题，部署下阶段工作。

省森林防火指挥部专职副指挥谭论一行到县督导森林防火工作，县长熊旭明、副县长廖荣才陪同。

县人大常委会副主任刘永生带领县人大常委会部分委员一行12人先后到旅游局、文广局、住建局、交通局、财政局、发改局、茶业局，屏山乡、吴山乡开展《中华人民共和国旅游法》实施情况进行调研。

7日 县长熊旭明在县政府二楼会议室主持召开会议，专题研究创世纪影视投资项目和2015年为民办实事项目有关问题。

12—13日 县长熊旭明主持召开高端石英材料生产研发产业基地项目协调会，副县长涂剑峰参加。

14日 县政府在二楼会议室举行高端石英材料生产研发产业基地签约仪式，副县长涂剑峰参加，并代表县政府与本益科技股份有限公司签订框架合作协议。

15日 共同推进大田县地质勘察暨富硒产业合作协议签约仪式举行，省地矿局副局长郭立新，县领导汤俊生、江太生、潘荣灼、余维语参加。

16日 省委机要局局长陈巧玲一行到县调

研机要工作情况，市委机要局局长陈继，县委常委潘荣灼陪同。

省残联副理事长王秀丽一行到县参加“阳光伴我行”集善明儿童轮椅三明项目发放仪式，市残联理事长章新华，县领导汤俊生、张勇民陪同。

21日 县长熊旭明参加全省助力中小企业成长要素资源对接会八闽行启动仪式暨大田专场活动。

28日 县长熊旭明主持召开水土保持工作专题会议，研究部署下阶段水土保持工作。

县长熊旭明主持召开海诚新能源光伏农业科技大棚项目专题协调会，副县长涂剑峰参加。

副县长廖荣才赴三明市参加兴业银行三明分行与大田县人民政府签订银政合作签约仪式。

29日 省纪委副书记彭锦清一行到县调研水土流失治理工作，市委常委、纪委书记冯新婷，县领导汤俊生、熊旭明、张勇民、潘荣灼、廖荣才、涂剑峰参加。

5月

1日 2000多名游客通过“大田旅游”微信平台《世界那么大，五一屏山千人杀猪饭等你来》预约相聚屏山，游览高山生态茶园，品尝“千人土猪宴”，观赏茶艺表演和木偶戏等民俗文化表演。

“五一”放假期间，“中国高山茶园”屏山“美丽乡村”旅游共接待包括外国朋友在内的各地游客1万多名。

5日 全县创建国家级生态县工作会议召开，县几套班子领导参加。

6日 县长熊旭明在福州全省水生态文明专题研讨班上介绍“河长制”工作情况。

7日 向莆铁路公司总经理徐利峰一行到我县现场踏勘吉泉铁路（永安至泉州段），市政府副市长肖明光，县领导汤俊生、熊旭明、潘荣灼、郑宜堆、廖荣才陪同。

16—23日 县人大常委会副主任温如校带领部分县人大常委会委员、人大代表，到梅山、华兴等乡镇，实地察看部分油茶产业项目，听取林业局、农业局、财政局等部门工作情况汇报、调研油茶产业发展情况。

18日 县政府常务会议在县政府二楼会议室召开，传达全国、省、市国土资源工作会议精神，研究促进工业创新转型稳定增长措施问题，批准《大田县广平镇总体规划（2014—2030）》，部署当前工作。县长熊旭明主持会议，常务副县长谢军、副县长余维语、戴绍松、涂剑峰参加。

19—20日 国土资源部处长李明路、财政部注册会计师李红到县开展银川矿区矿山地质环境治理示范工程项目核查和指导矿山地质环境治理示范工程建设工作，并召开反馈会，县长熊旭明、副县长余维语、廖荣才参加。

21—22日 省教育督导评估组组长黄建顺一行到县开展“义务教育发展基本均衡县”评估验收，并召开反馈会，县领导章玲、张爱兰、陈钦梅参加。

22日 省委常委、省委秘书长叶双瑜带领省委省政府工作检查组（三明）到县检查工作，县长熊旭明、副县长戴绍松陪同，副县长廖荣才汇报“河长办”工作。

24日 广平镇元沙村发生山体滑坡事故，死2人、伤1人，房屋倒塌1座。副市长纪熙全、县领导熊旭明、余维语、涂剑峰到场指挥救援工作。

全县地质灾害防治工作紧急会议在县政府二楼会议室召开，县长熊旭明主持，副县长余维语参加。

26日 县长熊旭明主持召开沃沃亲子教育基地、电商产业园、民营专科医院等“田商回归”项目洽谈对接会，副县长涂剑峰参加。

6月

1—3日 省委常委、纪委书记倪岳峰一行到县检查指导村级组织换届和水土流失治理工作，县长熊旭明、副县长余维语陪同。

6—8日 6日17时许，建设镇元山铁矿发生透水事故，4名矿工被困井下。省委、省政府领导接报后，由省委常委、常务副省长张志南，副省长王惠敏对事故救援及善后等工作作出重要批示，省安监局副局长吴文盛率专家组赶赴现场指挥救援。三明市长杜源生、副市长肖明光、大田县领导熊旭明、陈汉良、余维语、叶其勇和永安市主要领导到场组织施救。

此次救援行动调动消防官兵53人、供电保障人员30人、医护人员9名以及省能源集团永煤公司矿山救护队、三泉矿山救护队和周边矿山企业救援人员45人。现场成立事故救援指挥部，设立设备调度、救援、维稳、善后、后勤5个小组，设立水仓1个，铺设排水管路3趟，铺设临时供电线路1000米，调用24台水泵同时分级抽水。经过37个小时奋战，2名矿工获救，2名矿工遇难。

8日 县政府在二楼会议室召开全县安全生产工作紧急会议，县领导熊旭明、缑泽昆参加。

13日 国家文物局博物馆与社会文物司司长段勇一行到吴山乡阳春村调研“肉身坐佛”有关情况，县委常委、宣传部长章玲陪同。

15—16日 全市法治宣传教育工作推进会在县召开，市委宣传部副部长杨华泰、市司法局局长黄国城，县领导廖金辉、张英跃参加。

16—19日 县长熊旭明、常务副县长谢军、副县长余维语到福州参加“6·18”海峡项目成果交易会、对接华电集团风电项目和落实大田福州商会“沃沃亲子”基地、民营医院、电商产业园等“田商回归”项目

23—25日 县委常委、宣传部长章玲赴北京参加中宣部举办的全国社会主义核心价值观建设宣传教育工作培训班，介绍大田《“小祠堂”培育“大文明”》的经验。

常务副县长谢军参加上海选泉建筑景观设计公司林选泉董事长作的大田县域绿道战略规划汇报会。

25日 农业部农产品质量安全监管局调研员薛志红、农产品质量安全中心农产品地理标志处处长孙志永到县调研大田县申报“高山茶国家地理标志登记保护示范县”有关情况，县委常委、统战部长江太生陪同。

27—28日 大田富硒产业规划汇报会在北京大学未名生物工程集团有限公司召开，县委常委、统战部长江太生赴北京中国营养协会汇报县富硒产业开发情况，

30日 市军分区政治部徐林森主任一行到县开展全市双拥“创模” 工作检查考评活动，县领导张勇民、戴绍松、张朝阳、尹培虎陪同。

7月

1—2日 1日上午，县安监部门接报：昨日16时许，上京镇梅林村后洋煤矿发生透水事故，3名矿工被困井下。因矿主隐瞒险情、自行抽水排险，延误专业救援队及时救援。省煤监局接报后，立即派相关负责人和专家到现场指挥救援。三明市副市长肖明光和县领导熊旭明等到场组织施救。救援指挥部当即调动三泉矿山救护队、永安煤业公司救护队及大田县消防大队60余名救护人员和12名医护人员、13台潜水泵参加救险。2日上午7时许，矿井水位回落。因险情迟报10多个小时，错过最佳抢救时机，被困矿工全部遇难。当日，县政府要求所有煤矿企业停产检查，达不到安全生产要求的一律不予复工。

国家煤炭安全生产工作交叉检查组到县永安煤业公司苏桥煤矿、惠峰矿业公司东井田煤矿核查，副县长余维语陪同

全市检察机关“巡回检查”工作现场推进会在县召开，市检察院党组书记、检察长张时贵，县领导廖金辉，县检察院检察长陈福东参加。

3日 全县第三季度防范重特大生产安全事故暨安委会全体成员会议在县政府二楼会议室召开，县长熊旭明，副县长余维语、戴绍松参加。

7—9日 县委常委、宣传部部长章玲赴北京参加2015“浩沙杯”全国健美操锦标赛新闻发布会。

县人大常委会副主任温如校一行9人到梅山、前坪等乡镇实地察看旧村复垦项目，听取县国土局、招商局等部门工作情况汇报，调研县近年来项目建设用地保障情况。

16日 全市“两违”综合治理工作现场会在大田召开，副市长纪熙全，县领导熊旭明、谢军参加。

17日 市政协主席程立双带领部分政协委员到县调研茶产业转型、休闲旅游业发展、城市规划建设和民生项目建设等，县政协主席郑建勋陪同，副主席高石麟县中医院院长介绍中医院迁建项目。

全县征兵工作会议在县政府五楼会议室召开，县长熊旭明、常务副县长谢军参加。

21日 县委书记汤俊生主持召开2015年七个重大项目组工作情况汇报会，县领导熊旭明、陈汉良、廖金辉、张英跃、章玲、蔡建明、江太生、谢军、潘荣灼、缑泽昆、余维语、廖荣才、涂剑峰参加。

全县安全生产工作情况汇报会在县政府三楼会议室召开，县委书记汤俊生主持，县领导熊旭明、张英跃、缑泽昆、余维语参加。

全国健美操锦标赛筹备情况汇报会召开，县委书记汤俊生主持，县领导熊旭明、廖金辉、张英跃、章玲、刘永生、陈钦梅、戴绍松、涂林瑢、叶其勇参加。

25日 江西省水利厅副厅长廖瑞钊一行到县调研“河长制”工作情况，县领导熊旭明、廖荣才陪同。

28日 县政协主席郑建勋召集龙腾盛世广场项目建设指挥部、住建局、公安局、人社局、群工部、信访局、四方置业有限公司等单位研究解决四方置业农民工欠薪有关事宜。

8月

2日 县领导汤俊生、熊旭明、江太生、缑泽昆、郑宜堆、余维语、涂剑峰、涂林瑢赴泉州晋江参加泉州大田商会成立大会暨大田·泉州投资项目推介洽谈会。

3—4日 省委常委、省纪委书记倪岳峰，市长杜源生，市委常委、市纪委书记冯新婷到上京镇梅林村、文江乡后洋村、广平镇栋仁村，以及上京煤业仙亭矿区、前坪乡川石矿区思脚坪矿山、文江乡后洋村小流域治理点等地调研党风廉政建设、村级组织换届、美丽乡村建设及水土流失治理等工作，省纪委办公厅主任刘小宁，县委书记汤俊生陪同。

县人大常委会副主任张爱兰一行10人到县法院、检察院、公安局、律师事务所和有关社区，调研县“两院”规范司法行为工作情况。

5日 市政协主席程立双一行到县调研产业转型推进工作，副县长廖荣才陪同。

6日 亚洲开发银行、省亚行办环境官员马克一行到县考察亚行贷款福建农地资源可持续利用示范项目环境，县委常委、统战部部长江太生陪同。

7日 浩沙体育文化产业园建设项目征迁工作推进会在县政协会议室召开，召集人县政协主席郑建勋，县政协副主席涂林瑢和项目指挥部、均溪镇领导参加。

8—9日 部署防御第13号台风“苏迪罗”工作紧急会议在县防汛抗旱指挥部召开，市委常委、纪委书记冯新婷，市人大常委会副主任洪明德，县领导汤俊生、熊旭明、廖荣才、尹培虎参加。会后，副县长廖荣才到县防汛抗旱指挥部指挥调度，县领导到挂包乡镇检查指导台风防御工作。

10日 县政府常务会议在县政府二楼会议室召开。研究行政审批制度改革、提高被征地农民养老保障金标准、高端石英材料生产研发产业基地投资协议、“十三五”规划重大项目策划等有关问题。

中共大田县经济开发区委员会、大田县经济开发区管理委员会、中共大田县经济开发区纪律检查委员会举行揭牌仪式，县领导汤俊生、缑泽昆参加，并到威斯特环保有限公司调研。

大田县白岩公园至仙亭公园绿道示范段规划设计方案汇报会召开，县领导汤俊生、熊旭明、廖金辉、谢军、温如校、高石麟参加。

18—19日 县人大常委会成立以郑宜堆副主任为组长的调研组一行9人，开展县本级财税收入结构情况调研。调研组通过听取财政局、国税局、地税局、发改局、国土局、住建局、统计局、经信局等部门汇报，查阅相关资料、走访座谈等形式，掌握县本级财税收入结构情况。

21—28日 2015“浩沙杯”全国健美操锦标赛暨大体操展示活动在县体育中心举办，国家体育总局体操运动管理中心领导罗超毅、王佑平，中国健美操协会副秘书长、国家健美操集训队总教练王宏，省体育局局长徐正国，市政府副市长张丽娟，市体育局局长张清水，浩沙集团总裁施鸿雁和县领导汤俊生、熊旭明、陈汉良、郑建勋及戴绍松、廖荣才等出席。其间，“健美操世界冠军进校园、进社区”活动在城区展开，副县长陈钦梅、戴绍松参加。

26—27日 南京大学物理系教授、博士生导师，中国科学院院士郑有炓带领国家半导体照明工程研发及产业联盟和国家文化科技创新服务联盟专家组到县考察调研矿山企业、农业产业化等项目建设情况，对接投资及技术合作需求，并召开国家科技部专家座谈会、讲座，县委副书记、县长熊旭明代表县政府分别与国家半导体照明工程研发及产业联盟秘书长吴玲、国家文化科技创新服务联盟秘书长熊丽群签订了战略合作协议。县领导汤俊生、熊旭明、江太生、缑泽昆、刘永生、余维语、戴绍松、廖荣才、涂剑峰、高石麟参加。

27 日 县领导汤俊生、蔡建明走访慰问部分家住城区的抗战老兵。县民政局领导分批看望、慰问全县健在的 12 名抗战老兵。

31 日 县领导汤俊生、熊旭明、缑泽昆、涂剑峰会见台湾啤酒项目代表颜呈尚一行，沟通洽谈合作事宜。

9 月

1 日 县委常委议军会议在县政府四楼会议室召开。会议听取县人武部的工作情况汇报，讨论县人武部提请研究解决的问题，县委书记汤俊生主持，县委常委、县人大常委会主任、县政协主席、县委调研员参加。

县人大常委会副主任温如校、张爱兰、刘永生、郑宜堆率部分委员、人大代表到县城区影院、福塘综合市场、牲畜定点屠宰场和畜禽交易市场迁建等项目开展实地调研，听取政府办、公安局、交通局、农业局、林业局、国土局、住建局、民政局、财政局等相关部门汇报，了解 2012—2014 年大田县为民办实事项目成效。

6 日 县长熊旭明到武陵乡调研设施农业和特色农业发展工作。

鸿图中学资产评估会在县政府二楼会议室召开，副县长陈钦梅参加。

县领导汤俊生、缑泽昆、涂剑峰赴厦门参加 2015 年厦门“9・8”国际投资贸易洽谈会。

8 日 县长熊旭明主持召开水土保持企业化运作太华矿山（万湖铁矿）一期治理工程项目现场办公会议，副县长廖荣才参加会议。

10 日 召开庆祝 2015 年教师节暨“义务教育发展基本均衡县”迎国家级检查验收动员大会，县领导汤俊生、章玲、刘永生、陈钦梅、高石麟参加。

在此之前，县领导分别到挂包乡镇中小学及县中小学开展慰问。

2015 年夏秋季新兵入伍欢送大会在县人武部召开，县领导张勇民、谢军、林其秋、刘永生、张友生、郭佳添、尹培虎参加。

11 日 全县打击非法违法采矿工作推进会在县政府四楼会议室召开，副县长余维语召集。

县经信、商务机构改革职能划转暨人员交接座谈会召开，副县长涂剑峰召集。

12 —13 日 中国热科院品资所所长李开锦一行到县考察国家木薯产业体系三明综合试验站暨福建区域木薯产业发展情况，县委常委、统战部长江太生，副县长涂剑峰陪同。

14 日 县人大常委会就县坑口水源地管护情况进行专题询问。问前，通过实地察看、召开座谈会、征求意见、开展县乡镇人大代表视察调研等形式详细了解县坑口水源地管护情况。副县长涂剑峰以及县环保局、水利局、国土资源局、住房和城乡建设局、农业局、林业局、市场监督管理局、发展和改革局、财政局、民政局、生态综合执法局、矿业监督管理局、畜牧兽医水产中心、库区移民开发局、卫生监督所、坑口水库管理处、福建水利投资集团大田水务有限公司、谢洋乡政府、吴山乡政府、屏山乡政府等部门单位的负责人回答有关询问。

14—15 日 县委、县政府先后在县政府四楼会议室召开加强金融风险防控工作专题会议，县委书记汤俊生、县长熊旭明分别主持，县领导陈汉良、郑建勋、廖金辉、张英跃、蔡建明、张勇民、潘荣灼、廖荣才、涂剑峰等参加。

15 日 县长熊旭明调研国道纵五项目建设进展情况。

赤岩路（二期）建设项目协调会召开，召集人常务副县长谢军，副县长廖荣才参加。

16 日 全县精神文明建设工作表彰暨巩固提升省级文明县城创建成果动员大会召开，县领导汤俊生、熊旭明、陈汉良、郑建勋、章玲参加。

17 日 县委书记汤俊生会见中国建筑一局集团有限公司福建分公司总经理单运龙一行，对接洽谈 PPP 合作项目。

太平洋建设集团董事局副主席张成、首席执行官李婧娜等一行到县考察 PPP 基础设施建设项目，副县长涂剑峰陪同。

18 日 县不动产登记机构成立协调会在县政府二楼会议室召开，常务副县长谢军召集。

18—22 日 县委常委、宣传部长章玲带队赴青岛参加 2015 全国全民健身操大赛。

22–23 日 市卫计委党组书记吴功亮率三明市人口文化艺术团到武陵乡开展“红色武陵 幸福计生”慰问演出，副县长陈钦梅陪同。

23 日 全省煤矿防范事故工作座谈会在县政府四楼会议室召开，县长熊旭明、副县长余维语参加。

县政协主席郑建勋召集龙腾盛世指挥部、住建局、国土局、地税局、财政局、金融办、建行、住房公积金管理中心、兴田城投、房管所、四方置业等单位召开融资工作会议，县政协副主席涂林瑢参加。

24 日 中国计生协会生育关怀基金管委会顾问苗霞、北京中医药大学管理学院主任高莉敏，省计生协会常务副会长陈光普等一行到县考察评估防治寄生虫工作，副县长陈钦梅陪同。

28 日 县委宣传部、县直机关党工委、县文广局联合在县体中心举办“铭记历史，圆梦中华”——大田县纪念抗日战争胜利 70 周年暨庆祝建国 66 周年歌咏晚会，县领导廖金辉、章玲、刘永生、戴绍松、涂林瑢参加。

28—29 日 县长熊旭明主持收看市防御第 21 号台风“杜鹃”视频会议，部署全县防御台风工作。副县长廖荣才召集相关部门到均溪河、坑口水库察看河道安全，指挥落实台风防御工作。

省林科院院长李建民一行到谢洋乡察看坑口水库并召开座谈会，洽谈水源涵养林国家科技项目合作工作，县委常委、统战部部长江太生参加。

30 日 烈士纪念日公祭烈士仪式在县革命烈士陵园举行，县领导偕党政机关干部、学校师生、部队官兵以及社会各界群众参加。

鸿图中学资产评估会再次召开，副县长陈钦梅参加。

10 月

8 日 县中医院新院区落成，市卫计委副主任郑晓英，县领导汤俊生、熊旭明、章玲、刘永生、陈钦梅参加揭牌仪式。

兴泉铁路（大田段）建设项目推进会在县人大二楼会议室召开，副县长廖荣才召集。

9 日 县长熊旭明到均溪镇、华兴乡、石牌镇等乡镇调研国家公共文化服务示范区创建工作。

12 日上午 县委书记汤俊生到白岩公园至仙亭山公园健身绿道项目、鸭蛋山非正规垃圾填埋场治理项目和赤岩路（二期）建设项目现场办公，县领导廖金辉、谢军参加。

13 日 副县长涂剑峰带领商务局、商业总公司到华兴乡调研县牲畜屠宰场建设项目选址工作，了解重点项目安全生产情况。

14 日 县落实黄标车淘汰工作协调会议召开，召集人常务副县长谢军。

县人大常委会召开坑口饮用水源地保护工作情况专题询问会，副县长涂剑峰参会并作工作情况汇报。

16 日 副县长涂剑峰赴泉州对接年产 20 万吨啤酒生产项目。

19 日 县第三批国家专项建设基金项目申报工作会议在召开，研究对接争取项目、政策、资金等问题，县长熊旭明主持会议，副县长涂剑峰参加。

21 日 县长熊旭明、副县长戴绍松分别到太华镇、武陵乡、桃源镇等乡镇开展重阳节慰问活动。

23 日 县委书记汤俊生到屏山至吴山三级路建设项目、国道纵五线大田段建设项目、泉南高速上京互通口连接线建设项目、白岩公园至仙亭山公园健身绿道建设项目、第二实验幼儿园建设项目和均溪中心小学二期建设项目现场办公，县委副书记廖金辉参加。

26 日 大田县第九届老年人健身大会开幕，市老体协主席刘鑫，县领导汤俊生、陈汉良、郑建勋、蔡建明、刘永生、高石麟参加。

27 日 省委县（市、区）巡视五组巡视大田县工作动员会召开，省委县（市、区）巡视五组成员，省委巡视办副主任张国明，市委常委、组织部长陈炎标，县几套班子领导参加。县委、县政府进行工作汇报。

28 日 第十届中国高山茶文化节暨中国高山硒谷授牌仪式在吴山高山茶叶城和城区仙廷

大酒店四楼会议室举行，原农业部副部长、科技部副部长、中国技术市场协会会长韩德乾，中国营养学会常务理事长翟凤英，中国疾病预防控制中心微量元素营养室主任、中国营养学会理事兼微量元素专业委员会主任委员朴建华，北京北大未名生物工程集团有限公司董事长、中国生物工程学会常务理事、中国生物工程学会产业促进会副主任、北京市场经济研究所高级研究员、北京大学教授潘爱华，县领导汤俊生、熊旭明、江太生、廖荣才等出席。

29日　副县长戴绍松赴厦门参加为期三天的第八届海峡两岸文化产业博览会。

29—30日　省委党史研究室副主任黄玲一行出席中共大田县党史学会揭牌暨“大田与抗战”专题座谈会，并到屏山乡考察红色革命遗址保护利用情况，市委党史研究室主任王仁荣，县委常委、统战部长江太生参加。

县人大常委会副主任刘永生率调研组一行8人到教育局、财政局、公务员局、住建局、国土局、发改局、文广局，湖美乡、太华镇、建设镇等单位，开展县义务教育基本均衡发展工作情况调研。

30日　县不动产登记局举行揭牌仪式，副县长余维语参加。

副县长廖荣才召集召开泉南高速上京互通项目有关事项招投标工作会议。

“鼓浪屿万石国画院济阳分院”在济阳成立，县领导郑建勋、章玲、缑泽昆出席揭牌仪式。

11月

4日　省扶贫基金会到县举行全科诊断仪捐赠交接仪式，省扶贫“两会”会长叶继革、常务副会长余有江，省少数民族发展基金会理事长雷斌，福建美亚信息科技集团有限公司副总经理王斌，市扶贫开发协会常务副会长陈凤珠，县领导汤俊生、陈钦梅参加。

县领导熊旭明、江太生、副县长廖荣才赴三明参加第十一届海峡两岸林业博览暨投资贸易洽谈会。

10日　大田海诚新能源有限公司光伏发电项目举行开工奠基仪式，县领导熊旭明、缑泽昆、涂剑峰参加。

12日　省水利投资开发集团有限公司总经理曾金水到县检查指导太华万湖水保项目、水价调整等事宜，县领导潘荣灼、陈祥治、涂剑峰参加。

16日　金融风险防控工作会议在县政府二楼会议室召开，专题研究金融风险防控化解有关问题，县长熊旭明主持。

17日　县长熊旭明调研威斯特环保科技项目进展情况。

福建中医药大学省政协委员小组组长、校党委书记黄有霖一行到县调研林下经济药物产业发展情况，县长熊旭明，副县长陈钦梅陪同。

23日　县政府常务会议在县政府二楼会议室召开，研究《中共大田县委关于制定大田县国民经济和社会发展第十三个五年规划的建议》、县直部门单位责任清单梳理编制工作情况、国务院和市政府取消、下放、调整行政许可、公共服务项目落实情况、县人大常委会对进一步促进我县油茶产业发展意见的整改落实情况、县人大常委会对2015年上半年国民经济和社会发展计划及预算执行情况审议意见的整改落实情况、县城投公司增资扩股、县残疾人运动员奖励经费、县级公立医院综合改革试点中央补助资金分配方案等有关问题。县长熊旭明主持会议，常务副县长谢军，副县长陈钦梅、余维语、戴绍松、廖荣才、涂剑峰参加。

25日　中国计生协会副秘书长、国际合作部部长洪萍一行到县调研大田县计生协会工作，副县长陈钦梅陪同。

26日　中共大田县委十二届十次全体会议在龙山宾馆七楼会议室召开，听取和讨论县委书记汤俊生代表县委常委会所作的工作报告和讲话，贯彻落实中共十八届五中全会、省委九届十五次全会、市委八届十一次全会精神，审议通过了《中共大田县委关于制定大田县国民经济和社会发展第十三个五年规划的建议》。县委委员、候补委员，县几套班子领导参加。

27日　县长熊旭明赴三明参加市政府主要领导金融风险防控工作专项约谈。

29日　大田首届社区文化节暨“半台戏”公共文化服务配送大田县启动仪式举行，县委常委、宣传部部长章玲参加。

30日　县委书记汤俊生主持全县不良贷款

化解工作专题会召开，县领导熊旭明、廖金辉、潘荣灼、陈祥治、王福校、廖荣才、涂剑峰、陈庆建、朱文绣、叶其勇参加。

12月

4日　县长熊旭明主持召开水土保持工作专题会议。

11日　县长熊旭明主持召开申报国家专项建设基金项目专题会议，副县长涂剑峰参加。

县长熊旭明调研立体停车场选址和道路白改黑工作。

清华大学罗德胤教授一行到县华兴乡杞溪村考察中国传统古村落，副县长陈钦梅陪同。

14日　县政府常务会议在二楼会议室召开，研究石牌圆伞工业园区代征代建费用、落实医患纠纷处置工作的县人大审议意见、推进机关事业单位养老保险制度改革、香山北路改造项目PPP合作、梅山乡陈建章、吴开国拒服兵役行为的处理、进一步提高村级组织运转经费保障水平、促进公交事业健康发展、福塘轻工业园区格林公司标准厂房回购等有关问题，县长熊旭明主持，副县长陈钦梅、余维语、戴绍松、廖荣才、涂剑峰参加。

18日　县长熊旭明参加麻纺厂地块修建性详细规划项目设计修改意见会。

21日　县政府常务会议在县政府二楼会议室召开，研究上京镇2016年度旧村复垦项目、购买农行债权包和2015年经济运行情况及安排部署2016年经济工作等有关问题。

22日　县长熊旭明到上京调研禧能小镇前期工作进展情况。

省住建厅风景园林办副主任林国荣一行到县进行省级园林县城考核验收，常务副县长谢军陪同。省特殊教育标准化学校评估验收组到县开展特校标准化建设评估验收，副县长陈钦梅陪同。副县长余维语召集联发煤业欠薪和菜坑垅探矿权整合纠纷问题专题协调会。

24日　县长熊旭明调研创世纪影城、图书馆、城市绿道建设项目进展情况。

31日　县委常委（扩大）会和全县领导干部大会在龙山宾馆七楼会议室召开，宣布县委、县政府主要领导人事调整事宜，市委常委、组织部长陈炎标，市委组织部部务会成员赵明，县几套班子领导参加。

大田概貌

□编辑 范立洋

基本情况

【地理位置】 大田县位于福建省中部、戴云山脉西侧；地处北纬25°28′53″—26°09′42″，东经117°28′58″—118°03′13″；东临德化，西接永安，南靠永春、漳平，北连三元、沙县、尤溪；总面积2233.12平方公里。域内交通便利，“泉南”高速公路穿境而过，县城至福州高速公路371公里、至厦门223公里、至泉州141公里、至三明126公里，经省道306线到三明105公里。

（范立洋）

【建置沿革】 大田县域周至元朝先后隶属七闽地、吴越地、闽中郡、江南东道福州、福建路南剑州、福建道延平府；明嘉靖十四年（1535）建县，隶属延平府；清雍正十二年（1734）改属永春州；民国时期属福建南路道、厦门道和仙游、龙岩、永安等专署；1949年9月6日后，大田先后隶属永安、晋江和三明专区，1983年专区改市后属三明市至今。

（范立洋）

【自然地理】 县境地处西南华力西—印支拗陷带之大田—龙岩拗陷的东北部，政和—大埔断裂斜贯全境。地质构造复杂，岩石以钙质砂岩、石英砂岩为主，次为花岗岩、花岗长岩、凝灰岩和变粒岩。地表水域多年平均径流量为19.84亿立方米；地下水总量3.54亿立方米，地下热水有太华汤泉、桃源广汤、石牌老厝、广平大竹林、华兴京口5处，水温29℃—79℃，总流量11.56升/秒。县境为中低山地带，地势大致由西南向东北倾斜，山岭、谷地分布趋向与境内构造基本一致；境内千米以上山峰175座，大仙峰海拔1553.4米，居全县之首；溪流纵横，是闽江、九龙江和晋江支流发源地之一，汇水面积30平方公里以上河流25条，均溪河最大，其主干流长81.7公里，是街面水库电站的主要水资源。气候属亚热带季风湿润区，无严寒酷暑，雨量丰沛，日照充足。

（范立洋）

【气候概况】 2015年，大田县气候基本属正常年景，平均气温正常、雨量正常，日照偏少，阶段性、区域性气象灾害时有发生，程度不高，损失较轻。

气温 2015年，平均气温19.8℃，比常年偏高0.7℃，属正常。年极端最高气温36.6℃，分别出现在8月2日、3日、4日；年极端最低气温-0.5℃，出现在12月18日。气温≥35℃的高温日数有23天，比常年偏多3天。“23型”秋寒出现于10月9日，“20型”秋寒出现于10月10日。

降水 2015年，降水总量为1594.9毫米，较常年偏多3%。一日最大降水量为69.4毫米，出现在9月1日；降水量≥0.1毫米的降水日数有181天，比常年偏多19天；降水量≥50毫米的降水日数有2天，比常年偏少1天。

日照 2015年，日照总时数为1348.2小时，比常年偏少164.8小时，其中12月异常偏少，7月显著偏少，4月显著偏多。

气象灾害 2015年，主要灾害性天气有台风、冰雹等。4月6日受冷空气、切变南压影响，桃源镇蓝玉村出现强对流天气，19:00—19:10突降黄豆粒大小冰雹，烟叶受灾面积约为6.67公顷。8月7—10日受台风“苏迪罗”过境影响，全县18个乡镇均出现不同程度灾情，受灾人口1.31万人，农作物受灾面积 113.33 公顷，转移人口 2841 人，直接经济总损失 2028 万元。

（张诚官）

水文 2015 年，大田县水文局测得均溪河年平均水位 353.09 米，平均流量 8.65 立方米 / 秒，最高水位 354.72 米，发生于 9 月 1 日，相应流量 200 立方米 / 秒，最低水位 352.67 米，发生于 4 月 18 日，相应流量 0.450 立方米 / 秒，年径流量 2.727 亿立方米；年平均输沙率 2.26 公斤 / 秒，最大日平均输沙率 120 公斤 / 秒；年平均含沙量 0.261 公斤 / 立方米，最大断面平均含沙量 4.71 公斤 / 立方米，最小断面平均含沙量 0 公斤 / 立方米，年输沙量 7.14 万吨。

（杜传垦）

【区划人口】 2015 年，全县设 8 个镇、10 个乡，辖 8 个社区、265 个建制村，2537 个村民小组，91 个居民小组。全县户籍人口 10.05 万户、41.42 万人，其中城镇人口 10.86 万人，非城镇人口 30.56 万人；人口自然增长率 12.31‰。

（魏庆赐 范立洋）

国民经济与社会发展

2015 年，大田县围绕“转型驱动、绿色发展”工作主题，坚持稳中求进工作总基调，适应新常态，推动全县经济社会继续保持平稳发展。全年完成地区生产总值 157.55 亿元，比上年增长 8.9%；第一产业实现增加值 28.02 亿元，同比增长 4.6%；第二产业实现增加值 81.98 亿元，同比增长 9.0%；第三产业实现增加值 47.55 亿元，同比增长 11.3%。大田县被授予全国法治县创建活动先进单位、全省第三轮首批“平安县”、第四届省级“文明县城”、省级“教育工作先进县”、省级“计生工作先进县”等称号。

存在的困难和问题：经济总量偏小，产业结构不合理，第三产业发展滞后，转型发展、创新发展任务艰巨；企业生产经营比较困难，“大众创业、万众创新”氛围还不够浓厚；城乡一体化进程不快，基础设施、文化教育、医疗卫生、社会保障等公共服务领域还不能满足城乡居民的需求；水土流失治理任重道远，生态环境保护亟待加强；财税增收基础不够稳固，财政资金使用效率不高；行政效能和服务水平有待进一步提高，个别部门和少数干部仍然存在不作为、慢作为、乱作为等现象。

（魏兰兰 范立洋）

【农业经济】 2015 年，大田县发展现代农业，推进特色茶叶、油茶、木薯、大米等富硒农产品生产。全年实现农林牧渔业总产值 47.64 亿元，比上年增长 4.59%；农村居民人均可支配收入 1.29 万元，同比增长 9.9%。粮食总产量 12.32 万吨，茶叶 4300 吨，烟叶 1525 吨，木薯 7.65 万吨，蔬菜 49.5 万吨，食用菌 4431 袋，产值 1.08 亿元。全年饲养生猪 23.53 万头，牛 6402 头，羊 5.2 万只，禽 209.6 万只，兔 414 万只，肉类总产量 1.86 万吨，禽蛋产量 3179 吨，水产品产量 7142 吨。当年，福建茶天下休闲度假区获县首个省级休闲农业示范点，县大方广产业有限公司的“江山美人”茶叶被市委农村工作领导小组评为全市首批农特产品十大龙头品牌。年内新申报农业产业化龙头企业省级 3 家，市级 29 家。

（魏兰兰 范立洋）

【特色产业】 2015 年，县政府推进现代特色农业，助力富硒产业发展。全县有茶叶、油茶、木薯等富硒农产品基地 1000 公顷；与省中医药大学、中国农业科学院等高校科研院所加强合作，建立东坂畲药科普园、竞源生物金线莲产业化示范园和 1 万平方米蓝玉智能温控大棚；投资 9.94 亿元，实施农业产业化及生态保护项目 19 个；新培育家庭农场 28 个、专业合作社 48 个，实现土地规模流转 2333 公顷；9 月，被农业部授予“大田高山茶”国家级农产品地理标志示范样板；10 月，被中国营养学会授予“中国高山硒谷”称号。

（魏兰兰 范立洋）

【工业经济】 2015 年，县委、县政府应对各种困难和不利因素，推进项目建设，壮大经济规模，提高园区承载力，全县工业经济取得新进展，实现新突破。全县规模以上工业企业 178 家，实现产值 340.56 亿元，比上年增加38.46亿元，增长12.73%；实现工业增加值106.67亿元，增长9.3%。发展循环经济项目15项，其中节能项目5项，循环经济项目10项。

（陈昭才 范立洋）

【水利电力】 2015年，大田县实施水利重点工程及水土流失治理建设项目11个，总投资8.07亿元，年度计划投资3.34亿元，完成投资3.58亿元，占年度计划107%，其中市重大水利项目4个，年度计划投资1.58亿元，累计完成投资1.76亿元，占年度计划111.5%。全年完成供水628万吨，产值610万元；代征收污水费499万元，垃圾处理费180万元，新增用户768户，继续发挥“河长制”效益，全年水质综合合格率99.6%。

（魏兰兰 范立洋）

【城乡建设与旅游】 2015年，大田县实施“大城关”战略，继续推进新型城镇化建设。一是加强城市规划管理，城区建房办证率100%。全年办理单位建设项目选址意见书3件，用地约7.8万平方米；单位建设用地规划许可证17件，用地约10.45万平方米，建筑面积约13.95万平方米；单位建设工程规划许可证18件，用地约2.57万平方米，建筑面积约10.57万平方米。办理个人建房建设规划用地许可证73件，用地约0.87万平方米，建筑面积约4.74万平方米；个人建房建设工程规划许可证113件，用地约1.27万平方米，建筑面积约5.79万平方米。二是实施“南进东拓北扩”的发展战略，城市规模向东延伸，向北扩展。新一轮《大田县城总体规划修编》编制完成城市空间拓展战略规划并通过评审，规划区面积从34平方公里扩大至80平方公里，进一步拉大城市空间和构架。开展各项专项规划，完成原纺织总厂周边地块改造的概念性详细规划及《广平镇总体规划》《济阳乡济阳村传统村落保护与发展规划》《屏山乡内洋村美丽乡村规划》和《大田县城市绿地系统规划（2014—2020年）》等编制。当年，建成区面积8.1平方公里，城镇化率47.4%。

加快推进旅游项目建设，全年投入3.1亿元资金用于旅游开发和建设。桃源镇东坂村、屏山乡内洋村、济阳乡济中村被列为省级乡村旅游特色村并各获省级资金补助10万元，中国高山茶旅游街区被列为省级旅游特色街区并获省级资金补助60万元；中国（大田）高山生态茶休闲旅游开发项目获国家专项建设基金1000万元。当年，象山景区接待游客5.3万人次，门票收入22万元，同比上年分别增长21%和19.44%。雾海茶休闲人家景区吸引众多省内外游客旅游观光，日均接待游客近千人；11月，厦门市个私企业首次组织“百人团”参访美丽乡村屏山、济阳。

（潘梅 范立洋）

【交通运输】 2015年，大田县开展“兴泉”铁路、“莆炎”高速公路前期工作，“泉南”高速上京互通口工程顺利推进。全县公路建设总投资4.72亿元。完成二级公路改造2.3公里，四级公路改造13.22公里，华石线（过境公路二期）5.31公里，乡、村公路改造10条、13.22公里；续建国道纵五线均溪周田至石牌长溪段二级公路10.61公里、屏山乡至横七线（和洋村）三级公路8.39公里。年底，全县有公路219条、1661.18公里。其中，高速公路1条、60.61公里；省道2条、136.6公里；县道14条、254.25公里；乡道8条、92.73公里；村道171条、967.68公里；专用公路23条、149.31公里。全县有高级（混凝土、沥青）路面1247.66公里，中级（泥结碎石）225.03公里，低级（粒料改善）188.49公里，晴雨通车1613.19公里。

全县营业性货车3516辆、3.38万吨位。全年完成货运量1779.47万吨，周转量16.98亿吨公里。营业性客车207辆（含旅游、出租车）、3212座，平均日发客车265班次、运送乘客4010人次，全年完成客运量308.82万人次，周转量2.2亿人公里。营业性公交班车62辆，全年完成客运量734万人次。至年底，有省际客运线路1条，省内跨地（市）线路12条，市内跨县（市）区线路8条，县内线路19条，学生周末班车线路8条，城区公交客运线路12条。人力三轮车145辆。

（郑祥果 范立洋）

【固定资产投资与项目建设】 2015年，完成社会固定资产投资229.26亿元，比上年增长20.7%，增幅居全市第8位。注重争取对接项目，扩大投资成效，争取各类项目资金11.80亿元，其中省纪委挂钩帮扶项目11个、4.25亿元，国家专项建设基金项目7个、2.06亿元；置换存量债务资金11.15亿元。着力项目推进，七个重大项目组148个重点项目完成投资109.24亿元，动工建设45个、竣工投产51个；招商对接项目82个，落地58个、完成投资15.11亿元。着眼创业创新，新增企业506家、个体工商户2002户、注册资本22.55亿元，分别增长17.8%、17.3%、19.2%；主导或参与制定国家标准7项、地方标准3项，5家企业新创或复评福建名牌产品。

（魏庆赐　范立洋）

【财税金融】 2015年，全县财政收入9.97亿元，比上年下降3.91%，其中，一般公共预算收入6.87亿元，同比增长2.57%；一般公共预算支出20.29亿元，同比增长19.79%。在一般公共预算财政支出中，重点保障民生资金，全年用于民生支出资金16.64亿元，比上年增长24.27%，占公共财政支出的82%。加强预算编制和管理，公共经费预算比上年压缩20%，全县行政事业单位的“三公”经费及会议费比上年下降15.44%。

县国税局组织各项税收3.46亿元（含免抵调库380万元），完成年任务100.17%，比上年减收9966万元，同比下降22.4%。县地税局组织各项收入6.36亿元，比上年增长1.76%，其中，各项税收收入3.99亿元，同比下降6.12%；各项非税收入2.37亿元，同比增长4.46%。县级一般预算收入3.11亿元，同比下降5.23%。

全县金融机构12家，其中保险业2家，银行业营业网点32个。年底，本外币各项存款余额86.5亿元，比上年增长8.73%，其中储蓄存款51.48亿元，同比增长8%；各项贷款余额76.19亿元，同比增长2.19%，其中个人贷款46.75亿元，同比增长4.73%。全年征汇261.69万美元，外贸出口1.18亿美元、同比增长6.3%，进口4401.3万美元、同比增长61%，进口顺差7349.8万美元。保险保费收入1.16亿元，同比增长8.53%，理赔3506件、赔付金额2326.96万元，同比分别增长79.79%、23.02%。

（陈吉浣　范立洋）

【商贸流通】 2015年，个体工商户总数1.3万户，注册资金10.06亿元，从业2.54万人；新发展私营企业506户，注册资金20.59亿元，私营企业总数3388户，注册资金143.53亿元，从业3.56万人。年底，全县各类市场主体共1.64万户，注册资本总额153.59亿元，分别比上年增长18.84%、22.04%。社会消费品零售总额43.7亿元，比上年增长12.05%，居全市第4位。新增限额以上企业3家，共67家。限额以上批发业销售额16.3亿元，同比增长52.34%。建立县级可调控副食品基地45个（省级生猪、蔬菜基地各1个），企业投入资金1237.6万元。主要副食品价格指数：菜103.5%，肉禽及其制品108.7%，水产品108.1%，蛋101.7%。加强商务执法，经企业自评，县安监局、商务局审核，福建省南安市佳龙超市有限公司大田购物中心、大田县金都酒店、富华源大酒店、金溪酒店、龙山大酒店有限责任公司5家企业被确认为商贸行业小微企业安全生产标准化企业。县商业总公司营业收入613万元，缴纳税收127万元，上缴财政113万元，获2015年度纳税一百万元企业和县级文明单位。县供销贸易总公司全年商品购进总额7.66亿元，比上年增长29.60%；商品销售总额9.46亿元，同比增长53.26%；实现利润84.1万元，同比增长16.63%。当年，城区满田春市场、岩城新市场、活牲畜市场、商贸中心市场4个市场，总面积1.29万平方米。三明市三汇源置业有限公司基本完成商贸中心市场A、B两区2600平方米标准化改造。在城区凤山西路岩城集团楼前、镇东桥头附近镇东片区、城东村小溪坂、南山路（中段）桥头、福田大道原纺织厂路口设5个农产品临时交易点，城区市场总面积1.29万平方米。全县当年城乡交易总额50.79亿元。

（潘梅　魏庆赐　陈吉浣　范立洋）

【外经外贸】 2015年，全县新增硅光通信科技、东华服饰、升顺包袋等8家进出口企业，拥有对外贸易经营权企业达31家，当年产生进出口实绩企业有13家。全年完成出口总值1.4亿美元，比上年增长21.9%。通过“大田·泉州投资项目推介洽谈会”“9·8”中国国际投资贸易洽谈会等渠道对接项目35个，签约投资119.87亿元。全县新批办中外合资富仁堂生物科技公司、太田茶业公司2家外商投资企业，全年利用外资实际到资1713万美元，同比增长12.5%，位列全市第二，连续7年获三明市利用外资工作考评前三名。

（潘梅　范立洋）

【生态建设】 2015年，大田县围绕改善环境质量、建设生态大田，成立公安生态环境保护大队，加强生态、环境监察综合执法。全方位合力推进生态保护、污染防治、污染物总量减排、环境监管和风险防范等各项工作。以“水净、河清、天蓝、地绿、居怡”为目标，加大生态城镇建设力度，跟踪指导均溪、建设等10个国家级生态乡镇生态工作，新创建后华、良元等12个村省级生态村。城市污水处理厂二期、主城区污水收集系统（福塘至石牌段）等项目建成投入使用。深化“街长制”，做好“两违”和环境卫生综合整治，城市进一步美化、净化、亮化。进一步发挥“河长制”严管、勤查、联动、重罚的联动机制，矿山水土流失综合治理工作获得成功，生态环境持续好转，成为全省首批水土流失治理企业化运作试点合作县，完成水土流失治理面积3326.67公顷。县境内主要河段水质均符合国家有关标准，闽江流域交界断面水质达Ⅲ类标准。城区环境空气质量（AQI）优和良的天数比例100%，达到或优于国家二级标准；乡镇集中式饮用水源地水质达标率达90%，区域环境噪声和交通噪声均达到功能区要求。当年，大田县获省级“生态县”“园林县城”称号。

（陈吉浣　范立洋）

【民生福祉】 2015年，城镇居民人均可支配收入2.72万元，比上年增长8.8%；农村居民人均可支配收入1.29万元，同比增长9.9%；单位从业人员全年平均劳动报酬4.87万元，比上年增长11.19%；居民消费价格指数101.9%。实施积极就业政策，全县新增就业2600人、城镇登记失业率2.41%，低于市下达3.5%的控制指标。农村劳动力转移就业5100人，开展创业培训320人次，为各类创业人员发放贴息小额贷款69笔、504万元。县宜居环境建设项目41个，完成投资7.44亿元，占年度计划107.24 %，超额完成市下达任务。获全市宜居环境建设评比第二名。出台《关于促进房地产市场健康发展的措施》，保障购房户利益。继续实施各类保障性住房建设，开工1304套，开工率97.31%，完成投资1.22亿元，占年度投资的92.93%，基本建成1152套，建成率85.97%。受理限价商品房申请对象534户，配售保障家庭393户。发展现代农业，创建美丽乡村，推进精准扶贫，实施美丽乡村重点项目52个，投资2.36亿元。市级中心镇实施项目总投资15.29亿元。争取精准扶贫补助资金5025.1万元。扶持县老区生产发展和农村基础设施建设项目9个、资金25万元。继续实施库区环境综合整治和移民村庄建设，在均溪镇城东村、谢洋乡坑口村、湖美乡高才、宏才村等移民村庄开展移民村庄环境综合整治，投入移民资金926万元；为库区移民发放扶持直补资金346.05万元，为186户移民办理贴息创业贷款2339万元，为库区困难移民663户（人）和老年移民发放慰问金19.36万元。县投资180万元，完成社会福利中心部分室外附属工程建设，对均溪镇丰坪村、太华镇群团村等8个村级幸福院补助资金160万元。巩固和发展社会保险的扩面征缴成果，新型农村合作医疗保险、企业职工和城镇居民养老保险、农村养老保险、被征地农民养老保障金以及工伤、失业、生育等公益保险做到应保尽保，保险面基本实现全覆盖，实现参保人数和基金征缴同步增长，所有保险金按月足额发放。城乡低保人员、“五保户”等供养标准提高。

（魏庆赐　范立洋）

【社会事业】 2015年，县教育建设项目23个，总建筑面积5.49万平方米，总投资1.02亿元，其中向上级争取各类专项资金5681万元。为义务教育学校学生免学费、课本费、作业本费、补助农村寄宿生营养餐金3392.04万元，补助入园幼儿和高中经济困难学生122.85万元，为中等职业学校学生免学费和发放助学金366万元，补助低收费民办幼儿园87万元；办理大学生2531人助学贷款1562.34万元。全县参加高考2327人。普通高考考生1544人，本科上线率66.5%，比2014年提高9个百分点，考入“985”“211”高校63人。院士工作站取得“零”的突破，新设立威斯特环保科技、竞源生物技术等两家省级院士工作站。成功举办2015年“浩沙杯”全国健美操锦标赛，大田籍运动员郭燕兰、施生焯在全国第九届残运会暨第六届特殊奥林匹克运动会上摘获二金三铜。中国老年人体育协会授予我县“全国老年气排球之乡”。全县持续推进省级文明县城、卫生县城和国家生态县城的“三城同创”机制，在4月开展“清洁家园、除害防病、促进健康”主题的第27个全国爱国卫生月活动，在9月开展消灭蚊蝇蟑鼠“四害”活动。实施农村改水改厕，农村自来水普及率99.14%、无害化厕所普及率92.32%。全县完成市下达的年度人口计生责任目标任务，总人口41.42万人，自然增长率12.47‰，出生人口政策符合率86.97%、性别比100:105.92。5月，幸福工程全国组委会授予大田县幸福工程项目办公室“幸福工程——救助贫困母亲行动‘爱心集体’”称号。县医院改造层流手术室10间和重症监护室（ICU）病床11张，总投资1500万元。10月，坐落在福田路137-1号，占地1.53公顷、建筑面积3.36万平方米、总投资1.68亿元的县中医院投入使用。投资340万元，改造和扩建奇韬、屏山、湖美等3个卫生院。全县实施妇幼重大公共卫生服务项目，实行农村孕产妇住院分娩补助，符合补助条件的农村孕产妇3130人住院分娩，发放补助款125万元。美丽乡村建设桃源整镇推进、屏山吴山济阳连片打造取得新突破，魁城、杞溪等8个村入选第一批省级传统村落，东坂、万宅等12个村入选第一批市级历史文化名村。

（范立洋）

2015年党政军社团组织机构及其领导人名录

【中共大田县委员会】

电　话　7222097　邮编　366100
地　址　凤山西路40号
书　记　汤俊生（2012.9—2015.12）
　　　　熊旭明（2015.12—　）
副书记　熊旭明（2012.12—2015.12）
　　　　廖金辉（2013.10—　）
常　委　张英跃（2005.12—　）
　　　　章　玲（女，2010.12—　）
　　　　蔡建明（2009.10—　）
　　　　张勇民（2013.10—　）
　　　　江太生（2011.6—　）
　　　　谢　军（2013.10—　）
　　　　杨兴和（2014.4—2015.5）
　　　　潘荣灼（2014.7—　挂职）
　　　　缑泽昆（2014.8—　）
　　　　林其秋（2015.7—　）
（其中书记、副书记为常委不重列）

（陈有巡）

【大田县人大常委会】

电　话　7222223　邮编　366100
地　址　凤山西路40号
主　任　陈汉良（2011.2—　）
副主任　温如校（2003.12—　）
　　　　张爱兰（女，2013.12—　）
　　　　刘永生（2011.12—　）
　　　　郑宜堆（2011.12—　）

（陈有巡）

【大田县人民政府】

电　话　7222168　邮编　366100
地　址　凤山西路40号
县　长　熊旭明（2012.12—　）
副县长　谢　军（2007.1—　）
　　　　陈钦梅（女，2013.12—　）
　　　　余维语（2009.10—　）
　　　　戴绍松（2011.12—　）
　　　　廖荣才（2013.12—　）
　　　　涂剑峰（2015.1—　）

（陈有巡）

【政协大田县委员会】

电　话　7220099　邮编　366100
地　址　凤山西路 40 号
主　席　郑建勋（2012.12—　　）
副主席　张友生（2001.4—2015.10）
　　　　陈庆建（2013.12—　　）
　　　　高石麟（2003.12—　　）
　　　　涂林瑢（女，2011.12—　）

（陈有巡）

【中共大田县纪委】

电　话　7222226　邮编　366100
地　址　凤山西路 40 号
书　记　张勇民（2013.10—　　）
副书记　陈清辉（2008.4—　　）
　　　　詹联景（2013.11—2015.10）

（陈有巡）

【大田县人武部】

电　话　7222209　邮编　366100
地　址　凤山西路 29 号
部　长　杨兴和（2011.3—2015.3）
　　　　林其秋（2015.3—　　）
政　委　张朝阳（2014.3—2015.06）
　　　　郭佳添（2015.6—　　）
副部长　尹培虎（2012.4—　　）

（陈有巡）

【县委工作部门及直属单位】

办公室

电　话　7222097　邮编　366100
地　址　凤山西路 40 号
主　任　吴初增（2011.7—　　）

台办

电　话　7223296　邮编　366100
地　址　凤山西路 40 号
主　任　吴初增（兼，2011.7—　）

督查室

电　话　7223229　邮编　366100
地　址　凤山西路 40 号
主　任　陈　明（2015.5—　　）

信访局

电　话　7222117　邮编　366100
地　址　龙山路 4 号
局　长　甘满香（女，2011.5—2015.10）

党史研究室

电　话　7222086　邮编　366100
地　址　凤山西路 40 号
主　任　廖舒静（女，2013.11—　）

组织部

电　话　7222096　邮编　366100
地　址　凤山西路 40 号
部　长　蔡建明（2009.10—　　）

组织员办公室

电　话　7222550　邮编　366100
地　址　凤山西路 40 号
主　任　张春桃（2008.4—　　）

老干部局

电　话　7223291　邮编　366100
地　址　白岩山南路 1 号
局　长　周建峰（2013.11—　　）

宣传部

电　话　7222093　邮编　366100
地　址　凤山西路 40 号
部　长　章　玲（女，2010.12—　）

文明办

电　话　7222255　邮编　366100
地　址　建山路 46 号
主　任　蒋先切（2008.4—　　）

报道组

电　话　7222225　邮编　366100
地　址　凤山西路 40 号
组　长　张知松（2008.4—2015.10）
　　　　颜全飚（2015.10—　　）

统战部

电　话　7222413　邮编　366100
地　址　凤山西路 40 号
部　长　江太生（2011.7—　　）

政法委

电　话　7222001　邮编　366100
地　址　凤山西路 40 号
书　记　张英跃（2011.7—　　）

综治办

电　话　7226776　邮编　366100
地　址　凤山西路 40 号
主　任　乐余聪（2013.11—　　）

防范办

电　话　7265699　邮编　366100

地　址　凤山西路 40 号
主　任　李启智（2010.1—　　）
县委群众工作部
电　话　7332970　邮编　366100
地　址　龙山路 4 号
部　长　张英跃（兼，2011.8—　　）
县直机关党工委
电　话　7222228　邮编　366100
地　址　凤山西路 40 号
书　记　蔡建明（兼，2010.4—　　）
常务副书记 纪虎劲（2009.4—2015.10）
甘满香（女，2015.10—　）
县委党校
电　话　7222094　邮编　366100
地　址　文山路 12 号
校　长　蔡建明（兼，2010.4—　　）
常务副校长　周丽华（女，2008.8—　　）
县委编办
电　话　7222191　邮编　366100
地　址　凤山西路 40 号
主　任　陈汝传（2013.11—　　）
档案局（馆）
电　话　7222183　邮编　366100
地　址　凤山西路 40 号
局（馆）长　林如耀（1999.11—2015.10）
徐锦平（2015.10—　　）
（陈有巡）

【县人大常委会工作机构】

办公室
电　话　7222223　邮编　366100
地　址　凤山西路 40 号
主　任　涂振鹏（2015.5—　　）
副主任　涂振鹏（2011.7—2015.5）
教科文卫委
电　话　7225117　邮编　366100
地　址　凤山西路 40 号
主　任　卢建宏（2011.7—　　）
内司委
电　话　7225117　邮编　366100
地　址　凤山西路 40 号
主　任　林乃群（2006.12—　　）
人事代表工作室
电　话　7226151　邮编　366100
地　址　凤山西路 40 号
主　任　章宗炼（2013.12—　　）
侨台委
电　话　7234775　邮编　366100
地　址　凤山西路 40 号
主　任　程美花（女，2009.2—　　）
环城委
电　话　7223423　邮编　366100
地　址　凤山西路 40 号
主　任　林雁强（2013.12—　　）
财经委
电　话　7223423　邮编　366100
地　址　凤山西路 40 号
主　任　阮　芳（女，2006.12—　　）
信访室
主　任　李方广（2010.3—　　）
（陈有巡）

【政府工作部门及直属机构】

办公室
电　话　7226582　邮编　366100
地　址　凤山西路 40 号
主　任　黄和新（2011.7—　　）
机关事务管理局
电　话　7223202　邮编　366100
地　址　凤山西路 40 号
局　长　卢作福（2010.4—　　）
发展和改革局
电　话　7223188　邮编　366100
地　址　建山路 20 号
局　长　涂剑峰（2011.7—2015.5）
周家好（2015.5—　　）
教育局
电　话　7222064　邮编　366100
地　址　玉山路 12 号
局　长　蔡建峰（2013.9—　　）
教育督导室
电　话　7243345　邮编　366100
地　址　玉山路 12 号
主　任　徐建清（2011.6—　　）
经信局
电　话　7222048　邮编　366100
地　址　建山路 27 号
局　长　陈文琴（2015.5—　　）

公安局
电　话　7230909　邮编　366100
地　址　建山路1号
局　长　叶其勇（2012.5—　　）
政　委　刘阳辉（2012.5—　　）

指挥中心
电　话　7230904　邮编　366100
地　址　建山路1号
主　任　余建载（2011.12—　　）

国内安全保卫大队
电　话　7230909—3128　邮编　366100
地　址　建山路1号
大队长　陈斯辉（2002.4—　　）

公共网络安全监察大队
电　话　7230904　邮编　366100
地　址　建山路1号
大队长　杨维格（2009.1—　　）

刑侦大队
电　话　7223325　邮编　366100
地　址　白岩山北路5号
大队长　郑乾智（2011.4—　　）

出入境管理大队
电　话　7230906-3136　邮编　366100
地　址　建山路1号
大队长　周　芳（女，2009.1—　　）

治安大队
电　话　7230909　邮编　366100
地　址　建山路1号
大队长　陈永超（2011.4—2015.4）
　　　　涂红彤（2015.4—　　）

经侦大队
电　话　7230909—3143　邮编　366100
地　址　建山路1号
大队长　余新荣（2002.4—　　）

交警大队
电　话　7222013　邮编　366100
地　址　福田路72号
大队长　卢有明（2011.12—　　）

法制大队
电　话　7230906—3126　邮编　366100
地　址　建山路1号
大队长　郑学春（2011.4—2015.4）
　　　　谢志峰（2015.4—　　）

看守所
电　话　7222067　邮编　366100
地　址　白岩山北路5号
所　长　刘文高（2011.4—2015.4）
　　　　郑启张（2015.4—　　）

拘留所
电　话　7222068　邮编　366100
地　址　白岩山北路5号
所　长　林芳耀（2011.4—　　）

监察局
电　话　7222226　邮编　366100
地　址　凤山西路40号
局　长　陈清辉（2008.4—　　）

民政局
电　话　7222101　邮编　366100
地　址　雪山南路2号
局　长　陈成册（2008.4—2015.8）
　　　　黄桂珍（2015.10—　　）

勘界办
电　话　7230016　邮编　366100
地　址　雪山南路2号
主　任　林开斌（2011.6—　　）

司法局
电　话　7222107　邮编　366100
地　址　南山路253号
局　长　田是告（2013.12—　　）

财政局
电　话　7223376　邮编　366100
地　址　凤山西路40号
局　长　田　勇（2003.11—　　）

人力资源和社会保障局
电　话　7222150　邮编　366100
地　址　建山路190号
局　长　郭育靖（2012.2—　　）

机关社保中心
电　话　7222249　邮编　366100
地　址　文山路2号
主　任　陈志清（2010.3—　　）

公务员局
电　话　7222191　邮编　366100
地　址　凤山西路40号
局　长　余育好（2011.7—　　）

国土资源局
电　话　7223527　邮编　366100
地　址　建山路 11 号 2 楼
局　长　林宗镇（2011.7—　　　）
库区移民开发局
电　话　7243595　邮编　366100
地　址　宝山路 107 号
局　长　林玉温（2011.7—　　　）
环境保护局
电　话　7222081　邮编　366100
地　址　建山路 76 号
局　长　施发烧（2002.2—2015.5）
　　　　陈有明（2015.5—　　　）
住房和城乡规划建设局（人民防空办公室）
电　话　7222155　邮编　366100
地　址　建山路 24 号
局　长、主　任　林建明（2012.2—　　　）
交通运输局
电　话　7222028　邮编　366100
地　址　凤山中路 209 号
局　长　郑际楷（2012.3—　　　）
交通运管所
电　话　7222110　邮编　366100
地　址　凤山中路 213 号
所　长　郑一刚（2011.6—　　　）
交通综合行政执法大队
电　话　7280909　邮编　366100
地　址　建山路 210 号
大队长　张　文（2011.12—　　　）
农业局（县委农办）
电　话　7223311　邮编　366100
地　址　凤山中路 219 号
局　长　池乃国（2008.4—2015.5）
局　长（主 任）　郑成鑫（2015.5—　　）
林业局
电　话　7222185　邮编　366100
地　址　雪山南路 3 号
局　长　叶宝生（2008.4—　　　）
林业科技推广中心
电　话　726619　邮编　366100
地　址　雪山南路 3 号
主　任　苏亨荣（2010.3—2015.11）
大仙峰省级自然保护区管理处
电　话　726619　邮编　366100
地　址　雪山南路 3 号
主　任　周仲琼（2005.1—　　　）
公安局森林分局
电　话　7222058　邮编　366100
地　址　雪山南路 3 号
局　长　林建楠（2004.3—　　　）
教导员　林建群（2004.3—　　　）
水利局
电　话　7222063　邮编　366100
地　址　建山路 23 号
局　长　田仁芳（2013.12—　　　）
坑口水库管理处
电　话　7236870　邮编　366100
地　址　谢洋乡坑口村
主　任　范明铁（2013.12—　　　）
文体广电出版局
电　话　7222157　邮编　366100
地　址　建山路 14 号
局　长　林春忠（2012.2—　　　）
文化市场综合执法大队
电　话　7222157　邮编　366100
地　址　建山路 14 号
大队长　连福石（2013.12—　　　）
卫计局
电　话　7222116　邮编　366100
地　址　凤山西路 5 号
局　长　陈永晶（2015.5—　　　）
审计局
电　话　7222268　邮编　366100
地　址　建山路 31 号
局　长　严建忠（2011.7—　　　）
安全生产监督管理局
电　话　7220737　邮编　366100
地　址　建山路 27 号
局　长　徐锦平（2006.5—2015.10）
统计局
电　话　7222284　邮编　366100
地　址　建山路 20 号
局　长　吴高勇（2009.4—　　　）
农村社会经济调查队
电　话　7222260　邮编　366100

地　址　建山路 20 号
队　长　詹以利（1999.10—　　）

城市社会经济调查队
电　话　7222260　邮编　366100
地　址　建山路 20 号
队　长　林美华（女，2010.3—　　）

市场监督管理局
电　话　7221113　邮编　366100
地　址　福田路 230 号 1 幢
局　长　余维语（兼，2015.5—　　）

经济开发区
电　话　7326776　邮编　366100
地　址　华兴乡京口村
主　任　乐永权（2014.12—2015.5）
　　　　缑泽昆（兼，2015.5—　）

科技局
电　话　7222139　邮编　366100
地　址　凤山西路 40 号
局　长　陈永明（2013.12—　　）

商务局
电　话　7223022　邮编　366100
地　址　宝山路 30—1 号
局　长　林奕明（2015.5—　　）

农业机械化管理中心
电　话　7222159　邮编　366100
地　址　宝山路 97 号
主　任　翁祖勇（2013.12—　　）

畜牧水产中心
电　话　7222029　邮编　366100
地　址　赤岩山路 10 号
主　任　高丽辉（2002.2—2015.5）
　　　　张景程（2015.5—　　）

茶业局
电　话　7223235　邮编　366100
地　址　宝山路 107 号
局　长　陈昭云（2008.4—2015.12）

旅游局
电　话　7260655　邮编　366100
地　址　白岩山南路 1 号
局　长　陈益存（2008.12—　　）

电视台
电　话　7222190　邮编　366100
地　址　文山路 13 号
台　长　李建政（2010.12—　　）

县方志办
电　话　7222114　邮编　366100
地　址　建山路 11 号 5 楼
主　任　魏初寨（2015.5—　　）

消防大队
电　话　7222118　邮编　366100
地　址　建山路 178 号
大队长　张金东（2014.10—　　）

（陈有巡）

【县政协工作机构】

办公室
电　话　7222099　邮编　366100
地　址　凤山西路 40 号
主　任　陈德强（2010.3—　　）

文史学习和民族宗教委
电　话　7223628　邮编　366100
地　址　凤山西路 40 号
主　任　林　毅（2006.12—　　）

经济和港澳侨台委
电　话　7223628　邮编　366100
地　址　凤山西路 40 号
主　任　张玉莲（女，2009.1—　　）

提案和法制委
电　话　7220193　邮编　366100
地　址　凤山西路 40 号
主　任　易清花（女，2013.12—　　）

社会事业委
电　话　7223628　邮编　366100
地　址　凤山西路 40 号
主　任　池乃国（2015.5—　　）

（陈有巡）

【县纪委工作部门】

办公室
电　话　7222226　邮编　366100
地　址　凤山西路 40 号
主　任　许志鹏（2010.2—2015.5）
　　　　章鹏程（2015.5—　　）

纪检监察一室
电　话　7260879　邮编　366100
地　址　凤山西路 40 号
主　任　黄志平（2015.3—　　）

纪检监察二室

电　话　7260877　邮编　366100
地　址　凤山西路 40 号
主　任　叶景德（2015.5—　　）

案件审理室

电　话　7220908　邮编　366100
地　址　凤山西路 40 号
主　任　郭善锋（2010.2—　　）

执法监察室

电　话　7220907　邮编　366100
地　址　凤山西路 40 号
主　任　涂锦发（2011.6—　　）

信访室

电　话　7220466　邮编　366100
地　址　凤山西路 40 号
主　任　施生陆（2013.11—　　）

案件监督管理室

电　话　7222395　邮编　366100
地　址　凤山西路 40 号
主　任　岳荣耀（2013.11—　　）

效能监察室

电　话　7222395　邮编　366100
地　址　凤山西路 40 号
主　任　田加添（2015.5—　　）

宣传教育室

电　话　7260875　邮编　366100
地　址　凤山西路 40 号
主　任　林凤都（2015.5—　　）

（陈有巡）

【县人武部工作部门】

军事科

电　话　8736697　邮编　366100
地　址　凤山西路 29 号
科　长　尹培虎（兼，2012.3—　）

政工科

电　话　8736698　邮编　366100
地　址　凤山西路 29 号
科　长　肖贯华（2012.2—2015.4）
　　　　周良清（2015.4—　　）

后勤科

电　话　8736699　邮编　366100
地　址　凤山西路 29 号
科　长　郭　伟（2013.8—　　）

（陈有巡）

【地方武装】

武警中队

电　话　13626011511　邮编　366100
地　址　白岩山北路 5—3 号
中队长　赵革卫（2010.8—2015.4）
　　　　邓常敬（2015.4—　　）

（陈有巡）

【县人民法院】

电　话　7222232　邮编　366100
地　址　凤山西路 30 号
院　长　朱文琇（2011.12—　　）
副院长　史小闽（1995.10—　　）
　　　　陈　晶（女，2002.5—　　）
　　　　肖雄忠（2002.5—　　）

（陈有巡）

【县人民检察院】

电　话　7223609　邮编　366100
地　址　福田路 231 号
检察长　陈福东（2011.12—2015.12）
副检察长　蒋原成（1999.10—　　）
　　　　　吴明华（2002.5—　　）
　　　　　郑向阳（2011.6—　　）

（陈有巡）

【群团组织】

总工会

电　话　7222039　邮编　366100
地　址　凤山西路 73 号
主　席　江太生（兼，2014.12—　　）
常务副主席　杨加炎 (2008.12—　　)

团县委

电　话　7222227　邮编　366100
地　址　白岩山南路 1 号
书　记　李序扶（2014.12—　　）

妇联

电　话　7222522　邮编　366100
地　址　白岩山南路 1 号
主　席　林爱红（女，2013.12—　　）

工商联

电　话　7222472　邮编　366100
地　址　凤山西路 40 号
主　席　田光梯（兼，2011.12—　　）
常务副主席　柯荣辉（2009.4—　　）

科协
电　话　7222154　邮编　366100
地　址　凤山西路 40 号
主　席　方来银（2013.12—　　）

社科联
电　话　7222093　邮编　366100
地　址　凤山西路 40 号
主　席　林秀兰（女，2015.5—　　）

文联
电　话　7222157　邮编　366100
地　址　建山路 14 号
主　席　张知松（2015.5—　　）

侨联
电　话　7222549　邮编　366100
地　址　凤山西路 40 号
主　席　黄军晖（2011.6—　　）

残联
电　话　7222902　邮编　366100
地　址　雪山北路 143 号
理事长　黄桂珍（女，2011.6—2015.10）
　　　　施发烧（2015.11—　　）

国际商会（贸促会）
电　话　7222902　邮编　366100
地　址　雪山北路 143 号
会　长　陈华塔（2014.2—　　）

（陈有巡）

【其他事业单位】

良种场
电　话　7382115　邮编　366100
地　址　桃源村 308 号
场　长　黄志金（2010.3—　　）

农科所
电　话　7248935　邮编　366100
地　址　赤岩山路 2 号
所　长　周高山（2011.6—　　）

卫生监督所（疾病控制中心）
电　话　7222017　邮编　366100
地　址　南山路 150 号
所　长（主任）郑雪珍（女，2013.9—　　）

妇幼保健院
电　话　7222038　邮编　366100
地　址　建山路 8 号
院　长　林大平（2002.9—　　）

福建电大大田工作站
电　话　7222255　邮编　366100
地　址　玉山路 12 号
站　长　俞建营（2011.6—　　）

教师进修学校
电　话　7222197　邮编　366100
地　址　玉山路 12 号
校　长　林再生（2013.9—　　）

大田一中
电　话　7222167　邮编　366100
地　址　文山路 17 号
校　长　颜良重（兼，2013.9—　　）

大田五中
电　话　7222613　邮编　366100
地　址　天山路 43 号
校　长　连青阳（2013.9—　　）

大田二中
电　话　7408219　邮编　366105
地　址　建设镇建设村 272 号
校　长　郑兴民（2009.9—　　）

大田三中
电　话　7382819　邮编　366101
地　址　桃源镇桃源村 108 号
校　长　柯文炳（2015.4—　　）

职业中专
电　话　7223634　邮编　366100
地　址　福田路 160 号
校　长　林凤瑮（2008.9—　　）

医院
电　话　7222137　邮编　366100
地　址　雪山北路 180 号
院　长　林其汉（2013.9—　　）

中医院
电　话　7222047　邮编　366100
地　址　建山路 69 号
院　长　高石麟（1997.11—　　）

供销合作社联合社
电　话　7222051　邮编　366100
地　址　雪山南路 5 号
主　任　施正钻（2015.5—　　）

城镇集体工业联合社
电　话　7222089　邮编　366100
地　址　宝山路 35 号

主　任　吴联广（2013.12—　　）

吴山交通公路稽查站

电　话　（未装）　邮编　366118

地　址　吴山乡吴山村

站　长　涂振超（2010.3—　　）

交通开发公司

电　话　7226300　邮编　366100

地　址　建山路188号

经　理　郑泽光（2002.2—　　）

（陈有巡）

【乡镇党委、人大、政府】

均溪镇

电　话　7223419　邮编　366100

地　址　凤山中路156号

党委书记　肖宏强（2011.5—　　）

人大主席　范成火（2014.2—2015.5）

　　　　　陈光伟（2015.5—　　）

镇　　长　陈秀达（2014.2—　　）

石牌镇

电　话　7224731　邮编　366100

地　址　石牌村1号

党委书记　吴文旗（2011.5—　　）

人大主席　陈如双（2014.2—2015.5）

　　　　　林永清（2015.5—　　）

镇　　长　施正钻（2008.4—2015.5）

　　　　　范成火（2015.5—　　）

华兴乡

电　话　7229968　邮编　366100

地　址　华兴街001号

党委书记　严志利（2010.1—2015.5）

　　　　　颜佳秀（2015.5—　　）

人大主席　魏初寨（2012.1—2015.5）

　　　　　郑开京（2015.5—　　）

乡　　长　颜佳秀（女，2010.4—2015.5）

　　　　　吴善寨（2015.5—　　）

屏山乡

电　话　7308238　邮编　366116

地　址　兴屏街1号

党委书记　连仁山（2011.5—2015.9）

人大主席　吴长春（2014.2—　　）

乡　　长　张乃军（2008.5—2015.5）

　　　　　林生长（2015.5—　　）

吴山乡

电　话　7328063　邮编　366118

地　址　吴山新街48号

党委书记　林世畅（2009.4—　　）

人大主席　张正春（2014.2—　　）

乡　　长　叶德镇（2010.3—　　）

济阳乡

电　话　7348850　邮编　366117

地　址　济阳新街007号

党委书记　林芳庆（2008.4—　　）

人大主席　周茂座（2012.1—　　）

乡　　长　温如凤（2012.1—　　）

谢洋乡

电　话　7338115　邮编　366119

地　址　复兴路1号

党委书记　余启珠（2011.5—2015.5）

　　　　　张乃军（2015.5—　　）

人大主席　田首道（2010.3—　　）

乡　　长　黄永强（2012.1—　　）

武陵乡

电　话　7358088　邮编　366121

地　址　宏图街001号

党委书记　范一彬（2009.4—2015.5）

　　　　　廖正楼（2015.5—　　）

人大主席　陈开尧（2010.3—　　）

乡　　长　廖正楼（2012.1—2015.5）

　　　　　陈如双（2015.5—　　）

桃源镇

电　话　7382210　邮编　366101

地　址　桃源村1号

党委书记　林永田（2013.11—　　）

人大主席　陈建伟（2010.3—　　）

镇　　长　陈庆进（2013.11—　　）

上京镇

电　话　7363205　邮编　366102

地　址　上京南路1号

党委书记　林廷灶（2011.5—　　）

人大主席　方来炽（2014.2—　　）

镇　　长　杨道成（2012.1—　　）

太华镇

电　话　7391020　邮编　366103

地　址　太华村35号

党委书记　刘玉江（2006.12—2015.5）

　　　　　魏祥强（2015.5—　　）
人大主席　涂育贵（2010.3—　　）
镇　　长　涂育严（2013.11—　　）

建设镇

电　话　7408018　邮编　366105
地　址　建设街 001 号
党委书记　茅有温（2011.5—　　）
人大主席　陈宏宾（2010.3—　　）
镇　　长　林起严（2010.3—2015.5）
　　　　　乐永权（2015.5—　　）

广平镇

电　话　7416237　邮编　366107
地　址　广平村 325 号
党委书记　吴初通（2013.11—2015.5）
　　　　　余启珠（2015.5—2015.10）
人大主席　陈首光（2012.1—　　）
镇　　长　陈占对（2012.1—　　）

奇韬镇

电　话　7438026　邮编　366108
地　址　奇韬村 372 号
党委书记　肖长祥（2011.5—　　）
人大主席　陈世忠（2014.2—　　）
镇　　长　黄兴烈（2012.1—　　）

文江乡

电　话　7458028　邮编　366109
地　址　文江路 161 号
党委书记　范德溥（2013.11—　　）
人大主席　陈振宋（2014.2—　　）
乡　　长　郑丁炫（2013.11—　　）

前坪乡

电　话　7478134　邮编　366112
地　址　前坪村 1 号
党委书记　陈建文（2009.4—　　）
人大主席　郑昌文（2010.3—　　）
乡　　长　陈结章（2012.1—　　）

梅山乡

电　话　7468028　邮编　366114
地　址　梅山村 036 号
党委书记　陈有明（2011.5—2015.5）
　　　　　林起严（2015.5—　　）
人大主席　陈志堂（2014.2—　　）
乡　　长　林昌儒（2012.1—　　）

湖美乡

电　话　7488011　邮编　366115
地　址　仁美村 1 号
党委书记　翁淑燕（女，2011.5—2015.10）
人大主席　徐成章（2014.2—　　）
乡　　长　林大红（2010.3—　　）

（陈有巡）

【部分省、市直属单位】

永安煤业公司

电　话　7366699　邮编　366102
地　址　上京镇京仙路 1 号
经　理　陈开甜（2010.4—2014.12）
　　　　江诗课（2014.12—　　）

国网大田县供电公司

电　话　7241807　邮编　366100
总经理　郑光华（2011.4—　　）
书　记　柳建民（2013.3—　　）

国税局

电　话　7227845　邮编　366100
地　址　建山路 192 号
局　长　黄显福（2014.8—2015.10）
　　　　庄志宏（2015.10—　　）

地税局

电　话　7222378　邮编　366100
地　址　建山路 41 号
局　长　华　富（2014.8—　　）

三明银监分局大田监管办

电　话　7261696　邮编　366100
地　址　建山路 18 号
主　任　乐光锻（2011.6—　　）

人行大田支行

电　话　7222372　邮编　366100
地　址　建山路 18 号
行　长　林长平（2013.9—　　）

工行大田支行

电　话　7222281　邮编　366100
地　址　凤山西路 36 号
行　长　朱　辉（2014.6—2015.8）
　　　　吴昌炉（2015.8—　　）

农行大田支行

电　话　7222358　邮编　366100
地　址　雪山南路 1 号
行　长　李天明（2010.3—2015.1）

张正辉（2015.1—　　）

建行大田支行

电　话　7238579　邮编　366100

地　址　建山路 51 号

行　长　李兴超（2013.3—　　）

中行大田支行

电　话　7320993　邮编　366100

地　址　建山路 18 号

行　长　梁友忠（2001.4—2015.11）

黄晓霞（2015.11—　　）

邮政储蓄大田支行

电　话　7221298　邮编　366100

地　址　凤山西路 44 号

行　长　陈汉榕（2013.10—2015.11）

郑日周（2015.11—　　）

农村信用联社

电　话　7232683　邮编　366100

地　址　建山路 16 号

理事长　张上志（2010.6—2015.9）

廖世星（2015.9—　　）

中国财产保险股份有限公司大田支公司

电　话　7222241　邮编　366100

地　址　凤山中路 156 号

经　理　牛鹤翎（2013.7—　　）

中国人寿保险股份有限公司大田县支公司

电　话　7229767　邮编　366100

地　址　建山路 10 号

经　理　王　舒（2013.12—　　）

邮政局

电　话　7222178　邮编　366100

地　址　宝山路 111 号

局　长　吴　华（2013.4—　　）

电信局

电　话　7239599　邮编　366100

地　址　凤山西路 44 号

局　长　周晓毅（2014.8—　　）

公路分局

电　话　7222076　邮编　366100

地　址　雪山北路 210 号

局　长　郑占茶（2011.7—　　）

气象局

电　话　7222077　邮编　366100

地　址　建山路 20 号

局　长　高丽娥（女，2006.5—2015.12）

副局长　高青芳（女，2015.12 主持—）

烟草专卖局

电　话　7239668　邮编　366100

地　址　建山路 37 号

局　长　吴　乒（2012.5—2015.11）

邹新根（2015.11—　　）

水文站

电　话　7222115　邮编　366100

地　址　均溪镇福塘村 226 号

局　长　杜传垦（2013.12—　　）

桃源林场

电　话　7382395　邮编　366101

地　址　桃源镇桃源村 559 号

场　长　黄德龙（2011.8—　　）

梅林林场

电　话　7365345　邮编　366102

地　址　上京镇梅林村 93 号

场　长　林庆富（2011.8—　　）

福建新华发行集团有限责任公司大田分公司

电　话　7223017　邮编　366100

地　址　建山路 6 号

经　理　林还诚（2013.12—　　）

（陈有巡）

中共大田县委

□编辑 陈 妮

综述

【概况】2015年，中共大田县委召开常委（扩大）会传达、学习中共十八届五中全会及习近平总书记系列重要讲话和来闽考察重要讲话及省市委全会精神，并做出具体安排，下发通知推动各级各部门学习；召开县委十二届九次、十次全会贯彻十八届五中全会和省市委全会精神，制定大田县加快产业转型升级的实施意见和实施国务院《中国制造2025》行动方案，审议通过县《"十三五"规划建议》，创建国家级生态县和省级森林县城（市）、食品安全社会共治示范县。设立威斯特环保科技、竞源生物技术等2家省级院士工作站。当年，通过国务院督导委员会办公室国家义务教育发展基本均衡县评估认定，被中国老年人体育协会授予 "全国老年气排球之乡" 称号，被司法部评为全国法治县创建活动先进单位，被省委、省政府评为第四届省级"文明县城"、全省第三轮首批"平安县"，被省政府评为省级教育工作先进县。

党的建设 2015年，县委抓党建促和谐。一是重廉政。落实党风廉政建设党委主体责任和纪委监督责任，运用监督执纪"四种形态""六大纪律"，落实中央八项规定精神，立案查处党员干部违纪违法案件83件，党政纪处分83人，其中乡科级干部9人，移送司法机关查处8人。二是转作风。以省委巡视组到县巡视为契机，抓好群众路线存在问题的整改，开展"三严三实"专题教育——健全完善机关干部作风行为规范"十不准"，推进"四下基层"，落实"马上就办"；开展项目推进到一线、矛盾化解到一线、帮扶济困到一线、富民强村到一线、政策宣传到一线的"五到一线"活动；干部参加驻村蹲点活动118人，其中省市派驻14人。三是抓基层。完成村级组织换届选举，村党支部书记和村委会主任由同一人担任的"一肩挑"村数量居全市首位。县财政安排1300万元用于基层组织建设，使每村年均运转经费达9.36万元，每个社区办公经费不少于15万元，非公经济组织党建工作经费不少于20万元。探索党建富民强村"三道加法"（村党组织+合作组织；带创党员+致富能人+普通农户；勤廉双述+群众评议+业绩公示）、社区"党员服务驿站"等创新做法，促进党建工作制度化、常态化。四是聚合力。发挥党委统揽全局、协调各方的领导核心作用，支持人大、政协依法履职，加强对法院、检察院的领导，坚持党管武装，做好统一战线、民族宗教和侨务工作，发挥工会、共青团、妇联等群团组织作用，凝聚各方智慧和力量，形成加快转型发展的强大合力。

经济发展 2015年，县委面对经济运行下行压力，坚持"转型驱动、绿色发展"。当年，主要经济指标保持正增长10项，其中，地区生产总值比上年增长8.9%，地方公共财政收入同比增长2.6%，固定资产投资同比增长20.7%，规模以上工业增加值同比增长9.3%，城镇居民人均可支配收入同比增长8.8%，农村居民人均可支配收入同比增长9.9%，社会消费品零售总额、实际利用外资等9项指标增幅高于全市平均水平。

促进项目落地。一是抓重点。实行重点项目处级领导挂包制度，建立"重点项目"易信群，晒进度、比实效，七个重大项目组148个重点项目完成投资109.24亿元，动工建设45个、竣工投产51个。省纪委挂钩帮扶项目两批20个，其中基本建设完成或落实到位8个，加快实施

10个，合并实施、暂缓实施各1个，共争取资金补助7.68亿元。二是扩投资。贯彻落实省政府《关于进一步扩大有效投资的若干意见》文件精神，策划水利、交通、环保等7个方面重点项目71个、总投资91.25亿元，“十三五”规划项目140个、总投资1343.6亿元。重点抓好国道“纵五”、泉南高速上京互通等重大交通基础设施建设，华石公路、屏吴公路建成通车。全年完成固定资产投资229.26亿元，其中，投资额达到5000万元以上项目152个，1亿元以上22个。三是促招商。组建央企、民企、外企、“田商回归”等7类招商小分队，开展专业化、精细化招商，引进本益科技、龙创农业、中工塑胶、宇隆超纤等一批大项目。组织120家企业参加第十三届“6·18”项目成果交易会，对接项目63个，总投资24.9亿元；8月2日，在晋江举办“大田·泉州投资项目推介洽谈会”，对接项目26个，签约项目13个，签约金额107.9亿元。

促进产业转型。一是做特农业。做大做强“两茶两花”（高山茶、油茶和洛神花、樱花）等优势特色产业，突出发展高山茶产业，大力发展富硒产业，制定《大田县“硒田”富硒产品公共商标管理办法》，当年，大田县被中国营养学会授予“中国高山硒谷”称号，“大田高山茶”被农业部定为国家级农产品地理标志示范样板。全县有生态茶园6600多公顷，涉茶产值近10亿元；富硒农产品基地1000公顷，洛神花核心区示范区66.67公顷。建设东坂畲药园等示范项目，新增家庭农场28个、专业合作社48个。二是做强工业，按照省委省政府提出的“抓龙头、铸链条、建集群”要求，培育浩特纺织、红狮水泥等带动力强的龙头企业，初步形成矿产品深加工、机械铸造、轻纺新型面料等支柱产业集群。实施企业技改“三年行动计划”，县财政安排工业发展专项资金1000万元，实施技改项目265项，完成投资117.5亿元；推进省级机械铸造产业基地建设，重点抓好金门油压、宝山机械等38个工业重点投资项目；新增规模以上工业企业11家，完成增加值106.67亿元，同比增长9.3%。三是做活第三产业。依托高山生态资源和茶文化、民俗文化、土堡文化等人文资源，大力发展各具特色的民宿旅游，培育屏山乡内洋高山茶生态休闲游、桃源镇蓝玉田园风光游等示范点，内洋村被国家旅游局和国务院扶贫办评为首批中国乡村旅游模范村，福建茶天下旅游开发公司入选中国乡村旅游模范户；发展电子商务，引进全国最大的农村电子商务公共服务平台“赶街网”，建立1个县级运营中心和50个村服务网点，大田被省财政厅和商务厅评为省级农村电子商务示范县；发展文体产业，8月，全国健美操锦标赛在大田举办。

帮助企业发展。一是资金帮扶。每月组织一场政银企对接会，协调各金融机构加大资金投放力度，支持中小微企业发展，全年新增贷款6.05亿元，将企业应急转贷专项资金规模从5000万元增加到1亿元，帮助企业无偿办理转贷业务17笔、8925万元。争取省经信委、上海股权托管交易中心支持，于4月21日在福州举办全省首场助力中小企业成长“小支点·大梦圆”要素资源专场对接会，帮助8家企业对接签约融资意向6.72亿元，2家企业与上海股权托管交易中心达成上市挂牌协议。二是政策帮扶。发挥中小微企业服务中心作用，用好促进工业创新转型稳定增长、铁矿石资源税征收比例下调等政策，兑现矿产采选金费“减半再减半”政策，落实省市扶持企业发展用电奖励措施，大工业用电电价降低2.42分/千瓦时，对县内重点用电大户执行弃水期过渡电价，并配套每千瓦时奖励0.05元，鼓励企业在安全生产的前提下，开足马力，增产增效。全年共兑现各类扶持奖励资金8314万元。三是促销帮扶。开展“百名干部服务百家企业”活动，“一企一策”帮助企业解决用地、用工、资金等问题，使企业早投产、快达产；组建矿产品、工业品、农产品、房地产等4类专业促销小分队和18个乡镇综合促销小分队，每队10人，由部门主要负责人和乡镇长带队，帮助企业不定期举办展示展销会，引导企业采取措施促销，加快消化库存产品。

民生建设 2015年，全县新增财力主要用于民生和社会事业，一是实施民生项目19个，投入1.02亿元，城市绿道、中医院迁建、社会福利中心一期等投入使用，一批群众关注的热难点问题逐步得到解决；加大扶贫开发力度，以增收核心，推行五个增收渠道(产业扶贫增收、异地搬迁增收、救助保障增收、培训扶智增收、生态补偿增收）、六项工作机制（精准责任强班子、精准对象定靶子、精准识别梳辫子、精准帮扶结对子、精准投入筹票子、精准成效造册子）的精准扶贫工作机制；完成“造福工程”和危房改造504户、2528人，谢洋乡三和新村、桃源镇大湾新村、梅山乡保山新村、太华镇顶庄新村等4个省级百户造福工程集中安置点投入使用，实现脱贫3606人。新开工建设保障性安居工程1360套，当年完成配租配售549套。二是坚持教育优先发展，推进城乡幼儿园建设、中小学扩容等23个项目，全县中小学优质教育资源“班班通”（融合基础设施以及教育教学整合等内容的系统工程）全覆盖；实施积极的就业政策，加大创业扶持力度，城镇新增就业2600人，农村劳动力转移就业5100人；加快医疗卫生事业发展，完善基层医疗卫生机构绩效考评机制，县乡村三级医疗机构全面实行药品零差率销售。三是创新社会治理，坚持“周一早会”制度，加强“平安大田”建设，落实信访工作“路线图”，实施四级平台联动、四项机制推动、三化保障运作“四四三”大调解工作模式，保持社会安定稳定；落实安全生产“党政同责、一岗双责”，加强道路交通、矿山开发、食品药品等领域安全生产监管，提升应急处置能力，各类安全生产事故同比下降27.3%。

城乡建设 2015年，县委落实省级新型城镇化试点县各项工作。一是做美城市，实施“大城关”战略，岩城明珠、龙腾盛世小区等项目基本完成，推进东部新城、石牌集镇改造等项目，城镇化率提高至47%，被省住建厅授予省级“园林”县城称号；加大违法用地和违法建筑“两违”治理力度，边部署、边制止、边拆除，依法拆除“两违”建筑面积36.94万平方米，对新增“两违”行为“露头就打、出土就拆”，实行零容忍，“两违”行为得到遏止。二是做靓乡村，按照基层组织好，产业精美、生态优美、村庄秀美、乡风和美、生活甜美“一好五美”目标，开展传统村落保护和美丽乡村创建活动，制定“点线面”攻坚计划，打造蓝玉、内洋等一批“美丽乡村”示范村，济中、东坂等村入选中国传统村落，魁城、杞溪等村入选省级传统村落。三是做优生态，“河长制”在全省推广，实施绿色城市、村镇、通道、屏障“四绿”工程，健全完善生态综合执法、环境监察机制，被省环保厅授予省级生态县称号；加强生态环境建设，抓好矿山水土流失治理，被福建水利投资开发集团有限公司列为全省水土流失治理企业化运作项目首批试点合作县，全年完成水土流失治理面积3327公顷。

（郭尚荣）

县委重要会议与活动

【概况】2015年，县委召开全委会、常委会、专题会等会议，传达学习上级文件和会议精神，研究贯彻意见和县经济社会发展的重要事项，县领导进行外引内联、调研考察、节日慰问等活动。

县委全委会议 1月6日，县委十二届八次全体会议在龙山宾馆七楼会议室举行，学习贯彻习近平总书记来闽考察重要讲话，中共十八届四中全会，省委九届十一次、十二次全会，市委八届八次、九次全会以及中央和省市经济工作会议精神，讨论县委常委会2014年的工作报告，审议通过《中共大田县委、大田县人民政府关于深入贯彻落实习近平总书记来闽考察重要讲话精神加快大田科学发展跨越发展的实施意见》和《中共大田县委关于全面推进依法治县建设法治大田的实施意见》。县委书记汤俊生主持并作工作报告。

7月30日，县委十二届九次全体会议在龙山宾馆七楼会议室举行，会期半天，学习贯彻习近平总书记系列重要讲话和来闽考察重要讲话精神，省委九届十四次全会，市委八届十次全会会议精神，审议通过《关于进一步加快产业转型升级的实施意见》和《大田县实施〈中国制造〉行动方案》。县委书记汤俊生主持并作工作报告。

11月26日，县委十二届十次全体会议在龙山宾馆七楼会议室举行，学习贯彻中共十八届五中全会、省委九届十五次全会、市委八届十一次全会精神，审议通过《中共大田县委关于制定大田县国民经济和社会发展第十三个五年规划的建议》。县委书记汤俊生主持并作工作报告。

县委常委会议 1月9日上午常委（扩大）会议，县委书记汤俊生主持（下同），传达学习省委书记尤权在大田调研时的重要讲话和市委、市政府项目建设现场推进会议精神，研究贯彻意见；同时，研究讨论2015年项目工作有关事宜。

1月19日上午常委（扩大）会议，学习十八届中央纪委五次全会、2015年中央1号文件精神，传达市委书记邓本元在大田县落实党风廉政建设责任制检查考评会上的讲话精神，研究贯彻意见；讨论提请常委会研究的有关事项。

2月2日常委（扩大）会议，传达学习省委常委、纪委书记倪岳峰在县委常委班子党的群众路线教育实践活动整改落实情况"回头看"工作汇报会上的讲话，省十二届人大三次会议、市十二届人大五次会议和省政协十一届三次会议、市政协九届四次会议以及全省、全市组织部长会议精神，研究贯彻意见；听取县人大、政府、政协、法院、检察院党组党的群众路线教育实践活动整改落实情况汇报，部署持续推进整改落实工作；研究讨论2014年度全县综合考评及单项考评情况和提请县委常委会讨论的有关事项。

2月9日上午常委（扩大）会议，学习省纪委九届六次全会、市纪委八届六次全会精神，研究贯彻意见；研究讨论县纪委十二届五次全会有关事宜。

3月5日常委（扩大）会议，传达省深化医药卫生体制改革试点工作会议和中央、省、市农村工作会议及省、市统战部长会议精神，研究贯彻意见；讨论2015年七个重大项目组、县纪委监察局机关议事机构调整、推荐省"五一"劳动奖章人员名单等事项。

3月26日常委（扩大）会议，传达学习全省、全市政法综治工作会议和宣传部长会议精神，研究贯彻意见；讨论2015年县直部门综合财政预算支出安排、县森林防火工作责任追究和奖惩办法、鸭蛋山非正规垃圾填埋资源化治理项目等事项。

4月24日上午常委（扩大）会议，传达学习省、市村级组织换届选举工作视频会，全市环境保护工作会和省、市老体协年会精神，研究贯彻意见；讨论《中共大田县委关于健全决策落实工作机制的意见》、2015年项目工作竞赛活动考评方案、为民办实事项目以及乡镇和县直部门工作考评方案、2014年度科级干部年度考核等事项。

5月5日上午常委会议，研究讨论县政府职能转变和机构改革方案、核定县法院和检察院专职委员科级领导职数及《关于推进检察机关"两提升五过硬"建设的实施意见》等事项。

5月28日常委（扩大）会议，传达学习省、市"三严三实"专题党课和专题教育工作座谈会精神，研究贯彻意见；讨论县处级领导干部和县委常委会开展"三严三实"专题教育方案事项。

7月20日上午常委（扩大）会议，传达学习省委九届十四次全会、全省县（市、区）委书记座谈会、市委市政府项目建设现场推进会、省老体协基层工作暨创建"康乐家园"座谈会和中央、省市统战部长座谈会、省市对台工作会会议精神，研究贯彻意见；听取"三严三实"工作进展情况汇报，研究部署下阶段工作；讨论提请县委常委会研究的有关事宜。

7月29日上午常委（扩大）会议，传达学习市委八届十次全会、上半年经济形势分析暨项目推进会、上半年党风廉政建设形势分析视频会、全市贯彻落实干部任用条例、推进"三严三实"专题教育和村级组织换届选举工作座谈会会议精神，研究贯彻意见；讨论县委十二届九次全会、与八一电影制片厂合作拍摄电影等有关事宜。

9月29日下午常委（扩大）会议，传达学习三明国家扶贫改革试验区建设动员视频会和全市深化林改工作现场会精神，研究贯彻意见；讨论县人大机关、政协机关及行政服务中心管委会科级领导职数核定、均溪镇小城镇机构改革试点工作等有关事宜。

11月4日上午常委（扩大）会议，传达学习中共十八届五中全会和《中国共产党廉洁自律准则》《中国共产党纪律处分条例》《中共中央关于部分省市县党委书记违纪违法案件及其警示教育的通报》及省委书记尤权在省四套班子"三严三实"第四次专题研讨活动上的讲话精神，全市落实综治“三化一龙头”暨创新行动计划推进会等有关会议精神，研究贯彻意见；讨论《大田县招商引资工作方案（送审稿）》、发放乡镇工作补贴和执行县以下机关公务员职务与职级并行制度等有关问题。

11 月 24 日常委（扩大）会议，传达学习省委九届十五次全会、市委八届十一次全会、省市精神文明建设工作会和农村基层党建工作现场交流推进会议精神，研究贯彻意见；讨论县委十二届十次全会、加快推进电子政务内网建设及提请常委会解决的有关事宜。

12 月 3 日常委（扩大）会，宣布县委主要领导人事调整，市委常委、组织部长陈炎标，副部长李明，县领导班子参加。

12 月 31 日常委（扩大）会和全县领导干部大会，宣布县委、县政府主要领导人事调整，市委常委、组织部长陈炎标，部务会成员赵明，县领导班子参加。

县委专题会议 1 月 29 日，县委书记汤俊生主持召开（下同）屏山乡民宿旅游项目建设现场推进会，县领导江太生、廖荣才参加。

2 月 12 日，召开防范和化解欠薪问题专题会，县领导熊旭明、廖金辉、谢军、余维语、叶其勇参加。

8 月 12 日，召开白岩公园至仙亭公园绿道示范段规划设计方案汇报会，县领导汤俊生、熊旭明、廖金辉、谢军、温如校、高石麟参加。

8 月 14 日，召开 2015“浩沙杯”全国健美操锦标赛筹备情况汇报会，县领导廖金辉、张英跃、章玲、刘永生、陈钦梅、戴绍松、涂林瑢、叶其勇参加。

8 月 17 日上午，召开全县安全生产工作专题会议，县领导熊旭明、陈汉良、郑建勋、廖金辉、张英跃、张勇民、缑泽昆、余维语参加。

8 月 18 日上午，专题研究促进房地产市场健康发展有关事宜，县领导熊旭明、廖金辉、谢军、朱文绣、叶其勇参加。

9 月 1 日上午，听取县人武部工作情况汇报，讨论县人武部提请解决的问题，县委常委、县人大常委会主任、县政协主席、县委调研员参加。

10 月 12 日上午，召开白岩公园至仙亭山公园健身绿道项目、鸭蛋山非正规垃圾填埋场治理项目和赤岩路（二期）建设项目现场办公会，县领导廖金辉、谢军参加。

10 月 16 日、11 月 23 日，专题研究县委组织部提请解决的有关事宜，县委常委、县人大常委会主任、县政协主席、县委调研员参加。

县委领导外联活动 1 月 12—13 日 县委副书记、县长熊旭明赴成都与中铁二院对接吉泉快速铁路在大田县线路走向及站点设置有关事宜。

3 月 2 日 县委书记汤俊生会见中德顺集团董事长苏良磁一行，商讨项目引进等有关事宜。

3 月 4 日 县委书记汤俊生会见福建赶街电子商务有限公司总裁罗庆隆一行，商讨大田赶街农村电商项目建设事宜。

3 月 18—20 日 县委书记汤俊生率县经贸、发改、环保等部门人员赴山西临汾华翔集团参观考察，洽谈企业合作事宜。

3 月 24 日 县委书记汤俊生会见兴业银行三明分行行长高鹏一行，商谈兴业银行与大田县银政合作事宜；县委副书记、县长熊旭明会见三钢集团副董事长、党委副书记、副总经理黎立璋，洽谈合作开发石灰石矿有关事宜。

3 月 26 日 县委书记汤俊生会见中国人民银行三明中心支行行长施永，商讨银行支持地方经济社会发展事宜。

4 月 7—10 日 县领导汤俊生、熊旭明赴清流县、明溪县、三元区参加 2015 年市委市政府项目建设（第二季度）现场推进会。

4 月 28 日 县领导汤俊生、廖金辉、廖荣才赴三明参加兴业银行三明分行与大田县人民政府《银政合作协议》签约仪式。

6 月 16—19 日 县委副书记、县长熊旭明赴福州参加“6·18”海峡项目成果交易会。

7 月 8—10 日 县委副书记、县长熊旭明赴梅列、尤溪、沙县参加 2015 年市委市政府项目建设（第三季度）现场推进会。

8 月 2 日 县领导汤俊生、熊旭明、江太生、缑泽昆、郑宜堆、余维语、涂剑峰、涂林瑢赴泉州晋江参加“泉州大田商会”成立大会暨大田·泉州投资项目推介洽谈会。

9 月 16—22 日 县委常委、统战部长江太生带队赴台湾考察休闲农业与民宿旅游项目。

9 月 17 日 县委书记汤俊生会见中国建筑

一局集团有限公司福建分公司总经理单运龙一行，对接洽谈 PPP 合作项目。

10 月 13—15 日　县领导汤俊生、熊旭明赴建宁县、泰宁县、将乐县参加 2015 年市委市政府项目建设（第四季度）现场推进会。

11 月 6 日　县领导熊旭明、江太生赴三明参加第十一届海峡两岸林业博览暨投资贸易洽谈会。

县委领导慰问活动　2 月 11 日上午，县领导汤俊生、熊旭明、陈汉良、郑建勋、蔡建明、谢军慰问部分家住城区的离退休老干部。同日下午，县领导汤俊生、陈汉良到县公安局、人武部、武警中队慰问春节期间坚守岗位的干部职工；县领导熊旭明、郑建勋到县环卫所、城建大队、消防大队、供电公司、城区自来水厂、三明高速三大队慰问春节期间坚守岗位的干部职工；县领导熊旭明、郑建勋、缤泽昆、温如校、陈钦梅、张朝阳到永安慰问二炮官兵。

10 月 21 日　县领导汤俊生、熊旭明、陈汉良、郑建勋、戴绍松参加重阳节走访慰问活动。

（林志铭）

组织工作

【概况】 2015 年，全县共有基层党组织 730 个，基层党（工）委 34 个（乡镇党委 18 个、县直机关党委 16 个），党总支 16 个（农村 4 个、国有企业 1 个、机关事业单位 11 个），党支部 680 个（其中农村 263 个、社区 8 个）。党员总数 1.9 万人，其中，大专以上学历 6355 人，占 33.4%；女党员 3648 人，占 19.2%。

干部队伍建设　2015 年，县委组织部坚持以提升素质、优化结构、改进作风、增进团结为重点，树立正确用人导向，为大田加快发展、转型发展凝聚力量，提供队伍保证。一是选好干部配强班子。执行《党政领导干部选拔任用工作条例》和《党政领导干部选拔任用工作责任追究办法（试行）》《党政领导干部选拔任用工作有关事项报告办法（试行）》《地方党委常委会向全委会报告干部选拔任用工作并接受民主评议办法（试行）》《市县党委书记履行干部选拔任用工作职责离任检查办法（试行）》“四项监督制度”，严把动议提名关、考察考核关、程序步骤关，规范选任程序，落实“两个提前”，年内，共研究干部人事调配 3 批次、105 人。二是探索建立经常性干部考察机制。建立以日常考核工作为重心的经常性干部考察工作机制，坚持并完善乡村干部“两述两评三公示”、县直机关干部“三公三诺”考评办法，不断规范和完善考核内容、程序和方法，并结合组织部长谈心谈话、平时工作检查、专项调研、重点项目督办、效能督查等工作，多方位、多渠道、多角度跟踪了解干部现实表现情况，推动干部考察规范化、常态化、长效化，该做法受到上级组织部门好评，并在全市组织部长会上进行交流。三是改进干部教育培训方式。采取分类别、小型化、短期式的办学模式，对党政干部、专业技术干部、企业经营管理者、村级组织干部进行分类培训。拓展激活领导讲坛，采取座谈互动、专题讲座等，将领导讲坛办成活动交流平台和授验传经讲台，全年共举办各类干部培训班 23 期，参训 1707 人次，聘请县处级领导、优秀乡镇干部担任党校兼职教师，上台授课 40 余人次。四是从严管理监督干部。实行干部选拔任用全程纪实制度，对提拔任职的科级干部从初始提名到到岗上任所有环节进行逐级把关、全程监督；实行拟提任副科级干部考察对象报告家庭财产制度，组织 80 名拟提任副科级干部如实申报个人家庭财产；落实领导干部个人有关事项报告、组织部长谈心谈话等制度，持续开展任期和任中经济责任审计，正常情况定期、突发情况随时召开干部监督联席通报会；发挥“德情”观察员作用，加强对干部特别是“一把手”、关键岗位干部 8 小时以外“生活圈”和“社交圈”的监督。五是推进干部专项整治工作。清理规范在企业兼职科级干部 39 人和退休领导干部在社团兼职 30 人，整改消化不规范任职和超职数超范围配备的领导干部 76 人，并专项审核科级干部档案 785 人。

基层组织建设　2015 年，县委组织部加强基层服务型党组织建设。一是抓主体责任。实行基层党委书记抓党建工作述职评议会、基层组织建设季度现场推进例会和履行党建工作职责情况约谈等制度，将农村基层党建工作列为县委对乡镇年度工作单项考核表彰的项目，把党建责任转化为履职压力；建立党员领导干部挂钩党建工作联系点制度，县处级党员领导干部指导联系示范村、软弱涣散村和换届选举“难点村”各1个；基层党委书记、分管副书记和组织委员各挂包联系1个党建示范点和软弱涣散党组织。二是抓村级换届。从严资格审查，把好关口，对不符合任职资格的村“两委”成员进行劝退；从严打击拉票贿选，正风肃纪，配齐配强村级领导班子；当年，村级换届中，427名致富能人、12名妇女被选为村主干，11名大学生村干部和7名大学本科毕业生进入村级“两委”班子，188名村“两委”实行交叉任职，27个村党支部书记兼任主任，居全市之首。三是抓服务提升。推行“党组织+N”共建模式，实行“一提前四同步（在企业筹建阶段提前介入党的工作，招聘员工与吸纳党员、建立行政组织与党组织、配备管理人员与党务工作者、制定管理制度与党建工作制度同步）”非公党建工作法，构建以党支部为核心的组织带动体系。当年，新组建非公企业、社会组织党支部5个，群团组织党支部12个，新下派党建工作指导员161人，培育福建格林实业（三明）有限公司、大田县成功矿山工程机械有限公司、紫诚（福建）信息技术有限公司、大田经济开发区、石牌小汤泉工业集中区等党建工作示范点；在农村推广党建“三道加法（带创党员＋致富能人＋农户，村党支部＋专业合作组织，党群服务站＋党员责任岗＋农民文化技术培训学校）”引领富民强村的做法，培育“美丽乡村”蓝玉村、“兴茶富民”和洋村、“涉车产业”长溪村、“涉林产业”西燕村、“民宿旅游”内洋村等基层党建示范点；在社区探索推行“党员服务驿站”，为机关党员进社区服务居民提供平台；健全服务群众机制，完善乡镇干部驻村、村干部值班坐班、乡村干部入户走访、结对帮扶、民事代办等制度。四是抓教育管理。依托省“党员e家”教育管理综合服务平台，组建流动党员网络党支部9个，加强流动党员教育管理。全年共举办县乡两级村“两委”干部培训班21期、培训1759人次，非公企业党支部书记、党建工作指导员培训班3期、参训210余人次，选派19名村党支部书记参加中组部、省市委组织部举办的新任党支部书记示范培训班，选派25名农村党员参加全市党员创业就业技能培训示范班。五是抓整顿转化。实行“一名县级领导牵头、一个县直部门帮扶、一名乡镇领导挂包、一个工作组驻村”的“四个一”整顿工作机制。全年，落实帮扶资金503万元，帮助26个软弱涣散村协调解决实际困难和问题91件，其中新建或修缮11个需要整治的村级综合服务场所，培育桃源镇东坂村、济阳乡济中村等整顿转化典型村。六是抓发展党员。全县新发展党员272人，其中，35岁以下182人，高中以上学历201人，妇女61人。举办入党积极分子培训班3期、培训315人。

人才队伍建设 2015年，县委组织部加强人才队伍建设，一是完善人才工作机制。制定下发《2015年全县人才工作要点》，将重点工作任务分解到领导小组成员单位，并建立考核评价指标体系；完善县处级领导联系专家人才制度，通过座谈、走访、慰问等方式听取专家人才意见建议，协调解决人才工作、生活困难，春节前夕慰问各类生活困难人才20人。二是搭建人才聚集平台。打造产业人才研发平台，成立院士工作站2家、博士后工作站1家；推进校县企产学研合作，对接产学研合作项目4个；针对产业转型升级遇到的瓶颈问题，邀请本县籍中国科学院院士郑有炓及国家半导体照明工程研发产业联盟(CSA)、国家文化科技创新服务联盟等专家一行到县考察调研，为经济发展把脉问诊、建言献策。三是做好人才服务工作。借助“6·18”平台，围绕重点产业共性与关键技术，征集企业技术需求21项，落实项目对接63项，总投资24.9亿元；引进急需紧缺专业技术人才12人、清华大学博士生到县开展短期服务3人，被省委人才工作领导小组评为“第一批省级农村实用人才”1人，组织指导秦朝木业有限公司参加第四批省“百人计划”创新团队评选并入围省专家面试；县委组织部牵头组织开展“百名干部服务百家企业”活动，选派83名干部到83家规模以上企业开展帮扶活动。

组织部门自身建设 2015年，县委组织部加强机关干部队伍自身建设。一是加强党性修养。结合“三严三实”教育开展专题学习，6月19日，部长蔡建明为组织系统机关干部和各乡镇党委组织委员上《践行“三严三实”要求做“忠诚干净担当”的组工干部》专题党课；召开专题组织生活会，剖析问题，开展批评和自我批评，查找部机关、各科室存在的问题，收集意见建议 11 条，全部整改。二是提升能力水平。坚持每周一部长例会和科室学习例会制度；注重基层调研，推动工作创新，《构建富民强村“三道加法”，提升基层党建服务水平》课题在全市组织工作重点项目竞赛活动中获三等奖；对部机关干部进行“岗位交流”，避免业务“偏科”，年内，内部轮岗、调动各 2 人，调入 6 人，抽调 2 名选调生到部机关跟班学习，选派 1 名到省组跟班学习。三是改进机关作风。健全完善日常管理制度，规范保密工作流程，制定《大田县委组织部保密工作管理制度》和《公务接待用餐审批单》《出差审批单》《公务用车审批单》，完善公务接待、公务用车、公务出差等审批程序；密切联系基层群众，开展“五到一线”“组工干部下基层”“干群结对帮扶”等活动，结对帮扶吴山乡 13 户困难户，送去慰问金、慰问品等合计 1 万元；选派 1 名组工干部到吴山乡锦山村驻村蹲点，为修缮村级综合服务场所协调资金 3 万元。

（连华状　郑秀萍　田成省　范清文）

【“三严三实”专题教育】 5 月 28 日，全县处级干部“三严三实”专题教育启动，27 名处级党员领导干部分别到分管部门、挂钩乡镇上专题党课，至年底，围绕“严以修身、严以律己、严以用权”三个专题开展集中学习研讨 6 次，查摆整改问题 45 条，县委常委会班子查摆整改问题 37 条。

（陈幼珠）

【村级组织换届】 2015 年，全县完成村级组织换届，选出新一届村党支部委员会和村民委员会“两委”成员 1494 名，其中，村支委会成员 847 名，村委会成员 835 名。新一届村“两委”班子中经济能人 1162 人，占 77.8%；高中及以上学历 587 人，占 39.3%；35 岁以下 308 人，占村干部数的 20.6%，其中村书记 25 人，村主任 32 人；女性委员 323 人，占 21.6%，其中女村主干 12 人；10 名 2014 届党员大学生村干部当选为村党支部副书记；1 名非党村干部当选为村委会副主任。新一届村民代表 8546 人，其中女性 3006 人，占 35.2%。

（连华状）

【选派干部驻村蹲点】 7 月，根据省、市《关于做好干部驻村蹲点的通知》，全县共选派县直机关企事业单位干部 104 人驻村蹲点，为期 1 年。

（王光顺）

宣传思想文化工作

【概况】 2015 年，县委宣传部贯彻落实习近平总书记系列重要讲话精神和中央、省、市宣传部长工作会议精神，围绕“转型驱动、绿色发展”工作主题，适应新常态、把握新规律、争创新亮点、集聚新动力，为推进大田科学发展跨越发展提供思想保证、精神动力、舆论支持和文化条件。当年，县委宣传部被省委宣传部评为舆情信息工作先进单位，被三明市委、市政府评为“文明单位”、市重点党报党刊发行工作先进单位，获三明市“第四届百花文艺奖”组织工作奖等。

理论学习 2015 年，县委宣传部加强理论武装工作。一是服务县委中心组学习。全年共安排集中学习 14 次，邀请中国疾病预防控制中心营养与食品安全所副主任朴建华、中国科学院院士郑有炓、中国科学院半导体研究所教授张国旗、国家文化科技创新服务联盟秘书长熊丽群等专家学者，作《硒资源的开发与利用》《借力信息技术创新驱动绿色发展》等专题报告 8 场。二是组织主题宣讲活动。开展“四个全面战略”“社会主义核心价值观解读”“党的十八届五中全会精神”等各类主题宣讲 150 多场次，听众 2 万多人次。三是促进理论成果转化。组织“转型驱动、绿色发展”专题理论研讨，编辑县委中心组理论调研文集《转型驱动、绿色发展》，其中《“河长”治水、还群众一片青山绿水》获市委宣传部举办的“念好发展经、画好山水画”主题研讨优秀论文奖，《古镇名村 · 济阳》获三明市第七届优秀社会科学成果奖。四是做好典型经验交流。5—6 月，挖掘祠堂功能推进社会主义核心价值观建设的经验做法——《“小祠堂”培育“大文明”》，两次在全国社会主义核心价值观建设宣传教育工作培训班作交流。

舆论宣传 2015 年，县委宣传部做好舆论宣传工作。一是做好重大主题宣传。在县内主要新闻媒体开辟“全面落实‘三比一看’深入开展‘敢担当、解难题、立新业’活动”“全面深化改革进行时”等专题专栏，组织“转型驱动、绿色发展”“百名干部进百企”“探访闽文化的精神力量”“美丽乡村、生态大田”等10多项主题采访活动。二是做好重要赛事宣传。8月19—28日，2015“浩沙杯”全国健美操锦标赛在县体育馆举办，新华社、中新社、中国经济网、福建日报、福建电视台、海峡都市报、海峡网等20余家新闻媒体，采写、刊播相关稿件100多篇，新浪、搜狐、网易等网站刊播、转载2万条次。三是做好纪念活动宣传。组织纪念抗战胜利70周年暨“陈嘉庚与抗战”主题研讨会、“铭记历史·圆梦中华”合唱展演和诗词联赋、书法征集展示等活动，公布大田县首批抗战纪念设施、遗址名录21处。四是做好新闻通联工作。全年共邀请新华社、央视、纽约时报、凤凰网等媒体记者300多人次到县采访，在市级以上媒体刊发文字、图片新闻稿件1300多条；广播电视新闻类在中央电视台、中央广播电台播出7条，在福建电视台各频道、福建人民广播电台播出160条；在三明电视台、三明广播电台播出新闻126条；《道德荣誉，贷来“真金白银”》获中国新闻奖二等奖，为三明市首次取得该奖项，《“河长制”守护碧水清流》等2件作品获福建新闻奖二等奖。全年共编发《网络舆情动态专报》19期。

公共文化建设 2015年，县委宣传部做好公共文化建设。一是完善公共文化设施。充实18个乡镇综合文化站文体设施设备，总建筑面积5000平方米的县图书馆投入使用。二是增强公共文化供给功能。县委宣传部等35家单位开展文化科技卫生“三下乡”活动，共筹集资金和物品价值64.9万元。三是加大文化遗产保护力度。推荐朱坂杂剧（丰场戏）子弟班申报福建省濒危剧种扶持专项资金，完成丰场戏申报省级非物质文化遗产保护项目文本制作；做好广平绍恢堡、光裕堡抢救性修缮，完成“大田土堡群”修缮方案编制，并经省文物局转报国家文物局审批；当年有8个村入选省级传统村落，12个村入选全市首批历史文化名村，4个村获市级首批“红色历史文化名村”。四是创作文艺精品。当年，文艺作品获三明市第四届百花文艺奖6件，获全省“同书价值观·共筑中国梦”书法比赛铜奖3件，获“讲述三明故事”文艺创作奖5件，大田籍郑登南的现代刻字作品《凹凸三昧》在全国第十一届书法篆刻作品展获优秀作品奖，刘建燃的作品《爱已到家》获“2014—2015年度庄逢时海内外微文学奖”小说组佳作奖。

文化产业发展 2015年，全县做大文化企业总量，引进大田“世外桃源·沃沃亲子”旅游影视教育基地、福建（大田）创世纪影视文化总部基地等重大项目，翰霖泉休闲文化公园等项目竣工并投入使用；发展乡村民宿旅游，实施高山茶乡核心区旅游、济阳中国传统村落乡村旅游、东坂畲族民俗旅游项目建设，屏山乡内洋村在全国乡村旅游提升与旅游扶贫推进会上，获首批“中国乡村旅游模范村”称号，福建茶天下度假旅游开发有限公司（大田）入选“中国乡村旅游模范户”，屏山乡被中国互联网新闻中心、新华网、中国网等媒体网络调查评选为“中国最美茶乡”。

（周善智）

【6件作品获市第四届百花文艺奖】 1月15日，市委、市政府颁发第四届百花文艺奖，潘宁光的诗歌《坚持》（外三首）获二等奖，苏诗布的短篇小说《王贵的椅子》、林生钟的散文《我当村官那些年》、陈玉荣的诗歌《均溪河》、郑宗栖的散文《麻洋旧事》、周中朝的工艺美术作品《收获》等5件作品获三等奖。

（周善智）

【《“妈妈班组”工作制》在央视播出】 3月4日，央视记者走进县格林实业（三明）有限公司进行实地采访。3月8日，央视《朝闻天下》栏目播出《福建大田：“妈妈班组”实行弹性工作制》。

（周善智）

【3件作品在省书法赛中获奖】 3月10日，颜建光的书法作品在省委宣传部联合省书法家协会、福建逸仙艺苑、东南网举办的“同书价值观、共筑中国梦”书法比赛中获铜奖，刘广宏、范丽萍的书法作品获优秀奖。

（周善智）

【“带法回家”案例入选】 3月11日，大田县报送的《开展“带法回家”活动 拓展社会实践渠道——大田县创新学生法制教育》案例，经省委宣传部评选，入选全省社会宣传教育工作创新案例。

（周善智）

【《大田文艺》微信公众号开通】 3月27日，县委宣传部主管、县文学艺术界联合会主办的首个文艺类微信公众号——《大田文艺》正式开通。该微信公众平台设置小说世界、百味散文、文友点评、诗路花雨、岩城艺苑·摄影等板块。

（周善智）

【市百场文艺下乡进大田巡演】 4月16—19日，市委宣传部、文广新局主办，市歌舞团、艺术馆承办的“弘扬真善美·共圆中国梦”流动舞台车百场文艺到广平、梅山、屏山、桃源等乡镇巡演。

（周善智）

【“世界读书日”专题讲座】 4月23日，县委宣传部、团县委、教育局、文体广电出版局联合县鸿图中学学术报告厅主办 “书香大田”全民阅读系列活动暨“4·23”世界读书日专题讲座，全县各基层团干、党政机关和企事业单位青年干部职工以及社会阅读爱好者共530多人参加。

（周善智）

【市级历史文化名村入选】 5月6日，桃源镇东坂村，广平镇万宅村，济阳乡济阳村、大儒村，太华镇小华村，建设镇建国村，上京镇梅林村，华兴乡杞溪村，武陵乡桃溪村、百束村，屏山乡屏山村，湖美乡高才村等12个村入选市政府公布的第一批市级历史文化名村（传统村落、红色文化村落）名单。

（周善智）

统战工作

【概况】 2015年，县委统战部贯彻落实中央、省、市统战工作会议精神，坚持围绕中心、服务发展的主题，探索统战工作新思路、新方法、新举措，取得新进展、新成效。连续五年被市委统战部评为全市统战工作先进单位。

党外人士工作 2015年，县委统战部继续开展党外人士联系交友工作。一是注重党外干部培训，推荐2人到市社会主义学院学习。二是坚持县领导班子成员与党外代表人士联系交友制度，并及时调整充实，加强沟通联系，听取他们对全县政治、经济、文化、社会、生态等方面的意见、建议。三是贯彻落实《中共大田县委关于加强新形势下党外代表人士队伍建设的实施意见》，加大对党外代表人士的实职、政治和社会安排。推荐6名党外干部进入领导岗位。年底，全县共有党外后备干部66人，占后备干部总数（384人）的17.2%，其中正科级6人、副科级60人。

信息调研 2015年，县委统战部共向省、市统战部门报送信息近200条，被采用78条，编发《大田统战信息》13期，被评为全市统战信息工作先进单位和全县党委办公室系统信息工作先进单位；向省、市统战部报送调研文章6篇，其中《巧打文化牌、推动新发展》获得市委统战部专题调研文章三等奖。陈鹏菁被评为全市统战信息工作先进个人，池上亮被评为2015年度县党委办公室系统信息工作先进个人。

民族工作 2015年，全县有回族、畲族、苗族、布依族、满族、壮族、朝鲜族等23个少数民族，人口1662人。少数民族村有桃源镇东坂畲族村（畲族人口110户、557人，占64%）、前坪乡山川回族村（回族人口66户、338人、占58%）；均溪镇华坑村回族人口较为集中（32户、180人），畲族人口主要集中于梅山乡沈岭村（16户、90人）、梅山村（18户、70人）、沈口村（3户、17人）、沧州村（3户、16人），太华镇罗丰村（8户、40人）。其他乡镇和机关企事业单位、居委会均有少数民族人口零星分布，主要是婚嫁迁入。年内，县民族宗教局为13名高考生、13名中考生出具少数民族身份证明；办理公民民族成分变更3人。山川回族村和东坂畲族村开展美丽乡村和特色村寨建设，山川回族村被三明市司法局、民政局评为“市级民主法治示范村”。东坂畲族村委会被省政府授予“全省民族团结进步模范集体”称号；经传统村落保护发展委员会评审认定，被国家住房和城乡建设部、文化部、国家文物局、财政部、国土资源部、农业部、国家旅游局等七部局确定为第三批中国传统村落；被省住房和城乡建设厅、省旅游局联合确定为第二批省级特色景观旅游名村；被省政府列入“美丽乡村”建设计划；被市政府列入第一批市级历史文化名村（传统村落、红色文化村落）。

宗教工作 2015年，全县宗教团体有大田基督教三自爱国运动委员会、大田县基督教协会、大田县道教协会、大田县佛教协会。基督教堂有城关、上京、桃源、广平、广平东西坑、广平铭溪、广平元沙、广平铭栋、奇韬下坪、奇韬桃东、建设、太华魁城、华兴仙峰、梅山、均溪福田等15处，信教群众3000多人，教会中有福建神学院毕业生3人，市基督教“两会”常务委员和县政协委员各2人；道教宫观有均溪镇玉田村龙兴殿1处、道士1人；佛教寺庙有建设感德寺、屏山崇圣岩，和尚1人。11月23日，建设镇感德寺观音殿落成，并举行开光典礼，该殿于5月动工，建筑面积110平方米，投资45万元。广平镇灵相宫被省民族与宗教事务厅确定为第四批省级民间信仰场所联系点。

（池上亮）

【迎春座谈会举行】 2月5日，大田县各界人士迎新春座谈会在龙山宾馆召开，县政协主席郑建勋，县委常委、统战部部长江太生出席，各界代表人士40多人参加。会上通报2014年全县经济社会发展情况，并希望社会各界人士进一步团结鼓劲，凝心聚力，充分发挥自身智力密集、经验丰富、联系广泛的优势，为县委、县政府的工作建言献策。

（池上亮）

【统战工作会议召开】 3月13日，全县统战工作会在县总工会五楼会议室召开，县委常委、统战部部长江太生出席，各乡镇统战委员、统战信息员和县直各党委分管领导、统战系统干部、宗教团体负责人等共60多人参加。会议通报2014年全县统战工作年终考评结果和统战信息采用情况；桃源镇、梅山乡、建设镇、广平镇、前坪乡及非公党委等6个单位分别作典型发言；安排部署民族宗教、非公及信息调研工作。江太生传达全国和省、市统战工作会议精神，回顾总结2014年统战工作，安排部署2015年统战任务，要求对统战工作的认识要再提高、重点要更突出、服务要真到位、能力要快提升。

7月8日，全县统战工作推进会在桃源镇召开。县委常委、统战部部长江太生出席，各乡镇统战委员、统战系统全体干部共35人参加。会议参观东坂畲族村特色村寨建设、蓝玉村引导工商资本发展现代农业情况，传达中央统战工作会议和省、市统战部长会议精神，桃源、上京、吴山、广平等4个乡镇就统战、党外人士、统战信息、宗教管理工作作交流，江太生对下一阶段统战工作提出要求。

12月16日，全县统战工作座谈会在县总工会五楼会议室召开，县委常委、统战部部长江太生出席，各乡镇统战委员、系统全体干部共28人参加。会议传达省委统战工作会议精神，学习《中国共产党统一战线工作条例（试行）》和《福建省贯彻〈中国共产党统一战线工作条例（试行）〉的实施细则》；通报1—11月全县统战信息报送及采用情况；各乡镇统战委员、系统各单位负责人分别发言；江太生对做好新时期统战工作提出具体要求。

（池上亮）

【省市县领导到东坂畲族村调研】 5月25日，县长熊旭明带领福建小风车投资开发有限公司、福州新沃和文化传播有限公司一行到桃源镇东坂畲族村开展美丽乡村和乡村民俗旅游项目调研。6月17日，省民宗厅副巡视员蓝国秋、政策法规处处长张东晖，省委统战部民宗处调研员王宁，市民宗局局长王灏、市委统战部调研员曹观生一行到县对贯彻落实中央、全省民族工作会议精神情况进行督查，县委常委、统战部部长江太生陪同调研桃源镇东坂畲族村，召开座谈会听取村情况汇报。8月19日，市委常委、统战部部长江兴禄一行在县委书记汤俊生、县委常委、统战部部长江太生陪同下参观畲药科普园、富硒水稻生态栽培示范基地、台湾民宿“巫婆婆的家”、国家重点文物保护单位安良堡等，了解东坂村的发展情况，对东坂畲族村建设美丽乡村、打造少数民族特色村寨、发展台湾民宿等工作给予肯定，并就下阶段发展提出指导意见。

（池上亮）

【泉州大田商会成立】 8月2日，泉州大田商会第一届一次会员大会暨成立庆典在泉州市晋江宝龙大酒店举行，在泉州发展的大田商界人士300多人及泉州市、大田县党政领导、社会各界人士参加。县委书记汤俊生，县长熊旭明，县委常委、统战部部长江太生，县委常委缑泽昆，县人大副主任郑宜堆，县政府副县长余维语、涂剑峰，县政协副主席涂林瑢到会祝贺。大会选举产生会长、监事长、常务副会长、副会长、秘书长等，泉州莱恩斯陶瓷制品有限公司总经理魏垂增当选为会长。

（池上亮）

【“东坂情·台湾爱”工作假期主题活动举办】 8月14—19日，县委统战部、农办和桃源镇党委、政府首次联合台湾宝灏工作团队在桃源镇东坂畲族村举办“东坂情·台湾爱”工作假期主题活动，招募台湾志愿工作者37人，吸引全省各地参观体验游客近千人。两岸同胞共同开展动植物生态导览、DIY彩绘及工艺品制作、搭建竹架长廊、环境维护整治、环保教育座谈等系列活动，宣扬志愿服务文化、少数民族风情，增进田台文化交流。

（池上亮）

【全市统战信息工作会召开】 11月5日，全市第四季度统战信息工作推进会在县总工会五楼会议室召开，市委统战部部务会成员余志勇、信息科科长张建川，县委常委、统战部部长江太生及各县（市、区）统战部分管领导、信息员等40余人参加。与会人员到屏山乡雾海茶人家参观考察美丽乡村建设工作。

（池上亮）

【“海西春雨行动”继续实施】 2015年，县委统战部继续实施“海西春雨行动”，引导非公经济人士参与“光彩事业”、温暖工程、“爱心助残、安居工程”等公益事业，奉献爱心，为新农村建设、希望工程、捐资助学、抗灾赈灾等慈善事业捐款100多万元。在元旦、春节、“七一”期间，统战部到少数民族村、挂钩村及宗教团体慰问困难党员、特困户、残疾户、少数民族干部、宗教界代表人士60多人次，发放慰问金、慰问品近2万元。

（池上亮）

精神文明建设

【概况】 2015年，全县精神文明建设工作以培育和践行社会主义核心价值观为主线，创新工作，务求实效，推动市民养成文明行为，推进“百姓富、生态美”幸福大田建设，创造良好的人文环境。

创建活动 2015年，全县广泛开展精神文明创建活动。2月，建设镇被中央精神文明建设指导委员会授予“第四批全国文明村镇”称号。6月，大田县被省委、省政府命名为“2012—2014年度（第四届）省级文明县城”，表彰省级文明村镇2个、文明单位11个、文明学校2所、文明社区1个。7月，三明市委、市政府表彰“2012—2014年度”市级文明村镇7个、文明单位52个、文明学校13所、文明社区1个，文明行业4个及精神文明先进工作者7名。县委、县政府持续开展“文明乡镇”竞赛活动，一、二、三等奖分别奖励1万元、0.8万元、0.5万元，获表彰乡镇6个，其中，一等奖奇韬镇，二等奖梅山乡、武陵乡，三等奖太华镇、华兴乡、济阳乡。表彰“2014—2015年度”县级文明村49个、文明单位53个、文明学校29所、文明社区3个。9月，县委、县政府召开创建第四届省级文明县城表彰大会，共表彰先进集体49个、先进个人165名。当年，新一届省级文明县城创建及未成年人思想道德建设通过年度初评检查。

道德建设 2015年，全县进一步加强城乡居民道德建设。一是持续开展“我推荐，我评议身边好人”活动。4月，谢洋派出所所长吴祥江登上敬业奉献“中国好人榜”。二是挖掘推荐并组织评选表彰“道德模范”活动。推荐吴祥江、陈兴光参加三明市第四届道德模范评选，分获市级第四届敬业奉献、助人为乐道德模范提名奖；县文明办与县委宣传部、总工会、团县委、县妇联联合开展“第二届大田县道德模范”评选表彰活动，表彰助人为乐、见义勇为、敬业奉献、诚实守信、孝老爱亲五个类别道德模范和道德模范提名奖各10人。三是抓好道德模范宣传。组织县首届讲述道德模范故事比赛，8个单位选送选手参赛，全方位宣传道德模范、身边好人的感人事迹，传递传统美德正能量，评出一、二、三等奖各1人。四是礼遇帮扶慰问“道德规范”及“身边好人”。春节前夕，县政府拨专款1.3万元，慰问全县各级道德模范及好人26人，县国税局、移动通信大田分公司、县总工会等单位与有困难的道德模范及好人签订协议，每年结对帮扶3000元。为褒奖群众身边看得见、摸得着、学得到的“平民英雄”，推崇在基层涌现的“凡人善举”，引领人民群众积极参与道德建设，举办道德模范颁奖典礼，形成推选、学习、崇尚、争当道德模范的社会氛围。

“讲文明树新风”活动 2015年，全县开展“讲文明树新风”活动。一是围绕社会主义核心价值观教育，开展“图说我们的价值观”及创城公益广告宣传活动。县电视台、广播电台、新闻网、文明网长期刊播各类公益广告，移动、电信、联通等手机媒体经常向万名以上用户发送公益广告，推进“讲文明树新风”公益广告宣传常态化；开展公益广告原创作品征集与道德模范公益广告设计和宣传活动，共征集各类原创作品20余件，推荐优秀作品上报省、市委文明办；在社会公共场所、公共交通工具刊播公益广告，设置一批以“图说我们的价值观”公益广告为主题的长廊、广场、街道、围挡，扩大公益广告宣传参与面和影响力。二是推进诚信体系建设。建立健全诚信“红黑榜”和发布制度，参与全市诚信建设年度工作会议，县法院等相关单位公开发布失信单位和个人信息；创建诚信先进单位，县人行、红狮水泥集团、顺意茶叶合作社、彩福珠宝金行等4个单位被列入省诚信促进会诚信先进单位考评。

社会志愿服务活动 2015年，全县机关企事业单位广泛开展各种形式的志愿服务活动，推进志愿服务工作制度化，参加志愿服务3万多人次，累计服务时长12万小时。一是组织“我们的节日”主题活动。春节期间，开展“圆梦中国”文化进万家、“邻里守望·情暖大田”志愿服务等；清明节期间，开展“文明祭祀，平安清明”“网上祭英烈”签名寄语等主题活动；端午节期间，围绕人与自然和谐的文化内涵，组织中华经典诗歌朗诵比赛、社区包粽子比赛等活动；中秋节期间，围绕敬月、赏月作诗和团圆庆丰收等文化内涵，在各单位开展“邻里守望·欢庆中秋”等活动；重阳节期间，围绕敬老孝亲，开展“敬老月”活动，走访慰问困难老人，组织各类老年人文体活动和“爱心敲敲门”等助老志愿服务。二是围绕扶贫济困、结对帮扶、文明交通、文明旅游、党员进社区、服务全国健美操比赛等大型赛事、环境保护等，开展“关爱空巢老人”“党员义务奉献日”“绿色大田，青年当先”等各类活动。三是面向全县开展“推优”活动，推荐华正义工联合会等单位和陈兴光等个人参加福建省优秀志愿服务典型评选。

未成年人思想道德建设 2015年，全县开展未成年人思想道德建设活动。推进“中国梦·我的梦”主题教育实践活动，清明节期间组织各中小学校师生开展“网上祭英烈”活动，10万多人次参加，未成年人参与率100%；“六一”儿童节期间，举办“学习和争做美德少年”网上签名寄语活动，推荐少年学生参加省市“美德少年”评选，大田一中学生范凯玥被省委宣传部、文明办、省教育厅、团省委、省妇联等部门联合评为省第三届尽责奉献美德少年，城一小岳海燕、吴山中心小学刘晓萍分别被市委宣传部、文明办、市教育局、团市委、市妇联等部门联合评为市第三届自强自立和勤劳节俭“美德少年”，表彰各类“美德少年”18人；“七一”期间，开展“童心向党”歌咏和优秀童谣征集传唱评选活动，开展未成年人歌颂党、歌颂祖国、歌颂中国梦的歌咏活动，精选6个节目展演，并报送市文明办参与展播。

（陈加培）

【关爱留守儿童捐赠活动】 1月23日，团县委、县关工委、教育局、邮政局在城关第一小学举行“关爱留守儿童，共享一片蓝天”捐赠活动启动仪式。爱心捐助单位为城一小留守儿童送上99份爱心礼包。

（陈加培）

【建设镇道德论坛活动】 2月19日，建设镇高氏宗亲在其宗祠举办“传承好家风、建设现代家庭”道德论坛活动，高氏旅外乡亲和回乡干部、在校大中专生及村干部、群众代表等共120人参加。

（陈加培）

【“母亲健康1+1”现场公益募捐】 5月10日，母亲节，县妇联、红十字会、华正义工联合会在时代广场联合举办“为了母亲的微笑——母亲健康1＋1”公益募捐活动，共募捐到善款1.33万元。佳龙超市、食为天电子商务有限公司等一批爱心企业发动员工加入捐款行列。

（陈加培）

【首届道德模范、身边好人故事讲述】 7月21日，县首届讲述“道德模范、身边好人”故事比赛在大田供电公司举办。有8个单位的8名选手参与，到场观看比赛100多人，县均溪中心小学林银燕、县公安局黄钰婷及县电视台周富健分获一、二、三等奖。

（陈加培）

【县慈善总会开展助学活动】8月25日上午，县慈善总会举行“金秋爱心助学”扶助贫困大学生资金发放活动，当天资助低保、孤儿、二女扎、病残等贫困家庭大学生63人、资金52万元。为县慈善总会自2011年底成立以来第四次“金秋爱心助学”活动，累计资助272人、资金184万元。

（陈加培）

【第三届“美德少年”评选】 10月，县委宣传部、文明办和县教育局、团县委、县妇联联合开展第三届“美德少年”评选活动，授予郑香花、卢玉、吴尹晰、林颖、林诗月、章媛媛、涂振财、郑国清、田云、陈永乾、郭妍昕等11人为县第三届“美德少年”称号。

（陈加培）

【“国际志愿者日”活动】 12月5日，县卫生局、交管大队、司法局、质监局等在时代广场开展“纪念第29个‘12·5’国际志愿者日”大型志愿服务活动，弘扬“奉献、友爱、互助、进步”的志愿服务精神。

（陈加培）

对台工作

【概况】 2015年，县委台湾工作办公室继续贯彻中央对台工作方针政策，把握两岸和平发展主题，做好各项对台基础工作，为台商、台胞、台属服务。推进经贸合作和双向交流。全年为台胞、台属提供政策咨询服务16批45人次，接待到大田探亲旅游、投资考察、经贸洽谈等活动11批83人次。

对台交流 2015年，县有关人员赴台考察交流5批。1月，大田萧氏宗亲32人赴台与台北萧氏宗亲总会开展联谊；8月，屏山乡政府参加市台办组织的对台交流活动，与台湾宜兰县冬山乡结成对口乡镇，双方就推动休闲农业发展事宜达成共识；10月，县政协副主席陈庆建赴台参加世界客属第28届恳亲大会，县残联理事长黄桂珍参加市残联组织的残疾人工作交流团，赴台学习残疾人就业经验，县交通运输局局长郑际楷参加省运输管理局组织的交通运输管理考察团，赴台与有关部门就城市公共交通、智能交通、综合运输管理等进行考察交流。

经贸合作 2015年，县委、县政府加强与台湾有关部门的经贸活动。3月，台湾南投市市长宋怀琳、市代表会主席张秀枝及天福茗茶公司李宗儒等一行7人到县考察福建大丰庾科技有限公司，寻求经贸合作；7月，县经济开发区管委会副主任郑标桂参加市经贸委组织的铸造产业考察团，考察台湾铸造产业并进行项目推介及对接活动；9月，县委常委、统战部部长江太生带领有关乡镇负责人一行9人赴台考察，了解台湾休闲农业发展、农产品产销体系、农民合作组织发展情况。10月28日，邀请6名台商参加“大田县第十届高山茶文化节”活动。

（陈新彬）

党校工作

【概况】 2015年，县委党校在编在岗15人，其中，专职教师11人。本科学历10人、大专1人；高级讲师5人、讲师5人、助讲1人。坚持党校姓党的根本原则，争创学习型、研究型、熔炉型、服务型、创新型党校，突出主业主课，加强党的理论教育和党性教育，发挥党校干部培训主渠道、理论宣传生力军、参谋决策思想库的作用。5月，县委决定詹永璋任副校长（试用期1年）。

党建工作 2015年，县委党校党支部党员14人。一是开展“三严三实”专题教育。共组织集中学习32次，其中专题辅导5次、先进事迹和先进典型经验学习5次、观看专题片3部；开展读书交流会1次，听各种专题课18次。二是开展庆祝建党94周年系列活动。组织党员到全国爱国主义教育示范基地——建宁反围剿纪念园进行“弘扬苏区精神，争做先锋模范”主题教育活动；派员到大田桃源国有林场党支部作《十八届四中全会精神》专题辅导；组织观看历史文献纪录片《筑梦中国》；派党建指导员郭立新到闽中交电有限公司党支部指导党建工作。三是开展中共十八届五中全会精神宣讲活动。派员参加县委宣讲团分赴18个乡镇宣讲全会精神，受教育1240人。四是加强党员队伍建设。开展道德讲堂活动4场，派员参加省、市委党校学习培训17人次。五是挂村帮扶。7月，选派副校长詹永璋蹲点武陵乡岬坪村，驻村1年；为武陵、桃溪、岬坪等3个村的贫困户、困难党员及村部文化建设帮扶资金和慰问金共1.27万元。

干部培训 2015年，县委党校举办各类培训班、进修班16期，参训1310人次，其中，科级干部进修班2期、73人，青年干部培训班1期、37人，优秀年轻干部培训班1期、30人，妇干班1期、31人，新一届村党组织书记任职培训班2期、238人，新一届村党支部书记兼任村委会主任任职培训班1期、27人，新一届村委会主任任职培训班2期、238人，选调生和大学生村干部培训班1期、48人，就业大中专毕业生转正定级培训班1期、129人，入党积极分子培训班3期、310人，行政执法资格培训班1期、149人。全年聘请专家学者和各级领导授课22人次，其中，专家学者7人次，县领导4人次，县直部门和乡镇领导11人次。

科研工作 2015年，县委党校参加省、市学术研讨会4人次；完成科研论文17篇，其中在境内注册、国内公开发行的刊物（CN刊物）发表2篇、准印刊物发表3篇、入选省、市研讨会1篇；完成省委党校基地课题1项。林克进的《以法律和道德机制增强党的执政能力》《新时期“严以修身”目标驱动下的基层党建新思考》分别在《云南社会主义学院》2015年1期、《党史博彩》2015年12期发表；廖生明的《应用大数据提高政府治理能力》和郭立新的《农村文化资源整合与利用——以福建省大田县为例》分别在《三明论坛》2015年第4期、第5期发表；王升飞的《道德培养要从“不讳尊者”做起》在《福建教育督导》2015年第6期发表；田生银的《推进服务型基层党组织建设》入选2014年福建省党校、行政学院系统中国特色社会主义理论体系研究基地课题。

（郭立新）

【省委党校、行政学院领导到校指导】 9月，中共福建省委党校、福建行政学院巡视员游龙波，副巡视员寇慕真等人先后看望省委党校驻广平镇万宅村和谢洋乡仕福村的两位干部，并到县委党校指导工作。

（郭立新）

【县行政学校加挂牌子】 12月28日，县委机构编制委员会（田委编〔2015〕57号文件）同意，县委党校加挂“大田县行政学校”牌子，人员编制不变，负责培训乡科级副职及其以下职级公务员。

（郭立新）

【岩城大讲堂举办】 2015年，县委党校举办“岩城大讲堂”专题报告会2场，邀请2名专家教授作报告，参加的党员领导干部360多人次。9月23日，心理辅导专家、中国民主同盟福建省委常委、福建师范大学心理学教授叶一舵博士作《当代公务员的心理健康与心理调适》专题报告；12月25日，中共福建省委党校党建教研部主持工作副主任、地方治理研究中心主任、武汉大学政治学博士、新加坡国立大学访问学者郭为桂教授作《全面从严治党的重要制度保障——学习贯彻新修订的〈中国共产党廉洁自律准则〉〈中国共产党纪律处分条例〉》专题报告。

（郭立新）

党史工作

【概况】 2015年，县委党史研究室按照“突出中国特色社会主义时间段历史研究、不断跟进党中央的步伐、不断跟进历史前进的脚步”的党史研究工作要求，完成《中国共产党大田历史(二卷)》初稿，编纂《福建中央苏区纵横(大田卷)》，汇编出版《资政参阅》——关于国家、省级支持革命老区、苏区发展相关政策一书，在新浪网《红色大田》博客上传与大田革命历史有关文章、党史工作信息、新闻视频等。党史信息、党史文章、人物传记等被福建党史网、大田新闻网采用20多篇，党史题材文章在《三明党史》《炎黄纵横》《三明文史》发表20多篇，向《福建党史工作》《岩城快讯》等报送信息。县委党史研究室主任廖舒静到县委党校、大田一中、鸿图中学等单位，开展大田革命斗争历史专题讲座；依托大田中央苏区革命历史陈列馆、闽中工委会址展馆、大田县红军北上抗日先遣队革命历史陈列馆、叶炎煌烈士故居展板等16个党史教育基地进行革命传统教育，接待机关事业单位、乡镇干部职工以及学校师生2万余人。6月，武陵乡桃溪村、百束村，屏山乡屏山村，湖美乡高才村被三明市政府公布为首批“红色历史文化名村”。

（郑晓婷）

【纪念抗战胜利系列活动】 2015年，县委党史室在中国人民抗日战争暨世界反法西斯战争胜利70周年之际，开展系列纪念活动。9月1日，召开纪念抗战胜利70周年座谈会，县委常委、宣传部长章玲，革命烈士后代代表，三明市社科联秘书长纪其昌，三明学院思政部主任曾令超、副主任魏秀兰、副书记陈绍西，县委办、县委党史研究室及党校、县政协文史委、老区办、关工委等单位20多人参加。9—10月，在大田一中建造“‘9·20’日军轰炸大田纪事墙”；在大田革命历史纪念馆，举办大田民众抗日救国史实、图片、文物展览，展出图片117幅、文物43件，接待县内外干部群众、学生近万人次；为电视台提供抗战革命遗址简介21篇及相片32张，协助拍摄“寻访抗战老战士”“革命遗址上的故事”等电视专题栏目，邀请抗战老兵讲述发生在大田的抗战故事。10月30日，举行中共大田县党史学会揭牌仪式暨“大田与抗战”专题座谈会，县委常委、统战部长江太生主持，省市委党史研究室科长、革命烈士后代、党史学会会员及县委办、县人大、县政协、组织部、宣传部、党校、老区办、作家协会、报道组、党史研究室等单位20多人参加。省委党史研究室副主任黄玲、市委党史研究室主任王仁荣分别作讲话。

（郑晓婷）

【红色文化下乡暨大田抗战精神图片展】 2月4日，县委党史室在奇韬镇奇韬村举办“红色文化下乡暨大田抗战精神图片展”，展出革命战争年代大田人民保家卫国、英勇斗争事迹图片60幅；发放《叶炎煌》《红色大田绿色发展》等党史书籍各100本，价值5000多元。

（郑晓婷）

【市纪委书记到烈士故居调研】 5月20日上午，市委常委、纪委书记冯新婷到桃源镇蓝玉村烈士肖冠槐故居调研。听取村党支部书记介绍肖冠槐事迹后，提出要挖掘大田红色文化内涵，将烈士故居等重要革命遗址遗迹保护好，作为宣传党史和开展爱国主义教育的重要阵地。

（郑晓婷）

【“陈嘉庚与抗战”主题研讨会举办】 7月17日，县委党史室在大田一中与集美区委宣传部、集美大学党委宣传部、集美陈嘉庚研究会、大田县关工委联合举办“陈嘉庚与抗战”主题研讨会，63人参加。

（郑晓婷）

【县首批抗战纪念设施和遗址名录公布】 8月31日，县委、县政府公布首批抗战纪念设施、遗址名录21处，包括被日本飞机轰炸的大田县立初级中学及县城文庙遗址、中共闽中工委会议旧址、抗战时期集美职业学校内迁大田旧址群等抗战纪念设施、遗址。

（郑晓婷）

【烈士公祭活动】 9月30日，大田县在烈士陵园举行公祭活动，瞻仰烈士纪念碑的有县领导、机关干部、武警消防官兵、学校教师和少先队员代表等共500多人，并向纪念碑敬献花篮，少先队员们献唱歌曲《我们是共产主义接班人》，缅怀先烈，追忆先烈英勇奋斗、不畏牺牲的革命精神。

（郑晓婷）

【《资政参阅》出版】 10月，县委党史室汇编《资政参阅》第一辑——关于国家、省级支持革命老区、苏区发展相关政策一书由市文化广电新闻出版局批准正式出版，全书13万字，印刷1500册。该书摘录国务院《关于赣闽粤原中央苏区振兴发展规划》、国家发改委《关于明确福建省有关县（市、区）执行西部地区中央预算内投资政策问题的复函》等国家、部委、省振兴“原中央苏区县”相关优惠政策，遴选省内外“原中央苏区县”与中央、省、市有关部门全方位对接苏区政策、筹划项目的经验做法，为各级各部门项目对接以及谋划“十三五”规划作参考。

（郑晓婷）

【红军无名战士纪念碑揭牌】 11月26日上

午，屏山乡党委、政府及厦门大学、集美大学后备军官国防生选培办在屏山举行红军无名战士（1929年8月牺牲）纪念碑揭牌仪式并敬献花篮，南京军区驻厦门大学、集美大学后备军官国防生选拔培养办公室主任黄平、屏山乡党政领导、县党史研究室、老区办、关工委及国防生代表、屏山小学师生代表等80多人参加。

（郑晓婷）

【中共大田县党史学会成立】 11月，大田县成立全市首家中共党史研究学会，有会员36人。旨在参与党史重大事件和重要人物纪念活动，做好党史宣传，开展党史研究和学习教育，繁荣学术探讨；同时，研究制订了工作规划和年度工作计划，并建立工作制度。

（郑晓婷）

老干部工作

【概况】 2015年底，全县离休干部38人，其中，行政单位20人、事业9人、企业9人；副处级（含享受副处级待遇）以上11人（条管1人）。由老干局管理的“5·12”退休干部30人、原任副处级以上退休干部19人。

管理服务 2015年，县委老干部局根据老干部“高龄期、高发病期”特点，贯彻落实老干部工作的方针政策，坚持制度落实和创新。一是坚持联系老干部制度，县党政领导每人联系1—2名老干部，了解他们思想、生活和身体状况，协作解决实际困难。二是坚持邀请老干部参加重要会议和工作情况通报制度，邀请老干部参加县委、县政府重大会议和县人大、政协“两会”及重要决策会议，领导干部的述职、测评、推荐会和反腐倡廉报告会、征求工作意见座谈会等9场、130人次。参加大型通报会2次。三是坚持走访慰问、探视和祝寿制度，在重大节日走访慰问老干部（含遗属）210人次，春节期间发放慰问金12.8万元、困难补助0.5万元；召开老干部工作意见征求座谈会2场；探视生病住院35人次，为老干部送蛋糕祝寿。四是坚持方便老干部学习制度，离退休老干部党支部，坚持每月集中学习；老干局阅览室订阅党报党刊、杂志10多种供老干部学习；建立“送学上门”制度，每月精选打印老干部喜好的学习材料送到家中，保障老干部政治学习的需求。五是建立老干部服务联系卡制度，每人一卡，全面了解掌握老干部的基本情况。保持与原单位、社区及其子女的沟通联络，建立单位、社区、家庭等多位一体的服务体制。六是经费保障。县财政对老干局的公务费、特需经费逐年增加，按月定额拨付；事前介入改组、改制企业老干部的“两费”提留，破产企业老干部“两费”由县财政承担，无发现拖欠；老干局对参加“两费”统筹管理的老干部每人每年发放180元的书报费和320元的公务费。七是做好老干部服务“四就近”工作。建立白岩社区老干部服务“四就近”示范点，就近满足老干部关心国事、家事、更新知识和观念的需求；就近组织老干部开展丰富多彩的社区文化活动，丰富精神文化生活；就近组织工作人员和志愿者服务队与老干部结对，关心照顾老干部；让其就近发挥余热，帮助社区调解邻里纠纷化解社会矛盾、关心教育下一代。八是加强队伍建设，提升服务水平。每月第一周召开例会，推进老干部工作开展，工作人员对居住城区的老干部每月走访不少于1次，做到“五必问五必知”（必问身体健康、生活现状、居住就医、困难疑惑、工作良策；必知老干部姓名、年龄、离休单位等基本情况，身体状况和生活情况，本人及其子女亲人联系地址和方式，所面临的困难和问题，对当前工作的意见和建议）。

活动开展 2015年，县老干局一是组织老干部诗词书画采风活动。征集摄影作品26幅、书法10幅、国画1幅、诗词11篇。二是开展重温入党誓词活动。组织老干部代表及国学班师生40余人到革命烈士陵园重温入党誓词。三是组织美丽乡村行活动，原任副处级以上退休干部视察济阳乡古镇名村。四是邀请县委党校副校长郭立新作《转型驱动，绿色发展》专题讲座，让老干部了解大田绿色之路。五是举办“纪念抗日战争胜利70周年”老干部座谈会，抗战离休干部林肇表、费达、邱清和等在会上，回忆沉痛的灾难和参加革命的经历，畅谈共产党领导中华民族取得的伟大胜利。同时，开展“纪念抗日战争胜利70周年”及“我看大田新变化”主题老干部征文活动，征集文章11篇。六是组织老干部67人到学校、社区、街道和乡村开展“三下乡”活动20多场次，举办科普报告8场次，受众700多人次，接受群众义诊、健康咨询4次、900多人次。七是开展关爱帮扶活动。借助烈士陵园、“第二集美学村”旧址陈列馆等爱国主义教育基地，协同县关工委，开展“承传前贤，担当使命”教育、“青春魂·中国梦”宣讲进校园等，25位讲师为各中小学举办41场次讲座和报告会，受教育师生1.5万多人次。同时，建立助学基金、开展助学捐款等，助力教育事业发展，全县建立助学基金15个、总金额约85万元。八是开展建言献策活动。邀请30多位老干部到均溪、建设、上京等乡镇察看在建的重点项目，听取项目负责人工作通报并召开座谈会评议，为大田发展提意见、出主意，建言献策。

（陈辉文）

县直机关党的工作

【概况】 2015年，县直机关共设党委15个，党总支11个，党支部188个。党员总数3653名，其中，机关事业单位在职干部职工党员2723名，占党员总数74.5%；离退休干部职工党员839名，占党员总数的23%；企业（含非公经济）党员91名、占总数2.5%；女党员745名，占党员总数的20.4%；少数民族党员24名；大专以上学历党员2324名，占党员总数的63.6%；35岁以下党员438名，占党员总数的12%；预审党员发展对象36名。当年，报送信息48条，其中，被“福建机关党建网”采用20条，“三明机关党建网”采用28条。

机关党建 2015年，县直机关党建工作围绕“服务中心、建设队伍”主线，继续推进“1263”机关党建工作机制实施，加强“学习型、服务型、创新型”党组织建设，做到“走前头，做表率”，为建设宜居宜业的幸福大田提供坚实政治保证。一是坚持党委中心组学习和“三会一课”制度。巩固和坚持“五课”（上好必修课、抓好选修课、开好交流课、扎深群众课、做实实践课）学习机制，开展创建“学习型支部”、争当“学习型党员”活动；结合“三严三实”学习活动，上党课30余场，让机关每一位党员、干部都接受一次“三严三实”专题教育。二是继续党建工作调研。各党委按照工作部署结合各单位的工作实际，加强党建工作理论调研，撰写较高质量的调研文章，其中被市直机关政研会评为三等奖2篇。三是推进党建工作责任制落实。年初，召开机关党建工作会议，明确全年重点工作任务；年中，工委领导到各党委及部分支部，了解党建重点工作落实情况，督促党委主要领导和分管领导履行“一岗双责”，把机关党建工作当作主业来抓；12月31日，组织机关党委书记述职评议会，各党委书记、党建工作领导小组成员单位领导、党务干部、特邀党员代表等共50余人对述职情况进行民主测评。四是加强基层组织建设。继续推行机关“三公三诺”（公开承诺、公示践诺、公众评诺）活动，各单位党（总）支部抓好亮岗履职及考评；4月中下旬，工委对各党委及部分支部进行检查，对抽查中发现的问题进行现场指导，并督促改进。在机构改革中，县委新成立教育系统党委、市场监督管理局党委，日常工作划归工委领导和管理；工委督促有关党委、党（总）支部做好撤销、更名、调整、党员关系接转及党委委员的增补、副书记选举任命等工作，使基层党组织的架构更加完善、工作不脱节。五是加强党员的政治思想教育和人文关怀。“七一”期间，组织机关党员干部参加由工委主办、住建系统党委协办的“住建杯”气排球赛和县委、县政府举办的烈士公祭活动；国庆期间，组织参与县委宣传部、工委、县文广局联合举办的“铭记历史、圆梦中华”庆国庆暨纪念抗日战争胜利70周年合唱展演活动，既教育党员政治思想，又丰富业余文化生活；办公场所建立“党员学习室”“党员活动室”，培养党员干部良好的学习习惯和开展健康的业余文体活动；组织党员在“建党日”及重大节日，走访慰问困难党员，在党员义务奉献日到城区开展各种义务奉献活动，提高党员的党性意识。六是培育党建工作示范点。组织部分党务干部、窗口单位的部分党员到市法院、市行政服务中心等党建先进典型参观学习，重点探索县行政服务中心党建工作，把该中心培育成为党建工作示范点。当年，省、市领导多次到县行政服务中心参观调研，对党建工作给予肯定和赞扬。七是注重服务型党组织建设。在县直机关推行

（项目推进、矛盾化解、帮扶济困、富民强村、政策宣传）“五到一线”工作法，提升机关党员干部为民服务的意识，县住建局制定为民服务“加减法”（便民服务做“加法”、行政审批做“减法”），发改局推出“排难解困、政策咨询、审批服务”等3条便民服务“快速通道”等等。八是尝试创新党建工作载体。组织机关在职干部党员到社区服务群众，结合个人专长和能力，认领1个以上志愿服务岗位或服务项目，4月各单位党员到8个社区报到，“七一”前后，123个单位组织1721名党员到社区开展政策法规和科技咨询、文明新风倡导等义务服务，推动文明和谐社区建设；同时，组织机关党员志愿者服务队统一行动3次，党员志愿者服务活动常态化，“机关党员服务队”在新一轮文明创建中发挥重要作用。九是加强长效管理机制建设。抓好群众路线教育实践活动整改工作，按照整改方案列出清单，逐项对照抓整改；同时，健全完善相关制度，用制度和规范保障整改工作落实。十是加强机关作风建设。按照中央八项规定精神和县机关干部“十不准”规定，对窗口岗位、服务行业的工作作风、服务水平、服务质量加强监督，对机关上下班工作纪律与作风，与县效能办联合开展定期和不定期明察暗访26批次，对14个单位存在上下班迟到早退、脱岗溜岗、服务态度不好、制度不落实、履职不到位等问题予以通报批评，效能问责19人。十一是加强党风廉政建设。开展廉政文化进机关活动，组织、宣传、纪检、检察院等部门继续利用短信群发平台向党员干部发送反腐倡廉警示短语，提高党员干部预防违纪违法的思想意识；督促按期召开党员领导干部民主生活会，定期检查党员尤其是领导干部参加组织生活情况；推进党务公开，并与政务公开、机关事务公开结合；对党员干部遵守政治纪律、中央《八项规定》精神、县委“十不准”规定等廉洁从政情况进行检查督促。十二是继续实行帮扶措施。开展党建富民强村和帮扶济困活动，为挂钩的困难户提供资金帮扶，就业指导、技术咨询等服务，对挂钩帮扶村党建工作指导和生产帮扶。为挂钩村争取帮扶资金1万余元，并添置垃圾桶等卫生设施，改善村卫生环境；投入资金为村里重新布置党建室，并为村老年人活动中心添置电视机、沙发等设施及象棋、篮球、气排球等文体用品，丰富老年人的业余文化生活；履行社区理事成员单位职责，配合社区做好文明创建、困难家庭帮扶，为社区共建提供资金1000元，挂钩帮扶1个困难家庭，资助资金500元。

县直机关人民武装工作 2015年，县直机关人武部进行民兵整顿、登记，参加县基干民兵重点应急连、情报侦察、二炮医疗救护、装甲装备维修、卫生防疫、安全警戒等分队，退伍军人全部参加民兵组织。8月，开展兵役登记和冬季征兵工作，有4名适龄青年应征入伍。

（郭守东）

【领导调研】 1月14日，市直机关工委副书记、纪工委书记陈细荣到县调研，指导机关党建工作。5月18日，市直机关工委常务副书记龚其明、副书记林淑英到县调研，参观格林实业有限公司、县委党校、县发改局、交通执法大队等“党建示范点”，对县机关党建工作给予肯定。6月24日，省直机关工会调研员刘华开等4人到县调研，与机关各党委书记进行座谈，市直机关工委副书记林淑英陪同。9月21日，市直机关工委委员、组织部部长张挥到县调研。

（郭守东）

【党建工作会议召开】 4月3日，全县机关党建工作现场推进会暨机关党建工作首次会议在县民政局召开，观摩县民政局“三公三诺”开展情况，学习该局“党员之家”建设和“党建工作示范点”婚姻登记中心开展“五心服务”情况；党工委常务副书记纪虎劲传达省、市机关党建工作会议精神，部署2015年县直机关党建工作，县委常委、组织部部长、党工委书记蔡建明作讲话。

7月16日，全县机关党建工作第二次现场推进会在县行政服务中心召开，机关各党委书记、专职副书记参观学习县行政服务中心建立“行政提速、服务提质、群众满意”的便民优质高效“政务超市”，创新服务品牌，蔡建明到会讲话。

12月31日，全县机关党建工作第三次现场推进会暨机关党委书记述职评议会在县残联召开，15个党委的书记作为机关党建第一责任人就取得的成绩、存在问题、今后打算三个部分进行述职，蔡建明进行点评并作讲话。

（郭守东）

机要保密工作

【概况】 2015年，县机要、保密局落实各项保密工作和保密措施，一是开展保密专项检查。1月，县直机关、单位完成保密自查自评，县机要、保密局会同教育、公安等部门对高等职业教育入学考试和高考试卷保密室进行检查验收和巡查，确保保密措施到位。5月，市保密局局长黄茂升率检查组到县进行保密工作专项检查，对大田县保密工作给予肯定。二是开展保密宣传教育。10月，在县委党校举办保密知识讲座，第一期青年干部培训班、科级干部进修班学员和部分涉密单位系统管理员、安全保密管理员、安全审计员“三员”等70多人听取讲座。三是推进涉密网络测评审批，12月，按照省、市保密部署，县纪委、组织部、检察院等3个单位完成涉密网络测评审批。全年做好报务、通信工作，提高应对突发事件和应急通信的安全保障能力，没有出现失密泄密事故。当年，县机要、保密局被省国家保密局评为年度信息报送和通联工作先进单位。

（刘利烽）

大田县人民代表大会

□编辑 郑祥果

综 述

2015年，县人大常委会贯彻落实中共十八大和十八届三中、四中、五中全会精神，适应新常态，履行法定职责，开展各项工作。全年召开常委会会议10次、主任会议15次，听取和审议“一府两院”专项工作报告17项，开展调研、视察、执法检查13次、专题询问1次，组织满意度测评2次，配合省市人大常委会开展调研、视察、执法检查等活动14次，任免国家机关工作人员33人次。

推进人大工作创新实践 一是注重制度建设。出台《大田县人大常委会关于选举或任命国家工作人员就职宣誓试行办法》，对宣誓对象、程序、内容及宣誓词进行明确。制定《大田县人民代表大会常务委员会关于开展满意度测评工作的暂行办法》，对测评适用范围、对象、事项、结果应用等进行规范。完善代表建议、批评和意见办理工作规定，进一步明确承办、督办程序。规范和完善人事任免程序，坚持党管干部和人大依法任免干部相统一的原则，实现了人事任免权和监督权的有机统一。二是突出监督实效。注重倾听民声，事先向社会公开征集意见建议，力争询问抓住重点、切中要害；加强问时互动，改变以往不事先拟定题目，由询问人员自由发问、追问方式，增强询问的针对性；加强问后跟踪，力求专题询问落地有声，问出实效。选取教育、水利等工作，运用视察、执法检查、听取专项工作报告等不同监督方式，从不同角度，开展“组合拳”式监督。首次将满意度测评运用于专项工作，邀请各级人大代表参与，扩大参与面。连续5年开展县政府组成部门年度工作测评，持续督促政府部门改进作风，力求实效。三是强化自身建设。组织常委会组成人员和人大干部分批次参加新预算法及人大业务等专题培训，以能力素质的提高，推动工作的开展。扎实开展“三严三实”专题教育，持续落实中央“八项规定”精神，着力解决“四风”方面存在的问题，巩固党的群众路线教育实践活动成果；常委会领导深入基层，广泛联系代表和群众，积极帮助挂钩乡镇、村理清发展思路，落实帮扶措施，不断深化“五到一线”和“干群结对帮扶济困”等活动。开展“加强乡镇人大工作”专题调研，召开乡镇人大工作交流会，评选“先进乡镇人大主席团”和“优秀人大工作者”，通过典型引导，提升人大工作水平。

助力经济平稳健康发展 一是促进产业平稳发展。开展项目建设用地保障情况调研，提出提高节约集约用地水平、保障项目建设用地需求等意见，促进项目用地逐步规范。扎实做好引资工作，三九军大生物科技项目竣工投产，岩兴工业气体项目主要设备安装完成，屏山龙创生态谷项目前期工作进展顺利。开展油茶产业发展情况调研，促进县政府强化组织领导、加大扶持力度，提升科技含量、扶强龙头企业，推进油茶产业健康发展。组织代表视察茶产业，引导茶农树立信心，开展多茶类生产，主动适应市场需求，着力提升市场竞争力。关注旅游业，建议县政府进一步做好规划、加大资金投入、完善基础设施，形成“进得来、留得住、能消费”的旅游发展新格局，提高旅游业的整体经济效益和社会效益，推动全县产业转型升级。二是助力经济健康运行。听取和审议2015年上半年国民经济和社会发展执行情况报告、对2012—2014年县本级财税收入结构情况进行调研，综合分析近年来县财政收入结构。就企业生产经营困难、发展环境欠佳、财税收入放缓等突出问题，提出进一步优化产业结构、积极帮扶中小微企业、加强财税监管、推进重点项目建设等意见，支持县政府坚定信心，正视困难，确保年度任务完成。开展“十三五”规划纲要编制工作情况专题调研，督促县政府立足实际，科学研判发展趋势，高标准、高起点做好“十三五”规划编制工作。三是深化财政审查监督。开展新预算法执行情况执法检查，要求县政府规范预决算编制、强化预算执行管理、增强预决算审查监督、落实预决算及审计结果公开。审查和批准2015年县财政支出预算草案及部门预算细化方案的报告，首次将政府一般公共预算、政府性基金预算、国有资本经营预算、社会保险基金预算纳入政府预算体系，要求县政府每月汇报财政收支预算执行情况，初步实现全口径预算监督。听取和审议关于2014年度县本级财政预算执行和其他财政收支审计工作报告、2015年上半年预算执行情况报告、调整2015年县本级财政收支预算草案的报告，督促县政府对预算管理及预算执行不够规范等问题进行整改，进一步建章立制，强化预算约束，维护预算的权威性和严肃性。开展审计查出问题整改落实情况跟踪检查，促使县政府加强财政预算绩效、财政专户及结余结转资金等管理工作。

推动社会事业加快改善 一是回应社会关切。开展中小学教师职称评聘工作跟踪检查，听取和审议县政府关于义务教育基本均衡发展情况的报告，督促县政府加强教师队伍建设，合理布局教育资源，解决好城区学校布局不合理、适龄儿童入学难等问题。关注医疗事业，组织代表对全县基层医疗卫生、疾病预防控制体系建设情况进行调研、视察，听取县政府医疗纠纷处置工作情况专项报告，督促县政府加大投入、不断完善各项医疗设施、严厉打击医闹违法行为，积极创造和谐的医疗环境。二是聚焦热点问题。开展城区饮用水源地管护情况专题询问，督促县政府强化源头管控、完善设施建设、健全管护机制，切实保障城区饮用水安全。连续四年对食品安全问题进行跟踪，提出“加快食品监管体系建设、健全隐患防控机制”等建议，促进食品安全工作不断改进。连续两年开展“河长制”专题调研，要求县政府加大资金投入，理顺管理机制，强化监督管理，推动“河长制”问题整改落到实处。三是关注办实事工作。听取和审议县政府开展为民办实事工作情况报告，对2012—2014年县政府145项为民办实事项目进行梳理，选取县殡仪馆改造、县医院ICU病房、福田综合市场等14个未完成项目进行重点跟踪，督促县政府完善长效管理机制，加快未完成项目进度，确保建成项目发挥实效。注重办实事项目的科学甄选，力争为民办实事项目能当年完成、当年见效。

促进社会和谐突显实效 一是加强执法监督。组织对旅游法、防空法和省人民防空条例、新预算法、省终身教育促进条例等实施情况进行执法检查，督促相关部门正确贯彻实施法律法规，严格依法行政，对县旅游业发展、防空设施建设管理规范化、提高财政资金使用效益和终身教育事业发展等方面起到较好的推动作用。加强规范性文件的备案审查工作，对县政府10件文件进行备案审查，及时发现并纠正问题，维护法制统一。二是强化司法监督。听取和审议县法院、检察院关于规范司法行为工作情况的报告，针对司法行为不规范、法律监督工作不到位、执行难等突出问题，督促“两院”牢固树立司法为民理念、推进司法公开、加强司法队伍建设、严格规范司法行为，促进律师会见难、调查取证难等问题的整改，进一步规范案件告知、案件信息公开等相关工作。三是力促社会稳定。开展国家宪法日、“六五”普法等宣传活动，提高全社会法制化管理水平。连续对县社会治安综合治理情况进行跟踪监督，促使县政府加强社会治安防控体系建设、加大矛盾纠纷排查化解力度，深化“平安大田”建设；开展社区矫正工作专题调研，提出加强队伍建设、引导社会积极参与、提高矫正质量等意见，促进社区矫正工作有序开展。不断完善信访工作机制，由转办交办向督促问题解决转变，由接待信访向强化监督转变。

保障代表履职更加有力 一是优化服务，力促代表“能为”。通过为县人大代表寄送人大刊物和短信平台等方式，定期向代表进行法律法规的宣传，为代表依法履职奠定了基础。及时向各级代表通报全县经济社会发展情况以及常委会工作动态，拓宽代表知情知政渠道。

常委会组成人员全年走访挂钩联系代表2次以上，通过座谈、入户走访、开展视察、调研等形式，及时掌握代表履职过程中遇到的问题和困难，为代表履职提供服务保障。二是搭好代表履职平台，力促代表“愿为”。依托乡镇人大代表工作室、小组活动室，引导代表们在闭会期间开展活动，促进代表间的学习、交流，让代表“有家、愿为”；发挥专业人才聚集优势，组织开展以“加强茶园建设与管理”“加强卫生事业发展”“加强民办幼儿园管理”为主题的行业代表小组活动，提出“抓好东方美人茶制茶工艺标准建设”“强化医疗资源整合”“加强教师队伍梯队建设”等意见建议；通过建立轮流参与、协调安排的长效机制，提升代表对常委会工作的参与程度。全年，共邀请210名代表参加视察、执法检查和专题调研等活动，49名代表列席常委会会议。三是强化督办，力促代表“有为”。继续完善代表建议办理“牵头办、重点督、回头看”的工作方式，回应代表关切。认真落实“牵头办”，全面跟踪问效县第十六届人民代表大会第四次会议以来的132件代表建议办理情况，代表对建议办理情况表示满意和基本满意的占90.2%，建议得到解决或基本解决的占65.2%，在今后逐步解决的占28.0%。对柳琳等10位代表提出“利用过度市场闲置地新建红星幼儿园”的议案，通过重点督办，该项目建设正扎实有效推进。从三次会议代表建议中筛选4件未办结件进行回头督办，促使相关问题的解决，针对刘晓玲等10名代表在三次会议上提出的“要求加大城区二级环卫项目投入”的议案，通过跟踪督办，二级环卫经费有所提高。

（钟　岑）

人民代表大会与人大常委会会议

【县第十六届人民代表大会第四次会议】 2015年1月14—17日，大田县第十六届人民代表大会第四次会议在县影剧院召开，代表共198名，其中辞去代表职务1名，出席代表197名，列席人员221名。会议听取和审议县人民政府县长熊旭明作的《政府工作报告》、县人大常委会主任陈汉良作的《县人大常委会工作报告》、县人民法院院长朱文绣作的《县人民法院工作报告》、县人民检察院检察长陈福东作的《县人民检察院工作报告》，并通过相应的决议。会议审议县发展和改革局局长涂剑峰作的《关于大田县2014年国民经济和社会发展计划执行情况与2015年国民经济和社会发展计划（草案）的报告》、县财政局局长田勇作的《关于大田县2014年预算执行情况和2015年预算（草案）的报告》，并通过相应的决议。大会补选涂剑峰为大田县人民政府副县长。

（钟　岑）

【人大常委会会议】 3月27日，县十六届人大常委会第25次会议在县人大二楼会议室（下同）召开，副主任郑宜堆主持，会期半天（下同）。一是人事任免事项。二是听取和审议县政府2015年县本级财政预算及部门预算细化方案的报告。

4月21日第26次会议，副主任张爱兰主持。会议主要内容：审议通过接受吴初通辞去县十六届人民代表大会代表职务的事项。

5月12日第27次会议，副主任刘永生主持。一是审议《大田县人大常委会关于选举或任命国家工作人员就职宣誓试行办法（草案）》；二是审议人事任免议案；三是举行就职宣誓仪式。

5月29日第28次会议，副主任温如校主持。一是审议《大田县人民代表大会常务委员会关于开展满意度测评工作的暂行办法》；二是听取县政府关于社区矫正工作情况的报告；三是审议人事任免议案；四是举行就职宣誓仪式。

7月31日第29会议，副主任郑宜堆主持。一是审议通过许可对县十六届人大代表方来源依法采取行政拘留处罚的议案；二是听取和审议关于2015年上半年国民经济和社会发展计划执行情况的报告；三是听取和审议关于2015年上半年财政预算执行情况的报告；四是听取和审议关于2015年度县本级财政预算执行和其他财政收支情况的审计报告；五是审议通过县法院关于提请任免人民陪审员的议案。

8月25日第30次会议，副主任温如校主持。一是对县政府组成部门有关人员免职进行审议；二是审议通过接受范庭国辞去县十六届人民代表大会代表职务的事项。

9月22日第31次会议，副主任张爱兰主持。

一是听取县政府关于2012—2014年为民办实事项目成效的报告；二是听取关于县法院规范司法行为工作情况的报告；三是听取关于县检察院规范司法行为工作情况的报告；四是审议人事任免议案；五是举行就职宣誓仪式。

10月2日第32次会议，副主任刘永生主持。一是审议人事任免议案；二是举行就职宣誓仪式。

11月24日第33次会议，副主任郑宜堆主持。一是听取和审议县政府关于“河长制”目标责任落实情况专题询问存在问题整改情况的报告；二是听取和审议县政府关于义务教育均衡发展情况的报告。三是对县十六届人大四次会议重点建议办理情况开展满意度测评。

（钟　岑）

主要活动

【县政府组成部门工作测评】 1月5日，县人大常委会组织常委会组成人员以及部分省、市、县人大代表，对县政府25个工作部门开展2014年度工作测评。将测评中反映的问题，提交县政府及有关部门进行整改，并将评议结果报送县委参阅。

（钟　岑）

【人大代表视察活动】 1月8日，县人大常委会组织市十二届人大代表（大田团第二小组）一行10人，以“高医疗技术服务水平，促进卫生事业健康发展”为主题，到县卫生局、均溪社区卫生服务中心、县医院、平安医院等实地了解，并召开座谈会，听取有关单位部门情况汇报。

7月2日，永安市人大常委会主任董乐夫带领市十二届人大代表（永安团）一行25人，对县生态旅游项目进行视察。视察组对桃源镇蓝玉村美丽乡村示范点和东坂村安良堡、屏山乡雾海茶人家等项目实地察看，听取有关单位部门情况汇报，并交流座谈，提出建设性意见和建议。

（钟　岑）

9月，县人大常委会组织部分市十二届人大代表一行15人，对有关承办单位2015年代表建议办理情况进行视察。通过实地查看、召开座谈会、个别走访交流等形式，了解督促2012—2014年代表建议办理的存在问题和落实情况，推动办理工作从“答复型”向“落实型”转变。

（钟　岑）

【县人大常委会调研活动】 3月13—18日，县人大常委会成立了以郑宜堆副主任为组长的调研组一行8人，开展2011年以来造林成果巩固情况调研。调研组到县桃源镇兰玉村、赤头坂国有林场、建设镇贵竹林矿区、广平镇五峰村、梅山乡璞溪村实地察看，并召开汇报座谈会，全面掌握2011年以来全县造林绿化成果巩固情况及资金使用、管理情况。

4月，县人大常委会副主任刘永生带领县人大常委会部分委员一行12人组成的调研组，对县《中华人民共和国旅游法》实施情况进行调研。调研组一行先后到旅游局、文广局、住建局、交通局、财政局、发改局、茶业局，屏山乡、吴山乡开展调研，采取听取汇报、查阅相关资料、实地察看、座谈等形式全面了解《中华人民共和国旅游法》贯彻实施情况。

4月27—29日，县人大常委会组成以副主任张爱兰为组长，部分委员、人大代表为成员的调研组对县2011年来社区矫正工作情况进行调研。调研组深入县检察院、司法局、公安局等单位和均溪镇、太华镇、屏山乡听取汇报并座谈，查阅相关资料，个别走访，与部分社区矫正人员座谈了解，征求对社区矫正工作的意见建议。

6月16—23日，县人大常委会副主任温如校带领部分县人大常委会委员、人大代表组成调研组，对县油茶产业发展情况进行调研。调研组到梅山、华兴等乡镇，实地察看部分油茶产业项目，听取了林业局、农业局、财政局等部门工作情况汇报，召开部分县人大代表座谈会，征求相关意见建议。

7月，县人大常委会组成以副主任刘永生为组长，部分委员、人大代表为成员的调研组，开展医患纠纷处置工作情况调研。调研组听取卫计局、公安局、司法局、医疗纠纷调解委员会办公室、县医院等单位工作汇报，并座谈交流，征求医患纠纷的防范和处理对策建议。

7月16—17日，县人大常委会成立以副主任温如校为组长的调研组一行9人，对县近年来项目建设用地保障情况进行调研。调研组到梅山、前坪等乡镇实地察看旧村复垦项目，听取国土资源局、招商局等部门工作情况汇报，全面了解近年来项目用地保障工作情况。

8月，县人大常委会成立了以副主任张爱兰为组长的调研组一行10人，对县“两院”规范司法行为工作情况进行调研。调研组到县法院、检察院、公安局、律师事务所等单位取汇报并座谈，查阅相关资料，走访了解，与部分社区矫正人员座谈了解，征求相关意见建议。

8月18—19日，县人大常委会成立了以副主任郑宜堆为组长的调研组一行9人，开展县本级财税收入结构情况调研。调研组通过听取财政局、国税局、地税局、发改局、国土局、住建局、统计局、经信局等部门汇报，查阅相关资料、走访座谈等形式，全面掌握县本级财税收入结构情况。

9月，县人大常委会组成以副主任温如校为组长，副主任张爱兰、刘永生、郑宜堆为副组长、部分委员、人大代表为成员的调研组，开展2012—2014年为民办实事项目成效调研。调研组到县城区影院、福塘综合市场、牲畜定点屠宰场和畜禽交易市场迁建等项目实地察看，听取政府办、公安局、交通局、农业局、林业局、国土局、住建局、民政局、财政局等相关部门汇报、并召开座谈会，了解近年来为民办实事项目开展情况。

10月，县人大常委会成立了以副主任刘永生为组长的调研组一行8人，开展县义务教育基本均衡发展工作情况调研。调研组听取县教育局、财政局、公务员局、住建局、国土局、发改局、文广局，湖美乡、太华镇、建设镇等单位汇报，查阅相关资料，并走访座谈，征求相关意见建议。

11月12—14日，县人大常委会副主任郑宜堆带领部分县人大常委会委员、人大代表组成调研组，开展“十三五”规划纲要编制工作情况调研。调研组一行先后到县财政局、国税局、地税局、人行、发改局、统计局、农业局、林业局、水利局、教育局、卫计局、国土局、交通局、人社局、民政局、环保局、住建局、经信局、商务局开展调研，采取听取汇报、查阅相关资料、实地察看、座谈等形式全面了解“十三五”规划纲要编制工作开展情况、存在的困难问题及意见建议。

（钟　岑）

【市人大环境与城乡建设工作座谈会在大田召开】 3月27—28日，市人大环境与城乡建设工作座谈会在大田召开。市人大常委会副主任王庆、市人大常委会环城委主任邓善存，各县（市、区）人大常委会分管环城委工作副主任及环城委主任等28人出席会议，县委副书记廖金辉到会致欢迎词。会议通报了市人大环城委2014年工作情况及2015年工作安排；各县（市、区）人大环城委工作分管副主任就如何更好开展环城委工作进行交流探讨。市人大常委会副主任王庆作讲话。

（钟　岑）

【人大代表议案、建议办理】 3月31日，县人大常委会与县政府召开县十六届人大四次会议期间与闭会期间代表提出的议案、建议、批评和意见交办会。县人大常委会完善代表建议以办理“牵头办、重点督、回头看”的工作方式，强化督办力度。将“加快茶产业转型升级”、“加强满田春市场消防管理”等10件建议作为重点督办件，按规定期限132件全部以书面形式答复代表，代表对建议办理情况表示满意和基本满意的占90.2%，建议得到解决或基本解决的占65.2%，在今后逐步解决的占28.0%。

县十六届人大三次会议期间，代表共提出议案、建议、批评和意见136件。经大会议案审查委员会审查，全部作为大会建议、批评和意见办理。

（钟　岑）

【执法检查】 4月22—23日，市人大常委会副主任廖小华一行5人，到县开展《中华人民共和国执业教育法》执法检查。检查组到县职业中专学校、县星光职业技术学校、县南湖针织时装有限公司等实地察看，并召开座谈会，听取和征求意见、建议。县人大常委会副主任刘永生、副县长陈钦梅陪同。

5月，县人大常委会副主任刘永生带领部分县人大常委会委员、人大代表组成检查组，对县《福建省终身教育促进条例》开展执法检查。检查组到县教育局、公务员局、人社局、农办、文广局（图书馆、文化馆）、湖美乡、城区办听取工作情况汇报、召开部分县人大代表座谈会，征求相关意见建议。

5月28日，县人大常委会副主任温如校带

领县人大常委会部分委员一行7人，对县《中华人民共和国人民防空法》进行执法检查。检查组到部分企业、建设项目实地察看，听取县住建局、县人防办、县财政局等单位汇报，征求意见、建议。

10月13—15日，县人大常委会副主任温如校带领县人大常委会部分委员一行7人，对县《中华人民共和国预算法》开展执法检查。检查组到县财政局、审计局、公安局、国土局、教育局、卫计局、人社局、农业局、林业局、均溪镇、太华镇、谢洋乡听取工作情况汇报、了解和掌握新预算法贯彻实施情况。

（钟 岑）

【省、市人大领导到县调研、视察】 5月13—14日，省人大常委会研究室调研处处长林侯军，省人大常委会研究室宣传信息处副处长鲍向阳，市人大常委会研究室主任谢辉添一行7人，到县开展“全面推进依法治国与发挥地方人大作用”课题调研。调研组到桃源镇人大、屏山乡人大实地调研，并察茶产业代表小组活动室。县人大常委会主任陈汉良、县人大常委会副主任张爱兰陪同。

3月18—19日，市人大常委会副主任洪明德一行2人，对大田县2015年重点项目推进情况进行视察。县人大常委会副主任温如校、副县长涂剑峰陪同。

5月20—21日，市人大常委会副主任陈有极一行5人，到县开展土地出让金收支情况调研。调研组到凯天龙文化创意产业园项目、龙腾盛世广场项目、县体育中心（聚龙华庭）项目等企业了解情况，并召开座谈会。县人大常委会副主任郑宜堆、副县长廖荣才陪同。

8月19日，省人大常委会环城工委副巡视员林芳、省人大常委会环城工委秘书处处长李艳春、市人大常委会副主任王庆一行9人，到县开展《中华人民共和国固体废弃物污染环境防治法》和《福建省固体废物污染环境防治若干规定》执法检查前期调研。调研组到大田红狮水泥有限公司、福建育灯纺织有限公司、飞鹰实业（三明）有限公司、上京镇梅林村农村垃圾处理示范点实地察看，并察茶产业代表小组活动室。县人大常委会主任陈汉良、副主任张爱兰、副县长谢军陪同。

11月24—25日，市人大常委会副主任张知通一行6人，到县开展畜禽规模养殖污染防治工作情况调研。调研组深入太华镇汤泉村白水际和村清湾养殖场、上京镇京呈畜牧有限公司、上京镇昌裕畜牧有限公司、上京镇兆亿生态养殖有限公司等实地察看，并召开座谈会。县人大常委会副主任温如校陪同、副县长廖荣才陪同。

（钟 岑）

【乡镇人大工作座谈会召开】 6月25日，县人大常委会召开2015年乡镇人大工作座谈会，副主任温如校主持。县十六届人大常委会组成人员及、各乡镇人大主席共43人参加。就新形势下如何进一步加强乡镇人大工作进行交流探讨。县人大常委会主任陈汉良作了讲话。

（钟 岑）

【坑口水源地管护情况专题询问】 10月14日，县人大常委会就坑口水源地管护情况进行专题询问。问前，通过实地察看、征求群众意见、召开座谈会、开展县乡镇人大代表视察调研等形式详细了解坑口水源地管护情况。县政府副县长涂剑峰以及县环保局、水利局、国土资源局、住房和城乡建设局、农业局、林业局、市场监督管理局、发展和改革局、财政局、民政局、生态综合执法局、矿业监督管理局、畜牧兽医水产中心、库区移民开发区、卫生监督所、坑口水库管理处、福建水利投资集团大田水务有限公司、谢洋乡政府、吴山乡政府、屏山乡政府等单位负责人回答了有关询问。

（钟 岑）

【开展重点建议办理情况满意度测评】 11月24日，县十六届人大常委会召开第33次会议，对县十六届人大四次会议重点建议办理情况进行满意度测评。测评前，通过听取汇报、座谈了解、听取和审议工作报告，对重点建议办理情况作出审议意见和建议等方式，全面跟踪问效重点建议办理情况。测评会上，常委会组成人员、部分省、市、县人大代表对“加快茶产业转型升级”“加强满田村市场消防管理”等10件重点督办件进行了满意度测评，测评结果满意3件，基本满意7件。

（钟 岑）

大田县人民政府

□编辑 魏兰兰

综述

2015年，大田县人民政府围绕“转型驱动、绿色发展”工作主题，坚持稳中求进工作总基调，适应新常态，全县经济社会继续保持平稳发展态势。全年完成地区生产总值157.55亿元，比上年增长8.9%；全县财政总收入9.97亿元，地方公共财政收入6.87亿元；农林牧渔业总产值47.64亿元，同比增长4.6%；全社会固定资产投资229.26亿元，同比增长20.7%；规模以上工业增加值106.67亿元，同比增长9.3%；出口总值1.4亿美元，同比增长10.1%，验资口径实际利用外资1713万美元，同比增长12.5%；社会消费品零售总额43.70亿元，增长12%，居民消费价格总水平涨幅1.9%；城镇居民人均可支配收入2.72万元，同比增长8.8%，农村居民人均可支配收入1.3万元，同比增长10.6%；城镇登记失业率2.41%；完成上级下达的人口与计划生育、单位生产总值能耗降低和主要污染物减排年度任务。被授予全国法治县创建活动先进单位、全省第三轮首批“平安县”、第四届省级“文明县城”、省级“教育工作先进县”、省级“计生工作先进县”等荣誉称号。

项目建设 一是强化项目推进。开展“三比一看”“敢担当、解难题、立新业”活动，强化项目引擎作用，七个重大项目组148个重点项目完成投资109.24亿元，中德顺机械制造、海诚新能源等45个项目动工建设，三九军大、硅光通信等51个项目竣工或部分竣工投产（使用），12个项目完成投资额亿元以上。运用扩大有效投资、苏区老区等政策，抢抓省市纪委挂钩大田县的有利机遇，争取各类资金11.8亿元，其中，省纪委挂钩帮扶项目11个、4.25亿元，国家专项建设基金项目7个、2.06亿元。二是强化招商引资。健全完善招商引资考评办法，举办“大田泉州投资项目推介洽谈会”，组织参加各类招商活动，对接项目82个、总投资160.9亿元；总投资10亿元的福建润岩新材料科技有限公司、总投资3.5亿元的创世纪影视等58个重大项目落地动工建设；策划筛选“智慧城市”建设、矿山水保生态工程、现代设施农业标准园建设等七大投资领域项目71个，总投资92.15亿元。三是强化改革创新。政府机构改革有序推进，规范机构设置，明晰部门职责；农村土地承包经营权确权登记、农村集体建设用地和宅基地使用权确权登记发证工作进展顺利；实现土地规模流转2333.33公顷；启动均溪镇小城镇机构改革试点工作；公务用车制度改革稳步推进；实行“一证一照”工商登记制度，新增企业506家，比上年增长17.8%，个体工商户2002户，同比增长17.3%，注册资本22.55亿元，同比增长19.2%。主导或参与制定国家标准7项、地方标准3项，新获省著名商标2件，新创复评福建名牌产品企业5家。

产业发展 一是持续推进特色现代农业。出台加快富硒产业发展等政策措施，建立茶叶、油茶、木薯等富硒农产品基地1000公顷，富硒大米、富硒茶叶等农产品产销两旺；加强与省中医药大学、中国农业科学院等高校科研院所合作，建立东坂畲药科普园、竞源生物金线莲产业化示范园和1万平方米蓝玉智能温控大棚；实施农业产业化及生态保护项目19个，投资9.94亿元；新培育家庭农场28个、专业合作社48个，实现土地规模流转2333公顷。当年，大田县被中国营养学会授予“中国高山硒谷”称号，被国家农业部授予“大田高山茶”国家级农产品地理标志示范样板。二是稳步提升工业经济。出台促进工业创新转型稳定增长措施9条，深化“百名干部服务百家企业”活动，实施工业经济重点投资项目38个，完成投资26.66亿元；育灯纺织、黎祥食品、硅光通信等51个重点项目相继竣工投产；完成工业技改项目265个，投资117.53亿元；兑现各类扶持资金8314万元，帮助企业无偿办理应急转贷资金17笔、8925万元；实施“中国制造2025”行动方案，金门油压列入省级智能制造重点项目，伊鑫新型建材列入省级战略性新兴产业重点项目，南湖针织、浩特纺织等5个项目列入省级两化融合重点项目；新增规上企业11家，万华实业、正仁环保等10家企业列入省市级上市后备企业；新设立威斯特环保科技、竞源生物技术等2家省级院士工作站，院士工作站取得“零”的突破。三是加快发展现代服务业。出台扶持电子商务加快发展政策措施，引进“赶街网”农村电子商务公共服务平台，建立县级运营中心和50个村级服务网点，获评省级“农村电子商务示范县”；新增物流企业3家、限额以上贸易企业3家、中介服务机构26家；屏山乡内洋村获评首批中国乡村旅游模范村，福建茶天下旅游开发公司入选中国乡村旅游模范户，被评为“中国乡村旅游金牌农家乐”8家，特色乡村民宿游、茶园生态游、古村风情游等在县内兴起。

城乡面貌 一是提升城市品位。有序推进新一轮县城总体规划修编，加快建设城市“四大板块”，赤岩路全线贯通，福莱桥、岩城明珠景观桥、城市绿道、污水处理厂二期、主城区污水收集系统（福塘至石牌段）等项目建成投入使用，继续进行城市背街小巷路面硬化，福塘农产品综合市场、鸭蛋山垃圾填埋场治理等项目动工建设，加快推进汽车站迁建、宝田路等城市重点项目；新开辟公交线路2条、新建公交站点46个；开展省级“园林县城”“森林县城”工作，深化“街长制”，加大“两违”和环境卫生综合整治力度。二是扎实推进美丽乡村建设。实施美丽乡村重点项目52个，投资2.64亿元。开展济中、梓溪等37个“美丽乡村”创建工作，桃源整镇推进，屏山、吴山、济阳连片打造取得新突破；魁城、杞溪等8个村入选第一批省级传统村落，东坂、万宅等12个村入选第一批市级历史文化名村；加大生态创建力度，开展农村环境连片整治等工作，实施“四绿”工程，落实“河长制”工作，成为全省首批水土流失治理企业化运作试点合作县，全年治理水土流失面积3326.67公顷；成立公安生态侦查大队，健全生态综合执法、环境监察机制，“河长制”工作机制在全省推广。三是基础设施日益完善。实施交通重大基础设施建设项目9个，投资4.72亿元。华石线二期、屏山至吴山公路建成通车，加快推进国道纵五、“泉南”高速上京互通口，开展莆炎高速、吉泉快速铁路前期工作，梅大高速公路列入省高速路网规划；实施农村配电网项目55个、农村水电增效扩容项目14个，动工建设110千伏京口输变电工程；实施农田水利基本设施建设，投资1993万元；完成除险加固病险水库3座，加固堤防1.11公里、疏浚河道12.4公里、维修渠道40.5公里，实施推进闽江上游尤溪流域防洪二期工程。

民生保障 一是加强社会保障。实施为民办实事项目19项，投资1.02亿元；完成“造福工程”和危房改造504户、2528人，建设保障性安居工程建设1360套、配租配售549套，县福利中心一期、8个农村幸福院等项目基本建成，完成桃源、均溪等8个乡镇公共服务平台改造；全面实行城乡医疗救助“一站式”即时结算服务；开展各种技能培训4065人次，城镇新增就业2600人，城镇下岗失业人员再就业1200人，实现农村劳动力转移就业5100人；全县企业养老、工伤、生育保险、失业保险参保人数增加，城乡低保标准、五保供养标准、三无人员供养标准进一步提高；实施精准扶贫，实现脱贫人数3606人。二是协调发展社会事业。实施中小学扩容、城乡幼儿园、教育信息化建设等项目23个，教育教学质量稳步提升，通过国家义务教育发展基本均衡县验收；完成县中医院搬迁，改造乡镇卫生院2所、村卫生所90个，启动妇幼保健院搬迁；县乡村三级医疗机构全面实行药品零差率销售，普通门诊诊查费纳入医疗保险基金支付范围；建立计生征信系统，实施“生育文明·幸福家庭”活动；推进国家公共文化服务体系示范区创建、文化惠民工程，创世纪影城、县图书新馆等重点文体服务设施建成投入使用；举办2015年“浩沙杯”全国健美操锦标赛，大田籍运动员郭燕兰、施生焯在全国第九届残运会暨第六届特殊奥林匹克运动会上获二金三铜，大田代表队获2015年全国全民健身操舞大赛总决赛徒手广场健身操特等奖，被中国老年人体育协会授予“全国老年气排球之乡”；开展全国1%人口抽样调查、库区移民后扶工作；完成村（居）委会换届工作。三是持续创新社会治理。深化“平安大田”建设，落实信访工作“路线图”，全面实施“四四三”大调解工作模式，妥善解决群众合理诉求；依法打击各类犯罪行为，社会大局和谐稳定，桃源蓝玉村荣获全国基层民主法治示范村；落实安全生产“一岗双责”，道路交通、矿山开发、食品药品等领域安全生产监管得到加强，应急处置能力有效提升。

自身建设 一是开展“三严三实”专题教育，执行廉洁自律准则，落实中央“八项规定”精神和党风廉政建设责任制，“三公”经费及会议费比上年下降15.4%。二是接受人大法律监督、工作监督、政协民主监督，办理人大代表议案（建议）132件、政协委员提案（来信）83件，办结率、满意率均达100%，被确定为省政府立法基层联系点。三是推进行政审批制度改革，精简行政审批事项207项，行政审批时限压缩到法定时限的38.9%，窗口即办率达93%。加强行政监察、审计监督和机关效能建设，公众评议满意度获全市第一名。

（李生军）

县政府会议

【县政府常务会议】 2015年，县政府召开常务会议12次。

1月26日，在县政府二楼会议室召开（下同），县长熊旭明主持（下同），研究讨论坑口水库及下游电站补偿方案、市政工程进度资金安排方案、拨付重大交通基础设施项目建设资金安排方案、进一步完善金鸡化工园区基础设施配套建设方案、兴田路改扩建项目二期工程建设进度资金安排方案、闽江上游尤溪流域防洪二期工程（大田段）征地补偿资金安排方案（送审稿）和进一步扶持矿产品采选业、屏山乡乡村旅游建设资金补助以及做好当前工作等问题。

3月17日，研究讨论2015年县直部门综合财政预算支出安排方案、大田县森林防火工作责任追究和奖惩办法、省级森林县城创建工作、农村土地承包经营权确权登记颁证工作、闽江上游防洪工程建设有限公司经营管理问题、创建国家公共文化服务体系示范区有关问题、鸭蛋山非正规垃圾填埋资源化治理项目，成立县征地拆迁工作领导小组和县城市污水处理特许经营协议等问题。

5月18日，传达贯彻全国、省、市国土资源工作会议，研究促进工业创新转型稳定增长措施问题，批准《大田县广平镇总体规划（2014—2030）》等问题。

7月27日，研究讨论进一步加快产业转型升级的实施意见、大田县实施《中国制造2025》行动方案问题、有关部门提交研究经费问题、“智慧城管”项目建设问题、全市生猪养殖面源污染防治工作会议的贯彻意见、水土流失治理企业化运作问题和县医院消毒供应中心改造项目及配套设备购置经费等问题。

8月10日，研究讨论行政审批制度改革、提高被征地农民养老保障金标准、高端石英材料生产研发产业基地投资协议和“十三五”规划重大项目策划等问题。

9月28日，研究讨论县省级铸造产业基地2015—2025年发展规划、县城绿地系统规划（2014—2020）、县城给水专项规划（2014—2025）、县畜禽养殖禁养区和禁建区划定方案、县不动产统一登记工作实施方案、科学落实职工带薪年休假制度工作意见、收购恒力电业持有铜锣坪水力发电有限公司股权和县中医院迁建项目概算调整等问题。

10月12日，研究讨论全县妇儿工委迎接妇女、儿童发展纲要中期监测评估工作、鸭蛋山非正规垃圾填埋场资源化治理项目投资总额和撤销大田县人民政府驻福州联络处等驻外办事机构等问题。

11月2日，研究讨论加快推进县电力基础设施建设、《世外桃源·沃沃亲子教育基地项目经营开发协议》和“十三五”规划纲要暨“多规合一”编制等问题。

11月9日，研究讨论晋江夜视明反光材料有限公司请求按“一事一议”支付集群招商配套资金、开展“百名干部服务百家企业”活动和预拨大田县闽通公共交通有限公司公共交通补助资金等问题。

11月23日，研究讨论《中共大田县委关于制定大田县国民经济和社会发展第十三个五年规划的建议》、县直部门单位责任清单梳理编制工作情况、国务院和市政府取消、下放、调整行政许可、公共服务项目落实情况、县人大常委会对进一步促进县油茶产业发展意见的整改落实情况、县人大常委会对上半年国民经济和社会发展计划及预算执行情况审议意见的整改落实情况、县城投公司增资扩股、县残疾人运动员奖励经费和县级公立医院综合改革试点中央补助资金分配方案等问题。

12月14日，研究讨论石牌圆伞工业园区代征代建费用、加强县医患纠纷处置工作人大审议意见的落实、推进机关事业单位养老保险制度改革、香山北路改造项目PPP合作、梅山乡陈某、吴某拒服兵役行为的处理、进一步提高村级组织运转经费保障水平、促进公交事业健康发展和福塘轻工业园区格林公司标准厂房回购等问题。

12月21日，研究讨论上京镇2016年度旧村复垦项目、购买农行债权包和全年经济运行情况及安排部署2016年经济工作等问题。

（何　凡）

领导工作分工

【县政府领导工作分工】 2015年1月，因人事变动，县政府领导调整分工如下：

县长熊旭明 负责县政府全面工作，主管编制、人事、财政、监察、审计、规划工作。

常务副县长谢军 负责县政府常务工作，县长外出时，主持县政府工作。分管县公安局、环保局、信访局、国土资源局（土地）、住房和城乡规划建设局（含城市管理综合执法大队、城投公司）、人民防空办公室。协助县长抓县政府机构编制办公室、监察局、公务员局工作，联系县人大常委会，县法院、检察院，县武警中队、消防大队，老体协、关工委。

副县长陈钦梅 分管县教育局、卫生局、人口和计划生育局、政府法制办、司法局，联系县文明办、计生协会、红十字会。

副县长余维语 分管县经贸局、国土资源局（矿产资源）、人力资源和社会保障局、安全生产监督管理局、大田经济开发区、非公办、城镇集体工业联合社、矿业监督管理局（含协调办煤管局、冶金化学矿行办、建材行办）、煤炭公司、矿产开发公司、建材公司，联系县政协，县总工会、质量技术监督局、食品药品监督管理局、工商局工商联、供电公司、邮政局、电信公司、移动公司、联通公司、石油分公司、上京煤业。

副县长戴绍松 分管县政府办（含效能办、纠风办、公共资源交易中心、外侨办）、科技局（含地震办）、机关事务管理局、行政服务中心管委会、民政局（含老龄办、老区办）、文体广电出版局、旅游局、民族与宗教事务局、县志办，联系县保密局、档案局、科协、团县委妇联、残联、侨联、文联、新闻单位、老促会、慈善总会、新华书店。

副县长廖荣才 分管县农办、农业局、林业局、水利局、生态综合执法局、茶业局、库区移民开发局、烟草局、供销联社、农业机械化管理中心、畜牧兽医水产中心、坑口水库管理处、东风农场、农科所、良种场、金融办、国投公司、交通运输局、高速公路建设办公室、铁路建设办公室。协助县长抓县财政局、审计局工作，联系县气象局、盐务局、水文站、国税局、地税局、人民银行大田支行、大田银监办、三明市住房公积金管理中心大田管理部、医疗保障基金大田管理部、金融、保险机构、公路分局、闽通长运大田分公司。

副县长涂剑峰 分管县发展和改革局（含物价局、粮食局）、统计局、外经贸局、招商局、县政府驻外机构，联系县国际商会、外商投资企业家协会。

副调研员陈贵国 协助分管农村、农业工作。

（何　凡）

政务活动

【外引内联】 1月6日 副县长廖荣才到兴业银行三明分行沟通汇报县融资贷款有关事宜。

1月12—13日 县长熊旭明到成都与中铁二院对接吉泉快速铁路在县线路走向及站点设置有关事宜。

2月7—8日 县长熊旭明到泉州晋江、石狮拜访慰问客商。

2月18—20日 副县长余维语到山西省华翔集团考察对接工业项目。

2月26日 县长熊旭明到省体育局沟通汇报在县象山景区设立省级夏季体育综合训练基地项目有关事宜。

3月24日 三钢集团副董事长、党委副书记、副总经理黎立璋一行到县洽谈合作石灰石矿开发有关事宜，县长熊旭明、副县长余维语陪同。

5月8日 副县长涂剑峰到市政府对接国家重点生态功能区申报工作。

6月10—11日 县长熊旭明到福建农林大学、中医药大学、国开行、农业厅对接“6·18”中国·海峡项目成果交易会项目、政府融资和亚行贷款项目。

6月12日 漳平市副市长陈菲菲一行到县考察学习“河长制”工作情况，副县长廖荣才陪同。

8月3日 副县长涂剑峰到市商务局对接省级农村电子商务示范县工作。

9月18日 县长熊旭明到福州参加三明市政府与省属企业项目合作签约仪式。

10月21—23日 县长熊旭明到省发改委、经信委、农林大学、农科院等单位部门对接进一步扩大有效投资项目、上京海西机械铸造产业基地、现代农业科技支持等有关事宜。

11月4日 副县长陈钦梅参加省扶贫基金会全科诊断仪捐赠交接仪式。

11月10日 县长熊旭明、副县长涂剑峰参加海诚新能源有限公司光伏发电项目开工奠基仪式。

（何 凡）

【现场办公】 1月7日 副县长廖荣才主持召开现场会议，研究解决国道纵五线（周田至长溪段）公路项目建设有关问题。

2月11日 副县长涂剑峰召开现场会议，研究解决粮食储备中心建设项目欠薪有关问题。

3月16日 常务副县长谢军主持召开现场会议，研究解决污水处理厂（二期）工程建设有关问题。

3月26日 副县长戴绍松主持召开县乡村民宿旅游发展（济阳）现场推进会议。

4月3日 常务副县长谢军主持召开仙亭山—白岩公园游步道建设项目现场办公会议。

5月29日 县长熊旭明参加全县创建国家公共文化服务体系示范区工作现场推进会。

7月10日 副县长陈钦梅参加全县违法生育信息纳入个人信用体系管理启动仪式。

7月28日 县长熊旭明主持召开现场办公会，研究协调解决海西机械铸造产业基地存在的困难和问题。

8月12日 县长熊旭明到县汽车站迁建项目、城区污水处理厂及威斯特环保科技公司等重点项目召开现场办公会，协调解决项目建设中存在的困难和问题。

10月8日 县长熊旭明、副县长陈钦梅参加县中医院新院区落成揭牌仪式。

11月3日 副县长余维语召集召开会议，专题研究协调县矿产开发公司投资铅山矿山有关问题；副县长廖荣才召集召开林改现场会。

12月22日 县长熊旭明到上京调研福能小镇前期工作进展情况。

（何 凡）

【上级及部门领导到县调研检查】 1月13日 市旅游局副调研员陈明雕一行对县开展2014年度消防工作考核，常务副县长谢军陪同。

1月14日 市城管局副调研员伍基沛一行到县开展2014年度“两违”综合治理情况考核，常务副县长谢军陪同；省农发办调研员王向明一行到县检查验收2013年度国家农业综合开发项目，副县长廖荣才陪同。

1月20日 市财政局副局长张煊华一行到县开展卫生工作年度考评及公立医院院长年度绩效考核工作，副县长陈钦梅陪同。

1月22—23日 省环境科学研究院高级工程师陈曦一行到县开展省级生态县复核工作，县长熊旭明、常务副县长谢军陪同。

1月23日　市政府副秘书长曹春荣一行到县开展2014年度全市千亿现代农业产业跨越发展竞赛活动和小城镇建设考评工作，副县长廖荣才陪同。

1月25日　成都中铁二院土建二院副总工张志勤一行到县开展吉泉铁路现场踏勘，县长熊旭明、副县长廖荣才陪同。

1月27日　市旅游局副局长罗振青一行到县开展2014年旅游工作检查考评，副县长戴绍松陪同。

1月29日　省环保厅水环境监督管理处副调研员黄湘穗一行到县检查水流域环境整治工作，常务副县长谢军陪同。

2月4日　市政府副市长肖明光一行到县检查指导春运首日工作情况，县长熊旭明、副县长廖荣才陪同。

3月9—11日　省纪委机关党工委副书记周春明一行到县调研水土流失治理工作，县长熊旭明、副县长廖荣才陪同。

3月12日　省安监局纪检组长王志明一行到县调研了解安监系统反腐倡廉工作开展，副县长余维语陪同。

3月18日　国家林业局驻福州专员办处长李月清一行到县开展2014年林地管理检查整改情况督查，副县长廖荣才陪同。

4月2日　省安监局副巡视员张春华到永安煤业公司小华煤矿检查指导安全生产标准化建设工作，副县长余维语陪同。

4月9日　市旅游局副局长罗振青一行到桃源、济阳、屏山等乡镇调研乡村民宿旅游发展情况，副县长戴绍松陪同。

4月11日　省审计厅调研员张佰玩一行到县开展省发改委预算内资金使用项目延伸审计，察看县医院能力提升工程项目使用省级预算内资金使用情况，副县长涂剑峰陪同。

4月13日　省纪委常委陈国建一行到县调研，县长熊旭明、副县长戴绍松陪同。

4月14日　省水利监察大队总队长翁兴德一行到县调研生态综合执法工作，副县长廖荣才陪同；省地矿局副局长郭立新一行到县调研地质勘查工作，副县长余维语陪同。

4月18—19日　省住建厅风景园林办陈仲光主任一行到县指导省级园林县城创建工作，常务副县长谢军陪同。

4月22日　市人大副主任廖小华到县调研贯彻实施《中华人民共和国职业教育法》工作情况，副县长陈钦梅陪同。

5月6日　省水利厅安全饮用水中心主任田必和一行到县督查调研闽江上游防洪堤工程等5个建设项目，副县长涂剑峰陪同。

5月14日　省督查组到县开展义务教育均衡发展公众满意度调查，副县长陈钦梅陪同。

5月21日　市人大常委会副主任洪明德到县检查指导防汛工作，县长熊旭明陪同。

5月22日　省委常委、省委秘书长叶双瑜带队省委省政府工作检查组（三明）到县开展工作检查，县长熊旭明、副县长戴绍松陪同。

6月1—3日　省委常委、纪委书记倪岳峰一行到县检查指导村级组织换届和水土流失治理工作，县长熊旭明、副县长余维语陪同。

6月2日　国家煤监局核查组湖北省经信委煤炭管理处处长邹进华一行到县开展煤矿违法违规建设生产核查工作，常务副县长谢军陪同。

6月25日　省国土资源厅副厅长陈志忠一行到县调研历史遗留损毁采矿用地复垦工作，常务副县长谢军陪同。

7月4—5日　省煤监局副局长朱石福带领省政府安委会煤炭安全专项督查组到县开展煤矿安全专项督查，县长熊旭明、副县长余维语陪同。

7月22日　省煤监局事故调查处处长钟臣荣到县检查指导安全生产工作，副县长余维语陪同；省经信委能源处副调研员郑建华到县鑫城水泥检查指导淘汰落后产能工作，副县长余维语陪同。

7月25日　江西省水利厅副厅长廖瑞钊一行到县调研“河长制”工作，县长熊旭明、副县长廖荣才陪同。

8月3—4日　省委常委、省纪委书记倪岳峰，市长杜源生，市委常委、市纪委书记冯新婷到县调研党风廉政建设、村级组织换届、美丽乡村建设及水土流失治理情况等工作，县委书记汤俊生，副县长廖荣才陪同。

8月8日　市发改委纪检组长胡伟诚一行到县开展发改系统党风廉政建设和民主评议政风行风工作调研，副县长涂剑峰陪同。

8月13日　省食药监局人教处处长李晓琼一行到县开展评选省食品药品监管局先进集体复查工作，副县长余维语陪同。

8月19日　省人大环城工委副巡视员林芳、市人大常委会副主任王庆一行到县调研《中华人民共和国固体废弃物污染环境防治法》和《福建省固体废弃物污染防治若干规定》执法检查前期工作，常务副县长谢军陪同。

8月20日　福建省城乡规划设计研究院专家组吴灵玲等一行到县考察对接"十三五"规划"多规合一"工作，副县长涂剑峰陪同。

9月7—8日　市关工委常务副主任常秀文、副主任吴家龙一行到县开展"基层工作深化年"及"三爱"主题教育工作，副县长陈钦梅陪同。

9月12—13日　中国热科院品资所所长李开锦一行到县考察国家木薯产业体系三明综合试验站暨福建区域木薯产业发展情况，副县长涂剑峰陪同。

9月14—15日　市政府办副主任吴小士一行到县检查指导迎接国家公共文化服务体系示范区创建国家检查路线安排等情况，副县长戴绍松陪同。

9月16日　福建省农业厅农垦处处长倪峰一行到县调研农垦危旧房改造工作，副县长涂剑峰陪同。

10月20日　省人社厅劳动关系处处长黄立新一行到县督查环卫工人福利待遇落实情况，常务副县长谢军陪同。

10月23日　省经信委纪委书记曹祥聪到县调研工业企业智能制造发展情况，副县长余维语陪同。

11月2日　市妇联主席包萍一行到县调研"两纲"实施情况，副县长陈钦梅陪同；市食药监局局长肖贵瑞、质监局局长单新民、市工商局副局长杨建利一行到县调研市场监督管理工作，副县长余维语陪同。

11月3日　省住建厅风景园林办副主任林国荣一行到县调研创建省级园林县城情况，常务副县长谢军陪同。

11月17日　福建中医药大学省政协委员小组组长、校党委书记黄有霖一行到县调研林下经济药物产业发展情况，县长熊旭明、副县长陈钦梅陪同。

11月18日　南方生物医学研究中心主任陈骐一行到桃源镇考察生态产业发展情况，并为三明市竞源生物科技有限公司院士专家工作站和南方生物医学研究中心研发基地揭牌仪式，副县长涂剑峰陪同。

12月16日　市委编办主任余迭荣一行到县召开"三严三实"征求意见座谈会，常务副县长谢军陪同。

12月17日　市委常委、纪委书记游宇飞一行到县调研省纪委挂钩帮扶项目进展情况，县长熊旭明陪同。

12月29日　省妇幼保健院副院长宋一一一行到县检查指导医联体共建工作，副县长陈钦梅陪同。

（何　凡）

【考察培训】　3月9日　副县长涂剑峰参加市政府组织到浙江省遂昌县考察学习"赶街"农村电子商务工作先进经验。

3月17—18日　副县长涂剑峰到福州三坊七巷、厦门曾厝垵等地考察学习文化遗址保护和商业街改造工作先进经验和做法。

4月2—3日　县长熊旭明参加全市"学习贯彻十八届四中全会精神全面推进依法治市"专题培训班。

5月7—8日　副县长戴绍松到福州参加2015年中国国际体育用品博览会。

5月11日　县长熊旭明、副县长涂剑峰到福州参加全省县域电子商务峰会。

7月1—10日　副县长廖荣才到山东省威海市参加"2015年第二期深化财税体制改革"专题研究班。

8月31日—9月2日　常务副县长谢军到三明市参加全市城乡规划建设专题培训班。

（何　凡）

【法制政府建设】　10月，大田县被省政府确定为三明市首个立法基层联系县，县法制办参与起草省政府法制办组织的《土地污染防治办法》《森林防疫检疫条例》等立法活动。全年提供建议8条，被采纳2条；严把法律审查关，审查政府签订的合同、协议12件，提出法制建议35条，组织重大决策、规范性文件制定征求意见会47次，向县人大和市政府报备规范性文件11件，比上年增加83.3%；规范行政权力运行，组织福建省行政执法资格考试、三明市行政执法市场监督专业考试、生态综合专业考试，共500余人参加。

（何　凡）

【政务信息】 2015年，县政府办公室围绕县委、县政府中心工作及重大问题，挖掘有新动态、新举措、新成效的信息。全年共编发《大田政讯》正刊18期；编报专报信息240余条，《〈再生育服务证〉办证难情况调查和相关建议》被国务院办公厅采用，被省政府办《今日要讯》及增刊采用13条，被《福建信息》采用1条，被市政府办《三明要讯》采用36条。全年，县政府网站共发布各类信息1000余条，上报市政府网站信息279条，网站访问量超过9万人次。

（何　凡）

【行政服务工作】 2015年，县行政服务中心管委会按照省行政服务中心标准化建设要求，推进县、乡、村三级行政（便民）服务中心标准化建设，把方便基层群众办事作为政务服务的出发点和落脚点，促进全县政务服务的便捷、规范、高效、优质。一是提高行政审批提速办结率。全年受理各类审批及服务事项4.22万件，办结4.15万件，办结率98.34%；即办件2.87万件，即办率68.3 %。二是推行行政服务中心标准化建设。按照规范场所建设、项目进驻、人员派驻和服务设施 “四个规范”要求，推进县行政服务中心和18个乡镇便民服务中心及273个村居标准化建设，提升基层行政服务水平。三是推进行政审批提速增效。全县具有行政审批及公共服务职能单位62个，其中行政审批职能部门29个、公共服务职能部门33个。行政审批及公共服务事项338项，其中行政审批123项、公共服务215项。通过压缩时限提高效率，承诺审批时限共3990个工作日，比法定时限缩短6269个工作日，缩短率61.2%。四是创新管理机制提高服务水平。继续简政放权，放管结合、优化服务工作。执行审批服务限时办结制、集中办理制和重大项目联审会议制，推行全程代办、重点代办、专项代办审批服务制度，探索创新审批服务机制，促进审批服务高效便民。

（苏晋平）

人事工作

【概况】 2015年，大田县公务员局贯彻落实《中华人民共和国公务员法》和《事业单位人事管理条例》，坚持“服务发展、人才优先”工作主线。加大人才引进培养力度，推进公务员队伍建设和事业单位人事制度改革，继续推进工资收入分配制度，促进毕业生就业创业，抓好各项人事人才工作。

人事计划统计 2015年，县公务员局按照上级下达的增人增资计划，控制干部总数，逐步建立适应人事制度改革的调控机制。年底，全县在职干部职工7584人，其中，政府机关公务员1414人、参照中华人民共和国公务员法管理工作人员（简称“参公人员”）199人、事业单位工作人员5971人（管理人员382人、专业技术人员5184人、工勤人员405人）。

干部管理 2015年，非师范类大中专毕业生回县报到304人，其中博士学历1人、硕士6人、本科209人、大专88人。调配干部职工71人，其中，县外调入11人、调出16人、县内调整44人，办理借调20人；事业单位招聘124人，其中急需紧缺人才12人、紧缺学科教师84人、其他工作人员28人；接收大学生村官17人、“选调生”10人，“三支一扶”8人、大学生志愿者到基层服务8人、大学毕业生到社区服务6人；安置退役士官1名；乡镇卫生院临床医学专升本定向委培生6人；安排服务期满考核合格村干部就业4人；面向社会公开招考录用国家公务员36人(含参公人员12人)。确定科员37人、九级职员78人、十级职员10人。党政纪处分15人，其中党内警告5人、严重警告3人、开除公职7人，效能问责19人，其中效能诫勉教育13人，效能告诫4人，通报批评2人。会同有关部门审核把关，向上级部门上报先进个人4人。完成2014年县政府系统新录用公务员转正登记37人，组织新录用公务员37人参加市公务员局举办的初任培训。

人才市场管理 2015年，县人才服务中心办理事业单位改制人事代理168人、推荐受代理人员参加职称评审153人、代理毕业生就业转正定级50人，免费保管毕业生人事档案

8750人、转递档案191人。

干部档案管理 2015年，县公务员局转入干部档案86册、转出20册，提供查阅130人次，确认干部本科学历41人次、大专36人次。开展档案整理完善工作，共完成已录入电子档案491份、已复审档案566份。

工资福利 2015年，县公务员局完成481个单位人员工资基金核定，办理新录用人员工资173人次，调入、调出等工资审批项目1578人次；办理机关工作人员级别滚动升级231人次、事业单位工作人员薪级晋升7317人次，职务晋升292人次、等级工考试增资60人次、岗位降低7人次、浮动转固定16人次；办理退休人员退休金193人次、死亡人员及受处分人员工资核减101人次、警衔变动增资47人次。兑现2014年被确定为优秀等次的公务员奖励261人，对合格（称职）以下等次的6名机关（含参公）单位工作人员，取消当年一次性年终考核奖金。7月，与相关部门配合，完成机关事业单位工作人员调整基本工资标准工作。11月，出台乡镇工作人员补贴和县以下机关公务员职务与职级并行制度的文件，并完成全县乡镇工作补贴审批工作，涉及人数2930人。

年度考核 2015年年初，县公务员局完成2014年度政府系统机关事业单位人员考核，全县应参加考核对象7303人，实际参加考核7265人，经考核，优秀884人、称职（合格）6142人、不称职（不合格）6人、不定等次181人、不属考核对象4人，不参加考核48人。凡在2014年度工作综合考评中获一、二等奖的优秀比例分别按16%、14%核定，获鼓励奖的优秀比例按12%核定。会同县委组织部审核、审批三等功42人、嘉奖219人。

退休干部职工管理 2015年，县公务员局办理退休人员193人，其中干部121人、工人72人；审批办理机关事业单位在职、离退休死亡抚恤78人，遗属困难补助15人，70周岁以上退休干部高龄补贴120人、80周岁以上退休干部高龄补贴30人；开展退休干部慰问探亲、送温暖，政治学习和重大节日文体、游园活动，慰问退休干部1720人、特困退休干部70人、退休干部代表60人，发放慰问品1720份。

机构编制管理 2015年，县委编办按照“严控总量、盘活存量、增减平衡、分级负责”原则，推进机构编制动态管理机制，使机构编制总量不突破2012年度数据，实有人员略减。建立健全机构编制管理的动态调整体系，严格人员入编监督，按照核定的编制和人员结构比例审核编制使用计划，开展机关录用公务员和事业单位招聘紧缺急需专业技术人员工作。年内，全县党群、政府系统招考公务员和参照公务员管理事业单位工作人员使用编制53名，其中行政37名、参公16名；县属事业单位招聘紧缺急需专业和非紧缺急需专业人员使用编制125名，其中，非教育系统41名、教育系统84名，办理机关、事业单位申请入编事项637人次。年底，全县事业单位454个，符合事业单位法人年度报告公示条件的288个，其中新设立登记6个、变更登记53个，年度报告公示率98%。

（余启伟　周庆锋）

【人才政策环境优化】 2015年，县政府制定发布《大田县2015年紧缺急需专业人才和优秀人才引进目录》，通过赴高校召开专场招聘会和省市组织人才招聘会等方式，对研究生及以上学历符合县优秀人才引进条件的人员，采取直接考核办法招聘；对符合县紧缺急需专业人才的引进，采取直接面试、考核方式招聘；对符合县优秀人才的引进，采取直接考核方式进行招聘。4月，县公务员局组织相关部门人员赴省内多所知名高校召开现场招聘会3场次，引进事业单位急需紧缺人才12人。

（余启伟）

【机构改革涉改部门“三定”方案审核】 2015年，县编办拟《大田县人民政府职能转变和机构改革的实施意见》，指导县直11个涉改部门［大田县人民政府办公室、大田县教育局、大田县经济和信息化局、大田县人力资源和社会保障局、大田县住房和城乡规划建设局（大田县人民防空办公室）、大田县农业局（中共大田县委农村工作领导小组办公室）、大田县商务局、大田县卫生和计划生育局、大田县市场监督管理局、大田县人民政府行政服务中心管理委员会、大田经济开发区管理委员会］单位起草“三定”（定部门职责、定内设机构、定人员编制）规定草案，并做“三定”规定的审核、报批和实施跟踪工作，督促涉改单位人、财、物划转工作，清理规范议事协调机构和临时机构，确保县政府职能转变和机构改革完成。县政府机构改革后，确定县政府工作部门24个（挂牌机构17个）［县人民政府办公室（加挂县人民政府法制办公室、县金融工作办公室、县生态综合执法局、效能办、外侨办牌子）、县发展和改革局（加挂县物价局、县粮食局牌子）、县教育局、县科学技术局、县经济和信息化局（加挂县国防动员委员会支前办公室牌子）、县公安局、县监察局（与县纪委机关合署办公，不计入县政府工作部门机构个数）、县民政局（加挂县革命老根据地建设办公室牌子）、县司法局、县财政局、县人力资源和社会保障局（加挂县公务员局牌子）、县国土资源局、县环境保护局、县住房和城乡规划建设局（与县人民防空办公室实行一个机构、两块牌子，加挂城市管理行政执法局牌子）、县交通运输局（加挂县国防动员委员会交通战备办公室牌子）、县农业局（与县委农村工作领导小组办公室一个机构、两块牌子）、县林业局、县水利局、县商务局、县文体广电出版局、县卫生和计划生育局、县审计局、县安全生产监督管理局（加挂县政府安全生产委员会办公室牌子）、县统计局、县市场监督管理局（加挂县食品药品监督管理局、县工商行政管理局、县质量技术监督局、县食品安全委员会办公室牌子）］，县政府派出机构2个（大田县人民政府行政服务中心管理委员会、大田经济开发区管理委员会），重新核定整合组建及保留的政府工作部门编制数和领导职数。

（周庆锋）

【小城镇机构改革试点工作】 2015年，县编办根据省委编办《关于开展第三批小城镇机构改革试点工作的通知》（闽委编办〔2015〕59号），均溪镇被列入全省第三批小城镇机构改革试点镇，成立领导小组，由县政协主席郑建勋任组长，县委常委、组织部部长蔡建明、县委常委、县政府常务副县长谢军任副组长，相关职能部门主要领导为成员。县委编办会同均溪镇党委拟定《大田县均溪镇小城镇机构改革试点工作实施意见》，该实施意见体现强镇扩权和综合行政执法、创新人员编制管理、优化机构设置、推进公共服务能力等四个方面内容，发挥试点小城镇在深化乡镇行政体制改革的示范和辐射带动作用，稳妥地推进城镇化建设。

（周庆锋）

【行政审批服务改革】 2015年，县成立推进政府职能转变协调小组，建立行政审批改革工作联席会议制度，成立行政审批制度改革合法性审查小组，推进县行政审批事项动态调整工作，清理非行政许可审批，规范行政服务行为，加快推进简政放权、放管结合、优化服务，推行“权力清单”“责任清单”“公共服务项目清单”制度。经清理，保留县级行政审批事项123项，减少210项，涉及部门23个；保留公共服务事项215项，涉及部门26个。行政审批项目和公共服务项目清单于4月30日在县政府门户网站依法向社会公开，接受监督。全县33个县直部门保留行政权力事项3843项，其中行政审批123项、行政确认80项、行政处罚2846项、行政强制189项、行政征收39项、行政征用2项、行政裁决11项、行政奖励8项、行政给付33项、行政监督检查350项、其他权力162项，于6月30日在县政府门户网站向社会公布。经清理，县直部门单位责任清单共5258项，其中，多部门监管责任事项99项，涉及36个部门，经县政府研究于11月5日在县政府门户网站依法向社会公开，接受监督。

（周庆锋）

【事业单位分类改革批复】 2015年，县编办根据市委编委《关于三明市各县（市、区）承担行政职能事业单位备案情况的批复》和市委编办《关于大田县县属公益类和生产经营类事业单位分类沟通平衡意见的函》精神，对县属划分为行政类、公益类、生产经营类和暂缓分类的449个事业单位批复。配合教育、科技、文化、卫计等部门推进所属事业单位改革，进行县不动产登记中心、县招商服务中心、县妇幼保健院与县计划生育服务站的整合工作，确保与事业单位分类改革相衔接。

（周庆锋）

【控编减编】 2015年，县编办按照市委办、市政府办《印发〈关于全市控编减编工作的实施意见〉的通知》要求，成立控编减编领导小组，组长由县长、编委主任担任，副组长由编委副主任（组织部长和常务副县长）担任，成员由县委办、县政府办、组织部、编办、财政局、监察局、人社局主要领导组成。县委编办拟定《大田县控编减编工作的实施意见》，以县委办、县政府办行文印发。县直党政群机关机构改革未列入整合单位行政编制数按5%精减，收回行政编制22名；对机构改革整合的单位行政编制数按10%精减，收回编制28名；政法系统和乡镇机关编制不精减。事业单位[（不含县医院、中医院、县妇幼保健院、县疾控中心(县卫生监督所)全县中小学、幼儿园、特校、职专等]按10%精减，精减编制202名（财政核拨169名、财政拨补2名、经费自给31名），编制数少于2名（含2名）的县残疾人就业服务中心等18个事业单位整合为8个。

（周庆锋）

【事业单位人事管理】 2015年，县公务员局贯彻实施2014年度国务院颁布的《事业单位人事管理条例》，保障事业单位人员合法权益，促进公共服务发展。全县共有341个单位完成岗位设置方案，与事业单位订立聘用合同5971人，解除聘用合同32人。全县共有5895名专业技术人员和管理人员参加继续教育培训，完成2014年度继续教育登记验证5725人；推荐评审各类专业技术人员97人次，其中高级50人、中级45人、初级2人，确认专业技术初级职务任职资格122人；组织企事业单位人员参加2015年工程技术人员初级职务评审，取得初级职务任职资格70人；组织机关事业单位工勤人员122人参加等级考核报名工作（报考技师41人），初级工通过9人，中级工通过6人，高级工通过11人，技师通过8人；参加继续教育网络培训813人。

（余启伟）

【智力项目推荐申报】 2015年，县公务员局向福建省外国专家局推荐申报三明市竞源生物技术有限公司"金线莲提取生物活性标准的建立"引智项目，被国家外专局列入2015年度国家引进国外技术管理人才项目计划，获补助经费5万元。

（余启伟）

信访工作

【概况】 2015年，大田县信访局贯彻中共十八届三中、四中、五中全会和习近平总书记系列重要讲话和依法治国战略精神，开展党的群众路线教育实践活动，以改革信访工作制度为主线，完善体制机制，创新思路举措，夯实基层基础，实行逐级受理信访事项制度，推动诉讼与信访分离，推进信访工作阳光信访，依法实施处理信访事项"路线图"和省联席会议《关于建立健全初访分析和首办责任制等七项机制》规定，深化信访工作"五抓"机制，落实"四个到位"，解决信访问题，促进社会和谐稳定。全年，共受理群众来信来访429件次，与2014年同期比（下同）下降10%。其中，来信35件，来访36批；县委县政府主要领导每月15日接待来访群众55批；县领导17人、48次每周接访群众303批。推广接入省信访系统，实行"阳光信访"网上投诉网上办理。县各级职能部门共接入信访系统73家，网上自办信访件116件。办结国家信访局网上信访件47件，列入初信初访满意度调查件11件，其中满意1件、不满意1件、超期未评价9件（视为满意）；办结省交办信访件129件，其中，来信80件、来邮49件，来访1批、50人次，办结"12345"政务服务平台477件。全年到上级机关上访51批、233人次，其中，进京上访15批、15人次，非正常上访11批、11人次，公安机关对2名进京非访人员吴某、陈某行政拘留，正常上访4批、4人次；省访12批、64人次，其中集体上访1批、50人次；市访24批、154人次，其中集体上访8批、131人次。省交办信访积案4件，签订息诉息访书2件、办结2件。

（章高乾）

【县委常委研究信访工作专题】 2—11月，召开县委常委（扩大）会议2次，研究信访工作考评，传达贯彻省、市信访工作会议精神，落实信访问题领导包案责任，安排部署信访积案攻坚和进京非访整治工作。每周一召开维稳研判会，县委书记主持，县委常委、县人大、政协、纪检及相关乡镇、部门主要领导参加，会议主要研究当前维稳信访突出问题，部署维稳相关工作，落实化解责任，督促把问题解决在基层，解决在萌芽状态。

（章高乾）

【省市领导到大田接访调研督导】 3月28日，省信访局副厅级督查专员张辉一行3人，到县对均溪镇温镇村村民温某信访事项开展督查。县委常委、政法委书记张英跃、县委常委、常务副县长谢军陪同。

6月10日，省信访局副局长赵荣生一行2人，到县开展初信初访办理及新信访信息系统应用督导检查。市信访局局长陈丁权、县委常委、政法委书记张英跃的陪同。

7月28日，省信访局综合协调处副处长邹羽一行4人，到县检查省级信访积案化解和信访积案公开听证公开评审情况。市信访局副局长黄建渊、县委常委、政法委书记张英跃等陪同。

11月17日，市信访局副处级督查专员邓日扬一行9人，到县对黄开乐、城区红绿灯建设、石牌镇小湖机砖厂污染信访事项进行实地督查，县委常委、政法委书记张英跃等陪同。

11月27日，省信访局副局长郑敏一行7人，到县均溪镇红星村村民张开毓信访事项开展实地督查，市信访局长陈丁权、县委副书记廖金辉陪同。

12月8日，省联席办主任、省信访局局长林凤祥带领信访工作专项督导组一行4人，到县开展信访积案化解和进京非访整治工作情况督查。市信访局局长陈丁权、县长熊旭明、县委副书记廖金辉、县委常委、政法委书记张英跃、县法院院长朱文绣等陪同。

12月24日，省信访局副厅级督查专员张辉一行3人，到县开展信访信息系统接入录入“百日会战”督查。县委常委、常务副县长谢军陪同。

（章高乾）

【县信访工作联席会议】 2015年，县召开信访联席会议5次。

5月3日，县重点信访对象化解稳控责任单位在县委三楼会议室召开信访工作联席会议，县信访联席会议总召集人廖金辉主持。县委常委、政法委书记张英跃、县公安局局长叶其勇出席，政法委、法院、检察院、信访局、经信局、粮食局、均溪镇、石牌镇、上京镇、桃源镇、屏山乡、武陵乡、文江乡等单位负责人参加会议。

5月28日，全县调解工作暨“信访积案化解年”现场会在石牌镇政府会议室召开，研究推进信访积案化解工作，县委常委、政法委书记张英跃，县司法局、县信访局、各乡镇分管领导参加会议。

7月3日，县重点信访对象化解稳控责任单位在县政府四楼会议室召开进京非访整治工作会议，县信访联席会议总召集人廖金辉主持。县委常委、政法委书记张英跃、县公安局局长叶其勇出席，政法委、信访局、经信局、政府办、粮食局、法院、检察院、均溪镇、石牌镇、上京镇、桃源镇、桃源林场、武陵乡、文江乡等单位负责人参加会议。

8月30日，县信访联席会议在县委群工部二楼会议室召开9月3日阅兵期间进京非访整治工作会议，召集人张英跃主持。政法委、群工部、综治办、信访局、均溪镇、法院、检察院、公安局、卫计局、交通局、经信局、交管大队、农机中心、均溪镇、上京镇、桃源镇、武陵乡等部门负责人参加会议。

10月16日，县信访工作联席会议召集在县政府四楼会议室召开十八届五中全会期间进京非访整治信访工作联席会议，总召集人廖金辉主持。县委常委、政法委书记张英跃、常务副县长谢军出席，公检法司领导，政法委、信访局、人社局、住建局、经信局、卫计局、粮食局、桃源林场主要负责人，均溪镇、上京镇、石牌镇、桃源镇、武陵乡、文江乡等单位主要领导参加会议。

（章高乾）

【信访维稳活动】 2015年，在全国“两会”、“9·3抗战胜利七十周年纪念活动”、中共十八届五中全会、中央经济工作会议和全国青年运动会、省“两会”及市“两会”期间都安排1名信访干部和1名公安干警进京到省到市维稳值班，做好上访群众接离劝返工作。全年共劝返进京上访人员14批、14人次，劝返到省上访人员2人、2批次。2015年“浩沙杯”全国健美操锦标赛和省领导到大田视察调研期间的信访维稳工作，均安排信访局干部在驻地宾馆和会场参与维稳工作。

（章高乾）

【结对帮扶活动】 2015年，信访局挂钩屏山乡许坑村、内山村，为许坑村争取县资金1.5万元，用于水利和基础设施建设。与5户贫困户开展结对帮扶济困，捐赠帮扶资金6000元，赠送因病致贫的贫困户棉被4条。

（章高乾）

政协大田县委员会

□编辑 魏兰兰

综 述

2015年，政协大田县委员会（简称县政协）围绕中心，服务发展，突出团结和民主两大主题，坚持“转型驱动、绿色发展”工作主题，履行政治协商、民主监督、参政议政三大职能，发挥协调关系、汇聚力量、建言献策、服务大局的作用，推进大田科学发展跨越发展。

推进政协协商民主 一是专题议政协商服务全县发展献良策。将“大田县‘十三五’规划编制”“重大交通基础设施建设”列为政协常委会专题协商议题，开展议政协商活动。二是对口协商、界别协商紧贴民生热点谏诤言。加强与党政部门的沟通联系，将急需解决或突破的问题，确定为对口协商和界别协商议题，由相关专委会具体负责。年内，开展“促进公共交通持续良性发展”“提升县级医院综合服务能力”对口协商和“推动富硒绿色产业升级”界别协商，提出建议，得到县委、县政府的重视。三是提案办理协商聚焦群众期盼促发展。全年共立案交办提案77件，落实提案办理，办复率、满意率均达100%；突出重点提案督办，围绕加强城区饮用水源地保护和治理工作、加快城区绿道建设等5个重点提案开展办理协商，通过县政协领导领衔督办等方式，逐步解决部分群众期盼的热点难点问题。

发挥委员主体作用 一是调研视察凝聚委员集体智慧，研究确定“工业园区开发建设”“古文物保护”等5个重点调研课题，形成调研报告报送县委、县政府，促进县域发展。二是投身经济社会建设，开展“三比一看”“敢担当、解难题、立新业”等活动，帮扶发展困难企业，抓好挂包的17个重点项目，协调解决融资、用工等问题，推进项目建设；组织驻县的省、市政协委员到沙县、将乐等地考察学习高新技术产业、民生事业等方面的经验做法；鼓励委员参与医疗义诊、捐资助学、义务书写春联等公益活动；乡镇政协委员联络组引导委员在推动地方经济社会发展起示范作用。三是民主监督展示委员尽职实效。选派36名委员担任县直党政部门、部分驻大田垂管单位行风政风、党风廉政监督员，选派9位委员担任县食品药品荣誉监督员，选派委员积极参与“七个重大项目组专项督查”活动。四是社情民意信息工作彰显委员民生情怀。全年共编发社情民意信息153条，被全国、省、市政协采用72条。《福建大田政协助推民宿旅游发展“唤醒”生态乡村旅游资源》等4篇稿件被《人民政协报》采用；《肉身坐佛“出国”对农村文物保护的警示》等4篇专报件被省政协采用，社情民意信息助推经济社会发展成效。

发挥政协独特优势 一是团结各界人士，凝聚发展合力。加强与社会各界人士、工商联和无党派人士的经常性联系；弘扬民主精神，在协商选题、会议组织、意见落实等环节上，征求各界人士、社会团体和委员意见；加强与县内外商会的沟通联系，先后走访泉州、厦门等异地商会，在外特邀委员、经商人士等，县政协引回在上海创业青年，返乡创办出口创汇型、科技型的福建硅光通讯科技有限公司，实现当年引进、投产。二是加强联谊交流，扩大对外影响。参与省、市政协工作研讨活动；与福州晋安区、泉州洛江区等县（市、区）政协的交流学习；做好各地政协、客商到县参观考察“河长制”、城市公交、相对集中行政处罚权等经济社会发展情况的工作；协助省、市政协做好林下药物经济产业发展、金融服务小微企业发展、村级组织建设、学前教育等十几个课题调研的服务保障工作。三是做好文史工作，发挥“存史、资政、团结、育人”作用。编辑出版反映广平古民居和非物质文化遗产的《广平风物》，整理印发《章公六全祖师》专辑，编辑罗瑾（保存日军南京大屠杀罪证相册的民族功臣）叙述抗战时期所见所闻资料——《历史的述说》，挖掘大田地方戏曲、古钱币收藏等文化史料资源。

提升政协履职水平 一是夯实履职思想政治基础。通过召开政协主席会、常委会、专题学习会，参加省、市开展的县（市、区）政协主席工作座谈会、市政协委员读书班等形式，为履行政协职能和完成各项工作任务提供保证和智力支持。二是开展“三严三实”专题教育。县政协党组召开党组会和主席会 17 次，传达贯彻中共中央和省、市、县委精神，研究部署专题教育相关工作，制定具体方案，做好集中学习、专题党课、专题研讨、查摆整改 4 个方面的工作；通过召开座谈会、发放征求意见函等方式，聚焦县政协领导班子、班子成员在“三严三实”方面存在的突出问题，排查梳理班子“不严不实”问题 9 条、成员 25 条，制定整改清单，坚持立说立行、边查边改，逐项抓好落实。三是加强政协自身建设。落实委员管理办法、委员视察工作等制度，坚持每年评选优秀政协委员、优秀提案等先进典型；做好挂乡包村、帮扶济困工作，指导挂钩乡镇、理清发展思路、村级组织换届等工作；落实党风廉政责任制，深化机关党建活动，完善机关工作机制。加强乡镇政协委员联络组建设，拨付经费支持联络组开展委员活动。

（陈文行）

政协全委会与常委会会议

【县政协九届五次会议】 1 月 19—21 日，在县影剧院召开，县政协委员 201 人（含特邀委员）出席会议，在县的省、市政协委员，省、市属单位领导，县直机关、企事业单位领导以及离退休老干部代表列席会议，县政协副主席高石麟主持会议。会议听取审议并通过县政协主席郑建勋作的《中国人民政治协商会议第九届大田县委员会常务委员会工作报告》和副主席陈庆建作的《政协第九届大田县委员会常务委员会关于九届四次会议以来提案工作情况的报告》；会议表彰优秀委员 12 人、优秀提案 5 件、提案办理先进单位 3 个、先进乡镇政协委员联络组组长 3 人。与会政协委员列席县十六届人大五次会议第一、二次全体会议，听取大会有关报告，就全县的科学发展、跨越发展和三个文明建设建言献策。

县领导熊旭明、陈汉良等四套班子应邀出席开、闭幕式。

（陈文行）

【常委会会议】 2015 年，县政协第九届共召开常委会 4 次。

4 月 22 日，九届十五次会议，县政协副主席陈庆建主持会议，主席郑建勋，副主席张友生、高石麟、涂林瑢，秘书长陈德强和县政协九届常委出席，县政协机关各委办主任列席。会议结合到泉州“源和 1916 创意产业园”“领SHOW（秀）天地”广告产业园区开展的考察活动，围绕“大田城区旧厂房如何进行改造创新”“结合大田实际，打造特色商业街、风情一条街”“现代商业模式与传统商业模式如何接轨”等 3 个议题讨论交流。

8 月 13 日，九届十六次会议，县政协副主席高石麟主持会议，主席郑建勋，副主席陈庆建、涂林瑢，秘书长陈德强和县政协九届常委出席，副县长陈钦梅应邀参加，县交通运输局领导、乡镇政协委员联络组组长、县政协机关各委办主任列席。会议听取县政府关于上半年全县经济社会运行情况的通报；听取县交通运输局关于县交通运输事业及“十三五”规划情况的通报；结合国道“纵五”线大田段、县汽车站迁建、华石公路二期、泉南高速上京互通口等项目，就县“十三五”交通事业发展规划发表意见建议；审议通过有关人事任免事项。

11 月 17 日，九届十七次会议。县政协副主席涂林瑢主持会议，主席郑建勋，副主席张友生、陈庆建、高石麟，秘书长陈德强和县政协九届常委出席，副县长涂剑峰应邀参加，县发改局领导、各乡镇政协委员联络组组长和政协机关各委办主任列席。会议学习中共十八届五中全会精神；听取县政府关于“十三五”规划编制情况介绍；讨论通过《关于加强城区饮用水源地保护的调研（讨论稿）》《关于推动富硒绿色产业升级的思考（讨论稿）》调研报告。

12月25日，九届十八次会议。县政协主席郑建勋主持会议，副主席高石麟、涂林瑢，秘书长陈德强和县政协九届常委出席，各乡镇政协委员联络组组长和政协机关各委办负责人列席。会议讨论通过《关于大田经济开发区建设的几点思考（讨论稿）》《关于提升县级医院综合服务能力的调研报告（讨论稿）》《关于加强县文物保护工作的调查与建议（讨论稿）》；讨论通过张友生同志辞去政协第九届大田县委员会委员、副主席职务的请求；协商通过增补政协第九届大田县委员会委员事宜。

（陈文行）

主要活动

【政协领导主要调研视察活动】 1月4日 县政协主席郑建勋到均溪镇太山崎现场指挥山火扑救工作。

1月5日 县政协副主席陈庆建、涂林瑢带领部分委员和水利、国土、环保、林业等有关部门到坑口水库周边的吴山、谢洋部分村庄调研视察城区饮用水水源地治理保护工作。

2月2日 县政协主席郑建勋到均溪镇大道山村、后华村慰问困难户。

3月3日 县政协主席郑建勋到宝山机械、金门油压、前峰矿业、宝通瓷业等挂钩企业、委员企业调研。

3月26日 县政协副主席涂林瑢到吴山乡阳春村调研肉身坐佛“章公六全”相关情况。

4月17日 县政协主席郑建勋到谢洋乡调研坑口村民宿旅游、三和新村美丽乡村建设情况。

7月9日 县政协主席郑建勋到均溪镇上蔡拦渣坝、十八湾及银顶格检查安全生产情况。

8月4日 县政协主席郑建勋到石牌镇调研三九军大生物综合开发利用项目和黎祥食品有限公司建设情况。

10月12日 县政协副主席陈庆建带领部分委员和有关部门负责人到谢洋乡就饮用水源地保护工作进行调研和重点提案督办。

10月29日 县政协主席郑建勋到济阳乡调研古文物保护、“美丽乡村”建设等情况。

12月2日 县政协副主席陈庆建到前坪乡、梅山乡调研农业种养业发展情况。

（陈文行）

【政协领导主要外联活动】 1月20—21日 县政协副主席陈庆建带领部分政协委员到泉州市丰泽区、鲤城区考察学习旧厂区改造提升经验做法。

4月21日 县政协主席郑建勋带领县政协常委会组成人员到泉州市鲤城区“源和1916创意产业园”丰泽区“领SHOW（秀）天地广告产业园”考察学习。

6月16—19日 县政协副主席张友生带领县农业局等有关部门和部分委员企业负责人到宁德市寿宁县、江西省丰城市考察学习富硒产业发展情况。

9月24—25日 县政协主席郑建勋带领驻大田的省、市政协委员到沙县、将乐县开展视察活动。

10月14—15日 县政协副主席高石麟带领部分政协委员和有关部门负责人到福州市晋安区考察学习城市绿道建设。

10月14—20日 县政协副主席陈庆建随市客联会参访团赴台参加世界客属第28届恳亲大会。

（陈文行）

【提案工作】 1月，县政协九届五次会议期间，收到委员提案100件，其中集体组织提案1件，委员提案99件。经提案委审查、立案92件，作为委员来信办理8件。内容涉及经济社会发展、城市建设管理、科教文卫体、生态保护、社会保障等方面。提案委员会经研究，对已立案的提案呈交县政府主要领导审阅，再分解到县政府分管领导阅示，转交有关部门办理。

（陈文行）

【省、市政协领导到县调研】 4月9日 市旅游协会会长陈良椿到桃源、屏山等乡镇调研休闲旅游、乡村民宿游发展工作，县政协副主席陈庆建陪同。

4月28—29日 市政协副主席许清华、伍成康带领市政协调研组到县调研“十三五”规划编制，县政协主席郑建勋、副主席陈庆建陪同。

7月8日 市政协副主席李宝兰到县调研提案办理工作，并现场考察部分委员企业及经济社会事业发展项目，县政协副主席陈庆建陪同。

7月13日 市政协副主席曾明生带领调研组到县调研农村环境综合整治情况，县委常委、县政府常务副县长谢军作情况汇报，县政协副主席高石麟陪同。

7月17日 市政协主席程立双带领部分政协委员到县调研茶产业转型、休闲旅游业发展、城市规划建设和民生项目建设等，县政协主席郑建勋、副主席高石麟陪同。

8月5日 市政协主席程立双到县调研矿山水土流失综合治理和产业转型工作推进情况，县政协主席郑建勋陪同。

8月18日 市政协副主席李宝兰带领市政协常委会课题组到县调研“深入推进平安三明建设”情况，县政协主席郑建勋、副主席陈庆建陪同。

8月27日 市政协副主席许清华带领调研组到县调研“进一步发挥金融部门作用，扶持小微企业发展”情况，县政协副主席陈庆建陪同。

9月17—18日 市政协副主席李茂胜带领市政协机关部分离退休老同志到县参观考察，县政协主席郑建勋、副主席张友生陪同考察；市政协副主席陈欣到县开展学前教育发展情况调研活动，县政协副主席涂林瑢陪同。

10月28日 省纪委副书记彭锦清到县中医院调研，县政协副主席高石麟并做情况汇报。

10月30—31日 省政协办公厅党组成员、研究室主任、政协天地杂志社社长黄树清到县调研，县政协副主席陈庆建陪同。

11月17—18日 福建中医药大学省政协委员小组到县开展林下药物经济产业发展专题调研和县校合作对接工作，县政协主席郑建勋、副主席高石麟陪同。

11月21日 市政协副主席李宝兰、阎伟强带领台联界委员、市第一医院政协委员小组到县分别开展界别活动和义诊活动，县政协副主席陈庆建陪同。

12月8日 市政协副主席蔡光信到县调研村级组织建设、“美丽乡村”和农村养老事业发展情况，县政协主席郑建勋、副主席陈庆建陪同。

12月9日 市政协副主席曾明生到县征求市政协九届五次会议《常委会工作报告》和《提案工作情况报告》，县政协处级领导参加座谈会。

（陈文行）

【文史资料工作】 2015年，县政协文史资料委员会编辑并正式出版大田文史资料第二十八辑《广平风物》，该辑反映广平古民居和非物质文化遗产，共收录文字史料20多万字，图片150余幅。按季度编辑《大田文史资料专刊》供县几套班子领导参阅。

（陈文行）

中共大田县纪委

□编辑 陈 妮

纪委全会和纪委常委会

【概况】 2015年，县纪委共有委员22人，常委8人，召开纪委全委会1次，常委会17次。

县纪委全委会 2月9日，县纪委十二届五次全会在龙山宾馆召开，县纪委委员出席21人，县委常委、纪委书记张勇民主持并作题为《强化责任担当 依规从严治党——以改革创新精神主动适应反腐倡廉新常态》的报告；县委、县人大、县政府、县政协班子领导参加，县委书记汤俊生作讲话。

县纪委常委会 2015年，县纪委分别于1月20日、1月28日、4月1日、4月17日、4月20日、5月11日、5月20日、5月27日、7月1日、9月10日、9月14日、10月11日、11月3日、11月9日、11月16日、11月20日、11月23日召开常委会议，主要研究2014年度委局机关工作人员工作绩效、乡镇和县直各单位纪检监察工作考评情况；传达学习省、市纪委全会精神、市委书记邓本元在大田县党风廉政建设责任制检查考核汇报会上的讲话精神、省委县（市、区）巡视五组在大田巡视工作动员会议精神，并研究贯彻意见；学习新修订的《中国共产党廉洁自律准则》和《中国共产党纪律处分条例》；研究党风廉政建设“问题清单”整改方案和县效能办管理体制调整事宜，研究有关案件处理意见和反腐倡廉等工作。

（魏首海）

纪律检查与行政监察

【概况】 2015年，县纪委、监察局仍合署办公。内设办公室、纪检监察一室、纪检监察二室、信访室（监察局举报中心）、案件审理室、宣传教育室、党风政风监督室（县人民政府纠正行业不正之风办公室）、执法监察室、案件监督管理室、效能监察室等10个职能室；下设信息技术中心。干部职工33人。18个乡镇纪委各配备书记1人；派驻法院、检察院、国土资源局纪检组各配备组长1人；在16个系统、部门、企业纪委配备书记14人；派驻16个部门、单位监察室各配备主任1人。当年，进行纪检监察相关职能改革，1月，执法监察室相关职能并入党风政风监督室，暂时保留执法监察室。2月，县机关效能建设办公室（县机关效能投诉中心）整体职责划入县政府办，3名事业编制及人员同时划转。3月，县纪委监察局议事协调机构进行调整，将继续参与、牵头的14个议事协调机构精简为8个，精简率43%。把更多的人力、物力集中到执纪监督上，使从事执纪监督人员占实有人数的87.09%。

党风政风建设 2015年，县纪检监察机关制定下发《大田县落实2015年党风廉政建设和反腐败工作部署分工意见》和《落实大田县2014年度党风廉政建设“问题清单”整改方案》，明确2015年执纪监督问责的具体任务和责任分工，确保整改到位。落实“签字背书”制度，在县纪委十二届五次全会上，县委书记与18个乡镇党委书记签订纠治“四风”责任书，并向83个县直部门单位颁发责任书，逐级传导责任压力。坚持县委常委、党员副县长带队对各乡镇、县直各单位落实党风廉政建设责任制工作情况进行检查考评，听取下级党委报告主体责任落实情况，现场对存在问题进行分析和督办，提出整改意见。实行党风廉政建设“一票否决”，全年落实党风廉政建设责任制不力在评先考核中被“一票否决”单位5个，“一票否决”党员干部4人。根据《大田县落实党员干部廉政谈话提醒机制的实施方案》，落实任前谈话、案后谈话、审计谈话等，对干部身上出现的苗头性、倾向性问题，早提醒、早纠正，防止小毛病变成大问题，共开展任前廉政谈话113人次、信访谈话19人次，廉政责任提醒谈话7人次，案后整改谈话4人次。重点关注“四风”“隐身”“变种”问题，利用交通电子监控视频，对6个乡镇、24个县直单位80多辆公车节假日使用情况进行检查；利用税务票据征管系统对2家超市、11家酒店及娱乐场所公款消费情况进行核查，发现问题线索8条，查实2条。发现并查处违反中央八项规定精神问题9起，处理12人，党纪政纪处分8人，其中，违规公款吃喝、使用公车各2起，公款国内旅游、违规操办婚丧喜庆各1起、违规发放津补贴3起；典型问题在全县通报7期，其中违反中央八项规定精神问题4期、群众身边腐败问题2期、公车管理专项检查工作问题1期。进一步规范“三公”经费使用，制定出台更加具体、细化、便于操作的《大田县县直机关差旅费管理办法》《关于加强和规范党政机关会议活动管理的通知》等制度，加强预算管理和审计监督，明确公务费用报销具体手续和要求，严把资金使用支出关口，当年，全县“三公”经费比上年下降28.74%，节约资金981.83万元。

宣传教育 2015年，县纪检监察部门继续推行领导干部任前廉政法规知识在线测试，组织科级干部任前廉政法规考试7批、113人。为在职科级以上领导干部和重要岗位负责人1520余人统一开通“廉政彩印”业务；到各乡镇和国土、住建、卫计等系统开展党纪法规、典型案例等党风廉政专题讲座12场次，接受教育1100余人；邀请省、市专家、教授为县几套班子领导、各乡镇党委书记和县直单位党政正职领导等开展新修订的《中国共产党廉洁自律准则》和《中国共产党纪律处分条例》专题讲座2场次；在县委党校举办廉洁“公开课”，设立新准则和条例专题学习课程，并组织宣讲组到乡镇和县直各部门开展“守纪律、讲规矩”巡回宣讲活动10余场次，发放学习材料1000余份；利用“微大田”微信公众平台，以简易图解形式，宣传学习新修订准则和条例。挖掘特色教育素材，完善廉政文化教育基地，均溪镇玉田村集美第二学村旧址被市纪委监察局定为“市级廉政教育基地”，上京镇梅林村“三田”文化广场定为“市级廉政文化联系点”。

纪律审查 2015年，县纪检监察机关直接接受信访举报85件次，上级转交办111件次，其中检控类分别77件次、75件次，分别占90.59%、67.57%；初信初访分别73件、34件，分别占85.88%、30.63%。全县初信初访件107件，实现“零暂存”，其中转立案18件、初核83件（已初核80件）、完成谈话函询6件。党政纪立案处理26件26人次，全年办结104件，办结率97.20%。县纪检监察机关立案查处各类违法违纪案件83件，其中，党纪立案81件，政纪立案2件；乡科级以上案件9件，万元以上大案7件，经济案件19件；自办案件32件，比上年增加2件；移送司法机关立案侦查7人，直接追缴暂扣违纪款118万余元。移送审理、审结83件，审结率100%，其中，自审案件47件，协审案件36件。回访教育32人次，回访率88.89%。

行政监察 2015年，县纪检监察机关把监督的重点放在督促主管部门履职，围绕“七个重大项目”建设、国家级生态县创建、住房保障、环境保护、“河长制”落实等情况开展监督的再监督，有效促进县委县政府重大决策部署落实。以“一月一通报”方式开展“七个重大项目组”专项督查，发出督查通报7期、督办通知书5份；对“河长制”落实情况开展专项督查，约谈“河长制”工作落实不到位的乡镇领导干部30余人；参与相关部门调查生产安全责任事故4起，给予党纪政纪处分15人。

（魏首海）

【专项整治】 2015年，县纪检监察机关抓好财政扶贫专项资金清理工作，涉及扶贫项目97个、金额1.1亿元。以函询、谈话等方式，督促3个乡镇对2014年度经济责任审计问题进行整改，并在全县开展违规发放津贴补贴问题自查自纠。全年查处发生在群众身边的“四风”和腐败问题典型案件9件，发通报2期4起，给予纪律处分9人。

（魏首海）

【干部培训】 2015年，县纪检监察机关组织

34名新任纪检监察干部参加案件查办工作培训，选派2人到中央纪委举办的县级纪委机关纪检监察综合业务培训班学习，全县专职纪检监察干部参加全市纪检监察系统业务知识测试80人。

（魏首海）

【信息工作】 2015年，县纪检监察机关采编各类信息256篇，被华东之窗网站采用3篇，省纪委网站采用78篇（要闻3篇），市纪委网站采用56篇、《纪检监察信息》专刊5篇，县委办、政府办采用12篇，其中被《中国纪检监察报》《福建日报》《三明日报》《三明清风》等报刊杂志采用32篇。

（魏首海）

【驻村帮扶】 2015年，县纪检监察机关继续开展“四下基层”活动，多次到挂包帮扶的前坪乡前坪村、黎明村和北坑村开展调查研究，为当地经济社会发展出主意、谋思路，争取各类资金28万元；开展“干群结对帮扶济困”活动，第一批帮扶济困对象20户由18名科级以上干部分别负责，办公室对责任人的活动进度、措施、成效等进行动态积分考核，记入“帮扶济困”工作滚动台账，考核结果列入干部年终绩效考评。全年共组织干部走访基层36人次，收集帮扶建议19条，走访慰问困难户22人，送慰问金6600元。

（魏首海）

社会团体

□编辑 陈昭才

大田县总工会

【概况】2015年，全县新组建基层工会19个，新发展会员2889人。年底，全县有工会组织975个，其中，非公企业工会935个，国企工会21个，乡镇工会19个，共有会员3.25万人。18个系统工会完成换届选举。县总工会组织人员对数据库企业进行逐家入户核对排查，做到全覆盖、零遗漏。当年，县总工会获全市县级工会工作绩效考评二等奖、县综合考评二等奖、县项目工作竞赛活动三等奖、县平安建设先进单位。9月，获福建省总工会经费审查规范化建设A级单位。

职工维权 2015年，县总工会加强劳动争议处理三方机制建设，做好劳动争议处理和突发事件的预防及调解工作，处理违法行为和劳动纠纷。参与劳动部门立案受理各类劳动争议案件168件，涉及劳动者456人，涉案金额796万元(涉及劳动报酬62.5万元)，其中，仲裁101件，调解67件，劳动者胜诉165件。县总工会2名兼职仲裁员直接参加审理劳动争议仲裁28件，涉及劳动者157人、金额120万元。全县共清欠房地产、矿山、小微企业等行业劳动者工资7045万元，涉及农民工3159人。

劳模工作 2015年，县公安局谢洋派出所吴祥江获“全国先进工作者”称号、县农业局种子站刘连生获“福建省五一劳动奖章”。县总工会加强劳模的日常管理，做好劳模建档、劳模基本情况的调查摸底工作，做好劳模“三金”申报发放，慰问劳模58人，发放慰问金20.04万元；组织4人次参加省总工会劳模读书班；办理劳模补充养老保险4人、4.68万元，办理省级劳模医药费报销1.88万元，组织14名劳模参加省内外疗休养。新创建林幼春省级劳模工作室和陈长江市级劳模工作室。三明市百名劳模先进事迹巡回展，先后在县总工会、供电公司、永安煤业公司展出10天。

荣誉与先进 2015年，县总工会表彰2013—2014年度先进集体30个，先进个人30人。受市级以上工会表彰的有南湖针织时装有限公司工会获“全国模范职工之家”、县地税局建设分局工会获“全国模范职工小家”称号；县职专、格林实业等4个工会获省级模范职工之家(小家)称号，2名工会干部获省优秀工会工作者称号；教师进修学校、飞鹰实业等9家工会获市级模范职工之家(小家)称号，6名工会干部获市优秀工会工作者称号。县公安局刑侦大队、红狮水泥烧成车间维修班组获省级工人先锋号、上京供电所等10个班组获市级工人先锋号称号。均溪、建设、石牌3个乡镇工会被评为“三明市示范镇街工会”，均溪镇职工服务站被评为“三明市示范服务窗口”。

(范可杰　吴联巍)

【县政府与县总工会联席会议召开】 1月26日上午，县政府与县总工会召开第7次联席会议，议定“金秋助学”、职工医疗补助、退休劳模荣誉津贴和养老，以及经济开发区幼儿园、警务室、治安监控建设和金融服务、文体设施建设、公交班次安排等事项。

(范可杰　吴联巍)

【县总工会十五届四次全委(扩大)会议召开】 3月20日，在县总工会五楼会议室召开，县总工会十五届全体委员、经审委员，各乡镇工会主席或分管领导、经济开发区工会主席，格林童装、红狮水泥、万华实业、飞鹰实业、闽通长运、新泉包装、南湖针织工会主席，县总工会各部(室)负责人共60人参加，副主席郑昌建主持。会议听取县总工会常务副主席杨加炎所作的《主动适应新常态·奋力再创新业绩·在建设新大田中充分发挥工会作用》的工作报告。县委常委、统战部部长、总工会主席江太生出席会议并作讲话。

（范可杰　吴联巍）

【县总工会十五届经费审查委员会第四次会议召开】 3月20日，在县总工会五楼会议室召开，县总工会十五届经审委员7人出席，会议审议并通过县总工会2014年度经费结算和2015年经费预算方案。

（范可杰　吴联巍）

【全市工会经审工作会议在大田召开】 4月9日，市工会经审工作会议在大田县召开，大田、泰宁、尤溪县和永安市总工会分别就实务审计和优秀审计项目申报作了经验交流，会议组织观摩大田县总工会经审工作规范建设以及优秀审计项目工作。

（范可杰 吴联巍）

【劳动技能竞赛举办】 10月13日，县总工会在永安煤业上京分公司举办“煤矿井下电工安装技能竞赛”，上京、广元、永安矿区12名井下电工参赛。11月5日，县总工会与国网福建大田县供电有限公司，在县供电有限公司培训基地联合举办首届“中国梦·劳动美——海西·田电杯职工职业技能竞赛”，60名职工参赛。11月21—22日，县教育局、总工会联合举办“第二届中小学幼儿园教师教学技能大赛”，从各学校选拔赛中获优胜的教师290人参赛，县总工会授予“大田县教学能手”称号36名。12月18日，县总工会与县人社局联合举办“全县窗口服务礼仪竞赛”，共有18个代表队，90名选手参赛。除教学技能大赛外，3次竞赛共授予县五一劳动标兵3人、五一劳动能手20人。年内，全县开展各类职工岗位技术比赛116场次，参加竞赛职工2733人次。当年，全县263家企业参与“安康杯”劳动竞赛和安全月活动，，营造安全健康的劳动环境。

（范可杰　吴联巍）

【“妈妈班组”弹性工作制推广】 2015年，大田县格林实业有限公司实行“妈妈班组”弹性工作制和“妈妈班组”亲情管理。大田县宏润针织有限公司把120台机器分散到120个妈妈家庭中，设立“妈妈岗位”。大田县南湖针织时装有限公司设立缝盘、挑撞两个“妈妈车间”，招收妈妈员工90人。大田县红欣手套有限公司70名员工全部是妈妈职工，被称为“妈妈工厂”。大田“妈妈班组”“妈妈岗位”“妈妈车间”“妈妈工厂”弹性工作制做法在中央电视台报道宣传，3月8日，央视一套《朝闻天下》的《福建大田：“妈妈班组”弹性工作制》报道大田县总工会推广格林公司“妈妈班组”弹性工作制、亲情管理和帮助企业解决招工难的经验做法，《新闻联播》的《联播快讯——女职工合法权益得到保障》播发格林公司“妈妈班组”生产画面。

（范可杰　吴联巍）

【工资集体协商工作开展】 2015年，县总工会与人社局等部门联合下发《关于推进工资集体协商工作继续开展2015年“要约行动月”活动的通知》，指导开展区域性集体合同、工资集体协商工作，分发指导书籍350份。全县区域性工资集体协商合同签订18份，百人以上企业单独签订66份，工资集体协商覆盖企业956家。

（范可杰　吴联巍）

【职工医疗互助活动】 2015年，县总工会组织开展第六期职工医疗互助活动，全县参加活动单位350个，其中机关事业单位213个、企业137个；参加职工总数1.84万人，其中女特病5338人，共缴交互助金103.78万元。做好患病职工住院补助，共办理职工住院医疗补助1016人（次），发放互助金86.95万元。

（范可杰　吴联巍）

【女工工作】 2015年，全县女职工特殊保护专项集体合同签订企业152家，合同签订率98%。实施“女职工健康工程”，1215人参加健康检查，普查率80.14%，治愈率97.5%。举办两期关于预防艾滋病和生殖保健专题讲座，非公企业女职工90多人参加。联合县妇联、文明办等11个单位开展普法宣传活动，印发《女职工劳动保护特别规定》1000多份，分发卫生用具200多盒。与县华正义工联合会合作开展捐赠活动，为291名困难女职工发新衣物及其子女学习必需的文具等物品360件。围绕“特困援助、职业健康、子女助学、心理关怀”四项内容，筹集资金17.2万元，帮扶困难女职工 136 人。

（范可杰　吴联巍）

【金秋助学活动】 2015 年，县总工会继续开展“金秋助学”活动，通过定向资助、一对一资助、统筹安排等方式，资助困难大学生 186 人、困难中学生 38 人，资助金额 43.05 万元。

（范可杰　吴联巍）

共青团大田县委

【概况】 2015 年，全县有基层团委 47 个，团员 1.62 万人。新发展团员 1871 人，超龄退团 2110 人。年内，受省级以上表彰单位 4 个，个人 4 名，获市级表彰单位 8 个，个人 11 名。

“五四”系列活动　5 月 3 日上午，举办“迎青运 环苏区”自行车绿色骑行活动。县委常委、宣传部部长章玲、县文广局局长林春忠、民政局副局长、老区办主任林克源等领导出席启动仪式。5 月 4 日，团县委在县体育馆举行新团员集体入团宣誓、老团员重温入团誓词仪式。团县委全体人员、各基层团委书记以及部分团员共 650 多人参加活动。同日，团县委举行纪念“五四”运动 96 周年暨“美丽乡村—青春与你同行”动员大会，各乡镇团委书记，县直各单位（部门）、企业团委书记共 50 余人参加。此次活动持续开展至 12 月，活动内容有“青春团建”强基、“青春志愿”创优、“青春创业”扶持、“青春关爱”温暖、“青春榜样”选树等五大行动。围绕“念好发展经 画好山水画”的工作大局，打造一批立得住、推得开的“青春家园”示范点。5 月 13 日，团县委在县体育场举办纪念“五四”运动 96 周年活动暨“供电杯”青年趣味运动会，乡镇、机关、企业等 28 支代表队 300 余名党、团员青年参加。评出一等奖代表队 3 个，二等奖代表队 5 个，三等奖代表队等 7 个，“道德风尚奖”代表队 1 个。

“六一”纪念活动　6 月 1 日，团县委围绕“中国梦，我的梦”主题举办“红领巾相约中国梦－畅谈我的梦”主题中队会、游园活动、“心手相牵”关爱农民工子女和留守儿童等活动。以“相约中国梦”为主题，开展“立志向、爱学习、爱劳动、爱祖国”和中华民族优秀传统文化为内容的经典诵读、手抄报和绘画比赛等活动。组织开展端午节包粽子比赛等活动。在县影剧院召开“六一”表彰大会暨“红领巾心向党”文艺演出。

（林登贵）

【县青年企业家协会两周年庆】 1 月 20 日下午，在仙顶实业有限公司二楼召开座谈会，庆祝青年企业家协会成立两周年，会员 40 多人参加。座谈会上，会员各抒己见，围绕协会工作提出许多建设性的意见和建议。

（林登贵）

【团市委领导到大田调研】 3 月 11 日，团市委书记廖卫国一行 2 人到桃源镇蓝玉村、广联木业、桔鑫果场等，调研走访了解县青春家园建设和青年创业发展情况，召开县部分基层团干、创业青年代表座谈会。

（林登贵）

【团县委十九届二次全体（扩大）会议召开】 3 月 20 日，在团县委四楼会议室召开，县委常委、纪委书记张勇民出席会议并讲话。会议学习贯彻中共十八届三中、四中全会和全国“两会”、团中央十七届三中全会、团省委十三届四次全体（扩大）会议和团市委十一届四次（扩大）会议精神，会议确定 2015 年县共青团工作重点：一是以法治宣传教育为重点，强化青年思想引领；二是以“青”字品牌为抓手，感召青年建功立业；三是以青年不同需求为导向，竭诚服务青年发展；四是以“新常态思维”为指引，全面夯实基层基础。

（林登贵）

【“书香大田”全民阅读系列活动】 4 月 23 日上午，由县委宣传部、团县委、县教育局、县文体广电出版局联合主办的“书香大田”全民阅读系列活动暨“4·23”世界读书日专题讲座在县鸿图中学学术报告厅举行。本次讲座活动，邀请华中师范大学博士生导师、东方美学与文化研究所所长，中央电视台《百家讲坛》、湖北电视《荆楚讲堂》主讲嘉宾邱紫华教授为大家授课。县委常委、纪委书记张勇民出席并主持本次讲座活动。全县各基层团干、党政机关和企事业单位青年干部职工以及社会阅读爱好者 530 多人参加本次活动。5 月 10—11 日，团县委联合县教育局、妇联在实验小学多功能厅举办全民阅读系列活动之家校阅读联盟活动，成立家庭教育指导中心，特邀中华家庭教育网首席专家顾晓鸣教授授课，共培训来自各行业的家庭教育志愿者 150 人。

（林登贵）

【全国健美操锦标赛志愿者服务】 8 月 19—28 日，2015 年全国健美操锦标赛在大田举办。招募志愿者 150 人，根据赛事服务、技能要求和入选志愿者的兴趣、特长进行编组，安排到各个场馆做赛事会务、竞赛场地、运动员服务、城市服务、交通保障、安全保卫、观众引导、医疗保障、助理裁判、旅游推介、文化活动、志愿宣传、后勤应急等服务。

（林登贵）

【电子商务培训班举办】 10 月，团县委联合县商务局举办创业青年电子商务培训班 2 期、120 人。培训班就电子商务网络销售和微观层面的网点技能及操作采取“理论 + 活动 + 演练”方式进行培训，培训邀请福建电子商务运营公司首席执行官祝翔宇和网络营销策划师王丰城授课。

（林登贵）

【顺利完成2015年村级团组织换届选举工作】 10 月底，全县 265 个村全面完成换届工作。新当选村团支部书记中，35 周岁以下 188 人，占 71.5 %；138 人进入村两委，占 52.1%，比上届增加 38%。

（林登贵）

【“共青团员义务星期六”系列主题实践活动】 2015 年 12 月 5 日是第 30 个国际志愿者日，为弘扬“奉献、友爱、互助、进步”的志愿精神，团县委围绕三大主题集中开展“共青团员义务星期六”系列主题实践活动。一是围绕惠民利民宗旨开展集中服务日活动。12 月 4 日上午，联合县文明办组织县直机关和青年文明号单位在县时代广场摆摊设点集中开展医疗咨询、法律援助、心理咨询、科普教育、政策宣讲等贴近群众需求的各类志愿服务活动。二是围绕生态文明建设开展美化环境志愿服务活动。组织各乡镇团委以“青春家园示范点”创建工作为载体，通过开展美化一个乡镇主要活动场所、建设一条青年路、成立一支青年宣传队等形式，组织广大团员青年积极参与维护环境卫生清洁、宣传生态环保知识等。三是围绕倡导文明新风尚开展文明劝导志愿服务活动。组织城区各中学青年志愿者到人（车）流量较大的建山路、凤山路等路段，对街道乱扔乱倒垃圾、乱丢弃物、沿街商店门前卫生、车辆停放不规范等现象进行劝导。

（林登贵）

大田县妇女联合会

【概况】 2015 年，全县设乡镇妇联 18 个，村（居）妇代会 273 个，县直系统妇委会 7 个，非公有制新经济妇女组织 4 个。县妇联配专职妇干 7 人；配有乡镇妇联主席 18 人，专职副主席 14 人。县妇联围绕县委、县政府的工作大局，抓好维权与发展工作，团结带领广大妇女为实现“百姓富、生态美”做贡献。9 月，18 个乡镇 265 个村完成村级组织换届工作，全县新一届村“两委”班子中，有女性成员 323 名，占 21.6%，比上届提高 3.3%，其中，女村党支部书记 11 名，女村委会主任 2 名，100% 村妇代会主任当选村委委员。8546 名新一届村民代表中有女性代表 3006 名，占 35.2%，比上届提高 2%，村“两委”班子女性成员中，高中及以上文化程度 82 名，同比增长 15.5%；平均年龄 40.9 岁，低于上届平均年龄。

年内，县国家税务局纳税服务科（办税服务厅）、公安局出入境管理大队、人民检察院公诉科获省“巾帼文明岗”；县民政局婚姻登记中心、红星幼儿园获得市级“巾帼文明岗”。妇幼保健院吴红女、华兴乡京口村杨金华获得省妇联表彰的“三八”红旗手称号；国网福建大田县供电有限公司城区营业厅获得省“三八”红旗集体称号。妇幼保健院副院长高金华、奇韬卫生院院长郑爱华、食为天有限公司负责人陈秋芳获得市妇联表彰的“三八”红旗手称号。城关第三小学、残疾人联合会获得市“三八”红旗集体称号。县妇幼保健院获得省第四批先进妇女之家示范点。

（叶新慧）

【“平安家庭”活动】 元旦期间，县妇联向全县移动用户发送平安家庭宣传短信 2 万条。3 月 13 日，以贯彻男女平等基本国策 20 周年和《中华人民共和国妇女权益保障法》修订实施10周年为契机，在湖美乡开展“建设法治福建·巾帼在行动——八闽联动·送法到家”普法宣传暨县、乡妇联主席接访活动。分发《中华人民共和国宪法》《中华人民共和国妇女权益保障法》《家长手册》《福建省计划生育条例》及反邪教宣传手册等宣传材料1500多份，接访5件7人次，现场解答15人次。6月11日，县妇联联合县缉毒大队、法院、教育局、团县委等单位举办“珍爱生命，远离毒品，健康成就未来”为主题的2015年“全民禁毒宣传月”宣传活动，到石牌、鸿图两所中学开展禁毒宣传和远离毒品教育活动，采用讲座、展板、分发资料等形式，宣传党和国家的禁毒方针及其法律法规，分发禁毒宣传资料500余份。11月10日，县妇联联合县检察院未检科女检察官，到县职业中专学校为350多名女生作“提高法律意识，远离犯罪侵害”为主题的法制专题讲座。“以案释法”，并播放“为青春护航”法制短片。年内，全县“平安家庭”户覆盖率95%以上，示范村（社区）覆盖率75%以上、示范乡镇的覆盖面60%以上。

（叶新慧）

【“家庭教育”活动】 1月上旬，县妇联联合教育局开展2014年度家庭教育优秀论文（案例）征集评选活动，各基层妇联组织、中小学校、幼儿园共推荐论文41篇，评出优秀论文21篇，其中一等奖3篇，二等奖7篇，三等奖11篇。5月9—10日，团县委、妇联、教育局联合在实验小学多功能厅举办家庭教育志愿者培训班，各学校、各单位的家庭教育工作志愿者150人参加培训。以《教育孩子，首先不能输在家庭教育上》为题，邀请中华家庭教育研究院院长、中华家庭教育网首席专家、教授顾晓鸣授课。会上，分发《不输在家庭教育上》一书150册。5月13—14日，县妇联开展福建省家庭教育公益大讲堂走进大田活动，邀请福建省家庭教育宣讲团讲师罗晋球到县开办讲座，5月13日下午，在县委党校妇干班做题为《关注早期性教育 共同浇开幸福花》的家庭教育知识首场讲座，妇干班、青干班学员和部分少年儿童家长共100多人参加；5月13日晚，到大田五中学术报告厅举办“女生青春期教育”讲座活动，县妇联、教育局和城区各中学部分德育骨干及该校近300名女生到场听讲；5月14日上午，到文江中学做题为《青春的秘密》家庭教育主题讲座，文江中、小学120余名师生听讲。

（叶新慧）

【“春蕾计划”活动】 1月18日，县妇联主席林爱红到县一中为5名贫困学生发放春蕾计划——成才行动资助金每人1000元，连续资助三年直至高中毕业。县妇联资助叶慧晶等3名贫困大学生，每人2000元，共资助6000元。县各级巾帼文明岗共资助贫困学生40名，每人500元，共2万元。

（叶新慧）

【关爱“留守儿童”】 1月21日，县妇联开展“带法进乡村学校。关爱留守儿童”活动，以未成年人犯罪的原因与预防对策为题，邀请县法院副院长陈晶到梅山乡，为500多名少年儿童（留守儿童300多名）授课。1月和“六一”儿童节期间，在湖美、梅山、文江等留守儿童集中的乡镇开展留守儿童“微心愿等您来认领”活动。县电视台记者采访了部分留守儿童，让他们讲述自己的心愿，并拍摄所有留守儿童的心愿卡，让全社会参与认捐活动。通过活动，共帮助400多名孩子实现梦想和心愿。

（叶新慧）

【妇女“两癌”筛查和艾滋病防治知识培训】 1月30日，县妇联与妇幼保健院联合召开2015年农村低保妇女“两癌”（乳腺癌和宫颈癌）检查项目工作培训会，启动新一轮农村妇女“两癌”检查项目。会上，向18个乡镇妇联、8个居委会分发1万份“两癌”筛查邀请函。每年1月1日—9月15日，县内35—64岁的已婚农村妇女均可携带身份证和“两癌”项目免费筛查邀请函，到县妇幼保健院接受免费检查。3月13日，县妇联、县疾控中心联合在太华镇开展“大田县妇女面对面艾滋病防治知识培训”活动。该镇女干部、各村妇女主任等50余人参加。会上，分发防艾知识宣传册、防护器具3000多份。9月25日，县举行扩大农村妇女及城镇低保妇女“两癌”免费普查群体和质量提升项目启动仪式。省妇儿工委办专职副主任、副巡视员赵彬，省妇儿工委办副主任陈婉萍，省妇幼保健院主任医师戴丽玉，省肿瘤医院主任医师肖景榕等省妇儿工委领导、专家参加启动仪式，县政府副县长陈钦梅、县妇联主席林爱红、县卫计局局长陈永晶等领导陪同。项目可为全县1万名农村妇女及城市低保妇女免费提供“两癌”检查。

（叶新慧）

【慰问活动】 2月4日，县妇联到奇韬镇慰问“两癌”患者、贫困女童及妇代会主任5人，给患者各送上慰问金1000元。2月13日，省妇联副主席王秋梅到大田慰问特困下岗女职工刘幼英、特困残疾人王维亚，各送慰问金1000元，市妇联主席包萍、县委常委、纪委书记张勇民陪同。4月1日下午，县妇联副主席吴细使到桃源镇蓝玉村，走访慰问子宫癌贫困患者柯某，送去慰问金1000元。6月18日，县妇联开展“端午粽香送温情—军民共建一家亲”慰问活动，与白岩社区的全体干部及白岩社区的阿姨们到武警中队与武警战士们一起包粽子共度端午节；县妇联、社区干部与武警战士分成三个小组分别到贫困户、孤寡老人、残疾人家中，给他们送去粽子和温情。9月8日，县妇联主席林爱红到前坪乡走访新上任的村妇代会主任，了解村妇代会工作情况、农村妇女儿童的需求，对“平安家庭”“妇女之家”创建工作提出指导意见。9月9日下午，县妇联干部在县人大常委会副主任温如校带领下，与县教育局、移民局等县直机关、企事业挂钩单位有关领导，到湖美中学及中心小学开展教师节慰问活动，各送慰问金2000元。10月20日上午，重阳节之际，县妇联主席林爱红带领县、乡妇联干部到吴山乡梓溪村、济阳乡济阳村、太华镇魁城村慰问“两癌”妇女患者涂某、林某、连某，给患者各送去慰问金3000元。10月21日，县妇联主席林爱红、副主席方新花，慰问妇联退休干部陈春花和方小华，各送慰问金300元。

（叶新慧）

【“三八”妇女节活动】 3月3日上午，县妇联庆祝第105个国际“三八”妇女节，开展“迎元宵 庆三八”拔河比赛，县直机关和企事业单位在职女干部、职工130人参加比赛。县教育工委代表队夺得第一名，供电公司代表队获得第二名，公安局代表队获得第三名。3月6日，与县行政服务中心联合举办以“我健康、我美丽”为主题的“女性健康”及“女性皮肤护理和化妆技巧”知识讲座，50余名育龄妇女参加。3月10日晚，邀请县人民法院副院长、大田一中兼职法律教师陈晶为大田一中高一年段女生作《呵护青春，绽放梦想》讲座。

（叶新慧）

【县妇联十四届三次、四次执委（扩大）会召开】 3月20日，县妇联十四届三次执委（扩大）会在县妇联会议室召开，县妇联执委、乡镇专职妇联主席共35人参加，县妇联主席林爱红主持并传达省、市妇联执委会议精神，总结妇联2014年工作并部署2015年工作。县委常委、纪委书记张勇民出席会议并作讲话。

6月12日，县妇联召开十四届四次执委会，31人出席，学习讨论妇联组织如何推动男女平等基本国策贯彻实施。会议选举方新花为县妇联十四届执委会委员、副主席。

（叶新慧）

【“母亲节”活动】 5月10日，县妇联联合县红十字会、华正义工联合会在时代广场举行“为了母亲的微笑——母亲健康1+1”公益募捐启动仪式。许多家长带着孩子到现场捐款，让孩子现场体验爱的教育；食为天配送中心、平安医院等企业组织员工到现场捐款；启明星、红舞鞋等学校，组织学生捐款，启动仪式现场共募集爱心款1.34万元。全县各级妇联共募集爱心款2.44万元。5月15日，母亲节之际，在县妇联会议室举办家风家训讲座，邀请县委文明办高上钗授课，讲述大田县传承的优秀家风家训。县直机关妇女组织、各乡镇及社区妇联负责人共60余人参加。

（叶新慧）

【第四期妇干培训班举办】 5月10—25日，县妇联组织举办县第四期妇干培训班，妇女干部31人参加培训。

（叶新慧）

【“三八”红旗手（集体）和“最美家庭”表彰】 5月15日，县妇联召开2015年“最美家庭”暨“三八”红旗手（集体）表彰会，县直机关有关妇女组织、各乡镇妇联负责人，10户“最美家庭”，“三八”红旗手、“三八”红旗集体代表共50余人参加会议。会议表彰奇韬镇桃东村方来然家庭、太华镇魁城村连玉琴家庭等10户“最美家庭”；县人民检察院公诉科、县医院妇产科等20个"三八"红旗集体；方新花、廖舒静、叶新慧等60名"三八"红旗手。吴兰芳、吴美华、涂众志家庭被评为三明市"最美家庭"。县委常委、纪委书记张勇民出席表彰会并讲话。

（叶新慧）

【女干部座谈会召开】 5月19日下午，县妇联召开女干部座谈会，县各条战线的女干部30余人参加座谈，县妇联主席林爱红主持，县委常委、宣传部部长章玲、县委组织部副部长叶增稳出席座谈会。会上，女干部就县妇女事业发展、培养选拔女干部、加大培训力度等方面积极建言献策。叶增稳就干部培养选拔工作与大家互动交流；章玲结合自己的成长经历和工作经验，从四个方面分享了基层女性干部如何做人、做事。

（叶新慧）

【妇干培训】 5月25日，省妇联推进女性进"两委"班子巡回培训走进大田，省妇干校培训部副主任、高级讲师顾志峰，省妇干校教师厉艳艳分别授课。乡镇妇联负责人，城区各村妇代会主任，各村女性村党支部书记、村委会主任共50余人参加培训。

（叶新慧）

【市妇联领导到大田调研】 5月28日，市妇联副主席唐晓峰一行2人，先后到梅山百户造福工程新村点、林大农业有限公司、石牌食为天有限公司、屏山内洋巾帼美丽家园等调研。7月14日，市妇联副主席陈小红、钟秀梅一行3人到县开展调研。先后到石牌镇京程村、县妇幼保健院、白岩社区家庭关爱服务中心、县供电有限公司城区营业厅等单位，了解村级组织换届选举女性进村"两委班子"、妇女先进典型发挥作用、"家庭建设年"等工作落实情况。10月27日，市妇联主席包萍、市妇联副调研员郭春晖、市妇联权益部部长包艳晨等一行4人到县调研《中国妇发展纲要（2011–2020年）》和《中国儿童发展纲要（2011–2020年）》"两纲"实施情况。先后到湖美乡西燕村、县疾控中心、县妇幼保健院、县职业中专学校进行现场察看。调研中，包萍对县各单位在实施"两纲"中取得的成效给予肯定。11月9—10日，市妇联副主席唐晓峰、发展部部长林东武一行3人到县桃源镇蓝玉村、吴山乡易津茶业有限公司、均溪镇华坑村板栗基地、太华镇西埔村蔬菜基地、广平镇广平村韭菜基地调研。

（叶新慧）

【种植技术培训】 5月28日，县妇联到梅山乡举办洛神花栽培技术培训班，120多名妇女参加培训。7月27日，县妇联联合县农业局（农办）到挂钩村——湖美乡前进村举办农村妇女洛神花栽培技术培训班，80多名妇女参加培训。两次培训由县农业局植保站站长、高级农艺师田新湖为洛神花种植户妇女授课，并实地观摩，现场指导。

（叶新慧）

【"七一"活动】 6月29日上午，县妇联庆祝建党94周年活动。支部全体党员参观县爱国主义教育基地——叶炎煌故居。6月30日，组织妇联支部全体党员参加党员义务奉献日活动，到责任片区——白岩山北路义务清理卫生死角、乱贴的小广告。

（叶新慧）

【"两纲"实施工作中期评估】 8月13日，县召开"两纲"中期评估工作会。县妇儿工委成员单位的分管领导、联络员等共68人参加。县政府直属部门党委副书记、纪委书记、县妇儿工委办副主任张知才主持，县妇联主席、县妇儿工委办副主任林爱红部署"两纲"中期评估工作任务，县统计局法制监察股长吴仁孝作"两纲"监测数据统计培训。会上，副县长、县妇儿工委主任陈钦梅就做好县"两纲"中期评估工作作讲话。10月14日，县召开妇女儿童工作暨"两纲"中期评估迎检工作会议。会上，县妇儿工委副主任、县妇联主席林爱红传达贯彻全市妇女儿童工作会议精神，对全县实施妇女儿童发展纲要的情况进行总结，部署迎接省"两纲"中期评估督查工作。县统计局、教育局、卫计局及民政局就本部门实施妇女儿童发展纲要做工作交流发言。县政府副县长、县妇儿工委主任陈钦梅出席会议并讲话。11月2日，由省统计局副局长、省妇儿工委委员陈志强，省妇联副巡视员、省妇儿工委办专职副主任赵彬率领的省妇女儿童发展纲要中期评估第四督导组到县，督查"两纲"实施情况，副市长张丽娟、市妇联主席包萍、县长熊旭明、副县长陈钦梅等领导陪同。

（叶新慧）

【职业技能竞赛】 12月28日，在县体育馆举办迎元旦“中国梦·劳动美”全县窗口服务礼仪职业技能竞赛，由县妇联与县总工会、县行政服务中心管委会、县人力资源和社会保障局联合主办，共有18支窗口服务岗位参赛队90名选手参加竞赛，其中女性选手69名。技能竞赛评出团体奖1个、最佳情景展示奖1个、最佳情景设计奖1个。

（叶新慧）

大田县科学技术协会

【概况】 2015年，县科学技术协会第四届委员会有委员41人、常委15人、主席1人、副主席3人（其中兼职2人）。全县县级协（学）会17个，乡镇科协18个，企业科协18个，学校科协4个，机关科协1个，农村专业技术研究会8个；个人会员2374人。年内，县福梅辣椒协会被省科协、财政厅评为“科普惠农兴村先进单位”，县陵百兔业养殖场总经理蒋承伟被中国科协、财政部评为“全国农村科普带头人”。

（郑彬彬）

【参加全县文化科技卫生“三下乡”服务活动】 2月4日，县文化科技卫生“三下乡”活动启动仪式在奇韬镇举行，县科协、司法局、民政局等44个单位、140多人参加。开展科技咨询50余人次，分发科学种植、养殖、生活保健、疾病防治等科普图书、小册子300余册。县科协赠送农村实用技术、环保科技、卫生保健等书籍价值1500元。捐赠资金5000元，用于农村科技宣传设施建设。

（郑彬彬）

【省青少年科技创新大赛】 3月20—22日，第30届福建省青少年科技创新大赛复赛在龙岩一中举行，县第一中学学生林小暄的《泡沫箱平屋顶隔热的探究与分析》获青少年科技项目二等奖。

（郑彬彬）

【四届八次全委（扩大）会召开】 4月3日，县科协四届八次全委（扩大）会议在县农业局五楼会议室召开。县科协四届委员、各乡镇（街道）科协秘书长等51人参加，县科协主席方来银主持。会上，听取并审议科协2014年工作总结及2015年工作安排，补选科协委员12人、常委3人。

（郑彬彬）

【科技·人才活动周“三下乡”活动】 5月20日、22日，县委宣传部、科技局、科协、卫生局等15个单位，在均溪镇、太华镇分别举办2015年度科技·人才活动周文化科技卫生“三下乡”活动。接受科技咨询100余人次，分发科学种植、养殖、春夏季保健、食品安全常识、疾病防治、防震减灾等科普图书、小册子400余册。

（郑彬彬）

【首届村干部经济管理专业大专班面授课程开班】 5月27—29日，县首届村干部经济管理专业大专班面授课程在县志远进修学校开班。邀请福建农林大学经济学院农村区域发展系教授刘飞翔等三位老师授课，参加大专学历教育的村干部43人。

（郑彬彬）

【院士工作站升级与项目签约】 6月18日，由“院士专家八闽行”组委会主办的第十三届“6·18”创新驱动助力工程暨院士专家项目签约授牌仪式在福州海峡国际会展中心举行，县威斯特环保科技有限公司院士专家工作站、竞源生物技术有限公司院士专家工作站均被升格为省级院士专家工作站，实现县院士工作站“零”的突破。中国环境科技研究院院士刘鸿亮与大田威斯特环保科技有限公司合作的“生态环境修复工程”、中国工程院院士范云六与大田县竞源生物技术有限公司合作的“珍稀濒危药用植物原生境繁育及其生物医学功能分析评价体系构建”2个院士专家项目进行签约。

（郑彬彬）

【省流动科技馆科普巡展活动】 6月19日，以“体验科学，启迪创新”为主题，福建省流动科技馆大田站巡展落幕，巡展5天。展出展品25项、展板16块，揭示电学、光学、力学、数学、电磁学等多种基础学科原理、知识，共接待近3500人。

（郑彬彬）

【中国科学院院士回大田县考察】 8月25—27日，中国科学院院士郑有炓带领国家半导体照明工程研发及产业联盟和国家文化科技创新服务联盟专家一行10人到大田县考察调研。县委书记汤俊生、县长熊旭明陪同活动。县长熊旭明代表县政府分别与国家半导体照明工程研发及产业联盟、国家文化科技创新服务联盟签订战略合作协议，县领导江太生、缑泽昆、刘永生、余维语、戴绍松、廖荣才、涂剑峰、高石麟出席。院士郑有炓、教授张国旗、国家文化科技创新服务联盟秘书长熊丽群作专题讲座。

（郑彬彬）

【“全国科普日”宣传活动】 9月24—25日，县科协联合宣传部、林业局、农业局、食品药品监督管理局、卫计局等十个单位，在上京镇和均溪镇开展科技三下乡活动，发放农村实用技术、环保科技、卫生保健宣传资料4000份（册），展出科普展板30块，义诊125人次，接受科技咨询200余人次，参与活动群众约5000人次。

（郑彬彬）

【组织青少年参观体验市科技馆】 10月31日，县科协联合教育局、关工委，组织30名优秀学生到三明市科技馆参观“科学乐园”“智慧长廊”“我们家园”“探索之光”等七个展区展项。

（郑彬彬）

【竞源生物技术院士专家工作站揭牌成立】 11月19日，竞源生物技术有限公司院士专家工作站揭牌成立。南方生物医学研究中心主任陈骐、福建师范大学生命科学学院副院长肖华山、竞源生物公司董事长陈金灶、县政府副县长涂剑峰以及县发改局、科协、林业局、科技局、组织部、桃源镇等有关单位领导参加。

（郑彬彬）

【国际志愿者日活动】 12月5日，第三十个国际志愿者日，县文明办牵头组织，县科协于12月4日在时代广场开展科技普及宣传活动，印发科技资料200份，赠送农业实用新技术丛书100多册，开展科技咨询服务50多人次，展出科普挂图10多幅。

（郑彬彬）

【航模竞赛举行】 12月20日，县科协、教育局、科技局联合主办的县“童心飞翔 放飞梦想”青少年航空模型竞赛在县第六中学举行。县6所中小学校的选手76人、127人次分别参加橡筋直升机模型赛、水火箭射程赛、东风一号火箭留空计时赛3个项目比赛，评出一等奖26人、二等奖35人、三等奖40人、优秀指导老师9人。

（郑彬彬）

【科普“四进”活动】 2015年，县科协开展科普“四进”活动。一是进农村。5月，县首届村干部大专班面授课程开班授课，提高村干部理论知识水平；举办农村实用技术培训班12期，800余人参加，分发技术资料千余册（份）。二是进社区。组织社区工作人员参与“全国科普日”“科技 文化 卫生”三下乡、“科技活动周”、食品安全宣传活动周等宣传活动；发挥8个社区“站、栏、员”作用，开展科技宣传；督促社区科普宣传员每2个月更新一次科普挂图。三是进机关。以机关活动、创建学习型党组织为抓手，由组织部牵头，将循环经济、节能减排、保护生态、改善环境、安全生产、健康生活等科学知识和科学理念列入单位集体学习重要内容，以理论辅导、专题讲座、电化教育等方式，开展科学理论、科学知识学习。四是进校园。组织青少年参加各项科技竞赛活动。在省第30届青少年科技创新大赛中，县参赛作品获省、市奖项4个，其中林小暄的《泡沫箱平屋顶隔热的探究与分析》获省科技创新大赛青少年科技项目二等奖；在第二十届全国青少年信息学奥林匹克联赛（三明赛区）竞赛中，县获提高组一等奖、二等奖各1人。

（郑彬彬）

大田县老科技工作者协会

【概况】 2015年，大田县老科技工作者协会（简称县老科协）设农林牧、水利水电、工业企业、医药卫生、科教文5个专业委员会和均溪、桃源、上京、建设、广平5个老科协乡镇分会。建有济阳泮林毅通农场、谢洋珍山农林开发有限公司、大田县大展花卉、建设元山兔业、建设阡陌花卉、华兴昆山油茶合作社、大田县洛神花合作社等7个科普示范基地。当年，共有会员311人，70周岁以上老科技工作者11人退出协会。

（郑学圣）

【二届九次理事会召开】 1月14日，县老科协召开县老科协二届九次理事会，理事35人参加，会长范起溧主持。会议学习中共中央总书记、国家主席、中央军委主席习近平在中央党校县委书记研修班上的重要讲话精神；传达市老科协三届六次理事会暨2014年工作年会精神；总结2014年工作、部署2015年工作。

（郑学圣）

【市老科协领导到大田调研】 7月17日，市政协副主席、老科协会长李茂胜，副会长陈清凉，秘书长赖昶明一行三人到华兴乡横坑、张墘村油茶良种示范基地调研，参观县老早兴油茶、洛神花展示馆。县政协副主席高石麟、县老科协会长范起溧等陪同。

（郑学圣）

【洛神花生产研讨会召开】 12月1日，县老科协召开洛神花生产研讨会，8位中高级农艺师和洛神花合作社总经理参加，会长范起溧主持。会议分析和论证种植“洛神花”前景、经济和社会效益，研究建立“洛神花”推广示范基地、探讨栽培技术保障工作。

（郑学圣）

【科普活动及农业技术培训】 2015年，县老科协在各乡镇开展蔬菜优质高产无公害栽培技术、油茶低产园改造、畜禽疾病防控等农业科普活动6场次，服务“三农”活动10场次；举办科技讲座4场次，听众350人次；举办日本樱花嫁接、桃花嫁接、养蜂高产技术、油茶丰产栽培、洛神花高产栽培等培训班7期、参训380人次。

（郑学圣）

【名优水果品种引进】 2015年，县老科协从河南省引进台湾四季果桑、红桃、奇迹葡萄、红玫瑰水果萝卜、变色彩瓜等27个名特优品种，在均溪镇周田村郭文在示范户试种。同时，在上京镇上溪口村，均溪镇红星、周田、温镇、郭村村，华兴乡早兴村，前坪乡川石村建立10户科技示范联系户。

（郑学圣）

【太阳能发电机组安装】 2015年，县老科协工业企业组高级工程师范金发，帮助阳光酒店安装3000瓦多晶硅太阳能机组，协助城区章世树、林启健楼房屋顶安装6000瓦单晶硅太阳能机组。

（郑学圣）

【协助水电企业技改】 2015年，县老科协高级工程师许新民协助赤头坂四级站、东景水电站、桥头水电站扩容增效技术改造工程。高级工程师陈整刷帮助华伦特重工有限公司选用合适频感应熔炼炉节能降耗，单机额定功率由原来8000千瓦减少到4000千瓦，每年为企业节省电费1200多万元。技改项目节省投资500多万元，

（郑学圣）

【科普宣传活动】 2015年，县老科协举办科普讲座5场、听众1100人次，发放科普资料1500多份；科技咨询13次；义诊3次；发放《乡村医生健康教育（实用手册）》《大田科普》《农村新技术》《农村百事通》和“五新技术”科技科普资料2000余册（份）。配合县关工委组织老科技人员参加“金秋服务团”22人。

（郑学圣）

【乡镇老科协分会科普活动】 2015年，均溪镇老科协科普宣传栏，每月更新科普知识；在宋京、上太村建立油茶丰产栽培示范片13.33公顷，周田村茅仕镇、茅仕傍建立蔬菜周年供应示范点5.33公顷，温镇珠宝山建立雷竹丰产林6.67公顷，并在各片点举办技术培训班。桃源镇老科协参与兰源蔬菜合作社新品种引进试验推广和蓝玉村省级副食品调控基地建设。上京镇老科协组织5个片区、16个村每季度开展科普宣传、科技推广活动一次，年内举办6场科技培训。建设镇老科协配合老体协等单位在建丰村建立“康乐家园”、科普活动站、文化活动中心。广平镇老科协组织4个片区农户每季度开展普及科技知识活动1次，配合文化站组织开展科普宣传和文化活动。

（郑学圣）

【油茶示范基地建设】 2015年，县老科协向省老科协、老区办申请专项经费10万元，联合谢洋乡珍山农林开发公司建立的“油茶良种苗木繁育基地”，通过扦插、嫁接，培育省定优良品种闽43、48、60油茶苗60多万株；向省老科协、老区办申请专项经费10万元，扶持华兴乡昆山油茶专业合作社，在华兴乡张墘村建立油茶高产良种示范基地26.67公顷，改造低产老油茶林73.33公顷，新开高标准油茶园66.67公顷。良种示范基地每亩比往年增产茶油

5—10公斤，低产茶园经改造，每亩增产茶油10—15公斤。年内，省老科协扶持建立的华兴乡张墩“油茶良种繁育基地”及科技示范项目，通过省老科协验收。

（郑学圣）

大田县工商业联合会

【概况】 2015年，大田县工商业联合会（简称县工商联）共有会员365个，其中，企业会员180个，个人会员181个（老工商业者6个），团体会员4个。当年，新发展会员21个。会员中有省人大代表1人，市人大代表3人，市政协委员6人，市工商联执委10人（其中常委4人），县人大代表2人（其中常委1人），县政协委员42人（其中常委13人）。

全县非公经济新增个体工商户2040户，新增注册资金3.37亿元，新增从业人员4442人，总数分别为1.22万户、9.69亿元、2.42万人；新办私营企业452家，新增注册资金19.04亿元，新增从业人员3518人，总数分别为2475户、105.11亿元、2.59万人。纳税超百万元民营企业53家，其中超500万元的12家，超1000万元的8家。163家规模以上民营企业完成工业增加值84.06亿元，缴纳税收4.98亿元。11家出口创汇企业实现出口创汇1.28亿美元，比上年增长24.27%。当年，全县非公经济实现产值（销售收入）234.52亿元；上缴税收5.86亿元。

（张流篇）

【捐资助学】 8月，县慈善总会举办“金秋爱心助学”活动，县非公经济人士、县工商联（商会）会员参与活动，共捐款25万元，帮助35位贫困大学生就学。

（张流篇）

【泉州大田商会成立】 8月2日，泉州大田商会在晋江宝龙酒店召开成立大会，选举产生会长1人（魏垂增），常务副会长2人，副会长15人，监事长1人，监事3人，秘书长1人，执行秘书1人，副秘书长5人。同时举办大田县招商会，500多人参加。

（张流篇）

大田县个体私营企业协会

【概况】 2015年，全县个体工商户1.22万户、资金数额9.72亿元。其中，新办个体工商户1973户，资金数额2.27亿元，分别比上年增加18.29%、下降8.84%。共有私营企业2478家，注册资金105.54亿元。其中，新办私营企业434家，比上年增长10.15%；注册资金17.65亿元，比上年增长28.27%。

（范剑亮）

【国家驰名商标认定】 6月，福建省华闽纸业有限公司产品“开心一百”通过中国驰名商标认定，是大田县国家驰名商标零的突破。

（范剑亮）

【三明市守合同重信用企业认定】 2015年，福建省闽中交电有限公司、福建省大田县新泉包装制品有限公司、福建省大田县东润汽车贸易有限公司、福建省大田县东大物流有限公司、留芳园（福建）茶城管理有限公司、大田县易津茶业有限公司等6家企业被评为“2014—2015年度三明市守合同重信用企业”。

（范剑亮）

大田县消费者权益保护委员会

【概况】 2015年，大田县消费者权益保护委员会（简称县消委会）围绕“携手共治、畅享消费”的2015年年主题，开展消费者维权和纪念“3·15”国际消费者权益日活动。

2月，县消委会获中国消费者协会颁发“2012—2013年全国消协组织法律理论创新先进集体”荣誉证书。

（翟永昌）

【纪念“3·15”国际消费者权益日活动】 2015年，县消委会一是在3月15日，召集消委会成员单位和各类企业在时代广场以新修订的《中华人民共和国消费者权益保护法》颁布实施一周年为契机，开展现场接诉宣传咨询活动，当天发放宣传材料800多份，接受消费者咨询56人次。二是在县电视台开设“消费维权”专栏，对新消法进行解读；在城关东街口、大建行、时代广场、文化广场、冠超市、电力大楼电子屏幕连续播放消费维权常识；制作卡通图案将新消法的主要内容通过短信、微信形式发送1.5万多条。三是各工商所、各消委分会开展“送知识、送服务——消费维权进乡村活动”，共分发宣传资料700多份，接受消费者咨询112人次。

（翟永昌）

【消费者投诉受理】 2015年，县消委会受理消费者投诉176件，为消费者挽回经济损失7.2万元。

（翟永昌）

大田县残疾人联合会

【概况】 2015年，大田县残疾人联合会（简称县残联），抓好残疾人康复、就业、宣传、教育、组织建设、维权等方面工作。年内，县残联通过省级2015年度残疾人就业服务机构规范化建设示范单位验收；发放二代残疾人证971本。年末，全县有残疾人2.78万人，其中持证1.17万人。年内，屏山乡残疾人章盛壳被评选为三明市第二届残疾人“十佳创业之星”。在县第二届道德模范评选活动中，华兴乡早兴村杨梅香照顾残疾侄儿卢芳敌三十五年如一日，被评为“孝老爱亲道德模范”。年内，在省市报刊杂志、新闻媒体报道县残疾人工作4篇，其中，《福建日报》采用1篇、《三明日报》采用3篇；省残联网站采用信息15篇、市残联网站采用信息35篇；县政府信息及新闻媒体采用40余次。

残疾人康复 2015年，为推进残疾人康复服务体系建设，县残联、卫计局、财政局联合制定《大田县残疾人康复服务体系建设实施方案》，以县公立医院、各乡镇卫生院及社区卫生服务中心、县残联康复中心为平台，初步建立以患者需求为核心，以医学康复为基础，融教育康复、职业康复、社会康复为一体，覆盖城乡社区残疾人康复服务体系，逐步实现残疾人“人人享有康复服务”目标。继续实施七彩梦行动计划、光明行动、残疾儿童康复救助、辅具适配等项目。年内，为白内障患者实施手术101人；为残疾儿童提供康复训练补助39人，每人1.2万元；为精神病患者提供服药、住院补助210人，服药补助每人500元、住院补助2000元；为残疾人免费发放适配辅具572件；为低视力残疾人提供盲人定向行走培训113人；选送聋儿参加市语训5人；建立康复训练档案115本。依托平安医院开展残疾人免费体检、优惠就诊等服务活动，为1150名残疾人免费体检，为116名残疾人减免医疗费用5.5万元。

残疾人教育 2015年，县残联为15名学龄前贫困残疾儿童提供国家专项彩票公益金助学项目补助4.5万元；为5名就读高中残疾学生发放助学补助，每人500元；为83名就读大专以上的残疾学生及残疾人子女发放助学补助9.6万元，其中，为兰州理工大电信专业研究生一年级残疾学生严占想争取特殊补助5000元。组织6名残疾人专职联络员参加清华大学远程教育培训。“全国助残日”期间，在县特校开展“关爱孤独症儿童”扶残助学活动，为100名残疾儿童发放“爱心大礼包”，慰问特校教师5000元。

残疾人精准扶贫 2015年，县残联研究制定残疾人精准扶贫、精准脱贫的工作措施和办法。开展农村困难残疾人核查工作，共核查2364人，其中纳入残疾人精准扶贫建档立卡1838人。推进残疾人家庭实施“造福工程”、“安居工程”，为229户贫困残疾人家庭新建和修建住房，发放补助金额198万元；为残疾人提供就业创业扶持47人，发放补助资金23.5万元；为残疾人发放康复扶贫贴息贷款25人、35万元；为农村残疾人提供实用技术培训92人，为盲人举办盲人推拿继续教育提高班培训35人，投入培训经费15万元；选送盲人参加市培训班并帮助其实现就业3人；组织推荐残疾人参加省、市残联举办的各类技能培训班培训8人。

残疾人就业 2015年，县残联继续做好盲人按摩场所的审批和年审工作。做好残保金征收工作，审核认定安排残疾人就业的机关企事业单位21家，安置残疾职工315人，征收入库残保金242.6万元。完成新增城镇残疾人就业102人，其中，分散就业35人，集中就业55人，个体就业12人。落实省残联等部门关于扶持残疾人就业创业文件精神，华闽纸业有限公司、新泉包装制品有限公司、弘惠纸业有限公司等3家福利企业，获得超比例安置残疾人就业奖励51.33万元；为自主创业残疾人101人，提供社会保险补贴11.4万元。在县行政服务中心操场举办“福乐就业牵手行动”残疾人用工招聘会，参加招聘会的市、县企业 22 家、残疾人 200 余人，实现就业 8 人。

残疾人保障 2015 年，县残联对全县 1.14 万残疾人基本服务状况和需求开展专项调查，其中，入户调查 1.12 万人，电话调查 202 人，入户调查率 98.19%；网上录入错误率为零。县残联对重度残联人实行动态管理，为重度残疾 6639 人发放生活补助金，每人每月 50 元，补助资金 370.73 万元；为一级重度残疾 1013 人发放护理补贴，每人每月 50 元，补助资金 58 万元；为贫困重度残疾 287 人，提供护理补贴 60.4 万元。为 1662 名残疾人纳入城乡低保，基本实现应保尽保；4365 名残疾人参加城镇、农村养老保险，参保率为 86.4%；为 6483 名残疾人建立意外伤害保费 16.2 万元，理赔 35 人、金额 10.5 万元。年内，全县持证残疾人参加城镇居民医疗保险、农村新型合作医疗保险，参保率 100%。

残疾人维权 2015 年，县残联为残疾人提供维权服务 154 人，办理法律援助案件 18 例；为残疾人家庭实施无障碍改造 69 户，发放补助金额 15.55 万元；为湖美、武陵、太华等乡镇敬老院进行无障碍设施改造，投入资金近 4 万元；为 92 名残疾人发放机动轮椅车燃油补贴 2.4 万元。年内，城内持证残疾人均享受免费乘坐公交车，城区的交通主干道边均铺设盲道。

残疾人文体活动 投资 8.5 万元，在县残联大院内，建立残疾人室外康复训练场地；投资 3 万元在湖美乡“福乐家园”内建立福乐健身站 1 个。选送 15 名残疾运动员参加省、市体育训练营活动。6 月，县残联选送肢体残疾人施生倬参加 2015 年国际残疾人羽毛球中国（北京）公开赛，取得混双冠军、男子单打季军；9 月，选送残疾人运动员 3 人参加全国第九届残运会，获得 2 枚金牌（全市金牌总数 4 枚，大田位列全市第一），施生倬在男子 SU5 级羽毛球单打获得冠军、双打获得第四名；郭燕兰在女子 T60 级 400 米栏获得冠军，以 1 分 3 秒 35 破全国纪录，田径 100 米、200 米均获得第三名；乐传载参加坐式排球，取得第六名。县委、县政府对优秀运动员给予表彰，发给奖励金 29.6 万元。11 月，县残联承办省残疾人艺术团走进基层巡演活动，组织 400 余人在县影剧院一楼观看文艺演出。

（颜晓斌）

【残联组织建设】 2015 年，县残联加强乡镇残联、村（居）残协组织建设，18 个乡镇残联配齐专（兼）职理事长、专职残疾人联络员；275 个村（社区）成立残协，并配备村级残疾人工作联络员 275 人。乡镇联络员和村级联络员工资补贴均列入县财政预算，乡镇专职联络员工资 950 元 / 月，部分乡镇政府给予一定的工资补助和缴交养老保险。12 月，以乡镇为单位举办村级残疾人工作联络员业务培训班。

（颜晓斌）

【残疾人综合服务中心建设】 2015 年，县残联继续扶持残疾人康复服务中心、康贝启智教育中心、福乐盲人推拿中心建设。投入 4 万元，建立福乐书屋；投入 3 万元，完善 2 个福乐健身站；投入 12 万元，建立心理关怀服务中心；投入 15 万元，建立脑瘫康复中心；投入 12 万元，完善七楼多功能厅。

（颜晓斌）

【上京镇溪口村“爱心助残”先锋行动开展】 2015 年，县残联挂包上京镇溪口村，开展“爱心助残一助一”先锋行动，帮助 10 户残疾人家庭解决生产生活上的困难。其中，居家托养 3 户，每户补助 2000 元；创业就业补助 3 户，每户 5000 元；建房补助 1 户、1.2 万元；慰问 3 户，每户 200 元。选派残联干部 1 人，到下溪口村蹲点驻村一年，扶持资金 1 万元。

（颜晓斌）

【创先争优工作】 2015 年，县残联实施“1263”（围绕走在党的基层组织建设的前头“一个目标”，紧扣服务中心、建设队伍“两大任务”，抓好一岗双责、促进履职、思想作风、党内监督、文明和谐、基层组织“六大重点”，坚持省、市、县“三级联创”）机关党建创建活动，县残联机关党支部开展“三公三诺”（公开承诺、公示践诺、公众评诺）活动，提出争创先进基层党支部“五个好”（领导班子好、党员队伍好、工作机制好、工作业绩好、群众反映好）目标要求，完善残疾人之家、工会之家、妇女之家等各类活动载体，在残联系统干部职工中推行“五到一线”（项目推进到一线，社会救助到一线，助残康复到一线，权益保障到一线，结对帮扶到一线）零距离服务残疾人。12月，县直机关党工委在县残联召开党建工作现场会，县残联党支部就党建工作在会上作经验介绍。

（颜晓斌）

大田县归国华侨联合会

【概况】 2015年，大田县归国华侨联合会（简称县侨联）以侨为本，为侨服务，履行侨联海外联谊、维护侨益、群众工作、参政议政职能，充分发挥桥梁作用。抓好挂钩村帮扶，救助残疾贫困归侨和资助贫困学生工作。全年，接待华侨华人考察6批、20人次。

（郑桂珠）

【“纪念抗战胜利70周年”主题活动】 9月25日，县侨联协助市侨联举办“纪念中国人民抗日战争暨世界反法西斯战争胜利70周年”委员主题活动，三元、沙县、永安、大田侨联委员30余人参加。

（郑桂珠）

【“广东骏马育才助学金”助学活动】 2015年，县侨联引进“广东骏马育才计划助学金”，资助大田一中乐雯婷、乐仁祥等4名学生，每人每学年1500元。

（郑桂珠）

【扶侨助侨工作】 2015年，县侨联落实“精准扶贫”工作，争取省贫困归侨财政救助专项资金7200元，救助残疾贫困归侨。开展特困归侨和残疾归侨调查摸底，建立人员信息表，将6户贫困归侨家庭纳入政府精准扶贫；为10户残疾归侨申请了基本辅助器具救助。

（郑桂珠）

【挂钩帮扶工作】 2015年，县侨联挂钩帮扶石牌镇龙坑村，争取资金2万元，用于龙坑村环境卫生整治。

（郑桂珠）

大田县关心下一代工作委员会

【概况】 2015年，大田县关心下一代工作委员会（简称县关工委）内设农村教育、学校教育、城市教育、法制教育、家庭教育、宣传教育、基金管理7个专业委员会，下辖普法、德育2个报告团和关爱、卫生保健、金秋农业科技3个服务工作团。县关工委坚持每月一次学习制度，配强、配齐各乡镇关工委领导班子，落实活动经费和驻会“五老”补贴。6—7月间，县关工委在县委党校、均溪镇、广平镇苏桥村，就基层关工委“五好”创先争优工作分类举办基层关工委主任、常务副主任、“五老”报告员培训班4次，260人参训；在玉凤、南街、文昌、赤岩、东门居委会召开关工委工作经验交流会5次，共150人参加。年底，全县有基层关工委组织356个，其中乡镇18个、县直机关10个、民营企业10个、村265个、社区8个、中小学45个；报告员、校外辅导员、帮教员、家教员、科教员、文化市场督导员等“六大员”共1200余人。县各基层关工委借鉴、学习国家级先进单位均溪镇关工委经验，开展创“五好”（领导重视好、组织建设好、老同志发动好、活动开展好、工作效果好）活动，全县55%的基层关工委达到或基本达到新一轮创“五好”活动的要求。

（周调产）

【读书演讲比赛】 6—10月，县关工委联合教育局在全县各中小学开展“读书—征文—演讲”活动。10月25日，选拔小学、初中、高中学生各一人，到市参加由市教育局及市关工委主办的“三爱”主题演讲比赛，获一、二、三等奖各一人。

（周调产）

【捐资助学牵线搭桥】 8月6日，县关工委举行2015年度省关工委禾和助学金发放仪式，资助特困学生22人，每人5000元。杨爱琴考上大学，却因经济困难无法入学，县关工委资助300元。当年，县关工委为特困学生牵线搭桥，争取社会的爱心资助，4名大学生获得县医院退休老医生郝滔夫妇资助，每人1000元。梅山乡关工委常务副主任吴良壁，牵头筹集资金5600元，奖励优秀学生。

（周调产）

【“基层工作深化年”推进】 9月，市关工委对县“基层工作深化年”工作进行调研，对县关工委按照省、市关工委“八个目标”“九项措施”要求，推进“基层工作深化年”工作表示肯定。

（周调产）

【县关工委讲师团走进高校】 12月，县关工委讲师团应邀前往厦门海洋学院和厦门大学，为师生们举办《抗战史诗，历史丰碑》讲座。

（周调产）

【“青春魂·中国梦”教育活动】 2015年，县关工委联合县教育局、文明办、司法局、团县委等单位联合开展“三爱”主题教育及抗战胜利70周年宣传教育宣讲进校园活动，以爱国主义、前途理想、法制纪律、读书励志、安全、珍爱生命、心理健康为题，宣讲团讲师20多人在城区和乡镇中小学举办200多场次讲座和报告会，引导青少年把个人的前途命运与国家、民族的前途命运联系起来，把梦想化作成长成才的强大动力和实际行动。

（周调产）

【集美区关工委到县工作交流】 11月28日—29日，厦门市集美区关工委百人参访团到县参观大田县第二集美学村、城二小（原集美职校附属玉田国民学校）、大田一中日军轰炸旧址、红军北上抗日先遣队指挥部旧址（芳联堡），重走集美学村内迁路（济阳—屏山—均溪），参观位于屏山乡屏山村的红四军军部旧址（俗称“举人厝”）、朱德的故居、红军无名战士纪事碑，参观济阳乡济中村、屏山乡内洋村新农村建设，并就推进关工委工作在县老干局会议举行座谈会。

（周调产）

【青少年服务平台搭建】 2015年，县关工委牵头在文昌和南街社区建设“青少年社会教育活动中心”，内设体育运动场、宣传栏、科学实践室、文娱活动室、图书阅览室、多功能教室、心理咨询室和绿色网吧，基本达到验收标准，投入资金44.9万元。

（周调产）

大田县国际贸易促进委员会

【概况】 2015年，大田县国际贸易促进会（简称县贸促会，又称国际商会）有会员企业20家，会员20名，理事11名，会长1名，副会长3名，秘书长1名。会员企业涉及机械、轻工、纺织、电子、商贸、物流，农业等行业。县贸促会与省内外40多家商会、工商联合会、外经贸协会及其他经贸组织建立定常关系。

（吴高钟　陈燕秋）

【省市贸促会领导到大田调研】 2月4—5日，市贸促会会长杨大荣一行5人，到大田调研生产性出口企业，推荐商讯，提供咨询服务，副县长涂剑峰陪同。3月26—27日，市贸促会副会长王敏一行6人，到大田调研准备参加意大利米兰世博会的仙顶实业有限公司参展准备情况，县贸促会会长陈华塔陪同。8月5—6日，市贸促会会长杨大荣率将乐、清流、永安贸促会一行10人到大田调研贸促和国际商事业务工作，县委常委、纪委书记张勇民陪同。10月9—11日，省贸促会秘书长彭华民一行8人到大田考察太华温泉中医养生、屏山生态茶、大田旅游项目及大田投资环境，县委常委、纪委书记张勇民陪同。

（吴高钟　陈燕秋）

【县外客商投资考察】 7月6—7日，江西远洋集团公司副总裁张昆一行5人到大田考察投资环境和投资项目，县贸促会会长陈华塔陪同考察大田仓储和湖美旅游开发项目。9月18—20日，巴中国际发展商会会长方顺钦一行7人到大田考察投资环境，先后对县京口工业园、上京海西机械制造园 、高山生态茶产业以及休闲养生旅游等项目进行考察，县人大副主任郑宜堆陪同。11月20—21日，江西盛嘉环保科技集团公司总裁张友程一行5人到大田考察，意向投资大田县电解铜项目2亿元，县委常委、统战部部长江太生陪同。

（吴高钟　陈燕秋）

大田县老年人体育协会

【概况】 2015年，县老体协学习贯彻总书记习近平关于做好老年人工作、发展老年人事业、有效应对人口老龄化的重要讲话精神，按照县委、县政府《关于进一步加强老年体育工作的意见》要求，制定《关于加大农村幸福院、文化室、老年人健身康乐家园建设的实施意见》和《关于开展创建老年人健身康乐家园活动的通知》。县成立老年人健身康乐家园建设领导小组。县老体协按照有一个好的班子、有一支好的队伍、有功能适用的健身场地、有一个好的经费保障机制、有形式多样的活动载体、有完善的管理制度的“六有”要求，制定“康乐家园”检查评估细则，以“村级主办、资源共享、部门配合、共同建设”的原则，与传统文化、民俗风情、观光旅游相结合，齐心协力，紧密配合，开展老年人健身康乐家园创建。当年，桃源镇蓝玉村、均溪镇城东村、建设镇建丰村被省体育局、老龄办、老体协评为2015年度“老年人健身康乐家园”。

（林克雄）

【市老体协领导到县调研】 4月21日，市老体协主席刘鑫、常务副主席杨国凤、驻会副主席刘胜富、副秘书长林国海到桃源镇蓝玉村、上京镇梅林村、均溪镇城东村调研老年人健身康乐家园创建，县委副书记廖金辉、县老体协主席黄少春陪同。

（林克雄）

【县老体协年会召开】 4月28日，县老体协年会在上京镇召开。县委常委、组织部部长蔡建明，县委常委、副县长谢军，县政协副主席高石麟等县领导，上京镇党委书记，县老体协主席、顾问、常务副主席、副主席、秘书长、副秘书长，各乡镇（场）、城区各机关企事业老体协主席或主持工作的常务副主席及社区老体协分管领导120人参加。

（林克雄）

【有氧行进健身操及其辅导员培训班举办】 5月10日，举办乡镇（场）老体协“有氧行进健身操”培训班，全县共有15个乡镇37人参加培训，其中男学员15人。5月31日—6月1日，省老体协副主席马义英一行6人到县举办“有氧行进健身操”辅导员培训班，300余人参加培训。当年，县老体协各俱乐部及乡、村老体协举办辅导员培训班共24期、873人。

（林克雄）

【抗日战争胜利70周年和第七个全民健身日纪念活动】 8月6日，县老体协为纪念抗日战争胜利70周年和第七个全民健身日，组织老年人2000余人在县体育场举行健步行和有氧行进健身操展示交流活动。

（林克雄）

【县第九届老健会举办】 10月26—31日，县老体协举办县第九届老健会，有44个代表团、1300多人参加。大会本着“以人为本”和“全民健身、重在参与”的宗旨，坚持“安全第一、健康第一、友谊第一、风格第一”的原则，开展门球、地掷球、气排球、乒乓球、羽毛球、柔力球、台球、象棋、有氧行进健身操、二十四式太极拳等十个项目展示。市老体协主席刘鑫，县委书记汤俊生，县人大主任陈汉良，县政协主席郑建勋，市老体协驻会副主席刘胜富，县委常委、组织部部长蔡建明，县人大副主任温如校，县政协副主席高石麟等领导出席开幕式。汤俊生宣布大会开幕，蔡建明致开幕词，刘鑫致贺词。

（林克雄）

【《大田民俗荟萃·续》出版】 10月，《大田民俗荟萃·续》一书出版，全书8万字，印刷3000册，为大众了解、认知大田民俗提供方便。

（林克雄）

【“全国老年气排球之乡”命名】 2015年，县参加第二批“全国老年气排球之乡”创建活动，专题召开县老体协常务会落实创建工作，县政府拨创建经费3万元。9月20日，中国老年人体育协会，体老字〔2015〕29号文通知，决定命名大田县等20个单位为第二批“全国老年气排球之乡”。11月上旬，中国老体协在浙江省东阳市横店镇举行授牌仪式，县老体协组织男、女气排球队参加全国交流展示，均获优胜奖、道德风尚奖。

（林克雄）

武装

□编辑 陈 妮

大田县人武部

【概况】 2015年，县人民武装部围绕“听党指挥、能打胜仗、作风优良”的要求，按照“突出教育固根本、紧贴任务重实效、精练队伍强素质、依法依规严管理、军地互动促发展”的工作思路，聚焦军事斗争准备，推进各项工作落实。按照管出战斗力、管出正规化、管出好作风、管出安全稳定“四个管出”和不出刑事案件、不出责任事故、不出失泄密问题“三个不出”的目标要求，严格执行各项规章制度，围绕“人、车、枪、弹、密、网、酒”等管理重点，组织安全隐患排查，打牢干部、职工思想基础，保持人武部安全稳定无事故。被三明军分区评为“新闻宣传工作先进单位”“安全管理先进单位”。

思想政治建设 2015年，县人武部坚持把思想政治建设作为党建的核心和灵魂摆在首位，加强理论武装和党委自身建设，提高统揽抓管能力。一是抓创新理论武装。开展“牢记强军目标、献身强军实践”主题教育和党委中心组带机关理论学习，持续“读经典、学哲学”活动。组织学习十八届四中、五中全会和全军政治工作会议及总书记习近平系列重要讲话精神，引领干部、职工和民兵预备役人员高举旗帜、听党指挥、遵纪守法、履职尽责。二是抓党委领导核心。针对党委班子调整过半的实际，从抓作风建设入手，着力强班子、抓队伍、打基础，党委正副书记带头摆正位置、及时交心通气、维护班子团结；全面落实重大事务公开，坚持重大活动、重要阶段部领导与基层面对面指导帮带。三是抓群众路线教育。对照“八项规定”和“四风”建设要求，开展自查自纠，如实报告住房、用车、公务接待、物资采购等事项，开好民主生活会，使问题见人见事；组织开展党风廉政“六项整治”活动，围绕上级明确的3类21个问题，落实即知即改，确保教育活动取得实效。

国防潜力调查 1—2月，县国防动员委员会（简称国动委）根据上级进行国防潜力调查的通知，由国动委综合办牵头，在县人武部召开业务培训会。各专业办公室集中精力，对全县科技、信息、装备、交通、人防、经济、政治、武装力量建设等潜力数据进行调查、核实，完善国防潜力数据库，为上级国防动员决策提供依据。

民兵整组 3—4月，全县民兵整组按照优化结构、合理配置进行调整，编实建强应急、支援和储备三类队伍，基干民兵分队结构布局更趋合理，参战支前能力进一步提升。

战备工作 3—6月，县人武部根据上级安排，结合辖区内环境特点，在国防潜力调查的基础上，与军分区方案进行对接，修订完善作战和非战争行动2类15个方案。添置应急维稳、抗台防汛和森林防火等装备器材，投入10万余元。同时，与二炮、公安、武警等单位进行任务对接，确保发生情况能依案行动。

军事训练 3月下旬，县人武部选派5名专武干部参加军分区新录用、新调整、新提拔“三新”专武干部集训，获军分区团体总分第一名，被评为优秀学员3人。全年共组织民兵营（连）长、民兵联合防空分队、二炮民兵安全警戒分队、14.5毫米高射机枪分队等民兵分队集训。11月中旬，全体干部职工和部分预备役人员参加军分区组织的“前卫—7”指挥所带实兵演习。通过演练，提高指挥员综合素质，锻炼民兵应急队伍，积累经验，为遂行多样化军事任务奠定基础。

兵员征集 5—6月，县征兵办开展兵役登记，设兵役登记站70个，到登率96.5%、自登率88%。7月15日，召开全县征兵工作会议，表彰2014年征兵工作先进单位和先进个人，部署2015年兵员征集任务。8月上旬，组织预征对象体检和政治考核初审，确定体检、政治考核“双合格”适龄青年；下旬，组织征兵办工作人员对“双合格”适龄青年进行家访，了解其现实表现、社会关系、身体和心理状况及个人、家庭参军愿望。9月3日，召开定兵大会，审批新兵入伍，县征兵工作实现连续35年无责任退兵。

国防教育宣传周 9月14—20日，县人武部协调县委宣传部、人防办、均溪镇等单位，结合纪念抗战胜利70周年，在全县开展首个国防教育宣传周活动。组织党政机关领导过军事日、防空警报演练、国防教育宣传“一条街”等活动，增强干部群众国家安全意识和忧患意识，营造关心支持国防和军队建设的良好氛围。

（周良清）

【主官交接】 4月1日，县人武部部长杨兴和退出现役，厦门警备区作训科科长林其秋任县人武部部长；7月6日，县人武部政委张朝阳调任省军区保卫处处长，省军区宣传处副处长郭佳添任县人武部政委。军分区政治部主任徐林森分别组织新老部长政委交替。

（周良清）

【双拥创模工作检查】 6月30日—7月1日，军分区政治部主任徐林森带领市双拥创模工作检查组到县，分3个小组对优抚安置、拥政爱民、国防教育等进行全面检查，并到武陵乡“八一”希望小学检查指导。当年，县人武部双拥创模工作获全市二等奖。

（周良清）

县消防大队

【概况】 2015年，大田县消防大队加强党委班子和干部队伍建设及社会化消防工作，推进消防基础设施和装备建设，提升部队战斗力，完成以防火和灭火救援为中心的各项任务。县消防大队与县自来水公司联合对辖区内消火栓进行全面修整翻新，采集、录入新增消防栓的相关信息，更新辖区水源手册；熟悉辖区68家消防安全重点单位，修改和完善重点单位灭火救援预案，开展各类实战演练96次。共接警129次，出动消防车219辆次、警力1286人次，抢救被困人员50人、疏散34人，抢救财产价值800余万元，完成处置“1·20”20吨巨铁压人事故、“4·1”泉三高速侧翻小货车55瓶乙炔散落事故、“4·6”漳州古雷重大火灾爆炸增援、“7·16”泉三高速水泥罐车着火事故、“8·22”挂车追尾槽罐车等火灾及重大事故，做好县“两会”、抗战70周年纪念活动、“浩沙杯”全国艺术体操锦标赛等重大会议及活动的安全保卫。

（高锦灏）

【重大事故和抢险增援】 4月6日21时30分，县消防大队接到指挥中心调度，要求出动1部压缩空气泡沫消防车、6名指战员增援18时58分漳浦县古雷化工园区腾龙芳烃有限公司PX项目联合装置区爆炸事故抢险。中队长王金国集合全体官兵，挑选林毅斌、朱振霖、林素智、宋康、王万兴等5人，于22时30分前往泉三高速吉州服务区与支队其他增援力量集结赴事故现场。9日3时10分，609罐大火被扑灭，11时增援人员安全返回。县消防大队作为该爆炸事故的第一支增援部队，进入现场不畏艰险，在罐体爆裂流淌火肆虐之时，一辆A类压缩空气泡沫车的半截车身被流淌火烧毁。

（高锦灏）

【消防宣传】 2015年，县消防大队推进《全民消防安全宣传教育纲要》宣传，形成“全民消防”的工作格局。利用电视、广播、报纸、网络等传播媒介、公益广告牌、手机短信、户外视频等平台，开展形式多样的日常宣传教育普及活动。县主干道LED屏、公交车电子屏等不间断播放消防公益广告。县消防大队联合城关派出所到县职业中专开展以“认识火灾，学会逃生”为主题的宣传教育活动；应邀为县实验小学师生、县医院员工举行消防安全知识讲座。全年，县消防大队举办现场咨询会13场，发放宣传资料1万余份。邀请单位、社区居民参观消防站35场次，参训600余人。

（高锦灏）

【火灾隐患排查整治】 2015年，县消防大队共检查单位847家，排查火灾隐患1396处，下发《责令整改通知书》672份、行政处罚决定书42份，对4家单位实施临时查封，责令停产、停业、停止施工“三停”5家，拘留1人，罚款27万元。同时，推进消防监督执法公开透明运行制度，运用“消防服务大厅”公示消防申报项目办理结果。全年，共受理消防设计审核25件、竣工验收16件，开业前检查7件，全部按时限办结。在“重大火灾隐患”专项整治过程中，查处重大火灾隐患场所6家，其中提请县政府挂牌督办5家，全部整改完毕并销案。参与“打非治违”，组成5个检查组，出动30余人次，检查企事业单位和场所50余家，对未依法进行消防设计和竣工验收、建筑消防设施设置不符合消防技术标准等，依法处罚3家，罚金共11.5万元。整治规范消控室管理，消防监督员实地走访、检查消防控制室35个。

（高锦灏）

【乡镇消防安全“网格化”管理】 2015年，县消防大队推进乡镇消防安全“网格化”管理。一是政府主导。8月，县政府下发文件，落实单位消防安全主体责任，落实经费保障制度，并将消防安全“网格化”管理工作纳入社会综治、政府目标考评体系和乡镇综治信息平台，实现消防安全网格化管理信息化；10月，县政府成立消防网格化管理达标创建工作考核领导小组，由常务副县长谢军任组长，成员单位有县政府办、综治办、安监局、消防大队等部门，考核各乡镇消防网格化管理达标创建工作执行情况，并由县政府公布考评结果，形成会议纪要，促进各乡镇的网格化创建，当年，各乡镇网格化考评结果均为优秀。二是组织建设。各乡镇建立消防安全组织，明确专人负责消防工作，村（居）委会成立由主任牵头、其他成员和警务人员参加的消防安全工作委员会，配备专兼职防火员，协助开展火灾隐患排查和消防宣传，层层签订年度《消防安全责任书》，组织考评、兑现奖惩。三是设施建设。18个乡镇完成消防规划编制，265个村完成简易消防规划，并结合公共基础设施建设，设置消防工作管理办公室及消防器材管理室，配齐消防器材装备，设置消防水源；除城区外各乡镇配备消防泵1台、储油桶1个、二分水器1个、水枪4把、4KG灭火器10具、水带10条。四是群防群治。各乡镇政府和村、居委会定期开展防火巡查，制定宣传计划，在人员集中处设立固定的消防宣传栏，主要道路设置消防标语牌2块，配备消防警示锣1面、广播设施或报警警铃1套，设置一个消防宣传资料发放点。五是队伍建设。各乡镇依托综治办、派出所、治安和护林联防队建立5—10人的农村专兼职消防队或者治安、消防合一的治安联防消防队。

（高锦灏）

【消防经费增加】 2015年，县消防大队基本业务经费预算409.65万元，政府专门拨付消防规划编制工作经费39.5万元，县委议军会拨付信息化与营房修缮经费40万元，全年经费共489.15万元，比上年增长60%。

（高锦灏）

武警大田中队

【概况】 2015年，中国人民武装警察部队三明市支队大田县中队（简称武警县中队），担负县看守所的外围武装警戒，重要活动安全，重大节日和重要时节武装巡逻，参与处置各类突发事件、反恐和抢险救灾及防卫作战任务。部队建设稳步推进、整体提高，保持执勤无事故，维护驻地的社会稳定和促进经济发展。

思想政治建设 2015年，武警县中队党支部加强思想政治建设。一是学习贯彻十八届三中、四中、五中全会和总书记习近平系列重要讲话精神，抓好支部班子理论学习，提升贯彻落实科学发展观能力，组织以增强事业心责任感为主要内容的集中教育学习活动，开展端正风气教育整顿，召开民主生活会进行批评与自我批评，端正政绩观，树立求真务实的思想作风。二是开展主题教育实践活动，培育当代革命军人核心价值观，引导官兵坚定强军信念，融入岗位实践，提升精气神。三是开展“深知兵、真爱兵”和“三互（互帮、互学、互教）”等活动，开展多样文体活动，举办烧烤晚会、过集体生日晚会，丰富官兵业余文化生活。四是在第二批党的群众路线教育实践活动中，落实为官兵办十件实事承诺。五是开展“中国梦、强军梦、我的梦”主题系列活动。打好意识形态领域主动仗，做好部队执勤处突政治工作，确保官兵绝对忠诚、绝对纯洁、绝对可靠。

部队正规化建设 2015年，武警县中队提升部队正规化建设水平。一是按照《军队基层建设纲要》全面加强部队建设，开展经常性条令学习，注重纠“三手”（插手、袖手、背手）、扬“三声”（歌声、口号声、掌声）、正“三相”（站相、坐相、走相）；坚持起床、开饭、操课、着装、内务、就寝统一化；提倡养成出入营门、执勤路上、集合队列化；规范各类库室场所设置、管理和使用；开展群众性创安活动，使安全成为全体官兵自觉行动。二是依法从严治警，开展“百日安全竞赛、条令学习月、安全警示日、安全工作大检查”活动，建立健全安全风险评估制度，保持部队安全稳定。三是抓好班子先进性建设和能力建设，开展群众路线教育实践活动，组织学习，查摆问题，支部开展专题民主生活会，贯彻总队、支队党委的决策部署，做到团结一心谋发展，真抓实干求作为，完成以执勤处突为中心的各项任务。

班子建设 2015年，武警县中队坚持用学习统班子强能力，用制度建班子抓规范，用务实作风强班子搞建设，用党风党纪管班子树形象。进行“三严三实”专题教育，提高班子科学决策水平，坚持民主集中制，公正处事、秉公用权；营造风清气正的良好氛围，抓好风气教育整顿，增强党支部班子创造力凝聚力战斗力。

后勤保障 2015年，武警县中队围绕保中心，保生活，争取地方资金70余万元，对营房全面改造，完善卫生间、网络学习室、作战勤务值班室和荣誉室等库室场所；协调配送公司确保食品质量可靠新鲜；采取送学培训、岗位锻炼、自学提高等形式加强后勤专业兵队伍建设；向驻地菜农取经，做到蔬菜自给自足，科学调剂伙食，每周末加餐1次，保证官兵吃饱、吃好、吃得有营养。

警民共建 2015年，武警县中队参加雷锋学习日、冲锋舟演练、助民劳动、抢险救灾、国防教育、义务献血等活动；为中小学生开展国防教育300余次，慰问白岩社区低保户、五保户10余户；节假日清扫公共场所卫生；与地方党政部门开展丰富多彩的娱乐活动，密切警政警民关系；加强与大田职专的共建力度，为官兵提供电工技能和学历培训，并派出官兵配合大田五中、鸿图中学开展军训。

（罗天华）

【上级首长到队检查】 2月，武警三明市支队副支队长崔安安到县中队进行春节前安全大检查。3月，支队副政委钱建英到县中队蹲点指导全国“两会”及“3·14”重点时期部队执勤战备和管理教育工作。9月，武警省总队副政委唐忠乎到县中队慰问官兵。11月，支队政治处主任卢立杰到县中队检查年终考核准备工作。12月，支队副支队长吴清高率工作组到县中队开展装备编配暨保密安全清理普查。

（罗天华）

【“四防”建设、训练和勤务】 2015年，武警县中队推进人防、物队、技防、联防“四防一体化建设”，投入经费12万余元，实现语音对讲、高音喊话、联动报警、指纹考勤、指纹识别等功能；定期组织和目标单位召开联系联防会，开展联合演练，提高官兵处置能力；为应急班购置各类装备投入10余万元。开展小场地、小块时间、小教员、小群体、小课目“五小练兵”活动，抓执勤技能训练，正规组勤和提高哨兵履职尽责能力；组织临时勤务，完成县“两会”安保、县政府庆祝建国周年升国旗、“浩沙杯”全国艺术体操锦标赛安保任务、武装押解等临时勤务。

（罗天华）

法　治

□ 编辑　郑祥景

政法委及综治

【概况】 2015年，全县政法综治部门贯彻中央十八大和十八届三中、四中、五中全会精神以及省、市委一系列决策部署，围绕全面建设小康社会、全面深化改革、全面推进依法治国、全面从严治党战略布局，发挥职能作用。突出“转型驱动，绿色发展”目标，凝心聚力，求实创新，持续开展“政法护绿护河”“司法助企、培植税源”等活动。圆满完成全国艺术体操锦标赛等重大活动和重要节点的安保工作。并通过设立法官工作室、巡回检察联络室（点）和恢复原先与石牌所合并的屏山、谢洋两个派出所；把原先集中在石牌办公的均溪、建设、文江等三个森林公安派出所，回归属地乡镇管理，实现警力下沉管护森林。当年，全县没有发生重大政治性事件、非法聚集事件、大规模群体性事件、暴力恐怖事件、个人极端事件及群死群伤重大治安安全事故，确保全县社会持续安定稳定。公安机关共立刑事案件1863起，破获1497起，抓获犯罪嫌疑人709人，受理治安行政案件6.79万件，查处6.2万件，全县取得了连续15年命案全破的佳绩，连续2年半没有发生命案，实现了“无命案县”创建目标；检察机关批准决定逮捕刑事案件127件、186人，审查起诉340件、496人；审判机关受理各类案件7031件，审执结4117件；司法机关共排查调处各类矛盾纠纷1404起，调处成功1383起，调处率98.5%。

当年，大田县被省委、省政府授予全省第三轮首批“平安县（市、区）”称号，全县群众安全感达到95.22%，平安建设知晓率和执法工作满意度分别位居全市第四名。同时，大田县被司法部评为“全国法治县（市、区）创建活动先进单位”，桃源镇兰玉村被司法部评为“全国民主法治示范村（社区）”。全县政法系统共有34个集体和67名个人受到各级党委、政府和上级主管部门的表彰。其中，谢洋派出所所长吴祥江获“全国先进工作者”称号；县检察院公诉科获全国青少年文明号；县司法局法律援助中心持续保持“全国法律援助便民服务示范窗口”；县公安局刑侦大队、县法院建设法庭庭长李勤模、华兴乡综治副书记廖上培等获全省政法系统“十佳百优”单位或个人；县公安局民警乐首安、方胥权被市公安局授予市第三届“群众最喜爱的城乡社区民警”；华兴乡张墩村党支部书记邱斯煌被省政府授予“福建省见义勇为模范”、县园林管理处兴田路景观管理办公室管理员温春进、梅山乡雄峰村村民叶凤莲被市政府授予“三明市见义勇为模范”。

（胡建国　吴绍锯）

【慰问见义勇为模范座谈会召开】 1月24日上午，省、市、县见义勇为基金会在龙山宾馆一楼会议室召开座谈会。省见义勇为基金会会长傅镛堃、宣传部主任黄秀榕，市委政法委调研员、市见义勇为协会会长林芳叶，县委常委、政法委书记张英跃、副县长陈钦梅等领导出席会议。林玉清、陈上寅、王宗杰、林秀叶、施发长、郑仁正、涂锦福、范永在、廖桂英等20位省、市、县级见义勇为模范（先进个人）或家属，以及县政法委、综治办、公安局、财政局、宣传部、民政局、总工会、团县委、妇联等单位有关领导参加座谈会。慰问活动共发放慰问金（品）4.5万元，其中省级见义勇为慰问金（品）2.88万元，市级见义勇为慰问金1.02万元，县级见义勇为慰问金0.6万元。

（叶正鋭）

【见义勇为工作协会换届暨理事会会议召开】2月4日上午，县见义勇为工作协会换届暨第四届理事会第一次会议在县委群工部四楼会议室召开，县委常委、政法委书记张英跃出席。会议审议通过第三届理事会换届工作报告，安排部署下一阶段工作，确定2014年见义勇为表彰对象和2015年春节慰问对象；会议推举县委副书记廖金辉为协会名誉会长，县委常委、政法委书记张英跃、县委常委、常务副县长谢军为协会名誉副会长；会议选举县委政法委副书记、县综治办主任乐余聪为协会会长，县委宣传部副部长、文明办主任蒋先切、县公安局纪委书记陈育报、县综治办副主任叶正锐为副会长，县司法局副主任科员余育锭为秘书长。

（叶正鋭）

【党政领导综治责任书签字颁发】3月27日，召开县委政法工作会议暨举行2015年度党政领导综治（平安建设）责任书签字颁发仪式。会议学习贯彻中央和省、市委政法工作会议精神，部署县政法综治工作。县综治委主任、副主任出席会议；各乡镇党委书记、乡镇长、分管综治副书记、综治办专职副主任，县直各系统和县综治委成员单位主要负责人，永安煤业有限责任公司领导，政法部门领导班子成员及有关科、所、队、庭、室负责人参加会议。县委常委、政法委书记张英跃回顾2014年度全县政法综治工作，分析全县维护稳定形势，安排部署今年工作；县委书记汤俊生、县长熊旭明与18个乡镇党委书记、乡镇长签订年度综治（平安建设）责任书；县委书记汤俊生代表县委、县政府向县直各系统和永煤上京分公司颁发了2015年度综治（平安建设）责任书，并就做好全县政法综治工作讲话。县委副书记廖金辉主持会议。

（胡建国）

【市社会稳定风险评估推进会在县召开】5月6日，全市社会稳定风险评估推进会在大田县举行。市委常委、政法委书记王刚、市人大副主任洪明德、副市长、公安局长潘东升、市政协副主席阎伟强等领导出席了会议；市委办、市政府办、市委政法委，市综治办、公安局、维稳办、发改委等单位的领导以及各县（市、区）委政法委书记、维稳办主任或公安局局长、发改局局长等参加会议。副市长、公安局长潘东升主持。会前，参观县重大事项社会稳定风险评估管理中心、县体育文化中心建设项目和县发改局社会稳定风险评估中心。会上，大田、三元、永安等县（市、区）交流社会稳定风险评估工作的经验做法；对市《关于进一步加强和规范社会稳定风险评估工作的通知》和《2015年综治平安建设创新行动计划》进行讨论；市委常委、政法委书记王刚就做好全市社会稳定风险评估工作讲话。

（叶正鋭）

【社会治安重点整治调研】5月26日，县委常委、政法委书记张英跃带领县派驻各整治工作队到2个市级整治点（省道306线石牌镇牙口路段、华兴乡京口工业园区）及周边社会治安开展调研，针对整治点存在问题，提出项目化运作等有针对性的整治措施，形成会议纪要。为检验治安重点整治成效，每半年对县级以上整治点所在村进行综治“三率”电话测评一次。全年共排查确定社会治安重点整治点18个，其中市级2个、县级2个，乡级14个。县级以上整治点全部按照“一点一册一个会议纪要”要求，落实项目化运作、网格化管理、民俗化调解、法治化教育运作机制，有效解决矛盾纠纷多发、交通安全管理等突出治安稳定问题。

（叶正鋭）

【调解工作暨“信访积案化解年”活动推进会召开】5月28日，全县调解工作暨“信访积案化解年”活动现场推进会在石牌镇召开。县委常委、政法委书记张英跃、县法院院长朱文绣等领导出席会议；石牌镇党委书记吴文旗，各乡镇综治副书记、司法所负责人、综治办专职副主任，县委政法委、县委群工部、县法院、检察院、公安局、司法局、信访局等单位领导参加会议。会前，参观石牌镇老厝村调解室、石牌派出所公调对接驻所调解室和石牌镇“3+1”调解室。会上，石牌镇党委书记吴文旗、华兴乡党委副书记廖上培、文江乡后洋村党支部书记林朝喜分别作典型介绍；司法局局长田是告部署人民调解工作；县法院院长朱文绣部署乡镇法官工作室建设工作；县委常委、政法委书记张英跃就做好全县调解工作和“信访积案化解年”活动等有关工作讲话。

（叶正鋭）

【“护河护绿在行动”座谈会召开】 7月13日上午，政法“护河护绿在行动”座谈会在文江乡召开。县委常委、政法委书记张英跃、县检察院检察长陈福东出席会议。县法院、检察院、公安局、林业局、森林公安分局等部门领导，文江乡党政主要领导、在家其他班子成员、部分基层所站负责人、文江河流域沿河村主干参加会议。文江乡党委书记范德浦主持会议。会上，县法院、检察院、公安局、林业局、森林公安分局、文江派出所、文江林业派出所、文江村等单位领导就政法部门在生态环境保护工作中如何更好地发挥各自职能作用，共同参与保护生态环境、保护母亲河行动进行研究探讨。县检察院检察长陈福东传达全市检察机关巡回检察现场会精神，并就如何巩固文江乡巡回检察联络室工作成果，做好下阶段巡河护河工作提出要求。

（胡建国）

【农村治安防控体系技防试点建设】 12月10日，县综治委同福建广电网络集团股份有限公司大田分公司签订桃源镇东坂村开展农村社会治安防控技防试点建设协议书，建设有线电视、数字智慧家庭（包含高清机顶盒、互动、宽带、家居安防设备）、村各交通路口及省级文物安良堡安防监控系统、公共无线网络覆盖系统、互联网专线等项目建设，联合投资100万元。

（叶正鋭）

【政法队伍建设】 2015年，县委政法委加强政法队伍建设，一是重在政治建警。以“三严三实”专题教育为主线，认真贯彻中央改进工作作风、密切联系群众的八项规定，加强政法干警的思想政治建设，坚持用社会主义核心价值观凝聚政法干警共识，树立“脑树责任、胸装群众、脚踏实地、身献平安”意识，强化“违法违纪零容忍、执法能力零瑕疵、打击犯罪零不公、为民服务零距离”目标，践行政法干警价值观，履行中国特色社会主义事业建设者、捍卫者职责使命。二是重在素质强警。着力提升政法干警做好新形势下群众工作、维护社会公平正义、新媒体时代舆论引导、科技信息化应用、政法队伍拒腐防变等五个能力，造就一支“镇得住坏人，保护得了百姓，管得住自己”政治坚定的政法队伍。三是重在从严治警。加强纪律作风建设，开展“开门评警”等活动，加强对政法干警日常监督管理，执行各项禁令规定，打造过硬作风。

（吴绍锯）

【邪教活动打击整治】 2015年，县委政委根据上级有关部门的工作部署，确立“以正压邪、依法治邪、用邪祛邪、于情转邪”工作思路，开展“全能神”组织人员三年教育转化攻坚、结对帮扶、无邪教创建等工作。全年确定“全能神”教育攻坚人数26人，教育巩固人数390人，建立帮教队伍、成立法制教育基地。县妇联与7名“全能神”重点人员开展“结对子、共帮扶，共建和谐最美家庭”活动。确定均溪、屏山、谢洋等10个乡（镇）为无邪教创建示范乡（镇），并要求其自行确定10个村（居）、社区为无邪教创建示范村（居）、社区。

（胡建国）

【社会稳定风险评估规范建设】 2015年，县综治法委强化县、乡两级社会稳定风险评估管理中心“五个有”规范化建设，完善“434”社会稳定风险评估机制和ABC分类分级评估制度，出台《关于建立健全重大决策社会稳定风险评估机制的实施意见（试行）》，探索规范化评估程序，确保做到应评尽评和评估后稳定率达95%以上。全年完成评估14个，其中重大项目12个，重大活动1个，重大决策1个。同时，将省交办的信访积案化解和人民调解工作纳入稳定风险评估范围。

（叶正鋭）

【综治平安宣传活动】 2015年，县综治委一是开展“两普遍一重点”宣传活动，乡村干部、政法干警对全县所有固话用户进行普遍走访，县公安局、县统计局对全县所有固话用户进行普遍测评，组织人员对收集到不满意问题进行重点解决，争取不满意户进入满意行列。二是开展“两阵地一平台”宣传活动，利用县电视台《法治大田》《警方在线》专栏和“三明长安网”两个阵地，拓展县公交车（站点）平台进行宣传。全年制作播放《法治大田》5期、《警方在线》10期，“三明长安网”投稿和采用率位居全市第一；在公交站台张贴标语235条、LED宣传屏游走字幕标语14条，公交车上张贴标语49条、LED宣传屏游走字幕标语21条，12部公交车车载电视播放《平安建设公益宣传片》《刑法修正案（九）宣传片》。三是开展“两赠送一访谈”宣传活动，向广大群众赠送平安年画挂历3万张，平安购物袋2万个；县电视台新闻节目开辟“领导干部平安建设访谈”活动专栏，开展为期4个月的“领导干部平安建设访谈”活动，实地专访18个乡镇党委书记、24个县直单位主要领导，谈亮点、说问题、讲打算。四是开展“两带一线路”宣传活动，让学生把综治平安建设和法律法规带回家的普法“双带”活动，把综治平安建设和法律法规带回家的成效、发现的社会治安问题和群众对加强社会治安综合治理的建议带回校，共发放综治平安建设宣传材料20万份。五是由县综治办制作彩色宣传标语42条，10月起，在东街口、大建行、供电公司大型LED宣传屏幕上，进行24小时滚动宣传。

（叶正鋴）

【社区网格化服务管理建设】 2015年，县综治委一是以网格化、精细化管理为手段，依托县公安110指挥中心建立县级网格化管理平台。在均溪镇及8个社区、6个城中村，建设镇及12个村，屏山乡及2个村，文江乡及2个村，搭建乡（镇）、社区网格化服务管理系统。其他乡（镇）、村都相应开展网格方案制定、单元网格划分、网格人员配备、信息资料采集等基础性工作。二是在社区探索建立一个网格服务站、六大网格服务员、五支服务队伍的“165”模式；在农村探索建立了融合村规民约、“六要”群众工作法、为民服务全程代理、亲情视频沟通驿站等内容的服务管理模式。

（叶正鋴）

【综治维稳基层队伍建设】 2015年，县综治办配备工作人员6人，其中研究生1人；18个乡镇1+N联动中心全部实现规范化建设，在全县所有村居（社区）建立1+N工作站；全县配备各类维稳信息员2763人，舆情引导员218人，维稳群众工作分队29支，选聘村级综治协管员273人，平安中心户长2285人，建立社会管理人才库1816人。

（叶正鋴）

【多元化调解机制建设】 2015年，县综治委完善医患纠纷、交通事故、劳动争议、“公调对接、民调进所”、民俗调解队等各类调解组织，强化公调、诉调、检调和司调对接，形成人民调解、司法调解、行政调解、行业调解多元联调联动工作格局。在深化均溪镇“开通调解室”、湖美乡“平安湖调解室”、桃源镇“和谐源调解室”、文江乡“护河调解队”、建设镇“新三宝调解室”，谢洋乡“祥江调解室”的基础上，总结推广“3+1”矛盾纠纷调解工作法，提升乡镇检察联络室覆盖率，启动乡镇法官工作室建设，创建“互联网＋调解”视频系统，推行“三官一律”（法官、检察官、警官、律师）联调制度，开展“矛盾不上交，化解在就地”专项活动、“金银铜牌调委会、调解员”评选活动和“化解纠纷促和谐，助力建设新大田”人民调解专项活动。

（叶正鋴）

公 安

【概况】 2015年，全县公安机关共立各类刑事案件1497起、破709起；另破年前隐漏积案168起。抓获各类犯罪嫌疑人363人，提起公诉450人；抓获在逃人员59人，其中年前境内逃犯31人。全年受理各类行政案件6.79万起、查处6.2万起，治安行政处罚6748人，其中拘留389人、其他处罚6359人。立各类经济犯罪案件60起、破40起（年前案件12起），涉案金额379万元，抓获犯罪嫌疑人36人、起诉30人。全年发生一般以上交通事故1668起，死亡24人、受伤103人，直接经济损失11.4万元；轻微事故754起。全年发生火灾事故36起，死亡4人，受伤1人，直接经济损失106万元。看守所收押刑拘人员576人，刑满释放出所98人，投送监狱执行145人，交付未成年人管教18人，其他处理出所169人，年底在押146人。法制大队共审核各类行政案件1477件、1931人，取保候审案件215件、275人，发现并纠正各类执法问题3336件，依法撤案11件。没有因执法过错发生行政复议撤销、诉讼败诉、国家赔偿案件。全年受理各类信访件57件，办结56件。全年受理审核出国及往来港澳台申请6373件，其中，受理公民出国申请2333件、往来港澳地区2480件、前往台湾954件，受理台湾居民签注签发6

件，网络签注港澳通行证600件（人次）。全年共办理车驾管业务4.67万件，其中车管业务2.69万件、驾管业务1.98万件，带牌销售2369辆，驾证考试2292人。年底，全县常住人口10.5万户、39.17万人，其中，男性21.25万人、女性17.92万人。常住未落户2784人，出生1.15万人，死亡2230人，迁出5745人，迁入3191人。

年内有3个集体、6位民警受到厅级以上表彰，立集体二等功1个、个人二等功3人。其中，县公安局打击“全能神”专项工作办公室被省公安厅授予集体二等功，刑侦大队被省总工会评为“工人先锋号”，出入境管理大队被省妇女联合会评为“巾帼文明岗”；吴祥江被中共中央、国务院联合授予“全国先进工作者”称号，陈斯辉、章晓龙、周群被省公安厅授予个人二等功，陈思本被省公安厅评为“2013—2014年全省缉枪治爆专项行动成绩突出个人”，乐生许被省“打黄扫非”领导小组评为全省“打黄扫非”先进个人。

（郑上卿）

【傅德生援藏工作完成】 1月10日，县公安民警傅德生完成为期1年的西藏林芝地区援藏工作。傅德生是省首批公安系统12名援藏队的专业技术人员之一，也是三明市公安唯一参加2014年援藏工作的刑侦民警。

（郑上卿）

【公安机关“四项建设”全面开展】 2月16日，县公安局根据全国公安厅局长座谈会精神，开展以“基础信息化、警务实战化、执法规范化、队伍正规化”为内容的“四项建设”，成立由局长叶其勇为组长、政委刘阳辉为副组长，各局领导为成员的“四项建设”领导小组，设立办公室和四个专项工作组，全面开展公安机关“四项建设”工作。

（郑上卿）

【县交通公安联合治超站挂牌成立】 4月24日上午，县“交通公安联合治超站”在长溪反超限工作站挂牌成立。县交通运输管理局局长郑际楷、公安局副局长范美宁以及交通、交警、高速路政等部门相关人员参加揭牌仪式。

（郑上卿）

【公安代表队庆“五一”乒乓球赛获佳绩】 4月26日，县公安局代表队参加全县职工庆“五一”乒乓球比赛，获“公开组团体赛第一名”，交警大队民警肖祥富获“科级组男子单打第一名”，拘留所民警范进权获“公开组男子单打第二名”，森林分局民警孔令杰获“公开组男子单打第三名”。

（郑上卿）

【交管大队等名称变更批复】 4月28日，县委机构编制委员会《关于成立县公安局巡特警反恐大队的批复》（田委编〔2015〕14号）和《关于县公安局交通管理大队更名的通知》（田委编〔2015〕15号）文件，同意成立“县公安局巡特警反恐大队”，承担应急处突、巡逻防控和设卡检查等职责；同意将“县公安局交通管理大队”更名为“县公安局交通警察大队”。

（郑上卿）

【全国先进工作者吴祥江欢迎仪式举行】 4月30日上午，县公安局举行欢迎进京参加表彰大会的全国先进工作者吴祥江同载誉归来仪式。县委常委、政法委书记张英跃代表县委、县政府表示祝贺。县公安局党委书记、局长叶其勇，县总工会常务副主席杨加炎、副主席郑昌建，在家的局领导班子成员参加欢迎仪式。

（郑上卿）

【巡特警反恐大队挂牌成立】 5月4日下午，县公安局巡特警反恐大队挂牌成立。局长叶其勇、副局长王国泰为巡特警反恐大队揭牌。巡特警反恐大队前身为巡特警大队，更名后的巡特警反恐大队有民警18人，协勤队员50人；配备CRV等型警车4辆以及微型冲锋枪装备，承担巡逻防控、应急处置、设卡检查，强化防控情报收集，对恐怖活动实施打击等重要任务。

（郑上卿）

【连续侦破系列盗窃案】 5—6月，县公安局连续抓获陈某（男，均溪镇人）、郑某（男，太华镇人）、唐某（男，太华镇人）等3名犯罪嫌疑人。分别侦破撬盗城区沿街烟酒行、餐馆、药店案，桃源镇、华兴乡、泉州德化等地生姜被盗案，撬盗城区小吃店案等案件80余起，涉案价值60余万元。

（郑上卿）

【谢洋派出所恢复挂牌】 6月12日，谢洋派出所举行恢复挂牌仪式。县委常委、政法委书记张英跃，谢洋乡党政领导、县公安局副局长陈育报以及各所站负责人共30余人参加仪式。

（郑上卿）

【市第六届警学论坛暨理论研究突出贡献颁奖会议召开】 6月30日上午，三明市警察协会第六届警学论坛暨警学理论研究突出贡献奖颁奖会议在大田召开。中国警察协会常务理事、省警察协会主席陈由诚，市社科联主席蔡建境、市法学会秘书长林菁、市警察协会主席郑荣狮、市公安局党委委员、办公室主任、市警察协会副主席倪义福、三明学院文化传播学院教授陈会明、市警察协会秘书长、副秘书长和各县（区）警察协会主席、秘书长，以及部分论文获奖作者共70余人参加会议。

（郑上卿）

【百度总编赵承专题讲座】 7月30日上午，县公安局邀请百度公司总编辑赵承作题为《信息安全的初步思考与实践》的专题讲座。对今后用好网络和大数据，以及网络和大数据安全管理工作具有现实指导意义。

（郑上卿）

【获全县第30届篮球比赛冠军】 8月5日，县公安局代表队参加全县第30届篮球比赛（甲级）总决赛，获冠军。

（郑上卿）

【获全县第6届游泳比赛团体、个人多项第一名】 8月15—16日，县公安局代表队在翰林泉运动中心参加全县第六届游泳比赛，获得系统单位团体第一名；吴月玲获得女子青年组50米、100米蛙泳第一名；范立前获得男子中年组100米、400米蛙泳第一名；林起鉎获得男子青年组400米自由泳第一名；林文珠获得女子青年组400米蛙泳第一名；吴月玲、林起鉎、范立前、赖延俊获得4X50米蛙泳接力第一名。

（郑上卿）

【全县社会治安综合整治“利剑”行动】 8月24日至12月31日，县公安局连续开展“利剑”1–4号系列专项行动。共检查重点单位335家、危爆单位192家、安全消防单位476家；破获违法犯罪案件925起，其中治安案件214起，刑事案件711起。抓获各类嫌疑人688人，提起公诉犯罪嫌疑人476人；抓获年前境内逃犯40人。

（郑上卿）

【“网络兼职刷单”系列诈骗案告破】 9月17日，县公安局民警在时代广场某套房抓获涉嫌“网络兼职刷单”系列诈骗案犯罪嫌疑人吴某（女，22岁，永春县人）、王某（女，22岁，永春县人）、王某桂（女，23岁，永春县人）、黄某全（男，32岁，安溪县人）、黄某金（男，31岁，安溪县人）等，现场查获笔记本电脑、上网卡、银行卡等作案工具。经审，犯罪嫌疑人供认2015年7月以来在城区时代广场租住的套房内，利用互联网发布“网络兼职刷单”虚假信息，累计作案50余起，从中获利10万余元的犯罪事实。

（郑上卿）

【“黄标车”淘汰治理】 10月1日—12月31日，县公安局配合环保、交通等部门开展黄标车淘汰治理工作。报废注销148辆，其中大型汽车99辆、小型汽车49辆。

（郑上卿）

【市公安系统第二届羽乒赛在大田举行】 12月4—6日，全市公安系统第二届乒乓球、羽毛球赛在大田举行。市公安机关18支代表队，211名运动员参加。副市长、公安局长潘东升，市公安局副局长涂忠阳，县委常委、政法委书记张英跃，市公安局政治部主任邱萍等领导为获奖团体和个人颁奖。县公安局代表队分别获羽毛球混合团体第一名、乒乓球男子团体第三名；叶其勇、冯树云获羽毛球男子双打第三名，叶其勇获羽毛球处级组双打第三名，柳芳获羽毛球女子双打第三名；田素春获乒乓球女子单打第三名，孔令杰获乒乓球男子单打第四名。

（郑上卿）

【潘东升到县公安局检查指导】 12月23日，副市长、公安局长潘东升带领市综治考评督导组一行，在县长熊旭明、县委副书记廖金辉等陪同下，到大田县公安局检查指导综治平安建设工作。先后察看了县公安局视频监控指挥调度中心和合成作战指挥室，了解县视频监控建设运用以及合成作战专班建设、运作模式等情况。

（郑上卿）

【“暖警工程”建设】 2015年，县公安局按照上级公安机关统一工作部署，加强基层所队“暖警工程”建设，对基层所队的办公楼、民警食堂、宿舍、文化室等基本设施进行全面改造，改善基层所队办公生活条件，累计投入资金110余万元。

（郑上卿）

【“亮剑扫毒”会战行动】 2015年，县公安局组织开展“亮剑扫毒”会战行动。共破获涉毒刑案13起，抓获涉毒犯罪嫌疑人13人，缴获毒品冰毒25.6克，查处吸毒人员78人次，责令社区戒毒21人次、社区康复2人次，送强制隔离戒毒14人次，查处违反易制毒化学品管理行政案件2起。

（郑上卿）

检 察

【概况】 2015年，县检察院开展“三严三实”专题教育活动和规范司法行为专项整治，推行派驻巡回检察联络机制，推进“两提升五过硬”（提升检察机关执法亲和力和公信力，建设政治过硬、业务过硬、责任过硬、纪律过硬、作风过硬）检察队伍建设。全年共批准逮捕（简称批捕）127件、186人，提起公诉340件、496人，其中，批捕故意杀人、强奸、抢劫、故意伤害、绑架等严重暴力犯罪12件、17人，提起公诉25件、36人；批捕涉嫌“两抢一盗”、诈骗等多发性侵财犯罪44件、62人，提起公诉41件、56人。

当年，县检察院有15个集体、10名干警获县级以上表彰。其中，县检察院获“省级文明单位”、全市“先进检察院”称号，“巡回检察”工作被市人民检察院评为特色亮点工作，公诉科被共青团中央等18家部门授予“全国青年文明号”，被省妇联授予省级“巾帼文明岗”称号；控申科继续保持“全国检察机关文明接待示范窗口”称号；驻看守所检察室被最高人民检察院授予全国“二级规范化检察室”称号。

（肖海 陈成建）

【推行巡回检察机制】 7月1日，全市检察机关巡回检察工作现场推进会在大田县召开，巡回检察大田模式被市检察院作为典型向全市检察机关推广。9月，院政治处加挂“生态巡回检察办公室”牌子，增加对派驻各乡镇巡回检察联络室统筹协调和检察业务指导工作职能。10月15日，省三级人大代表“生态三明·走进检察”主题视察活动汇报会在县检察院召开，三级人大代表和检察机关领导30余人出席会议。县检察院以“一支队伍、二个平台、三项任务”打造“家门口的检察院”的巡回检察“一二三”工作模式得到了与会代表的充分肯定。

当年，县检察院在乡镇、企业设立5个巡回检察联络室、16个检察联络点，聘请57名巡回检察联络员，实行巡回检察工作台账制度，加强对联络员日常管理，通过“建室、设点、聘员、联户”等举措，切实把法律监督触角延伸到乡村、企业，打通服务群众“最后一公里”。

（肖海 陈成建）

【职务犯罪查办和预防】 2015年，县检察院坚持以零容忍态度查办职务犯罪，全年立案侦查各类职务犯罪案件12件、16人。其中查办贪污贿赂等职务犯罪案件11件、15人，渎职侵权职务犯罪案件1件、1人，大案要案占87.5%。犯罪金额100万元以上案件3人，50万元以上案件5人，科级干部5人。查办国道纵五线工程建设案件2件、4人，民政系统1件、3人，华润建设项目4件、4人等一批有影响的贪污贿赂窝案、串案，为国家和集体挽回经济损失950余万元。走进机关、企业、乡村、学校、社区开展预防职务犯罪“五走进”活动，举办宣讲活动13次，受教育干部群众800余人；当年10月，为全县265个行政村新上任村书记、村主任作职务犯罪预防专题讲座；受理行贿犯罪档案查询313次，针对办案发现的问题向有关部门提出检察建议10份，向县委、人大报送惩治和预防职务犯罪年度报告。

（肖海 陈成建）

【保障经济发展】 2015年，县检察院严厉打击经济领域犯罪，规范市场经济秩序，批捕制假售假、合同诈骗、强迫交易等扰乱市场经济秩序犯罪嫌疑人22人，起诉36人。突出查办经济发展重点领域的职务犯罪，查办工程建设、民生保障以及涉农领域职务犯罪案件12件、16人。深化“行政执法与刑事司法信息共享平台”建设，及时掌握和交流信息动态，促进行政机关依法行政。加强对项目招标、资金拨付、质量验收等关键环节的监督，提供法律咨询10余次，协助制定廉政风险防控措施，保障项目建设安全顺利进行。

（肖海 陈成建）

【刑事诉讼活动监督】 2015年，县检察院依法监督公安机关立案1件，追捕10人；对侦查活动中的违法行为提出书面纠正意见1份，防止有案不立、有罪不究、以罚代刑、侵犯当事人人身权利等问题的发生。受理审查各类民事、行政监督案件9件，提出程序违法监督、执行监督、督促履行行政职责检察建议7件。开展社区服刑人员脱漏管、未成年在押人员混关混押、“特赦人员”等专项检察活动，发出纠正违法通知书7份，得到相关单位的采纳。

（肖海　陈成建）

【人权保障底线】 2015年，县检察院坚持疑罪从无原则，落实宽严相济刑事政策，对15名犯罪嫌疑人因证据不足或不构成犯罪不予批准逮捕，对17名无逮捕必要的犯罪嫌疑人不予批准逮捕，决定相对不起诉或附条件不起诉4人，对23名涉罪未成年人依法宽缓处理，封存19名未成年人犯罪记录，为悔过的未成年犯罪嫌疑人更好地融入社会提供保障。对8名没有继续羁押必要的犯罪嫌疑人，审查后建议有关机关变更强制措施，保障犯罪嫌疑人的合法权益。依法保障律师执业权利，按照规定程序安排辩护律师会见犯罪嫌疑人，听取辩护人意见，促进诉讼活动依法规范进行。

（肖海　陈成建）

【规范司法行为专项整治】 2014年12月起，县检察院开展为期1年的规范司法行为专项整治活动。一是制定《专项整治工作方案和任务分解表》，召开征求意见座谈会，发放征求意见函156份，走访听取人大代表、政协委员的意见和建议27条，整理、列明司法不规范问题86条，并及时向政法党委、县人大汇报专项整治工作进展情况。二是健全多方位的监督评价机制，通过组织庭审观摩评议、法官公诉人互评、人大代表政协委员点评等形式，进一步规范公诉人出庭公诉机制。三是联合县公安局制定《关于检察机关在查办职务犯罪案件中使用指定居所监视居住强制措施的实施意见》，进一步规范侦察阶段指定居所监视居住强制措施执行活动，得到省反贪局、司法警察总队的肯定和转发推广。四是全面推行统一业务应用系统，坚持办理的每一起案件从受案到结案全部在网上流转。五是推进律师接待场所规范化建设，设置专用“律师阅卷室”，专岗专人接待。六是通过互联网和新闻媒体推进案件信息公开，对541件案件程序性信息、271份法律文书、6份重要案件信息导入案件信息公开网站，拓展群众对检察机关执法办案监督渠道。

（肖海　陈成建）

【检察队伍建设】 2015年，县检察院一是开展“明责任、守底线、强作风”和“职务犯罪侦查工作八项禁令”执行情况专项检务督察活动。二是加强对执行财务制度、禁酒令、车辆使用管理等制度的督导和检查。三是积极推进检察机关惩防腐败体系建设，严格执行和落实党风廉政建设责任制，严守廉洁自律、防止冤假错案、防范办案安全事故“三条底线”。四是围绕提升强化法律监督、化解矛盾纠纷、做好群众工作等能力，分层分类开展领导素能、任职资格、专项业务、岗位技能培训，全年组织干警参加各类专题辅导讲座13次，网络培训18次，业务竞赛培训54人次。

（肖海　陈成建）

【社会治理创新】 2015年，县检察院一是整治社会治安突出问题，加强校园安全、网格管理、风险防范等工作。二是完善社区矫正法律监督工作机制，对261名人员进行社区矫正法律监督，协助有关部门做好刑满释放解教人员、社区服刑人员帮教。三是成立社会治安重点整治工作队，参与京口工业园区周边社会治安重点整治，落实“人防、物防、技防”措施。四是开展刑事被害人救助，发放国家司法救助金5.5万元。五是结合执法办案开展社会风险排查，向有关部门提出改进社会治理、防范违法犯罪检察建议31件，帮助健全机制、堵塞漏洞，提高检察机关参与社会治理的水平。

（肖海　陈成建）

法　院

【概况】 2015年，县法院共受理各类案件7031件，审结4117件，分别同比增长42.89%、10.02%，解决诉讼标的8.21亿元。其中，受理刑事案件394件、审结359件，判处罪犯508人；受理民商事案件3467件、审结3122件；受理、审结行政诉讼案件16件；执结执行案件583件，执行标的2760余万元。2月，县法院分别被县委、县政府评为2014年度综治工作先进单位和平安建设先进单位。6月，县法院被省委、省政府评为第十二届（2012—2014年度）文明单位。当年，县法院共有4个集体、21人受到市级以上表彰。

（张五一）

【首例非法转让土地使用权案审结】 2009年初，经相关部门批准，被告人陈某和依法取得位于均溪镇温镇村井美自然村“德能堂”（100.33平方米）土地使用权（旧房翻建）。2011年10月24日，被告人陈某和在未经相关部门审批的情况下，擅自将该宗宅基地以80万元的价格转让给方某宝等5人建房。5月14日，县法院审结，依法判处被告人陈某和有期徒刑一年，缓刑二年，并处罚金4万元；继续追缴被告人陈某和犯罪所得人民币80万元。该案系县法院审结首例。

（曾海鹰）

【首例非法出售珍贵野生动物案审结】 2014年12月31日，被告人叶某库到华兴乡京口村“仑尾”山场劈杂，途经一片毛竹林时，发现竹林中有一只白色鹇鸡，便从地上捡起一块石头扔向鹇鸡，致其死亡，即将该只鹇鸡带至城关满田春农贸市场出售，被公安人员抓获。经鉴定该只白鹇鸡为国家二级重点保护动物。3月30日，县法院审结首例非法出售珍贵野生动物案，依法判处被告人叶某库拘役4个月，并处罚金2000元。

（肖　琳）

【拒执罪行为打击】 1月，县法院与县检察院、县公安局联合出台《关于办理拒不执行判决、裁定等刑事案件实施意见》，严厉打击拒不执行法院判决、裁定罪。全年共判处拒执罪4件、6人，为全市法院打击拒执罪力度最大、效果最好的法院，并作精品项目在全市推广。其中案例，被执行人黄起滨在调解书生效后，将其银行存款130余万元转至案外人账户，致使生效调解书无法履行，构成拒不执行判决、裁定罪，于2015年2月2日，被县法院判处拘役六个月，缓刑六个月。同月14日，该案例入选最高人民法院5起打击拒不执行涉民生案件典型案例。

（张五一）

【司法信息集控管理中心建成】 1月，县法院司法信息集控管理中心投入运行。通过音视频监控、移动通信、卫星定位、大屏拼接等技术，实现法院信息化建设集约式管理，以信息化强化司法公开与公正，做到每一次信访接处、每一台警用车辆、每一个审判法庭、每一个执行过程等“十九个看得见”可逆可查。

（李岳泉）

【李勤模入选“福建最美法官”】 2月，由福建省高级人民法院、福建日报报业集团共同主办，东南网承办的“福建最美法官”评选活动结果揭晓，共选出10名法官，县法院建设法庭庭长李勤模被评为“福建最美法官”“全省十佳法官”，三明市仅1人入选。

（黄承超）

【立案改革工作推进】 5月1日，县法院全面推进立案登记制改革，全年登记立案3671件，比上年增长13.6%。7月21日，实施市法院辖区跨域立案服务。9月21日起，依据省高院《关于部分行政案件实行跨行政区域管辖的若干规定（试行）》，县法院管辖的行政诉讼案件交由明溪法院管辖、审理和执行。10月21日，全面实施全省法院跨域立案服务。全年共受理跨域立案20件。

（张英灿）

【审判功能性用房开工奠基仪式举行】 6月2日，县法院举行审判功能性用房建设项目开工奠基仪式，市中院党组成员、政治部主任蒋方鸣，县委副书记廖金辉、县法院院长朱文绣出席奠基仪式，并为新大楼培土奠基。审判功能性用房建设项目是县委、县政府七个重大项目之一，总用地面积1.09万平方米，拟建筑占地面积1800平方米，总建筑面积12980平方米，总投资约5500万元。

（黄承超）

【“矿区生态审判巡回法庭”设立】 7月，县法院在前坪乡川石设立“矿区生态审判巡回法庭”。每月定期开展巡回审判，至年底，共排查化解涉生态纠纷8件，开展法制宣传活动6场，为矿区、村委会提出司法建议3条，有效预防和化解生态环境纠纷，引导矿产业绿色发展。

（曾海鹰）

【失足少年大学生送锦旗】 8月21日，福建工程学院新生林某闻、龙岩学院新生林某铭为县法院送来一面印有“浴火重生，恩同再造”的锦旗，以表达对县法院倾情帮扶和关爱的感激之情。两位新生曾系失足少年，县法院支助2000元帮助他俩重返校园，重塑生活信心，并坚持跟踪帮教，给力鼓劲，传递司法关怀。在2015年高考中，他俩不辜众望，分别被以上高校录取。

（许剑萍）

【主审法官负责制试行】 9月，县法院以建设法庭为试点，对审判人员进行分类管理，成立两个审判团队，采取“1+1+1”模式（每个审判团队设主审法官1人、法官助理1人、书记员1人）开展工作，建立完善审判团队相关管理制度，制定主审法官独立责任办案责任制，实行办案质量终身负责制和错案责任倒查问责制。

（张五一）

【推进“法官工作室”建设】 9月，县法院实现在全县18个乡镇“法官工作室”全覆盖。每个法官工作室配备法官、人民陪审员、书记员各1员，采用“三三制”工作模式，即围绕矛盾纠纷化解、组建基层协助法院工作网络、参与依法治乡镇三项职能，做好与司法行政调解、公安调解和人民调解三个对接，实现接地气、解民忧、提公信三项目标。每月以定期与不定期相结合的方式下工作室、深入群众，建立信息平台，化解矛盾纠纷，宣传法律政策，维护社会治安，共建社会管理综合治理新机制。

（张英灿）

【系列信访老案化解】 2015年，县法院加大对涉诉信访积案的化解、终结和打击违法信访工作力度，严格落实院长信访接待日制度、领导包案责任制等一系列制度，推进人民陪审员、社会调解员等第三方参与化解涉诉信访工作，妥善处置集体访、缠访、闹访等一批重点信访案件。其中廖文老历时8年、汤雪珍历时7年等重大、疑难涉诉信访老案得到有效化解，彻底息访。

（张五一）

司法行政

【概况】 2015年，大田县司法局学习、宣传、贯彻习近平总书记系列重要讲话精神和十八届四中、五中全会精神，锐意进取，务实努力，扎实做好法治宣传、人民调解、社区矫正、安置帮教、法律援助、法律服务等各项工作，取得了较好成效。当年，创建国家级民主法治示范村1个（桃源镇兰玉村），省级民主法治示范村2个（太华镇群团村、屏山乡内洋村），市级民主法治示范村7个（武陵乡仁洋村、华兴乡仙峰村、石牌镇长溪村、文江乡琼口村、梅山乡璞溪村、前坪乡山川回族村、湖美乡前进村）。大田县被评为“全国法治县（市、区）创建活动先进单位”，桃源镇兰玉村被表彰为本县首个“全国民主法治示范村（社区）”；县法律援助中心被认定和命名为“市级青少年维权岗单位”，县司法局被县委县政府评为“2014年度综治工作先进单位”。

法治宣传 2015年，县司法局深化“法律六进”活动，扎实开展“学生普法双带”“夕阳红”普法、法治文化演出、送法下乡等活动，做好“六五”普法总结验收工作。全年共开展法制宣传活动22次，编写发放法制宣传资料10万余份，张贴挂图2000余幅，制作发放法治宣传环保购物袋2000多个。

人民调解 2015年，县司法局继续健全完善多元化调解工作机制，全县共建立各类调委会336个，配备调解员1414人，其中专职调解员41人。全年开展乡、村两级调解员业务培训30场次，参训476人次。部署“化解纠纷促和谐、助力建设新福建”人民调解专项活动，开展抗战胜利70周年纪念活动期间矛盾纠纷排查化解工作，组织开展危爆物品寄递物流清理整顿和矛盾纠纷排查化解专项行动，加强春节、“两会”、“五一”、国庆等重大节日和社会敏感时期矛盾纠纷的排查调处工作。当年，全县共排查调处矛盾纠纷1404件，调处成功1383件，调解成功率98.5%，其中，防止民间纠纷转为刑事案件21起，防止群体性上访7起，防止群体性械斗5起。

社区矫正和安置帮教　2015年，县司法局接收社区矫正人员253人，当年解除矫正306人，现在矫259人，无重新违法犯罪和脱管、漏管现象发生。一是强化日常监管力度。部署开展社区矫正人员脱漏管专项排查活动和定位手机管理专项整治行动。对未经批准擅自离开居住地、未随身携带定位手机等情形的社区矫正人员严格按照相关规定给予警告处分18人次。二是丰富矫正教育形式。落实社区矫正工作情况分析会制度，及时发现解决存在问题。每季度组织新入矫人员开展入矫教育培训，组织社区矫正人员到县看守所开展警示教育活动，各司法所每月组织开展集中教育和社区服务。全年共组织开展集中教育培训和社区服务1000多人次，心理辅导285人次。三是促进再次就业。加强部门联动，结合本地特色茶产业为矫正对象提供职业培训和就业指导；推荐符合条件的社区矫正人员到过渡性安置基地就业；鼓励、帮助、扶持矫正对象自主创业，提供法律服务。四是提升刑释人员安置帮教工作水平。全县在管安置帮教人员2345人，累计利用基地安置、输出安置、回原单位安置和鼓励自谋职业等形式安置刑释解教人员2288人，重新犯罪率0.26%，低于省控2%指标。

法律援助　2015年，县司法局在律师所、公证处和法律服务所设立法律援助受理点，在县看守所、侨联增设法律援助工作站，全县法律援助工作站扩展至28个，实现“半小时法律援助服务圈”全覆盖。将经济困难的标准由城乡居民最低生活保障标准放宽至城镇职工最低工资标准。健全完善申请、受理、审查、指派、监督等各环节工作制度，提升法律援助案件质量。县法律援助中心全年为群众解答各类法律咨询374人次，受理法律援助案件198件、受援223人，共为受援人挽回经济损失582万余元，已办结案件受援人满意率99.5%。

律师公证　2015年，县司法局在全县律师队伍中开展依法治国教育，加强对律师、公证员、基层法律服务工作者的职业道德和执业纪律的监管，加强对法律服务人员办理重大、敏感性、群体性案件的指导监督。全县3个律师事务所共有执业律师17人，担任法律顾问187家，办理案件833件，代书248份，解答法律咨询1400多人次；县公证处共办理各类公证540件。

基层法律服务　2015年，全县基层法律服务工作者共担任法律顾问3家，办理案件147件，解答法律咨询300多人次。

司法所规范化建设　2015年，县司法局按照司法所队伍建设正规化、科技管理信息化、业务工作规范化、硬件设施标准化、经费保障制度化、服务大局优质化的“六化”标准，推进各项工作落实。全县18个乡镇司法所全部达到省级规范化司法所标准，达标率100%，居全市前列。

（范清萍）

【依法治省办到县督查法治县创建工作】　1月13日，省依法治省办“全国法治县（市、区）创建活动先进单位”检查组一行8人，在市司法局局长黄国城、调研员梁宣养等人陪同下到县督导检查全国法治县创建工作。通过听汇报、查看资料、实地察看等方式，详细了解大田县法治县创建工作情况。县委书记汤俊生汇报法治县创建工作。县委常委、政法委书记张英跃陪同检查。

（范清萍）

【全县调解工作暨“信访积案化解年”推进会召开】　5月28日，县司法局在石牌镇召开全县调解工作暨“信访积案化解年”活动现场推进会，总结推广人民调解工作典型经验，培育人民调解先进典型，研究部署当前和今后一个时期人民调解和平安大田建设工作。县委常委、政法委书记张英跃出席会议。县委政法委（综治办）、县委群众工作部有关领导，县法院、检察院、公安局、司法局、信访局有关领导，各乡（镇）综治副书记、综治办专职副主任、司法所所长等共计70余人参加会议。

（范清萍）

【全市法治宣传教育工作推进会在大田召开】　6月15—16日，全市法治宣传教育工作推进会在大田县召开。市委宣传部副部长杨华泰，市司法局局长黄国城、调研员梁宣养，市依法治市办有关人员以及各县（市、区）委宣传部分管副部长，各县（市、区）司法局局长、分管法治宣传工作副局长、宣传科长共计50余人参加会议。县领导廖金辉、张英跃出席会议。

（范清萍）

【社区服刑人员脱管漏管专项排查活动】 6—7月，县司法局在全县范围内开展社区服刑人员脱管漏管专项排查活动。通过逐个核对社区矫正信息、矫正台账及档案，组织人员到村居（社区）开展全方位核查摸底，做到社区服刑人员底数清，社区服刑人员脱管、漏管和虚管情况清，社区服刑人员再犯罪的情况清，最大限度预防和减少重新违法犯罪，提高刑罚执行水平。

（范清萍）

【“学生普法双带”活动】 7—9月，县司法局在学生“带法回家”特色普法活动的基础上进一步创新普法形式，在全县范围内开展“把法律带回家，把成效、问题、意见和建议带回来”，取得了法制宣传效果与社会效果的统一。

（范清萍）

【社区服刑人员特赦摸排甄别】 8月29日，根据全国人大常委会关于特赦部分服刑罪犯的决定，对2015年1月1日前人民法院作出的生效判决，释放后不具有现实社会危险性的四类罪犯实行特赦。县司法局依法采取有效措施，开展社区服刑人员特赦摸排甄别工作，全县共提请特赦符合条件的社区服刑人员5人。

（范清萍）

【律师队伍依法治国教育活动】 8月，县司法局在全县律师队伍中开展全面依法治国教育活动。一是组织全县律师集中学习中共十八届三中、四中全会精神和习近平总书记系列重要讲话精神及关于全面依法治国的重要论述等理论知识，引导广大律师牢固树立社会主义法治理念，在执业活动中坚决贯彻党的基本理论、路线、方针、政策。二是各律师事务所自行组织学习《中华人民共和国律师法》《律师执业行为规范》《律师执业管理办法》等相关法律法规，教育引导律师始终坚持依法执业、诚信执业、规范执业。三是组织律师事务所和律师紧密联系工作实际，对照《中华人民共和国律师法》和相关规章制度，查摆存在的问题，研究解决问题的具体措施，抓好整改落实；完善律师事务所各项管理制度，建立健全律师事务所管理职责的落实机制，促进律师严格规范执业。

（范清萍）

【抗战胜利70周年纪念活动期间矛盾纠纷排查化解】 8月，为确保抗战暨世界反法西斯战争胜利70周年纪念活动期间全县社会大局稳定，县司法局在全县范围内开展专项矛盾纠纷排查，重点排查涉及项目建设、征地拆迁、劳资纠纷、涉众型经济犯罪、医患纠纷等领域潜在的重大不稳定因素。当月，全县共排查调处矛盾纠纷130件、调解成功128件，将矛盾纠纷化解在早期、化解在基层，确保矛盾纠纷不升级、不激化。

（范清萍）

【“法治故事”征文大赛】 9月，全县1万多名中学生在暑期“普法双带”社会实践活动中，参与县依法治县办、县教育局联合举办的“法治故事”征文大赛，撰写一批质量好、角度新、构思巧的参赛征文。经过评选，评出一等奖3篇、二等奖6篇、三等奖9篇，优秀奖16篇，优秀指导教师奖34个。

（范清萍）

【社区服刑人员警示教育活动】 11月2日，县司法局组织部分未曾被羁押过的社区服刑人员27人，到县看守所开展警示教育活动。通过看守所内服刑人员的现身说法和实地参观服刑人员的劳动改造、生活场所，进一步提升社区服刑人员在刑意识和自律意识。

（范清萍）

【基层司法行政干部培训班举办】 11月26日至12月11日，县司法局举办全县基层司法行政干部培训班。县司法局干部职工、公证员、律师等参加培训60余人。课程包括法律法规、人民调解业务与技巧、社区矫正和法律援助业务等内容。邀请市司法局政治处主任郑仁武、基层科科长叶一壮、县法院法官、律师、全国优秀人民调解员和相关科室业务骨干等人采取专题授课的方式进行培训。每次课后，参训人员就相关内容进行业务工作交流和经验介绍。通过培训，提高了基层司法行政干部的政策理论水平、业务素质和履职能力。

（范清萍）

【国家宪法日暨法制宣传日活动】 一是12月4日上午，县司法局组织部分成员单位、律师上街开展大型法律宣传咨询活动。活动现场，共摆放交通安全宣传展板近20块，发放法治宣传材料1000余份、印有法治宣传标语的环保购物袋2000个。各乡镇综治办、法宣办当日牵头组织相关部门及“夕阳红”普法宣传队上街、进村、入户开展普法宣传活动。二是各乡镇、单位在办公场所醒目位置悬挂法治宣传标语，利用单位宣传栏、电子屏，紧扣今年全国法制宣传主题宣传相关法律法规，营造全民参与法治宣传的良好氛围。三是学生“普法双带”活动，重点开展刑法修正案（九）和毒品预防教育宣传。四是组织收看12月4日播出的由司法部、全国普法办与中央电视台举办的国家宪法日暨全国法制宣传日特别节目“宪法的精神法治的力量—CCTV 2015年度法治人物颁奖礼”。五是积极参与司法部、国信办、全国普法办组织开展的全国“尊法学法守法用法”主题征集展播暨第十二届全国法治动漫微电影作品征集展播、“H5讲述‘六五’普法新媒体创意大赛”等活动。

（范清萍）

【人民调解法宣传活动】 2015年，县司法局开展《中华人民共和国人民调解法》颁布5周年宣传活动。一是各乡镇充分利用街道、村（居）法制宣传栏、宣传橱窗等增办人民调解法宣传专栏。二是发放宣传材料。在人口密集的街头张贴标语、悬挂横幅，统一印制人民调解法宣传单，结合学生“带法回家”“夕阳红”普法等活动进村入户发放到村民手中，共发放宣传单5000余份。三是举办人民调解员培训班。各乡镇结合调解工作开展乡村两级调解员人民调解业务培训。四是开展法律咨询活动。结合“三八”妇女维权周、学雷锋活动服务月，文化、科技、卫生“三下乡”等活动，为群众提供现场免费法律咨询，发放人民调解宣传资料，增强群众法律意识。

（范清萍）

农业·农村

编辑 魏兰兰

综 述

【概况】 2015年，大田县农业部门贯彻落实中央一号文件和中央、省、市农村工作会议精神，发展现代农业，创建美丽乡村，推进精准扶贫，农业农村各项工作取得成效。全县完成美丽乡村建设总投资2.36亿元，市级中心镇实施项目总投资15.29亿元。争取精准扶贫补助资金5025.1万元。全年实现农林牧渔业总产值47.64亿元，比上年增长4.59%；农村居民人均可支配收入1.29万元，同比增长9.9%。粮食总产量12.32万吨，茶叶4300吨，烟叶1525吨，木薯7.65万吨，蔬菜49.5万吨，食用菌4431袋，产值1.08亿元。全年饲养生猪23.53万头，牛6402头，羊5.2万只，禽209.6万只，兔414万只，肉类总产量1.86万吨，禽蛋产量3179吨，水产品产量7142吨。当年，福建茶天下休闲度假区获县首个省级休闲农业示范点，县大方广产业有限公司的“江山美人”茶叶被三明市委农村工作领导小组评为全市首批农特产品十大龙头品牌。年内新申报省级农业产业化龙头企业3家，市级29家。

农业机构改革 8月10日，大田县农业局与中共大田县委农村工作领导小组办公室合并，单位名称为大田县农业局，是县人民政府工作部门，实行一个机构、两块牌子，机构规格仍为正科级。合并后，将原县经济贸易局有关畜禽屠宰监管职责划入县农业局，并对农业农村工作的综合管理与统筹协调，推进现代农业发展、农业经营体制创新和“三农”服务体系建设；加强农产品质量安全监管、农业动植物疫病和农作物重大病虫害防治；加强扶贫开发工作等职责。2个单位合并后，核定内设股室7个，减少3个，直属单位14个，减少3个。核定县农业局机关行政编制为16名（含派驻的监察室编制），减少2名，科级领导职数7名，其中局长1名、副局长5名、纪委书记1名（副科级），事业单位编制56名，减少6名，机关工勤人员事业编制3名，编制减少1名。

农产品安全质量监管 2015年，县农产品检测中心一是加强初级产品生产环节监管，完成农产品农残快速检测，其中蔬菜农残1785个、合格率99.3%，重金属70个、合格率100%，茶叶农残285个、合格率100%，水果农残91个、合格率100%，监测、抽查结果在东街口信息栏、大田农业信息网上公布。二是落实经营主体责任，建立农产品质量安全可追溯监管平台，25家农民专业合作社规范社、龙头企业等农业经营主体在省级农产品质量安全追溯平台完成主体追溯，进入农产品全程追溯建设阶段。召开农产品质量安全可追溯体系建设培训，42家企业签订《农产品质量安全承诺书》、10家企业注册接入农产品质量安全监管平台，促进农产品质量安全主体责任落实。三是加强监管保障，实施省厅农产品质量安全乡镇监管能力建设项目，为13个未配备监管设备的乡镇监管中心配备检测车辆和有机磷、氨基甲酸酯类农药残留速测仪；为县质监股新配备菊酯类农药残留速测仪、三氯杀螨醇快速分析系统监管等检测设备；为执法大队配备执法扫描仪、记录仪等监管设备。

农资安全监管 2015年，县农业局按照“生产有记录、信息可查询、流向可跟踪、责任可追究、产品可召回、质量有保障”的总体要求，通过财政资金补助、培训、督查等方式为农资经营业主配备电脑、手机终端，安装监管平台软件，建立农资经营信息化管理平台。年底，全县有网络农资安全监管平台示范店29家，为实现农产品质量安全可追溯管理提供技术保障。县农业执法大队以大田县被农业部确定为2014年农业综合执法规范化建设示范项目县为契机，组织实施各类农资专项整治行动，共出动农业执法人员212人次，开展农业专项执法检查5次，检查农资经营店86家、农资1000余吨，完成标签抽查121个；立案处罚5件、已结案5件，罚没款6400元，为农户挽回经济损失2.56万元。

农业品牌认证 2015年，县绿色食品发展中心加强有机食品、无公害农产品、绿色食品和地理标志“三品一标”认证工作。一是县联欣茶业有限公司生产的铁观音茶、金观音茶、新怡红茶等3个茶产品获得绿色食品认证；县梅山红芦柑专业合作社生产的“梅山红”芦柑、县华阳生态养殖有限公司生产的“生猪”、县米桶山禽业有限公司生产的“鸡蛋”等3家企业的3个产品获得无公害农产品认证。二是县武陵乡陵雪茶厂、县利民茶叶专业合作社（2个产品）、县高峰茶业有限公司等3家企业6个产品通过续展。三是县福旺水果专业合作社生产的柑橘产品申报无公害农产品认证。

（涂萃林　郑晓岚　王有铭）

农村工作

【概况】 2015年，县农业、农村工作部门加快美丽乡村建设，重点实施建设、桃源2个市级中心镇建设；实施农业综合开发，其中国家立项项目4个、产业化经营项目2个；加大扶贫开发力度，推进造福工程危房改造；重点开发利用富硒资源，发展富硒产业；强化农村经济管理；开展农业信息化服务和农机技术培训等工作，促进生态增美、农业增效，农民增收。

（涂萃林）

【农产品质量安全抽样监测】 3月18日，省农业厅副处长蔡春继带领农产品质量安全小组到县武陵乡水果生产企业和新华都购物广场开展抽样监测，对上市的芹菜、韭菜、菜心、包菜、生姜、大蒜、青枣、草莓、香菇等蔬菜、水果、食用菌随机抽检，本次共抽样17个，按照执法程序实施“检打联动”，对监测中发现的问题进行跟踪处理，及时消除安全隐患。

（郑晓岚）

【省级农业标准化示范区验收通过】 10月22日，厦门市质量技术监督局考核验收组受福建省农业标准化工作领导小组办公室的委托，对桃源镇兰源蔬菜专业合作社承担的第七批蔬菜栽培省级农业标准化示范区项目进行现场考核验收，一致认为兰源蔬菜专业合作社蔬菜栽培符合省级农业标准化示范区项目要求，项目验收通过。

（郑晓岚）

【美丽乡村建设】 2015年，全县以“基层组织建设好、产业精美、生态优美、村庄秀美、乡风和美、生活甜美”一好五美为目标，全面启动美丽乡村创建。每个乡镇重点抓好1个中心村、2—3个特色村。重点实施美丽乡村37个，实施项目52个，完成投资2.36亿元。桃源镇以蓝玉、大湾新村、东坂和桃源等村为重点，推进全镇乡村创建；以继续推进济阳乡和洋、阳春、梓溪、济阳、济中等村美丽乡村创建，连片打造吴山济阳片美丽乡村建设；提升长溪、梅林、建国、建设、栋仁等306省道沿线美丽乡村景观带。省级美丽乡村整治村15个、示范村1个，完成投资9195万元。济阳乡济中村，吴山乡和洋村，桃源镇东坂村、翁厝村，上京镇梅林村5个村被评为市级美丽乡村示范村。

（涂萃林　刘传明）

【国家立项农业综合开发】 2015年，全县国家立项农业综合开发土地治理项目共4个，分别在太华镇（汤泉村、罗丰村、西浦村和华溪村）、济阳乡（济阳村、高升村），前坪乡（黄龙村、吉坑村、北坑村）、文江乡（光明村、大汶村）、谢洋乡珍山村实施，实施面积1070公顷，总投资2040万元。产业化经营项目2个，分别是农翔（福建）食品有限公司实施的46.67公顷青梅种植基地和奇韬镇岬顶山生态茶业专业合作社实施的年产5000公斤东方美人茶加工基地，总投资598万元。至年底，土地治理项目共衬砌灌溉渠道3.16公里，新建、修建机耕路2.32公里，新建护岸0.75公里。

（涂萃林　林友波）

【扶贫开发工作】 2015年，全县继续实施扶贫开发工作。一是继续推进造福工程危房改造，全县共实施造福工程危房改造557户、2755人，争取造福工程搬迁指标及补助资金710万元，其中上京镇京西新村百户造福工程集中安置点列入省级集中安置区，获基础设施补助资金100万元。二是实施省级扶贫开发重点村3个、市级7个、县级19个，实施项目120个，争取上级资金3500万元；争取计生小额信贷贴息资金额度505万元，贴息资金25万元，扶持计生户发展生产；争取巾帼扶贫小额信贷贴息资金额度150万元，贴息资金5.1万元，扶持农村贫困妇女发展生产；争取农村贫困人口雨露计划培训补助资金20万元，用于贫困人口发展生产培训；争取中央财政扶贫资金110万元，用于贫困户发展生产和带动贫困户脱贫的生产性重点扶贫项目。三是摸清扶贫底子，以2013年贫困户农民人均纯收入低于3310元标准为参考，全县建档立卡贫困户5826户、1.52万人；确定34个贫困村、38个空壳村和吴山、武陵2个市级贫困乡，精准识别贫困对象；制定出台大田县扶贫攻坚实施方案、精准扶贫2015—2018年行动计划、贫困空壳村村财增收实施方案，对精准扶贫、精准脱贫建立领导挂包、资金投入、典型带动等精准帮扶机制。

（涂萃林　林永琨）

【小城镇建设】 2015年，全县小城镇建设重点在建设镇和桃源镇2个市级中心镇实施。建设镇实施项目18个，总投资15.45亿元，年内完成投资8.45亿元，其中美丽乡村、自来水二期（槐南）供水、闽中三宝建材交易中心、农业特色精品园、汽车站、高云水库建设水源地保护、佳洁购物中心、建爱定点屠宰场等项目竣工或部分竣工。桃源镇实施项目23个，总投资18.28亿元，年内完成投资6.84亿元，其中农贸市场改造、防洪堤建设、集镇供水工程、小型农田水利工程、桃新溪小流域水土流失综合治理、美丽乡村、农业特色精品园、蓝玉养鳗场改造、农机具机库、综合文化活动中心等项目竣工或部分竣工。

（涂萃林　刘传明）

【富硒资源开发】 2015年，县农业局、农办重视开发利用硒资源，发展富硒产业。一是投入65万元，聘请北京未名合一环境设计院有限公司完成全县富硒产业规划，主要包含富硒产业专题研究及相关案例分析、富硒产业项目背景分析、富硒产业发展目标、总体定位及发展战略、富硒产业体系结构及布局、运营策略、投资及效益分析等。二是投入230万元，与福建省地质调查研究院合作开展桃源—上京地区农用地质量地球化学评价，选择桃源、上京镇范围开展1∶5万农用地质量地球化学评价，其中桃源—东坂地区和上京镇上京村加密到1∶1万比例尺，1∶5万调查区面积212.3平方公里、表层土壤样品780件；1∶1万调查区面积约29平方公里、表层土壤样品1039件，深部土壤样品68件，农产品采集200件，农产品配套根系土壤样品200件。查明工作区农用地土壤和大宗农产品中硒的含量以及其他有益、有害元素分布特征，对农用地质量进行地球化学评价、划分质量等级，为富硒优质农产品的开发提供产地规划依据。三是在桃源、建设、武陵、均溪等乡镇建立水稻、甘薯、萝卜、玉米等富硒农产品基地1333.33公顷，在农翔食品、意犹未尽等公司建立大米、萝卜等系列富硒农产品生产线3条；在城区建立富硒产品体验中心，面积102平方米，展示县富硒特色农产品15个品种。当年，中国营养学会授予大田县“中国高山硒谷”称号。

（涂萃林）

【土地承包经营权流转】 2015年，各乡镇成立农村土地承包经营权流转服务中心，负责流转工作的具体实施。全县建立村级土地流转信息员队伍，信息员由村报账员兼任，共有土地流转信息员265人和乡镇负责土地流转信息18人。全县实行土地承包经营权流转农户4816户，实行土地承包经营权流转耕地2312.4公顷。

（郑晓岚）

【农村经济管理】 2015年，县乡镇经管站一是做好村级民主理财和账前审计工作，剔除手续不完整发票436张，金额51.18万元；剔除违纪发票132张，金额13.62万元，收回违纪金额6.72万元；建立“三资”台账，确保资产资源保值增值，对资产、资源的拍卖、转包、转让、工程发包实行招投标。全年资产处置招投标8件，标的218.94万元，中标236.08万元，增加村财收入17.14万元；工程项目招投标166件，标的4050.36万元，中标3678.06万元，减少村财支出372.3万元。二是发展规范农民专业合作社，全县经工商注册登记成立的农民专业合作社有388个，新增各类农民专业合作社38个；评选县级示范社10家，申报市级示范社5家、省级示范社4家。三是培育发展家庭农场，全县工商注册家庭农场116家，新增各类家庭农场20家，评选县级示范场10家，申报市级示范场5家。四是加强信访调查，受理信访件3件，查出违纪金额6000元；立案1件，处罚金额1000元。

（郑晓岚）

【农村能源沼气建设】 2015年，县农村能源站一是开展全县沼气安全生产排查治理大检查，组织30人入户回访，投入经费6万元。新建沼气池190口，全县户用沼气池保有量7635户，其中省级及以上资金扶持建设6246户。二是协助县珍山农林开发有限公司开展大中型沼气工程项目建设，计划总投资403万元，已争取上级资金扶持181万元。

（郑晓岚）

【农业信息服务】 2015年，县农业信息工作站开展信息服务，一是利用农业155网和"12316"农业信息服务终端机服务"三农"，共发布农业信息237条。二是贯彻执行专家值班制度，接待群众来人来访来电86人次，解答农村政策25人次，指导处理农业生产问题25人次，现场指导36次，技术咨询85次。

（郑晓岚）

【扶贫小额信贷】 2015年，县农村扶贫小额信贷担保协会与县农村信用社合作，对贫困户和带动贫困户发展的龙头企业、专业合作社、家庭农场、种养大户提供担保。利用小额信贷资金撬动银行信贷资金，共为53户农户提供风险担保贷款569万元，缓解部分农户担保难、融资难问题。

（涂萃林 涂育东）

【农科教工作】 2015年，县农业局一是遴选、发布两大主导产业、4个主导品种、主推技术10项，选聘13名农技专家、30名骨干农业技术指导员，联系10个以上科技示范户、1家以上农民专业合作社和1个以上农业示范基地，采取集中培训、分户指导、实地考察、观摩交流等方式，指导科技示范户应用、推广新品种、新技术；建设县级农业科技网络书屋33个和个人农业科技网络书屋125个，参加农业科技网络书屋应用竞赛活动。二是推广应用田间农民学校围绕蔬菜和木薯2大主导产业，在县桃源镇兰源蔬菜农业专业合作社、县武陵乡大石农场建立2所农民田间学校；在福建风岩桥生态农业开发有限公司建立1所农民田间学校，采用现代化手段开展推广服务，推动科技进村入户、培养新型农民。三是开展实用技术培训，组织农技人员到湖美等乡镇实地举办洛神花栽培技术培训班，培训主要对象为当地农村妇女，培训班举办4期，共培训人员300多人。

（郑晓岚）

【"互联网+农业"】 2015年，县农业部门发展"互联网+农业"，紫诚、诺迅、赶街、仙顶、阿末、尚上鞋服、周一贸易、龙德在田等8家企业开展电子商务业务，电商类型为B2C（企业通过互联网为消费者提供网上商店，消费者通过网络在网上购物、在网上支付），从业人员200多人，主要依托赶街、天猫、阿里巴巴、淘宝、京东、建行善融商城等著名电子商务平台，开设网店100多家，推广销售大田高山茶、油茶、红菇等特色产品，线上销售额达8500多万元。其中：福建仙顶实业有限公司高山茶电子商务平台在天猫、阿里、淘宝、建行善融商城等开设网店20多家，在建行善融商城打造中国高山茶网货知名品牌，位列三明市茶行业网络销售排行前列。

（涂萃林）

种植业

【概况】 2015年，县农业部门贯彻全国、省、市农业工作会议精神，培养家庭农场，建设农业标准化示范区，推进无公害、绿色和有机农产品生产，落实增产措施，完成农林牧渔业产值47.64亿元，比上年增长4.59%。

粮食生产 2015年，全县粮食播种面积2.5万公顷，粮食总产量12.32万吨。继续承担2个万亩高产创建示范片，分别是桃源镇—上京镇烟后稻万亩示范片和太华镇单季稻万亩示范片。全县建立万、千、百示范片12片，面积1371.33公顷，其中万亩片2片、千亩片2片、百亩片8片（含2片优质稻高产片）。桃源、上京镇烟后稻万亩高产创建示范片平均亩产干谷 606.8 公斤，比目标产量高 6.8 公斤；太华镇单季稻万亩高产创建示范片平均亩产干谷 605.8 公斤，比目标产量高 5.8 公斤。

木薯生产 2015 年，县农业局通过抓面积、抓大村、大户典型示范，扩大良种 GR911、华南 205 推广面积，使良种覆盖率达 85% 以上。在文江乡建立种苗繁育基地和种质圃，扩大良种 F499、F520 等优良品系面积，种质圃培育 30 多个品系。继续实施农业部大豆套种木薯高产高效示范工程，在梅山沧州村建立百亩木薯套大豆示范片，全县推广木薯间套种栽培模式 240 公顷。木薯种植 3000 公顷，平均亩产 1.7 吨。

果蔬生产 2015 年，县农业部门推广示范点建设，发展武陵大石的春香爱媛杂柑。建立春香橘柚无病苗木繁育圃，培育优质无病种苗 2 万株。推广标准化栽培技术，建立两个百亩春香橘柚标准果园和一个 50 亩生态高效观光示范园。

食用菌生产 2015 年，全县生产食用菌完成食用菌生产 4431 万袋，产值 1.08 亿元，其中常规菌类 2993 万袋、珍稀菌类 1438 万袋。栽培规模达百万袋以上菌类有 10 个，数量较多菌类有香菇 850 万袋、平菇 620 万袋、毛木耳 508 万袋、蘑菇 500 万平方尺、秀珍菇 380 万袋、金针菇 255 万袋。

烟叶生产 2015 年，县烟草局围绕“卷烟上水平”基本方针和全省烟草商业系统工作会议精神，采取措施稳定烟叶种植面积，提高烟叶品质。全县共有烟农 672 户，比上年减少 196 户，种植面积 913.33 公顷，同比减少 120 公顷；户均种烟 1.36 公顷，单户种烟面积最大为 9.07 公顷；全县共收购烟叶 1523.9 吨，比上年增加 118.9 吨，烟农售烟叶总收入 4981.48 万元，比上年增加 700.85 万元。

（郑晓岚　庄莉红）

【良种工程】 2015 年，县种子站辐射带动全县示范推广农作物新品种 1.61 万公顷，其中优质稻品种 0.93 万公顷，高效蔬菜品种 0.24 万公顷，旱作品种两薯、大豆、玉米、花生、油菜等 0.44 万公顷，主要粮油作物良种覆盖率 98.9%，蔬菜良种覆盖率 93.6%，主要粮油作物优质专用率达 83.1% 以上。共引进各类农作物新品种 93 个，其中水稻 65 个、高效蔬菜 8 个、旱作 20 个（甘薯 2 个，马铃薯 2 个，大豆 1 个，玉米 12 个，花生 3 个），分别在上京、均溪、桃源、武陵、华兴、太华等乡镇进行多点试验示范，从中筛选出水稻 6 个、玉米 3 个、蔬菜 3 个、甘薯 1 个、马铃薯 1 个、大豆 1 个等新品种，在全县扩大试验示范，并推广应用。

（郑晓岚）

【测土配方施肥】 2015 年，县土肥站采集土样 317 个，调查农户施肥情况 153 户；在石牌、桃源、均溪等乡镇、场实施中稻田间肥效试验 13 组 163 个小区；举办乡、村农技员、示范户等技术培训 7 期、1550 人次；完成土样养分检测 1125 项；推广测土配方施肥面积 3 万公顷，其中水稻 1.29 万公顷、茶叶 0.39 万公顷；制作、发放测土配方施肥农户指导手册 6 万册；实现水稻亩增产 7.3 公斤，亩均增产节支 31.5 元，茶叶亩增产茶青 9.8 公斤，亩均增产节支 58.8 元，总节本增收 1123.55 万元。

（郑晓岚）

【病虫害测报与防治】 2015 年，县植保站一是发布《病虫害情报》16 期、1600 余份。二是开展病虫害绿色防控，在大方广茶业有限公司的屏山乡茶叶基地建立茶树病虫害绿色防控技术示范片 100 亩，辐射带动 10000 亩；开展软皂、石英等新农药防治小绿叶蝉试验，示范推广氨基寡糖素、斜纹夜蛾核型多角体病毒新农药 3.5 万亩；在示范区举办茶树病虫害绿色防控技术培训 2 期，结合农产品质量安全培训等工作，在全县范围开展绿色防控技术培训 10 期、举办农药安全使用培训班 10 期 500 多人次；开展区域站建设，完成标准化病虫观测场建设，仪器设备采购已完成挂标，检验检测用房进行二次装修建设，预计年内至 2016 年初完成项目建设。

（郑晓岚）

【烟叶生产基础设施建设】 10 月 27 日，市烟草局烟基办一行 6 人到县验收烟叶生产基础设施建设，评为优良，获得通过。年底，新建项目 14 个，全县投入 264.37 万元，完成烟、水、路项目建设 14 个、264.37 万元，其中田间道路 8 条、6.54 公里，沟渠 6 条、5.4 公里；烤房 129 座、387 万元，分布在受益农户 672 户、面积 913.33 公顷。

（庄莉红）

【济阳黄花菜种植200公顷】 2015年，济阳乡种植黄花菜200公顷，产干品近180吨，产值700多万元。该乡种植黄花菜（学名萱草）已有600多年，俗称金针花、金针菜、金花菜，为多年生草本植物，其花蕾色泽金黄，可食用兼有药用价值。尤以芳林、国庆等村村民利用什边地或套种，是主要农产品和农民增收渠道之一。

（温荣科）

茶业

【概况】 2015年，全县有茶园面积6480公顷，年产毛茶4300吨，产值7.15亿元。县茶业局组织茶企业参加全省茶叶质量鉴评，获省名茶6只，省优质茶7只。“大田高山茶”农产品地理标志被农业部农产品质量安全中心授予2015年国家级农产品地理标志示范样板创建资格。福建大田大方广茶业有限公司的“江山美人”茶叶荣获全市首批农特产品十大龙头品牌称号。

（罗义航）

【福建名牌产品】 2月10日，省政府发布2014年度福建名牌产品，大田县高峰茶业有限公司“崇圣岩”牌茶叶（乌龙茶）、大田县易津茶业有限公司“允宣”牌茶叶（红茶）、留芳园（福建）茶城管理有限公司“留芳园”牌茶叶（乌龙茶）、福建省九道山茶业有限公司“九道山”牌茶叶（乌龙茶）4个产品获得。

（罗义航）

【农业部领导到县调研】 6月25日，农业部农产品质量安全监管局处长薛志红、农产品质量安全中心地标处处长孙志永、副处长陈思、博士高芳一行，到县调研“大田高山茶”地理标志使用情况，听取大田县“大田高山茶”地理标志登记保护与使用情况汇报，并到屏山、吴山茶区实地考察。省绿色食品发展中心副主任赵时端、副主任杨芳以及县委常委、统战部部长江太生陪同调研。

（罗义航）

【农科院专家到县考察调研】 7月21日，中国“茶树栽培创新团队”首席科学家、中国农科院茶叶研究所韩文炎研究员与美国塔夫茨大学Cloin Orians教授合作开展的“气候变化对茶叶生产影响的研究”课题组一行11人，到大方广茶业有限公司的茶叶基地和加工茶厂，考察制作东方美人茶的茶园管理情况、加工工艺技术，重点了解气候对昆虫特别是茶小绿叶蝉消长情况及其对东方美人茶制作品质的影响。县委常委、统战部部长江太生陪同考察调研。

（罗义航）

【“双十佳”理事长评选】 8月，由市农业局、中国邮政储蓄银行三明市分行联合评选产生三明市首届农民合作社“双十佳”，即十佳农民合作社、十佳农民合作社理事长。屏山乡云雾生态茶叶专业合作社理事长郭文杰、广平镇益铭茶叶专业合作社理事长田尔光当选三明市首届十佳农民合作社理事长。

（罗义航）

【参加茶产品展示展销活动】 9月8—11日，大方广茶业有限公司、象山岩茶业有限公司、锦荣茶业有限公司参加厦门“9·8”品牌茶业展。10月10—13日，象山岩茶业有限公司参加第六届中国茶都安溪茶业博览会。11月6—9日，大方广茶业有限公司、仙顶茶业有限公司、易津茶业有限公司参加市林博会展示展销。

（罗义航）

【全国绿色食品原料（茶叶）标准化生产基地申请续报通过检查】 9月22—23日，省绿色食品发展中心组织专家受农业部绿色食品管理办公室委托，对县3400公顷绿色食品原料（茶叶）基地进行检查验收，确认大田县全国绿色食品原料（茶叶）标准化生产基地符合全国绿色食品标准化生产基地各项建设要求，验收合格，同意申请续报“全国绿色食品原料（茶叶）标准化生产基地”。12月18日，农业部绿色食品管理办公室、中国绿色食品发展中心发布，核定大田县全国绿色食品原料（茶叶）标准化生产基地3400公顷。

（罗义航）

【高山美人茶企业标准审定发布】 10月17日，大田高山美人茶企业标准审查会在福州举行。由省农业厅、农林大学、农科院茶叶所、茶叶质量检测中心站的7名专家组成审查专家组，同意大田高山美人茶栽培技术规程、加工技术规程及食品安全企业标准并发布实施。大田高山美人茶企业标准由大田县茶叶学会提出，福建省江山美人茶业有限公司、大田县质量技术监督局等单位起草。10月28日，在福建仙顶实业有限公司，县质监局局长吴伟建宣读《大田县农业企业标准规范》，发布《大田高山美人茶栽培技术规程》《大田高山美人茶加工技术规程》，2016年1月1日起实施。

（罗义航）

【县第十届高山茶文化节】 10月27—29日，大田县第十届中国高山茶文化节在城关举办。文化节期间举行秋季茶叶质量鉴评并颁奖、“中国高山硒谷”授牌仪式，召开大田高山美人茶企业标准发布会，举办《生物经济理论与实践》和《大田县富硒产业规划期末报告》讲座。与会来宾考察县富硒农产品、林下经济及生态农业产业等项目。

（罗义航）

【茶企代表到龙岩漳平参观考察】 11月3—4日，县茶业局组织仙顶茶业有限公司、易津茶业有限公司、五龙山茶业有限公司等10家茶企代表，到龙岩市漳平开展“结对子”活动。参观漳平岳山茶业有限公司、台品樱花茶园、花博汇电子商务有限公司、福建漳平鸿鼎茶文化交流中心；双方召开研讨会，就高山茶的发展经验与存在问题进行讨论。

（罗义航）

【县秋茶质量鉴评】 2015年，县茶业局组织的县第十届中国高山茶文化节秋季茶叶质量鉴评活动在福建仙顶实业有限公司举行。共有139只茶样参赛，其中金观音18只、东方美人茶13只、铁观音108只。经评审，金观音获金奖1只、银奖2只、铜奖3只，东方美人茶获金奖1只、银奖1只、铜奖3只，铁观音获茶王1只、金奖1只、银奖5只、铜奖9只、优质奖17只。其中，谢洋乡福仁茶业林芳坡获铁观音茶王奖，谢洋乡金竹茶厂林玉使、大田县易津茶业有限公司严秀兰、福建象山岩茶业有限公司李家宝分获铁观音、东方美人茶、金观音金奖。

（罗义航）

畜牧业

【概况】 2015年，全县饲养生猪23.53万头，比上年下降29.95%；牛6402头，同比下降14.09%；羊5.2万只，同比增长13.54%；禽209.6万只，同比增长3.39%；兔414万只，同比增长10.18%。肉类产量1.86万吨，同比下降15.82%，禽蛋产量3179吨，同比下降17.41%，畜牧业产值7.63亿元，同比增长5.53%。

动物疫情测报及免疫 2015年，县动物疫情测报站完成畜血清免疫抗体检测2160头份。其中，猪免疫抗体监测940头份，猪瘟抗体合格率为91.2%，口蹄疫抗体合格率为92.6%；牛羊免疫抗体监测160头份，口蹄疫抗体合格率为86.5%；鸡免疫抗体监测650头份，鸡新城疫抗体合格率为93.3%，禽流感抗体合格率为96.4%；鸭免疫抗体监测410头份，禽流感抗体合格率为97.6%。全县完成高致病性猪蓝耳病免疫及猪瘟免疫各29.96万头，牲畜口蹄疫免疫30.90万头，禽流感免疫241.83万羽，新城疫免疫149万羽。向省、市动物疫病控制中心送检禽咽喉和泄殖腔拭子280羽份、猪组织病样品120头份、禽组织样品120头份。每月开展一次动物流行病学调查，在确定的3个行政村6个报告点中，共调查120个散养户和3个猪、牛、羊、禽养殖大户及规模场，对16种重点动物疫病进行流行病学调查。

动物检疫 2015年，全县完成检疫活畜禽6.83万头（只），其中生猪3.72万头、牛羊0.52万头、禽兔2.59万头（只）；检疫肉类产品7.23万头（只），其中，牛羊肉0.52万头、猪肉3.55万头、禽兔肉3.16万头（只）。检出病害肉类产品450公斤，全部进行无害化处理。

（田新提）

【生猪养殖面源污染防治】 7月27日，县政府制定《关于做好生猪养殖面源污染防治工作的实施意见》，全县311家生猪规模养殖场，分4年进行改造升级。当年，改造升级任务255家，县财政投资200.12万元，完成改造升级226家，关闭拆除养殖场29家，拆除猪舍面积1.6万平方米。

（田新提）

【牲畜定点屠宰管理办公室成立】 10月，牲畜定点屠宰管理办公室成立，事业编制2人，畜禽定点屠宰监管职能由经济贸易局划归县畜牧兽医水产中心。

（田新提）

【病死猪无害化处理政策补助】 2015年，全县养殖环节病死猪无害化处理补助政策全覆盖，对养殖者和集中无害化处理者每头给予80元的补贴（省级以上财政承担70元，县级财政承担10元）。年内，无害化处理病死猪9647头，兑现补助资金77.176万元，其中省级财政承担67.529万元，县级财政承担9.647万元。

（田新提）

【质量安全监管】 2015年，县动物疫情测报站对21个猪场、5个羊场开展“瘦肉精”专项监测，未发现“瘦肉精”阳性。抽检屠宰场生猪尿样1500头份、养殖场生猪尿样62头份，检测盐酸克伦特罗、莱克多巴胺和沙丁胺醇，检测结果均为阴性；开展兽药、饲料整治行动6次，检查兽药经营企业、养殖场数量38个（次），立案查处3例经营假、劣兽药案件，罚没款3737元。

（田新提）

【兔业发展】 2015年，全县饲养兔414万只，比上年增长10.11%。大田县是福建黑兔主要产地之一，“大田兔肉”于2010年被国家质量监督检疫总局批准为国家地理标志保护产品，5年间，兔饲养量递增7.31%；以福建黑兔为主要原料，山茶油、红酒糟和几味中药等为调料，蒸熟后用文火烘烤而成的“大田糟兔”成为特色美食。其中，武陵乡村民加工糟兔的历史400余年。当年，该乡村民在县内外有大田糟兔经营店100多家，年加工兔60余万只，产值7000余万元。

（蒋承伟）

渔业

【概况】 2015年，全县水产养殖总面积1413.47公顷，其中池塘91.4公顷，占人工养殖面积6.5%，山塘水库1322.07公顷，占93.5%；水产品总产量7142吨，比上年增加958吨，增长15.49%。人均水产品占有量18.8公斤，淡水捕捞水产量535吨，人工养殖产量6607吨，渔业产值按现行价计算为1.1亿元，比上年增长6.8%，渔业产值占农林牧渔业总产值2.3%。渔业专业劳动力1243人，渔农兼业劳动力437人。

（陈仁收）

【基层水技推广体系政策与建设】 2015年，全县建设“专家+试验示范基地+水产技术人员+科技示范户+辐射带动户”的渔业科技成果转化应用快捷机制，建设内陆淡水鱼养殖基地，建立示范户47个，选聘技术指导员10人，建立渔业科技示范基地2个，辐射带动275户。围绕主导产业，遴选主导品种和主推技术，主推技术入户率100%。

（陈仁收）

【水产品禁用药物残留检测】 2015年，县畜牧水产中心建立水产品生产单位数据库，均衡安排不同品种、区域、季节的抽检数量，从数据库抽取15家渔业企业40个鱼类样品，均未检出氯霉素、孔雀石绿、呋喃唑酮代谢物、呋喃西林代谢物等禁用药物残留，样品检测合格率为100%。

（陈仁收　田新提）

【渔政管理】 2015年，县渔政大队开展打击非法经营渔业专项行动，开展水上、陆上岸边执法巡检58天，共组织执法人员176人次，出动执法船艇46艘次，执法车58辆次，检查渔船185艘；检查5家水产养殖场，没收违禁渔用药品15盒；下达整改通知书15份、处罚告知书6份，申请法院强制执行2户；拆除网箱200多箱，湖美库区网箱数量由1000多箱减至800箱左右，其中有养鱼的网箱减至660箱，空置网箱100多箱；查处破坏渔业资源捕捞行为15起，没收电鱼机8台；清理库区围网拦网256米。年内，开展渔业船舶年检186艘，审验渔业捕捞许可证29本，办理新版水域滩涂养殖证7本；办理渔船保险29份、渔工人身意外伤害险178份；发放2014年度26艘捕捞渔船、163艘养殖渔船油价补贴143.48万元。

（田新提）

农业机械

【概况】 2015年，全县有农机户9189户、9228人，农业机械净值1.17亿元，农机总动力18.05万千瓦，其中拖拉机665台、7334千瓦，耕整机6416台、2.8万千瓦，机动插秧机21台、70.8千瓦，机动收割机35台、810.3千瓦，农副产品加工机械1.3万台、4.73千瓦；完成机耕 1.47 万公顷、机插秧 801 公顷、机收割 1427 公顷；完成农机运输作业量 6080.42 万吨·公里，农机化经营收入 1.05 亿元。县农机中心年检修理网点 16 家。

（林志凌）

【农机监理】 6 月 27 日，县农机中心到石牌镇开展农机“安全生产月”宣传咨询日活动；发放宣传单、安全生产知识手册等 200 多份，摆放农机安全宣传展牌 6 块，悬挂横幅，设立农机宣传咨询台，现场接受咨询 51 人次。当年，与 18 个乡镇农机站签订农机安全目标责任书，乡镇农机站与机手签订农机安全目标责任书 730 份，非等级公路未发生农机事故。农机监理站到 18 个乡镇办理年检审工作，新车上牌共 20 台，其中拖拉机 16 台、联合收割机 4 台；检验农业机械 730 台，其中拖拉机 716 台、联合收割机 14 台；换（核）发拖拉机驾驶证 68 本。全年，共免费实地登记注册农业机械 14 台，其中手扶拖拉机 10 台、联合收割机 4 台；共免费实地安全检验农业机械 122 台，其中手扶拖拉机 108 台、联合收割机 14 台，为农机户节省费用约 1.5 万元。在“打非治违”工作中，对 18 个乡镇逐一督查，排查拖拉机、联合收割机及其驾驶操作人个体生产单位 191 个，排查拖拉机、联合收割机等农业机械的停放、作业、维修和转移等有关场所 6 个，排查一般隐患 3 项，发放整改通知书 3 份，整改率 100%；年内无重大隐患，安全生产投入资金 3.5 万元。

（林志凌）

【农业机械购置补贴】 2015 年，全县农机购置补贴工作按照《2014 年大田县农业机械购置补贴实施方案的通知》实施，改善农机化装备结构，办理指标确认书数 1450 份，受益户数 1349 户，补贴各类农业机械机具 1523 台（套），带动农民投入农机发展资金 1006 万元。全县落实农机购置补贴资金 251 万元，其中中央补贴 219 万元、省补贴 32 万元。

（林志凌）

农　场

【东风农场】 2015 年，全场 1075 户、3750 人。工农业总产值 9391 万元、比上年下降 8.83%，其中农林牧渔产值 4391 万元、同比下降 16.52%；农工人均纯收入 1.02 万元，同比增长 10.3%。粮豆播种面积 400 公顷，烟草种植 37.33 公顷，收购烟叶 1137 担。雷竹基地规范管理 120 公顷，逐步扩大种植规模，雷竹笋总产值 2000 万元以上。红菇基地规范管理，新成立“登榜桥林下经济专业合作社”，全年红菇产量 300 公斤，总产值 90 万；编制“十三五”森林经营方案，完成初稿并送省林业厅评审；完成林木生产经营 2729 立方米，销售收入 296 万元；完成幼林抚育 108.47 公顷。

（林生郁）

【县良种场】 2015 年，全场 64 户，186 人。耕地面积 13 公顷，农业总产值 350 万元，人均纯收入 7500 元。种植玉米 10 公顷，产量 225 吨，产值 67.5 万元；种植蔬菜 26.7 公顷（含复种），总产量 1400 吨，产值 196 万元；种植大棚蔬菜 1 公顷，产值 22.5 万元；温州蜜柑 5.33 公顷，产量 70 吨，产值 6 万元；烟叶产量 101 担，产值 14.1 万元。

（黄志金）

【基础设施建设】 2015 年，东风农场完成垦区危房改造 30 户（套），总投资 180 万元；对 2014 年改造的 52 户危旧房屋，进行配套基础设施建设，完成三门、前坪、泼水等 6 村危房改造点道路铺设混凝土路面 2700 米，改造桥梁 1 座，总投资 100 万元，其中中央及省市配套补助 30 万元；36 套公租房竣工，分配入住，项目占地面积 422 平方米，建筑面积 1681 平方米，总投资 350 万元，其中中央及省市保障房资金补助 180 万元，配套基础设施补助资金 39 万元；实现所有自然村通混凝土道路，改造前坪、三门、排吉、睦坪等村安全饮用水管网，投资 21 万元，实现全场正常供水；实施农业综合开发小流域治理项目，总投资 504 万元，受益村庄 8 个、受益人口 2000 人。

（林生郁）

林业

□编辑 陈吉鸿

森林资源培育

【概况】 2015年，大田县林业工作围绕“百姓富、生态美”目标，按照建设“生态林业、民生林业”的要求，创建国家级生态县和省级森林县城（市），创新体制机制，推进现代林业建设，各项工作进展顺利。

营林造林 2015年，全县共完成造林绿化面积2526.93公顷，占省、市下达任务的112.74%。其中，造林更新面积1528.73公顷，占省、市下达任务的112.57%；“四绿”工程建设面积998.2公顷，占省、市下达任务的113%。“四绿”工程中绿色城市33.33公顷、绿色村镇107.6公顷、绿色通道45.93公顷、绿色屏障811.33公顷。

苗木培育 2015年，全县育苗5.3公顷、产苗483万株，其中马尾松1.1公顷、128万株，杉木3公顷、282万株，木荷1公顷、64万株，其他阔叶树0.2公顷、9万株。培育轻质机型马尾松容器苗0.3公顷、75万袋，绿化苗273公顷、708万株。

竹业开发 2015年，全县巩固“两高一优”丰产竹林面积1666.67公顷，新发展“两高一优”毛竹笋竹两用林200公顷，低产毛竹林改造733公顷；完成竹山机耕路（宽2.5米以上）36公里，建竹山灌溉蓄水池7个、349立方米。全年生产原竹240万根，中小径竹材产量980吨，鲜笋1.12万吨，清水笋580吨，笋干370吨。竹业总产值1.77亿元，其中加工产值1627万元。

油茶开发 2015年，全县新造油茶林82公顷，油茶低产林改造387公顷；争取中央农业综合开发油茶基地示范项目、中央现代农业（油茶）生产发展项目、市级油茶产业发展项目补助资金739万元。

（陈鹏飞　张锦斌　叶德扬）

【义务植树】 2015年，全县参加义务植树19.6万人次、植树74.1万株。创建21个绿色村庄，新增公园绿地面积7.23公顷，新建义务植树基地1个、面积2.01公顷；全年通道绿化工程建设34.1公里，通道林木绿化率80%。

（方来毅）

森林资源保护

【概况】 2015年，县林业局严格采伐限额管理，控制森林资源过量消耗，实现森林可持续利用；建立健全森林资源管理制度，依法行政，促进林业经济可持续发展。

限额采伐 2015年，县林业局根据省林业厅下达的商品材采伐计划，分解下达各乡镇、场采伐蓄积量19.24万立方米，确保年度采伐消耗量及分项结构不突破指标。全县共办理商品材林木采伐证769份、蓄积量15.16万立方米，出材11.08万立方米。

依法护林 2015年，县林业局执法部门共受理查处各类森林案件254起，其中立刑案60起，破案44起，抓获逃犯8人，摧毁犯罪团伙4个、14人；受理查处行政案件194起（林政案件191起，治安案件3起），共处理违法犯罪人员253人次，其中依法逮捕12人、取保候审42人、刑事拘留5人、治安拘留3人、林政处罚191人次，没收木材1042.85立方米，为国家挽回经济损失239.5万元。全年办理木材运输证8084份，运输木材12.3万立方米。

林地管理 2015年，县林业局执法部门开展非法占用林地清查专项行动，共清理非法占用林地5.7公顷，其中立刑案1起，林业行政处罚21起，并责令限期恢复森林植被。当年，受理、上报审核审批征占用林地13宗，面积15.4公顷。

森林防火 2015年，全县贯彻执行森林防火的法规、政策，按照省、市政府下达的森林防火责任目标要求，坚持“预防为主、积极消灭”的方针，结合实际，突出重点，抓好各项防范措施落实，多层次、全方位抓森林防火。全年召开指挥部成员及其他形式会议32场（次），参加1504人次，共发布禁火令3次，橙色预警7次；出动宣传车640车次，制作固定宣传牌10块，印发防火宣传单、禁火令、刷写、张贴标语8万张（条）；查处违章野外用火870起，共罚款3万元。全县发生森林火灾4起，过火面积74.3公顷、受害面积59.1公顷，其中生态林受害面积6.3公顷，发生率为0.4次/10万公顷，商品林受害率为0.38‰，生态林受害率为0.14‰。

森防检疫 2015年，县林业局森防站执行国家《植物检疫条例》和《森林病虫害防治条例》，坚持“预防为主、科学治理、依法监管、强化责任”的林业有害生物防治方针，做好森林病虫害测报和防治。全年测报病虫害10种，监测面积14.21万公顷，发布虫情预警2次，产地苗木检疫15户、面积111.3公顷，产地检疫率100%，无发现检疫对象。

（陈秉宇　林正松　郑丽敏　陈思伟　沈荔琴　曾建新）

【山林纠纷调处】 2015年，县山林纠纷调处办调处县内森林、林木林地纠纷7起、面积190.3公顷，其中，行政裁决1起、面积39.7公顷，该案进入行政诉讼程序。接待群众来信20件、20人次，来访1批、18人次，受理林权纠纷信访、办结反馈13件。没有发生恶性纠纷案件。

（吴贵戊　郭行泽）

【十大最美乡村风水林评选】 2015年，市绿化委员会、林业局加快推进国家森林城市建设，挖掘弘扬森林生态文化，加强风水林宣传和保护，联合组织开展“十大最美乡村风水林”评选活动。济阳乡济中村宗祠寺院风水林历四五百年，具有很高的生态价值、景观价值、文化价值和科学价值，获得三明市“十大最美乡村风水林”第4名；屏山乡内洋村水尾村落宅基风水林规模大，产权明晰，相对集中连片、历史悠久、群落结构稳定、是典型的地域景观资源，获得第7名。

（林伟才）

林业改革

【概况】 2015年，县林业局进一步完善集体林权制度改革工作。继续加强林权动态管理，全年共受理林权登记申请309宗，林权初始登记154宗（份），新增林权登记面积141.73公顷，发放林权证179本，补办14本，注销登记62宗、更正登记6宗、变更登记73宗。继续培育新型林业合作经济组织，当年新增76家，年底，全县共有林业专业合作经济组织181家，其中，工商注册合作社85家，各类林业协会50家，股份林场24家，家庭林场10家，公司+基地+农户12家。加强生态林管理，签订重点生态林管护合同415份、重点生态公益林监管责任书224份、林业站工作人员生态公益林监管责任书48份。全年发放国财、省财补助资金1224.29万元，比上年增加77.16万元。

（张峰林　林因鸿）

【贷款林权抵押和贴息】 2015年，县林业局共办理林权抵押登记15宗、面积1196.4公顷，抵押贷款金额3899万元；申请林农小额贴息贷款3192万元，中央财政贴息99.51万元。

（张峰林　庄　丽）

【林下经济发展】 2015年，全县林下经济涉林面积3.57万公顷、年产值2.52亿元，农民人均创收1716元。其中，林下种植中药材、林菌（红菇、梨红菇）4220公顷、产值1696万元，林下养殖鸡、鸭、鹅、牛、羊1.12万公顷、产值1.27亿元，采集加工笋竹（含小径竹）1.5万公顷、产值1.07亿元，森林景观利用森林公园、森林人家5300公顷、产值84万元。县林下经济林菌示范基地建设项目经县林业局验收，通过省林业厅认可。

（张峰林）

国有场圃

【概况】 2015年，县境内国有场圃4个，其中，市属林场2个，县属林场、苗圃各1个。

共有经营面积 1.53 万公顷（苗圃用地 1.2 公顷），其中有林地 1.4 万公顷，林分蓄积量 233.14 万立方米。全年迹地更新造林 165.59 公顷，中幼林抚育 2062.8 公顷，木材生产 2.65 万立方米，主营业务收入 3014.78 万元，利润 914.21 万元。年底，共有职工 184 人，其中专业技术人员 66 人。

桃源国有林场 2015 年，根据省林业厅资源站图库融合，全场经营面积 6485.33 公顷，其中有林地 5995.33 公顷，森林覆盖率 92.4%，林分蓄积量 98.14 万立方米。当年迹地更新造林 80.93 公顷，平均成活率 95.9%，其中速生丰产林面积 47.6 公顷；森林抚育面积 570.73 公顷，中幼林抚育 1086.13 公顷；新造珍贵树种林 31.33 公顷；完成定株经营项目 71.6 公顷、采脂基地建设 52.53 公顷，杉木、马尾松抽高综合合格率、速生丰产林达标率、未成林造林转有林地综合合格率、幼林进阶率等“四率”均 100%；防火林带抚育 65.55 公里，林道维修 81.28 公里，森林病虫害防治 67.73 公顷。全年主伐择伐林木面积 7.87 公顷，抚育间伐 750.13 公顷，完成木材生产、销售 1.42 万立方米，木材平均销售单价 1130.9 元 / 立方米。主营业务收入 1646.78 万元（不含薪材），销售利润 835.85 万元，利润率 50.62%。营林、抚育投资 413.12 万元。桃源国有林场美丽林场建设，按照市林业局创建标准，经三年建设，当年通过市林业局专家组评审验收。年底，全场在职干部职工 69 人，其中专业技术人员 28 人（中级职称 8 人，高级以上 13 人）。

梅林国有林场 2015 年，根据省林业厅资源站图库融合，全场经营面积 6317.3 公顷，其中有林地 5550.13 公顷，森林覆盖率 87.9%，林分蓄积量 93.4 万立方米，生态公益林面积 937.07 公顷。木荷育苗 666.7 平方米。全年迹地更新造林 40.93 公顷，中幼林抚育 586.67 公顷，抚育间伐 72.93 公顷，森林病虫防治 202.07 公顷；林道维修 87 公里，防火林带抚育 35 公里；木材生产 7099 立方米，销售 7072 立方米，销售收入 703.3 万元，利润 13.36 万元。当年收到上级专项拨款 288.87 万元，育林金林价留场 62.85 万元；营林投资 303.41 万元。年底，在职干部职工 73 人，其中专业技术人员 29 人。7 月，林场被市委、市政府评为 2012—2014 年度精神文明建设先进单位。

赤头坂国有林场 2015 年，全场经营面积 2540 公顷，其中有林地 2433.33 公顷，森林覆盖率 96%，林分蓄积量 41.6 万立方米。分别实施中央和省财政森林抚育补贴项目面积 73.33 公顷、71.53 公顷。当年，迹地更新造林种植杉木、马尾松、楠木混交林 43.73 公顷；新营造木荷防火林带 11 公里；幼林抚育 390 公顷，抚育间伐、卫生伐 20 公顷，维修防火路 57.9 公里，森林病虫害防治 320 公顷。全年木材生产、销售 5206 立方米，销售收入 664.7 万元，税后利润和财务收支节余均 65 万元；实现林业金费 66.4 万元（维简费 39.84 万元、育林基金 26.56 万元），提取林价款 60 万元。年底，有干部职工 36 人，其中专业技术人员 9 人。

汤泉苗圃 2015 年，苗圃水田 1.07 公顷、旱地 0.13 公顷，育苗 1.07 公顷、产苗 130 万株。年底，有职工 6 人。

（张加汪 林起刚 余瑞真 林伟才）

【营林机械示范现场会召开】 4 月 23 日，由省林业厅、市林业局和县政府主办，县林业局、福建省佳盛林业有限责任公司承办的全省营林机械推广示范现场会在桃源国有林场举行。省林业厅副厅长谢再钟、相关处室负责人，各设区市林业局、平潭综合实验区森林与园林管理局分管副局长、营林科长，营林机械生产企业及省市新闻媒体共 40 多人参加，现场展示适用于丘陵山地林区的营林机械，有引进的芬兰庞赛（PONSSE）公司生产的庞赛采伐机、割灌机、高枝油锯、挖坑机、粉碎机、木材装卸机、轨道搬运机、“爬山虎”、田园搬运机、喷药设备等 10 种林机设备。推介活动为省首次，也是省内首次引进国外大型营林设备。

（张家汪）

【林业执法中队成立】 2015 年，梅林国有林场根据上级有关文件，成立林业执法中队，成员 4 人，经市林业局统一培训，取得行政执法证。加强打击各种盗砍乱伐国有林场林木和侵占林地等违法行为。9 月 7 日，执法中队召开首次会议，邀请县森林公安分局局长林建楠和梅林森林派出所所长陈庆荣参加，中队成员作表态发言。

（林起刚）

水利·电力

□编辑 魏兰兰

水 利

【概况】 2015年，大田县水利局围绕县委、县政府“转型驱动，绿色发展”的工作思路，继续开展“七个重大项目组”活动，全面推进水利工程建设。年内，全县实施水利重点工程及水土流失治理建设项目11个，总投资8.07亿元，年度计划投资3.34亿元，完成投资3.58亿元，占年度计划107%。其中，市重大水利项目4个，年度计划投资1.58亿元，累计完成投资1.76亿元，占年度计划111.5%。全年完成供水628万吨，产值610万元；代征收污水费499万元，垃圾处理费180万元，新增用户768户，全年水质综合合格率99.6%。

（郑新镱 郑序在）

【水土流失治理企业化运作项目试点】 7月，大田县与福建水利投资开发集团有限公司签署水土流失治理合作框架协议，被列入全省首个水土流失治理企业化运作项目试点县。以太华镇万湖矿区水土流失治理为试点，对矿山迹地进行生态恢复建设，项目总投资1834万元，年底开工建设，计划综合治理水土流失面积约3333.33公顷，其中经济类种植57.73公顷，封禁林约274.8公顷，美丽乡村绿化配置0.8公顷。项目回报通过种植油茶与林下经济开发，实现经济投入与效益产出的平衡。

（郑新镱）

【中型灌区节水配套改造项目通过验收】 9月21—22日，文桃中型灌区节水配套改造项目通过省级验收。项目主要涉及文江、奇韬、广平、建设、太华、桃源、上京7个乡镇、68个村，人口12.1万人，项目设计灌溉面积3740公顷，总投资1849.26万元。该项目2011年12月15日动工建设，2014年1月16日完工，完成投资1830.06万元，完成渠道清淤疏浚30公里、干支渠防渗衬砌总长度77.5公里、新建拦河坝及修复8座、倒虹吸修复1处、泄水压力管1处、水闸改造36座、启闭机更换3台。

（郑新镱）

【小型农田水利建设重点县项目竣工】 2015年，中央财政小型农田水利建设项目对大田总投资5520万元，当年完成投资1994.13万元，占年度计划投资的100%。该项目分三年实施，共6个标段。1月底动工，至年底，完成改造水渠40.49公里、水源工程159处、排水沟7公里。

（郑新镱 林丽婷）

【水旱灾情】 2015年，县气象站实测全年平均降雨量1626.75毫米，比往年（前30年平均降雨量）（下同）多93.05毫米。降雨特点一是时空分布不均，最大为屏山站1825.2毫米，最小为建设镇高云站1430.3毫米。其中，1—4月平均降雨量283.84毫米，比往年减少34.5%；5—8月平均降雨量866.6毫米，比往年增加4.7%；9—12月平均降雨量476.37毫米，比往年增加125%。二是台风雨影响少，全年有“苏迪罗”“杜鹃”台风影响，8月8—10日台风“苏迪罗”，最大过程降雨量144毫米，平均过程量76.7毫米；9月28—29日台风“杜鹃”，最大过程降雨量92毫米，平均过程量52.7毫米。均溪河最高水位354.72米，超警戒水位0.12米；文江河最高水位257.01米，超危险水位0.15米。两座中型水库均没有泄洪。年内，全县受灾人口1.31万人，转移2841人，经济损失2028万元。其中，农作物受灾面积113.3公顷，粮食减产0.11万吨，农林牧渔业直接经济损失144万元；主干线公路中断1条次、停产工矿企业46个、供电中断29条次，工业交通经济损失1521.8万元；堤防损坏22处、护岸损坏42处，灌溉设施损坏106处，水利设施经济损失362.2万元。

（林丽婷 刘珍超）

【万里安全生态水系建设项目申报】2015年，大田县申报均溪河万里安全生态水系建设项目，项目分均溪和东坂溪2个河段。一是均溪河段干流，整治起点位于石牌镇上坡村，终点位于华兴乡京口村，涉及3条支流，河段综合整治长度26.24公里。二是东坂溪位于桃源镇东坂村划区，东坂溪河段整治起点位于上东坂村安良堡上游300米处，终点位于下东坂村明德宫下游350米处，河段综合整治长度3.76公里。两个河段综合整治长度共计约30公里，省水利厅将项目中的15公里（含东坂溪3.76公里）列入2016年实施项目。

（郑新镱 林丽婷）

【小流域水土流失综合治理项目完工】 2015年，广平镇元苏溪、上京镇上京溪第三批省级专项水土流失综合治理项目完工，投资1000余万元，治理面积1350公顷，其中封禁1225公顷（含补植332公顷），造水保林55公顷，茶园坡改梯70公顷。

（林丽婷）

【农村水电增效扩容改造升级】 2015年，全县21个小水电站实施增效扩容改造，进入试运行，改造后总装机容量由2万千瓦提升至2.98万千瓦，通过升级改造，提高发电机组的综合效率、自动化水平。项目总投资8856万元，当年完成投资6011万元，占年度计划的120%。

（郑新镱）

【水资源管理】 2015年，县水利局推进建设项目水资源论证、取水许可、水资源有偿使用的水资源管理三项制度。全县有效取水许可证数205套，其中水力发电183套、工业12套、自来水10套。年内，全县共完成建设项目水资源论证审批5项，执行《福建省水资源费征收使用管理办法》，共征收入库水资源费298.42万元。

（郑新镱）

【中小河流整治项目竣工】 2015年，湖美乡、桃源镇、文江乡、太华镇实施4条中小河流整治项目，总投资8290万元，完成综合治理重点河段12.59公里、护岸堤防11.07公里、新建护岸4.29公里、河道清淤3.5公里。

（林丽婷）

【“易信晒河”获评全国治水经验】 2015年，由中国水利报社举办的读者评选激浪杯2015年度全国水利行业基层治水十大经验揭晓，大田县落实“河长制”的“易信晒河”做法，获2015全国基层十大治水经验之一。“河长易信群”通过通信手段“易信群”，将巡查河道所发现的情况实时上传文字、图片，对全县所有河道24小时不间断监管。

（郑新镱）

【供水管网建设】 2015年，省水利投资集团（大田）水务有限公司共投入1347万元，新建供水管网8.5公里，改造供水管网3.2公里，重点完成县污水处理厂、福建三九军大生物科技有限公司、福建黎祥（大田）食品有限公司等供水工程和城区巷道、福塘村给水改造工程。完成石牌镇给水管道应急铺设、美地公园生活给水管道、秋桐小区室外配套给水及消防管网、美地公园室外消防、生活给水（一期、二期）、凤山大厦给水、福莱桥预埋DN300管道、赤岩隧道DN400钢管预埋等工程。

（郑序在）

电 力

【概况】 2015年，大田县水利、电力部门规范小水电管理，挖掘小水电潜能，加大增效扩容改造力度；加强小水电下泄流量监管，保护水生态环境，落实防汛度汛安全责任制度。全县有水电站182处，总装机容量14.74万千瓦，年发电量4.26亿千瓦时，比上年下降7.19%。县供电公司完成售电量12.11亿千瓦时，比上年增长4.3%，综合线损率为5.45%；完成固定资产投资7699.6万元，完成年计划的100%；投入1.44亿元，用于农配网升级改造，改善低电压、频繁停电现象；实现连续生产安全3332天、连续经济安全1616天。年内完成工程施工、物资采购等非招标项目42个，预算金额1789.2万元，节约投资216万元，新建石牌供电所、前坪供电所，完善岩城运维站、桃源供电所等生产办公场所。

（周庆生　宋志祥）

【电网建设】 2015年，县供电公司开展配电网发展诊断分析，完成“十三五”配电网规划编制，并通过省电力公司评审。一是完成屏山乡、谢洋乡35千伏建设输变电工程选址工作，4项基建前期任务提前完成。二是110千伏京口输变电工程提前开工，完成前坪至梅山35千伏线路工程。三是完成2015年农配网项目，竣工率、结算转资率均达100%。采取增变、增径，延伸四线，调档、末端加装补偿装置等措施解决低电压763户。

（宋志祥）

【电力管理】 2015年，县供电公司加强电力管理工作。一是严控电网风险，加强安全管理，开展安全培训及技能竞赛，加强安全执规和检查考核现场管理。落实安全风险闭环管控，防控七级以上电网风险及防控作业风险。完成配电管理系统建设，提升停电故障信息研判准确率。二是推广购电制，高、低压用户签订购电制，签订率居全省前列，推广居民用电电子缴费，拓宽缴费渠道。三是开展用电普查，查处窃电及违约用电114起，追补电费及违约使用电费34万元，发现用户产权设备安全隐患并告知处理。四是开展周期性核抄高、低压用户电表，核查比率达100%；完善营配调贯通数据异动管控和日常跟踪、维护机制，严格营配协同异动流程。规范更换电表流程管控，推进串户隐患排查与整改，降低串户投诉风险。落实营销风险管控，健全班组作业过程“零差错”管理，提升供电优质服务过程管控。

（宋志祥）

工 业

□编辑 陈昭才

综 述

【概况】 2015年，县委、县政府应对各种困难和不利因素，推进项目建设，壮大经济规模，提高园区承载力，全县工业经济取得新进展，实现新突破。全县规模以上工业企业178家，比上年增加1家，实现产值340.56亿元，比上年增加38.46亿元，增长12.73%；实现工业增加值106.67亿元，比上年增长9.3%。发展循环经济项目15项，其中节能项目5项，循环经济项目10项。

经济运行 2015年，县政府加强对规模以上工业企业的宏观调控，及时掌握运行动态，帮助解决企业生产经营活动中遇到的困难和问题，企业得以正常生产。培育新的经济增长点，对新增长点项目的建设过程实行跟踪服务，项目顺利施工，促进建设项目尽快竣工投产发挥效益。工业产值中，轻工业完成产值92亿元，比上年增长15.29%，合成革制造和胶合板制造产值增幅分别为12.9%和12%；重工业完成产值248.7亿元，比上年增长11.88%，有色金属、非金属矿采选和炼铁产值增幅分别为24.6%、13.3%和13.6%。当年，规模以上工业经济效益综合指数438.7%，比上年下降12.7个百分点，实现利税总额11.08亿元，其中实现利润3.75亿元，税收7.33亿元。

项目投资 2015年，县实施工业建设项目288项，完成投资126.54亿元。实施技改项目265项，完成投资117.53亿元，完成市下达任务(108亿元)的108.8%；华伦特、鑫鹭峰等6个省级技改重点项目全部开工建设，完成投资4.1亿元；列入市60个重点技改项目，完成投资29.81亿元，完成年度计划的100%。县38个工业经济重点投资项目完成投资31.41亿元，完成年度投资计划29.57亿元的106.22%；浩特国际纺织服饰、伊鑫新型建筑材料等23个项目超额完成年初投资计划；宝山文化鼎艺术铸造生产线技改、育灯纺织生产线等7个项目竣工投产。

主要产业与新兴产业 2015年，县主要产业持续发展。一是机械铸造产业。县机械铸造业已形成比较完善的冶炼铸造、机械加工、热处理、整机装配等机械制造体系。主导产品有颚式破碎机系列、反击式破碎机系列等矿山工程机械，还有机床铸件、机电铸件、矿山机械铸件等，在福建省内外占有较大的市场份额；人造板机械为福建全省综合评定同行业第一，并被省统计信息咨询中心授予福建省地产最畅销商品。颚式破碎机曾在全国行业质量评比中获一等品，并获福建省优质产品奖；山友破碎机、宝山机械、镇石破碎机等产品出口日本和印尼、泰国等东南亚国家；大田威斯特环保公司依托现有的矿山机械制造能力，推动矿山机械制造向环境装备制造跨越式转型升级，并引进国内外先进企业和技术，打造“中国固废装备研发和制造基地”。当年，有机械铸造企业49家，其中规模以上31家，实现产值96.03亿元，占规模工业产值比重28.2%。二是矿产品采选和深加工产业。全县共有规模以上矿产品采选和深加工（含水泥企业6家）企业83家，实现产值134.1亿元，占规模工业产值比重39.38%，为县工业的基础和财政收入的支撑。但整体产业科技含量不高，企业数量多、规模小，深加工程度低，产品附加值不高，生态环境治理欠账多，行业景气度下滑。三是其他制造业（塑料制品、合成革、包装制品、木材加工、家具生产等）。其他制造业规模以上企业

31家，实现产值66.12亿元，占规模工业产值比重19.42%。四是纺织产业。全县共有规模以上纺织企业6家，实现产值6.22亿元，占规模工业总产值1.83%。已初步形成以县京口工业集中区、吴山吉洲工业项目区、福塘轻工业园区为平台的产业发展格局，但整体产业实力不强、上下游不配套。2015年，县新兴产业主要是生物医药和新材料业，其中生物医药业有规模企业1家，实现产值1.39亿元，占规模工业总产值的0.41%；新材料业有规模以上企业13家，完成产值20亿元，占全县规模工业总产值的5.87%。

园区建设 2015年，县工业项目区平整土地面积826.6公顷，水、电、路等基础设施正在完善，入驻企业53家，创工业总产值97.5亿元。一是京口工业项目集中区完成投资8800多万元，新开发平台面积17.67公顷，完成市政道路硬化2公里；飞鹰实业、浩特纺织、三井织造、华盈塑胶等11家企业已入驻，其中8家已正常生产，有规模以上企业7家，实现产值7.3亿元；年内新引进的三明中工塑胶有限公司完成登记，正在做前期工作；多彩铝业、伯恩太阳能、圣莉莱箱包和南光轻工等4个项目已达成入驻意向；建设完成日处理0.5万吨污水处理厂投入运营；新增绿化面积6.67万平方米。二是福建（大田）机械铸造产业集聚区设置5个生产性功能区（冶炼铸锻、矿产品加工机械、资源化机械、精密机械、承接产业转移工业区）和服务性功能区；平整土地面积86.67公顷，已供面积60公顷，长鑫船舶、华阳光电、金杉木业、森利新能源、东方红建材、腾龙新型建材等9家企业入驻，当年实现产值20.35亿元；《大田县省级铸造产业基地2015—2025发展规划》通过组织实施；委托浙江大学城乡规划设计院优化的《控制性详规》，通过专家评审，正在进行修改完善；项目立项和可行性研究报告、控制性规划环境评价、地质灾害评估、地表水水源调查分析和水土保持方案及地质钻探等前期工作已经开展，招商工作也在同步进行中。

服务企业 一是强化政策落实。省、市、县相继出台扶持企业发展的优惠政策，县经信局对政策进行研究、梳理、汇总，编印《福建省促进中小企业发展条例》读本200册、《工业稳增长促发展政策汇编》读本300册，及时分发给工业企业，省、市、县出台的促进工业发展政策措施100%宣传到位、100%兑现到位。当年经信局为工业企业争取到上级用电、节能、技改、两化融合等补助资金1084.1万元，帮助14家企业解决应急周转信贷资金17笔、9425万元。华阳光电、金阳矿业、鑫鹭峰3家企业获国家工信部相关行业准入。二是强化服务保障。发挥金融风险应急处置工作领导小组、中小微企业发展服务中心职能，落实县政府组织开展的“百名干部服务百家企业活动”，召开银企供需对接会，帮助企业解决困难和问题52个。三是优化发展环境。抓安全生产保障，加强安全宣传教育，营造良好的安全生产氛围。

（刘兴发）

【促进工业创新转型稳定增长措施出台】 5月20日，县政府下发《关于促进工业创新转型稳定增长措施的通知》，包含鼓励先进制造业企业增产增效、加快推进企业技术创新和技术改造、推动企业兼并重组、提升园区综合水平、鼓励企业创新商业模式、扶持中小微企业发展、开展企业节能降耗、强化金融服务、减轻企业负担等方面内容。县财政安排的企业发展配套资金专项用于推动全县工业企业稳定增长、转型升级，主要用于鼓励工业企业增产增效、技术改造、节能降耗等方面。该通知从2015年1月1日起执行，执行时间至2015年底。

（刘兴发）

【县经济和信息化局组建】 8月10日，县政府办下发《关于印发大田县经济和信息化局主要职责内设机构和人员编制规定的通知》，明确原大田县经济贸易局更名组建为大田县经济和信息化局，加挂“大田县国防动员委员会支前办公室”牌子，为县人民政府工作部门，机构规格为正科级。该通知主要内容分为职责调整、内设机构、人员编制和领导职数、派驻机构和其他事项等。9月15日，县政府办下发《关于启用大田县经济和信息化局等印章的通知》，即日启用“大田县经济和信息化局”印章，原“大田县经济贸易局”印章同时废止。

（刘兴发）

【加快产业转型升级实施意见出台】 9月22

日，县委、县政府下发《关于进一步加快产业转型升级的实施意见》。该实施意见主要内容包括总体要求和主要目标、推进现代特色农业加快发展、推进工业加快转型升级、推进服务业转型提升、强化产业转型升级支撑、强化保障措施等六个方面，以山区资源型县域绿色转型为目标，以“转型驱动、绿色发展”为主题，持续推进新型工业化、信息化、城镇化、农业现代化；持续抓龙头、铸链条、建集群，构建以特色农业产业为基础，先进制造业为支柱，现代服务业为支撑的现代产业体系。

（刘兴发）

【大田县实施“中国制造2025”行动方案出台】 10月21日，县委、县政府下发《关于印发大田县实施“中国制造2025”行动方案》。该行动方案主要内容包括总体要求、目标任务、实施路径、保障措施等四部分，根据县情提出大力实施转型驱动、绿色发展战略；坚持稳中求进的总基调，坚持以推动制造业的网络化、智能化、绿色化、服务化为目标，以提高发展质量和效益为中心，以深化改革为动力，以转方式调结构为重点，以创新驱动为支撑，以发展战略性新兴产业和生产性服务业为新增长点，持续推进稳增长、攻高端、夯基础、强管理，加快提质增效升级，着力提高大田制造业的竞争力。

（刘兴发）

【小微企业创业创新基地城市示范工作实施意见出台】 12月10日，县委、县政府下发《关于全面推进大众创业万众创新创建小微企业创业创新基地城市示范工作实施意见》，主要内容包括推进简政放权优化发展环境、培育众创空间推动创业创新、激发主体活力鼓励创业创新、完善政策加大资金扶持、加快公共平台建设提高创业服务水平、加强政策宣传注重舆论引导、强化组织领导确保政策落实到位七个部分，要求以创新创业带动就业，增强新常态下经济发展新动力，推动小微企业创业创新基地城市示范工作顺利实施。

（刘兴发）

矿物采选工业

【概况】 2015年，全县矿物采选工业规模以上企业77家，比上年增加6家。实现产值124.86亿元，比上年增长13.13%；销售收入124.90亿元，比上年增长13.37%。

规模以上煤炭采掘企业 2015年，全县规模以上煤炭采掘企业19家，比上年增加2家；实现产值23.45亿元、销售收入24.16亿元，分别比上年增加0.89亿元、1.65亿元，增长3.95%、7.33%。矿山分布在广平、奇韬、太华、上京、建设5个镇和文江乡。其中，省属煤炭采掘企业1家，矿山分布在上京镇和广平镇。

非煤矿物采选企业 2015年，全县规模以上非煤矿物采选企业58家，比上年增加4家。实现产值101.41亿元、销售收入100.74亿元，分别比上年增加13.6亿元、13.08亿元，增长15.48%、14.48%。矿产品有铁矿、铅锌矿、锰矿、硫矿、石墨矿、石灰石、钾长石、机制砂等，矿山分别分布在广平、奇韬、建设、太华、上京、均溪、石牌7个镇和前坪、梅山、济阳、华兴、文江、谢洋、武陵7个乡。

（黄钟煊　周明呈　乐生瑞　陈吉华　郑正堃　薛茂新　林秀盛　颜全峰　林乐斗）

建材工业

【概况】 2015年，全县规模以上建材工业企业14家，比上年减少3家。实现产值19.98亿元，销售收入19.41亿元，分别比上年下降7.90%、10.56%。其中，水泥生产企业6家，比上年减少2家，实现产值9.24亿元、销售收入8.93亿元，分别比上年减少2.64亿元、2.88亿元，下降22.22%、24.39%；企业分别分布在上京、太华、广平、石牌4个镇。其他建材企业8家，比上年减少1家，实现产值10.74亿元、销售收入10.48亿元，分别比上年增加0.84亿元、0.59亿元，增长8.84%、5.97%；产品有空心砖、多孔砖、石灰等，企业分别分布在广平、上京镇。

（黄钟煊）

【矿产品流通管理】 2015年，根据《福建省矿产资源条例》实行准运制度，全年发放“福建省矿产品准运凭单”2547本；全年石灰石、石墨等非金属矿产品计量费征收421.73万元。

（高　扬）

【新型建材发展】 2015年，全县新增新型墙材企业1家，技改新型墙材企业1家；新增新型材料生产能力为1.2亿块标砖。全县年生产标砖能力为5亿块。全年共节约土地95亩，节约标准煤9700吨，减少废气排放2.15万吨，利用废渣11.5万吨，新型墙体材料使用比例达到95%以上。全年征收新型墙体材料专项基金179.8万元，返还新型墙体材料专项基金68.26万元。

（高 扬）

【散装水泥推广应用】 2015年，全县发放散装水泥163.6万吨，散装率为51.1%，全县使用散装水泥56万吨，城区使用散装率为80.86%。全年征收散装水泥专项资金148.09万元，其中水泥企业134.94万元，建设单位13.15万元。

（高 扬）

陶瓷工业

【概况】 2015年，全县规模以上陶瓷生产企业4家，与上年持平。产品为日用瓷和工艺瓷，实现产值6.75亿元、销售收入6.75亿元，分别比上年增加1.41亿元、1.41亿元，增长26.40%、26.40%。当年，陶瓷原料矿山企业9家，陶瓷原料深加工企业4家，石英深加工企业2家；征收陶瓷原料资源矿产品金费42.61万元，比去年减少23.48%。

（黄钟煊 高扬）

【县外资金引进】 2015年，县引进石英石深加工企业——泉州本益科技股份有限公司（在建），与本益科技股份有限公司签订《高端石英材料生产研发产业基地合作框架协议》，项目总投资约为人民币10亿元，同时，县政府授权县建筑材料工业公司与本益科技股份有限公司合资，在大田筹建"福建润岩新材料科技有限公司"，县建筑材料工业公司占股权10%。

（高扬）

冶炼与铸造工业

【概况】 2015年，全县冶炼与铸造工业规模以上企业31家，比上年增加2家，实现产值96.3亿元、销售收入94.31亿元，分别比上年增加12.49亿元、10.99亿元，增长14.90%、13.19%。其中，生产结晶硅企业1家，厂址位于上京镇；破碎机生产企业2家，油压机、热压机生产企业各1家，厂址位于均溪镇和华兴乡；矿山设备生产企业1家，厂址位于均溪镇；铸铁和铸钢件企业21家，企业分布在均溪、石牌、太华、广平4个镇和前坪、武陵、华兴3个乡；矿山设备生产企业1家，厂址位于均溪镇；船舶配件制造企业1家，厂址位于上京镇；铸件加工企业1家，厂址位于桃源镇；炼铁，铸铁、铸钢件企业21家，企业分别分布在均溪、石牌、太华、广平4个镇和前坪、武陵、华兴3个乡。

（黄钟煊 周明呈 乐生瑞 郑正埜 连文枝 林秀盛 林芳湖）

造纸工业

【概况】 2015年，全县造纸工业规模以上企业4家，与上年持平，生产机制纸、包装纸和卫生纸等。工业产值5.42亿元，销售总额5.10亿元，分别比上年增加0.51亿元、0.32亿元，增长10.39%、6.69%。4家造纸企业分别位于华兴、吴山2个乡。

（庄家乐）

【兴洲纸业公司引进客商承包经营】 3月，兴洲纸业公司引进客商涂两胜到企业投资120万元，承包1575两条生产线，年产生活用纸1800吨，产值1050万元。

（庄家乐）

【闽发纸业公司装置安全消防技防设施和安全监控系统】 5月，闽发纸业公司投资10万多元，在厂区内装置安全技防、监控设施；投资5万多元，在厂区内装置安全监控系统，设置17个监控点，加强安全防范。

（庄家乐）

【开展"安全生产月"活动】 5月，按照国务院安办和全国"安全生产月"活动组委会的统一部署，造纸行业在全县造纸企业内开展"安全生产月"活动，成立组织机构，制定活动方案，开展安全生产事故警示教育、安全培训、消防演习、安全检查、隐患排查等活动。

（庄家乐）

【县领导到闽发纸业公司调研】 5月20日，

县委常委、政法委书记张英跃，到闽发纸业公司调研企业治安维稳工作。8月，县委常委、组织部长蔡建明，到闽发纸业公司调研企业党建工作。9月，县委常委潘荣灼到闽发纸业有限公司调研企业生产、融资情况。

（庄家乐）

【市安监部门到县安全检查】 9月，市安监检查小组到弘惠纸业有限公司，检查造纸企业有限空间作业条件和粉尘作业场所，对企业存在安全隐患提出整改意见，并要求反馈落实措施。

（庄家乐）

【市城联社领导到大田调研】 11月，市城联社副主任方赛珍（主持工作）一行三人，到大田城联社工艺美术企业调研，县城联社主任吴联广汇报2015年工作情况，方赛珍对县工艺美术文化产业发展提出意见和建议。吴联广陪同调研。

（庄家乐）

【华闽纸业公司生产线租赁承包】 12月，华闽纸业公司将三台1575纸机生产线，租赁承包给龙岩外商贺金经营生产，月生产生活用纸500吨，年产值3500万元。

（庄家乐）

【安全生产标准化三级企业评定】 12月，大田闽发纸业有限公司、大田兴洲纸业有限公司2家造纸企业经省、市安监局考评，确定为安全生产标准化三级企业。

（庄家乐）

【闽发纸业公司生活用纸出口非洲】 12月，闽发纸业公司生产的生活用纸通过泉州、厦门等国际贸易公司出口到南非、埃塞俄比亚等非洲国家，年出口额860吨。

（庄家乐）

【闽发纸业公司修建整治环保设施】 12月，闽发纸业公司执行国家产能政策，投资90多万元修建整治污水处理环保设施。

（庄家乐）

其他制造加工工业

【概况】 2015年，全县其他制造加工工业规模以上企业31家，产品有人造革、合成革、电子表芯、颗粒燃料、塑料制品、包装制品、木材加工、胶合板、竹胶板、杉木拼板、家具等。实现产值66.12亿元、销售收入63.37亿元，分别比上年增长加41.64亿元、39.84亿元，增长138.11%、136.44%（统计口径变化）。

（黄钟煊 庄家乐）

【县城联社开展“三严三实”活动】 2月，县城联社开展“三严三实”活动，推行挂企入会服务活动，向工艺美术文化企业宣传政府扶持政策，协助企业报送项目，争取扶持资金，鼓励企业艺人参加政府举办的各种展会，推行定向挂包服务。

（庄家乐）

【组织参加第十届中国（莆田）海峡工艺品博览会】 5月，县城联社组织县工艺美术企业、艺人选送木雕、根雕等优秀作品5件参加第十届中国（莆田）海峡工艺品博览会优秀作品评比，其中，木雕作品《多子多福》《舞动人生》《一品清廉》获博览会铜奖。

（庄家乐）

【丰兴工艺品厂技改】 6月，丰兴工艺品厂投资100万元，兴建厂房一座，引进两台数控电脑雕刻生产线，机械制作木雕、石雕、玉雕等工艺品，年产值800万元。

（庄家乐）

纺织服装工业

【概况】 2015年，全县纺织服装规模以上企业6家，比上年减少5家（统计口径变化），实现产值6.22亿元、销售收入6.38亿元，分别比上年减少26.51亿元、25.73亿元，下降81%、79.83%。其中，纺织服装（含针织）生产企业6家，企业分别分布在均溪镇和湖美乡；合成革、人造革生产企业5家，企业分别分布在华兴和吴山乡。

（黄钟煊）

食品工业

【概况】 2015年，食品工业规模以上企业8家，比上年增加1家，实现产值7.85亿元、销售收入7.78亿元，分别比上年增加3.02亿元、3亿元，增长62.53%、62.76%。产品为茶叶、蜜饯、木薯粉、糖果，企业分别分布在均溪、石牌2个镇和文江、湖美、屏山、武陵4个乡。

（黄钟煊　乐生瑞　邱慧敏　苏晋聪）

生物医药工业

【概况】 2015年，全县生物医药规模以上企业1家，实现产值1.39亿元、销售收入1.39亿元，分别与上年持平。企业内设博士后科研工作站、全国工具酶标准化工作组秘书处、技术研发中心、实验室、化验室等11个。有技术人员82人、其中高级工程师8人、工程师15人、助理工程师22人、其他技术人员37人；博士学历3人、硕士学历18人。9月，公司取得"福建省科技型企业"称号。

（林芳镇）

【生产许可证获得】 2月13日，公司取得中华人民共和国药品生产许可证；6月12日保健品车间取得福建省食药生产许可证；12月23日注射水针车间取得中华人民共和国药品GMP证书，药品生产进入正式投产阶段。

（林芳镇）

【全国工具酶标准化工作组年会召开】 1月8—11日，由福建华灿生物科技有限公司承担的全国工具酶标准化工作组2014年年会及标准审定会在山东省济南市召开。全国工具酶标准化工作组2015年年会暨第五次工作会议于11月28—29日在湖北省宜昌市召开。

（林芳镇）

个体与私营工业

【概况】 2015年，县工商局落实推进工商注册登记便利化，简化市场主体办理注册登记事项，营造便捷市场准入环境。全县个私工业企业总数1347户，比上年增长4%；从业人数1.01万人，比上年增长2%；注册资金35.63亿元，比上年增长8%，比上年增加57户、226人。注册资金比上年增加2.57亿元，增长8%，其中：私营工业企业729家，注册资金34.79亿元，从业人员8018人；个私工业企业618家，注册资金0.84亿元，从业人员2045人。当年经工商注册的个体、私营工业企业57家，注册资金2.57亿元，从业人员226人。

2015年，全县个私印刷工业企业17家，注册资金3393.2万元。其中，注册资金500万元以上的有4家、100万元以上3家、不足100万元的10家。17家印刷企业均分布于城区。

（黄清渊）

【股份处治登记】 2015年，县工商局注册股，应用工商登记职能作用，向金融部门和企业宣传商标质押权贷款模式，拓展企业融资渠道。年内共办理股权出质登记36件，比上年增长71%，担保债权数额6.60亿元，比上年增长362%。

（黄清渊）

交通·邮电

□编辑 郑祥景

交通建设

【概况】 2015年，大田县公路建设总投资4.72亿元。完成二级公路改造2.3公里，四级公路改造13.22公里，华石线（过境公路二期）5.31公里，乡、村公路改造10条、13.22公里；续建国道纵五线均溪周田至石牌长溪段二级公路10.61公里、屏山乡至横七线（和洋村）三级公路8.39公里。年底，全县有公路219条、1661.18公里。其中，高速公路1条、60.61公里；省道2条、136.6公里；县道14条、254.25公里；乡道8条、92.73公里；村道171条、967.68公里；专用公路23条、149.31公里。全县有高级（混凝土、沥青）路面1247.66公里，中级（泥结碎石）225.03公里，低级（粒料改善）188.49公里，晴雨通车1613.19公里。县专业养护班（站、组）15个，员工106人，配备洒水车、扫地车、压路机、灌缝机各2台，装载机、挖掘机、划线机、刻槽机各1台，养护车25台，发动机、清缝机各3台。县、乡、村道养护站18个、养护工280人，配备割草机45台、清缝机、灌缝机各2台、装载机、洒水车、小挖掘机、破碎镐、切割机、扫路机各1台，小型自卸车1辆。

（林加兴）

2015年大田县乡村公路建设改造情况

表1

序号	路线起讫地点	组织实施单位	路基宽（米）	混凝土路面（米）	里程（公里）	总投资（万元）	动工时间	竣工时间
1	郭井村王庄洋至一保自然村	梅山乡郭井村	4.5	3.5	1.36	66.5	2014.3	2015.2
2	杨梅村后头架至杨梅路口	屏山乡杨梅村	4.5	3.5	2.12	74.2	2014.3	2015.3
3	内山村蕉坑自然村至蕉坑路口	屏山乡内山村	4.5	3.5	0.88	37.6	2014.9	2015.3
4	美阳村狮头格至美阳	屏山乡美阳村	4.5	3.5	0.39	12.5	2014.11	2015.3
5	大中村洋梅自然村至洋梅路口	文江乡大中村	4.5	3.5	0.50	18.0	2014.11	2015.3
6	济阳村至坑内自然村	济阳乡济阳村	4.5	3.5	0.44	15.3	2014.1	2015.4
7	杨梅村内边坑自然村至杨梅	屏山乡杨梅村	4.5	3.5	2.35	91.7	2014.3	2015.4
8	城口村杨京美至岬山自然村	上京镇城口村	4.5	3.5	3.56	138.8	2014.8	2015.5
9	美阳村至省坑自然村	屏山乡美阳村	4.5	3.5	0.27	9.2	2015.2	2015.5
10	大中村仁坂自然村至仁坂路口	文江乡大中村	4.5	3.5	1.35	48.7	2014.6	2015.5

（林加兴）

【溪柏林2号大桥动工建设】 1月动工建设，溪柏林2号大桥位于均溪镇后华村北东侧约500米处，全长247米。设计荷载公路—Ⅰ级；洪水频率1/100，桥面宽度25米。场地地震动加速度峰值0.05克，桥梁抗震设防类别B类，抗震设防裂度6度，抗震设防措施等级7度。由福建省交通规划设计院设计，中交第四公路工程局有限公司施工，合诚工程咨询股份有限公司监理。业主单位大田县锦田公路建设有限责任公司。年底，完成桩基36根、墩栏16节、系梁44个、盖梁7个、桥台2座，预制T梁88片，架设T梁72片，现浇段桥面1个；完成投资2000万元。工程总造价2229万元。

（林加兴）

【华坑大桥动工建设】 4月动工建设，华坑大桥位于均溪镇华坑村西侧动工建设，全长276米。设计荷载公路—Ⅰ级，洪水频率1/100，桥面宽度25米。场地地震动加速度峰值0.05g，桥梁抗震设防类别B类，抗震设防裂度6度，抗震设防措施等级7度。由福建省交通规划设计院设计，中交第四公路工程局有限公司施工，合诚工程咨询股份有限公司监理。业主单位大田县锦田公路建设有限责任公司。年底，完成桩基48根，承台1个、肋板4个、系梁15道、墩柱14节、盖梁4个；完成投资1750万元。工程总造价2477万元。

（林加兴）

【双冠山隧道工程动工建设】 4月动工建设，双冠山隧道位于均溪镇良元村，是国道纵五线溪柏林至长溪段控制性工程，该项目采用小净距双洞分离式设计，隧道左洞长228米，右洞长235米，单洞净宽13米、高5米，设计时速60公里。至年底，洞身开挖全线贯通，铺设路面5000平方米。由 福建省交通规划设计院 设计，中交一局厦门工程有限公司施工，合诚工程咨询股份有限公司监理。业主单位大田县锦田公路建设有限责任公司 。年底，完成投资3000万元。工程总造价3050万元。

（林加兴）

【省道306线路面改善工程】 4—11月，大田公路局组织对省道306线64.7公里（204K—268K+700）路段实施路面改善，加铺或置换混凝土路面1.55万平方米。由三明永达公路有限责任公司施工，三明永达公路工程监理咨询有限公司监理。工程投资3046.60万元。

（林加兴）

【省道306线排水系统整治】 5—12月，大田公路局组织对省道306线大田段所有水沟、涵洞、绿化带及沿线村镇路段全面整治。整治排水系统99.18公里，提升绿化99.18公里，吴山、太华、建设集镇路段治理，实现“路宅分家”。工程投资2100万元。

（林加兴）

【国道良元中桥建设动工】 5—12月，国道纵五线良元中桥位于均溪镇良元村，全长45.75米。设计荷载公路—Ⅰ级，设计洪水频率大桥1/100，桥面宽度25米。场地地震动加速度峰值为0.05g，桥梁抗震设防类别B类，抗震设防裂度6度，抗震设防措施等级7度。由福建省交通规划设计院设计，中交一局厦门工程有限公司施工，合诚工程咨询股份有限公司监理。业主单位大田县锦田公路建设有限责任公司。年底，完成桩基8根，承台3个、肋板1个、砼台身3个，投资201万元。工程预算总造价504万元。

（林加兴）

【拱桥至谢洋养护生态示范路建设】 5—12月，县交通运输局组织实施县道拱桥至谢洋17.03公里养护生态示范路建设。重铺修复破损混凝土路面605.39平方米，修复路肩52.92立方米、边沟4114.8米；绘路面标线3.39万平方米，路面灌缝1.64万米；新设交通安全标志17面、路边反板6800个、公里牌百米桩31块；新建边沟2726米、边沟盖板10米，筑防撞墙950.4米、挡土墙121.52立方米，涵洞标示87个，涵台28个，检查通道253.8米，空心砖墙169.22立方米。种植香樟、红叶石楠、夹竹桃等乔木933棵、红叶石楠、金森女贞等小苗8.44万棵、爬山虎9680棵，铺植草皮5662.5平方米。由福建通和路桥设计院有限公司设计，福建省南平三建工程有限公司施工，部分绿化工程由县福田农村公路养护有限公司负责施工。工程投资361.25万元。

（林加兴）

【沈岭至盖竹养护生态示范路建设】 5—12月，县梅山乡政府组织实施沈岭至盖竹13.9公里养护生态示范路建设。加宽混凝土路面1.36万平方米，设路面标线1355平方米，交通安全诱导标识线332.5平方米，减速带27米，交通安全标志108面，安装反光镜19面，新建边沟9825米，防撞墙937.5米，涵洞标示16个 。种植香樟、红叶石楠等乔木2781棵、红叶石楠、金森女贞红花继木等小苗6.95万棵，播撒草籽77.5公斤。由福建通和路桥设计院有限公司设计，福建坤和建设发展有限公司施工，部分绿化由杜清澈负责施工。工程投资195.2万元。

（林加兴）

【华石线过境公路二期续建完工】 6月，华石线过境公路二期续建完成水泥路面铺设2.3公里，防护工程边坡植被1.94万平方米，拱形骨架护坡2007.4平方米，完成投资1052万元续建。项目总投资2.64亿元。

（林加兴）

【省道306线路面置换板工程】 6—9月，大田公路局组织对省道306线98.5公里（174K+095—272K+589）、东石线22.4公里（232K+651—257K+795）路面损坏路段进行修复，置换破损水泥路面5.98万平方米。由清流县龙达公路工程有限公司和三明永达公路有限责任公司施工，三明永达公路工程监理咨询有限公司监理。工程投资1066.42万元

（林加兴）

【国道德州至西溪柏林段施工图设计】 9月，梅山乡德州至均溪镇西溪柏林段施工图初步设计完成，全长43.68公里，途经梅山、湖美、均溪三个乡镇，设计标准为二级公路，路基宽度12米，设计行车速度60公里/小时。由福建省交通规划设计院设计，业主单位大田县锦田公路建设有限责任公司。工程总造价11.13亿元。

（林加兴）

【石牌至武陵混凝土路面重铺】 9—12月，县交通运输局对县道石牌至武陵20公里破损路面修复，重新铺设混凝土路面2615平方米。由县福田农村公路养护有限公司实施，南安市第一建设有限公司施工。工程投资45万元。

（林加兴）

【梅列至大田高速公路通过评审】 10月，三明梅列至大田高速公路联络线项目通过省发改委、省交通运输厅专家组评审，列入福建省高速路网（2012—2030）规划修编，并上报省政府审核批准。

（林加兴）

【元安水尾桥动工建设】 10月，位于湖美乡元安村水尾桥动工。桥长34米，宽6.5米，高8.7米，单跨，核载公路—Ⅱ级。由三明永达公路勘察设计有限公司设计，福建省恒欣建设工程有限公司施工，三明市宏图交通建设工程监理有限公司监理，项目业主湖美乡元安村委会，至12月底完成投资30万元。项目总造价62.8万元。

（林加兴）

【农村公路水毁路基修复】 10月，县交通运输局组织对建设、屏山、梅山、文江、奇韬、上京、均溪、谢洋、济阳、吴山等10个乡镇农村公路水毁路基进行修复。共86处，清除土石方3725立方米。投资135万元。

（林加兴）

【国道周田至长溪段续建】 2015年，国道纵五线均溪周田至石牌长溪段续建工程，完成挖方366.55万立方米、填方236.7万立方米，涵洞895米，边沟、排水沟、截水沟累计完成1.17万米，砌筑防护、片石挡墙累计完成2.72万立方米，溪柏林2号大桥、华坑大桥、良元中桥分别完成90%、75%、40%，双冠山隧道完成工程量98%。当年，完成投资1.67亿元，累计完成投资3.3亿元，占总投资64%。

（林加兴）

【泉南高速上京互通连接线续建】 2015年，泉南高速上京互通连接线工程续建，完成路基土石方开挖264.03万立方米，填方255.14万立方米，浆砌防护5.73万立方米，C15片石砼挡墙6821.8立方米，高边坡防护锚杆施工748米，锚索施工280米；绿化工程16.58万平方米；涵洞1394.46横延米/28道；桥梁桩基2741米/106根，墩身2119.64立方米，盖梁10个，系梁146.09立方米/11个，桥台2881.85立方米/10个，承台1483.24立方米/10个；梁片预制68片，其中T梁50片，空心板梁18片，T梁片安装14片。完成投资1.44亿元，其中，工程投资1.14亿元，征迁补偿等支出3092万元。

（林加兴）

交通运输

【概况】2015年，全县营业性货车3516辆、3.38万吨位。全年完成货运量1779.47万吨，周转量16.98亿吨公里。营业性客车207辆（含旅游、出租车）、3212座，平均日发客车265班次、运送乘客4010人次，全年完成客运量308.82万人次，周转量2.2亿人公里。营业性公交班车62辆，全年完成客运量734万人次。至年底，有省际客运线路1条，省内跨地（市）线路12条，

市内跨县（市）区线路 8 条，县内线路 19 条，学生周末班车线路 8 条，城区公交客运线路 12 条。人力三轮车 145 辆。

（林加兴）

【组织运力保春运】 2 月 4 日—3 月 15 日，县交通运输部门按照“以客为主、安全第一、服务至上、保障有力”指导原则，抓好春运组织工作，合理调控运力，采取长短客运经营，多班、双班、包车和卸载分流相结合抓好客运业务。春运 40 天，组织客车 215 辆，发车 1.15 万班次，安全运送旅客 24.5 万人次（不含县内短途客运），完成周转量 2427 万人公里。

（林加兴）

【3 家物流有限公司通过许可】 2—8 月，县运管所依照《道路货物运输及站场管理规定》，对腾顺、德运、闽杰等 3 家物流公司经营资质进行审核，准予经营普通货运。

（林加兴）

【12 路公交线路开通】 7 月，翰林泉运动中心至锦绣福田 12 路公交线路开通，投入小型公交车 2 辆，日发 34 班次、票价 1 元。

（林加兴）

【长隆物流集散中心建成运营】 8 月，位于石牌镇长溪村的县长隆物流集散中心建成运营，有东大物流、全通汽车贸易等 17 家物流企业签约入驻。

（林加兴）

【首批电动公交车引进】 10月，闽通长运大田分公司从厦门引进首批 12 辆金旅 XNL6700JEV10C、金龙 XMQ66603KEBEVL 纯电动公交车。投资 331 万元。

（林加兴）

【京口汽车站建设】 10—12 月，闽通大田分公司在华兴乡京口村建设京口汽车站，占地面积 3279.7 平方米，建筑占地面积 369 平方米，建筑面积 718 平方米。设 9 停车位，内设驾驶员休息室、旅客候车室、停车场等。由大田县规划建筑设计院设计，福建中祥建设邮箱公司施工。项目投资 46 万元。

（林加兴）

【港湾式农村候车亭建设】 11 月，县交通运输局在省道 306、307 线和县道 732 线，完成石牌镇石坑村、小湖村、鳌江村，上京镇黄城村，太华镇仕坑村，奇韬镇龙溪村、文经村，文江乡民主村、后洋村，前坪乡黄龙村等 10 个港湾式农村候车亭建设。工程总投资 35 万元。

（林加兴）

【鑫安机动车维修企业通过许可】 12 月，县运管所依照《机动车维修开业条件》GB/T16739-2014 规定，对县广平鑫安汽车修理厂机动维修企业进行审核，准予经营机动车二类汽车维修。

（林加兴）

【汽车站迁建项目续建】 2015 年，大田汽车站迁建项目续建，主站房主体工程封顶，进入隔墙砌筑及幕墙骨架施工阶段，完成投资 5810 万元。建设镇汽车站续建，进入主站房外架防护及砌体工程施工阶段，完成投资 253 万元。

（林加兴）

2015 年大田县客运班线一览表

表 2

线别	序号	营运班线	里程（公里）	客车（辆）
县内	1	大田—广平东景	80	1
	2	大田—广平丰庄	82	1
	3	大田—广平万筹	77	1
	4	大田—桃源	51	4
	5	大田—梅山	50	5
	6	大田—梅山秀岭	48	1
	7	大田—上京	32	6
	8	大田—奇韬	64	5
	9	大田—广平	75	11
	10	大田—太华魁城	36	1
	11	大田—桃源东风农场	60	1
	12	大田—桃源广汤	56	1
	13	大田—武陵	26	2
	14	大田—济阳	46	2
	15	大田—谢洋	30	1
	16	大田—屏山	23	2
	17	大田—湖美	24	3
	18	大田—华兴早兴	24	1
	19	大田—梅山乡梅山村	50	1

续表 2

线别	序号	营运班线	里程（公里）	客车（辆）
市内跨县(市)区	1	大田—永安（高速）	87	6
	2	大田—沙县（高速）	150	1
	3	大田—沙县（X732、S304）	125	2
	4	大田—尤溪	114	2
	5	大田—三明	105	10
	6	建设—永安	107	2
	7	梅山—沙县	150	1
	8	上京—永安	55	1
省内跨地(市)	1	大田—泉州（高速）	141	5
	2	大田—建设—福州	397	1
	3	大田—福州（高速）	297	4
	4	大田—石狮（高速）	164	5
	5	大田—厦门（高速）	223	5
	6	大田—漳州	248	1
	7	大田—龙岩	218	1
	8	大田—武夷山	386	1
	9	大田—晋江（高速）	154	2
	10	大田—安溪	132	1
	11	大田—莆田	230	1
	12	大田—南安	177	1
	13	大田—泉港	250	1
省际	1	大田—广州（高速）	905	2
合 计				106

（林加兴）

交通管理

【概况】 2015年，全县营业性客运企业3家，客车207辆（含旅游、出租车），公交客车62辆。道路运输证持证率、年审合格率100%；客运驾驶员从业资格证办证46人，办证率100%；乘务员从业资格证办证率99%。营业性货车3516辆，年审合格率67.52%。货运汽车驾驶员从业资格证办证167人（危货36人）、办证率96.5%。五级以上货运企业77家，经营许可证办证率100%。运输企业质量信誉考核75家，AA级13家、A级42家、B级20家。注销经营许可10家。汽车维修经营业户53家，其中一类1家、二类18家、三类29家，摩托车维修经营业户5家。维修质量信誉考核52家，其中AAA级2家、AA级34家、A级12家，免予考核4家，维修技工持证率98%。机动车驾驶员培训企业4家，其中二类、三类各2家，驾培质量信誉考核达到AA级3家、B级1家。教练车181辆，其中小型汽车171辆、摩托车10辆。教练员269人，其中理论教练员26人、实际操作教练员243人。培训机动车驾驶员6602人，其中小型汽车3857人、大型汽车68人、摩托车2677人。5月，闽通大田分公司被交通运输部、公安部、安监总局联合授予2014年度全国“道路客运安全年”活动成绩突出客运企业称号。

（林加兴）

【县华驰驾校教练场地新建】 4—9月，位于建设镇建国村六堡岬县华驰驾校新建教练场，按照部颁《机动车驾驶员培训教练场技术要求》国家标准建设。占地面积4公顷，建筑面积170平方米，道路2公里。内设倒车库8个、侧方位停车位8个、上坡起步点2个、直角转弯1个、曲线行驶1个、环岛1个、模拟城市道路1条、综合办公楼1幢，可容纳同时训练教练车40辆。由三明市东南设计院设计，福建省广信建设工程有限公司负责施工，蓝图监理咨询公司监理。11月通过县运管部门验收，12月投入使用。项目投资100多万元。

（林加兴）

【超限超载联合整治】 4—12月，石牌超限运输检测站与公安部门建立联勤联动长效机制，每月开展1—3次不定期联合执法行动。整治期间，检测车辆2339辆，立案查处超限运输车辆114起，卸载959.41吨，行政处罚1.64万元，有效地遏制重特大交通事故发生。

（林加兴）

【县交通建设质量安全监督所成立】 8月26日，县编委田委编〔2015〕35号文批复，成立县交通建设质量安全监督所（县交通建设管理站加挂县交通建设质量安全监督所牌子），隶属县交通运输局下属事业单位，实行一个机构、一套人马、两块牌子，人员编制内部统筹调剂。陈诚端兼任站长。

（林加兴）

【县安兴驾校教练场地改造】 8—10月，位于谢洋乡坑口村县安兴驾校教练场地，按照部颁《机动车驾驶员培训教练场技术要求》国家标准改建，新增教练场面积3542.22平方米，混凝土面积3195平方米，模拟城市街道1条（100米）、场内倒车库4个、侧方停车位4个、公交站台1个。改建后增加同时训练教练车11辆。由三明市大地测绘有限公司设计，县一建公司施工，县一建公司监理。项目投资310万元。

（林加兴）

【县欣荣驾校教练场地扩建】 9—10月，位于武陵乡大石村县欣荣驾校教练场地，按照部颁《机动车驾驶员培训教练场技术要求》国家标准扩建，新增模拟城市街道1个（100米）、环岛1个、侧方停车位3个，硬化混凝土面积1816平方米，改建后增加同时训练教练车11辆。由三明市大地测绘有限公司设计，福建闽鑫建设工程有限公司施工，福建闽鑫建设工程有限公司监理，11月运管部门验收，项目投资40.66万元。

（林加兴）

【“打非治违”专项整治】 9—12月，县交通运输局按照“全覆盖、零容忍、严执法、重实效”的要求，开展安全生产大检查、“打非治违”和行业重点专项整治行动，排查整治运输行业安全生产隐患。对全县道路客运、旅游客运、公共汽车客运、出租汽车客运企业5家，经营资质进行审核营运客车技术状况260辆，客运从业人员385人和车辆维修检测状况、日常安检落实情况、冬季行车安全防范及客车运输经营行为等进行整治。整治期间，交通运输部门共出动人员1633人次，检查运输企业60家次，检查各类车辆6657辆，查处违法案件288件次，取缔非法营运车辆2辆，处罚47.96万元

（林加兴）

【车辆超限运输检测】 2015年，大田石牌超限运输检测站共出动执法人员2946人次，检测车辆1.7万辆次，其中违章超限车辆617辆次。卸载货物1.26万吨，罚款96.76万元，结案率100%，无发生被投诉、起诉案件。年平均超限率3.63%。

（林加兴）

【迎“国检”公路环境治理】 2015年，县交通综合执法大队开展迎“国检”公路环境整治。一是与县公安局交警大队建立联勤联动长效机制，定期开展联合行动治理公路环境。二是开展“路政宣传月”活动。组织执法人员进社区、进村镇、进企业，开展普及公路法律法规宣传。三是开展“雷霆”系列治超行动。集中整治违法占用公路资源，违法占道经营，破坏公路设施，非法设置公路标志，非法超限运输行为，全面提升公路路域环境和路政管理水平。公路环境整治期间，共查处超限运输车辆767辆，卸载货物9795.92吨，消除公路安全隐患176处，拆除“两违建筑”13处、1313平方米，广告标志579面、4787.6平方米，处理路产路权案件34件。

（林加兴）

邮政

【概况】 2015年，大田县邮政局更名为中国邮政集团公司福建省大田县分公司（简称中国邮政大田分公司）。全年业务总收入2656.9万元，比上年增长7.38%，居全区第四。其中，代理金融收入1915万元，同比增长19.82%，邮务类收入532.9万元，同比下降23.83%，其他收入209万元；收支差597.6万元。全县城乡邮路59条，总长1785.65公里。报纸期发数21.97万份、杂志14.01万份，分别比上年增加2.33%、13.53%；出口函件27.19万件、进口函件122.82万件，出口包件0.12万件、进口包件0.27万件。3月，县邮政局被市公司授予“2014年度经营管理优胜单位”二等奖。

（谢　铁）

【跨境电商发展得到孵化】 1月和4月大田邮政与外经局联合组织跨境电商培训各一次。业务发展实现零的突破。电商政府主管部门外经局把全县电商孵化基地设立在邮政。同时邮政是大田县电商协会纳入的发起单位之一，是协会举办社会培训的主讲单位之一。

（谢　铁）

【关爱留守儿童公益项目持续运作】 由团县委、关工委、教育局与邮政联合开展的关爱留守儿童“百万善款·六一爱”是邮政联合有关

部门持续滚动运作的公益项目。1—5月号召社会捐赠11.2万元，转化为书包图书套餐（每份100元）捐赠给1120名留守儿童。捐赠面覆盖县城中小学100%，农村学校80%。1月在城关一小，6月1日在桃源小学，分别举办活动启动会。

（谢 铁）

【邮务服务地方工作】 1—6月，县邮政局把邮政服务与地方经济文化建设及服务民生相结合，开展特色服务，制作“惠农手册”7万册、“惠民手册”3万册。8月，制作“深呼吸在屏山”个性化邮票镇纸定向邮品500份，宣传屏山乡休闲游。9月，制作“浩沙杯.全国健美操比赛”个性化邮折4000份；印制赛事门票1.3万张。

（谢 铁）

【邮政企业更名】 5月，大田县邮政局更名为中国邮政集团公司福建省大田县分公司，简称中国邮政大田分公司。于8月17日挂牌。

（谢 铁）

【快递包裹中心成立】 6月，根据省市公司部署，把代理速递和国内小包整合为快递包裹，成立快递包裹中心，系邮政又一经营生产专业部门。

（谢 铁）

【 学生邮票设计获奖 】 7月，由团市委、市教育局、中国邮政三明市分公司、市集邮协会共同组织“美丽三明”中小学生邮票设计比赛揭晓，大田五中温明辉同学设计的芳联堡画面获得3等奖。

（谢 铁）

【规范公务寄递】8月，县委办、县政府办联合出台《关于进一步规范大田县国家机关公文寄递工作的通知》，要求有关单位函件须规范交邮政寄递。这是邮政主动向县委县政府报告防范邮件安全，规范公文寄递重要性的结果。

（谢 铁）

【福建邮政艺术团大田慰问演出】9月11日，大田分公司借助福建邮政艺术团，与县教育局联合筹划“大田县庆祝2015年教师节慰问演出”在县影剧院举行。全县各中小学、幼儿园领导、教育局干部、邮政公司专业部门人员观看演出。

（谢 铁）

【代理金融业务发展创佳绩】 12月31日，邮政大田分公司代理金融储蓄余额完成1.21亿元，居全区第三。年度新增市占率32.62%，累计新增市场占有率1.4%，均居全区第一。年度完成金融收入1915万元，占年度101%，增幅高于全区平均水平1.3%。年度实收银保及余额超2.3亿元，创历史新高。

（谢 铁）

【校园报刊助推报刊业务发展】 截至12月31日，2016年度报刊一次性大收订流转额完成552.7万元，完成年计划的100.1%。其中，校园报刊流转额占超1/4。年度报刊业务收入累计完成158万元，同比增加15万元，完成年预算100%，完成率与增幅均为全区第2。

（谢 铁）

电 信

【概况】2015年，中国电信大田分公司电信业务收入5191万元，比上年减少9.37%，纳税153.61万元，比上年减少2.31%。城区及农村集镇光宽带全覆盖，全县265个行政村开通光宽带125个，城区全光网区域达98%。全县拥有固话5.08万部；天翼5.35万户，其中智能机用户2.34万户、3G/4G用户2.69万户、2G用户0.32万户；宽带3.64万户，其中光宽带2.8万户；光缆4396皮长公里，天翼3G基站195个,4G基站213个，全县信号覆盖率100%。通话村256个，通话面97%。有营业网点20个、渠道专营店11个，为社会提供全方位电信服务。当年，分公司被电信福建公司授予“第十二届省级文明单位”“2015年校园渠道竞赛获奖单位”“优秀区县营销团队”等称号。分公司获得电信三明公司“2015年‘宽带优胜杯’竞赛活动通报（首季）”三等奖，“2015年FDD-LTE网络建设竞赛”先进集体一等奖，“2016三明台历黄页营销竞赛”经营组织一等奖，“2015年客户感知提升劳动竞赛”服务运营管理优秀团队，“2015年网络资源竞赛”优秀团队一等奖，“2015年业务稽核与收入跑冒滴漏整治工作优胜团队”二等奖，“三明网络运维专业年终检查”第一名，“2015年三明天翼网络（含LTE、WiFi）竞赛优胜单位”、天翼（含LTE、WiFi）天翼精品优胜单位银质奖。城关中心支局工会小组获得“2014—2015 年度全省电信‘模范职工小家’，城区中心支局获“‘决胜 4G 冲刺百兆’劳动技能竞赛分支局营销竞赛活动”销售组织能手城区第二名，桃源支局获“2015 年客户感知提升劳动竞赛优秀团队”。公司连续 19 年实现“三无”工作目标。

（郑珍桂）

【电信市公司领导到大田调研】 7 月 1 日上午，电信三明公司副总经理王键一行 3 人到大田分公司调研，看望慰问大田分公司获得省公司“2014 年度划小承包最佳小 CEO(团队)荣誉的宝山中心分局全体成员。7 月 23 日下午，三明公司总经理潘清艺一行 4 人到大田分公司调研，慰问无线网络组和客户端装维中心。

（郑珍桂）

【开展志愿者活动】 2015 年，电信大田分公司贯彻落实志愿服务工作会议精神，弘扬“奉献、友爱、互助、进步”，开展“邻里相助情暖大田”“心系群众、情暖人心”等为主题 13 次志愿者活动，近 400 人次参与，捐款 5 万余元。

（郑珍桂）

【节能降耗取成效】 2015 年，电信大田分公司通过 PON-ONU(无源光网络)、FTTH(光宽带)等优化割接，将 S1240 程控交换设备进行整合，设备资源占用率从 24.9% 提高到 58.2%，直流负载电流直降 263 安，年节能耗 12 万千瓦时，节约成本 11 万元。

（郑珍桂）

【“ChinaNet+”应用推广】 2015 年，电信大田分公司推广 ChinaNet+ 应用，为天翼客户提供免费 WIFI，实现有 ChinaNet+ 信号就可免费使用，随时可免费看视频、看网页，无需花费。

（郑珍桂）

【“大卡话机”应用推广】 2015 年，电信大田分公司为解决乡镇学校寄宿生手机管理困难，为 6 所学校安装大卡话机，便于学校更好管理寄宿生，让家长更安心孩子在校学习。

（郑珍桂）

【“班班通”应用推广】 2015 年，电信大田公司利用业务运营全优势和教育信息领先优势，为学校提供教师和学生专用的全方位交流工具。教师通过该应用获得优质的教学资源和先进的教学模式，实现教师与家长、学生互动交流，满足教育教学资源共享、专业发展、主动学习的应用需求。

（郑珍桂）

【“云主机”应用推广】 2015 年，电信大田分公司以“安全可靠、专业运维、节省成本、性能卓越”等优点推出“云主机”应用，为用户节省服务器费用和每月专线费用。云主机是指基于中国电信云计算平台，通过虚拟化、分布式等云计算技术提供给客户按需租用虚机服务。

（郑珍桂）

【“流量不清零”推出】 2015 年，电信大田分公司为更好维护消费者权益、满足消费者的需求推出流量不清零。流量不清零主要是按照客户流量手机计费月套餐内中流量当月无用完，剩余流量可结转到次月使用，结转流量为次月月底失效。

（郑珍桂）

【“3G 升 4G”应用推广】 2015 年，电信大田分公司运用天翼移动网络优势，为天翼客户提供了 3G 升 4G 免费换卡业务，使消费者能够更快使用手机应用程序，更稳定观看视频和预览网页等相关程序。

（郑珍桂）

【集镇 4G 信号全覆盖】 2015 年，电信大田分公司为进一步满足群众对 4G 的需求，采用建设、维护、优化流程一体化工作机制，快速布网，全面提升 4G 信号覆盖水平，实现集镇、高速公路、国省道、城区 4G 信号全覆盖。

（郑珍桂）

中国移动

【概况】 2015 年，移动通信大田分公司围绕省公司“适应新常态，打造新优势、谋求新发展、开创移动互联网时代转型发展新局面”总体要求，分析 2015 年形势变化特点，打好 4G 发展领先战。全年运营收入 1.3 亿元，排名全区第 6；全县移动客户 19 万户，占全县通信用户 71%。至年底共建成 4G 基站 337 个，覆盖率超过 3G 水平，覆盖城区、乡镇所在地和较大的行政村。在人口较多行政村以及部分县城补遗区域，新建有线宽带端口 576 个；手机上网流量同比增幅 145%。当年，移动通信大田分公司获得“中

国梦 劳动美”第六届“海西移动杯”暨网络专业技能竞赛总分第一名；分别获得市公司二、三、四季度A+网络劳动竞赛三等奖、二等奖、三等奖；三季度建山营业厅获市“卓越班组”称号。

（章留玲）

【参加“三下乡”活动】 2月，移动通信大田分公司组队到奇韬镇参加县委办组织的文化科技卫生“三下乡”活动。重点负责移动4G业务、互联网电视宣传，解决客户疑难问题。

（章留玲）

【“书香大田”客户端推广】 4月23日世界读书日，移动通信大田分公司结合“和阅读”产品，与团县委、县图书馆针对“书香大田、全民阅读“系列活动进行沟通合作。打造“书香大田”品牌影响力，量身定制“书香大田”客户端，向全县范围推广。

（章留玲）

【两县联合网络应急演练】 4月，移动大田分公司和尤溪分公司在建设镇联合举行防汛应急演练。模拟后路片遭遇罕见暴雨及雷电袭击，山体滑坡导致大田至三明骨干光缆中断，基站出现雷击故障及大面积停电等突发情况，需要进行光缆抢修、电力保障支援、基站抢修等应急保障。移动尤溪分公司派技术骨干前来支援抢险工作。两县互相协调、充分配合，演练达到预期目的，为两县的协同联动、应急作战积累宝贵经验。

（章留玲）

【暴雨天气保通信】 8月8日，“苏迪罗”台风到来前夕，移动通信大田分公司领导召开紧急会议，定制抗击台风，保证网络通信，公司网络部人员全力出击。共抢险基站28站次，油机发电43站次，出动抢修人员25人，抢修车辆（7辆）出动31次，大田基站停电45站次。

（章留玲）

【全国健美操锦标赛通信保障】 8月，全国健美操锦标赛在大田开赛前夕，移动通信大田分公司提前着手制定详细的通信保障计划。在体育场内增设4GRRU2个，2GRRU3个，AP5个，开放免认证WIFI信号；在运动员下榻宾馆内开通4GRRU4个，TDRRU4个，2GRRU4个，进行拉网测试优化。实现“通信不中断，服务不打折，安全零故障”。

（章留玲）

【三期四阶段21个站点开通】 9月，移动通信大田分公司在规定时间内完成三期四阶段21个站点开通。新站点开通，是在4G工程基础上对城区覆盖的补充，有效减少了城区弱覆盖，增强信号覆盖的连续性，提高用户手机上网感知。

（章留玲）

【互联网营销拓展显成效】 10月，移动通信大田分公司结合微信平台利用线上砍价，线下引导营销模式，针对进店客户推荐办理流量秘书等业务，砍价商品1757件，受理数信业务3432笔，下载流量秘书787户、官微新增1019户。

（章留玲）

【“优+服务和你在一起”总经理接待日活动】 10月，移动通信大田分公司邀请全县AB类集团的一把手和市客服中心同仁参加“优+服务和你在一起”总经理接待日活动。现场介绍4G基本知识、4G优势、畅享4G的方式以及分公司4G网络覆盖情况；与客户开展面对面沟通交流、听取客户意见和建议，并为客户提供免费4G手机网速体验及软件应用下载，让客户更了解4G，提高客户感知度和满意度。

（章留玲）

【4G基站年任务提前完成】 11月18日，移动通信大田分公司完成4G基站251个，提前完成全年的建设任务。4G网络实现城区、乡镇集镇所在地、较大行政村、重点企业、学校及工业园区等重要场所基本覆盖，网络整体下载速率达30Mb/S以上。

（章留玲）

【宽带运营新突破】 12月，移动通信大田分公司与大田铁通经营部融合运营，通过整合优质资源，大力发展家庭宽带。一是大力发展社区受理点，用户只需下楼即可办理宽带业务。二是为装维人员配备MOP账号，装维人员可以现场受理、装机。三是对家庭、集团等聚类市场，融合家庭宽带、互联网电视、终端等制定灵活个性化政策。宽带用户到达1.05万户。

（章留玲）

【网格化服务平台持续推广】 2015年，移动通信大田分公司新建社区网格化服务平台文江乡3个村、屏山乡1个村、建设镇7个村，平台具有推进社会管理创新、维护社会和谐稳定、社会管理服务框架等模块。

（章留玲）

【LTE精品网格质量提升】 2015年，移动通信大田分公司城区精品网络6个纬度（覆盖深、驻留强、干扰低、速度快、时延短、保持好）网络质量得到较好的提升，LTE覆盖率99.6%；CSFB全程接通率100%；30M以上采样点95%，达到精品网格的标准。

（章留玲）

中国联通

【概况】 2015年，中国联通大田分公司全年业务收入比上年同期下降12.7%。全县联通基站336个，移动互联网用户和固网用户3.5万余户。优质的网络服务、优良的客户服务使企业的核心竞争力得到加强，为改善大田投资环境、促进经济发展提供通信保障。当年，联通大田分公司营业厅获省、市级“优秀团队”称号，网络部获市级“优秀团队”称号。

（郭秀明）

【城乡光宽带覆盖面加大】 2015年，联通大田分公司加大乡镇宽带覆盖，与当地有实力的专营店、电脑商等合作，逐步提升乡镇、城区宽带品质，截至12月底，新增有线宽带端口数1776个、无线宽带端口数1000个，实现城区覆盖率99%，乡镇覆盖率80%，村级覆盖率40%。

（郭秀明）

商业贸易

□编辑 潘 梅

商业系统商业

【概况】 2015年，全县社会消费品零售总额43.7亿元，比上年增长12.05%，居全市第4位。新增限额以上企业3家，共64家，其中，批发企业25家、零售企业31家、住宿餐饮企业8家。限额以上批发业销售额16.3亿元，同比增长52.34%。一是建立县级可调控副食品基地45个（省级生猪、蔬菜基地各1个），企业投入资金1237.6万元。其中，常年蔬菜基地17个，面积202公顷，年产蔬菜1.7万吨；生猪基地18个，年出栏生猪8.7万头；蛋禽基地5个，存栏蛋鸡13.4万只，年产蛋品1160吨；水产基地场5个，网箱养殖760箱，库区、网箱年上市淡水产品2900吨。主要副食品价格指数：菜103.5%、肉禽及其制品108.7%、水产品108.1%、蛋101.7%。二是加强商务执法。联合公安、工商、畜牧兽医等部门，开展执法活动18次，出动54人次、车辆17台次；专项整治猪、牛肉品质量安全，进行生猪屠宰执法检查15次，出动49人次；对38个加油站加强监管，配合市商务局执法检查2次，出动12人次专项检查3次；酒类备案登记132家，发放宣传材料200余份；福建省南安市佳龙超市有限公司大田购物中心、大田县金都酒店、富华源大酒店、金溪酒店、龙山大酒店有限责任公司5家企业，经企业安全生产标准化创建工作自评小组评定，县安监局、商务局审核，确认为商贸行业小微企业安全生产标准化企业。三是加强国有企业管理。商业总公司职工69人，营业收入613万元，缴纳税收127万元，上缴财政113万元，实行增收节支，严控“三公”经费，比上年节约费用35万元，实现营业利润4.5万元；饮服公司营业额210万元，上缴税收41万元，利润5.2元；县食品公司屠宰厂全年屠宰猪、牛2.68万头，营业收入108万元，上缴税收3万元，亏损20.3万元。四是加强市场管理。县市场服务中心下辖满田春市场、岩城新市场，干部职工5人、协管员11人、保安8人，全年收入207.06万元、支出211.17万元。当年，商业总公司获2015年度纳税一百万元企业和县级文明单位。

（叶五二　魏威　廖生铖　陈真珍　柳德凤）

【岩城旅社升级改造】 2015年，县饮服公司开拓网络营销方式，与艺龙网、携程网、去哪儿网签订酒店合作协议，提供网上订房服务；陈旧客房和设备维修、更新、新增无线网络设备，投入约15万元；定期培训宾馆服务员，提升服务员素质和服务质量，完善宾馆员工管理。全年接待1.43万人次，客房床位103个，入住率38.6%，年收入79.5万元。

（陈真珍）

供销系统商业

【概况】 2015年，大田县供销合作社联合社内设办公、人事、财务、经济发展、合作指导、资产管理、农副产品信息中心7个科室；县供销贸易总公司辖烟花爆竹经营部、农业生产资料公司、龙得宝农资有限公司（股份制）3家直属商业企业和4个基层中心社。经营网点127个，在职干部职工38人，离退休人员230人。全年商品购进总额7.66亿元，比上年增长29.60%；商品销售总额9.46亿元，同比增长53.26%；实现利润84.1万元，同比增长16.63%。

（颜琼洲）

【综合改革试点进展】 8月31日，县桃源供销社作为市供销社综合改革试点单位举行揭牌仪式，正式恢复基层社建制和日常办公，设立改造提升示范点4个，其中日用消费品点3个、农业生产资料点1个。扩大日用消费品经营，桃源镇群乐超市合资入股改造商场，面积2000多平方米，扩大企业规模、拓宽经营范围；改造提升日杂百货门市部2家，以抵扣租金的方式作为门店装修改造费用。修缮桃源社农资直营店和公山口农资仓库，扩大仓储规模。

（颜琼洲）

【烟花爆竹配送中心新建项目启动】10月，县政府召开现场办公会，出台专题会议纪要（〔2015〕79号），将位于石牌镇鳌江村牙口自然村的“陈尧村”处的废弃采石场作为烟花爆竹配送中心建设用地。至年底，完成项目工程勘测定界，进入规划设计、宗地报批、土地征收阶段。

（颜琼洲）

【农村社区综合维修服务体系建设】 2015年，县供销社争取各级补助资金11.8万元，添置华兴乡、济阳乡等2个维修服务站、3个维修服务点的维修设备、装修简易店面、购置维修人员交通和通讯工具，实现门店牌匾、标识、服装、“四簿”（维修服务登记簿、零部件预定簿、服务承诺簿、意见建议簿）的“四统一”。年底，全县农村社区综合维修服务体系覆盖17个乡镇，共有维修服务站17个、服务点50个。开展农机具、沼气和太阳能设备、摩托车、电视接收器、家用电器等综合维修服务及零配件供应。年经营额2600多万元，惠及3.2万多农户，使“农民得方便，企业得实惠，政府得民心”。

（颜琼洲）

【烟花爆竹经营管理】 2015年，县供销社加强烟花爆竹安全生产经营，全县设立配送中心1个，占地526平方米，经营网点124个、从业258人，其中城区网点25个、乡镇99个。与安监、工商等部门联合执法，共出动车辆26辆次、执法人员63人次，查处违规营运烟花爆竹案件11起，做到规范、安全、有序经营和管理。全年销售额3950万元，利润497万元，上缴税收197.5万元。

（颜琼洲）

【农资供应】 2015年，县供销社农资配送中心配备送货车16辆，实行统一配送、统一管理，执行农资商品“准入制”。发挥点多面广优势，将化肥储备至各连锁店和农家店，化肥入村率达60%以上。开展18个乡镇农资商品质量检查2次，选派1人到省社参加庄稼医院人员培训班学习，聘请专家举办新肥新药、科学种植等知识培训班2场，发放宣传单2万多份，全年储备各种化肥2.24万吨、农药161.6吨、农（地）膜445.2吨。农资销售总额9604万元，其中，化肥5.09万吨，金额7933.13万元；农药480.9吨，金额785.91万元；农地膜529.7吨，金额850.69万元；农用机械类4337件，金额34.27万元。

（颜琼洲）

粮食系统商业

【概况】 2015年，大田县粮食局履行粮油市场监管与服务职能，依法管粮。县地方储备粮库安全储粮1.06万吨、储油70吨，粮食购销公司房租收入165.5万元，县国有粮食企业实现净利润22.7万元。推进县粮油储备库建设和“危仓老库”维修，改善储粮条件，夯实科学保粮基础，固定资产原值7802万元（粮食企业1367万元），比上年增加190万元；流动资产6964.9万元（粮食企业6606万元，政策性亏损挂账1507万元），同比减少31.1万元。年底，局及下属企业职工37人（局机关14人，国有粮食企业23人），同比增加1人。

（张加泰）

【社会粮食供需平衡调查】 1月，县粮食局根据省局部署，抽调监督检查股和调控股共7人，分2个组到5个乡镇对45户农户及城区8个居委会16家居民户进行抽样调查，了解粮食供需情况，为政府决策提供依据。

（张加泰）

【县级储备粮规模增加】 6月1日，县政府根据《三明市人民政府关于增加地方储备粮规模的通知》，增加县级储备粮2100吨，其中当年到位1100吨，年底，县级储备粮规模达1.06万吨。

（张加泰）

【订单粮食收购】 6月，县政府根据“订单粮食”收购政策及地方储备粮轮换需要，确定“订单粮食”任务3679.2吨。县粮食局、财政局根据周围县市粮食收购价格，结合县粮食市场的实际，制定合理收购价格。当年产国标中等早籼稻每50公斤135元、晚籼稻138元。直接补贴标准保持每50公斤12元。县地方储备粮库实行公开订单直补标准、收购价格、质量标准，预约收购时间，及时兑现粮食收购款及直补款的“三公开一预约一兑现”收购办法。全年收购县内稻谷2179.2吨，采购外县稻谷1500吨，完成储备粮收购任务。

（张加泰）

【“危房老库”维修】 8月，县政府根据省粮食局《关于做好“粮安工程”危仓老库维修改造工作的通知》，按照“先急后缓、空仓先修”的原则，成立“危仓老库”维修改造领导小组，负责粮库维修改造及日常工作。确定维修改造福塘、上京、桃源等3个地方储备粮直属库点的仓房11座、仓容3.51万吨，总投资500万元。其中，大修改造仓房6座、仓容5060吨，投资130万元；功能提升粮库3座，投资370万元。申请省级以上财政补助300万元，县财政补助200万元。至年底，完成大修改造仓库招标，并对上京、桃源等3座仓库进行维修改造，投入资金40万元。

（张加泰）

【粮油储备库建设】 2015年，县粮食局抽调人员对粮油储备库抓质量、保安全、促进度，至年底，完成9＃仓库建设及综合办公楼封顶，当年投资498万元，累计投资7500万元，实际支付工程款7056万元。

（张加泰）

【粮食流通市场监管】 2015年，县粮食局按照国务院《粮食流通管理条例》及相关政策，加强粮食流通市场监督和粮食市场监测，完善旬报制度，开展最高最低库存量检查，指导粮食经营者合理购销，保证粮食市场供应，价格平衡。1月底，召开粮食统计工作会议，对粮食经营及加工业主进行粮食统计业务培训，部署统计工作，确保粮食统计的及时、准确，为政府做好粮食宏观调控工作提供决策依据；加强“放心粮油”工程建设，参与“餐桌污染”专项行动，春节、“五一”、中秋、国庆等节庆日前组织有关人员在城区和重点乡镇开展粮油质量检查，督促粮食经营者依法经营，杜绝陈粮进入口粮市场；在粮食收购期间，组织人员进乡入村调查，杜绝哄抬粮价、压级压价等行为，维护正常收购秩序，保证粮源质量。

（张加泰）

民用爆炸物品经营

【概况】 2015年，大田县永丰民爆器材专卖有限公司加强企业管理，做好工农业生产和重点工程建设所需民爆物品的供应，抓好企业的安全生产和增收节支工作，确保国有资产保值增值。年底有干部、职工16人，总资产1547.05万元，比上年下降7.75%，净资产1311.1万元，同比下降7.8 %。全年销售工业炸药2612.74吨，同比下降30.01%，工业雷管253.04万发，同比下降46.5%，实现销售收入2854.23万元，同比下降29.91%，利税总额337.62万元，同比下降46.95%。

（陈华贡）

烟草专卖

【概况】 2015年，大田县烟草专卖局、三明市烟草公司大田分公司实行“一套班子、两块牌子”体制，简称“大田县烟草专卖局（分公司）”，年底有员工142人。

专卖管理 2015年，县烟草专卖局依据《中华人民共和国烟草专卖法》及实施条例和《烟草专卖许可证管理办法》，履行专卖管理职责，依法行政、文明执法、诚信服务。全年出动打假打私4117人次，查办烟草专卖案件17起，查获违法卷烟391.5条，罚没款9389.7元，其中，销售非法生产的烟草专卖品案件5起，未在当地烟草专卖批发企业进货案件12起。与工商行政管理部门联合查处无烟草专卖零售许可证经营烟草制品零售业务案件18起，查获违法卷烟307.5条，案值5.67万元。年底，全县共有烟草专卖零售许可证经营卷烟1842户。

烟叶购销 2015年，全县收购烟叶1523.95吨(3.05万担)，比上年增长8.42%，上等烟比例占63.01%，同比增长10.10%，平均亩产量111.24公斤，同比增加20.56公斤，平均亩产值3636元，同比增长31.64%，户均种烟收入7.41万元，烟农售烟总收入4981.48万元，同比增长16.37%，实现烟叶税1095.93万元。

（庄莉红）

【卷烟销售】2015年，全县卷烟销售1.31万箱、同比下降4.51%，其中，销售一类烟1886.46箱、同比下降2.68%，二类烟3526.26箱，同比下降0.93%，其他类烟7693.99箱，同比下降6.49%。全年销售额（含税）3.41亿元，同比下降0.29%。

（庄莉红）

石油经营

【概况】 2015年，县辖区内成品油经营单位有中石化森美（福建）石油有限公司三明分公司加油站14座（含泉南高速路4座）、中石化森美商客部大田批发点、中国石油天然气股份有限公司大田加油站8座、社会私营加油站16座。中石化、中石油分别为国有控股合资和国有控股非独立核算单位，人、财、物由上级公司统一管理，油品由上级公司配送，销售由省级公司根据国家规定统一定价。全年度因油源充沛、国际油价大幅下跌，未出现市场紧张现象。年均柴油每吨6529元，93号汽油每吨7980元，97号汽油每吨8429元。当年，大田片区中石化森美成品油零售3.98万吨（代批发0.15万吨），上缴税收550万元；中石油销售1.18万吨，上缴税收115.91万元。

（邱占坛）

医药经营

【概况】 2015年，福建省大众医药有限责任公司职工69人，其中药学高级职称1人、中级5人、初级31人；取得执业注册证药师9人、从业药师4人。企业注册资本1100万元，固定资产3785万元，流动资金822万元。全年药品购进1309万元、比上年下降37.04%，销售总额1521万元、同比下降7.71%，实现利税73万元，其中利润11万元。1月，成立三明市利民药业连锁有限公司，药店12家（直属11家、加盟1家）。4月，大众医药有限责任公司通过2012版《药品经营质量管理规范》（GSP）认证。8月，利民连锁12家药店通过2012版GSP认证。年底，全县各类药品零售店49家。

（杨建新）

个体私营商业

【概况】 2015年，全县经工商行政管理局登记注册的个体商业户和私营商业企业1.21万户，比上年增长13.08%，从业人员4.24万人、同比增长9%，注册资金58.36亿元，同比增长12.12%，其中，城区7688户，从业人员2.22万人，注册资金47.30亿元；农村4450户，从业人员2.02万人，注册资金11.06亿元。总户数中，个体商业户1.07万户，同比增长13.10%，从业人员1.74万人，同比增长8.75%，注册资金6.67亿元，同比增长39.54%；私营商业企业1391户，同比增长12.91%，从业人员1.36万人，同比增长18.26%，注册资金51.69亿元，同比增长9.35%。全年，商品销售额16.05亿元，与上年持平。

（黄清渊）

【网络经济增长】2015年，县工商局落实“互联网+”的各项政策，全县网络经济增长较大，全年新增网络经济市场主体249户，从业人员696人，注册资金1.57亿元。其中公司制企业56户，从业人员387人，注册资金1.5亿元。

（黄清渊）

城乡集市贸易

【概况】 2015年，城区有满田春市场、岩城新市场（好多多超市、服装鞋帽市场各占一半）、活牲畜市场、商贸中心市场4个市场，总面积1.29万平方米，全年交易额1.76亿元。当年，三明市三汇源置业有限公司又对商贸中心市场东侧B区约1300平方米进行标准化改造，设置为自产自销区，至年底，基本完成市场A、B两区2600平方米改造工作。在城区凤山西路岩城集团楼前、镇东桥头附近镇东片区、城东村小溪坂、南山路（中段）桥头、福田大道原纺织厂路口设5个农产品临时交易点。乡镇有济阳、梅山、华兴、建设、武陵、文江、前坪、太华、石牌、奇韬、湖美、屏山、吴山13个乡镇农贸市场，总面积 3.24 万平方米，全年交易额 1.79 亿元。

（叶五二）

【满田春市场】 2015 年，投入 3 万元在满田春市场东西两侧新增临时摊位 53 个，供农民自产自销产品之用。全市场分为 A、B 两个经营区域，其中，A 区为干货区，店面 38 间、固定摊位 81 个；B 区为鲜货区，店面 34 间、固定摊位 258 个，临时摊位 53 个。全年交易额近 1.6 亿元。

（柳德凤）

【岩城新市场】 2015 年，岩城新市场主要经营服装、鞋帽、日用小商品，经营面积 3114.54 平方米，设有固定店面 33 间、摊位 118 个，有个体工商户 151 户，全年成交额 910 万元。

（柳德凤）

【活牲畜市场】 5 月，县经贸局根据城市规划将活牲畜市场搬迁至郭村原均溪镇水泥厂内。市场经营小猪及牛羊为主，年交易约 1.2 万头，交易额 1035 万元。

（柳德凤）

对外经济贸易

【概况】 2015 年，县委、县政府围绕国家产业政策，加强招商选资，支持出口企业加快转型升级，提升外贸出口创汇能力。

外贸 2015 年，全县新增硅光通信科技、东华服饰、升顺包袋等 8 家进出口企业，拥有对外贸易经营权企业达 31 家，当年产生进出口实绩企业有 13 家。全年完成出口总值 1.4 亿美元，比上年增长 2.19%。

外资 2015 年，全县新批办中外合资富仁堂生物科技公司、太田茶业公司外商投资企业 2 家，全年利用外资实际到资 1713 万美元，同比增长 8.76%，位列全市第二，连续 7 年获三明市利用外资工作考评前三名。

（叶长江）

【投资项目推介洽谈会举办】 8 月 2 日，县委、县政府在泉州市晋江举办“大田 · 泉州投资项目推介洽谈会”，参会客商 210 人，重点向与会客商介绍大田高山硒谷建设、高山茶产业化、高山茶生态休闲旅游度假区、机械制造集聚区、电子商务产业园等 9 个投资项目。共对接项目 26 个，其中正大成福集团投资项目、屏山民宿综合体等 13 个项目上台签约，总投资 107.9 亿元。

（叶长江）

【组团参加“9 · 8”投洽会】 9 月 8 日，县委、县政府组团参加第十九届厦门“9 · 8”中国国际投资贸易洽谈会，邀请客商 35 人，对接项目 26 个，总投资 11.97 亿美元，利用外资 3.57 亿美元。其中，20 万吨啤酒生产项目上台签约，投资 1.5 亿美元，计划建设厂房、企业总部中心和仓储物流中心。

（叶长江）

【省级农村电子商务示范县获批】 9 月，县商务局申报的创建“省级农村电子商务示范县”获省商务厅和财政厅批复，争取扶持资金 300 万元，重点建立完善县乡村三级物流配送体系、县级电子商务公共服务中心和村级服务站点、品牌培育和质量保障体系、农村电子商务培训等四大领域，推进农村电商务进程。

（叶长江）

【电子商务发展】 2015 年，全县新增注册电商企业 26 家，共有电商企业 58 家，全年完成网络交易额 2.3 亿元。引进中国最大农村电商服务平台“赶街网”，成为全省首批“赶街网”落户县，全年完成 50 个村级电商服务站建设，引导兰玉电商等公司入驻苏宁易购中华特色馆，推动县名特优产品销售；同时抓好电商孵化培训，共举办电子商务讲座、论坛、培训班 7 期，参加 700 余人次。

（叶长江）

【县商务局成立】 2015 年，县政府根据职能转变和机构改革工作部署，原县外经局与原县经济贸易局的内贸管理（不含畜禽屠宰、融资租赁）职责进行整合，组建大田县商务局，为县政府正科级工作部门，办公地点在建山路 188 号，行使利用外资（含外经）、外贸出口、内贸管理、电子商务四大项。9 月 11 日，县经济和信息化局完成职责和人员划转衔接，县商务局行政编制 9 名，其中，局长 1 名、副局长 4 名、主任科员 2 名，内设办公室、外贸股、外商与招商股、市场运行与调节股、商贸与服务业股、电子商务与信息股 6 个股室，下辖电商服务中心、招商服务中心、外商协会、蔬菜办、商务执法队、市场服务中心 6 个事业单位。

（叶长江）

城建·旅游

□编辑 潘 梅

规划设计

【概况】 2015年，县城市规划围绕新型城镇化建设，实施“大城关”战略。一是加强城市规划管理，严把规划审批关，执行“一书两证”制度，城区建房办证率100%。全年共办理单位建设项目选址意见书3件，用地约7.8万平方米；单位建设用地规划许可证17件，用地约10.45万平方米，建筑面积约13.95万平方米；单位建设工程规划许可证18件，用地约2.57万平方米，建筑面积约10.57万平方米。办理个人建房建设规划用地许可证73件，用地约0.87万平方米，建筑面积约4.74万平方米；个人建房建设工程规划许可证113件，用地约1.27万平方米，建筑面积约5.79万平方米。二是实施城市规划编制，拓展城市空间。按照“南进东拓北扩”的发展战略，城市规模向东延伸，向北扩展。新一轮《大田县城总体规划修编》编制完成城市空间拓展战略规划并通过评审，规划区面积从34平方公里扩大至80平方公里，进一步拉大城市空间和构架。开展各项专项规划，完成原纺织总厂周边地块改造的概念性详细规划、《广平镇总体规划》《济阳乡济阳村传统村落保护与发展规划》《屏山乡内洋村美丽乡村规划》和《大田县城市绿地系统规划（2014—2020年）》等编制，完善规划体系，扩大规划覆盖面，为城市建设提供科学的指导依据。当年建成区面积8.1平方公里，城镇化率47.4%。

（柳 青）

【县城给水规划编制】 9月，县住建局委托三明市城乡规划设计研究院编制《大田县城给水专项规划（2014—2025年）》完成。规划面积34平方公里，其中城区26.33平方公里、京口工业园区7.67平方公里，规划范围北至均溪镇郭村、南至石牌镇老厝村、西至仙跳仑烈士陵园、东至华兴乡京口村，适当向外拓展至规划城区用地周边及河流两侧一重山。规划确定县城区水压控制目标为绝大多数给水干管节点压力不小于0.3兆帕（30米自由水头），不大于0.6兆帕（60米自由水头），最不利供水节点压力不小于0.14兆帕（14米自由水头），局部地势较高的地块和高层建筑采用局部加压供给或高压给水系统供给。消防时室外消火栓水压不低于0.10兆帕（10米自由水头）。

（柳 青）

【县城区雨、污水及防洪防涝专项规划编制】 11月，县住建局委托三明市城乡规划设计研究院编制县城区雨、污水及防洪防涝专项规划。规划范围为京口工业园区以外的县城区，污水工程规划北至郭村、南至石牌老厝村、西至烈士陵园、东至华兴乡京口村，适当向外拓展至规划城区用地周边及河流两侧一重山，面积约26.33平方公里；雨水工程、防洪排涝规划面积均约为89.34平方公里。规划年限近期为2015—2017年、远期为2018—2020年。排水规划目标为综合利用大田城区地面雨水，提高城市防洪排涝能力，妥善处理城区内污水和废水，保护好城区环境卫生，并为下一步排水施工图设计提供依据。

（柳 青）

【广平镇万宅村传统村落保护发展规划编制】 2015年，县住建局委托浙江建院建筑规划设计院编制广平镇万宅村传统村落保护发展规划。万宅村靠近广平通往沙县古道，选址处交通便捷，有利于产品运输和出行。村庄依河而建，村民生活及生产用水水源充足。按照广平镇土地利用总体规划（2006—2020年），明确基本农田、一般农田、村镇建设用地、山林地和水域的发展边界范围和各类用地总量。规划至2020年，万宅村域建设用地规模为20公顷、总人口约为1089人，至2030年，万宅村总人口约为1156人。

（柳 青）

【屏山乡内洋村“美丽乡村”规划编制】 2015年，县住建局委托福建超平建筑设计有限公司编制《大田县屏山乡内洋村“美丽乡村”规划》完成。规划范围包括上洋、下洋、坑里等3个自然村，面积约为298.62公顷。含原有村庄的建成区，周边的山体、农林地及未来村庄发展的主要备用地。规划期限为2015—2030年，功能定位为屏山乡域中心，以发展特色高山茶叶生产加工、旅游业为主的生态型城镇。基本建立较完善的社会服务和社会保障体系，提供充足的村镇就业岗位，加强科、教、文、卫、体建设，建立城镇二级文化、医疗、体育设施网络；形成较完善的城镇社会事业发展载体。

（柳 青）

【城市绿地系统规划编制】 2015年，县住建局委托水木清华（厦门）园林规划设计有限公司编制《大田县城市绿地系统规划》完成。该规划从宏观上指导城市生态建设，改善城市生态环境，保证城市绿量，构建县城生态环境，并为生态红线规划及绿线规划提供依据。同时，结合实际情况对《大田县城总体规划修编》中绿地系统规划进行更系统更详细的规划及必要的调整。建设用地指标1435.95公顷。规划年限近期为2014—2015年、远期为2016—2020年。近期（至2015年）达到省级园林县城标准，实现绿地率大于34%，绿化覆盖率39%，人均公园绿地面积10.66平方米。远期（至2020年）达到国家级园林县城标准，人均公园绿地面积达14.80平方米。

（柳 青）

城市建设

【概况】 2015年，县住建局以“完善城市基础设施”为根本，提高城市综合承载力。一是市政基础设施提升。赤岩路二期长2.6公里道路全线贯通，并完成河滨景观工程；完成仙亭山至白岩公园绿道长6.3公里沥青面层施工和象山路、工商局前道路改造工程；提前完成县污水处理厂二期工程和城区延伸到石牌镇长4.42公里的污水管网建设，对背街小巷道路进行改造，做到雨污分流，提高污水收集率和浓度；完成均溪河西岸栈道夜景及扫尾工程。二是创建省级园林县城。对均溪河西岸人行栈道景观工程进行垂直绿化；建设赤岩路、宝田路等河滨带状景观公园和石牌高速互通口、福塘桥头、城南门桥头等一批精品街旁绿地；利用街头空间打造绿化精品节点，提升县城品质。12月22日，通过省住建厅省级园林县城考核验收，获“省级园林县城”称号。三是实施路灯亮化工程，方便群众出行。新装路灯82盏，其中，城区49盏、屏山乡内洋村单臂路灯21盏、中华灯2盏、庭院灯10盏。

当年，全县城市生活污水和垃圾处理率分别达到80.5%和98.6%，绿化覆盖率42.53%，人均道路面积10.93平方米、公园绿地面积14.97平方米。

（柳 青）

【重点项目建设推进】 2015年，县城市规划建设项目32个，包括在建项目12个、开展前期工作项目12个、预备建设项目8个，计划投资25.41亿元，至年底，已完成投资24.03亿元。其中，均溪河西岸景观工程项目建成并投入使用，锦绣福田小区、污水处理厂二期均竣工并投入使用。

（柳 青）

【宜居环境建设年度计划超额完成】 2015年，县宜居环境建设项目41个，完成投资7.44亿元，占年度计划107.24%，超额完成市下达任务。获全市宜居环境建设评比第二名。

（柳 青）

【城区连接国道纵五线道路规划】 2015年，县城区连接国道纵五线道路即香山北路至周田按城市二级主干道规划设计，设计时速40公里，全长3.6公里，宽24米，桥梁8座，计划投资3.5亿元，配套实施雨污分流、强弱电、给水、燃气管道。

（柳 青）

【鸭蛋山垃圾资源化治理】 2015年，县住建局实施鸭蛋山非正规垃圾填埋场垃圾资源化治理，计划至2017年处理生活垃圾100万立方米，总投资3.4亿元。年底，完成基础三通一平，进入施工阶段。

（柳　青）

城市管理

【概况】 2015年，县城市管理建立长效机制，监管并进。一是完善城市监管制度。探索创新城市管理办法，建设“智慧城管”，推进“街长制”，有效遏制市容违法现象。县城市管理行政执法局被省住建厅评为2014—2015年度全省城管执法队伍规范化建设工作成绩优秀单位。二是做好城区环卫清扫保洁。投入58.6万元添置高压清洗车1辆，全年清运垃圾3.15万吨，生活垃圾清运率100%；加强城区赤岩、福田、兴田路二期等承包路段管理，改善城市环境面貌。三是市容监管和违章整治。继续以市容环境卫生、城市“牛皮癣”、交通秩序、占道经营、集贸市场、河道管理为重点。县综合执法大队共查处市容违章3800余起；查处违反城建规划46起，违章建筑面积约3500平方米，发放停建通知书89份，拆除违章建筑32起，处罚45起、处罚金额44.93万元，遏制违法现象蔓延。开展城市绿道建设项目周边违章搭建集中整治行动，共拆除13处。四是城区渣土、弃土整治。县渣土办根据《大田县建筑渣土砂石运输管理实施方案》，全年依法处理城区运输车辆撒落弃土22起，违章乱弃土6起，查处违法设置弃土场1起、给予行政处罚；清理建筑垃圾及占道沙石土约380多立方米。

（柳　青）

【“两违”综合治理】 2015年，全县“违法用地、违法建设”整治成为新常态。全年共拆除违建1037处，拆除违建面积36.94万平方米，腾出土地20.04万平方米，完成年度拆违任务的130%。7月，全市“两违”综合治理工作现场会在县召开。

（柳　青）

房地产

【概况】2015年，县住房办落实国家宏观政策，保持房地产业健康发展。全县完成房地产开发投资6.1亿元，施工总面积102.05万平方米，房地产销售面积11.86万平方米。一是面对房地产市场下行压力，采取一系列稳定市场的调控措施，开展调研，分类指导，利用国有企业做融资平台担保贷款，资金全封闭运作用于项目工程建设；对外招商引资，引进有实力的企业进行合作，并对工程建设进度跟踪监管，确保工程质量并用足政策，盘活资产，参照省市房地产扶持政策，出台《关于促进房地产市场健康发展的措施》，最大限度保障购房户利益，维护社会稳定。二是继续实施各类保障性住房建设，开工1304套，开工率97.31%，完成投资1.22亿元，占年度投资的92.93%。至年底，基本建成1152套，建成率85.97%。受理限价商品房申请对象534户，配售保障家庭393户。三是加强房地产登记管理，县房管所办理所有权登记2127宗，房屋抵押登记3633宗，商品房买卖合同网上签约1937宗，住宅专项维修资金归集金额491.98万元，年底，累计归集金额2496.10万元。

（柳　青）

【限价商品房申请条件调整】 2015年，县住建局扩大限价房保障范围，城镇居民、进城务工人员，男满22周岁，女满20周岁，均可向县住房办提出购买限价商品房申请，对申请对象只作车辆登记、工商登记和在城市规划区范围内有无房产登记信息等进行审查，其他联审一律解除。

（柳　青）

【房地产市场规范】 2015年，县住建局规范县房地产市场行为，促进房地产市场健康平稳发展，满足不同人群的合理住房需求，根据省《关于稳定住房消费支持刚性住房需求的若干意见》精神，起草《关于促进房地产市场平稳健康发展的若干意见》和《购买商品房作为保障性住房的实施意见（讨论搞）》上报县政府审批；7月，起草《帮助开发企业融资的实施方案》，报县政府研究并批准实施。放宽首套房、首改房在办理按揭贷款时的认定标准；加大对购买新建商品房的补助力度，放宽限价商品房的准入条件；购买限价商品房、商品房和承租商品地产装修享受财政补贴。

（柳　青）

【住房公积金管理】 2015年，三明市住房公积金管理中心大田管理部加大住房公积金政策宣传力度，加强执法工作，与工商、医保、银行等部门信息互通，重点拓展民营和中小企业，扩大住房公积金覆盖面，覆盖率75%，比上年提高6%。进一步规范住房公积金缴存、提取、贷款管理，确保资金安全、提高资金使用率及其保值增值。当年，全县缴交住房公积金单位599个、职工1.44万人，分别同比增加78个、333人，归集额1.7亿元，同比增加2050万元，增长13.71%；购建房、还贷、退休等4681人，提取公积金1.03亿元，同比增长18.55%；为643户发放公积金贷款1.79亿元，同比增长157.83%。年业务收入2429万元、支出562万元，实现增值收益1867万元。年底，全县累计归集额10.94亿元，首次突破10亿元，余额5.53亿元，同比增加6689万元；支取5.41亿元，占归集总额49.44%；贷款5858户、金额8.15亿元，余额4.76亿元，同比增加1.34亿元，个贷率85.98%。全年办理逐年冲还贷业务1706人，签约率68.13%，同比提高14.37个百分点。

（陈进端）

建筑业

【概况】 2015年，县住建局加强建筑工程质量安全监管。一是做好建筑施工企业资质年检初审，对建设单位、工程招标代理、工程监理、施工企业等各方建设主体单位执行国家有关法律法规，技术标准规程等加强监督检查。二是落实安全生产责任制，确保建筑工地施工安全。三是注重工程质量监测，加大监察工程质量巡查力度。全年办理质量监督手续19份，总建筑面积13.36万平方米，工程造价约2.41亿元。组织全县所在辖区工程质量安全大检查4次、节能专项检查1次。以结构安全、使用功能、环境质量以及工程参建各方的质量为重点，实行重点部位必检和随机抽查相结合，对建筑工程实行立体化，全方位监督管理。组织全县工程质量安全大检查4次、节能专项检查1次。四是加强工程造价监管力度，多渠道采集工程材料市场价格信息，编制1—12月县建筑材料预算价格表。加强施工合同管理，实行施工合同备案、跟踪制度，并对施工过程出现的新问题，提出意见和建议。五是加强勘察设计，规范房地产市场管理。县规划建筑设计院全年完成13个项目施工图设计，建筑面积2.4万平方米，收入101万元。当年，全县完成建筑业产值31.82亿元，比上年增长20.99%，其中县内企业完成18.79亿元，三明市驻县企业完成13.03亿元。

（柳　青）

【工程竣工验收备案25个】 2015年，县质监站按照《建设工程竣工验收备案》规定，审核办理工程竣工验收备案25个项目，建筑面积21.06万平方米，总造价3.52亿元。

（柳　青）

【建筑工地施工安全监管】 2015年，县住建局制定安全生产责任制，与施工企业法人签订责任书，施工企业与施工队、班组签订责任书，一级抓一级，层层抓落实。推行使用先进安全技术、优质安全防护用品和建工意外保险制度，保障工人的合法权益。开展季度安全检查4次，节后复工专项检查和“中秋、国庆”节前安全检查各1次、检查做好防范13号台风“苏迪罗”和21号台风“杜鹃”；接受市住建局和省住建厅安全检查各2次。全年办理安全施工备案登记23件、在建受监工程29个、单位工程71个，共检查工程项目85家次，发出《责令改正（整改）通知单》89份，排查一般隐患369条，已整改359条，整改率97.29%。

（柳　青）

村镇建设

【概况】 2015年，县住建局规划与管理工作围绕县委、县政府“城镇扩规模，建设新农村”的目标，建设和谐乡镇。一是加强乡镇规划。广平镇总体规划新一轮修编通过县政府审批；《济阳乡济阳村传统村落保护与发展规划》评审稿编制完成，通过县、市专家审查；桃源镇东坂村和广平镇万宅村传统村落保护与发展规划编制完成初稿。《屏山乡内洋村美丽乡村规划》编制通过省技术服务团审查。梅山乡总体规划修编完成并按法定程序报批。二是进行垃圾处理设施建设。建设均溪、上京、桃源、太华、广平、奇韬和建设镇等7个压缩式垃圾中转站，购置垃圾运输车13辆，计划投入1200多万元，已投入850万元，除均溪、奇韬镇外，其他镇已完成转运站主体工程建设并购置垃圾车5辆。三是推进美丽乡村建设。集中建设屏山乡内洋村省级美丽乡村示范村和济阳乡济中村、吴山乡梓溪村、桃源镇东坂、桃源村，均溪镇温镇、后华、周田村，建设镇建国、建强村等15个整治村。重点对村庄内裸房、生活垃圾、污水的综合整治和村庄绿化美化及河道等整治，获省住建厅省级“以奖代补”资金1470万元。

（柳　青）

【村镇公建项目审批】 2015年，县住建局共审批发放《村镇建设选址意见书》3份，用地12.58万平方米；建设用地规划许可证18份，用地146万平方米，建筑面积8.9万平方米；建设工程规划许可证38份，占地114.76万平方米，建筑面积5.58万平方米；乡村建设规划许可证16份，用地0.17万平方米，建筑面积0.43万平方米。发放意见函12份，其中审批新村建设8个，用地11.5万平方米，可满足约500户村民建房；审批生产性建设项目5个，用地1.5万平方米。

（柳　青）

【11个村被列入省级、国家级传统村落】 11月，太华镇小华、魁城村，济阳乡济中、大儒、上丰村，桃源镇蓝玉、杨坑村，华兴乡杞溪村等8个村被省住房和城乡建设厅、文化厅、财政厅列为第一批省级传统村落。至年底，全县被住房城乡建设部、文化部、财政部列入国家级传统村落共有3个，其中，济阳乡济阳村于2012年被列为第一批中国传统村落，桃源镇东坂村、广平镇万宅村属于第三批。济阳村已获得第二批中央补助资金300万元。

（柳　青）

【全国农村人居环境和危房现状调查】 10月，县住建局按照中央、省、市统一部署，进行农村人居环境和危房现状调查信息录入。农村人居环境调查以村为单位，按照一村一表采集信息；农村危房现状调查以户为单位，按照一房（户）一表采集信息。年底，全县265个村的新一轮农村人居环境信息系统录入全部完成；在2014完成农村危房现状调查录入的基础上，针对“十三五”农村危旧房改造计划，危房信息录入全部完成。

（柳　青）

旅游经济开发

【概况】 2015年，全县加快推进旅游项目建设，全年投入资金3.1亿元用于旅游开发和建设。桃源镇东坂村、屏山乡内洋村、济阳乡济中村被列为省级乡村旅游特色村并各获省级资金补助10万元；中国高山茶旅游街区被列为省级旅游特色街区并获省级资金补助60万元；中国（大田）高山生态茶休闲旅游开发项目获国家专项建设基金1000万元。当年，主景区象山接待游客5.3万人次，门票收入22万元，比上年分别增长21%和19.44%。新开放的屏山雾海茶休闲人家景区，吸引众多省内外游客旅游观光，日均接待游客近千人。

（蔡慧明）

【旅游宣传营销】 5月，由国家旅游局和福建省政府主办的第十一届海峡旅游博览会在厦门举行，大田县认购乡村旅游馆展位1个，旅游精品馆展位2个，免费赠送旅游商品和宣传资料，并开展现场免费试吃大骨头肉松、洛神花蜜饯和“现场品茗”“扫微送礼”等活动，吸引众多嘉宾和市民驻足关注和了解大田旅游，公众互动活跃。全年，编写“大田旅游”官方微信60多期，新增订阅数2200人，其中3期在全省旅游官方微信总评榜中排名前10名。年初，省委书记尤权为大田民宿旅游点赞，助推大田乡村旅游发展的内容被凤凰网、中国旅游报等知名媒体转载。利用节假日在桃源镇东坂村、屏山乡内洋村开展“回到爸爸的童年”“亲亲我的好妈妈”亲子游、千人品尝“杀猪宴”等活动，吸引泉州、厦门等地以家庭为单位的游客前来体验。在城区白岩公园、仙亭山森林公园等人流量大的场所设置大型户外宣传栏，进行《中华人民共和国旅游法》和大田乡村民宿旅游专项宣传。借助全国健美操锦标赛进行旅游宣传，在主要接待宾馆、茶城、展馆发放《大田自助旅游服务指南》《大田旅游招商项目册》等旅游宣传资料1万多份。组织参与“三明旅游进高校暑期营销推广活动”，偕同大田民生服务旅游企业推出“疯狂大砍价”“扫码均有礼”活动，让广大高校学生关注和了解大田旅游，借助异地生源的传播渠道，提升大田旅游知名度，拓展旅游市场。

（蔡慧明）

【乡村民宿旅游产品】 8月，由国家旅游局和国务院扶贫办共同主办的全国乡村旅游提升与旅游扶贫推进会议在黄山市召开，屏山乡内洋村获评首批中国乡村旅游模范村；福建茶天下度假旅游开发有限公司（大田）入选中国乡村旅游模范户；石牌聚友、聚兴、胜利、华全、福芸、屏山乡雾海茶人家、茶家大院和济中村凤来居8家饭店入选中国乡村旅游金牌农家乐；桃源镇蓝玉村肖基传、东坂村巫振桂、屏山乡内洋村苏启绵、和道源公司苏进塔、济阳乡济中村涂友第等5人入选中国乡村旅游致富带头人。12月，在泰宁召开的全市旅游工作会议暨乡村旅游现场会上，大田县被宣布列入全市4个（泰宁、建宁、尤溪、大田）率先打造的乡村旅游示范县之一；雾海茶人家、东坂客栈、巫婆婆的家、馨安居民宿4家民宿被评为市首批“绿野乡居”特色民宿。至年底，全县设立屏山“茶家大院”、东坂“巫婆婆的家”“大熊的家”以及蓝玉“馨安居”等各具特色的乡村民宿旅游示范点20多家，新增旅游从业人员200多人，旅游基础改善、接待能力增强。在全县筛选出7个村列入全市乡村旅游特色村创建计划，在全县建档立卡贫困村筛选出12个村申报省级旅游扶贫重点村。全县已开发形成屏山内洋高山茶生态休闲游、桃源蓝玉田园风光游、东坂特色村寨游、济阳古村民俗游等一批乡村民宿旅游产品。

（蔡慧明）

【陈爱莲被评为“三明市十佳文明导游之星”】 10月26—27日，县旅游局选派屏山雾海茶人家和第二集美学村2个景点的导游讲解员各1名参加由三明市旅游局、市委文明办联合举办的2015“三明市文明导游之星”导游大赛决赛。通过导游讲解、知识问答、才艺展示等环节，县导游员陈爱莲获“二等奖”和“最佳才艺奖”，被评为2015年“三明市十佳文明导游之星”。

（蔡慧明）

【高山生态茶休闲旅游项目建设】 2015年，中国（大田）高山生态茶休闲旅游项目投资1.16亿元（计划总投资10亿元）。屏吴旅游公路竣工通车，茶园套种樱花153.33公顷，雾海茶人家度假8幢木屋建成使用，引进茶文化体验企业和民宿旅游发展企业各1家。内洋村水尾森林休闲木栈道完工投入使用，该项目获国家专项建设基金扶持1000万元。

（蔡慧明）

【仙峰养生温泉度假区项目建设】 2015年，位于石牌镇老厝村的福建省仙峰养生温泉度假区投资5084万元（总投资5.6亿元），完成五星级温泉酒店外墙装修和温泉汤池主体建设，进行酒店内部装修、桥梁施工和温泉健身中心主体建设。

（蔡慧明）

【赤岩中央苏区公园项目建设】 2015年，县委、县政府为民办实事项目城区赤岩中央苏区公园完成投资1300多万元，铺设公园游步道火烧板路面约3.5公里，建成公园主入口和水平休闲栈道520米、生态公厕3座，进行中央苏区文化雕塑、景观绿化等设施建设。

（蔡慧明）

【象山避暑养生度假区项目建设】 2015年，象山避暑养生度假区项目投入160万元，铺设环湖木栈道及4公里森林游步道，种植樱花66.67公顷。

（蔡慧明）

【济阳历史文化名村开发】 2015年，县投资2000多万元（总投资1.2亿元），重点整体保护开发凤阳堡、飞凤戏台、紫云桥等重要文物建筑及古民居，开发灵动济阳、岱山公园等景点，建设观景台、休闲亭8处、“串珠漫步道”3.5公里。

（蔡慧明）

【旅游规划编制】 2015年，县旅游局经公开招标，聘请中标的浙江鳞德旅游规划设计院编制《中国高山茶生态休闲旅游度假区（5A级景区）总体规划及雾海茶人家修建性详细规划》，已完成初稿评审；聘请台湾乡村旅游规划团队开展桃源、屏山、吴山、济阳等乡镇乡村旅游产业发展规划和民宿设计、装修；聘请三明学院旅游学院进行华兴乡仙峰村乡村旅游策划；编制《大田县“十三五”旅游业发展提升专项规划（2016—2020）》。

（蔡慧明）

【旅游项目招商引资】 2015年，县旅游局印制大田旅游招商项目册，制作旅游招商项目课件和易拉宝（竖立式宣传海报），组织参加厦门投资项目推介洽谈会、厦门“9·8”中国国际投资贸易洽谈会、海峡旅游博览会、三明林业博览会等活动。当年度旅游招商引资落地建设的项目有世外桃源·沃沃亲子旅游影视教育基地和龙创生态谷等项目，计划投资5.8亿元。

（蔡慧明）

财政·税务

□编辑 陈吉洸

财政工作

【概况】 2015年，大田县财政局落实县委、县政府的决策部署和要求，适应经济发展新常态，克服收入严峻形势和支出巨大压力，加强资金筹集调度，保障重点支出，促进经济社会健康发展。

一般公共预算收支 2015年，全县公共财政总收入9.97亿元，比上年下降3.91%，其中，一般公共预算收入6.87亿元，同比增长2.57%；一般公共预算支出20.29亿元，同比增长19.79%。

一般公共预算平衡 2015年，全县一般公共预算收入6.87亿元，上级补助收入11.48亿元、债券转贷收入11.46亿元、政府性基金调入9252万元、其他调入660万元，体制上解支出944万元，专项上解支出950万元，债务还本支出11.21亿元，总财力19.39亿元；总财力加上年结余2.23亿元，减去当年一般公共预算支出20.29亿元，结转下年支出1.33亿元。

基金预算收支 2015年，全县政府性基金预算收入2.42亿元，同比下降42.53%；政府性基金预算支出3.25亿元，同比下降23.34%。

基金预算平衡 2015年，全县政府性基金预算收入2.42亿元，省市补助0.59亿元，债务转贷收入2845万元，上年结转2.29亿元，基金总收入5.58亿元；政府性基金预算支出3.25亿元，债务还本支出2215万元，政府性基金调出9252万元，基金总支出4.40亿元。收支相抵，滚存结余1.18亿元。

2015年大田县财政收入情况表

表3

收入项目	决算数（万元）	比上年	
		增减额（万元）	增减幅度（%）
一、全县一般公共预算收入	68685	1721	2.57
1. 国内增值税	6638	-1702	-20.41
2. 改征增值税	1745	-195	-10.05
3. 营业税	10812	-2460	-18.54
4. 企业所得税	5501	-497	-8.29
5. 个人所得税	1887	55	3.00
6. 资源税	2433	-561	-18.74
7. 城市维护建设税	1815	269	17.40
8. 房产税	957	-497	-34.18
9. 印花税	559	-196	-25.96
10. 城镇土地使用税	661	194	41.54
11. 土地增值税	2057	-366	-15.11
12. 车船税	471	49	11.61
13. 耕地占用税	585	135	30.00
14. 契税	1873	87	4.87
15. 烟叶税	1060	136	14.72
16. 专项收入	15670	12766	439.60
17. 行政事业性收费收入	3187	-1366	-30.00
18. 罚没收入	2244	-495	-18.07
19. 国有资源有偿使用收入	8530	-3632	-29.86
20. 其他收入	0	-3	-100.00
二、政府性基金预算收入	24165	-17881	-42.53
三、上划中央收入	31009	-5774	-15.70

说明：从2015年1月1日起，地方教育附加、文

化事业建设费、残疾人就业保障金、从地方土地出让收益计提的农田水利建设和教育资金、育林基金、森林植被恢复费、水利建设基金等项目转列一般公共预算

2015 年大田县财政支出情况表

表 4

支出项目	决算数（万元）	比上年	
		增减额（万元）	增减幅度（%）
一、一般公共预算支出	202938	33524	19.79
1. 一般公共服务支出	18077	452	2.56
2. 国防支出	243	–343	–58.53
3. 公共安全支出	8563	–269	–3.05
4. 教育支出	54069	8565	18.82
5. 科学技术支出	5031	1052	26.44
6. 文化体育与传媒支出	4981	–741	–12.95
7. 社会保障和就业支出	21841	4255	24.20
8. 医疗卫生与计划生育支出	17423	3696	26.93
9. 节能环保支出	8825	3516	66.23
10. 城乡社区支出	7988	4300	116.59
11. 农林水支出	39303	10356	35.78
12. 交通运输支出	1865	–587	–23.94
13. 资源勘探信息等支出	1363	–1381	–50.33
14. 商业服务业等支出	775	–221	–22.19
15. 金融支出	80	–2	–2.44
16. 国土海洋气象等支出	4779	1156	31.91
17. 住房保障支出	6099	288	4.96
18. 粮油物资储备支出	751	139	22.71
19. 其他支出	290	–1087	–78.94
20. 债务付息支出	467	255	120.28
21. 债务发行费用支出	125	125	100.00
二、政府性基金预算支出	32499	–9894	–23.34
合计	235437	23630	11.16

（林克夏）

【促进经济发展】 2015 年，县财政落实县委、县政府制定的进一步扶持矿产品采选业发展、加快产业转型升级、促进工业创新转型等一系列稳增长政策措施，兑现扶持奖励资金 8314 万元；将企业应急转贷资金规模扩大到 1 亿元，期限延长 1 年，当年，无偿办理转贷业务 17 笔、8925 万元。落实结构性减税及取消、减免、暂停征收行政事业性收费和政府性基金各项政策，减轻企业负担。拨付资金 9.50 亿元，并配合金融办争取银行贷款额度 15.8 亿元，支持重大项目和为民办实事项目建设。

（林克夏）

【保障民生支出】 2015 年，县财政用于民生支出 16.64 亿元，增长 24.27%，占全县一般公共预算支出的 82.00%，比上年提高 1.79 个百分点。农村低保标准家庭年人均收入提高到 2300 元，月人均补差提高到 150 元，对 80 岁以上低保老人每人每月发放生活补助费 100 元，农村五保对象集中、分散供养月人均补助标准分别提高到 698 元和 543 元；城乡居民月基础养老金提高到 85 元，对城乡养老保险对象死亡给予按基础养老金 20 个月的标准发放抚恤金补助；被征地农民养老保障金标准提高到每人每月 135 元；人均基本公共卫生服务经费、城乡居民医保财政补助标准分别提高到 40 元和 380 元；支持机关事业单位养老保险和工资调整改革，落实乡镇工作补贴政策；拨付资金 6454 万元，推进保障性安居工程建设；发放农资综合、订单粮食直补和农作物良种、农机购置、水稻种植保险保费补贴及成品油价格改革财政补贴等 3933 万元；支持实施村级公益事业“一事一议”项目 123 个，拨付财政奖补资金 2110 万元。

（林克夏）

【财政管理加强】 2015 年，县财政首次编制包括一般公共预算、政府性基金预算、国有资本经营预算和社会保险基金预算在内的全口径预算；加大政府性基金预算与一般公共预算的统筹力度，将地方教育附加、农田水利建设资金等政府性基金转列一般公共预算，政府性基金预算中用于提供基本公共服务以及人员和机构运转的项目收支，列入一般公共预算。清理县本级公共财政、政府性基金、财政专户结余结转资金。启用财政管理一体化信息系统，加强预算执行动态监控。加强政府采购监管，制定《大田县政府集中采购目录及限额标准》，完成政府采购预算金额 3626 万元，节约资金 548 万元，节约率 15.11%。深化预算公开，县级财政预算公开内容扩大到全口径预算；除涉

密单位外，政府预决算支出公开内容全部细化到项级科目，部门预决算公开范围扩大到所有使用财政资金的单位。制定乡镇财政所内部管理制度，建立乡镇财政资金监管台账，18 个乡镇财政所标准化建设全部通过省财政厅考评验收。

（林克夏）

【维护财经纪律】 2015 年，县财政修订《大田县县直机关差旅费管理办法》，公用经费预算比上年压减 20%，“三公”经费及会议费支出同比下降 15.44%。完成地方政府存量债务初步清理甄别结果自查；争取新增地方政府债券转贷资金 5900 万元、置换存量债务资金 11.15 亿元，缓解偿债压力。开展涉农资金专项整治行动，检查 18 个乡镇涉农资金，并延伸至村级财务，涉及资金 2.16 亿元，发现问题金额 418 万元，基本整改到位；对财政扶贫专项资金管理使用情况进行自查，开展强农惠农资金使用、预决算公开和福建正仁环保、大田红狮水泥、鑫城水泥、广联木业有限公司等 4 家企业会计信息质量检查，及时发现问题，并责令整改纠正。

（林克夏）

【服务效能提升】 2015 年，县财政将会计从业资格证办理时限由原来的 10 个工作日改为网络系统申请、按预约时间当日办结，当年办证新增 381 人，换发新版证书 1452 人，办理证书调转 150 人；做好会计职称考试报名、审核，报考会计专业技术资格 243 人，其中，高级会计师 2 人，中级职称 71 人、初级 170 人。

（林克夏）

国家税收

【概况】 2015 年，大田县国家税务局坚持稳中求进抓收入，改革创新谋发展，依法治税，加强税源专业化管理、队伍建设、征管改革、绩效管理和规范服务等。2 月，纳税服务科被省妇联授予“省级巾帼文明岗”；3 月，办税大厅被评为全市国税系统“二星”办税服务厅，县国税局被市文明办评为 2014 年度三明市网络文明传播工作先进单位，被县委、县政府授予“上级垂管部门考评先进单位”“年度项目工作竞赛活动先进单位”“平安建设先进单位”等称号；5 月，县国税局被省委、省政府评为第十二届（2012—2014 年度）省级文明单位。

税收收入 2015 年，县国税局共组织各项税收收入 3.46 亿元（含免抵调库 380 万元），完成年任务 100.17%，比上年减收 9966 万元，同比下降 22.4%，其中，增值税 2.83 亿元（免抵调库 380 万元），同比下降 19.8%；企业所得税 5399 万元，同比下降 24.2%；车辆购置税 851 万元，同比下降 59.1%；消费税 12 万元，同比下降 33.3%。完成县本级税收 1.05 亿元，同比下降 19.7%。

税收征管 2015 年，县国税局在征管改革中加强重点税源分析监控和欠税管理，加大纳税评估力度。一是税收征管改革。4 月 1 日推行纳税服务员、税收巡察员、税收评定员、税务稽查员、督察保障员“五员”税收征管系统，做好基础事项管理、风险识别应对和纳税评估。二是开展风险应对，加强税源管控。注重行业或税种风险分析与识别，加强重点税源监控，对年纳税 10 万元以上重点企业及时跟踪税收入库变化情况，通过分析查找税收风险指导收入，达到防风险与抓收入并重。三是组织纳税评估。筛选评估对象，按照税收风险管理办法和工作职责，做好跟踪管理和评估，确保评估质量，树立评估威信，以评促管。全年，完成纳税评估 121 户，入库税款和滞纳金 1130.08 万元，占全年入库税款的 3.27%。四是开展税务登记证、组织机构代码证、工商营业执照 “三证合一和一照一码”推广运用。189 户企业按照“三证合一、一照一码”的办证程序办理税务登记。五是开展税款清欠追缴。采取电话、口头、到纳税户实地催缴、跟踪了解经营和财务状况、从欠税企业的银行账户中强行划缴税款等进行清缴；以票控税 59 户次，强制保全对欠税户冻结银行账户 39 户次，每季度在办税大厅公示栏公告纳税人欠税情况。全年清缴当期欠税 588 万元、往年度欠税 60 万元。六是开展税收稽查。围绕整顿和规范税收秩序，重点查处税收违法案件，加强税收专项检查和发票专项整治，以查促收、以查促管、以查促查。全年专项检查 7 户，查补入库税款、罚款和滞纳金共 248.32 元。发票稽查 8 户，其中，涉及取得虚开增值税专用发票 6 户，查处非法发票 94 份，涉案金额 864.02 万元，查补税款 303.41 万元，加收滞纳金 13.99 万元，罚款 5.52 万元；涉及未按规定开具发票 1 户，查处非法发票 105 份，涉案金额 76.55 万元，查补税款 7.53 万元，加收滞纳金 3.82 万元，罚款 4.56 万元。查处案件 3 起，其中，转办 1 起，查结 2 起，查补增值税和罚款各 16.66 万元，责令企业转出增值税进项税额和调减期末留抵税额各 32.04 万元。七是做好 2014 年度企业所得税汇算清缴。共管征企业所得税 1409 户，截至 6 月 3 日汇算面达 100%，汇算调整后全县盈利企业 148 户、盈利面 10.5%，零申报 812 户，占 57.63%，亏损 449 户，占 31.87%；汇算调增应纳税所得额 2.26 亿元，调减应纳税所得额 233.72 万元，弥补以前年度亏损 3063.70 万元，全年应缴企业所得税 7301.55 万元，同比增长 2.51%。八是做好反避税管理。对大田宏润针织时装有限公司开展反避税管理，查补企业所得税 22.67 万元，滞纳金 1.73 万元。九是做好增值税发票系统升级。共推行增值税发票系统升级版存量一般纳税人 706 户，处置防伪税控旧设备并上报市局货劳科集中销毁 637 户，除特殊纳税人暂缓推行，基本升级到位。十是做好出口货物退税申报和资料审核。4 月 1 日起，生产企业出口退（免）税审批权限下放到县级，县国税局开展宣传、培训、组织协调、摸底调查、分类管理，确保出口退（免）税企业分类管理评定公平公正。全年有 5 户生产企业出口货物销售额 1254.8 万美元、人民币 7797 万元，当期应退税额 292.1 万元、免抵税额 728.8 万元。

纳税服务 2015 年，县国税局一是规范办税服务厅建设。打造“环境整洁、功能齐全、办税快捷、服务优质、管理规范”的办税服务厅。规范发票管理和综合服务两类窗口和办税服务区、咨询辅导区、自助办税区、等候休息区等功能区域设置及办税窗口功能标识。开辟“绿色通道”，方便残疾人及信用等级 A 级的纳税人办理涉税事项。并设置自助办税区，配置电脑、桌椅、笔、墨、纸、胶水、印泥、表格的填写样本等办税用品，并提供饮用水、水杯、防暑用品、常用药品、雨具等。建设纳税监控系统（包括排队叫号和评价系统、办税服务厅视音频监控系统），同时，向纳税人提供无线宽带（Wi-Fi）服务。二是加强国地税合作。联合办理税务登记，对新提请办理税务登记的国地税共管户全部实行“一窗受理、一证通用”，解决纳税人办税“多头跑”的问题，减少纳税人重复办证的等待时间，全年新增统一办理税务登记 290 户。国地税建立委托代征关系，即时代征税费，在代开国税增值税发票的同时，及时代征城建税金及附加，全年代征地方税（费）款近 65 万元。联合开办 “纳税人学堂”，制定教学计划和教学内容，抽调业务骨干，针对性授课、辅导和宣传，为征纳双方架起学习沟通的桥梁和税企交流平台，当年，联合举办增值税发票系统升级版培训和营改增税收政策培训 17 期，参训 970 多人次。联合核定个体定额，实行统一的定额核定参数，确保个体工商户定额核定的一致性、公正性、合理性，全年，共联合核定个体工商户定额 504 户。联合开展税务稽查，对举报的涉税案件、专案检查、企业注销等案件开展联合税务稽查，共同制定检查方案，互相交流协查结果，取长补短，提高规范化执法水平，并减轻纳税人负担。三是开展 “银税互动”活动。根据省国家税务局、建行福建省分行《关于开展“银税互动—税易贷”工作的通知》精神，为建行省分行定为纳税信用评价 A 级和 B 级的小微企业推出“税易贷”业务，提高社会对纳税信用的认同度，营造社会诚信良好氛围。全年为 3 户纳税人开具信用等级证明，向建行申请“税易贷”业务。

税收优惠 2015 年，县国税局为 92 户小型微利企业、12 户农林牧渔项目所得企业减免 2014 年企业所得税；残疾人员工资加计扣除 1 户、免税收入 5 户、减计收入 2 户，共享受减免优惠所得额 3858.59 万元，减免企业所得税额 946.09 万元，弥补以前年度亏损 3063.7 万元。当年小型微利企业减免企业所得税 72 户，所得税额 56.71 万元；为民政福利企业 5 户和资源综合利用企业 3 户，审批退税金额分别 871.88 万元、1158.25 万元；污水处理企业福建正仁环保有限公司享受免征增值税销售收入 319.12 万元；大田县铭和建材有限公司和大田县华盛建材有限公司生产原料中掺兑废渣比例不低于 30%，享受免征增值税销售收入 755.19 万元；福建新华发行（集团）有限责任公司大田分公司和垃圾处理企业大田县安然水务环保有限公司，分别免征增值税销售收入441.44万元、144.2万元。

（张正利）

【“税务杯”职工篮球赛举办】 3月30日至4月4日，县国税局、地税局在县体育馆室内篮球馆联合主办“税务杯”职工篮球邀请赛，县国税、地税、宣传、纪检、国土资源局和金融系统等6支代表队参加比赛。比赛以税法宣传和体育活动相结合，开启县第24个全国税收宣传月活动的序幕，向干部、职工进行“新常态 新税风”为主题的税务宣传。金融系统、宣传、国土资源局代表队分获一、二、三名。

（张正利）

【人事调整】 9月，县国税局局长黄显福调省国税局货劳处挂职，明溪县国税局局长庄志宏调任县国税局局长。12月，将乐县国税局纪检组组长陈开回调任县国税局副局长。

（张正利）

地方税收

【概况】 2015年，大田县地方税务局以组织收入为中心，建设让地方满意、纳税人满意、人民满意的“三个满意”地税局，被省委、省政府授予第十二届（2012—2014年度）“文明单位”，建设分局工会小组被全国总工会授予“全国模范职工小家”称号；县局被县委、县政府评为“2014年度上级垂管部门考评先进单位一等奖”和“2014年度平安建设先进单位”；县局工会被县总工会授予“2013—2014年度工会工作先进集体”，保持“县级模范职工之家”称号，城关分局、上京分局工会小组同时保持“县级模范职工小家”称号；县局被县政府残疾人工作委员会授予“爱心助残单位”称号；连续三年信息和宣传报道得分居全市地税系统第一，当年信息得分居全省地税系统县级局直报点第一。被市地税局记三等功4人，被县委、县政府授予“2012—2014年度省级文明县城创建工作先进个人”、县总工会授予“大田县五一劳动能手”、县委宣传部评为“2014年度优秀新闻工作者”各1人。

税费征收 2015年，县地税局组织各项收入6.36亿元，比上年下降2.46%，其中，各项税收收入3.99亿元，同比下降6.12%；各项非税收入2.37亿元，同比增长4.46%。县级一般预算收入3.11亿元，同比下降5.23%。

2015年大田县地方税务局税收收入情况表

表5

项目	入库额（万元）	比上年	
		增减额（万元）	增减率（%）
一、营业税	13546.94	-2496.64	-15.56
二、企业所得税	8352.34	478.80	6.08
三、个人所得税	4716.64	137.86	3.01
四、房产税	957.38	-496.71	-34.16
五、城市维护建设税	1815.17	269.32	17.42
六、印花税	558.88	-196.02	-25.97
七、土地使用税	661.31	194.14	41.56
八、资源税	2433.34	-560.92	-18.73
九、车船税	470.72	49.04	11.63
十、土地增值税	2056.83	-366.69	-15.13
十一、烟叶税	1059.68	135.62	14.68
十二、耕地占用税	585.14	135.46	30.12
十三、契税	2661.68	44.78	1.71
合 计	39876.05	-2671.98	-6.28

2015年大田县地方税务局非税收入情况表

表6

项目	入库额（万元）	比上年	
		增减额（万元）	增减率（%）
一、教育费附加	1386.01	37.97	2.82
二、地方教育附加	905.38	-102.36	-10.16
三、文化事业建设费	15.29	-11.77	-43.50
四、基本养老保险费	9343.45	234.79	2.58
五、失业保险费	635.40	-165.62	-20.68
六、医疗保险费	7277.77	773.60	11.89
七、工伤保险费	1725.56	13.00	0.76
八、生育保险费	648.20	137.11	26.83
九、税务部门其他罚没收入	14.26	5.67	66.01
十、税务行政性收费	0.00	0.00	0.00
十一、其他收入	1748.68	90.08	5.43
合 计	23700.00	1012.47	4.46

税费征管 2015年，县地税局做到依法征收、应收尽收，提高收入质效。一是加强重点税种管理。开展企业所得税汇算清缴，完成企业汇算439户，自查补缴企业所得税1503万元；重点抽查企业所得税汇算清缴127户，查补各项收入338.53万元。组织年所得12万元以上个人所得税自行申报321人，缴纳个人所得税902.32万元。加强股权转让个人所得税征收管理，审核并出具个人股权转让完税证明87份，入库税款267.18万元。落实煤炭资源税从价计征改革政策，全年共入库煤炭资源税1204.87万元，同比增长198%。二是开展税收执法督察。发现问题34个，涉及纳税人88户次。分析原因，明确责任人，做好发现问题的整改和过错责任追究，并制定具体措施，规范税收执法行为。三是加强规费征缴管理。县地税局与人社局、财政局联合组成基本养老保险征缴检查小组，下达《劳动监察限期改正指令书》11份，新增参保124人、月增收5.16万元，提高缴费基数2户、月增收5.49万元。四是开展税费稽查，立案检查13户，结案9户，查补各项收入176.35万元，入库259.38万元。查处发票违法案件6件、非法发票81份，票面金额323.94万元，查补各项收入157.56万元。

纳税服务 2015年，县地税局围绕征纳和谐，拓展服务新内涵。一是制定“便民办税春风行动”实施方案和工作任务分解表，将任务细化成3类10项39条，明确行动内容、工作措施、牵头部门、配合单位和时间，同时将“便民办税春风行动”作为绩效考核、督查督办、明察暗访的重点，确保各项“为民、便民、惠民”工作有效落地并取得实效。二是从3月1日起，全面实施《全国税务机关纳税服务规范（2.0版）》，完善服务制度、优化服务方式、前移办税事项、压缩办理环节、规范资料管理、简化资料报送等。在办税服务厅设立小微企业优惠政策落实咨询服务岗，制作最新税收优惠政策宣传单，宣传、落实各项税收优惠政策。三是落实国家税务局和地方税务局合作工作规范（1.0版）。9月，召开国地税合作联席会议，部署国地税合作、研究和讨论县国地税交流合作平台，达成五点共识，开启纳税人“进一家门、办两家事”的全新服务模式。四是推进社会纳税信用体系建设，联合县国税局评出2014年度纳税信用等级A级纳税人10户、B级369户、C级114户、D级17户。五是搭建多元化服务平台。1月1日起，推行税务登记电子证照；6月1日起，落实工商营业执照、组织机构代码证和税务登记证，由一个部门核发加载统一社会信用代码营业执照的“三证合一，一照一码”登记制度改革；全面推行征管资料档案电子化，减轻纳税人办税负担；推行“一掌通”3A移动税务平台，方便纳税人随时随地办税；利用“互联网+”促进自助办税服务，单位纳税人网上办税率达95%以上；开通“大田地税”微信公众平台，拓宽税企沟通渠道；对个人办税事项全面实行“免填单”，所有办税服务实行“同城通办”；协同银行、国税等部门开展“税贷通”和“税易贷”等业务，实现税务信用体系和银行信用体系对接，使企业的“纳税信用”转化为“融资资本”，从根本上破解企业贷款难问题，扶持小微企业发展。六是落实税收优惠政策，全年共减免小微企业营业税441户次、263万元，减免企业所得税38户、15.8万元；对符合安置残疾人条件的8户企业，税前加计扣除255.09万元，减免税款63.77万元；分别备案享受棚户区改造和公租房建设优惠政策企业3户、企事业单位5户，为改制企业办理契税减免2户，为个体纳税人减免残疾人个人就业营业税、个人所得税2户。优化个人房地产交易减免税受理，及时调整二手商品房转让税收优惠政策，简化纳税人办理不动产赠与税收优惠和申请办理家庭唯一普通住房契税优惠流程。全年共办理个人二手房交易税收减免488户次、减免契税1277户次，减免个人房地产交易各项税费4067万元。受理营林工程减免营业税12户次、2.5万元。为县境内公路建设和153户农村居民新建住宅分别减征耕地占用税1851万元、98万元，为3户新建幼儿园免征耕地占用税61.3万元。

（颜建谋）

【服务型机关打造】 2015年，县地税局打造税企互动平台，建设服务型地税机关。一是聘请义务监督员10人，对地税机关服务工作进行全面监督，督促整改存在的问题。二是每月邀请纳税人代表5人，走进办税服务厅反串“一日税官”，协助办理涉税事项，换位体验综合受理、纳税申报、税收宣传等服务，提出改进意见和建议。三是与县国税局联合举办“纳税人学堂”，邀请专家授课，提升纳税人办税水平，降低涉税风险。

（颜建谋）

【税费同征管】 2015年，县地税局坚持税费并举，同步运筹谋划、同步引导服务、同步征收控管、同步协作联动、同步监测考核，推行税费一体化管理模式，完善规费征缴机制，促进规费征收。全年，入库规费2.17亿元，同比增长5.37%。

（颜建谋）

【残疾人事业支持】 2015年，县地税局发挥职能，助力残疾人事业发展。一是挂钩联系安置残疾人就业的企业，定期走访，落实税收优惠政策，协助解决经营困难。二是主动联系自主创业的残疾人，提供全程导税、代办、预约上门等个性化服务。三是争取地方党政部门支持，加强残疾人就业保障金征缴，扩大和促进残疾人稳定就业，征收残疾人就业保障金242.36万元，同比增长10.97%。四是与两家特殊教育机构共建，每年拨款3万元资助办学，并定期上门开展志愿服务。

（颜建谋）

金　融

编辑　陈吉浇

中国人民银行大田县支行

【概况】 2015年，中国人民银行大田县支行贯彻国家金融方针政策和上级行会议精神，推进各项业务开展，取得较好工作成效。年底，人行县支行内设办公室、信贷调统股、外汇管理股、保卫股、营业室。有员工27人，其中，本科学历14人、大专8人，中级职称12人、初级15人。

当年，县支行获2012—2014年度人行上海总部文明单位和全省人行系统“岗位防风险、业绩创一流”主题竞赛先进集体、农村支付体系建设先进集体及全市人行系统先进基层党组织等称号，被推荐参评总行“标杆职工之家”、全省第四届“诚信建设先进单位”。有5项特色工作得到福州中心支行领导表扬作为经验推介。全年向上级行和地方党政部门报送金融信息与调研文章225条（篇），被采用186条（篇），在全市人行系统考评中政务信息工作获第一名、金融调研获第二名。

存款贷款　2015年，全县金融机构本外币各项存款余额86.50亿元，比上年增长8.83%，其中，储蓄存款51.48亿元，同比增长8%。各项贷款余额76.19亿元，同比增长2.19%，其中，住户贷款(个人)46.75亿元，同比增长8%；非金融企业及机关团体贷款29.44亿元，同比增长4.73%。全县银行结汇总额261.69万美元，同比下降37.4%，售汇总额2300.74万美元，同比增长140.9%；对外贸易进出口总值1.62亿美元，同比增长17.2%，其中，出口额1.18亿美元，同比增长6.3%；进口4401.3万美元，同比增长61%。进出口顺差7349.8万美元。

2015年大田县金融机构本外币存款余额表

表7

项　目	年底余额（万元）	比上年增减	
		增减额（万元）	增减幅度（%）
一、境内存款	864659	70157	8.83
1.住户存款	514802	38145	8.00
其中：活期存款	287791	16853	6.22
定期及其他存款	227011	21292	10.35
2.非金融企业存款	223187	35044	18.63
其中：活期存款	152882	25716	20.22
定期及其他存款	70305	9328	15.3
3.广义政府存款	123668	570	0.46
其中：财政性存款	348	-6449	-94.88
机关团体存款	123320	7019	6.04
4.非银行业金融机构存款	3002	-3602	-54.54
二、境外存款	383	-327	-46.06
合　计	865042	69830	8.78

2015年大田县金融机构本外币贷款余额表

表8

项　目	年底余额（万元）	比上年增减	
		增减额（万元）	增减幅度（%）
一、境内贷款	761907	16342	2.19
1.住户贷款	467494	3057	0.66
其中：短期贷款	112767	-32431	-22.34
中长期贷款	354727	35488	11.12
2.非金融企业及机关团体贷款	294413	13285	4.73
其中：短期贷款	158036	-13938	-8.10
中长期贷款	135719	30410	28.88
各项垫款	658	-2357	-78.15
票据融资	0	-830	-100.00
3.非银行业金融机构贷款	0	0	0
二、境外贷款	0	0	0
合　计	761907	16342	2.19

货币政策 2015年，人行县支行执行国家货币政策，适应经济发展新常态，服务地方经济发展。向地方党政主要负责人报送《呈阅件》等，宣传解读人民银行货币信贷政策，分析研判县域经济金融形势，有针对性提出措施建议。履行对地方法人金融机构宏观审慎管理职责，管理合意贷款规模，增强把控贷款进度的弹性。定期开展支农再贷款使用情况合规性检查，严格利率、投向、台账等管理，落实惠农政策，提高资金使用效益，为地方法人金融机构支农支小提供资金支持。对银行机构执行利率政策进行督查指导，全县银行机构人民币贷款加权平均利率同比下降0.5个百分点。

金融服务 2015年，人行县支行拓宽惠民便民工程覆盖面，开展创建普惠金融统计制度研究，抓好统计质量和标准管理，提高金融运行分析报告质量，有关做法和成果在全省人行系统金融消费权益保护工作会上交流。以推介加培训模式，推动电子商业汇票业务应用普及，年底，辖内金融机构电子化率达72.13%；做好政银企对接，注重合作的长期规划与实效，推动县政府与市兴业银行签订战略合作协议。同时，做好金融支持精准扶贫工作，推进新型农业经营主体“主办行”金融“一对一”服务机制；全年新增新型农业经营主体“有贷户”40户，累放贷款5560万元。加强对高校毕业生、农民工返乡创业人员、城镇就业困难人员、青年、妇女等群体的信贷支持，促进就业和创业。围绕“拓户扩面、做大总量、提升占比”工作，推进跨境人民币业务，共办理跨境人民币业务48笔，实际收付金额9316.11万元，占国际收支33.7%，业务总量位居全市前列。

金融稳定 2015年，人行县支行加强对金融机构重大事项报告的管理和金融风险监测，重点关注信贷资产质量、地方法人金融机构流动性状况、房地产行业风险、小微企业生存压力、民间借贷等领域，配合地方政府做好金融风险防控。会同公安等部门联合开展整治银行卡网上非法买卖专项行动，开展身份信息真实性核实验收。推进存款保险制度平稳实施，并做好政策宣传、学习培训、机制建设和舆情监测等，完成2家地方法人金融机构办理投保和保费交纳。

征信管理 2015年，人行县支行加强对村镇银行等金融机构相关人员指导培训，做好接入金融信用信息基础数据库前期准备；推广运用应收账款融资服务平台，至年底登记注册企业11家，融资交易6笔，金额1.79亿元；协同推进计生、工商、法院等行业信用体系建设，防范信用风险。

外汇管理 2015年，人行县支行对重点涉外企业开展动态跟踪性主体监测和外汇政策“一对一”宣传、帮扶，首次开立个人外汇结算账户，协助中心支行对辖内涉汇违规企业实施行政处罚，并高质量完成外汇业务知识微课程制作，得到上级行表扬。

反洗钱管理 2015年，人行县支行落实金融机构反洗钱评估和自评估工作，联系公安、检察等司法机关开展情报会商，督促辖内义务主体有效筛查甄别重点可疑交易线索3条。

（涂振平）

【绿色金融工程实施】 2015年，人行县支行在全省率先推动地方政府出台《关于推动绿色金融发展的实施意见》。建立由人行县支行、金融办牵头的多部门定期会商机制，组建林业产权交易中心、农村土地承包经营权和农民住房财产权确权评估中心，综合运用财政贴息、税收优惠等政策，实施绿色金融风险补偿。推动排污权抵押融资、中长期林权按揭贷款等业务，支持绿色企业通过股票、债券市场融资，发展绿色支付结算。探索建立绿色信贷专项统计制度，共享绿色经济发展行业信息，对有环保不良记录的企业进行信贷准入限制，控制高污染、高能耗和产能过剩“两高一剩”企业贷款。年底，全县绿色贷款余额6.81亿元，增速比全县各项贷款高出7.77个百分点。全年从“两高一剩”行业退出贷款1.13亿元，将10家企业环境违法信息上传征信系统；被确定为福建省“新三板”（全国性针对中小微企业非上市股份有限公司股权交易平台）挂牌后备企业4家。相关做法在《福建金融信息》（正刊）、《福建货币信贷动态周刊》等刊物登载。

（涂振平）

【法治金融建设年活动】 2015年，人行县支行开展法治金融建设年活动，一是制定大田县法治金融建设年活动实施方案，召开全县法治金融建设工作推进会。二是完善金融管理与服务有关制度，执法检查和行政指导并行，定期就重大金融管理事项约见高管人员谈话；对相关违规行为予以诫勉谈话和实施行政处罚。三是编制基层央行依法行政标准化手册，规范支行对外行政“权力清单”，健全完善行政许可、行政执法、行政处罚等业务流程；重点把握6个环节和金融机构业务重点关注问题，其中银行类问题13个、证券类和保险类各4个。四是开展金融法治教育培训，评选法治央行和法治金融建设示范标兵等。五是组织全县金融机构分别在社区、乡镇建立标准化金融宣传站，推进金融知识普及月等活动。六是与公检法、金融办等部门建立法治金融工作定期会晤与信息共享机制。相关做法被《福建金融信息》刊物刊出并上报总行条法司。

（涂振平）

【金融知识国民教育体系试点】 2015年，大田县被人行福州中心支行确定为全省金融知识国民教育体系试点，成立工作领导小组，人行县支行、县教育局联合制定工作方案，确定城关第一小学为试点学校，开设金融知识课程，参加学生近500人。县支行编写的《金融知识系列读本》小学篇作为全省通用教材，并参与编写《金融知识系列读本》中学篇、老年篇。同时组织以“诚信”为主题的征文比赛、金融知识竞赛、争当“金融宣传志愿者”、举办评选“小小明星金融家”等课外实践活动，福州中心支行领导到实地观摩指导。相关做法被《金融时报》《福建金融信息》等刊物登载。

（涂振平）

【金融IC卡支付活动】 2015年，人行县支行多次召开专题会议，部署公交金融IC卡推广应用，制定《大田县金融IC卡公交推广应用实施方案》和《大田县公交金融IC卡“一角乘公交”营销活动方案》，组织“用‘芯’乘公交，一毛付出，一块享受”乘公交优惠活动1个月，超市持金融IC卡使用电子现金闪付优惠活动3天。同时开展“一市一校一店一堂”现金非接触小额支付商圈建设。福州中心支行领导到现场观摩指导，相关做法被《福建金融信息》及地方主流媒体报道。

（涂振平）

三明银监分局大田办事处

【概况】 2015年，三明银监分局大田办事处立足新经济形势发展变化紧抓风险管控，通过日常非现场和准入监管、现场检查，督促辖内银行业机构依法合规经营，增强风险防控能力和自身综合经营实力，提升金融服务水平，营造良好的金融运行环境，服务地方经济建设。

督导宏观政策执行 2015年，大田银监办督促银行业机构推进普惠金融发展，实现265个村金融服务便民点或自助金融服务机具全覆盖，做到金融服务“足不出村”。通过召开监管情况通报会、监管走访、约见谈话、调研督查等，督促银行业机构结合国家宏观调控政策和县域产业布局，科学安排信贷投放总量、结构和进度，支持县重点项目、小微企业、“三农”等有效信贷需求，满足企业资金周转需要。

风险重点监管 2015年，大田银监办按季召开信用风险防控专题会议，推动银行业机构金融风险防控机制建设；组织各银行机构开展风险排查和测算，实行大额不良贷款客户清单管理，要求相关银行机构详细制定“一户一策”化险措施；督导金融风险防控，加强不良贷款抓降日常跟踪督促，全年各银行业机构共处置不良贷款6.37亿元，比上年增长2.86倍；落实信用风险重点机构管控，对存在监管措施不落实、成效不明显的问题，根据问题严重程度，督促其加强风险管理和内部控制，不断改善信用风险状况。全年进行高管约谈8次，法人机构审慎监管会谈4次，发出监管提示书6份，风险快报4份。

案件防控和安全维稳 2015年，大田银监办配合县公安局按季召开全县金融机构安保联席会，对辖内各银行业机构自助设备安全进行交流和讨论，对存在风险隐患的机构督促立即整改。

银行业高管人员任职资格管理 2015年，大田银监办对辖内银行业机构高管人员任职资格初审2人；开展县邮储银行行长和县农村信用合作联社理事长、监事长、主任及基层社高管人员年度履职评价；对农行三明分行大田南大街分理处、上京营业所升格为支行并更名的请示进行初审。

（胡连生）

【新年联欢晚会举办】 2月10日晚，县银行业协会与金融团工委联合在大田职专礼堂举办以“中国梦·金融梦”为主题的迎新春联欢晚会。各银行业机构演出自编自导源于生活节目12个；会上，对信用风险防控、金融服务经济实体先进单位和银行业标兵等进行表彰。副县长廖荣才、大田银监办主任乐光锻、人行县支行副行长涂新荣及各银行业机构主要负责人观看晚会。

（胡连生）

【银行业青年演讲】 5月26日，县银行业协会与金融团工委联合在县信用联社四楼会议室举办“勇于担当好青年，激扬青春展风采”银行业系统青年演讲比赛。各银行业机构选送13名选手参赛，县农行林小婷获一等奖，兴业银行吴玉珠、信用联社陈清叶分获二等奖，兴业银行贺春阳、邮储银行苏晓梅、农行詹清源分获三等奖；农业银行和兴业银行获得优秀组织奖。

（胡连生）

【青年联谊活动】 7月24日，县银行业协会与金融团工委联合在县青少年活动中心举办“缤纷七月，青春有约”为主题银行业青年联谊活动。参加活动银行业青年51人、外部青年5人，丰富银行业青年业余生活，促进沟通与交流。

（胡连生）

【银行业协会一届会员代表二次会议召开】 12月4日，县银行业协会在信用联社四楼会议室召开第一届会员代表大会第二次会议。会议听取并通过县银行业协会成立以来的工作报告和财务收支情况报告，审议《关于增补部分会员代表的议案（草案）》《关于增补部分理事成员的议案（草案）》《大田县银行业同业自律公约》《大田县银行业协会维权合作公约》等相关议案，选举产生新的协会理事会班子。

（胡连生）

中国工商银行股份有限公司大田支行

【概况】 2015年，中国工商银行股份有限公司大田支行稳步推进风险防控，组建信用卡业务营销团队，信用卡等重点业务取得新的成绩。受经济环境下行的影响，出现亏损，拨备前利润-35万元，比上年减少2137万元。年底，支行内设综合部、客户部、业务部、个人金融业务部，有营业大厅1个营业网点，附行式自助银行1个，离行式自助银行3个，员工42人。当年新增信用卡和分期付款居全区前三，牡丹驾驶员通卡营销竞赛完成率居全区第一，储蓄存款增量同业占比第二；在县总工会等4个单位联合举办的“中国梦·劳动美”全县窗口服务礼仪技能竞赛中获优秀奖。8月，三明分行聘吴昌炉任大田支行行长，解聘朱辉行长职务。

存款贷款 2015年，工行大田支行各项存款余额5.38亿元，比上年下降3.2%。其中，储蓄存款2.91亿元，同比增长3.19%；公司存款0.52亿元，同比下降23.52%；机构及同业存款1.95亿元，同比下降5.34%。各项贷款余额6.64亿元，同比下降6.48%。其中，个人贷款3.67亿元，同比下降1.61%；公司类贷款2.97亿元，同比下降11.87%。年底，不良贷款余额3.11亿元，同比增加2.79亿元，不良率46.83%，同比增长42.37%，其中，法人客户2.88亿元，同比增加2.64亿元；个人2324万元，同比增加1466万元。

内控管理 2015年，工行大田支行根据三明分行关于《开展“防风险，促合规，谋发展”专题教育活动实施方案》，开展各项教育活动，将分行安全会议精神传达到每位员工，落实内控外防管理制度；坚持以制度管人，开好每月1次案件防范分析会，每会必讲安全经营，做到警钟长鸣；坚持节假日领导带班和日常安防巡查制度，监督保安规范履职；不定期检查安防设备运转情况，对存在问题和风险隐患及时落实整改或消除。各部门制定具体的防范措施，形成员工广泛参与、整体联动的案件防范体系，为各项业务发展提供安全保障。全年实现无案件、无事故、无重大差错“三无”经营目标。

金融服务 2015年，工行大田支行做好银企对账、现金小票压降和推广自助回单财智卡等；利用ATM机交易90.92万笔，金额16.94亿元；转账可分流率5.9%，在全区排名第二；代理同业现金调拨7.93亿元，签订大额现金支付管理协议1户；支持房地产业发展，为美地公园办理按揭贷款221笔、5952万元；营销福建硅光通讯科技有限公司国际结算账户和一般结算账户，办理结汇业务；牡丹驾驶员通卡营销为完成市分行任务的唯一支行，发卡量2988张，完成率114%。分期付款交易额累计新增1.45亿元，完成任务142.8%，居全区第二；信用卡消费余额2.04亿元，不良余额381.2万元，不良率1.87 %，不良额与不良率保持全区16个支行的较低水平。个人金融服务新增灵通卡5536张，存量卡达4.07万张；存量芯片卡新增4478张、达1.76万张；新增薪金卡261张。同时增加代发工资、代销个人基金、个人理财、私人贵金属及手机银行、私人银行等各项个人金融服务。

（李美玲）

【不良贷款处置】 2015年，工行大田支行通过“庭外调解”“寻找买家”和“法院裁定、庭外调解”等办法，陆续解决一批客户的个贷、信用卡不良问题，全年处置不良个贷和信用卡872万元。基本做到法院、银行、买家、卖家各方均较满意，处置实绩得到上级行认可。

（李美玲）

【帮扶捐赠活动】 2015年，工行大田支行为挂钩的梅山乡沈口、龙口、秀岭村，全年投入捐赠帮扶资金近万元。履行社会责任，继续资助奇韬镇洋地村大学生胡茂城学费3000元。全行员工为敬老、助学及公益事业捐款1万余元，捐见义勇为奖励金400元。

（李美玲）

中国建设银行股份有限公司大田支行

【概况】 2015年，中国建设银行股份有限公司大田支行贯彻落实省、市分行工作会议精神和各项工作部署，围绕“当地最好、系统领先”目标，坚持规范经营，各项业务保持良好的发展态势，实现账面利润3942万元。年底，支行内设办公室、客户部和营业部，辖营业网点镇东支行，员工45人。

存款贷款 2015年，建行大田支行一般性存款余额11.79亿元，新增5380万元，比上年增长4.89%，其中，储蓄存款5.76亿元，增加1757万元，同比增长3.15%。各项贷款余额13.16亿元，增加520万元，同比增长0.46%。存款余额与新增贷款余额分别居县内4家商业银行第2位，新增存款余额与全部贷款余额分别居4家银行首位。中间业务收入1746万元，不良贷款1206万元，不良率0.92%，不良贷款余额和比率均为4家银行最低。

内控管理 2015年，建行大田支行组织学习党风廉政建设责任制实施细则，下发《2015年党风廉政建设和案件防控工作要点》，落实“一岗双责”，各部门结合业务特点，制定案件防控工作计划，将工作、责任落实到人；与部门负责人签订《2015年案件防控工作责任状》，与员工签署《防外部风险承诺书》《廉洁合规承诺书》，推进党务、行务公开；落实总行党委“十项要求”和省分行党委“九项意见”，营造廉洁和谐文明氛围。开展“中心组”学习，制定《大田支行“讲规矩、正风纪、守廉洁”主题教育活动实施细则》，开展廉洁从业教育。坚持领导人员“每季一课”和案防工作部门每季联席会制度，领导干部进行廉洁合规网络课程学习。开展案件风险专项排查，消除隐患，做到全年“不发案、不误人”和“不伤企业”。

金融服务 2015年，建行大田支行加强金融服务品质建设，推行服务规范化、标准化，支持县域社会经济发展。一是加大贷款投入，公司类存量大中型客户新增县医院贷款、并增加授信各1000万元，新增供电公司、浩特纺织有限公司贷款各3000万元，京口工业园区小企业华盈塑胶有限公司900万元，申报育灯纺织有限公司集团授信1300万元。个人贷款稳步增长，年底余额8.6亿元，其中，个人住房贷款5.66亿元，消费贷款9710万元，住房公积金贷款1.97亿元，同比增加1.72亿元；全年发放个人贷款1032笔、2.74亿元，其中，商业性个人住房贷款1.82亿元，消费贷款63万元，住房公积金贷款9140万元，支持房地产业发展和居民居住条件改善。 二是发展国际业务，当年国际结算1293万美元，结售汇275万美元，跨境人民币业务4682万元，全区排名第一。三是提高客户满意度，一线人员对客户真诚、做到微笑服务；提升业务办理速度，减少客户等候时间，并实行双大堂经理制度，加强对客户引导；提高产品营销技能，规范营销行为；为客户提供一个整洁舒适温馨的服务环境，加大自助银行设备投入，移动金融柜面替代率达75.33%。

（姚 诚）

【镇东支行装修完工】 3月，凤山中路174-1建行大田镇东支行重新装修完工投入使用。共设置ATM自动取款机1台，CRS存取款一体机3台，自助终端、自动发卡机、视频柜员机、公安便民终端、对公自助回单柜、自助填单机各1台，网银体验机、电话银行体验机各2台，投入资金110多万元。全方位为客户提供存取款、查询、转账、修改密码、网银、电话银行等一般性金融自助服务。

（姚 诚）

【人员聘任及调整】 4月，建行三明分行党委聘任林起耿为大田支行委派营业主管（二级分行部门副经理级）；解聘詹正梅大田支行委派营业主管职务，另行安排工作；聘任卓先敏为大田支行副行长；解聘凌秀英大田支行副行长职务，另行安排工作。7月，卓先敏辞去大田支行副行长职务；10月，建行三明分行党委聘任凌秀英为大田支行副行长。

（姚 诚）

中国农业银行股份有限公司大田县支行

【概况】 2015年，中国农业银行股份有限公司大田县支行围绕市场拓展、风险管控工作，抓好机制、队伍建设，开展“比、学、赶、超”活动，全年实现拨备前利润4082万元。1月，县支行行长李天明调任三元支行行长，泰宁支行副行长章正辉调任县支行副行长（主持）。4月，支行客户部分设为公司业务部、个人金融部。年底，支行内设综合管理部、运营财会部、风险管理部/信贷管理部、公司业务部、个人金融部等5个部门；城区设支行营业部和岩中、东门、南大街支行，乡镇设上京支行，共有营业网点5个，全行员工88人。

存款贷款 2015年底，农行县支行各项存款余额11.98亿元，比上年下降1.7%，其中，对公存款余额4.99亿元，同比下降2.93%；个人存款余额6.99亿元，同比下降0.85%。各项贷款余额12.39亿元，同比增长4.3%。

内控管理 2015年，农行县支行坚持风险防控，强化依法合规经营理念。一是抓好运营体系改革，增强风险防控能力。推进“三化三铁”（标准化、规范化、制度化和铁账、铁款、铁规章）创建活动，提高临柜业务风险化解能力，降低柜面操作风险。二是推进案件防控，落实案件查防工作措施，保持查办案件的高压态势，发挥责任追究的震慑力。同时建设“平安农行”，依托“三化三达标”（保卫工作标准化、制度化、精细化和金库物防达标、技防达标、人防达标）、“三化三铁”创建等载体，建立群防群治长效防范机制。加强监察、安保、人力资源、风险、内控合规、运营协调联动的案件防控机制，增强案件整体防控能力。三是开展员工行为管理，规范员工职业操守。通过定期召开员工行为管理联席会议、员工行为排查、岗位轮换等方法，及时掌握员工思想和行为。四是做好问题整改纠偏，严格责任追究。针对内外部监管检查发现的问题，做到问题整改纠偏常态化，加强责任追究和风险化解，确保整改取得实效。

金融服务 2015年，农行县支行金融服务工作，一是优化业务流程，加强服务细节管理，定期组织员工学习产品知识和营销技能，提升员工服务水平。二是加快自助网点建设，布放自助机具，新投放自助设备8台，更换有故障的自助机具，提升自助设备正常运行率。三是定期开展送金融服务到客户活动，到工业园区、企业、社区、单位为客户实地开卡，办理电子银行产品，进行金融知识宣传，让客户足不出户享受上门服务。

（林纪伟）

【首台硬币兑换机使用】 8月，农行县支行购入全县金融机构首台多币种硬币兑换机在东街口自助银行投入使用，投资12.5万元，满足市民正常零钞兑换。

（林纪伟）

【南大街分理处和上京营业所升格】 11月，农行县支行南大街分理处（建山路99号）和上京营业所（上京镇京中路16号），经三明银监分局批准，分别升格为农行大田南大街支行、农行大田上京支行，隶属不变。

（林纪伟）

【委托资产打包转让】 12月，农行县支行组织人员开展内部尽职调查、价值评估、价格确认、卖方尽职调查、卖家谈判、内部审查、整体方案确定等一系列程序，将27户委托资产4466.49万元打包转让给大田县人民政府。

（林纪伟）

【智能自助银行启用】 12月，农行县支行在建山路89号原南大街分理处改造的智能自助银行投入使用，投资43万元，配备超级柜台等智能自助设备，为客户提供自助查询、缴费、转账汇款、借记卡开卡、业务签约、基金和理财产品购买赎回、信用卡和个人贷款申请受理等非现金业务。

（林纪伟）

中国邮政储蓄银行股份有限公司大田县支行

【概况】 2015年，中国邮政储蓄银行股份有限公司大田县支行围绕省、市行工作会议精神和战略部署，以“稳增长、调结构、促转型、控风险”为主线，立足大田地域特色，推动转型升级，加强案防风险管控；提升效益、效率和质量，业务收入4718万元，完成年计划102.79%，全区排名第2位、全省第18位；累计完成利润2746万元，占年计划100.54%，全区排名第5位、全省第13位。县支行被省分行评为2013—2015年度先进集体；支行营业部当选为2013—2014年省分行文明规范服务“三星网点”；县支行被三明市分行党委评为2015年度先进党支部；县支行党支部被三明市分行授予2015年度优秀团队；被团市委和市青年志愿者协会授予“2014—2015年度三明市优秀青年志愿队”称号。廖菊花被省分行评为2013—2015年度先进个人。

存款贷款 2015年，邮储银行县支行各项存款余额11.2亿元，比上年增长14.29%，其中，储蓄存款余额9.98亿元，同比增长15.51%（自营网点余额2.35亿元，同比增长5.86%）；公司存款1.23亿元，同比增长6%（自营1.05亿元，同比增长5.29%）。各项贷款余额5.77亿元，同比增长10.33%，其中，小额贷款新增1895万元，个商贷款下降866万元，消费贷款新增4302万元，小企业贷款新增18万元。不良贷款余额429.71万元，不良率为0.75%。

内控管理 2015年，邮储银行县支行保持案防高压态势，健全内控管理体系，改进检查监督手段。一是落实安全责任，年初支行行长与部门负责人、部门负责人与员工100%签订《安全生产责任书》《案件防控责任书》。二是构建案件防控长效机制明确案防工作重点，突出基层网点案防综合治理，聚焦重点业务、重要岗位和关键环节的风险排查，防范民间借贷引发的信贷风险渗透，规范各类印章管理，惩戒各类违禁行为；银邮联合检查，提升网点合规检查质量与整改效果，并视情开展专项检查及自营网点的风险等级评价；突出案件防控重点，对第一、二道防线尽职履职情况实行按季通报、半年考评，加强网点负责人、风险经理、营业主管及独立审批人的履职风险管控。三是开展案件风险专项排查，加大检查频次和行为排查力度，建立走访制度等提高排查工作质量。四是加大考核力度，对检查中发现的违规问题，做到发现一起，查处一起；提高违规积分的综合运用，防范和治理操作层面屡查屡犯“顽疾”，实行经济和行政处理并重，操作层和管理层问责并举。五是持续开展员工行为排查，执行岗位轮换制度，发动和鼓励员工举报，对于实名举报并查证属实的，给予举报人奖励并保密。全年实现“零案件”。

金融服务 2015年，邮储银行县支行以服务质量控制和提升客户满意度为重点，提高网点人员的服务意识和服务技能，落实营业网点服务规范并进行检查，开展“服务问题诊断、服务规范普及、百佳网点创建、服务形象宣传”等活动，提升整体服务水平；10月，支行营业部完成标准化装修，投资146.6万元，改善服务环境。当年无发生客户有理由投诉，年度服务满意度达98.5%。同时，推出服务企业和小额贷款等新产品，服务县域经济社会发展。

（颜贻地）

【小额贷款业务开办】 3月，邮储银行县支行对依法登记、规范运作、正常经营的农民专业合作社实际控制人和社员开办农民专业合作社贷款，最高额度500万元，贷款期限最长5年，还款方式灵活，当年发放1笔、金额30万元。

（颜贻地）

【小企业贷款业务开办】 5月，邮储银行县支行开办增信贷，行内存量小企业客户或在他行结算量较大的客户，单笔贷款期限最长12个月，金额不超过300万元，以保证金或追加第三方保证人承担连带责任担保，以保证金担保的，缴纳保证金比例不低于增信贷贷款金额5%，发放3笔、金额145万元。为纳税大户企业提供资金支持，开办税贷通业务，上一年纳税额20万元以上的企业，由国税、地税、财政局、科技局等部门推荐，单笔贷款期限12个月，金额不超过300万元，采用信用模式担保，需追加企业实际控制人以及配偶提供连带责任保证。8月，与人保财险合作，为小微企业、小微企业主、个体工商户开办小企业保证保险贷款，小企业法人贷款额度最高200万元，个体工商30万元，贷款期限12个月，保险费率2.6%。

（颜贻地）

【机构设立与变更】 10月，经省银监局关于邮政储蓄银行二类支行改革方案的批复，邮政储蓄银行大田县建设支行改为营业所，建设支行迁址均溪镇凤山西路44号，更名为邮政储蓄银行大田县凤山支行；该址县支行营业部迁址到建山路99号一楼，建筑面积364平方米。

（颜贻地）

中国银行股份有限公司三明大田支行

【概况】 2015年，中国银行股份有限公司三明大田支行结合自身发展特点和转型，抓基础客户、重点产品和员工素质，跟进营销中高端客户和新入驻重点企业，逐步增加行政事业单位存款账户，化解不良贷款，支持地方经济社会发展。

存款贷款 2015年底，中行大田支行人民币各项存款余额1.16亿元，比上年下降25.28%，其中，公司存款4990万元，同比下降47.77%；储蓄存款6586万元，同比增长10.88%。各项贷款余额3.1亿元，同比下降29.55%，其中公司类贷款1.07亿元、零售贷款2.03亿元。不良贷款余额5195.08万元，不良贷款率16.77%。

内控管理 2015年，中行大田支行推进“平安中行”创建活动。一是开展教育培训。结合学习省、市分行《安全保卫情况通报》《案件风险预警提示》等，开展案件防控专项教育，增强员工防范案件的意识和能力，提高营业网点案件防控水平。二是加大安全监督检查力度。平均每月开展应急预案演练和兵棋推演1次，进行营业场所安全专项检查，提高基层员工应对突发事件能力、及时发现安全隐患并加以排除。三是履行主体责任和监督责任“一岗两责”。对重点业务、重点领域、重点环节和关键岗位人员排查监管，坚持违规必究、严肃问责；抓好业务经理履职，加强派驻经理监督作用，通过操作风险管理、内控案例传导、履职监督约谈、现场非现场（调看录像）检查等，提高业务经理“第一现场、第一时间、第一处置”的能力。四是防电信诈骗。通过风险提示、晨会、周例会，组织员工学习诈骗特点，提高识别能力，并加强对客户所办业务询查，保障客户资金安全。五是加强保安队伍管理。督促保安人员遵守安全制度规定，同时对二楼值班室保安员值勤规范化管理，不定期检查值班情况。

金融服务 2015年，中行大田支行加强营业网点营业秩序、环境卫生管理，对员工着装举止、仪容仪表、服务态度、服务质量和保安履职情况等督促检查；每月调阅录像，检查员工文明优质服务情况，进行通报；每周集中1次测评，注重技能练兵，提升柜员办事效率。为美地公园及香樟嘉园125户业主提供住房按揭个人贷款3870万元，发放有效信用卡1054张，消费金额近6000万元，新增银商POS客户90户，推广个人网银等结算产品，服务群众生活和经济建设。

（吴　振）

兴业银行三明大田支行

【概况】 2015年，兴业银行三明大田支行坚持“依法经营、稳健经营、文明经营”的方针，推动业务发展模式和盈利模式转变，各项业务取得快速发展。年底，支行内设综合科、企业金融小企业业务部、零售业务科和营业厅，员工19人。

存款贷款 2015年底，兴业银行大田支行本外币各项存款余额6.26亿元，比上年增长106.83%，其中储蓄存款1.46亿元，同比增长 18.7%。各项贷款余额 8.21 亿元，同比增长 77.32%，增幅位居县内同业前列。

内控管理 2015 年，兴业银行大田支行实现“不发案、不误人”和“不伤企业”的内控目标。一是实行党务、行务公开。加强作风建设，倡导移风易俗、绿色健康、禁奢倡廉的新风尚，营造廉洁和谐文明氛围。二是开展“学党章、守纪律、正品行”主题教育实践和“抓基层、强管理、防案件”专项治理活动。与员工异常行为、自律承诺书、防范和打击非法集资等专项自查排查宣传相结合，与“道德讲堂”“反腐倡廉电教片”相结合，规范员工行为及案防管理制度学习月、落实党风廉政建设相结合，提升制度监督执行力，消除案件风险隐患。三是加强要害岗位轮岗制度和岗位监督。细化岗位分工，明确岗位职责、内容和要求，排查履职情况，及时纠正违规现象。四是严肃违规责任追究制度。加大对各科室（部）党风廉政建设、风险管控和案件防控考核管理力度，实行与绩效挂钩积分管理，对达到积分的问题和责任人进行处理。

金融服务 2015 年，兴业银行大田支行服务地方经济建设和社会和谐发展。全力支持省市县重点项目、扶持中小企业发展，开展互联网金融业务，拓展线上、线下业务，探索适合自身发展的业务新路子。推行“A+3”服务，形成“兴业财智星”“芝麻开花”“绿色金融”“易速贷”“连连贷”“交易贷”“旅游贷”“工资贷”“安愉人生”“寰宇人生”等系列特色金融产品，构建个人贷款、汽车贷款等“一站式”服务。全年共新增信贷投放 6.37 亿元，其中，投放省市重点项目 4.49 亿元，中小企业信贷 1.29 亿元，个人贷款 0.59 亿元。

（洪新阳）

大田晋农商村镇银行

【概况】 2015 年，大田晋农商村镇银行树立服务“三农”、支农支小的市场定位，克服经济发展的诸多不利因素，继续稳步推进审慎合规经营与健康有序发展。年底，共有职能部门 3 个，全行员工 19 人。

存款贷款 2015 年底，晋农商村镇银行各项存款余额 2.37 亿元，比上年增长 14.49%，其中，储蓄存款 1.31 亿元，同比增长 14.94%。各项贷款余额 2.7 亿元，同比增长 18.86%，其中，涉农贷款 2.57 亿元，占 95.37%，户均 33.59 万元。

内控管理 2015 年，晋农商村镇银行加强内控监督管理机制。一是加强信贷管理，落实贷款责任制和“三查”（贷前调查、贷中审查、贷后检查）、问责、免责制度，做到责任到位、到人，贯彻执行贷款新规，把控准入关，做好贷后管理与检查，对不良贷款实行“零容忍”，保持零不良贷款。二是加大稽核检查力度，开展风险自查与排查。从公司治理、内控制度、信贷资产风险、会计决算等方面进行序时性检查 2 次，按月、按季度抓好员工操作行为、授权业务、对账、重要岗位轮换等关键风险点排查，重点对检查后整改后续稽核，防范内部操作风险。三是提高员工安全防范意识，定期组织安全知识学习会和防盗、防暴、消防及安全保卫预案演练，增强防范案件的能力；落实“一把手”抓安全、全员抓保卫、层层抓落实的安全保卫责任制，加强安防、物防、技防等设施建设，提高风险管理效率。四是完善内控制度建设，制定内控管理规章制度，及时、有效进行合规风险监测，形成环环相扣，层层监督。五是加强员工队伍建设，组织员工参加银行业从业资格、岗位定级和业务知识考试及业务知识视频讲解、工作交流会、员工座谈会等提高全员综合素质。当年，获得全省村镇银行业务技能大赛个人单项三等奖 1 人。

金融服务 2015 年，晋农商村镇银行提升金融服务水平，一是网点窗口开展“践行文明、树立形象”晨会，文明礼仪自检与互检、规范网点柜员与大堂经理工作职责。二是聘请外部专业培训机构人员对营销准备、沟通、工具、流程及礼仪等进行规范性的专业培训，提升员工综合素质。三是开展普惠金融活动。8 月，到均溪镇温镇、上太、华坑等村“进村入户、上门服务”，普及金融知识进万家。在重点乡镇（村）、街道建立服务联络站 7 个，开通便捷渠道，与村委会及街道社区达成“三农”贷款意向 300 万元。12 月 3 日，到街道商铺、对客户进行新版百元人民币真伪辨别讲解、答疑。

（叶　琳）

【首届“三会”第三、四次会议召开】 3月27日、12月18日晋农商村镇银行分别召开第一届董事会、监事会、股东会“三会”第三次、第四次会议，听取相关工作及年度工作总结汇报，其中第三次会议选举新任董事长、监事长。

（叶 琳）

【首届业务技能比赛获奖】 8月，晋农商村镇银行在省银行业协会和省银行业协会村镇银行工作委员会联合举办的全省村镇银行第一届业务技能比赛中，黄钟霖获电脑汉字输入单项三等奖。

（叶 琳）

【纪念币兑换】 10月12日、29日，晋农商村镇银行共兑换中国人民抗日战争暨世界反法西斯战争胜利70周年纪念币6000枚。

（叶 琳）

大田县农村信用合作联社

【概况】 2015年，大田县农村信用合作联社围绕“转型、控险、提质、增效”的要求，挖掘潜力，以服务“三农”为宗旨，优化信贷资产质量、调整信贷投放结构，拓宽增收渠道，打造“客户满意、股东满意、员工满意，基业长青、受人尊重”的现代化金融机构，助推县域经济发展。年底，县联社职能部门14个，营业部1个，信用社16个，分社7个；员工228人，其中派遣人员47人；本科学历128人、专科82人；中级职称46人、初级59人。

存款贷款 2015年底，全县农村信用社各项存款余额36.41亿元，比上年增长8.17%，市场占有率42.12 %，其中储蓄存款22.65亿元，同比增长10.22%。各项贷款余额24.64亿元，同比下降5.59%，市场占有率32.39%，其中涉农贷款24.14亿元，同比下降6.54%，占贷款余额的97.98%；存贷款总量居全县金融机构首位。不良贷款余额按五级分类口径有9940.87万元，按四级分类口径有2.4亿元。全年实现总收入3.18亿元，账面利润1536.96万元。

内控管理 2015年，县信用联社加强内控监督检查管理，推进稳健经营。一是对新增贷款加强管理。落实贷前调查、贷中审查、贷后检查的“三查”责任，把好贷款发放各关口，从源头上防范和化解各类风险。二是加强依法清收不良贷款。联合县法院、公安经侦等部门，采取人员、时间、精力“三集中”措施，分片开展集中执行行动。三是开展案件防控。做好人防、物防、技防和保证员工人身安全“三防一保”工作，现场检查9个项目、112场次。四是完善信息披露制度。将联社2014年度总体经营情况在福建农信网和营业网点进行公开披露，接受广大社员监督。五是开展创建学习型组织活动，对网点员工进行培训，提高业务素质和风险防控能力。

金融服务 2015年，县信用联社为县域经济发展提供支撑。一是加大农户小额贷款投放和中小微企业服务力度。全年累计发放春耕生产贷款1.1亿元，林业生产加工贷款6000万元，农村青年创业贷款1200万元，下岗失业人员再就业贷款1300万元，巾帼小额贴息贷款1100万元，生源地助学贷款1300万元，140户中小企业贷款5.03亿元。二是开展信用企业及星级信用户评信授信活动。为13户A级以上信用企业和69户星级信用户授予信用免担保贷款3025万元。三是推进电子银行建设，营销推广手机银行，年底，全县信用社手机银行客户存量2.4万户，比上年增加1.51万户，增长1.71倍，客户覆盖率5.76%，同比增长3.58%；新增县经济开发区离行式自助银行1个。四是进行网点建设和改造。做好赤岩山路2号办公综合大楼（福万通大厦）标准化装修，累计投入资金1349万元。五是开展帮扶捐助活动。通过福万通慈善基金会和金秋助学活动，为35名贫困学生捐资12.2万元；捐助石牌镇上坡村水泥等物资3万元。

（池承泽）

【福万通贷记卡开办】 8月，县农村信用社经三明银监分局批复，开办福万通贷记卡，首次办理贷记卡业务，至年底，共发行705张，授信金额3351万元。

（池承泽）

【届中选举】 9月，根据省联社党委关于人事任免的意见和通知，召开县信用合作联社第三届理事会第十一次会议，选举廖世星为理事长，聘任廖何旺为联社主任；11月，第三届理事会第十二次会议聘任张祖荣为联社主任助理。

（池承泽）

【服务营销一体化培训】 2015年，县信用联社邀请专业培训公司人员对24个网点员工开展2期共16天的服务营销一体化培训，共参加243人，主要内容有服务礼仪和营销技能两大方面，为该社规模最大的一次业务培训。

（池承泽）

中国人民财产保险股份有限公司大田支公司

【概况】 2015年，中国人民财产保险股份有限公司大田支公司落实人保省、市系统全保会议精神，适时调整战略，在应对多变的保险市场中求发展。全年保费收入3218.58万元，比上年增长13.01%，总体增速位居全区第三，其中，企财险62.60万元，同比下降43.28%；车险交强险426.04万元，同比增长10.86%；车险商业险1375.91万元，同比增长17.44%；责任险327.49万元，同比下降1.43%；健康意外险197.59万元，同比增长12.77%；家财险96.61万元，同比下降1.85%；农业保险726.58万元，同比增长27.49%；工程险2.10万元，货运险0.66万元。全年理赔结案2571件，支付赔款1916.81万元，比上年增加563.44万元，简单赔付率59.55%。其中，赔付企财险165.88万元，车险交强险292.90万元，车险商业险742.49万元，责任险217.69万元，农业保险432.03万元。受苏迪罗台风影响，水稻稻飞虱虫害赔付农业保险近280万元。全年实现利润388万元，同比增长1.11倍。

年底，支公司有各类员工74人，其中，总公司合同制员工7人，省公司合同制员工5人，劳务派遣工3人，续保专员15人，三农保险服务人员3人，车商团队3人，保险代理人38人。三明分公司驻大田理赔分部5人。支公司内设综合部、车商团队、直销业务二部、销售管理部、农险部、综合续保团队，下属城郊、上京、建设等3个营销服务部。

3月18日，三明市分公司聘孙好平任大田支公司副经理。当年，经考试考核，劳务派遣工转为省公司合同工4人。

（陈开篇）

【省公司总经理到大田调研】 3月26日，省公司总经理骆少鸣、副总经理袁辉率车商部总经理方晓东和电商部总经理洪振评等一行到大田支公司调研，三明分公司总经理侯鹏、副总经理付丹玄陪同。

（陈开篇）

【综合续保团队新址办公】 5月4日，人保财险大田支公司收回租赁给金溪酒家的8楼房产，并进行改造装修，作为保险综合续保服务团队职场，设座席35个。6月23日，综合续保团队迁入8楼新址办公。

（陈开篇）

【山体滑坡案赔付】 5月24日，广平镇元沙村390号农房因连续降雨发生山体滑坡损毁，死亡、重伤各2人，事故涉及承保的农房保险和自然灾害救助救济责任保险。当月28日，人保财险大田支公司经勘查结案，赔付自然灾害救助险1人、10万元，农房1万元，衣物家具0.15万元。

（陈开篇）

【投保拍启用】 6月10日起，人保财险大田支公司启用“投保拍”。规范保险销售行为，防范代签名、代抄录及销售误导风险，切实保护保险消费者合法权益，依据《中华人民共和国保险法》及相关法律、法规的规定，按《福建省投保人记录系统管理办法》，记录投保人在投保单上签名的影像和投保人身份证原件照片。

（陈开篇）

【新险种开办】 6月12日，人保财险大田支公司与县畜牧兽医水产中心联合召开能繁母猪、育肥猪保险动员大会。新开办育肥猪保险，当年共承保育肥猪1.6万头，为51户饲养户提供风险保障，保费收入39.99万元。12月14日，首单管道天然气燃气责任保险签发，收取保费100元。12月16日，新开办“如意行”驾乘人员意外伤害保险，至年底共承保19份，收取保费4200元。

（陈开篇）

【重阳节慰问活动】 10月20日，人保财险大田支公司志愿者一行3人到湖美乡敬老院开展慰问活动，给该院送去慰问金3000元。

（陈开篇）

中国人寿保险股份有限公司大田县支公司

【概况】 2015年，中国人寿保险股份有限公司大田县支公司落实“重价值、强队伍、优结构、稳增长”的经营思路和“强化对标、聚焦突破”的发展策略，破解发展难题，应对各种挑战，实现稳中有进、稳中增效、稳中有为，进入全市先进公司行列。全年保费收入8349.48万元，比上年增长6.9%，其中，续期保费4406.61万元，同比增长8.42%；首年保费3350.42万元，同比增长4.14%；短期性保费592.45万元，同比增长12.01%。办理各类赔案935件，赔付金额410.15万元，其中，长期险124件、赔付284.55万元，短期险811件、赔付125.6万元。

年底，县支公司在全县设营销服务部11个，有员工29人、代理业务员341人。

（涂新红）

【新险种推出】 2015年，县支公司推出“国寿鑫如意两全保险（分红型）”“国寿鑫易宝年金保险（分红型）”等新险种，至年底，共收保费1283万元，占全部保费的15.37%。

（涂新红）

【大案理赔】 2015年，县支公司为城关居民陈某患恶性肿瘤死亡，赔付重大疾病保险金13万元；为上京镇村民柯某在工厂被机器轧死，赔付计划生育意外伤害保险金2万元；为学生林某液化气中毒身亡，赔付学生意外伤害保险金3.6万元。

（涂新红）

市场监督管理

□编辑 陈吉冼

综 述

【概况】 2015年，全县贯彻执行国家、省、市、县有关食品药品监督管理、工商行政管理和质量技术监督等法律、法规和政策，创建省级食品安全和社会共治示范县。市场监督管理部门做好相关的行政许可和审核、审批并进行监督管理，查处违法违规行为，保护经营者、消费者的合法权益。一是实施工商登记改革，继续实行注册资本登记制度，当年新增市场经济主体2483户，注册资金22.73亿元，分别比上年增长21.66%、18.54%。二是推进商标品牌战略实施，结合特色产业，加大力度扶持“农”字号商标，重点帮扶指导茶叶、花卉、甘蔗、油茶等基地的企业加快商标注册，引导茶业企业申报注册商标5件，年底，全县有中国驰名商标1件，省著名商标14件，市知名商标35件。三是完善食品药品日常监管制度，推行药品经营企业新版药品经营质量管理规范（GSP）认证，药品零售“四证合一”（药品经营许可证、医疗器械经营企业许可证、GSP认证证书、保健食品经营企业卫生条件审核证明），换发“福建省食品药品经营许可证（合）”新证36家，GSP认证23家，认证居全市前列；全县食品、药品、保健食品、化妆品和医疗器械“四品一械”质量安全逐步实现动态监管。四是加强标准化管理，国家标准立项5个，制定国家标准2个，工具酶标准化工作组秘书处报送国家标准4个、发布农业标准规范2项，9家企业开展产品标准自我申明。五是做好计量器具检定和特种设备监管，全年计量器具强检4917台件，首检合格率93.5%；检验特种设备437台件，检查使用单位136家，下达监察指令书23份。六是落实行政执法职责。联合执法，打击违法行为，立案查处8起，挽回群众损失20.68万元。当年，市场监督管理局被评为第十二届省级文明单位。

（林 婧）

【县市场监督管理局设立】 5月，县政府重新组建大田县市场监督管理局，为县政府工作部门，正科级。加挂县食品药品监督管理局、县工商行政管理局、县质量技术监督局和县食品安全委员会办公室牌子。行政编制34人，工勤事业编制8人，内设办公室、财务装备股、人事教育股、综合协调股、政策法规股、审核审批股（加挂登记注册股牌子）、食品生产流通安全监管股、餐饮服务安全监管股、药品医疗器械监管股、标准计量监管股、商标广告监管股、质量监管股（加挂大田县优势品牌工作领导小组办公室、大田县质量强县工作领导小组办公室牌子）、市场规范管理股、公平竞争消费权益保护股、特种设备安全监察股等15个股室；直属机构2个，大田县市场监督管理执法大队、编制11人，大田县市场监管投诉举报中心、编制2人；派出机构有均溪（管辖均溪镇）、石牌（管辖石牌、太华镇和武陵乡）、华兴（管辖华兴、湖美、前坪乡）、上京（管辖上京、桃源镇）、建设（管辖建设、广平镇）、文江（管辖文江、梅山乡和奇韬镇）、吴山（管辖吴山、济阳、屏山、谢洋乡）等市场监督管理所7个，副科级，编制53人。

（林 婧）

【市场监督管理综合服务楼竣工】 6月，县市场监督管理综合服务楼竣工，该楼于2011年11月动工，位于均溪镇福田路230号，占地3870平方米，建筑面积5721平方米，投资1596万元。9月，县市场监督管理局入驻对外办公。

（林 婧）

【健美操锦标赛食品安全保障】 8月19—28日，县政府和浩沙集团承办的全国健美操锦标赛在县体育馆举行。县食品安全委员会办公室协调县委办、政府办、食品药品监管、卫生等部门，抽调人员组成4个工作小组，驻点做好后勤保障，通过食材源头治理、评估预查、培训指导、食谱审定、批批快检等方式，全程监控，做好赛事食品安全保障。

（林　婧）

食品药品监督管理

【概况】 2015年，大田县开展省级食品安全社会共治示范县创建，抓共治、促发展，完善食品药品安全监管体制机制，发挥政府主导、部门协同、社会参与作用，按照“一示范三带动”的模式创建石牌美食餐饮服务安全示范街、带动全县餐饮行业规范经营、农村集体聚餐规范管理和关联产业健康发展，开展食品安全社会共治；抓好药品、医疗器械、化妆品市场日常监管。全县未发生食品药品安全事故，在全市年度食品安全工作考核中，大田县位列第二名。

市场监管 2015年，县食品药品监管局采取领导挂片、股室联动、所负责制，开展“大摸底、大排查、大整治”行动，建立监管台账3844户，对摸底排查发现的问题开展整治，发放责令整改通知书268份，立案查处无证、违规经营食品案件15件。做好全国健美操锦标赛在县举办、县人大政协“两会”、中高考、全县中小学生运动会等重大活动食品安全保障16次。开展21项入市食用农产品、进口食品、冷库及冷冻冷藏食品等专项整治，立案查处进口酒类食品案4件、冷冻肉制品案2件。对疫苗、中药饮片、体外诊断试剂等进行专项整治，共出动执法人员266人次。创建省级流通环节食品质量可追溯管理示范点3个、市级示范点5个。成立由党代会代表、人大代表和政协委员“两代表一委员”组成的食品药品荣誉监督员队伍15人，并组建县食品安全事故应急处置专家组。完善食品检验检测技术体系，申报全国第二批区域性食品检验检测资源整合试点县，经国家食品药品监管总局核准、发改委立项，中央将安排专项补助经费600万元。配备食品快速检测车1辆，价值130万元。为基层配备一批食品快检设备，全年共检测食用农产品农药残留1680批次、水产品甲醛含量1200批次。

服务发展 2015年，县食品药品监管局继续帮扶药品零售企业，当年，新开办药店3家、换证21家、二类医疗器械备案11家，零售企业药品经营管理规范（GSP）认证23家，药品电子化新入网19家。办理食品流通许可证125件、变更23件、延续379件、注销7件，办理餐饮服务许可证47家、延续96家、变更20家、注销22家。保健食品卫生条件审核证明15户、变更3户、注销5户。在《三明市第二批食品生产加工小作坊产品目录》中新增九层粿、珍珠粉、板鸭（腊鸭）等3个品种。企业换发食品生产许可证12家、注销2家，新办小作坊加工条件核准证书12家。年底，全县共有食品生产许可证企业29家，小作坊加工条件核准证书16家，餐饮服务许可证887家，食品流通许可证2727户，保健食品卫生条件审核证明86户，药品批发企业1家、零售店49家。梳理行政审批事项和权力清单，共185项，其中，行政许可5大项18子项、公共服务事项13项、行政处罚139项、行政强制事项5项、行政征收1项、行政监督检查22项。

综合协调 2015年，县食品药品监管局发挥县食品安全委员会办公室综合协调、检查监督等作用，定期召开联席会议，县委、县政府将治理餐桌污染、建设食品放心工程列入为民办实事项目；食品药品安全工作列为乡镇政府绩效考评、文明单位和综治平安单位创建考核内容；县政府年初向各乡镇政府、县食品安全委员会成员单位颁发《食品药品安全责任书》，各乡镇成立以乡镇长为主任的食品安全委员会，下设办公室，各村（居）配备食品药品协管员275人，形成县、乡、村三级监管网络。落实财力保障，县财政安排治理“餐桌污染”为民办实事专项经费、食品安全专项检测及举报经费、协管员全员补贴经费等共200多万元。

食品药品稽查 2015年，县食品药品监管局加强与公检法机关协作配合，联合开展进口酒类饮品、肉类及肉制品、冷冻库及冷藏食品等专项整治，畅通日常联系、执法保障、信息交流、情况通报、案件移送等合作渠道，形成打击合力。全年立案查处食品药品违法案件54起，其中，在全国多省市流窜、以普通食品谎称高价值保健食品骗取钱财案件1起，为55名老年人追回被骗款20多万元，被国家食品药品监管总局列为优秀案例，在福建日报、新华网福建频道、福建新闻频道、三明电视台等20多家媒体报道。

（蔡树检）

【食品安全宣传】 2015年，县食品药品监管局宣传贯彻新修订的《中华人民共和国食品安全法》，并翻印分发6500册。开设“大田县食安办”微信公众号。制作集工作动态、法律宣传、消费警示等为一体的《食为天》专题电视节目9期。开展“食品安全宣传周”“药品宣传月”及食品安全“进农村、进社区、进学校”“学生带法回家”等宣传活动，发放宣传材料2.4万份。开展食品安全知识进校园、现场识假辨劣等活动，将食品安全教育纳入常规教育，在县实验小学通过校园广播、视屏为师生举办食品安全知识讲座，并制成CD光盘作为全县中小学校食品安全教育教材。

（蔡树检）

【药品不良反应监测】 2015年，县食品药品监管局加强药品不良反应（ADR）监测，继续实行任务分解、半年通报、报告奖励、年底表彰的办法，共报告药品不良反应病例262例，其中，新的、严重的病例54例，完成年任务的150%；上报医疗器械不良事件54例，完成年任务的120%，位居全市前列。

（蔡树检）

【食品安全社会共治示范县创建】 2015年，大田县创建食品安全社会共治示范县。一是创建“石牌大骨头美食”餐饮服务安全示范街，46家经营单位统一原材料标准、标签标识和信息公示牌，做到持照经营率、索票索证台账登记率、食品安全承诺书签订率、量化分级管理等级公示率均100%；建成“视频厨房”示范店8家，评选餐饮服务示范店12家、诚实守信道德模范3人，推荐申报全国旅游农家乐金牌店5家；设立“大田石牌大骨头肉”微信公众号。二是规范全县餐饮行业。8名业主发起成立大田县餐饮行业协会，制定章程、行规公约和行业标准，引导业主加强自律、落实餐饮安全主体责任，评定年度食品安全等级经营者810家、动态等级875家，量化分级管理率100%，其中A级单位有大田职专食堂、仙廷御华圆酒楼等10家；引导20多家大型餐馆、学校食堂投保食品安全保险。三是依托三级食品监管网络规范农村集体聚餐活动管理。培育发展、扶持规范农村家宴服务队，在全市率先探索对农村集体聚餐活动监管新模式。进行农村家宴备案登记318场次，没有发生食品安全事故。四是带动关联产业健康发展，利用“石牌大骨头肉”微信，指导经营者开拓电商、微商市场，同时在示范街设立大田土特产品展销柜，推介大骨头肉松、大田糟兔、早兴茶油、汤泉米糕等传统特色食品。省食品药品监管局副局长黄玲、市人大常委会副主任廖小华等对县食品安全社会共治工作进行调研，给予肯定；省电视台教育频道、公共频道及省、市有关报刊作过报道。

（蔡树检）

质量技术监督

【概况】 2015年，大田县质量技术监督局坚持“抓质量、保安全、促发展、强质检”工作方针，以“质量强县、标准引领、品牌带动助推地方经济发展”为主线，重点抓好特种设备和消费品“两个安全”，平稳完成质监体制下放调整和市场监管改革工作，为推进建设创新创造、宜居宜业大田提供质量保障。1月23日，县质监局不再实行垂直管理，编制、人员、财产等移交地方政府管理。

行政执法 2015年，县质监局开展“质检利剑”行动，落实行政执法职责。重点对农资、建材、汽柴油市场等进行检查和专项整治，检查农资仓库4个、农资经营部29家，抽检化肥样品18个，免费检测样品8批次，立案查处案件5起；检查加油站11家，立案查处案件2起；对4家水泥生产企业质量抽查4批次；全年共受理“12365”和其他部门移交的质量申诉和投诉举报案件5起，均按时办结并及时反馈。

质量监管 2015年，县质监局落实《大田县实施“中国制造2025”行动方案》，服务全县七个重大项目组，帮助19家重点项目企业，解决质量、品牌、认证、计量、标准、产品检验和特种设备安全等困难和问题35项。贯彻实施国务院《质量发展纲要（2011—2020）》，开展“3·15”消费者权益日、“5·20”世界计量日、“安全月”、“质量月”、“6·9”世界认可日、科技下乡等宣传活动。制定《贯彻实施质量发展纲要2015年行动计划》，做好目标分解、职责分工等。提升企业质量基础，帮扶仙顶茶业有限公司提升卓越绩效管理水平，引导企业参加市政府质量奖评选。组织5家申报名牌企业的质量负责人参加全省首席质量官培训，获得质量官资格证。当年，全县列入市政府绩效考核的省市工业产品质量监督抽查合格率100%，居全市前列。

品牌建设 2015年，县质监局实施品牌带动战略，组织福建名牌产品申报，仙顶茶业有限公司新创和大方广茶业、岩城水泥、福梅农业有限公司等3家企业复评福建名牌产品；生活用纸“开心一百”商标获县首枚中国驰名商标。县政府兑现2014年度获得名牌企业品牌扶持资金353.4万元；与农业、工商、茶业等部门落实县十六届人大四次会议代表《关于加强东方美人茶叶品牌保护》的议案，推动大田高山茶品牌发展。

计量管理 2015年，县质监局完成民生计量器具检定6571台件，其中强检6471台件，首检合格率93.5%；免费检定18个乡镇医疗单位血压计877台件和集贸市场台案秤1039台件。开展燃油加油机防作弊专项整治，淘汰无防作弊功能加油机18台18枪，全县在用加油机使用防作弊装置100%。做好3家机动车安检机构和新增5条机动车（摩托车）检测线监管，加强企业主体责任和安全质量意识，规范安检机构运作。利用省检测中心技术服务平台，完成承担的省级监督抽查任务。新增电子血压计检定项目，计量标准考核复审通过7项。

标准化管理 2015年，县质监局开展标准化进企业活动，免费为企业提供标准23份。全国工具酶标准化工作组秘书处完成4个国家标准稿报送，当年新立项国家标准5个。推动2家企业参与《木栈道铺设规范》和《热处理木材鉴别方法》国家标准制定；立项制定《米槠次生林改培技术规程》《福建柏播种育苗技术规程》和《南酸枣栽培技术规程》等3个地方标准；发布《大田高山美人茶》栽培技术和加工技术农业企业标准规范2项。9家企业开展产品标准自我声明备案制度改革。继续实施“国家雪山萝卜标准化综合示范区”中期建设，“省级蔬菜种植农业标准化示范区”建设通过省标准化委员会验收。

特种设备监察 2015年，县质监局落实安全生产“一岗双责”责任制和企业特种设备安全主体责任。全年检验特种设备437台（套）、气瓶2195只，检查使用单位136家（计划内114家，专项检查22家），发现安全隐患257条，下达监察指令书23份，并督促落实整改；结合全国健美操锦标赛在县举行，开展电梯安全监管大会战和创建电梯安全管理示范小区活动，确保电梯使用安全；持续做好气瓶数字化管理，3家气体充装单位对在用气瓶加装条形码，解决报废瓶、超期瓶的充装使用，实现流动气瓶管理的可追溯性。

（陈精份）

【**市质监局局长到县调研**】 2月13日，市质监局局长单新民一行3人到县调研质监体制调整工作，听取县局关于质监系统体制调整后的工作情况汇报，并对质监分级管理后的有关工作提出意见，就体制调整时期有关问题与县委领导交换意见。

（苏再德）

【**代码办理登记改革**】 6月，县质监局对企业及分支机构实行“三证合一、一证一码”的注册登记模式，将税务登记、工商营业执照、组织机构代码证合为一个证一个号码。10月1日起，不再向企业、农民专业合作社、个体工商户发放和更换组织机构代码证。当年，县质监局办理代码证3818家，其中，新办证461家，变更345家，换证521家，年审2423家，注销68家。

（陈　华）

【**大田高山美人茶标准发布**】 10月17日，大田高山美人茶企业标准审查会在福州举行。由省农业厅、农林大学、农科院茶叶所、茶叶质量检测中心站专家等7人组成审查专家组，对大田高山美人茶栽培技术和加工技术规程进行审查并通过。10月28日，县质监局在大田高山茶文化节上发布该标准，2016年1月1日起实施。

（苏再德）

【企业产品标准备案改革】 2015年，县质监局开展企业产品标准“备案”为“声明”改革试点，7家企业通过网上自主报备，主动公开产品执行标准和主要技术指标等信息，并作出承诺对产品标准负责，接受社会监督，提高行政效率。

（苏再德）

【电梯安全监管】 2015年，县质监局召开全县电梯使用和维保单位动员部署培训会，明确电梯使用管理责任主体。督促电梯使用单位开展自查，联合安监、住建、消防等部门检查电梯使用和维保单位37家、电梯92台，排除隐患电梯18台。大田县设立电梯维保记录统一公示牌工作模式得到市局肯定。

（余昌潜）

【行政权力事项清理】 2015年，县质监局根据县政府简政放权工作部署，清理行政权力事项321项，其中行政许可2项、行政确认2项、行政处罚296项、行政强制7项、行政裁决1项、行政监督检查11项、其他行政权力2项，促进质监部门行政权力依法、公开、规范、高效运行。

（陈精份）

工商行政管理

【概况】 2015年，大田县工商行政管理局落实省、市工商行政管理工作会议部署，继续注册资本登记制度改革，营造宽松平等的准入环境，履行市场监管职能，服务县域经济和社会发展。

注册管理 2015年，县工商局继续推进工商注册登记便利化，简化市场主体办理注册登记事项。全县新办企业登记注册506户，注销登记90户，当年企业总数3289户，注册资金139.56亿元；新设立外商投资企业1户；新发展个体工商户1971户，注册资金2.26亿元，从业4252人，个体工商户总数1.3万户，注册资金10.06亿元，从业2.54万人；新发展私营企业506户，注册资金20.59亿元，私营企业总数3388户，注册资金143.53亿元，从业3.56万人。年底，全县各类市场主体共1.64万户，注册资本总额153.59亿元，分别比上年增长18.84%、22.04%。

经济合同管理 2015年，县工商局监督拍卖活动19场，备案成交确认书103份，成交金额7932万元；办理企业动产抵押物登记21起，为企业融资9866万元。

商标管理 2015年，县工商局依托商标培育指导站，向企业和社会宣传商标法律法规、商标知识和工商总局、省委、省政府、省工商局商标监管的优惠政策、优惠措施。通过5个商标培育指导站发放宣传资料200多份，接受有关商标注册咨询65人次；利用各种会议、举办培训班和上门服务等，多形式开展宣传，共组织26家著名、知名商标企业参加新商标法规视频培训，帮助企业商标管理人员及时了解《中华人民共和国商标法》的修改内容。同时，进行行政指导，实施商标品牌战略；结合特色产业，扶持“农”字号商标，以茶叶、花卉，雪蔗、油茶基地等为重点帮扶对象，指导茶农注册登记经济实体20余家，引导茶叶企业申报注册商标5件。指导福建华闽纸业有限公司产品申报中国驰名商标，“大田雪山萝卜”申请注册地理标志证明商标。年底，全县有效注册商标637件，其中，中国驰名商标1件、省著名商标14件、市知名商标35件，集体商标1件，其他各类商标586件。

广告管理 2015年，县工商局办理户外广告登记98件，临时户外广告登记46件。

行政执法 2015年，县工商局坚持查处与规范并重，依法行政、公正执法、科学监管，维护良好市场环境。一是加强农资市场监管。开展“2015年八闽红盾护农—春季打假保春耕行动”，突出重点地区、重点品种，出动执法人员94人次，检查经营户135户，抽查化肥农资产品11份，检验不合格化肥品种4个，在立案查处。二是查处取缔无照经营。年初下发《关于2015年大田县查处无证无照经营工作要点的通知》，查处取缔无证无照经营与日常监督检查相结合，全县共立案查处无证无照经营案件37起，罚款60.88万元，没收0.8万元。三是开展打击传销规范直销活动。利用“3·15”消费者权益保护日、“5·15”打击和防范经济犯罪宣传日，与县公安局、人行县支行等单位配合，在均溪镇凤山中路时代广场前开展打击传销规范直销宣传、教育咨询活动，发放宣传材料500份，接受群众现场咨询110人次。同时，对县域内7个直销企业服务经营网点、专卖店进行专项检查和直销企业履行社会责任督导。四是开展超标电动车销售市场整治。5月中旬，再次整合执法人员，分5组出动45人次、车辆14台次，对城区雅迪、爱玛、台铃、绿源、大阳、尚好捷等10家电动车销售场所进行突击行动。五是开展各类专项整治。牵头与卫生、质监、经贸、公安、文化、教育、食品药品、安监等部门协调配合，对中高考期间校园周边经营秩序、2B铅笔及网吧、安全生产等专项整治，出动执法人员386人次，检查经营户1650户，发出整改通知书5份，立案查处3起，涉案金额0.35万元，罚款0.38万元。

（乐晓卓）

【县首件中国驰名商标认定】 6月5日，福建华闽纸业有限公司生活用纸“开心一百及图”商标通过国家工商总局商标局中国驰名商标认定，为县首件驰名商标。之前，县工商局主要领导牵头，制定培育计划，从政府奖励与扶持政策应用、商标品牌战略策划、申报材料收集整理等方面，指定专人跟进、全方位跟踪指导；多次邀请省、市工商局商标专家和领导，到企业就培育商标战略与计划进行专题研讨；与上级工商部门协同打击侵犯“开心一百”商标专用权的违法行为。

（乐晓卓）

【消费者权益保护】 2015年，县工商局针对群众关心、关注的热点、难点问题，加大消费维权力度，“3·15”国际消费者权益日期间，联合消防、人行县支行、供电公司等十几个单位在时代广场前开展现场接诉咨询活动，受理消费者投诉3起、接受咨询75人次。全年，共受理各类申诉、举报155件，为消费者挽回经济损失8万元。

（乐晓卓）

【企业年报公示服务】 2015年，县工商局运用微信、电视等多种渠道进行企业年报全方位宣传，提高政策知晓度。指派相关股室负责人驻所，协助工商所开展年报公示，并定期督查通报年报公示进度。至6月底，全县企业、个体工商户2013年度年报率分别为90.11%、42.39%；2014年度企业、个体工商户年报率分别为82.73%、42.98%。

（乐晓卓）

【服务现代农业发展】 2015年，县工商局继续落实千亿现代农业产业项目注册官联系制度，对全县16家重点农业产业项目每个项目安排1名注册官为联系人，提供全程跟踪服务，走访重点项目13户次，接受企业咨询25人次，帮助解决问题3个、协调解决1个。同时，加大行政指导和宣传力度，放宽准入条件，以更加灵活、便捷的方式推动家庭农场快速健康发展。年底，全县有家庭农场122户，涉及农作物种植与销售、家禽养殖与销售、农业观光服务等。

（乐晓卓）

【农民专业合作社新增59家】 2015年，县工商局继续实施“168”党建工作机制，推行“村党支部加合作社”模式，新发展各类农民专业合作社59家，注册资本共1.51亿元，注销登记2家，注册资金300万元。年底，全县有茶叶、油茶、果树种植、林业生产、畜牧、水产养殖等各类农民专业合作社407家，注册资本共12.53亿元。

（乐晓卓）

综合管理

□编辑 陈吉说

发展计划管理

【概况】2015年，大田县发展和改革局围绕“转型驱动、绿色发展”的工作主题，致力稳增长、调结构、促改革、惠民生，促进全县经济社会持续平稳发展。牵头起草进一步加快产业转型升级实施意见、大田县国民经济和社会发展第十三个五年规划的建议等文件，经县委十二届九次、十次全会审议通过。9月，省政府办公厅将大田列为以“山区县绿色发展”为主题的省级新型城镇化试点县。

年度计划编制与实施 2014年12月，县发改局完成2015年大田县国民经济和社会发展年度计划编制，提交县第十六届人民代表大会第四次会议审议通过。

2015年大田县国民经济和社会发展各项主要预期目标及完成情况：

全县生产总值增长11%，当年完成157.55亿元，比上年增长8.9%。

农林牧渔业总产值增长5.2%，当年完成47.64亿元，同比增长4.59%。

规模以上工业增加值增长13%，当年完成106.67亿元，同比增长9.3%。

固定资产投资增长20%，当年完成229.26亿元，同比增长20.7%。

社会消费品零售总额增长14%，当年完成43.7亿元，同比增长12%。

出口总值（海关口径）增长12%，当年完成1.4亿美元，同比增长10.1%。

实际利用外资（验资口径）增长10%，当年完成1713万美元，同比增长12.5%。

地方公共财政收入与上年持平，当年完成6.87亿元，同比增长2.6%。

居民消费价格指数涨幅控制在3%以内，当年实际上涨1.9%。

城镇、农村居民人均可支配收入各增长11%，当年实际分别为2.72万元、1.29万元，同比分别增长8.8%、9.9%。

城镇登记失业率控制在3.6%以内；全年城镇登记失业率2.41%。

项目审批 2015年，县发改局衔接中央、省、市下放审批权限，审批建设项目167个，总投资72.7亿元，办结率100%，其中批复项目57个、总投资15.2亿元，备案项目110个、总投资57.5亿元。

项目竞赛 2015年，县发改局继续开展项目竞赛活动，年初制定“七个重大项目组”工作方案，年中开展“百日会战”攻坚活动，实施“七个重大项目组”重点项目148个、总投资601.04亿元，当年完成投资109.23亿元，其中城市规划建设项目31个、完成投资24.03亿元，工业经济重点投资项目38个、完成投资30.83亿元，重大交通基础设施项目9个、完成投资10.2亿元，农业产业化及生态保护项目19个、完成投资10.8亿元，重大水利工程项目9个、完成投资3.59亿元，民生及社会事业项目10个、完成投资3.44亿元，现代服务业及旅游项目32个、完成投资26.34亿元。实施省重点项目20个，总投资29.3亿元，当年完成投资39.68亿元。新引进项目82个、总投资162.1亿元，落地项目58个、完成投资15.11亿元。县级项目储备库储备总投资在3000万元以上、符合国家产业政策的项目467项，其中得到转化实施379项，转化率81.2%。

争取上级补助 2015年，县发改局会同有关部门共同争取到省级以上发改部门工业、农业、社会事业等补助项目37个、金额5469万元，其中，闽江上游尤溪流域防洪二期工程（大田段）补助2000万元，太华中心幼儿园建设项目480万元，职业中专学校运动场项目400万元，县司法局业务用房项目318万元。当年，申报国家专项建设基金4批，鸭蛋山非正规垃圾填埋场资源化治理、城市自来水厂（二期）、浩沙全民体育健身活动中心、高山生态茶休闲旅游开发、县老年公寓、大田红狮水泥窑协同处置工业废物、雪山水库等7个项目，总投资14.76亿元，安排国家专项建设资金1.42亿元。

发展第三产业 2015年，县发改局通过第三产业发展联席会议，组织有关部门加强主要支撑指标的监测调度，全县第三产业增加值47.55亿元，同比增长11.3%；新增纳入限额以上管理的批发、零售、住宿、餐饮企业法人单位5家；新增规模服务企业6家，全年实施第三产业重点项目65个、完成投资55.6亿元。

推动企业上市 2015年，县发改局继续推动科技型、成长型企业上市融资，抓好省重点4家上市后备企业和10家市重点企业上市融资工作，其中华伦特重工、正仁环保、广联木业有限公司等3家企业分别与兴业证券、英大证券、安信证券进行接触洽谈，正仁环保有限公司已着手“新三板”挂牌上市前期工作，万华实业有限公司进行资产重组。

（柳成志）

【项目成果对接】 6月18日，县发改局牵头组织123家企业参加省政府在福州举办的“第十三届中国·海峡项目成果交易会”，对接项目成果48项，总投资23.98亿元；征集企业技术难题21项。邀请专家8人，其中中国工程院院士刘鸿亮与县签订院士工作站建设协议。参展新产品8个，授牌院士工作站有大田威斯特环保科技有限公司、三明市竞源生物科技有限公司等2家。刘鸿亮院士工作站的第三代垃圾氧化生产线及筛分一体机模型得到省领导肯定与关注。

（柳成志）

【“十百千”项目建设】 2015年，县200个“十百千”计划年度重点项目完成投资190.1亿元，占年度计划的107.1%，其中在建项目、前期储备项目各100个，分别完成投资153.07亿元、37.03亿元，占年度计划的141.6%、53.3%。

（柳成志）

【项目策划储备】 2015年，县发改局围绕扩大有效投资、产业转型升级、国家专项建设基金等领域，新策划储备项目576个，总投资2885.98亿元，其中转化为进一步扩大有效投资行动计划重点项目71个，转化为进一步加快产业转型升级重点项目122个，转化为国家专项建设基金储备库项目383个。

（柳成志）

人力资源和社会保障管理

【概况】 2015年，大田县人力资源和社会保障局落实省、市人力资源和社会保障工作会议、全县经济工作会议精神，加强岗位责任制和绩效目标管理，促进就业工作稳定、社会保险制度全覆盖、和谐劳动关系建立。当年，县就业和社会保障综合服务中心被省精神文明建设指导委员会评为“福建省第八届（2015—2017）年度文明行业创建竞赛活动示范点”；获市委、市政府“2012—2014年度创建文明行业工作先进单位”。3月，陈启社获国家卫生和计划生育委员会、中国红十字总会、中国人民解放军总后勤部卫生部2012—2013年度全国无偿献血奉献奖铜奖。

就业再就业 2015年，县人社局落实就业保障政策，促进大众创业步伐。一是县就业和社会保障综合服务大厅设立招聘台，增设县公务员局人事人才服务窗口，为企业招工、大学生就业等提供便捷服务。二是搭建用工调剂平台，实施“企业用工调剂计划”，推行淡旺季调剂、校企对接调剂、村企亦工亦农调剂、关停兼并重组企业富余人员再就业调剂，鼓励行业协会、社区基层就业服务平台、人力资源机构等社会组织搭建用工调剂平台，将用工调剂平台纳入就业专项资金就业创业服务补贴范围。三是在全县营造全民创业的良好氛围，推进创业带动就业，创建一个创业孵化基地、树立十大创业典型，为创业者提供场地、项目、资金、指导等“一条龙”服务。全县城镇新增就业2600人、农村劳动力转移就业5100人，开展创业培训320人次，其中电商创业培训170人次。为各类创业人员发放小额贷款69笔、504万元，贴息312.7万元。

社会保障 2015年，县人社局通过发放宣传资料、新闻媒体广告等多种方式加大宣传力度，提高社会保险政策知晓率；联合县地税、财政等部门开展执法检查，督促企业参加社会保险；做好城乡居民养老保险扩面；对参保单位动态跟踪服务，巩固原来参保人数不下滑、不停保，并带动更多员工参保，做到应收尽收；为机关事业养老保险制度改革落实场地、编制、经费等准备工作。

企业职工养老保险 全县参保企业501户、2.59万人，完成任务数的100.08%，比上年增加1.97%，审批退休398人；全年征收保费9341.49万元，为6550人企业离退休人员按时足额发放养老金1.6亿元，社会化管理100%。

机关事业单位养老保险 全县参保271户、2024人，征收保费2475万元，为795人离退休人员按时足额发放养老金2771万元。

城乡居民社会养老保险 全县参加新型农村社会养老保险和城镇居民养老保险17.99万人，个人缴费1395.55万元；为60周岁以上符合条件的城乡居民4.46万人、发放基础养老金4814.39万元（2014年7月起每人每月由70元提高至85元）；新确认被征地农民养老保险对象1941人，为60周岁以上被征地农民3465人、发放养老保险金527.21万元。

工伤保险 全县参保729户、3.23万人，征收保费1737.78万元；依法认定工伤455起，支付保险金1967.34万元。

生育保险 全县参保643户、2.53万人，征收保费648.14万元，为159人支付生育金132.27万元。

失业保险 全县参保461户、2.2万人，征收保费635.44万元；为失业人员898人按时足额支付失业金449.31万元。

医疗保险 城镇职工参保439户、2.51万人，征收基金7763.48万元，其中统筹账户4517.32万元、个人账户3246.16万元；基金支出5719.15万元，其中统筹账户3054.31万元、个人账户2664.84万元；基金结余2044.33万元，其中统筹账户1463.01万元、个人账户581.32万元；城乡居民参保32.62万人，基金收入1.53亿元、支出1.31亿元。

职工权益保障 2015年，县人社局落实县政府《关于规范企业用工和工资发放管理的通知》，在建筑、工矿、商贸领域实行企业用工登记备案，执行企业工资保证金制度；建立大田县预防和解决拖欠农民工工资联席会议，26家成员单位建立信息沟通机制，在各乡镇落实属地管理原则，定期、不定期召开联席会议，研究处理拖欠农民工工资重大事项或突出问题，保障农民工工资兑现。加大企业用工监察力度，劳动合同签订率达95%；全年处置欠薪案件31件，为3214人追回被拖欠工资7086万元。成立劳动人事争议仲裁院，提高劳动争议案件办案效率和质量，促进和谐劳动关系的形成。当年，劳动争议立案166件，结案153件，结案率92.1%，为劳动者挽回经济利益796万元。处理、答复办结信访案件30件，办结率100%。

（吴春珠）

【服务礼仪职业技能竞赛】 12月28日，县人力资源和社会保障局、总工会、行政服务中心管委会、妇女联合会在县体育馆联合举办"中国梦·劳动美"全县窗口服务礼仪职业技能竞赛。共有窗口服务岗位的19支队伍参赛。竞赛内容有礼仪知识问答、抢答，还有业务培训、专家点评、实践讨论等，涵盖公民道德基本知识、现代礼仪知识、传统礼仪和窗口服务基本知识、流程等。市总工会授予比赛个人第一名人社局肖桂兰"五一劳动标兵"、县总工会授予第二至第六名"五一劳动能手"称号。竞赛还评出最佳情景展示奖、设计奖。县人社局社会保障代表队获得团体一等奖；县行政服务中心星空代表队、交通运输局代表队分获二等奖；县住建局、国税局、地税局代表队分获三等奖。

（吴春珠）

【审批权限和服务一处受理】 2015年，县就业和社会保障综合服务中心将全部的审批权限和服务职能下放至各经办窗口，变"多头受理"为"一头受理"，提高服务效率，让群众只到一个地方、跑一个来回，就能解决社会保障方面的所有问题。

（吴春珠）

安全生产监督管理

【概况】 2015年，全县贯彻中共中央、国务院和省、市关于进一步加强安全生产工作的一系列部署，坚守安全生产“红线”“底线”，落实“党政同责、一岗双责”责任，县委、县政府制定“关于健全决策落实工作机制的意见”，实行每月1次安全生产工作巡查制度。由县委分管领导组织检查矿山企业以外其他企业、县政府分管领导组织检查矿山企业的安全生产，其他处级领导检查各自分管行业、挂钩乡镇、挂包项目的安全生产。开展“打非治违”和专项整治，县政府制定建立尾矿库安全管理“库长制”和建立关闭、废弃矿井“井长制”两个通知，加强尾矿库和关闭、废弃及在役矿井安全监管，推进安全生产标准化建设提升工程“三年行动”，全年安全生产形势总体稳定。共发生各类生产安全事故61起，比上年下降27.3%；死亡18人，超年度控制指标28.6%，同比上升1倍；受伤19人，同比下降13.6%；直接经济损失410.2万元，同比上升94.3%。其中，工矿商贸企业生产安全事故4起，死亡7人，同比增加3起、6人，上京镇后洋煤矿发生安全事故1起、死亡3人；火灾事故36起，同比减少28起，受伤1人，与上年持平，未发生生产性火灾死亡事故；生产性道路交通生产安全事故21起、死亡11人，同比增加2起、3人，受伤18人，同比减少3人。生产安全事故亿元生产总值死亡率0.19，10万人死亡率9.94，同比分别上升0.06、3.52；煤炭百万吨死亡率1.26，同比上升0.887。职业病危害因素监测覆盖率83.8%，接触职业病危害工人健康体检率81.4%。

（林开族）

【“安全生产月”活动】 6月，县安委会围绕“加强安全法治、保障安全生产”主题，多角度、多层面集中开展安全生产宣传教育活动。各乡镇、县直有关单位和企业共举办安全生产法律法规知识讲座130场（次）、组织观看《生命不能重来》宣传教育片19场，观看人数2230人（次），出宣传专栏644期（次）、张贴标语3500余张，向中小学生发放宣传单2.6万份；县教育、消防、交通、安监、质监、建筑等部门分别在中小学校、购物超市、汽车站、商用电梯等人员密集场所开展各类应急救援演练26场，高危行业企业开展演练活动110场；当月16日“安全生产宣传咨询日”发放各种宣传手册、资料1700余份（件），展出安全图片40幅，东街口、时代广场、建行LED屏全天连续播放各类安全生产宣传标语、教育片15小时，接受群众咨询110余人（次）。

（林开族）

【安全生产“党政同责、一岗双责”体系完善】 2015年，县安委会制定《大田县安全生产“党政同责、一岗双责”工作机制》，全县18个乡镇、273个村居和县经济开发区管委会全部建立健全安全生产“党政同责、一岗双责”责任体系，实现安全生产县、乡镇及村居三级“党政同责”全覆盖，“一岗双责”全覆盖，“三个必须”（管行业必须管安全、管业务必须管安全、管生产经营必须管安全）全覆盖，政府（行政）主要负责人担任安委会主任全覆盖，安全生产部门定期向本级纪检、组织部门报送安全生产情况全覆盖的“三级五覆盖”。

（林开族）

【安全生产检查和专项整治】 2015年，县安委会下发《关于全面开展安全生产大检查、深化“打非治违”和专项整治工作的实施方案》和《关于立即开展危险化学品和易燃易爆物品安全大检查大排查大整治的紧急通知》。8月15日至12月底，突出对危险化学品、民爆器材、烟花爆竹、电梯、非煤矿山、交通运输等重点行业领域，以“查隐患、严治理、防事故、保安全”为主题，开展安全生产大检查和“打非治违”专项整治，共组织检查组80个，检查企业1128家次，排查各类隐患5766条，至年底完成整改5593条，整改完成率96.9%；打击非法违法行为157起，整治违规规章410起，责令企业停产整顿10家，关闭取缔5家。

（林开族）

【安全标准化建设】 2015年，全县继续开展“安全标准化提升三年行动”，当年，各行业应达标企业250家，至年底完成294家，完成年任务的117.6%；个体工商户完成安全标准化1859家。其中，冶金、有色金属、机械、轻工、纺织、商贸等行业应达标企业53家，按国家标准评定达标54家，占任务的101.89%。

（林开族）

【新采矿法推广】 2015年，全县石灰石地采矿山全部推行垂直深孔球形药包崩矿后退式回采（VCR法）的采矿方法，改变从下向上为从上向下凿岩作业方式，新方法安全、高效、经济合理，机械化全自动作业，节省大量劳力，人员配置仅为原采矿法的10%，并降低顶板事故风险隐患。

（林开族）

【18家非煤矿山关闭】 2015年，县安监局继续落实省政府办公厅《关于印发福建省2013—2015年金属非金属矿山关闭工作方案的通知》，对县内无工商营业执照、采矿许可证、安全生产许可证、安全资格证等18家企业，按照“关闭标准”提请县政府实施关闭整顿。当年关闭广平镇铭溪幽棕垅矿区建筑用花岗岩矿、济阳乡铁矿洋朝坑——砚坑露天采场等2家。之前，2013年关闭乡镇企业开发公司龙山崎铅锌铜矿3号矿井，恒泉直接还原铁有限公司汤泉铁矿南矿段，太华铁矿张地矿山2号采场、万湖矿山2号采场、后岬褐铁矿270线以北矿段采场，建设镇建强机砖厂东埔尾矿山和建民村高忠产麻坑粘土矿，广平镇元沙机砖厂粘土矿、均溪镇珠宝山采石场等9家；2014年关闭前坪乡山头回民铁矿1号矿体东北侧露天采场，前坪乡矿业公司山头林场铁矿2号露天采场，鹭峰矿业有限公司东埔马头岬铁矿Ⅸ矿体露天采场，上京非金属矿东边坑粘土矿山，建设有色金属矿东边洋多金属矿九坑南矿井，太华铁矿张地Ⅴ号矿段采场，湘闽矿业有限公司南坑铁矿440采场等7家。

（林开族）

环境保护

【概况】 2015年，大田县环境保护局围绕改善环境质量、建设生态大田，推进生态保护、污染防治、污染物总量减排、环境监管和风险防范等各项工作。以“水净、河清、天蓝、地绿、居怡”为目标，制定“国家级生态县”创建责任书，确定重点项目，并分解落实。跟踪指导均溪、建设等10个国家级生态乡镇生态工作，新创建后华、良元等12个村省级生态村。县境内主要河段水质均符合国家有关标准，闽江流域交界断面水质达Ⅲ类标准。城区环境空气质量（AQI）优和良的天数比例100%，达到或优于国家二级标准；乡镇集中式饮用水源地水质达标率达90%，区域环境噪声和交通噪声均达到功能区要求。当年，大田县被省环保厅命名为“省级生态县”。

建设项目环境管理 2015年，县环保局修订和完善《大田县环境保护局行政职权目录》，共79项，其中行政许可5项、行政确认2项、行政处罚65项、行政强制4项、行政征收1项、行政监督检查2项。全年审批县级建设项目30个，验收环保“三同时”项目27个；参与市环保局审批的项目9个，验收工业项目4个。严格执行24小时环保110联动值班制度，办理群众“12369”电话投诉127件，各类交办件、督办件47件，处理率和办结率均为100%。

环境监察 2015年，县环保局加强环境执法监管，贯彻执行新修订的《中华人民共和国环境保护法》及配套文件，制定《大田县网格化环保监管体系实施方案》，在全县建立县、乡、村三级环保监管网格，开展拉网式环境执法大检查。会同有关部门清理环保违规工业类项目87个，查处环境违法案件12件，其中，移送公安机关立案查处和行政处罚各6件，吴山电镀厂、广平电容器冶炼厂等企业主成为新环保法实施后首批被依法追究刑事责任的企业。同时，创新企业环境信用评价、排污权交易、环境责任保险等工作，全县参加环境信用评价企业32家，被评为环境信用良好企业有红狮水泥、安然水务有限公司等24家；参加环境责任保险企业有红狮水泥有限公司等4家，参加排污权属初核企业35家。

环境监测 2015年，县环境监测站开展常规监测、建设项目环保监测和污染源监督性监测，完成城区4个季度的大气、降尘、降水常规监测。对均溪河城区段3个断面、高才省控断面地表水和城区4个饮用水源开展两个月1次的常规监测。设置均溪河、文江河水质监测点位11个，开展定期监测，监测结果向社会公开。进行“三同时”环保设施验收监测项目10个、清洁生产竣工验收监测企业18家，完成国控、省控13家企业和重金属污染企业监督性监测。建成湖美乡高才省控断面水质自动监控站建设，升级改造空气自动监测站，监测因子在二氧化硫、氮氧化物、PM10等3项的基础上，新增PM2.5、一氧化碳、臭氧等3项监测指标。

（翁作湖）

【乡镇饮用水源地保护区划定审查会召开】 7月3日，县环保局在龙山宾馆5楼会议室召开太华镇、桃源镇、上京镇、前坪乡、屏山乡、文江乡、湖美乡等7个乡镇8个饮用水水源保护区划定方案审查会。市环保局等有关部门代表、专家18人参加。编制单位三明市环境科学研究所人员在会上做饮用水水源地保护区划分技术报告要点介绍，回答问题；专家组对报告进行审查，并提出修改意见。

（翁作湖）

【环境保护网格化管理推行】 2015年，县环保局将县行政区域划分为一级网格，乡镇、园区所辖区域为二级网格，村行政区域为三级网格，全县共划分二级网格19个、三级网格265个。具有环境监管职能的单位部门按职能承担网格内的环境监管任务，县环保局在每个网格安排1名挂片领导和3名环境监察人员，会同19个二级网格开展重点企业每月和一般企业每季1次以上检查，并建立“一厂一档”数据信息库。

（翁作湖）

【“省级生态村”验收】 2015年，市生态考核验收组受省环保厅委托，到桃源镇广汤村、东坂村，吴山乡梓溪村、济阳乡济中村、谢洋乡仕福村、武陵乡上岩村、建设镇元山村、太华镇温坑村，湖美乡后坑村、后平村，均溪镇后华村、良元村，采取实地查看、审阅资料等，对12个村进行“省级生态村”检查验收。专家组认为，12个村基本条件具备、建设指标符合，经验收考核、同意报送省环保厅命名。年底，全县获“省级生态村”命名的村共16个，通过“国家级生态村”考核验收的村共4个。

（翁作湖）

国土资源管理

【概况】 2015年，大田县国土资源局贯彻“十分珍惜、合理利用土地和切实保护耕地”的基本国策和“矿产资源不可再生、开发不可浪费”的基本方针，履行“保护资源、保障发展、维护权益、服务社会”职能，为县域经济社会发展提供持续的国土资源保障。4月3日，县政府发文明确矿产资源开发管理职能职责，理顺县国土资源局、经贸局、矿业监督管理局、安监局、生态综合执法局、公安局、环保局等13个县直有关部门和各乡镇人民政府的职责。当年，县国土资源局在全县年终总评中获二等奖。

法规宣传 2015年，县国土资源局开展“4·22”世界地球日和“6·25”全国土地日宣传活动，悬挂横幅2条，设置宣传栏2个，发放《中华人民共和国矿产资源法》《中华人民共和国土地管理法》等宣传材料2000余份，翻印地质灾害防灾避险宣传折页8万份，分发到村到户；编印《土地利用管理政策选编》《地质灾害知识手册》《国土资源执法监察规章汇编》《地籍管理政策文件选编》和《国土资源矿管文件汇编》等1500册。

执法监察 2015年，县国土资源局依法立案查处土地行政案件132宗，面积11.22公顷（耕地3.74公顷），处罚没款80.28万元。办理群众信访108件，接待来访19批34人次。

矿产资源开发管理 2015年底，全县有效采矿权证98本，矿产品经营许可证53本。当年，县国土资源局受理省、市发证矿山采矿权延续登记11宗，办理县局发证采矿权延续登记、变更、新立4宗，依法关闭矿山2个。开展采矿权人年度报告监督，现场检查矿山109个，年检合格55个、不合格6个、需整改48个，其中未按时整改责令停产整顿40个。新办矿产品经营许可证29本，年检24本。累计缴存矿山生态恢复治理保证金1.12亿元。

地质勘查管理 2015年底，全县有效探矿权证40本。县国土资源局加强勘查项目、矿山储量动态监督管理，督促探矿权人提交开工报告、地质资料32份，延续登记、协查项目18个，到期停止勘查项目19个；矿山储量动态检测104个，检测矿种有煤矿、铁矿、硫铁矿、石灰石矿、铅锌矿、石墨矿，提交储量动态检测年报矿山企业42家，未动用储量申请免予提交年度年报企业62家。

地质灾害防治 年初，县国土资源局编制地质灾害防治方案，实行汛期24小时值班、巡查和地质灾害速报等工作制度。经专家实地排查，全县地质灾害隐患点363处，设立警示牌，发放“防灾明白卡”363 份、“避险明白卡”728 份。武陵街道后山崩塌治理项目争取省级财政补助资金 139.5 万元，当年，竣工初验。

建设用地管理 2015 年，县国土资源局实行差别化供地政策，推进土地节约集约利用，鼓励工业项目进驻园区，为建设项目提供用地服务。全年审理报县政府审批个人建房 79 宗、面积 0.89 公顷。上报省、市审批用地 5 个批次和单独选址项目 2 个、面积 88.96 公顷。拍卖、挂牌出让经营性建设用地使用权 18 宗、面积 15.17 公顷，收取土地出让金 1.66 亿元，全年供地 24 个项目、面积 148.50 公顷。推行和谐征迁，当年，征地 82.33 公顷，支付补偿费 1801.12 万元。

地籍与测绘管理 2015 年，县国土资源局办理土地登记 1238 宗，颁发土地证书 1560 本、面积 48.59 公顷。办理土地使用权抵押登记 305 宗、面积 44.05 公顷，抵押金额 4.17 亿元。

耕地保护与用地规划 2015 年，县国土资源局严格耕地保护责任制和考核制度，确保全县耕地面积保有量、基本农田保护面积数量不减、质量不降。全县耕地保护面积 2 万公顷，基本农田面积 1.66 万公顷，占全县耕地面积的 82.58%。办理建设项目土地规划预审 22 宗、面积 107.10 公顷，其中耕地 21.88 公顷。增减挂钩指标交易 33.33 公顷，成交价 2.22 亿元。

土地收储 2015 年，县国土资源局定期对储备地跟踪巡查。土地储备中心收储国有土地 2 宗、面积 0.17 公顷；经营性（储备）用地 4 宗、面积 2.43 公顷，土地出让成交价 9580 万元；上报新增储备用地 2 个批次、面积 11.93 公顷，其中批复 11.93 公顷。组卷新增储备用地 12 公顷。

（陈尾英）

【矿山生态环境恢复治理】 年初，县国土资源局下达当年度 76 个矿山生态环境恢复治理面积 334 公顷，仍以银顶格—川石矿区、汤泉铁矿区、上京煤矿区、太华煤矿区、建设有色金属矿区和高速公路、省道两侧可视范围内的矿山为主，尤其是露天开采矿山。将治理情况列为上年度矿山年检要件，未实行和未完成年度矿山植被恢复治理任务不能通过年检。选种本土化、适应力强的红叶石楠、木荷、香樟、松、杉等树种近 35 万株，播撒草籽 300 多公斤，建造拦土（碴）坝 57 座、沉淀池 60 座、排洪沟 1.56 万米，治理任务 334 公顷全部完成，投资 2846 万元。

（陈尾英）

【地质工作框架合作协议签订】 4 月 15 日，县政府与福建省地质矿产勘查开发局签订共同推进大田县地质工作的框架合作协议，双方就共同开展大田县广义地质、矿产勘查、测绘遥感等方面进行全方位合作，重点开展土地质量生态地球化学调查、矿产资源勘查与开发、地下水资源（含矿泉水、地热）勘查评价、矿山地质环境恢复治理、地质灾害防治、地质遗迹调查与地质公园申报、测绘地理信息等。成立领导小组，建立定期沟通会商机制，提升大田地质工作水平。

（陈尾英）

【农村地籍和房屋调查】 5 月 12 日，县政府印发《大田县加快推进宅基地和集体建设用地使用权确权登记发证工作实施方案》。2015 年至 2020 年 6 月底，完成本辖区范围内农村地籍和房屋调查，包括宅基地、集体建设用地的每一宗土地权属、界址、位置、面积、用途及农房等地上建筑物、构筑物基本情况，建立城乡地籍调查统一数据库。在农村地籍调查的基础上，根据相关法律法规和政策规定，对符合条件的宅基地、集体建设用地使用权确权登记发证。并建立联席会议制度，细化量化责任要求，2015—2020 年，各年度完成辖区内地籍房屋调查的建制村数量比例不少于 10%。当年，开展石牌、华兴、湖美等 8 个乡镇 27 个村农村地籍和房屋调查。

（陈尾英）

【重点矿山巡查】 6 月 11 日至 8 月 31 日，县政府下发通知，要求各乡镇和有关部门加强重点矿山巡查，并将巡查情况列入《大田县矿产资源管理工作目标责任书》年度考评内容。巡查的重点矿山包括在册未延续矿山、跨行政县界矿山、2011 年后被举报和被处罚的矿山、探矿权（硐探）勘查项目。确保关闭取缔无证非法采矿点不“死灰复燃”，查处证照不全的违法开采矿山、虽证照齐全但不按规范要求开采的矿山。各乡镇建立网格化管理、责任到人的矿山巡查工作制度，利用“福建省打击非法违法采矿管理信息系统”开展手机移动执法巡查，每月巡查不少于2次，并根据“井长制”完善生产矿井及关闭取缔矿井建档资料。

（陈尾英）

【银川矿区矿山生态治理二期工程完工】 6月，县完成银川矿区矿山生态恢复治理示范工程二期项目并初验，治理面积177.16公顷，分黄龙后盂、黄龙石仓湾、鸟窝、林坑、南坑思脚坪和小佳洋、水亭仔、川石矿区公园治理点等6个标段实施，在绿化养护阶段。总投资6934.62万元，其中，中央补助资金5057万元，地方配套投入1877.62万元。

（陈尾英）

【矿山水土保持与生态环境治理督查】 6月，县国土资源局会同水利、林业、环保、生态综合执法、矿管等6个部门，分6个小组开展18个乡镇139家矿山企业矿山水土保持专项督查。与企业签订《大田县矿山水土保持与生态环境治理责任书》119份，提出督查整改意见379条，督促企业落实责任，推进水土保持工作。

（陈尾英）

【旧村复垦专项资金管理】 7月16日，县政府出台旧村复垦专项资金管理规定，设立专户实行专款专用。专项用于县内旧村复垦项目（含地质灾害搬迁的居民点用地），经省国土资源厅对完成项目核定、验收、指标结算，每亩给乡镇政府补助15万元；完成旧村复垦和耕地占补平衡的乡镇，项目竣工后，每亩增加补助5万元，用于新农村建设和复垦耕地后期管护等。资金使用包括支付村民拆旧补偿和安置、复垦施工、地灾搬迁重建、新农村基础设施建设等费用。

（陈尾英）

【打击非法违法采矿督查】 7月至9月，县国土资源局成立领导小组，开展打击非法违法采矿督查工作。督查辖区内的矿业权是否存在无证开采、超层越界开采、不按批准的开采方式开采和以采代探，关闭、废弃矿井是否按规定要求密闭，国土所排查非法违法采矿工作是否落实到位。实行不定期暗访，采取不发通知、不打招呼、不听汇报、不陪同接待和直奔基层、直插现场“四不两直”的方式，进行突击检查、随机抽查、回头看复查等。

（陈尾英）

【县不动产登记局成立】 10月30日，县不动产登记局挂牌成立。挂靠县国土资源局，将国土、住建、林业和农业的不动产登记职能进行整合，建立不动产统一登记制度，承担全县土地、房屋、林地、农村土地承包经营权等所有不动产登记工作，推进不动产登记信息管理，实行不动产登记机构、登记依据、登记簿册和信息平台“四统一”。同时，组建县不动产登记中心，为县国土资源局下属事业单位。至年底，完成县住建局房屋登记、林业局林地登记整合；县农业局农村土地承包经营权登记待过渡期满后划入。

（陈尾英）

【旧村复垦项目实施】 2015年，县国土资源局继续推进旧村复垦工作，对无人居住旧房、受地灾威胁群众搬迁、新农村建设后闲置的宅基地进行退宅还耕，17个乡镇共38个项目，申报规模200公顷。省国土资源厅先行核定增减挂钩指标51.47公顷，经省厅结算项目17个，结算指标54.29公顷，超过先行核定指标2.82公顷；已竣工未结算项目11个，完成规模、新增耕地589.67公顷；在建项目10个，总规模782.76公顷。

（陈尾英）

【水土流失治理结合土地综合整治】2015年，县国土资源局完成太华镇汤泉村、大合村和前坪乡黄龙村2012年结合水土流失土地综合整治项目报备，补充耕地18公顷。抓好在建均溪镇银顶格骏原工贸矿区、湖美乡林兜村、文江乡联盟村2014年结合水土流失治理的土地综合整治项目施工，项目规模共25.53公顷，可新增耕地17.93公顷。至年底，骏原工贸矿区项目经县级初验，林兜村项目申请工程量变更，联盟村项目在施工。

（陈尾英）

【土地整理项目实施】 2015年，县国土资源局完成石牌镇三坊村和谢洋乡科里、和春、珍山村等2个土地整理项目，新增耕地17.32公顷。继续抓好梅山乡秀岭、沧洲等2个村2014年土地整理项目及当年新申报在建的文江乡、武陵乡、均溪镇、梅山乡（2个）、济阳乡等6个土地整理项目实施。至年底，秀岭、沧洲等村2014年2个项目完成80%，总规模89.89公顷，可新增耕地面积 8.27 公顷，新申报 6 个项目总规模 444.33 公顷，预计新增耕地面积 58.17 公顷，工程队进场施工。

（陈尾英）

【卫星遥感监测图片执法检查】 2015 年，县国土资源局对照 2014 年国家卫星遥感监测用地图斑（卫片）进行核实统计和自查自纠。土地卫片监测图斑 308 个，其中合法图斑 54 个，未变更图斑 145 个，违法图斑 109 个，总面积 167.52 公顷，耕地面积 44.97 公顷。已批未建图斑 29 个，总面积 26.79 公顷，耕地 12.73 公顷。违法占用耕地面积占新增建设用地占用耕地总面积的比例 7.57%，通过省、市国土资源部门和上海督察局验收。矿产卫片疑似图斑 6 个，其中图斑硐口在采矿许可证界外 5 个；前坪乡矿业公司银场沟铁矿疑似违法图斑 1 个，未发现有开采行为，采矿证过期后，矿山治理边坡有安全隐患，按非立案处理违法图斑填报。

（陈尾英）

【专项审计问题整改】 2015 年，县国土资源局开展全国土地出让和耕地保护审计发现问题的整改，清理 10 个项目欠缴的土地出让金、滞纳金，逐个制订清理计划和整改措施，追缴入库 3334 万元，经县政府研究同意免收滞纳金 3 宗，向县法院起诉 4 宗，解除出让合同 3 宗，基本整改到位。

（陈尾英）

物价管理

【概况】2015 年，大田县物价局围绕“惠民生、稳物价”目标及宏观调控任务，稳妥推进价格改革，疏导价格矛盾，规范和整顿价格秩序，开展“平价商店”及困难群众临时价格补贴活动，价格总水平保持基本稳定。全年政务信息及宣传稿件被省、市、县级刊物采用 90 篇，居全省物价系统前列，其中，中央人民广播电台、中国经济网各采用 3 篇，福建人民广播电台、经济广播电台分别采用 7 篇、8 篇，福建电视台经济频道采用 1 篇，省物价局门户网站采用 40 篇，省委办、省政府办正刊采用 1 篇。

价格总水平 2015 年，县物价局落实国家宏观调控政策，全县居民消费价格指数 101.9%，略高于全市平均水平 (101.4%)，完成县人大会议通过的价格指数增长控制在 3.5% 左右的目标。

价格管理 2015 年，县物价局按照“适度、稳妥、择重、衔接”的原则，加强价格调控。做好太华电厂东锦电站上网电价核定、县坑口水库发电用水价格核定的转报和城市自来水供水价格调整的各项准备工作。核定县殡仪馆非选择性殡仪服务价差、县聚龙华庭小区、秋桐保障性住房小区公租房租金标准，调整县龙宝山公租房租金标准；开展县供电有限公司 2014 年城乡同网同价执行情况审价工作。

收费管理 2015 年，县物价局一是规范各类收费行为。按照《福建省幼儿园收费管理办法》，继续规范民办幼儿园保育教育费收费标准的报备，对报备的收费标准进行审核、确认；8 月，调整全县公办幼儿园收费标准；审定县中小学生社会实践基地住宿费收费、县体育中心地下停车场停车服务收费标准。二是扩大涉农收费治理成果。加强中小学校教材价格管理，对校安工程建设有关行政事业性收费管理、监督和涉企收费、经营服务性收费、中介组织服务收费、社团收费的跟踪管理。三是落实中央和省出台的各项收费政策，加强收费许可证规范管理。对减征、免征范围、对象跟踪督查；遇收费项目和标准调整、变更、取消等情况，立即对收费许可证进行变更或收回。四是按照省物价局部署，与省、市同步开展“全国收费动态监管系统”的完善，实行行政事业性收费制度单位 103 个，实现收费许可证制度过渡到收费报告制度的转向衔接；完成 2014 年度行政事业性收费许可证及经营服务性收费许可证收费审验单位 103 个，其中正本单位 73 个、副本 30 个，年审率 100%；收费总额 9798.41 万元，其中，行政性收费 5117.76 万元，事业性收费 4680.65 万元。五是开展“阳光价费”活动。指定县供电有限公司、林业局等 10 个单位作为“阳光价费”公示试点，推荐福建广电网络大田分公司参加省物价局 “阳光价费”公示示范单位评选，并得到确定。六是根据省物价局的要求，梳理发布《大田县物价局关于公布 2015 年行政事业性收费单位名单的通告》，明确县级当年有资质的行政事业性收费 138 个单位名单。七是做好污水处理费调整前期准备。

成本监审 2015年，县物价局完善城区自来水价格调整的成本核算等相关工作，监审县中小学生社会实践基地住宿费收费标准，县体育中心地下停车场停车服务收费标准，2012—2014年城区自来水供水成本、污水处理成本等。

价格监测 2015年，县物价局开展民生商品价格监测及信息发布，一是加强价格信息采价监测点建设。建立包含经营民生主副生鲜食品的大型超市和农贸市场、服务价格类等价格信息采价监测点24个。其中，食品类14个，服务类1个，城镇化相关商品服务类6个，药品类3个。二是做好价格信息发布。利用县电视台《岩城经纬》栏目价比三家版块、政府门户网站、微信公众号和大田县重要商品、重要食品、城镇化相关商品监测表等形式发布价格信息。采集城区主副食品和生鲜食品65种、服务价格类产品26种的价格数据，经汇总、分析、编辑，向社会发布“价比三家”超市价格监测信息50期，重要食品监测信息36期，重要商品监测信息97期，城镇化相关商品监测信息12期。

价格行政执法 2015年，县物价局一是处理市物价局移交的2014年3个单位涉农涉企收费违价行为，没收违价金额6.62万元，罚款1.99万元。二是开展2015年元旦、春节等重要节日市场价格及旅游景点、客运票价执行情况检查和加强平价商店活动日常巡查。三是参加市统一组织的教育收费专项交叉检查及配合市局对县一中教育收费专项检查，没有发现违规收费行为。四是配合县农业、卫生、经贸等部门参与涉及减轻农民和企业负担及纠正医药购销、医疗服务中不正之风等专项治理检查。五是开展市场价格明码标价执行情况检查，重点检查城区各大超市、商业网点、专业市场和部分乡镇市场价格明码标价执行情况。全年开展价格检查、日常巡查、配合市物价局专项检查等11次，违价处罚并缴库8.61万元。接受群众来访来电和部门转办的举报8件（次），其中交通服务价格6件、医药2件。

价格认定 2015年，县价格认定中心履行价格行政裁定职能，提供价格认定公共服务，开展“价格认定质量年”活动，创新价格认定工作，提高涉纪、涉案、涉税等重要事项价格认定和价格争议调处水平，全年办理各类价格认定业务91件，标的金额139.57万元，其中，刑案77件、金额96.17万元，其他14件、金额43.40万元。

（林照有　连幼琴）

【平价商店活动及临时价格补贴】 2月10日至3月5日，县物价局开展平价商店活动24天，城区冠超市、好多多超市、新华都超市（岩城店、凤山店）、家佳友超市、佳龙超市、日日鲜蔬菜配送中心等7家商店参加，品种有粮油蛋类月牙长粒米、5升金龙鱼调和油、红壳鲜鸡蛋和肉类猪腿肉、肋肉及蔬菜类白萝卜、大白菜、生菜、青椒、花菜等10个品种。采取“先控后补”的方式进行差价补贴（蔬菜类销售价格低于同类产品市场平均价30%，粮肉蛋类低于10%，食用油低于5%，月牙长粒米每500克补贴0.20元），共拨付专项补贴资金22.91万元，其中运用价格调节基金向领取失业保险金、城市低保人员发放春节临时价格补贴5.92万元。

（林照有　连幼琴）

【价格调节基金征收管理】 2015年，县物价局做好价格调节基金征收管理办公室的日常工作，协同地税等部门征收县价格调节基金496.27万元，会同财政、人力资源和社会保障、民政等部门运用价格调节基金开展平价商店活动，进行差价补助及发放困难群众临时价格补贴等。同时，会同农业、财政、保险等有关部门开展蔬菜目标价格保险保费补贴试点调研。

（林照有　连幼琴）

审　计

【概况】 2015年，大田县审计局围绕县委、县政府的中心工作，依法开展审计，监督检查财政财务收支的真实合法和效益，反映公共资金使用、公共权力运行和公共部门履职尽责情况。全年审结项目（单位）14个，其中，预算执行审计项目5个，经济责任审计项目4个，专项资金审计项目1个，财务收支审计项目和县政府交办项目各2个。协助上级审计机关完成审计项目3个。查出主要问题金额4.97亿元，其中，违规金额1.59亿元，管理不规范金额3.38

亿元。损益（收支）不实1.15亿元。审计处理处罚1.68亿元，其中，下达审计决定应上缴财政1.55亿元，应归还原渠道资金108万元，应调整账务处理金额1236万元。向上级审计机关和县委、县政府提交审计报告、综合性报告18篇；提出并被采纳审计建议20条；提供审计信息、专题25篇，被采用信息16篇；提供综合报告14篇，被县政府批示采用1篇。

当年，县审计局被省审计厅评为2014年度审计统计工作先进单位，是2012—2014年度市级文明单位，在2014年度全市统计工作评比中获得第一名，在2013年度县直机关单位工作综合考评中获二等奖，被中国时代经济出版社、中国审计编辑部评为2015年度审计宣传工作先进单位。

县本级财政预算执行情况审计 2015年，县审计局对县财政局、地税局、茶业局、生态综合执法局、大田职专等单位2014年度预算执行情况进行审计，延伸审计单位8个。审计发现，在预算收入管理方面，县财政局存在财政收入不实，对部分财政收入未及时催收入库；县地税局税收征管不够规范和到位，存在提前征收、应收未收相关税费，税收政策执行存在偏差；县茶业局、大田职专存在收入预算编制不够准确完整，违反国家有关财政收入及上缴规定。在预算支出方面，县财政存在部分项目无预算拨款、超预算拨款、预算支出未能有效执行等；县茶业局违反财政资金使用规定，挤占茶产业专项资金及执行政府采购规定不严格；生态综合执法局未严格执行经费支出预算，扩大开支范围，提高开支标准；大田职专支出项目预算编制及管理不够规范，违反规定使用财政资金。审计查出主要问题金额3.25亿元，其中，预算编报不真实不完整137万元，未按规定征收缴纳收入1.6亿元，未落实收支两条线和专户管理规定3万元，违规改变项目计划和资金用途147万元，虚报冒领96万元，违规使用发票253万元，虚列支出393万元，扩大开支范围58万元，违规采购156万元，征地补偿资金未及时发放14万元，违规招标签订合同2项计91万元，会计核算不实555万元，其他问题金额1.47亿元。县审计局针对存在问题提出审计建议，依法出具审计报告，下达审计决定，责成有关单位整改。同时，向县人大、县政府提交审计工作报告和结果报告。

领导干部任期经济责任审计 2015年，县审计局推进任中经济责任审计。重点关注被审计的领导干部贯彻执行经济法律法规、经济工作方针政策和决策部署，重大经济决策制定、执行和效果，预算执行和其他财政财务收支的真实、合法和效益，政府性债务，国有资产资源管理、政府投资项目管理，相关目标责任制落实及遵守有关廉洁从政规定等情况。监督检查其承担的贯彻政策措施、经济发展、结构调控、防范化解风险、环境保护、民生改善、廉政建设等责任。全年审结领导干部离任、任中经济责任审计项目各2个，查出主要问题金额3256万元，其中，违规金额106万元，管理不规范金额3150万元。县审计局依法进行处理，提出审计建议，为有关部门管理、评价和考核任用干部提供参考依据。

固定资产投资审计 2015年，县审计局组织固定资产投资审计中心完成政府投资工程预算审计项目49个，总造价2.24亿元，审计核实净减0.17亿元，平均审减率7.6%；完成竣工结算审计项目143个，总造价3.28亿元，审计核实净减0.52亿元，平均审减率15.85%。提出和纠正政府投资项目预、结算存在的问题。

其他审计事项 2015年，县审计局一是配合上级审计机关实施县公立医院改革、保障性住房和稳增长促改革调结构政策措施落实情况的跟踪等审计项目3个。二是完成县政府交办的县锦田公司国道纵五线公路周田至长溪段，截至当年9月底工程建设项目资本金收支和县殡仪馆截至2014年底合资资金收支及运营等情况专项审计项目；重点关注相关单位财政财务收支真实、合法和效益，内部控制和管理制度的建立健全情况，查出主要问题金额1.28亿元，其中，财务收支核算不实9110万元，违规使用财政资金768万元，其他不规范资金2946万元。三是跟踪审计2014年城镇保障性安居工程专项资金1.05亿元，查出问题金额198万元，对安居工程资金闲置和分配不够公平等问题提出整改意见。四是审计县锦田公司2013—2014年度财务收支和京口开发公司2012年7月至2014年11月财政财务收支情况，查出问题金额1.2亿元，其中，财务收支核算不实9110万元，违规使用财政资金63万元，其他不规范资金2846万元，督促加强财务核算、物资、征地拆迁补偿管理及结算等。

（林起昌）

【后续审计】 8月，县审计局组织后续审计小组，配合县纪检、组织部门，对2013年度9位领导干部经济责任审计结果执行及整改情况进行联合督查；11月下旬，审计人员配合县人大常委会检查组，对2014年度本级预算执行和其他财政收支情况审计及专项审计调查等查出问题整改落实情况进行跟踪检查。通过督查，促使整改落实问题资金5423万元，其中，当年度4107万元，上年度1316万元。促进审计结果运用。

（林起昌）

【内部审计】 2015年，县审计局加强内部审计工作指导和监督，指定专业股室协助解决内审工作中遇到的困难和问题。县农村审计总站及所属基层审计站对村居主干选拔公务员和事业单位工作人员考试入围的村（社区）主干22人进行任期经济责任审计，审计总金额8570万元，查出违纪并清退金额0.56万元；做好265个村账前审计，剔除手续不完整发票1008张，金额144.20万元，剔除违纪发票98张，收回违纪金额11.07万元；做好县农业局乡镇企业开发公司法人离任经济责任审计，审计总金额5757.18万元，并核实全额清退违规发放各种补贴5.65万元。规范乡镇政府内部审计，上京、太华、广平等镇有计划、有目标、有重点地开展内部审计，维护乡镇财经工作秩序。县民政局、教育局、林业局、国土资源局、住建局、卫计局、人社局、经信局等单位围绕本部门或单位中心工作，开展专项审计、任期经济责任审计和财政财务收支审计。

（林起昌）

【审计干部集中培训】 2015年，县审计局集中全局审计干部学习培训3次、共57人次，内容有国务院《关于加强审计工作的意见》和中共中央办公厅、国务院办公厅《关于完善审计制度若干重大问题的框架意见》《关于实行审计全覆盖的实施意见》《中华人民共和国预算法》及审计OA应用系统等。规范审计干部的审计行为，提高审计能力。

（林起昌）

盐务管理

【概况】 2015年，大田盐务局做好盐业市场管理，常年到社区、农村检查食盐供应网点及群众购盐情况，没有发现盐业违法案件。盐业运输继续实行许可证制度，由省盐业公司下属物流公司直接向乡镇网点配送食用盐。全县食盐供应网点37个，其中，城区6个（含超市直供点3个），农村31个。大田盐业分公司全年销售各种盐1252吨，比上年下降18.94%，其中入口盐1050吨，加工用盐202吨。入口盐中多品种盐（福建原盐）75吨、自然盐448吨、精选自然盐527吨；加工用盐中加碘海精盐24吨、腌制盐110吨、小工业盐68吨，同比增长29.7%。全年销售食用油、酒类、洗衣粉、调味品、牙膏等非盐产品26万元。盐务局与盐业分公司实行一套人员两块牌子，有工作人员2名。10月，大田盐业支公司更名为三明盐业有限责任公司大田分公司。

（陈岳林）

统计管理

【概况】 2015年，大田县统计局贯彻统计法律法规和国家统计报表制度，继续遵循“以服务换数据，以服务促发展”的统计工作理念，按照管理制度化、业务流程化、调查法制化、手段现代化的“统计四化”要求，把握主题抓住重点难点，创新方式方法，确保统计数据不重不漏、统计指标客观准确、统计职责履行到位，完成上级统计部门和县委、县政府布置的各项工作任务。当年，县统计局统计业务考评居全省、全市前列。

统计业务 2015年，县统计局按照国家统计报表制度，准确、及时、全面上报各种统计数据，完成县生产总值核算、“企业一套表”联网直报及工业、农村社会经济、批发零售和住宿餐饮业、固定资产投资、房地产经营业、劳动工资、外经贸易、能源、文化产业、旅游业、服务业等统计；城市、农村社会经济调查队分别完成城乡住户、消费品价格、服务业、限额以下贸易、工业品价格调查和农业粮食产量、农村固定资产投资等调查及畜禽监测统计等，及时为县委、县政府、有关部门和社会公众提供统计服务。

统计执法 2015年，县统计局继续做好统计法制建设和法律法规宣传，执行统计报表报送登记制度和错案责任追究制度，建立健全统计法律文书和统计执法程序。当年，县统计局根据年初制定的统计巡查方案和经常性统计检查，立案查处统计违法行为基层单位7家。

城乡社会经济调查 2015年，县城市社会经济调查队分别对城镇70户居民生活收支情况和商品消费价格、工业品出厂价格情况进行调查。经统计，当年城镇居民人均可支配收入2.72万元，人均消费性支出1.93万元；对城区826种商品和服务项目进行价格调查，当年居民消费价格指数为101.9%；对51家工业企业的62种工业产品出厂价格进行调查。县农村经济社会调查队对农村80户居民收支情况进行调查，当年农村居民人均可支配收入1.29万元，人均生活消费性支出1.0万元。

统计服务 2015年，县统计局加强统计预警监测，做好分析研究，落实省统计局提出的“我们，用数字尊重社会……”的统计理念，打造服务型统计，建立统计资料开发、利用及对外公布等制度。全年共发布年度统计公报1篇，出版《大田统计年鉴·2015》1册，编印《大田统计月报》12期，编辑分县（市区）、分乡镇主要经济指标对比表12期，提供统计分析、统计报告、统计调查64篇，统计信息157条、呈阅件8期，接待群众和有关单位来访查询数据198次，出具统计相关证明24份。

（黄初齐）

【人口调查】 2015年，县统计局根据国家和全省的统计安排，推进全国1%人口抽样调查工作，完成机构组建、制度建设、人员选聘、业务培训、地图绘制、现场登记等各阶段工作。制定“抽样调查干部职工挂包制度”“业务指导制度”，完成调查数据采集、汇总、审核、上报等各阶段工作，通过上级检查验收，各环节工作居全市前列，相关做法得到市统计局好评。

（黄初齐）

科学技术

□ 编辑 陈昭才

科学技术研究与开发

【概况】2015年，大田县科技局组织实施县级科技项目8项，其中工业项目1项，食品研发项目1项，院士工作站平台建设项目2项，农林项目2项，其他2项，共下达科技经费100万元。当年，县地震办获福建省地震应急救援工作二等奖，在省2015年度市县防震减灾工作综合考核中获“优秀单位”称号。

2015年大田县科技项目情况表

表9

序号	项目名称	类别	研究开发内容	承研单位	经费（万元）
2015–1	乳胶纸研发及产业化生产	科研	采用公司自主发明专利（专利号：ZL201110065344.7）“圆网多缸纸机生产乳胶纸”的方法，提高纸张的抗张强度和耐磨、耐水、耐油、耐高温、耐折、抗液性、伸缩性，使产品更柔软，表面强度更高，更加耐用	福建华闽特种纸科技股份有限公司	20
2015–2	富硒食品研发	科研	以富硒生姜食品系列、富硒萝卜功能性饮料等富硒保健食品为重点，加强富硒功能产品关键性技术攻关和生产工艺研究，积极开展富硒高端营养保健品开发研究以及对富硒食品和一般食品的差异和功能研究	农翔（福建）食品有限公司	20
2015–3	油茶籽提取茶皂素技术研发	科研	采用醇溶液（甲醇或乙醇）萃取茶籽粕提取茶皂素及茶多酚，对混合物采用乙酸乙酯萃取，分离出粗茶多酚提取茶皂素。新建茶皂素提取车间、茶皂素喷粉车间，年产茶皂素189吨	福建三九军大生物科技有限公司	15
2015–4	高山野生茶保护与利用研究	科研	聘请有关专家团队开展大田高山野生茶资源调查，探索野生茶保护与利用措施研究，促进资源有序永续开发利用；探索高山野生茶加工工艺，开展野生茶的手工加工与机械加工对接，把野生茶加工从手工向机械过度，并保持手工加工的茶叶特点	大田县“和溪岩”生态茶业专业合作社	10
2015–5	刘鸿亮院士工作站平台建设	科研	固体废物资源化处理与二次污染控制技术、装备研发；环保装备相关技术、产业化推广；技术成果鉴定与转化指导。	大田威斯特环保科技有限公司	5
2015–6	竟源生物技术院士工作站平台建设	科研	具有当地生态资源优势的珍稀濒危药材种质——花叶开唇兰（金线莲）的原生境繁育技术研发，对该物种药用价值开发和深加工技术推广；技术成果鉴定与转化指导	三明竞源生物技术有限公司	5
2015–7	儿童创新启蒙教育	科研	在县电视台“家庭教育快车”栏目创办“小小发明家”专栏，开设儿童创新启蒙教育讲座	县科学技术局	5
2015–8	科技创新服务平台建设	软科学	为大田县企事业单位与国内高校和科研院所联合开展“产、学、研”合作牵线搭桥，创建公共服务平台，为提高科技创新能力、优化创新环境、提升产业竞争力等提供科技创新服务	县生产力促进中心	20
合计			—		100

（李志辉）

【对接科研院所】 8月，县政府与国家半导体照明工程研发及产业联盟(CSA)、国家文化科技创新服务联盟签订战略合作协议，双方将就LED产业化运用项目、县域文化旅游项目开展战略合作。

（李志辉）

【省科技型企业认定】 9月，县伊鑫新型材料有限公司、三明建华纺织有限公司、县广联木业有限公司3家企业，被省科学技术厅认定为福建省科技型企业。

（李志辉）

【县级企业研发中心认定】 11月，福建省宝山机械有限公司企业技术研发中心、福建华灿生物科技有限公司企业技术研发中心、福建鑫鹭峰实业股份有限公司企业技术研发中心、福建秦朝木业科技有限公司企业技术研发中心、福建省大田县伊鑫新型材料有限公司企业技术研发中心被县经贸局、科技局、财政局联合认定为县第一批县级企业技术研发中心。

（李志辉）

【院士工作站升格】 2015年，县威斯特环保科技有限公司刘鸿亮院士专家工作站和竞源生物技术有限公司范云六院士专家工作站被升格为省级院士专家工作站。

（李志辉）

【科技项目获经费补助】 2015年，县骏原工贸有限公司与县林业科技推广中心合作承担的“露天开采铁矿废弃区植被恢复关键技术研究”被省科技厅列为区域发展项目，获经费补助100万元；县大方广茶业有限公司与福建农林大学合作承担的“高山特色乌龙茶生产关键技术集成示范”被省科技厅列为星火项目，获经费补助45万元；县生产力促进中心承担的“新农村电子商务平台建设”被列为市级科技项目，获经费补助7万元。

（李志辉）

科技推广与普及

【概况】 2015年，全县共举办各类技术培训80期、4500多人（次）参训。其中，举办企业专利知识培训4期、专业技术提高培训8期、500多人次参训；农村青年实用技术培训12期、1000多人次参训。县科技局共组织科技人员60多人次到奇韬、太华、上京等乡镇开展农林技术咨询和义诊活动。共展出科普、防震减灾、节约水资源、生态茶园建设等挂图200幅；赠送和分发农业实用新技术丛书和防震减灾宣传手册等科普书籍3000多册，分发宣传材料5000多份，现场科普咨询服务2000多人（次）。

（李志辉）

科学技术成果

【概况】2015年，全县获国家授权专利264项，其中发明专利1项，实用新型专利131项，外观设计专利132项，全县自主知识产权企业增至16家。县华闽纸业有限公司“一种高性能乳胶纸的生产办法”项目，获2014年度三明市科技进步二等奖。

（李志辉）

地震工作

【概况】2015年，县地震办加强地震监测预报、震害防御、应急救援三大工作体系建设。按Ⅲ类标准新建县五中、职专、石牌中学3处应急避难场所；配合省地震局完成吴山、石牌、上京、桃源4个GPS监测点建设；更换地震遥测台和GPS基准站设备1台。以“5·12”防震减灾日、科技活动周、防震减灾宣传月、10·13国际减灾日为契机，到各社区、中（小）学、幼儿园开展防震减灾知识宣传活动，分发防震减灾宣传手册3000多册，宣传挂图100多张；组织实验小学、城二小学生免费参观地震科普馆。

（李志辉）

专业技术队伍

【概况】 2015年，全县有各类专业技术人员5187人，占全县总人口的1.64%，每万人口中有专业技术人员132.42人。各类专业技术人员中，高级职称655人、中级2729人、初级1803人。

2015年大田县各类专业技术人员情况表

表10 单位：人

类别	合计	职称		
		高级	中级	初级
农林牧渔技术人员	310	46	143	121
卫生和社会事业　技术人员	494	84	243	167
教育专业人员	3909	496	2212	1201
文化、体育和娱乐　专业人员	248	4	25	219
公共管理专业人员	102	0	7	95
其他专业人员	124	25	99	0
总计	5187	655	2729	1803

（李志辉）

教　育

编辑　郑祥果

综　述

【概况】2015年，全县幼儿园(班)131所(个)，在园幼儿1.65万人；小学103所，在校生2.47万人；中学23所，在校生1.51万人。教育系统行政编制16人；事业单位教职工4847人，其中，公办3950人，非公办897人。公办教师中，研究生学历14人、大学本科1863人、专科1364人、中专613人，高中及以下96人；正高级职称1人、高级561人、中级2502人、初级735人，未定级151人。

当年，大田县获省"教育工作先进县"称号，通过全国"义务教育发展基本均衡县"评估验收。县教育局获"中国人寿杯"少年儿童绘画作品展赛优秀组织奖。

德育工作　2015年，全县德育工作以中共十八大精神为指导，坚持"以人为本，德育为先"的理念，通过创新德育方式，加强师资培训，强化德育教研，打造大德育特色品牌，德育工作水平不断提升。

社会主义核心价值观教育　2015年，全县各中小学校将社会主义核心价值观24个字上墙，让师生熟读并能表述。在全县中小学校1205个班级张贴24字核心价值观挂图，设置核心价值观大型宣传栏、公益广告牌48面、善行义举榜48面。利用校园板报、宣传橱窗、广播站、国旗下讲话、学习园地、短信、QQ群、微信等媒介对师生开展宣传教育，营造浓厚德育氛围。在大田"第二集美学村"成立师德教育基地暨爱国主义教育基地，弘扬陈嘉庚爱国主义精神，以"仁爱"之心做好师德榜样，开展师风师德教育，培育和践行社会主义核心价值观，

校园文化建设　2015年，在全县中小学推进校园文化建设，因校制宜，构建"底蕴深厚、主题突出、和谐高雅、积极向上、充满活力"的校园文化体系，打造一批风格明显、特色鲜明、有较大影响力的学校，形成"一校一品"的发展格局。五中坚持以"文化养校"思想为指导，以"让校园充满书香气，老师充满书卷气，学生充满书生气"为目标，立足新起点，追求新目标，加强学校文化建设；广平中心小学以创建"校园文化建设先进学校"为导向，秉持"以人为本，和谐发展"办学思路，积极创建"书香校园·文明校园"特色学校；济阳中心小学以"为学生的一生幸福奠基"为办学理念，以"培养自立自强的阳光少年"为目标，推进学校社团文化活动和精神建设活动。

未成年人思想道德建设　2015年，全县中小学坚持立德树人，以培育和践行社会主义核心价值观为主线，不断丰富活动载体，培育和践行社会主义核心价值观。加强德育教育，开展"赤子心·爱国情·报国志""勿忘国耻·振兴中华""我的书屋·我的梦""享受阅读·快乐成长""美德少年"等主题教育活动，丰富校园文化活动，促进学生综合素质全面提升，推动和谐校园建设。

志愿帮扶活动　2015年，县教育系统党委组织党员志愿者到湖美乡西燕村、大尤村开展挂钩帮扶共建活动2次，帮扶对象20个，送慰问金1.6万元；结合创建省级文明县城活动，组织党员干部到白岩社区、南山路开展"在职党员进社区服务"主题实践活动350多人次；在2015"浩沙杯"全国健美操锦标赛期间，组织80名学生志愿者为赛事提供城市服务。

关心下一代工作　2015年，城关一小、五中被评为市教育系统关心下一代工作先进集体，

一中退休教师范立洋获得“市教育系统关心下一代工作突出贡献奖”称号，连青阳、陈仁稔、范颖、詹兴全、郑宗栖等教师被评为先进工作者。

关爱留守儿童 2015年，大田通信部门为学校开通亲情电话、亲情视频，为留守儿童和父母搭建沟通联系的平台，帮助留守儿童随时感受亲情。湖美中学、梅山中小、文江中小等学校建立了“留守儿童之家”，通过电脑网络开展外出务工家长与留守儿童视频“见面”活动，使留守儿童得到亲情关爱。

学生校外教育 2015年，全县建立18所乡村学校少年宫，其中市级乡村学校少年宫4所。县青少年学生校外活动中心开设教学班288个、参训学员3135人；县中小学生社会实践基地举办社会实践活动21期、4000多人次参加。

心理健康教育 2015年，县心理健康辅导站与各中小学加强密切合作，帮助培养校内心理健康教育专家队伍,促进心理咨询师的成长。在全市首届中小学校心理辅导优秀案例和心理健康教育优秀论文评选中,获二等奖案例1篇，获得一等奖论文1篇、二等奖3篇，开设心理健康教育沙龙15期、受训学员280人次。

家庭教育服务 县教育局一是依托中小学幼儿园家庭教育指导中心开展家长课堂10次，开展家庭教育专题培训、公益讲座、家长沙龙、个别辅导、爱心接力、读书漂流等活动。二是以“倡导现代亲子沟通、传播健康生活方式、养成良好学习和生活习惯”为主题，由志愿者面对面为广大家长提供“1＋1”家庭教育志愿帮扶服务。三是定期到各中小学开展家庭教育悦读联盟读书沙龙，为家庭教育支招，提升家长做好家庭教育的信心。全年共举办活动8场，参加沙龙活动2100多人。四是与县电视台合作开设《家庭教育直通车》电视栏目，栏目每期15分钟，每月摄制1期，全年录制2期。

智育工作 2015年，县教育局继续贯彻落实《大田县关于全面提高教育教学质量的实施意见》，教育教学质量稳步提高。

教学常规管理 县教育局健全小片区管理机制，实小、城一、城二、城三、均小等5个小片区牵头单位轮流开展片区教研活动，初中片区由原来的3个扩大为五中、六中、鸿图、石牌4个。全县小学开展片区教研活动17场次，教师1100多人次参加；初中开展片区教研活动24场，开设公开课140节、讲座57场，教师780人次参加；高中校际教研中心开展“经验分享·共同提高”专题教研活动2场次，教学研讨活动教师226人次参加。全县开展中心教研组活动19场，开设公开课18节、讲座45场，教师672人次参加；承办市级教研活动6场，开设公开课12节、讲座12场，教师389人次参加。

教学管理人员培训 2015年，选派2名校长参加“校长国培计划”第72期全国小学骨干校长高级研修班、国家教育行政学院“职业教育管理者进修班”培训学习；选送36名校长参加省级校长培训；组织9名中小学校长参加“市中小学校长（园长）任职资格班”培训；组织74名初完小校长参加县初完小校长（负责人）培训班。三中柯文炳等6位校长被认定为“市中小学（第一期）骨干校长”；六中田剑锋等5位校长被认定为“市中小学（第二期）骨干校长”。

师资队伍建设 2015年，县教育局继续打造“名师工程”，选送11批、43人次参加省“基础教育万名骨干教师省级培训”“幼儿园教师培训”；推荐65名教师参加市中小学幼儿园骨干教师或学科带头人培养对象培训，湖美中学林长组等30名教师被认定为“市中小学第三期骨干教师”；组织全县中小学幼儿园教师1106人次参加县级各类培训，305名教师被认定为县级骨干教师；16位城区教师到农村学校任（支）教，142名城乡教师在9个片区内开展小片区教师互派交流帮扶活动。

教学技能比赛 2015年，全县教师在省、市教学技能大赛中获得优秀成绩，其中，一中教师罗春钻、颜文景获省“新理念、新资源、新探索”信息技术与课程整合三优联评微课类一等奖，六中教师陈天多获省初中英语微课评选一等奖，实小教师林鸿获省中小学体育微课程比赛小学组二等奖；44名教师在市“一师一优课，一课一名师”（每名教师至少用信息技术上好一堂优质课，每一堂课至少要有一名优秀教师用信息技术上好）评选活动中获奖；165名教师在县教育局、总工会联合举办的全县第二届中小学幼儿园教师教学技能大赛中获奖，一等奖41名、二等奖54名、三等奖70名，36名学科一等奖第一名选手被评为“大田县教学能手”。

教学质量监测 6月，县教育局举行小学六年级期末考试，考试科目设语文、数学、综合科（即英语、科学、品社三科合卷）。全县设25个考点、115个考场，参加考试小学毕业生3123人。4—6月，县教育局组织中招考试工作，学生参加单项考查10457人次，其中体育考试2470人、理化生实验操作2470人、英语口语2444人、信息技术3073人；全县中考设20个考点、79个考场，2470名考生参加初中毕业升学考试。2015高考，大田考区设考点2个，其中普通高考考点设在一中，考场58个；高职单考考点设在职专，考场28个。全县报考普通高考、高职单考2327人，普通高考有考生1544人，其中，文科525人（文史类373人、艺术类130人、体育类22人），理科1019人（理工类925人、艺术类18人、体育类76人）；高职单考考生783人，其中普高584人、中职199人。当年普通高考，63名学生考入“985”“211”国家重点高校，全县考生本科上线率达66.5%，较2014年提高9个百分点。

教师节表彰 2015年，颜良卫等185名“县优秀教师”、林克煅等85名“县优秀教育工作者”、郑香兰等14名“市优秀教师”、郑兴民等2名“市优秀教育工作者”获表彰。县财政安排教师节慰问经费27.4万元，其中，专项经费慰问教师56人、累计3万元，发放学校慰问金24.4万元。

体育工作 2015年，县教育局贯彻实施教育部《学生体质健康监测评价实施办法》《国家学生体质健康标准》，实施学校和测试数据上报率100%，学生体质健康合格率93.86%，良好率61%。当年遴选确定五中、实小等10所中小学为校园“五人制”足球运动试点校。

艺术工作 2015年，县教育局举办全县中小学生校园文化艺术节系列活动，评出优秀艺术作品132个。其中艺术表演节目12个、书画作品40幅、艺术教育科研论文25篇、学生征文55篇；选送优秀艺术作品参加省第五届中小学生艺术节评选34个，2幅绘画作品分别获得小学组一、三等奖，学生征文获二等奖1篇、三等奖2篇，4篇艺术教育科研论文获三等奖。其中，线描作品《早市》选送参加全国艺术展演比赛，县教育局获“优秀组织奖”。

语言文字工作 2015年，县教育局组织参加全省少儿现场书法比赛、中小学生优秀书法作品展。选送11幅作品参展省“墨香书法”评选，获奖作品9幅，其中硬笔书法作品获一等奖3个、二等奖1个，软笔书法作品获一等奖3个、二等奖1个、三等奖1个；在“蔡襄杯”全省中小学生现场书法大赛中，获特等奖1个、一等奖3个、二等奖4个；参加省农村中小学教师普通话水平提高班培训，广平中心小学教师郑晓梅以一级乙等成绩获得普通话水平测试员资格证。

教育经费 2015年，县教育局落实“两免一补”政策，做好义务教育和中职教育免学费制度和家庭经济困难学生资助工作。其中，义务教育学校学生免学费2353万元，免课本费、作业本费450.51万元，发放农村义务教育学校寄宿生营养餐补助金489.53万元；发放高中经济困难学生补助979人次、91.24万元；发放幼儿补助金472人次、31.61万元；中职学校学生免学费1841人次、344万元、发放助学金332人次、22万元；发放低收费民办幼儿园补助金87万元。办理2531人助学贷款1562.34万元，其中，839人新生首次贷款591.37万元，1692人续贷970.97万元。

教育项目建设 2015年，县教育局向上级争取各类专项资金5681万元，其中，薄弱校改造资金1444万元、中小学建设专项补助资金2099万元、幼儿园建设资金1522万元、城区扩容资金616万元。共建设项目23个，总建筑面积5.49万平方米，项目总投资1.02亿元。

特殊教育 2015年，全县特殊教育学生299人，其中小学168人、初中87人、高中44人，随班就读197人；县特殊教育学校1所，在校生102人，其中小学79人、初中23人，一年级招生8人。教职工22人，其中本科学历7人、大专学历14人、中专1人；高级职称2人，中级职称12人，初级职称7人，未评1人。

校园安全 2015年，县教育局落实安全工作目标管理责任制和“一岗双责”制，抓各时节和各重要安全工作专题部署。将安全教育融入日常教育教学，落实应急疏散演练，集中抓交通、防溺水、消防安全、防灾减灾等专题安全教育。44 所学校申报“平安校园”等级考评，经县综治办 、公安局、教育局联合考评复查，11 所学校获 AAAAA 级平安校园、10 所学校获 AAAA 级平安校园、9 所学校获 AAA 级平安校园；发放《防震安全常识》宣传资料 2 万多册、安全宣传挂图 500 多份、《暑期安全致家长的一封信》4 万份；全县各学校配齐学校保安和生管人员，共配备专职保安员 210 人、教师转岗保安员 155 人、外聘保安人员 55 人，安装监控探头 1000 多个，配备钢叉 120 个、橡皮警棍 307 根、辣椒水 208 瓶、强光手电 198 支，其他器械配备 49 个，《综治安全责任公示牌》100% 上墙；在全县范围内开展“护校安园”检查 2 次；与交通执法大队联合开展学生周末班车运行情况检查 6 次，与消防大队联合开展学校消防检查 2 次；9—11 月，县委宣传部和县教育局、公安局、交通运输局、安监局联合开展学生周末班车及学生交通安全隐患排查整治百日行动，累计开展交通安全讲座、班会课 562 节，制作专题板报、宣传栏 685 版。学生抵制和制止交通违法行为 136 起；组织师生及家长参加全省安全知识网络竞赛活动，8.52 万人参赛，其中家长 5.14 万人、学生 3.38 万人；开展校园安全隐患排查与整治行动 4 次，发隐患整改通知书123份，排查一般事故隐患364项，隐患整改率 100%。

（陈吉胜 林进栖 章选东 张 斌 余孔值 连仁胜 苏启叁 连占斗 陈德红 温兴聪 郭志萍 连雪卿 林凤海 乐玲繁）

【首届学生课外活动学习成果展示】 1 月 11 日，县青少年学生校外活动中心举办首届学生学习成果展示活动。活动采用“动静结合”形式，对 660 名学员学习成果集中展示。有作品展览，文艺演出，共展出书画、剪纸等作品 180 余幅，歌唱、舞蹈、器乐等文艺表演节目 21 个。

（林芳锃）

【“带法回家”案例入选省案例选编】 3 月，省委宣传部公布全省社会宣传教育工作创新案例征集评选结果，县教育局报送的《开展“带法回家”活动 拓展社会实践渠道——大田县创新学生法制教育》入选。

（郑宗栖）

【县中小学生社会实践基地揭牌成立】 4 月 8 日上午，县中小学生社会实践基地揭牌仪式在华兴中学举行，县委常委、宣传部长、教育工委书记章玲，县教育局局长蔡建峰，华兴乡党委书记严志利，县委编办、县文明办、县卫生局等有关单位领导，城区各中学校长以及五中七年级社会实践活动学生等参加揭牌仪式 230 余人。该基地占地面积约 1.33 公顷，建筑面积 4300 平方米，教职工 22 人，已构建小学、初中、高中三个实践课程体系供学生实践，采用“五天制”活动形式，集吃、住、活动于一体，实行全封闭管理，每期可接纳学生 200 人。

（乐玲繁）

【全县学校德育工作现场会召开】 4 月 30 日，“全国重点大学博士大田行”暨 2015 年全县学校德育工作现场会在城关三小举行。清华大学、北京大学、厦门大学等重点大学的 15 名博士，以及全县学校德育副校长、政教主任等参加现场会，观摩城三小“微心愿”和“感恩励志演讲”“感恩教育主题沙龙”“博士进课堂”等活动。城关三小、五中、实幼、广平中小、鸿图中学、济阳中小、湖美中学、均溪中小等 8 所学校在会上作德育工作经验介绍。

（郑宗栖）

【“一师一优课 · 一课一名师”评选获佳绩】 4 月，县教育局组织参加省“一师一优课、一课一名师”评选，五中池丽等 5 位教师课堂教学实录被评为“省级优课”。

（余孔值）

【“义务教育发展基本均衡县”通过国家认定】 4—5 月，“义务教育发展基本均衡县”创建工作先后通过市级核查、省级验收，经国家教育督导检查组综合评估，大田县被认定为“义务教育发展基本均衡县”。创建期间投入 1.3 亿元，新建校舍 4.03 万平方米，修缮校舍 7.37 万平方米，配备教学仪器、图书等投入 4674 万元。全县义务教育学校教学仪器、图书配备均达到省颁一类标准，50% 学校环形运动场建设实现塑胶化。

（廖乃灯）

【全县中小学生阅读活动启动】 6 月 12 日，县教育局举办“享受阅读，快乐成长”读书活动启动仪式暨阅读专题讲座。实小、广平中小等学校作阅读介绍，为各学校抓好阅读活动提供借鉴。

（郑宗栖）

【县教育系统党委揭牌成立】 6月30日，中共大田县教育系统委员会成立举行揭牌仪式，县教育局、教育系统党委领导及各支部书记50多人参加。

（陈吉胜）

【诵读活动获奖】 6月，市语言文字工作委员会开展“纪念中国人民抗日战争暨世界反法西斯战争胜利70周年”诵读活动，实小《英雄颂碑》节目获二等奖和五中《带缺口的大馒头》、六中《中国魂》节目获优秀奖。

（连雪卿）

【县“水保杯”中小学生征文竞赛】 6月，县教育局与水利局联合举办“水保杯”中小学生征文竞赛，收到作品528篇，参加市级竞赛作品40篇，获奖作品27篇，其中一等奖4篇、二等奖13篇、三等奖10篇，县教育局获“优秀组织奖”。

（郑宗栖）

【五中航模队航模比赛获奖】 8月6—9日，五中航模队7名队员，参加省青少年航空模型锦标赛以单项成绩第一名并获得中学组航天团体总分第一名。8月13—17日，该航模队在第十七届“飞向北京·飞向太空”全国青少年航空航天模型教育竞赛总决赛中，学生黄政获“飞天梦”火箭伞降留空计时赛中学组一等奖、吴冬宸获“嫦娥一号”火箭柔性翼滑翔机留空计时赛中学组三等奖。

（张 斌）

【“浩沙杯”全国健美操锦标赛大型团体操表演】 8月21日上午，大田县1720名中小学生在大田举行的“浩沙杯”全国健美操锦标赛开幕式上表演大型团体操。一中、五中700名学生联合表演花球啦啦操《我相信》，实小、城一小、城二小、城三小320名学生联合表演足球操《足球宝贝》，六中、鸿图中学、职专700名学生联合表演排舞《舞动中国》，表演分红、黄、蓝三大方阵展开。中新社、腾讯网、搜狐网、凤凰网等主流媒体作专题报道。

（陈德红）

【健美操世界冠军健身服务进校园】 8月24日，全国健美操教练张莉教授、江西师大健美操教研室主任席毅林教授、江西师大健美操教练彭娜芬，健美操世界冠军寿旻超、车磊到一中和职专等学校开展“健身服务进校园”活动，为学生培训健美操，普及健美操运动知识。

（乐玲繁）

【全国全民健身操舞大赛获特等奖】 9月，大田职专健美操代表队在青岛市获2015世界休闲体育大会全国全民健身操舞大赛总决赛少年组徒手广场健身操特等奖，教练余小妹获得“年度优秀教练员”称号。

（王英德）

【纪念中国人民抗日战争胜利70周年系列活动】 9—12月，围绕“赤子心·爱国情·报国志”主题，县教育局组织开展全县中小学生纪念中国人民抗日战争胜利暨世界反法西斯战争胜利70周年系列教育实践活动。活动包括开展“大田抗战纪念地”“寻访抗战老兵社会调查”，建造“日寇轰炸大田纪念墙”，踏访“第二集美村”旧址，重温“森林课堂”战时生活；上好开学第一课，组织收看纪念抗战胜利70周年阅兵实况。举办主题晚会、主题报告会、主题征文、主题手抄报，开展国防教育主题实践，观看爱国影片等活动。评出优秀征文一等奖20篇、二等奖40篇、优秀奖60篇，优秀手抄报一等奖17幅、二等奖40幅，优秀奖50幅。

（连仁胜）

【“铭记历史，圆梦中华”歌咏参赛夺冠】 9月28日，由县委宣传部、县直机关党工委、县文广局联合举办的“铭记历史 圆梦中华”——大田县纪念抗日战争胜利70周年暨庆祝建国66周年歌咏晚会在县体育中心举行，共有14个党委系统代表队参赛，县教育系统党委合唱团以《松花江上》《在太行山上》两首歌曲夺得桂冠。

（陈吉胜）

【参加市“三爱”演讲比赛获奖】 10月，县教育局选派职专郑香花、六中王少婷、实小岳朋蓉荣3名学生参加市中小学“三热爱”主题教育演讲比赛，分别获高中组一等奖、初中组二等奖、小学组三等奖。

（郑宗栖）

【县第十九届中小学生田径运动会举办】 10

月24—26日，县教育局、文广局联合主办第十九届中小学生田径运动会。全县46所学校代表队494名运动员参赛。比赛分为高中组、初中组和小学组，设短跑等12个比赛项目。运动会上，打破6项中小学田径最高纪录7人，破4×100米接力赛纪录学校1项，达国家二级运动员标准2人。

（乐玲繁）

【参加省中学生体育联赛定向越野锦标赛获奖】 10月31日至11月2日，大田五中无线电定向测向运动队参加省中学生体育联赛中学生定向越野锦标赛，获高中组团体总分二等奖、初中组团体总分三等奖。

（张 斌）

【参加市第三届教工运动会获奖】 11月20日—22日，市教育局、体育局联合举办第三届教工运动会，12个县（市、区）教育局组团参加。县教育局代表团获乒乓球团体比赛第一名、气排球比赛第一名、羽毛球团体比赛第二名、男子篮球比赛第二名，团体总分第一名。

（陈德红）

【参加全国啦啦操联赛获奖】 11月15日，职专、六中2支啦啦操代表队，参加2015—2016年全国啦啦操联赛暨中国啦啦之星争霸赛福州站比赛。职专shine girl啦啦队获得全国啦啦操联赛中学丙组花球规定动作和集体花球自选动作两个项目第一名，六中阳光啦啦队获得中学甲组花球课间啦啦操示范动作第四名、中学甲组花球规定动作第五名。

（乐玲繁）

【大体操推广“快闪秀”进社区】 12月5日，县教育局、文广局、文化馆联合举办大体操推广“快闪秀”活动，组织138名中小学生到白岩等社区进行广场舞、韵律操、啦啦操、街舞表演。

（乐玲繁）

【县第二实验幼儿园主体工程竣工】 12月10日，县第二实验幼儿园项目主体工程竣工。该园于2014年6月开工建设。位于均溪镇玉田村后坂洋，占地4680平方米，建筑总面积4090平方米。总投资1200万元。新园设计容纳12个教学班，新增学位360个。

（温兴聪）

【第三届中小学围棋和中国象棋大赛举办】 12月18—20日，县第三届中小学国棋和中国象棋大赛在县青少年学生校外活动中心开赛。大赛设围棋、中国象棋2个项目，采用积分循环制。198名学生选手分高中组、初中组、小学低段组和高段组比赛，34名教师参加教师组比赛。共有学生76人和教师12人获奖。

（林芳锃）

【职专校园建设上新台阶】 12月，教育部中央电化教育馆通知，大田职专入选全国首批职业院校数字校园建设实验校（全国129所省中职学校入选4所）。同年，经省教育厅、财政厅组织专家评审，大田职专被确定为省“示范性现代职业院校建设工程”培育项目校。

（乐玲繁）

【县职专技能大赛获奖】 2015年，大田职专学生在国家、省、市职业院校技能大赛（中职组）中，获奖项61个。其中，国家级三等奖1个，省级二等奖2个、三等奖2个、优秀奖7个，市级一等奖8个、二等奖21个、三等奖20个。

（王英德）

【“班班有个图书角”建设】 2015年，县教育局与厦门公益组织“担当者行动”合作，投资95万元（双方各出资50%），在全县小学分2期建立“班班有个图书角”584个，搭建读书平台，组织读书活动，营造“好读书、读好书”的良好氛围。

（连仁胜）

【“我的书屋·我的梦”主题征文获奖】 2015年，在国家新闻出版广电总局、教育部组织的全国“我的书屋·我的梦”农村少年儿童主题阅读征文活动中，实小郑梓萌、均溪中小周童军、建设中小田加钢、武陵中小陈天兴、四中章妮等5名学生获全国优秀奖。作品被人民教育出版社出版的《我的书屋·我的梦——农村少年儿童阅读活动征文作品集》选录。

（连仁胜）

【3名学生获省市“美德少年”表彰】 2015年，县教育局联合县文明办等单位开展大田县第三届美德少年评选表彰活动，评选表彰美德少年11人。推选3名学生参加省市“美德少年”评选，大田一中范凯玥、城关第一小学岳海燕、吴山中心小学刘晓萍分别被评为省“尽责奉献

美德少年”和市“自强自立美德少年”“勤劳节俭美德少年”。

（郑宗栖）

【工会先进集体和个人评选】 2015年，实幼后勤组工会小组被省总工会评为“省模范职工小家”，职专被市总工会评为“省模范职工之家”；武陵中小被县总工会评为县模范职工之家，鸿图中学九年级工会小组被评为县模范职工小家；武陵中小教师池小湖、一中教师林克琛被评为县优秀工会工作者；县教师进修学校教师颜惠玲、城关三小教师詹新莲被评为县工会工作积极分子。

（张毓贞）

【公开招聘新教师】 2015年，县教育局坚持“国标、省考、县用”的标准招聘新教师，按照“退一补一”比例进行公开招考。通过全省统一笔试，再经过面试、体检等程序，全县共招聘新教师84人，其中高中7人、小学47人、幼儿园30人。

（章选东）

【公开选拔农村教师补充城区小学】 2015年，县教育局通过统一笔试，从全县农村中小学选拔38名教师补充到城区小学。其中城一小2人、城二小2人、城三小15人、均溪中小19人。

（章选东）

【教师资格认定】 2015年，全县教师资格申请认定工作实行网上报名、现场确认和审核认定三个程序。39人取得教师资格证，其中初中20人、小学7人、幼儿园12人。

（章选东）

学前教育

【概况】 2015年，全县幼儿园131所，其中，县直属公办2所（实幼、二实幼），乡镇中心幼儿园18所，村级园（班）82所（个），企业办1所，民办园28所，其中城区22所（启智中心1所）、乡镇6所。省级示范园1所、市级示范幼儿园3所、县级示范幼儿园17所（民办园3所）。在园幼儿1.65万人，其中公办园1.12万人、民办园5164人、企业办园167人。3—5周岁幼儿入园率95.1%。教职工915人，其中公办教师382人、非公办533人。公办教师中，大学本科毕业69人、大专毕业246人、中专毕业53人、高中11人、高中以下3人；高级职称4人、中级211人、初级126人，未定级41人。

1月，县教育局对民办童欣幼儿园进行审查和评估，确认其符合办园条件和标准，颁发办园许可证。9月，县教育局加强对民办园的管理，统一在民办幼儿园门口悬挂“大田县合格民办园”牌匾，方便家长选择合法合格民办园。同月，县教育局表彰小树林、城东村、新世纪等3所幼儿园为“民办教育先进集体”，表彰范林玲等31位教师为“优秀教师”、连淑莲等16位保育员为“优秀保育员”。

（林　蓉）

【开展“全员培训”】 4月，县教育局开展幼儿园骨干教师培训，48人参训；8月，组织保育员培训，168人参训；12月，开展保健员培训，100人参训。全年，结合片区活动开展科学领域、艺术领域和社会领域等专题研训，累计1000多人次参加研训。

（林　蓉）

【县级示范幼儿园评估验收】 8月，县教育局评估小组对县级示范幼儿园申报单位进行评估验收，上京中心幼儿园、武陵中心幼儿园、均溪福塘幼儿园、小树林幼儿园4所幼儿园被确认为“大田县示范幼儿园”。

（林　蓉）

【民办园实行评估定级】 10月，县教育局在全县范围内开展民办幼儿园评估定级工作。经评估，星光幼儿园等8所民办园定为一级园，镇东幼儿园等8所民办园定为二级园，建山幼儿园等9所民办园定为三级园，昌盛幼儿园等2所民办园定为普通园。对不符合办园条件的“贝贝幼儿园”和“白岩幼儿园”2所民办园依法注销停办。

（王英德　潘丽清）

【城乡教师交流帮扶】 2015年，县教育局通过“名师工作室”开展“送培下乡”活动，从城区公办幼儿园挑选幼儿骨干教师，与农村公办幼儿园选送的培养对象结对帮扶。实验幼儿园选派2名教师到华兴乡京口村幼儿园支教，均溪中心幼儿园选派2名教师到村级幼儿班支教。

（林　蓉）

【公办园建设序时推进】 2015年，县教育局落实《大田县第二期学前教育三年行动计划》，完成县第二实验幼儿园主体建设，均溪中心幼儿园、新红星幼儿园选址工作；投入50万元将上京中心小学旧校区改造为上京中心幼儿园；投入1600万元新建太华、梅山中心幼儿园，太华中心园已完成土地平整，梅山中心园教学楼封顶；文江中心园完成新建选址工作。

（林 蓉）

【片区教研活动】 2015年，县教育局在幼儿园片区管理基础上，通过园际交流合作、帮扶、带教、支教等形式开展片区教研活动。组织城区实幼、均幼、红幼3所“牵头园”开展观摩课、公开课、讲座等教研活动36场次，幼儿教师1200余人次参加。

（林 蓉）

【学前教育课题研究】 2015年，全县开展学前教育课题研究26个,其中省、市级课题各1个，县级课题24个。《农村大班额背景下创造性游戏开展的研究》被列入省重点课题。

（林 蓉）

初等教育

【概况】 2015年，全县小学105所，其中县直属小学4所，乡镇中心小学19所，村级完小6所，教学点76个。教学班665个，在校生2.47万人，一年级招生5132人，六年级毕业生3123人。适龄儿童入学率100%(含残疾学童随班就读)。教职工1912人，其中公办1686人、非公办226人。公办教师中大学本科学历342人、专科767人、中专525人、高中及以下52人，高级职称37人、中级1327人、初级265人，未定级57人。

4月，县特殊教育学校教师陈美秀执教的二年级唱游与律动《小瓢虫飞》，获得智障类学校教学研讨评优活动一等奖。9月，全县小学共接收进城务工人员子女就读5709人，其中本县区域内流动4366人、省内外县810人、省外533人。11月，全县小学规范办学行为现场会在实验小学召开，参加人员县教育局局长蔡建峰、副局长陈汝江、县政府教育督导室主任徐建清、县教育局相关股室负责人及全县小学校长共30多人。进一步规范学校校园文化建设、办学五规范以及精细化管理、小片区管理、素质教育等方面工作。12月，县特殊教育学校接受省特殊教育标准化学校评估认定，顺利通过省级验收；实小教师连美桂在全国教育科学“十二五”规划国家级课题“能力导向的课堂有效教学研究”全省优质课堂教学观摩比赛中获特等奖。全年小学共开展课题研究161个，其中省级3个、市级8个、县级98个、校级52个。

（郑祥旦）

【省“推进素质教育综合改革”总结会在实小召开】 5月28—29日，省级教育改革试点项目“推进素质教育综合改革”总结会在实验小学召开。出席会议有北京新学校研究院课程发展中心主任刘修勤、市教育局初教科科长张凌英、县教育局副局长陈汝江、县教师进修学校校长林再生共120多人。该校的语文主题学习实验工作得到与会者认同。

（郑祥旦）

【城区小学招生】 7月，城区小学一年级新生报名2245人。其中，进城务工人员子女到城三小、均溪中小、福塘小学报名568人，通过电脑派位安排到实验小学、城二小、福塘小学等学校310人。

（郑祥旦）

【校外活动中心组队参加省航模比赛获奖】 8月6—9日，县青少年学生校外活动中心首次组队参加省青少年航空模型锦标赛10个项目比赛。学生许坦获“嫦娥一号”火箭柔性翼滑翔机比赛第一名、黄鹂获“手掷飞机”比赛第二名、叶文韬获“天戈直升机障碍赛”第二名。校外活动中心获“省青少年航空模型锦标赛小学航空普及团体第三名”。

（张 斌）

【《小学常规工作检查细则》实施】 8月，县教育局重新制定《小学常规工作检查细则》，涵盖校园文化建设、课程实施、控辍保学、办学行为、教研教改、小片区管理、特殊儿童教育等7个A级指标、17项B级指标。10月，对全县小学开展常规检查，进行分组通报与个别反馈，向每个学校下发问题清单，限期整改。

（郑祥旦）

中等教育

【概况】 2015年，全县中学23所，其中高中1所、完中4所、职专1所、初中13所、九年一贯制学校4所。在校学生1.51万人，其中初中8769人、高中4024人、职专2315人。初中招生3091人、初中毕业生2639人。高中阶段招生2076人，其中普高1286人、中职790人。非全日制中职招生230人。教职工2020人，其中公办1882人、非公办138人。公办教师中，研究生学历14人、大学本科1452人、大专351人、中专35人、高中及以下30人，高级职称521人、中级964人、初级344人，未定级53人。

8月，完成进城务工人员子女招生工作，以电脑派位抽签录取方式安排进城务工人员子女701人到五中、六中、鸿图中学就读。当年，全县中学共开展课题研究205个，其中省级6个、市级8个、县级191个。

（余孔值）

【中职教师教学技能比赛】 4月，县教育局举办中职教师教学技能比赛，分农林牧渔、电子信息、商贸旅游、文化艺术等学科进行片断教学比赛。评出一等奖6人、二等奖8人、三等奖10人。县职专获2015年市中等职业学校技能大赛团体优秀奖、优秀组织奖。

（王英德　潘丽清）

【初中片区教研联盟成立】 9月，县教育局为全面加强初中片际间的横向沟通与联系，成立大田县初中片区教研联盟，成员单位为五中、六中、鸿图中学、石牌中学。

（余孔值）

【初中规范办学行为现场会召开】 11月18日，县教育局在五中召开初中规范办学行为现场会。县教育局长蔡建峰、副局长郑小玲、县政府教育督导室主任徐建清，全县21所初中校长、教务主任参加。

（余孔值）

【中学教育教学质量监控实施】 11月，县教育局组织开展初中片区教研联盟九年级全员全学科期中考试监控及联合网上阅卷工作。五中、六中、鸿图中学、石牌中学4所学校九年级学科教师全员参与。

（余孔值）

【职业技能培训和鉴定】 11月，县职教中心鉴定站新申报的社会体育指导员工种，通过市人社局专家组评估验收。全年，县职教中心承办市第39期一般经纪人培训71人、县林业局林业地理信息系统培训57人；组织2013级学前教育专业学生参加普通话水平等级考试33人；组织2013级学生参加6个工种职业技能鉴定考试203人，通过考试188人，合格率92.6%；组织首批中级社会体育指导员（健身教练）职业技能鉴定考试55人，通过51人，通过率92.7%。

（王英德　潘丽清）

高等教育

【概况】 2015年，县电大工作站有专职教师11人，均为大学本科学历。其中高级职称3人、中级7人、初级1人。共开办45个专业、113个班、学生681人，当年招生277人、毕业266人。其中，中央广播电视大学开放教育开设11个专业、43个班、学生332人，当年招生142人、毕业生174人。本科有法学、汉语言文学、会计学、行政管理、学前教育5个专业，专科有法学、行政管理、会计学、学前教育、建筑工程与管理、劳动与社会保障等6个专业。奥鹏远程教育中心合作高校有东北师范大学、东北大学、四川农业大学、吉林大学、电子科技大学等5所，共开办数学及应用数学、计算机技术、土木工程、采矿工程、机械工程及自动化、安全工程、机电一体化、电气工程及其自动化、金融学、动物医学、农学、林学、水产养殖、药学等本专科专业34个、68个班、学生349人，当年招生135人、毕业生92人。县电大工作站获2014–2015年度三明电大系统“社区教育工作先进单位”。工作站奥鹏远程教育中心，获2015年春季奥鹏远程教育中心招生服务“支持服务优秀奖”，同时被东北师范大学远程与继续教育学院评为2015年度网络高等学历教育招生推广工作“优秀学习中心”。

（郑祥全）

【市远程教育第七届年会在大田召开】 12

月18日，三明市现代远程教育研究会第七届年会在大田召开。市各电大分校、工作站的研究会全体理事和部分年会优秀论文作者35人出席。会议由三明电大分校校长、研究会会长耿鸣主持。副县长陈钦梅、教育局局长蔡建峰到会祝贺，省电大副校长陈展虹、科研处副处长吴东晖到会指导。三明电大副校长、研究会副会长周泰谦汇报两年来研究会工作。审议通过第四届理事会成员名单，公布第七届年会优秀论文评选结果。章文捷、俞建营等6名教师进行优秀论文交流，就现代远程教育研究工作如何适应新形势的发展进行研讨。耿鸣会长对本届年会作总结。

（郑祥全）

【与电子科技大学网络教育学院合作办学】 2015年秋季，县电大经省电大奥鹏远程教育学习中心批准，与电子科技大学网络教育学院合作办学，首批招生电子商务本科专业1人。

（郑祥全）

成人教育

【概况】 2015年，全县成人教育学校有教师进修学校、卫生进修学校、农广校、老年大学及各乡镇文化技术学校共22所。专（兼）职教师155人，其中研究生学历1人、大学本科78人、专科27人、中专8人、高中1人；高级职称43人、中级56人、初级5人、未评1人。

4月，教师进修学校被市委、市政府授予“市文明单位”称号；9月，被全国教师教育学会综合实践活动学科委员会授予“全国综合实践活动课题研究先进单位”称号；12月，被市总工会授予“模范职工之家”称号。林榕获“全国综合实践活动课题研究先进个人”。教师卢志兰获市教育局“优秀教师”称号，林奋、林兰花获县委县政府“优秀教师”称号，陈春兰、郑占慎获县委、县政府“优秀教育工作者”称号。卫校教师钟彬被县委县政府授予“优秀教师”称号。

教师进修学校 2015年，县教师进修学校在编教职工34人，专任教师33人，兼职教师51人。专任教师中，本科学历25人、大专5人、中专3人，高级职称19人、中级14人，特级教师1人，省级学科带头人2人，市级学科带头人1人。当年，围绕全县教育工作大局，发挥“研究、培训、指导、服务”的职能作用，做好全县中小学幼儿园的教研、培训、课题研究、竞赛和义务教育阶段的教育质量检测工作。中考9个科目中有语文、数学、政治、历史、物理、化学等6个学科成绩进入全市前五名，义务教育阶段教育质量创历史新高。全年，共组织中小幼片区教研活动105多场次，开设公开课、专题讲座501多节次，参加教师4975人次，开展中心教研组和毕业班学科会议活动30多场次，开展名师“送教下乡”活动13场次，承办省市教研活动15场次。开展县中小学幼儿园教师骨干教师、信息技术、农村教师、班主任、保育员、初完小校长、教务处（教研室）主任和教研员培训及教师全员培训等专项培训25期，教师、教育管理者7060人次参训，组织教师300多人次参加省市级各学科各级各类培训。做1—9年级各年段期中、期末全县统一质量检测考试和初中毕业生质量检测（质检）4次、中考模拟考组织、命题和质量分析等工作，参与小学毕业班毕业升学考试（初考）的命题、评卷和中考的考务工作。

卫生进修学校 2015年，县卫生进修学校专（兼）职教师25人，其中大学本科学历18人、大专5人、中专2人，高级职称6人、中级17人、初级2人。开办全日制中专学历护理专业3个班、函授大专学历护理专业1个班。当年招收新生50人，毕业1个班、学生40人。5月，举办全县乡村医生规范培训3期、培训467人。6月，举办中职衔接大专考试、参加学生53人。11月，举办全县乡村医生规范培训3期、参训453人。12月，2013级护理班黄聿珍、陈彩琳参加市中职学校技能大赛，分获护理组二、三等奖。

农广校 2015年，县农广校专兼职教师29人，其中副高级职称13人、中级14人、初级2人，研究生学历1人、本科15人、专科12人、中专1人。开设中等教育3个专业、3个班、学生235人，其中现代农艺技术1个班、160人，会计专业1个班、27人，果树专业1个班、48人。当年，2012级现代农艺技术毕业人数77人。举办农业职业技能鉴定1期，参加78人，经鉴定全部合格。举办各种技术培训班23期、1353人次，其中，农村沼气技术17期、852人次，测土配方施肥技术、甜玉米高产栽培技术、农产品质量安全可追溯体系建设、专业技术人员继续教育、离任审计、农资安全监管平台建设等培训各1期、共参训501人次。

（苏元楚　陈小忠　谢锦秀　罗晓明）

【老年大学】 2015，全校有专（兼）职教师17人，其中大学本科10人、专科4人、中专2人、高中1人；高级职称5人、中级11人、未评1人。开设20个专业、21个班、学员1553人次，其中，太极拳2班、184人，电脑1班、32人，乒乓球1班、131人，声乐1班、113人，卡拉OK1班、50人，烹饪1班、56人，器乐1班、45人，电子琴1班、42人，国学1班、45人，腰鼓1班、87人，交谊舞1班、108人，摄影摄像1班、59人，保健推拿1班、39人，民族舞1班、125人，健身舞1班、101人，拉丁舞1班、123人，瑜伽1班、80人，音乐基础1班、52人，养生保健1班、39人。

当年，县老年大学组织师生开展"展阳光心态，看大田变化"摄影采风、清明祭扫烈士陵园、"浓情五月·感恩母亲""心存感恩·幸福一生"歌舞、激情广场奏唱等主题活动，参观格林实业（三明）有限公司。

（罗晓明）

【省老年大学领导到县老年大学调研】 4月30日，省委老干部局局务会议成员、省老年大学协会副会长、老年大学常务副校长赵宏兴一行5人，到县调研老年大学老干部思想政治工作情况。市委组织部部长、老干部局局长伍武林，县委常委、组织部部长蔡建明陪同。

（罗晓明）

【农业职业技能鉴定】 10月27–28日，县农广校对2012级学员进行农业职业技能鉴定、参加78人，合格率100%。此次鉴定进一步推行农广校教育培训学历证书和职业资格证书"双证书"制度，推广技能教学、实训、考核一体化模式，促进理论学习、专业实训和技能考核有机结合，培育一批既有一定理论基础又有较高实际操作水平的新型职业农民。

（谢锦秀）

【县老年大学摄影及器乐学会成立】 11月23日，县老年大学摄影及器乐学会成立。学会以老人快乐为目的，开展一系列有利于老年人精神文明建设、有益于老年人身心健康、适合老年特点的活动，提高老年人的生活质时不时。学会各设会长1人、副会长2—3人。摄影学会开展户外采风，器乐学会利用周末兴趣办"激情广场"奏唱活动。

（罗晓明）

【师生技能大赛】 2015年，县教师进修学校承办县第二届中小学幼儿园教师教学技能大赛，各校共选拔参赛290人。其中，初中142人、高中32人、小学98人、幼儿园18人，有165人选手获奖，其中一等奖41人、一等奖54人、三等奖70人。各学段各学科的第一名共36人选手被县教育局、总工会联合授予中小学幼儿园"教学能手"称号。教师郭德瀛指导三中教师朱成灯参加省第三届教学技能大赛获三等奖，教师卢志兰指导实小教师章英华在省小学语文教学观摩研讨活动中获二等奖，教师林榕指导教师陈洪坚获省中小学信息技术科教师课堂教学观摩初中组二等奖。开展中学作文、数学、英语、物理、化学、生物、地理、政治、历史和小学语文、数学等学科知识与技能竞赛12场次，参赛学生1200多人。

（苏元楚）

【教师小课题结题】 2015年，县教师进修学校共批准首批县级骨干教师小课题结题122项，推荐优秀课题参加省、市级申报立项30多个，课题获市级立项9个、获省级立项5个。其中，由鸿图中学教师郭守彦、太华中学教师郭兆志主持的省教育规划课题《基于生本教育的高中数学校本教材的开发与实施》《农村初中语文课堂观察作文的实践研究》，12月通过结题验收。

（苏元楚）

【教研论文征集评选】 2015年，县教师进修学校开展全县中小学幼儿园教师论文征集、评选，出版《小学教育研究》2期、收录论文210篇，中学优秀论文共5册、收录405篇，幼儿教师优秀论文1集、收录87篇。推荐选送部分优秀教研论文到省市参评汇编发表，其中在省级以上刊物发表8篇。

（苏元楚）

文化·体育

□编辑 潘 梅

文学艺术

【概况】 2015年，县文联组织各协会开展各项文学艺术活动。举办文艺采风3次、艺术品展7场和“十部公开出版物研讨会”1次，承办市级音舞诗会1次，出版《大田文艺》2期、个人文学作品集3部，个人艺术品获国家级奖8人次、入选国家级展览1人次，获评省行业“十位作家”、市2014年度职工摄影十佳先进个人各1人次。福建文学杂志社在屏山设立创作基地。

（严垂壁）

【《板凳龙》纪录片获奖】 2014年11月，大田籍河海大学新闻系大二女生杨当凌拍摄制作的民俗纪录片《板凳龙》，获中国摄影家协会和北京电影学院联合举办的世界大学生摄影展（金驹奖）多媒体组优秀奖。

（严垂壁）

【魏姝敏书法作品获奖】 1月，县一中女生魏姝敏书法作品在团中央宣传部主办、中国书法研究院协办的2014“向上·向善”中国青少年书法美术大赛中获三等奖。

（严垂壁）

【个人书画作品展举办】 1月，颜建光书画作品展在县影剧院举办，共展出其近期创作的书画作品60幅；2月12日，“少年魏姝敏书法作品展”在岩城书画院开展，共展出书法作品48幅。

（严垂壁）

【陈广程摄影获奖】 1月，陈广程获市摄影家协会2014年度三明优秀摄影创作奖；2月，获评市2014年度职工摄影十佳先进个人；4月，作品《边寨牧歌》获大众摄影俱乐部联赛11期一级佳作；9月5日，摄影作品在三明、泉州两地影协主办的“油菜花开·灵动济阳”摄影大赛相机组三等奖；同月，《世外桃源》入选《中国摄影报》主办的福建永安“竹天下”杯全国摄影大展三级收藏奖；11月，《赛猪会》获中国新闻摄影家协会、《人民摄影报》主办的首届古越龙山绍兴酒“生活味道”全国摄影大赛优秀奖，《大地春晖》获《中国摄影杂志》主办的“塞上明珠——定边杯”全国摄影艺术展“入选奖”。

（严垂壁）

【4部个人作品集出版】 2月，《少年魏姝敏书法作品集》由海峡出版发行集团、福建美术出版社出版，收录其获奖作品8件，优秀作品25件。3月，范宜洪文学作品集《人生之道》与杨荣凯文集《尘世旅人》由团结出版社出版，各印1000册；6月，范长载文学作品集《人间自有真情在》由县科普作家、民间文艺家协会编辑出版，黑白精装，印500册。

（严垂壁）

【苏惠蓉剪纸作品获奖】 3月，苏惠蓉剪纸作品《红红火火过大年》，在市文化广电新闻出版局、市文联举办的春节剪纸艺术展中获成人组金奖；9月15—25日，其剪纸作品《中国梦丝路情》，在市艺术馆由市文广新局、市文联主办的三明市创建国家公共文化服务体系示范区“纪念抗日战争胜利70周年剪纸艺术展”中获成人组金奖。12月，《中国梦丝路情》入展在甘肃兰州市美术馆由甘肃省省委宣传部、省文联、中国民间文艺家协会主办的“首届中国丝绸之路民间剪纸艺术精品展”，并入选优秀作品集。

（严垂壁）

【观赏石精品展】 4月，由县赏石协会举办的大田县第二届观赏石精品展暨城区办社区赏石文化交流会在大田仙廷大酒店举办，参展观赏石230多件，由三明地区赏石家组成评委，评出精品石金奖10件银奖20件铜奖30件。11月，县赏石协会精品石50方，在市电信大楼广场前市林业博览会闽江石特色精品展，获金奖1件银奖4件铜奖1件。

（严垂壁）

【中小学书法作品获奖】 4月，县选送的中小学生书法作品在省2014—2015年度“墨香书法展示”中获中学毛笔组一等奖2个，硬笔组一等奖1个；小学毛笔组一、二等奖各1个，硬笔组二、三等奖各1个。8月，在首届“蔡襄杯”省中小学生书法大赛决赛中，获高中组特等、一、二等奖各1个；初中组二等奖1个；小学二组一等奖1个、二等奖3个；10月，在第三届全国中小学生廉洁文化书法大赛中，分获高中组、初中组三等奖。

（严垂壁）

【陈德传摄影获奖】 4月，陈德传摄影作品《樱花大道》获“天适樱花杯”全国摄影赛一等奖；9月5日，在三明、泉州两地影协主办的“油菜花开·灵动济阳”摄影大赛获相机组三等奖；12月，作品《老井》《赛河土楼》入选省摄影家协会主办的“行旅世界·心归平和”摄影大赛；12月，一组作品入选大众摄影杂志社主办、省摄影家协会承办的首届魅力龙海全国摄影赛。

（严垂壁）

【3幅木雕作品获市级奖】 5月，县木雕作品在莆田市人民政府、莆田市工艺美术协会、台湾文化观光联盟共同举办的第十届海峡工艺美术优秀作品展中，周兴《五鲤朝阳》获银奖；连晋尉的《舞动人生》、周宗朝的《收获》获铜奖。

（严垂壁）

【林跃摄影作品获奖】 7月，林跃摄影作品《哺育》获省海峡摄影时报7月赛一等奖；9月5日，获三明、泉州两地影协主办的“油菜花开·灵动济阳”摄影大赛手机组三等奖；

（严垂壁）

【第二届“浩沙杯”全国健美操锦标赛举办】 8月19—28日，2015“浩沙杯”全国健美操锦标赛在县体育馆举办，由国家体育总局体操运动管理中心、中国健美操协会、福建省体育局主办，县人民政府、浩沙集团承办，县文广局、三明市三歌文化传媒有限公司、北京盛朗逸文化发展有限公司协办，全国各地800多名运动员参赛。本次比赛分为少年组和成年组，分别设男子单人操、女子单人操、混合双人操、三人操、五人操、有氧舞蹈和有氧踏板等7个单项共计33个小项及18个特别奖项。

（严景业）

【“仙顶杯”摄影比赛】 8月，县委宣传部、市新闻摄影学会、县文联主办、县摄影协会承办“仙顶杯”2015全国健美操锦标赛新闻摄影比赛活动，参赛作品587幅，评选出优秀奖作品10幅、入选奖作品60幅。

（严垂壁）

【音舞诗会在内洋村举行】 9月5日，由市文联、市作家协会、县委宣传部主办，市诗歌朗诵协会、屏山乡政府、县文联等单位承办的第二届三明（屏山）“中国梦·茶香美”音舞诗会在屏山乡内洋村水尾森林茶吧举行，市诗歌朗诵协会会员朗诵了大田本土诗人和外地著名诗人创作的《峦佛》《屏山，我无法拒绝你》《茶道·泡茶者》《一个人在茶园走走，午后之约》等主题诗歌，其间穿插乐队演奏、歌曲演唱、古琴独奏、双人舞、傣族舞和诗琴画联袂表演等。

（严垂壁）

【教师书画作品获奖】 9月10日教师节，市教科所和市教育学会中小学美术专业委员会在市体育馆悠然画苑联合举办“2015年三明市中小学美术教师书画作品展”，大田油画作品郭守福的《静物》获一等奖，郭盛泉的《通泗桥》、范春华的《静物》、陈吉算的《绿草地》分获二等奖；国画作品林立芳的《山水》、吴成浩的《山水》、油画作品涂敏政的《孔雀开屏》入展。

（严垂壁）

【《大田文艺》出版2期】 2015年，《大田文艺》杂志在栏目设置等方面进行改版，以文学性、地域性、创新性为办刊理念，立足大田，辐射福建，面向全国发行交流。当年编辑出版《大田文艺》总第38、39期，共刊发文章和艺术作品280篇（首、幅）。

（严垂壁）

【潘文轩个人出资办诗联报】 2015年，福建岩城律师事务所律师潘文轩个人出资办《岩城诗刊》诗联报4期，每期16开4版，吸引港澳台及许多内地作者参与。

（严垂壁）

群众文化

【概况】 2013年，县文体广电出版局以宣传党的路线方针为主题，围绕元旦、春节、元宵等节庆日，与有关部门配合开展群众性文化活动，乡镇及民间业余文艺团体在节庆和民间庙会等开展戏曲、舞狮、舞龙、谜语竞猜等形式多样的活动。

（严垂壁）

【新年音乐会】 1月4日晚，县委宣传部、县文广局在县体育活动中心举办2015新年音乐会，由意大利指挥家米开朗基罗·迦罗帝指挥，那不勒斯皇家爱乐乐团演出《在那遥远的地方》《一颗偷偷落下的眼泪》《卡门组曲》《今夜无人入眠》《蓝色多瑙河圆舞曲》等曲子。

（连福石）

【舞蹈《狮趣》参演】 1月，县红苹果舞蹈中心原创的少儿舞蹈《狮趣》参加在尤溪县联合乡联南村录制的2015年央视全国农民春晚，2月18日除夕夜在央视七套首播。2月，该节目参加在永安华夏大剧院举办的福建电视台少儿频道“棒棒艺能团”春晚直通车三明市首届春节联欢晚会。

（连福石）

【廉政文化书画展】 3月6—10日，县纪委、县检察院主办，汇欣楼书画工作室、县书法家协会、美术家协会承办的廉政文化书画展在县影剧院一楼举办，共展出廉政书画作品200余件，县国税、地税、电力公司等10余家单位近300名干部参观并接受反腐倡廉教育。

（严垂壁）

【流动舞台文艺下乡巡演】 4月16—19日，由市歌舞团、县文化馆组织的2015年“弘扬真善美·共圆中国梦”流动舞台车文艺下乡巡演活动在广平、梅山、屏山、桃源举行，观看演出5000多人。

（连福石）

【非遗展示月在三明开展】 5月，县文化馆在市非物质文化遗产博览苑开展“大田县非遗展示月”活动，在每个周末，现场演绎、绝活展示、技艺传习等，展示大田大腔戏、小腔戏、龙舞、狮、汉剧等非遗项目。保护、传承和利用县优秀非物质文化遗产，推进国家公共文化服务体系示范区创建。

（连福石）

【县“环保杯”书画作品展】 6月5日，县委宣传部主办，县环保局、文联承办的庆祝第44个“世界环境日”大田县“环保杯”书画作品展在县两馆一中心一楼展厅开展，共展出作品78幅，其中特邀作品8幅。

（严垂壁）

【端午诗歌雅集】 6月19日，县文化馆在四楼举办端午诗会雅集活动，大田籍诗人、朗诵爱好者朗诵了自己创作的诗歌，以诗人的方式纪念诗人，重温古代文人雅集的风雅乐趣。

（连福石）

【纪念抗日战争胜利70周年歌咏晚会】 9月28日晚，县委宣传部、县直机关党工委、文广局在县体育中心联合举办“铭记历史，圆梦中华”大田县纪念抗日战争胜利70周年暨庆祝建国66周年歌咏晚会，14个系统党委组队参赛，经过评比，教育系统获一等奖，宣传、林业系统分获二等奖，政府直属部门、公安、农业系统分获三等奖。

（连福石）

【玉田纪念抗战胜利70周年重阳节文艺演出】 10月23日，玉田村、县红舞鞋艺术中心、星艺拉丁舞培训中心、县关工委和邮储县支行等9个单位在玉田村举行“纪念抗日战争70周年，弘扬陈嘉庚爱国精神”重阳节文艺演出。

（严垂壁）

【县首届社区文化节举办】 12月1日，县委宣传部、文广局和均溪镇主办，县文化馆在青少年宫文化广场承办大田县首届社区文化节暨“半台戏”公共文化服务配送活动启动仪式。活动为期1个月，与法制教育、计划生育、老龄、再就业、关心下一代工作相结合，内容丰富、形式多样，有家庭才艺秀、亲子嘉年华，歌咏、排舞比赛，关爱妇女知识讲座、读书分享会、手工创艺坊、我爱我家摄影展，公共文化示范区创建“半台戏”文化展演等，全面展示近年群众文化、体育建设的丰硕成果。

（连福石）

图 书

【概况】 2015年，全县有图书发行企业、县图书馆各1家，学校图书馆室129个，乡镇文化站图书室18个，村农家书屋269个。县图书馆在供电公司和白岩社区、残联设有分馆3个，在上京镇城口村设图书服务点1个。

新华发行集团大田分公司 2015年，福建新华发行集团大田分公司继续拓展多元经营，重点抓好教材和教学辅助材料发行，同时发展复印纸、新华瓷器、新华眼镜、电子教育装备等副业。全年销售各类图书1179.60万元，比上年增长3.61%，其中，教材及教辅资料销售970.60万元，同比增长1.13%；卖场销售208.89万元，同比增长16.83%；多元产品销售74.04万元，同比增长16.42%。当年，分公司业绩在全省69家分公司排名第十五、位列三明市第一，被福建新华发行集团评为“2015年度大中专教材发行先进单位”，经理林还诚被评为“优秀工作者”。

图书馆 2015年，县图书馆总藏书量14.8万册、电子书15万册。设有外借室、报刊阅览室、少儿阅览室、少儿绘本室、电子阅览室、政府信息查阅点等。借助计算机技术和图书馆管理软件实现图书采编、流通、检索自动化，内务统计电脑操作、有序化管理。全年总流通量53.1万册次。至年底，8年间累计接收73个单位公开信息纸质文件6132条、电子版信息6028条。

（张碧玲 郑圣泉）

【绩效量化考评制度建立】 2015年，新华发行集团大田分公司建立绩效量化考评机制，改变奖金平均分配和评优评先推荐的传统做法，通过班子、中层干部讨论制定《量化绩效考评制度》和《评优评先制度》，以数据说话，重客观轻主观，调动员工店外营销积极性。全年店外推销各种商品85万元。

（张碧玲）

【新馆装修完成】 2015年，县图书馆基本完成位于均溪镇银山北路2号的新馆装修，馆舍面积4164.6平方米，设有基本书库、辅助书库、储备书库、捐赠书库、过刊库，设专门的少儿阅览区、综合阅览区、书报阅览区、少儿绘本室、亲子活动室、少儿视频播放厅、电子阅览室、政府信息查阅室、盲人阅读区、音像资料室、国学馆、地方文献室、特藏室、书友活动室、读者图书漂流室、24小时自助图书馆等多个功能室。该馆是三明市县级图书馆中馆舍面积最大、服务人口最多、功能格局布置最合理、自动化程度最高的县级图书馆。

（郑圣泉）

【读书宣传和棋画舞蹈培训】 2015年，县图书馆开展读书等各类活动7次，大年初一、正月十五分别在在图书馆楼下、白岩公园广场举办灯谜活动；4月23日读书日，通过宣传栏、发放宣传单等形式进行全民阅读宣传；5月，在图书馆宣传栏举办“国庆阅兵”“诚信中国”“我与古籍优秀摄影作品展”等多个主题图片展；服务宣传周期间在东街口举办“开展全民阅读，打造书香大田——县图书馆免费开放”主题宣传；结合庆“六一”，采购少儿图书2000册，在少儿阅览室进行新书展览；暑期举办少儿绘画、中国象棋、舞蹈培训及中国象棋少儿比赛等活动。

（郑圣泉）

文 物

【概况】 县文物保护部门贯彻“保护为主、抢救第一、合理利用、加强管理”的文物工作方针，配合上级文物部门开展被盗文物追讨工作，全面开展全国第一次可移动文物普查。

（严序雄）

【追讨被盗肉身古佛证据搜集】 3月，国家文物局认定匈牙利自然博物馆展出的千年肉身佛像是吴山乡阳春村普照堂1995年被盗的“章公祖师”，遂启动追讨程序，县博物馆协助配合国家、省文物局进行资料考证、证据收集。

（陈其忠 严序雄）

【可移动文物普查】 2015年，县博物馆全面开展全国第一次可移动文物普查，登记、录入可移动文物425件（套）。

（严序雄）

文化市场

【概况】 2015年，县文化市场综合执法大队开展“暑期网吧专项整治行动”“乡镇互联网上网营业场所专项整治行动”“春节和‘两会’期间文化市场专项整治”“文明县城迎检文化市场专项整治”“2015扫黄打非秋风专项行动”等5项有针对性的文化市场专项整治行动，共出动检查人员552人次，检查文化市场经营场所367家（次），检查书店、货运物流、各类快递30余次，没收非法出版物1057本，查处违规经营书店2家，取缔小书摊5处，打击取缔游商游贩6起，取缔无证经营场所8家，没收赌博机8台（组）。以中小学校周边为整治重点多次开展小散游戏机清理打击集中行动，依法现场处置小游戏机25台。

（连福石）

地方志工作

【概况】 2015年，大田县地方志编纂委员会办公室重点做好二轮县志修编，抓好综合年鉴编纂、出版、发行及其他各项工作，服务全县科学发展、跨越发展。

二轮县志编修 5月，县方志办《大田县志（1993—2008）》总纂稿报送县、市、省审核。6月，修改稿送市方志委审批，8月，市方志委批复同意交付出版。县方志办组织人员做好出版筹备工作。

【综合年鉴编纂】 2015年，县方志办综合年鉴编纂凸显地方特色，从篇目、内容等进行创新，在封面、封底及彩图设计编排中，围绕全县大事、要事、特事和各行各业的亮点进行选定，增强年鉴的可读性、针对性、艺术性。增加县四套班子工作类目“综述”内容，对个别类目、分目标题进行修改提炼，规范书眉、图表等。审校力求严谨准确，实行“五四三”工作方法，即做到编辑、协纂、副主编、总纂、主编“五级编审”，协纂、副主编、总纂、主编“四级审改”，一稿、二稿、三稿和承编单位、编委会成员、职能部门审查的“三稿与三次审查制度”。在“压”“保”“增”三字上下足功夫，即压水分、压广告、保基础信息、保基本资料，有选择地适当增强记述深度。

（潘　梅）

【《大田年鉴（2014）》出版】 3月，《大田年鉴（2014）》由方志出版社公开出版，印刷800余册，当年，发行400余册。

（潘　梅）

【《大田年鉴（2015）》出版】 12月，《大田年鉴（2015）》完成编纂任务，交付出版社公开出版，印刷800册。全鉴部类31个、类目186个，条目1000余条，约58万字。

（潘　梅）

【旧志整理点校】 2015年，县方志办完成明朝、清朝版《大田县志》三校，交付出版社出版。明朝版是万历三十九年（1611）知县刘维栋主修，全志31卷，约10万字。清朝版是康熙三十九年（1700）知县叶振甲主修，全志31卷，约10万字。

（潘　梅）

档案工作

【概况】 2015年，县档案局检查全县8个社区档案业务，再次对档案工作进展不大的华兴乡、湖美乡进行督察，清理上京镇等单位历年未立卷积存档案。指导9个乡镇、26个机关单位开展当年档案立卷，整理非公办、实践办的积存档案。指导县自来水公司、供电公司、建行等16家国有企业档案工作和工商、质监等机构行政体制调整档案移交。指导县中医院迁建等10个省级及校安工程建设等12个市、县级重点建设项目建档。督促指导县域内省、市级生态县（乡镇、村）管理、房地产、信贷、学校教育等民生项目的档案及党的群众路线教育实践活动、检查立案的档案管理。印发《大田县档案局关于加强村级组织换届档案管理工作的通知》，对村级组织换届选举文件材料归档范围及档案保管期限做出明确规定。当年，县档案馆馆藏档案资料4.79万卷（册），其中档案4.06万卷、资料7295册；进行档案登记单位45个，其中县直机关单位12个、乡镇7个、企事业单位26个。接待查档1392人次、查阅档案735卷次。信息公开中心接收文件768份，其中，纸质395份、电子版373份。土地所有权档案目录数据录入2.85万条。

（李建忠）

【综合档案馆主体工程验收】 2015年，县档案馆、图书馆和新闻广电中心建设项目主体建筑竣工验收，该工程2012年5月动工，位于均溪镇银山北路2号，占地4.9万平方米，总建筑面积4.23万平方米，其中综合档案馆占地6232.6平方米，建筑面积1.26万平方米。

（李建忠）

【行政权力清理规范和档案督查】 2015年，县档案局按县政府《关于推行县级行政权力清单制度实施方案的通知》，进行行政权力清理规范并及时上报。根据市档案局关于开展档案监督检查职能履行情况督察活动的通知，对县林业局、环保局、京口工业园区管委会等单位开展监督检查，自查履行职能情况并上报。

（李建忠）

广播电视

【概况】2015年，大田县广播电视台围绕县委、县政府中心任务，开辟新闻专栏，办好专题节目，做好宣传工作。一是转播好中央、省、市广播和电视节目，办好大田新闻。全年转播上级广播节目5475小时，其中，新闻资讯类1217小时20分钟，专题服务类1611小时45分钟，综艺益智类2524小时15分钟，其他节目121小时40分钟。广播播出县新闻稿1000件，被省、市电台采用265件。二是以《大田新闻》为中心节目，继续办好《岩城经纬》《健康同行》《警方在线》《法制大田》《绿色大田》《人口与计生》等栏目；分别与物价局、供电公司合作开办《价比三家》《电力之窗》栏目。全年共播出电视专题140多期，制作播出电视新闻1876条，其中，中央电视台采用7条、省台采用160条、市台采用126条。三是拍摄制作《活力大田》《生态大田》等5个专题汇报片，配合制作播出各类通告和公益广告150多期。年底，内设办公室、总编室、新闻部、技术部、广告部5个部室，在编干部职工24人。

（徐刚毅）

【广播作品获奖】 2月，县广播电视台选送的新闻专题《“河长制”守护碧水清流》、长消息《城区10万居民开喝地表水》分获2014年度“三明广播电视新闻奖·广播类”一、三等奖；短消息《弘惠纸业被处10万生态罚款》、栏目《说说身边事》均获2014年度“三明广播电视新闻奖·广播类”二等奖。

（徐刚毅）

【微信公众平台开通运行】 2月，县广播电视台启动大田新闻微信公众平台，以名称为“大田TV”、微信号为“DTTV_7233678”通过微信认证的账号主体资质、名称审核。把自办节目《大田新闻》在第一时间推送给受众，同时转载中央、福建新闻联播部分内容，解读国家相关政策，播报省内主要新闻、天气、生活知识等，至年底，共发布图文消息197条，累计5000多人关注。

（徐刚毅）

【电视稿件获奖】 3月，县广播电视台选送的专题《滴水穿石心》获2014年度“三明广播电视新闻奖·电视类”二等奖；长消息《“放心第一杯水我来喝”》和新闻专题《“河长制”守护碧水清流》均获2014年度“三明广播电视新闻奖·电视类”三等奖。

（徐刚毅）

【广播电视安全播出】 2015年，县广播电视台安全播出电视9704小时、广播5475小时，转播中央电视台第一套电视节目8760小时、福建电视台公共频道电视节目851小时，自制节目电视播出93小时、广播播出52小时。全年无发生非法信号入侵破坏现象，广播电视节目安全播出无事故。

（徐刚毅）

【电视播音作品获奖】 2015年，县广播电视台选送的广播主持人节目《说说身边事》、电视播音作品《大田新闻》均获2014年度“三明广播电视播音与主持作品奖” 二等奖，电视主持人节目《微话题》获得2014年度“三明广播电视播音与主持作品奖” 三等奖。

（徐刚毅）

【广播电视论文获奖】 2015年，县广播电视台选送的论文《网络语言对传统新闻语言的影响及其规范》《浅谈如何做“好”新闻》分获当年度“三明广播电视优秀论文奖”二、三等奖。

（徐刚毅）

【新闻协作先进县级台获评】 2015年，县广播电视台立足县情，发挥主流媒体作用，深入一线，采访报道一批接地气、富有地域特色的电视新闻，加强与福建电视台公共频道新闻协作，全年在省台公共频道《农村新闻联播》播放稿件150条，报道县政治、经济、文化、旅游、民生等各领域，特别是“三农”工作发展成效，被省公共频道评为当年度新闻协作先进县级台。

（徐刚毅）

群众体育

【概况】 2015年，县文体广电出版局（简称文广局），全面推进体育设施建设，健全完善体育组织网络，培育体育人才队伍，开展各项群众性体育活动，组织开展“建华杯”乒乓球邀请赛、第三十届篮球比赛、冬泳比赛、百人自行车绿色骑行活动等各类赛事，促进群众体育新发展。

（郑时义）

【“建华杯”乒乓球邀请赛举办】 4月11—12日，县文广局、县乒乓球协会在县体育馆举办“建华杯”乒乓球邀请赛。三明各县市区、三钢、晋江安海、德化、永春、安溪、南安、惠安等共21支代表队参加。分循环赛和淘汰赛两阶段，以团体分组5盘3胜11分制形式进行。经过角逐，建华、惠安代表队分获一、二名，大田乒协一队和梅列代表队获第三名。

（郑时义）

【百人自行车绿色骑行活动】 5月3日上午九点，共青团大田县委、县文广局主办，县自行车运动协会协办的“迎青运环苏区”自行车绿色骑行活动在白岩公园门口启程，上百名骑行志愿者参加。营造庆祝省首次举办青运会赛事的氛围，提倡“绿色环保、低碳出行”的现代生活理念，推动县自行车运动普及。

（郑时义）

【青年趣味运动会】 5月20日，县文广局、团县委主办，供电公司、大田六中协办的创建示范区系列活动之青年趣味运动会在县体育场举办。县各个机关系统28个代表队共300余人参加，经过角逐，鸿图中学、六中、职专、格林童装均获一等奖。

（郑时义）

【第三十届篮球比赛】 7月23至8月5日，县文广局主办、县篮球协会承办的县第三十届篮球比赛在县体育中心举办，设甲、乙、丙三组，共有35支球队，400多人参赛。采用单循环制和分组循环，第二阶段采用交叉比赛，赛期18天，经角逐，甲组冠军公安队、乙组A冠军厦桥队、乙组B冠军城管所队、丙组冠军前坪队。

（郑时义）

【冬泳比赛】 12月19日，县文广局主办，冬季游泳协会承办的第八届冬泳比赛在翰林泉健身中心举行。共有200多名冬泳爱好者参加冰桶挑战、400米畅游、8×50米蛙泳、自由泳接力赛。最终飞鱼一队、海豹二队、剑鱼二队分获8×50米蛙泳接力冠、亚、季军，海豹一队、海豚一队、鲨鱼二队分获8×50米自由泳接力冠、亚、季军。

（郑时义）

体育训练与竞技

【概况】 2015年，县运动员在参加各级相关运动项目竞赛中获优异成绩，其中，全国第九届残运会获二金三铜，全国全民健身操舞大赛获特等奖；市第六届运动会获九金九银，培养选拔一批优秀体育后备人才。承办2015年全国健美操锦标赛，获国家体育总局体操中心颁发的“特别贡献奖”。

（郑时义）

【参加市中小学生乒乓球联赛】 5月15—17日，县组团参加在三明市体育中心举办的市中小学生乒乓球联赛，初中组获男子双打第六名；小学组获男子双打第三名；小学组获男子单打第三名1人。

（郑时义）

【全国第九届残运会获二金三铜】 9月，县运动员在四川成都举行的全国第九届残运会暨第六届特殊奥林匹克运动会上，郭燕兰获女子T60级400米栏金牌和T60级100米、200米铜牌2枚；施生焯获羽毛球男子SU5级单打金牌及SL3双打铜牌。

（郑时义）

【全国全民健身操舞大赛获县代表队特等奖】 9月，县浩特代表队获在全国全民健身操舞大赛总决赛中，获徒手广场健身操项目特等奖，该赛事由世界休闲组织、青岛市人民政府、国家体育总局体操运动管理中心、中国健美操协会联合在青岛举办，全国22个分赛区27个省市选拔、推荐参赛队伍330支、运动员近6000名参加，是目前全国健美操赛事中项目设置最多、规模最大、运动员年龄跨度最广的赛事。

（郑时义）

【参加市第六届运动会】 11月25—29日，县组队参加在市体育中心举办的三明市第六届运动会篮球、羽毛球、乒乓球、游泳、跆拳道、田径、举重等7个项目的比赛中，获得9金、9银、18铜，并获大会组委会“体育道德风尚奖”。

（郑时义）

卫　生

编辑　魏庆赐

医药卫生管理

【概况】 2015年，全县各类医疗卫生机构509家，其中，县级和乡镇23家：县医院、中医院、疾病预防控制中心（卫生监督所）、妇幼保健院、卫生进修学校、社区卫生服务中心各1家和乡镇卫生院17家，民营医院4家（协和医院、民生医院、东南医院、平安医院），社会医疗机构17家（包括厂矿、学校及其他部门医疗室），社区卫生服务站8家，村卫生所（室）384家，个体诊所73家，乡村医生417人。公立医疗机构在编人员780人，其中，管理人员3人，医疗卫生专业技术人员711人，其他专业技术人员38人，工勤人员28人；临时聘用卫生技术人员435人。个体医生78人，社区卫生服务站卫技人员28人，民营医院卫技人员109人，社会医疗机构卫技人员51人。全县共有卫技人员1412人，每千人3.93人；病床1248张，每千人4.03张。全年门诊54.17万人次，比上年减少2.41%，住院3.75万人次，同比减少13.86%，其中，县级医院门诊27.56万人次，同比减少1.71%，住院2.13万人次，同比减少6.99%；乡镇卫生院门诊26.62万人次，同比减少3.09%，住院1.6万人次，同比减少21.95%。公立医疗单位总收入2.14亿元（财政补助5646.28万元），同比增长9.18%，其中，县级1.52亿元（财政补助2895.64万元），同比增长8.57%，乡镇卫生院总收入6250.51万元（财政补助2750.64万元），同比增长10.74%。医疗单位总支出2.09亿元，总结余489.99万元，其中，县级医院总支出1.51亿元，收支对抵结余52.84万元；乡镇卫生院总支出5813.35万元，业务收支对抵结余436.96万元。当年，县医院等完成高等学校招生、义务兵征集和公务员录用等健康体检6000人次。

（郭曾荣）

【机构整合】 5月，县委办、县政府办联合印发《大田县人民政府职能转变和机构改革的实施意见的通知》，县政府办公室印发《大田县卫生和计划生育局主要职责、内设机构和人员编制规定的通知》，组建大田县卫生和计划生育局（简称县卫计局），为正科级政府工作部门，内设11个股室。将原县人口和计划生育局承担的研究拟订全县人口发展战略、规划及人口政策职责划归县发展和改革局，原县卫生局承担的餐饮业、食堂等消费环节食品安全监管和有关职业卫生监管职责分别划归县安全生产监督管理局和县市场监督管理局下辖的县食品药品监督管理局。

（郭曾荣）

【县级公立医院改革】 2015年，县进行公立医院改革。一是实行药品零差率。县医院、中医院药品收入2846.02万元，让利患者412.6万元，药品收入占医药收入的比重为25.87%。二是实行医院院长、医生年薪制。县医院、中医院共核定工资总额5997.54万元、实发工资4550.56万元，院长年薪53.97万元。三是实行单病种付费改革。县级两家医院单病种付费结算1572例。四是控制医药费用增长，县医院住院次人均费用3732.85元，县中医院住院次人均费用4035元，控制在市级标准以内。五是调整普通门诊诊查费。根据市医药卫生体制改革领导小组关于进一步调整普通门诊诊查费的通知，县级医院主任医师、副主任医师、主治医师、医师的普通门诊诊查费分别从25元、20元、15元、10元调整到48元、38元、28元、18元，并由医保基金报销 18 元。

（郭曾荣）

【基层医疗卫生机构第二轮改革】 2015 年，全县公立基层卫生机构实行第二轮改革。一是完善分配制度改革，通过增收节支提高医务人员待遇，允许年终收支节余提取 80% 作为绩效工资，实行院长（主任）管理绩效奖励，按本单位人员平均工作绩效奖的 3 倍发放。二是调整普通门诊诊查费。乡镇卫生院高级职称、中级职称、初级职称的普通门诊诊查费分别从 8 元调整到 25 元、20 元、15 元，并由医保基金报销 15 元。三是调整基层医疗服务价格，根据市医药卫生体制改革领导小组关于调整理顺基层医疗卫生机构医疗服务价格的通知，调整医疗服务价格 406 项，其中，降低检查、检验类价格 115 项，适当提高一般医疗服务、一般检查治疗类价格 176 项，保留原价格 115 项。四是控制医药费用增长，乡镇卫生院住院补偿 1.54 万人次，总费用 1222.88 万元，次人均 792.80 元；基金补偿 804.52 万元，次人均 521.57 元；乡镇卫生院普通门诊补偿 12 万人次，总费用 672.70 万元，次人均 56.10 元。

（郭曾荣）

公共卫生

【概况】 2015 年，县卫计局加强对重点传染病的预防控制和公共场所、饮用水、食品安全等卫生监督，巩固卫生应急综合示范县创建成果，推进基本公共卫生服务项目，开展爱国卫生运动，保障人民群众身体健康。

基本公共卫生服务 2015 年，全县累计建立辖区内居民健康档案 28.93 万份，建档率 93.01%，合格率达 85% 以上；建预防接种建证 7521 人，建证率 100%，各种单苗接种率均达 95% 以上；0 岁—6 周岁儿童管理率 94.55%，儿童系统管理率 89.77%；新生儿访视率 94.2%，孕产妇早孕建册率 94.27%，孕妇系统管理率 95%；65 岁以上老年人 3.28 万人，健康体检 2.64 万人，体检率 80.49%；高血压患者 4.68 万人，健康管理 2.13 万人，管理率 45.53%；糖尿病患者 2.41 万人，健康管理 5719 人，管理率 23.70%；重性精神疾病患者登记在管 1239 人，在册管理率 3.90‰（1239/317559）；传染病及突发公共卫生事件报告和处理，法定传染病疫情报告率、报告及时率、突发公共卫生事件报告率均 100%；中医药健康管理率 35.61%。卫生监督协管信息报告率 62.23%。

疾病控制 2015 年，县卫计局贯彻“预防为主”的方针，加强疾病防控工作。一是传染病疫情报告。全年共报告法定传染病 13 种计 1060 例，死亡 1 例，报告发病率 340.84/10 万，报告死亡率 0.32/10 万，报告发病率比上年下降 4.97%，报告死亡率同比上升 2.10%；其中报告甲乙类传染病 8 种 708 例、死亡 1 例，报告发病率 227.65/10 万、报告死亡率 0.32/10 万，报告发病率同比下降 3.35%、报告死亡率同比上升 2.10%；丙类传染病 5 种 352 例，发病率 113.18/10 万，同比下降 8.08%。各病种发病情况为艾滋病 3 例、病毒性肝炎 346 例、痢疾 19 例、肺结核 143 例、伤寒 2 例、猩红热 5 例、淋病 72 例、梅毒 118 例、流行性感冒 2 例、流行性腮腺炎 5 例、急性出血性结膜炎 1 例、其他感染性腹泻病 49 例、手足口病 295 例。计划免疫控制的相应传染病均控制在部颁标准以下。二是免疫规划常规接种。全县报告出生儿童 7521 人，建卡率 100%。免疫规划疫苗报告接种率，卡介苗基础免疫 99.81%（6271/6283），脊灰疫苗基础免疫 99.91%（22250/22271）、加强免疫 99.94%（4844/4847），百白破基础免疫 99.91%（22439/22459）、加强免疫 99.89%（7169/7177），麻风苗基础免疫 99.91%（7514/7521）、麻风腮疫苗加强免疫 99.96%（7896/7899），白破加强免疫 99.87%（3902/3907），乙肝基础免疫 99.92%（21681/21699）、第一针及时率 99.58%（6459/6486），乙脑基础免疫 99.89%（7957/7966）、加强免疫 99.95%（7464/7468），流脑基础免疫 99.90%（16670/16689）、A+C 流脑加强免疫 99.90%（11106/11117），甲肝接种率 99.95%（7989/7993）。三是免疫规划统一接种。4 月，对全县 2010 年 1 月 1 日至 2014 年 3 月 31 日期间出生的所有儿童进行免疫规划疫苗查补免疫活动，其中麻疹类疫苗查补率 98.85%（774/783）、脊灰疫苗查补率 99.25%（1063/1071）。9 月，开展入托入学儿童查验证工作，共查验托幼机构 97 家、儿童 1.65 万人，补种率 92.95%(3389/3646)、补证率 96.5%(110/114)；查验小学 55 所、儿童 5163 人，补种率 93.76%（1879/2004）、补证率 93.59%（73/78）。10 月 12—18 日，对 18 个乡镇 75 个村儿童免疫规划疫苗接种率调查 634 人，调查结果全程接种率 95.74%（607/634）、合格接种率 90.69%（575/634）。四是重点传染病防控。全年新增艾滋病（HIV）感染者和病人 7 例，各类人群自愿咨询与 HIV 抗体检测 456 人次，看守所在押人员 HIV 抗体血清检测 270 份，检测结果阳性 2 例；高危人群现场干预 46 场次，干预覆盖 781 人次；12 月 1 日，组织开展“行动起来，向零艾滋迈进”为主题的第 28 个世界艾滋病日系列宣传活动。全年报告手足口病 306 例，专题分析该病 4 期，采集标本 60 份，检测结果为 EV71 型阳性 15 份、CVA16 阳性 9 份、其他肠道病毒阳性 27 份、阴性 9 份。全年新登活动性肺结核病人 130 例，涂阳 78 例，涂阳率 60%，其中新发涂阳 75 例。结核病项目 DOTS 策略人口覆盖率 100%，归口转诊符合率 31.3%(72/230)，病人管治率、督导与访视率均 100%，新涂阳肺结核病人的发现率 75%、治愈率 85%。3 月 24 日，开展“你我共同参与，依法防控结核，发现、治疗并治愈每一位患者”为主题的第 20 个世界结核病防治日现场宣传咨询活动。当年，发放麻风病线索调查表 325 份，回收率 100%，未发现可疑麻风病人，存活的麻风病人 7 例。1 月，开展“加速行动，消除麻风危害”为主题的第 62 个世界防治麻风病日系列宣传活动。全年未发生疟疾病例，发现丝虫病晚期病人 1 例，共血检不明原因发热病人 237 人次，均未检出疟原虫阳性者，血检数占全县人口总数的 6.10/ 万 (237/388232)，其中 5—10 月血检数占全年血检总数的 94.51%(224/237)。4 月，采集农村家庭碘盐 300 份，合格 287 份；采集孕妇家庭碘盐 100 份，合格 97 份；采集 8 岁—12 岁学生尿样 200 份，中位数 175.8 微克 / 升；采集孕妇尿样 100 份，中位数 165.4 微克 / 升；调查 8 岁—12 岁学生 200 人，发现Ⅰ度甲状腺肿大 3 人；调查孕妇 50 人，碘缺乏病知识知晓率 92%(138/150)。5 月 15 日，开展“科学补碘，重在生命最初 1000 天，预防智力残疾从胎儿开始” 为主题的第 22 个全国防治碘缺乏病日现场宣传咨询活动。当月，三明市地方病防治领导小组到县对“十二五”地方病防治规划进行终期考核评估，证实全县达到消除碘缺乏病目标。五是死因监测。报告死亡病例 1857 例，审核通过率 99.84%（1854/1857）。全县报告粗死亡率 5.97‰，报告及时性 81.21%，死因诊断不明比例 13.27%。六是疫苗异常反应监测。全年通过 AEFI（预防接种不良事件）监测网上报疫苗异常反应 8 例，其中非预防接种异常反应 7 例，患儿均痊愈；经省 CDC 实验室检测和市 AEFI 诊断小组鉴定确诊为“疫苗相关麻痹型脊髓灰质炎”1 例，属于预防接种异常反应，临床损害程度分级为“一级乙等”。七是传染病防治监督。医疗机构消毒监测 75 家，合格率 88.74%（465/524）；托幼机构消毒监测 45 家，合格率 68.68%（318/463）；一次性使用卫生用品生产企业卫生监测 1 家，合格率 100%(3/3)；医疗污水卫生监测 1 家、样品 4 份，合格率 75%(27/36)；集中餐饮具消毒单位抽检餐饮具 120 份，合格率 100%。2—4 月，对 283 家医疗机构开展冬春季传染病防治监督检查。4—9 月，对辖区内 207 家医疗机构开展消毒隔离专项监督检查，同时对 1 家消毒产品生产企业进行监督检查。11 月，对消毒产品生产、销售、使用单位进行专项监督检查。

卫生监督　2015 年，全县重点做好公共场所、饮用水卫生、放射卫生、学校卫生和医疗服务监督监测等工作。一是公共场所经营单位预防性审查 30 家，验收 27 家；发放卫生许可证 69 家，变更 2 家，注销 4 家，复核 39 家，发证率 100%。召开游泳场所卫生安全管理工作会 1 期。公共场所卫生监督量化分级评定 A 级单位 2 家、B 级 30 家、C 级 143 家。公共场所监督抽检覆盖率 95.2%（237/249），其中空气微小气候抽检 88 户次 128 个点，合格 80 个点；公共用品抽检 224 户次、样品 1305 份，合格 795 份；集中式空调抽检 5 户次、样品 15 份，全部合格；游泳池水抽检 31 户次、样品 124 份，合格 32 份。公共场所日常监督 501 户次，开展专项监督检查 5 次。二是完成省饮用水监测点水样监测 152 份，其中城区合格率 71.4%（30/42）、乡镇合格率 53.6%（59/110）；城区水务公司抽检 54 份，合格率 100%；乡镇自来水厂抽检水样 36 份，合格率 19.4%(7/36)；学校自备供水抽检水样13份，合格率46.1%（6/13）；监督快速检测水样117份，合格率100%。全年开展日常监督检查78户次，重点专项检查2次。三是全县公立医疗机构放射诊疗许可证持证率100%（23/23），放射人员个人剂量监测和健康监护率100%（48/48）、放射人员工作证持证率93.8%(45/48)，当年卫生监督覆盖率100%（23/23）。四是10月，对城区26所托幼机构开展冬季传染病专项监督检查。对10所小学19间教室进行教室人均面积、课桌面照度、黑板面照度、采光系数、窗地比、课桌椅分配符合率、噪声现场检测，并对学校卫生进行综合监督评价，合格学校100%（10/10）。五是4月医疗服务监管职能由县卫计局划转至县卫计局卫生监督所。6月，对城区47家个体医疗机构开展监督检查。6—9月，对3家取得《医疗广告审查证明》的医疗机构发布医疗广告情况和医疗保健信息服务情况开展专项监督检查。12月，整顿医疗服务市场秩序，依法查处打击“医托”诈骗活动。六是卫生监督协管，新聘卫生监督协管员11人、续聘37人，开展卫生监督协管绩效考核2次。4月10日、9月10日举办卫生监督协管员培训班2期。七是全年办理一般程序行政处罚12件，其中医疗服务市场4件、传染病防治1件、公共场所7件，处罚金额1.86万元。受理举报投诉案件7起，调查处理答复率、办结率、建档率均100%。八是从业人员健康体检4248人，发现职业禁忌证者1人。职业健康监护体检2616人次，发现疑似职业病病人206人、职业禁忌者327人。

卫生应急 2015年，县、乡两级医疗卫生机构储备的主要物资为应急设备、救治药品、消杀灭药品、个人防护物品、监测检验设备等，卫生应急物资315万元。继续做好国家、省级卫生应急综合示范县巩固工作，完善卫生应急预案体系，制定中东呼吸综合征防控等工作预案；开展医疗卫生机构集中应急培训1次、演练2次，做好人感染H7N9禽流感、埃博拉、中东呼吸综合征等传染病防控应急准备工作。8月，开展2015“浩沙杯”全国健美操锦标赛医疗卫生保障服务，为2000多名运动员和工作人员提供医疗保健和公共卫生保障服务。当年，县医院急诊科共接到各类急诊电话约2000个，“120”救护车出诊1392车次，派出医护人员2784人次，接诊病员1673人，院前病人急救抢救成功率97%，各类意外伤害得到及时妥善救治。

妇幼保健 2015年，县妇幼保健工作坚持保健与临床相结合、预防为主的方针，一是孕产妇系统管理。全县分娩产妇9044人，活产数9118人，产前检查8692人、产检率95.33%，孕产妇系统管理8381人、管理率91.92%，访视8694人、产后访视率95.35%，住院分娩活产9118人、住院分娩率100%，剖宫产数1180人、占产妇的12.94%，全县高危产妇筛查2947人、占产妇的32.59%，高危产妇管理2947人、管理率100%，高危产妇住院分娩2947人、住院分娩率100%。产妇梅毒检测5203人、检测率57.53%，孕产妇梅毒感染5人、感染率0.1%，孕产妇死亡3人、死亡率32.9/10万，无发生新生儿破伤风。二是儿童系统管理。全县7岁以下儿童5.27万人，体检5.03万人、体检率95.44%，其中3岁以下儿童2.66万人，系统管理2.43万人、管理率91.35%。筛查出高危儿1654人、筛查率约3.29%；高危儿专案管理1654人、管理率100%。全县低出生体重儿300人、发生率3.29%，出生缺陷儿46人、发生率5.04‰，死胎死产17人，早期新生儿死亡31人，围产儿死亡率5.26‰；新生儿死亡37人、死亡率4.06‰，婴儿死亡49人、死亡率5.37‰，5岁以下儿童死亡58人、死亡率6.36‰。三是新生儿听力和疾病筛查。听力应查9118人，已查8448人，筛查率92.65%，无发生听力障碍。新生儿疾病应查9118人，筛查5941人、筛查率65.16%，查出先天性甲状腺功能低下症3人，未筛查出苯丙酮尿症。四是婚前医学检查。全年结婚3992对，婚前检查3938对、婚检率98.65%，其中男婚检3938人，建议暂缓结婚13人、暂缓率0.33%，尊重受检者意愿699人，检出各类疾病413人、患病率10.49%，HIV筛查3938人、检出阳性患者1人；女婚检3938人，建议暂缓结婚11人、暂缓率0.28%，尊重受检者意愿522人，检出各类疾病517人、患病率13.13%，HIV筛查3938人、检出阳性患者1人。查出的各类疾病均给予相应的治疗及指导。五是托幼机构卫生保健。定期开展托幼教师和0岁—7岁儿童每年一次健康查体，全县托幼园所

46所，入托儿童1.36万人，入托儿童体检1.33万人、体检率98.2%，其中患严重营养性疾病、管理145人，已转归98人，对检出疾病和缺点的儿童进行矫治。托幼机构有保育员250人，教养员702人，炊事员83人，保安人员66人，保健人员24人。六是爱婴医院复查。10月，县医院、广平卫生院、建设中心卫生院通过省爱婴医院专家组复核评估，继续保持“爱婴医院”称号。

当年，全县实施妇幼重大公共卫生服务项目，实行农村孕产妇住院分娩补助，符合补助条件的农村孕产妇3130人住院分娩，发放补助款125万元。为农村育龄妇女增补叶酸预防神经管缺陷，发放叶酸2873人次、服用率33.9%；开展城乡低保妇女妇科病免费普查，已查452人，查出的各类疾病大部分得到相应的治疗；农村孕妇和城市低保孕妇免费产前筛查诊断，对怀孕15—20^6周的孕妇进行采血筛查，对怀孕18—24周的孕妇进行超声初筛，受查2831人，血清检出高风险53人，彩超查出异常107人，均建议到上级医院进一步诊治。

爱国卫生 2015年，县爱国卫生工作一是持续推进“双城同创”（省级文明县城、省级卫生县城、国家生态县城）工作，分别在4月和9月开展统一环境卫生整治2次。二是4月全县开展以“清洁家园、除害防病、促进健康”为主题的第27个全国爱国卫生月活动。三是9月在城区开展大规模的蚊蝇蟑消杀和灭鼠等除“四害”活动，投放溴敌隆鼠药2.5吨。四是实施农村改水改厕，农村自来水普及率99.14%、无害化厕所普及率92.32%。

（郭曾荣 肖其富 陈亚周 黄骄莲）

【健康教育与宣传】 2015年，县卫生局与县电视台联办《健康同行》栏目，每半个月播出1期，每期15分钟，共播出24期；开展各种卫生宣传日(周)活动15场次，接受公众健康咨询9000余人次；举办健康培训与讲座330余场，受教育5000余人次；出健康教育宣传栏348期；印制发放健康教育材料15万份。

（郭曾荣 肖其富 陈亚周 黄骄莲）

新型农村合作医疗

【概况】 2015年，全县加强定点医疗机构监管，完善城乡居民基本医疗保险，规范运作和基金补偿，共参加合作医疗32.62万人，参合率99.2%，中央、省、市、县财政对参合居民每年人均补助从320元提高到380元，全年筹集资金1.53亿元，纳入县财政新农合基金专户管理，其中，各级财政补助1.24亿元，个人缴纳2935.84万元（含县财政为2.43万人农村低保户、五保户等特殊人员统筹支付的218.50万元），各级财政补助到位率和农村居民个人参合资金收缴完成率均100%。

（郑启祥）

【新农合医疗政策调整】 2015年，县新农合执行全市统一的基金统筹补偿标准，普通住院补偿实施分段补偿政策，一级医院起付线80元，80元—300元部分补偿比例60%，300元—800元部分补偿比例95%，800元以上部分补偿比例80%；二级医院起付线为400元，400元—4000元部分补偿比例85%，4000元—6000元部分补偿比例80%，6000元以上部分补偿比例75%；三级医院起付线600元，600元—4000元部分补偿比例50%，4000元—8000元部分补偿比例60%，8000元以上部分补偿比例80%；统筹区外定点医院起付线600元，600元—4000元部分补偿比例40%，4000元—8000元部分补偿比例50%，8000元以上部分补偿比例70%；全年基金补偿封顶10万元。门诊特殊病种补偿放开为26个病种，不设起付线，补偿比例分70%和80%两个层次，全年基金补偿封顶0.2万元—10万元不等；普通门诊补偿不设起付线，补偿比例60%，次均补偿封顶40元，全年基金补偿封顶120元/人；一个年度内发生的政策范围内自付费用（全年累计政策范围内费用扣除住院、特殊病种门诊统筹基金补偿金额）纳入大病补充补偿范围，实行分段补偿，起付线6000元，0.6万元—2万元部分补偿比例65%，2万元—4万元部分补偿比例75%，4万元以上部分补偿比例85%，全年补充补偿封顶22万元。

（郑启祥）

【城乡居民医疗补偿】 2015年，全县城乡居民医疗住院费用补偿4.7万人次，总费用2.11亿元，基金补偿1.05亿元，次均补偿2233.42元，实际补偿率49.7%；特殊病种门诊费用补偿8.24万人次，总费用1887.80万元，基金补偿1270.71万元，次均补偿154.26元，实际补偿率67.31%；普通门诊费用补偿14.26万人次，总费用1002.52万元，基金补偿365.21万元，次均补偿25.60元，实际补偿率36.43%；大病住院费用补充补偿9476人次，基金补偿925.09万元，次均补偿976.24元。

（郑启祥）

【城乡居民医疗保险基金支付】 2015年，全县共支出医疗保险基金1.31亿元，其中，系统报销补偿支出1.21亿元，比上年增长11.61%，提取补充补偿基金978.62万元，同比增长3.23%。当年收支结余2225.38万元，基金使用率85.49%。

（郑启祥）

医院建设

【概况】 2015年，全县各医疗卫生单位结合实际，录用和加强培养卫生专业技术人员实施科学管理，多方筹集资金，完善基础设施建设，添置医疗设备，改善县、乡两级医疗卫生机构的服务环境，提升医疗质量和服务水平。

（郭曾荣　吴培源　余小芳）

【县级医疗机构建设】 10月8日，县中医院整体搬迁至福田路137-1号新院区，工程于2011年9月动工，占地1.53公顷，建筑面积3.36万平方米，总投资1.68亿元。县妇幼保健院拟搬迁建山路69号原中医院旧址，11月，动工修缮改造，总投资2000万元。当年，县医院改造层流手术室10间和重症监护室（ICU）病床11张，总投资1500万元。

（郭曾荣）

【卫技人员招聘】 12月，县卫生系统经公开招聘，共录用卫生专业技术人员58人，其中县直医疗卫生单位51人，乡镇卫生院7人。委托省内医学高等院校培养县内医学本科生11人，大专生4人。

（郭曾荣）

【乡镇卫生院建设】 2015年，奇韬、屏山、湖美等3个卫生院进行环境改造和扩建，其中，奇韬卫生院改扩建病房综合楼1183平方米、屏山卫生院建设门诊综合楼636平方米、湖美卫生院环境改造55平方米。总投资340万元，

（郭曾荣）

【医疗设备添置】 2015年，县医院购置医疗设备18台（套），投入资金758.16万元，其中，彩色多普勒超声诊断系统2台、117万元，数字X射线摄影系统1台、102万元，移动式C形臂X射线机1台、83.98万元，血液透析滤过装置3台、50.4万元，眼底照相机1台、39万元，快速全自动清洗消毒器2台、38万元，全自动全封闭脱水机1台、32万元，骨密度检测仪1台、28万元，脉动真空灭菌器MAST-A-1500 1台、25万元，脉动真空灭菌器MAST-A-1200 1台、22万元，人体成分分析仪1台、20万元，动脉硬化检测仪1台、20万元，心率变异分析仪1台、19万元，立体阴道镜系统1台、14万元，支撑喉镜1台、1.9万元，根管动力系统1套、1.9万元，血液透析滤过机2台、45万元，危重症孕产妇监护救治网络建设项目设备25万元，超声切割止血系统1套49.78万元；县中医院投入85万元，其中添置电子胃镜1台、56万元，C臂机1台、29万元；县妇幼保健院投入64.3万元，其中，购置全自动凝血分析仪10台、34.2万元，胎儿脐血流检测仪10台、5.9万元，视力筛查仪10台、8万元，阴道镜10台、3.7万元，高频手术系统1套12.5万元；广平、湖美、屏山、吴山、谢洋、济阳、前坪、梅山等乡镇卫生院共投入130.35万元，添置黑白B超2台，彩超、大生化、全自动血球仪各1台，心电图机5台等医疗设备。

（郭曾荣　吴培源　余小芳　陈亚周）

【最美医务工作者评选】 2015年，根据《三明市深化医药卫生体制改革领导小组关于开展首届“最美医务工作者”评选活动的通知》，经组织推荐、资格审核、社会评选、领导小组评审和媒体公示等程序，温春水、陈淑珠、杨连熠、黄春花、林明场5人被评为三明市首届“最美医务工作者”。

（郭曾荣）

【医患纠纷与医疗责任险理赔】 2015年，全县医疗机构向长安、阳光保险公司投保医疗责任险148家，赔偿金额30万元以内的医疗事故，经县医疗纠纷调解委员会调解的医患纠纷或经市级鉴定的医疗事故，由保险公司按50%—100%比例进行赔偿。全年发生医患纠纷19起（调解17起，向法院起诉和申

请医疗鉴定各1起），其中保险公司理赔2起，赔付17.7万元。

（陈之垅）

医学教育与科研

【概况】 2015年，全县选送医务人员到上级医院进修42人次；组织在职人员参加医学通讯继续教育341人、网络医学继续教育282人；参加各种短期培训、学术交流等78人次。全年取得执业资格护士32人、医师18人、助理医师30人，取得初级职称100人、中级30人、高级27人。三明职业技术学院大田卫校教学点招收2015级护理专业1个班、42人，学制3年。7月，县卫校2012届护士班毕业38人。年底，县卫校在校全日制护理班3个、110人。

（郭曾荣）

红十字会

【概况】 2015年，县红十字会开展人道主义救灾、救助、救护工作，提高备灾救灾能力，完善红十字会网络建设，加大筹资宣传力度，推进社会救助活动。2月、4月，在影剧院门口组织3次无偿献血活动，参加献血717人次，献血量25.47万毫升；受理城镇居民（低收入家庭和低保家庭）申请大病救助47例。接收省红十字会救援物资价值2.08万元，发放到文江乡大安、联盟、温厝和特校、城二小等3个村及2个学校的600个受灾户。在新华都超市等公共场所设置捐款箱，开展社会募捐活动，全年收取募捐款1300元，存入县红十字会专户。

（陈之垅）

社会生活

□编辑 魏庆赐

人口和计划生育

【概况】 2015年，全县完成市下达的年度人口计生责任目标任务。全县总人口41.42万人，自然增长率12.31‰，出生人口政策符合率86.97%，性别比100:105.92。5月，幸福工程全国组委会授予大田县幸福工程项目办公室“幸福工程——救助贫困母亲行动‘爱心集体’”称号。计划生育工作在全省年度考核评估中获三等奖；县计生协会被市计生协会、中国人寿保险公司三明分公司评为2014年度计生家庭意外伤害保险工作综合评比中获三等奖。

（陈淑丹）

【人口和计生工作会议】 1月9日，县人口计生领导小组在县人口计生局六楼会议室召开会议，县人口计生局汇报2014年计生工作及2015年工作思路、2014年度乡镇和县直有关单位考评结果，研究讨论单列村管理变动名单、制定当年计生考评方案等相关事宜。县委副书记廖金辉、宣传部长章玲、组织部长蔡建明和县人大常委会副主任、县计生协会会长温如校、副县长陈钦梅、县政协副主席高石麟、县人口计生领导小组成员单位领导参加。

2月26日，县委、县政府在县影剧院召开全县人口计生工作会议，县、乡镇、村三级领导干部共600多人参加。县长熊旭明主持，县委书记汤俊生作讲话，县委副书记廖金辉宣读表彰决定，副县长陈钦梅作主题发言，县人大常委会副主任、县计生协会会长温如校作计生协会工作专题发言。并对2014年度人口和计划生育工作先进单位进行表彰。

4月8日，县人口计生领导小组常务副组长、县委副书记廖金辉主持召开计生工作会议，宣传部长章玲、组织部长蔡建明、副县长陈钦梅，县政协副主席高石麟、人口计生局局长周家好和县人口计生领导小组成员等参加。学习传达3月20日全市人口计生工作视频会议精神，分析（2014年10月—2015年3月）人口计生工作存在的问题，对应重点抓好的主要工作提出要求。

（陈淑丹）

【上级领导到县调研】 3月25—26日，省计生协会常务副会长、幸福工程省组委会主任陈光普到县调研指导生育关怀工作，察看屏山乡、济阳乡、桃源镇计生户帮扶示范基地和美丽乡村建设情况，走访慰问受助贫困计生家庭，了解家庭经济和协会项目资金落实、生产生活情况。县委副书记廖金辉和人大常委会副主任、计生协会会长温如校等陪同。

8月17日，市卫生计生委党组书记吴功亮、副主任郑晓英一行3人到县开展计划生育工作专项督查，对当年度计划生育工作主要指标、卫生计生机构整合情况等进行调研，督查组到梅山乡了解有关情况，县委副书记廖金辉、县卫生和计生局（简称卫计局）局长陈永晶陪同。

9月24日，中国计生协会生育基金管委会顾问苗霞、北京中医药大学管理学院主任高莉敏、省计生协会常务副会长陈光普、省计生协会项目工作部副部长张晨霞和市计生协会党组书记、会长吴金容等一行7人到县，通过入户访问、召开座谈会和调查问卷等形式，对县实施“生育关怀·创建幸福家庭——防治寄生虫，促进健康行动”项目进行考察评估。25日，在龙山宾馆一楼会议室召开座谈会，县委书记汤俊生、副县长陈钦梅和宣传部、团县委、妇联、农业局、水利局、卫计局、科协、计生协会、县疾控中心等相关部门领导和部分乡镇分管计生领导共25人参加。

11月12日，市卫生计生委副主任许文盛、郑晓英一行6人到县考核当年计划生育目标管理责任制完成情况，到均溪镇、奇韬镇进行相关工作检查，县委副书记廖金辉、宣传部长章玲和县人大常委会副主任、计生协会会长温如校及副县长陈钦梅等陪同。

（陈淑丹）

【计划生育宣传】 5月15日，县卫计局、上京镇党委、政府与市卫计委在上京镇联合举办“庆祝第22个国际家庭日——重视家庭建设促进家庭健康”人口文化宣传晚会。市卫计委党组书记吴功亮、副主任郑晓英。县委副书记廖金辉、副县长陈钦梅等参加。9月22日，县卫计局、计生协会和武陵乡党委、政府在八一小学联合举办“红色武陵·幸福计生”晚会，并表彰10户诚信计生家庭示范户、标兵户，省卫计委机关党工委副主任科员林宇波、市卫计委党组书记吴功亮、副主任郑晓英和县委副书记廖金辉、副县长陈钦梅等参加。同日，县委宣传部、县卫计局、县计生协会联合在岩城艺术馆举办“关爱女孩”——大田县女子书法展，展出书法作品80余幅，并结集成册。

（陈淑丹）

【生育关怀行动】 5月15日，三明市首家诚信计生家庭健康促进中心在上京镇卫生院成立，以诚信计生户的健康需求为导向，提升诚信计生家庭医疗水平及大病保障，建立健全诚信计生户健康保障机制。相关做法得到省市领导肯定，并在《人口之声》和东南新闻网专版介绍。当年，县承担国家计生协会“创建幸福家庭活动——生殖健康援助行动”试点项目（“蓝氧”），“蓝氧”治疗仪为育龄妇女治疗妇科病317例。同时，推进幸福家庭创建，实施幸福家庭致富链、成才链、健康链“三道加法”，开展“诚信计生·幸福家庭”行动，落实各项计生奖励优惠政策，提升生育关怀水平。全年培育幸福家庭示范户和少生快富幸福母亲140户，发放农村二女户奖励费41.04万元、救助帮扶计划生育特殊家庭10人、13.03万元，奖励扶助220人、44.28万元，为212人发放独生子女奖励费21.2万元。

6月18日，县计生协会邀请三明市医疗专家、法律援助志愿者到上京镇开展义诊咨询、法律援助、关爱留守儿童活动，为群众进行义诊328人，免费发放药品价值1.2万元，提供法律咨询32人次，发放宣传单800余份。

（陈淑丹）

【生育审批改革】 7月1日起，全县改革生育服务证制度，推行对再生育审批承诺制。实行一孩生育登记制度，不再申办一孩生育服务证；精简、规范、方便群众再生育审批，县卫计局委托乡镇办理再生育许可证。

（陈淑丹）

【生育征信管理启动】 7月10日，县违法生育信息纳入个人信用体系管理启动仪式在县卫计局六楼会议室举行，县卫计局局长主持，市卫计委副主任何千晶及相关人员，县政府分管领导陈钦梅，县法院、公安局、银监办、人行县支行和县工行、农行、中行、建行、邮储银行、兴业银行、信用联社、晋农商村镇银行主要负责人，各乡镇和东风农场分管计生领导，县卫计局相关人员等50人参加。启动仪式上，人行县支行负责人、副县长陈钦梅、市卫计委领导分别发言，县卫计局与县8家商业银行签订合作协议书。

（陈淑丹）

民政工作

【概况】 2015年，大田县民政工作坚持“以民为本、为民解困、为民服务”的宗旨，完成村（居）委会换届选举，规范城乡低保审批程序，提高社会救灾救助水平，继续做好双拥优抚安置，专项社会事务管理等工作，民政工作取得较好成绩。

救灾救济 2015年，全县救灾救济工作，一是继续实行农村住房统一保险和自然灾害公众责任保险，增加室内财产附加险。由省财政拨付保费89.15万元，为农村住房统保9.34万户，受灾民房每户最高赔偿1万元；市、县财政拨付保费48.32万元，自然人纳入自然灾害公众责任保险34.12万人，因灾死亡每人最高赔偿10万元；市财政拨付保费9.34万元，农户的被褥、衣类、粮油、厨具、炊具等室内财产投保8.34万户，因灾每户最高赔偿1500元。当年农户住房受灾47户、165人，理赔36.5万元；因灾死亡1人，赔偿10万元；室内财产理赔12户，赔偿金额1.8万元。全年下拨救灾资金85万元，救灾棉被726条；为4个A类避灾点配备被子、洗漱用品、手电筒、铁架床、救灾应急包等生活物资。二是落实市政府《关于加强城乡困难家庭临时救助工作的意见书》，因病、就学、突发灾害和其他原因造成暂时困难的家庭，给予非定期、非定量临时生活救助，最高救助金5000元。临时困难救助272人次、资金38.7万元。三是继续实施城乡困难群众医疗救助，城乡全面实行医疗救助"一站式"即时结算服务。救助1.76万人次、365.9万元；资助城乡困难居民缴纳医保1.95万人、175.88万元。四是为城市流浪乞讨人员提供食宿、帮助寻找亲人，救助186人次，其中，购买车票或护送返回原籍19人次，护送流浪汉乞讨精神病（含智障人员）和易肇事肇祸重性精神病人5人到永安市同济医院（原三明市第四医院）救治；开展夏季送清凉活动，发放矿泉水240瓶、快餐53份、衣服18套。

城乡居民低保 1月起，农村低保标准由2100元提高到2300元，人均补助标准从135元提高至154元。集中和分散供养五保户供养水平分别由每人每月600元、466元提高到698元、543元。80周岁及以上低保老年人发放100元/人月的高龄补贴。8月起，城市低保标准从每人每月360元提高到452元，三无人员供养标准提高至每人每月588元。当年，全县农村低保对象2802户7793人，发放低保金1544.16万元，月人均补助165元；城镇低保对象403户812人，发放低保金313.1万元，月人均补助321元。农村五保1047人，发放五保金692.94万元，月人均补助551元。

优抚安置 2015年，县委、县政府加强"双拥"工作领导，及时调整充实双拥领导小组人员，在春节、"八一"建军节、国庆节期间慰问驻军部队和重点优抚对象557人，发放慰问金25.5万元。按照国家民政部和省民政厅规定提高优抚对象生活补助标准，全年共发放重点优抚对象和农村60周岁以上退伍士兵抚恤补助金527.35万元，为驻军随军无工作家属9人发放生活保障金7.62万元，月人均600元；为重点优抚对象720人发放医疗救助金25万元、门诊医疗补助金10.2万元、困难补助金2.17万元；给应征入伍大学生70人发放一次性奖励金17万元；为84人发放优秀士兵奖励金9.02万元；为义务兵家属332户（农村314户，城镇18户）发放优待金346.29万元。接收退役士兵144人（农村138人，城镇6人），发放地方经济补助金315.5万元。安置符合条件转业士官到乡镇工作1人，推荐退役士兵参加省退伍军人培训中心职业技能培训65人。当年，全县复查审核重点优抚对象，新增114人（带病回乡退役士兵3人、60周岁以上退役士兵109人、在乡老复员军人1人、参战人员1人），自然减员41人。

基层组织建设 2015年，县民政局加强对村（居）民自治工作指导，开展村（居）委会换届选举。5月6日，县委办、县政府办印发《大田县2015年村级组织换届选举工作实施意见的通知》，召开全县村（居）委会换届选举工作会议，安排部署换届选举工作。9月上旬全县265个村委会、8个社区居委会全部完成换届选举，选出新一届村（居）委会成员，建立新的领导班子。12月，民政局与县委党校联合举办村委会主任培训班2期，参加265人。加强指导村（居）委会制度建设，推进农村基层民主政治建设。继续招募高校毕业生6人服务社区，派往白岩、玉凤、仙亭、赤岩、文昌居委会学习锻炼2年，参与社区服务和管理；对2013年、2014年招募的9名高校毕业生进行服务社区工作绩效考核。落实社区干部报酬，主任、副主任、专职委员的财政性生活补贴分别按上年度事业单位在岗职工年平均值的80%、75%、60%执行。完善南街、东门社区综合服务站建设，投入60万元。共有19名社区工作者参加职业水平考试，取得全国社会工作者职业资格证书6人，其中中级4人、初级2人。

殡葬改革 7月29日，副县长戴绍松主持召开加强城区殡葬管理专题会议。在铁路、公路（含高速路、国道、省道、县道）、主要河道两侧、水源保护区、风景旅游区、文物保护区、经济开发区、住宅区"三沿五区"开展毁林占地建坟墓调查。向18个乡镇和东风农场颁发《大田县2015年度殡葬改革工作目标责任书》。继续推行惠民殡葬政策，全年共火化境内遗体1868具，免除殡葬费210万元。其中，基本殡葬费每具885元，共165.32万元；困难群众对象94人（城乡低保47人、农村五保41人、重点优抚和革命“五老”人员6人），免费项目2.09万元；处理公安立案侦查案件移送无名尸体3具、费用4.17万元；财政物价价差贴补38.42万元。

社团管理 2015年，县民政局登记阳春普照堂文物保护协会、电子商务行业协会、净明传统文化交流学会、南安商会等社团4家。年检社团135家、民办非企业单位34家，合格率100%。参加评估社会组织93个。

勘界区划与地名 2015年，县勘界办继续开展乡级界线联检，6月底，完成上京与石牌等7条乡级界线联检共73.7公里。继续联合开展平安边界建设，促进行政界线平安稳定。继续加强地名管理做好城区街路牌日常管理维护，召开第二次全国地名普查动员部署会和工作培训会议，制订实施方案，设立地名普查办公室，添置办公设备，完成公开招投标，签订购买服务协议。上报“最美地名”有关资料2篇。

老区扶建 2015年，省、市老区部门扶持县老区生产发展和农村基础设施建设项目9个、资金25万元。其中，谢洋乡和春村、武陵乡桃溪村老年活动室建设各2万元；桃源镇上举村桥梁建设2万元，武陵乡红君村、谢洋乡碧山村、太华镇高星村、上京镇丰田村道路建设各2万元和石牌镇拱桥村1万元；桃源镇兰玉村湖羊养殖科技示范项目10万元。

（詹金花）

【村（居）委会换届选举】 年初，县民政局开展村委会换届选举前调研。6月，在石牌镇进行村委会换届选举试点，制定换届选举工作方案报请县委办、县政府办批转实施。7月9日，培训各乡镇村委会换届选举骨干52人。并加强对村（居）委会换届选举各个环节的指导。全县265个村委会共选出村委会成员837人，其中，主任265人，副主任266人，委员306人；8个社区共选出居委会成员42人，其中主任、副主任各8人、委员26人。27个村党支部书记与村主任由1人担任，占全县总村数的10.2%，村党支部委员与村委会委员交叉任职188人，占村委会委员的22.46%，每个村委会班子都有女性成员1人，村民女代表比例达到36.1%。12月，县民政局与县委党校联合举办村（居）委会主任岗前培训班2期，参加273人。

（詹金花）

【规范低保工作】 2015年，县民政局按照《社会救助暂行办法》，利用“城乡低保家庭经济状况核查”系统平台，对新申请户、原有低保户进行系统信息比对，及时清退不符合条件的对象。凡符合申请条件的可即时申请，采取村（居）委会调查、乡镇核查，民政局入户抽查等方式，农村低保每季度集中审批，城市低保每月集中审批。全年清退865人，新增153人。

（詹金花）

【慈善救助】 2015年，县慈善总会开展助医、扶贫、助学等，发放各类公益善款295.5万元，其中，定向资助浩沙杯全国健美操锦标赛230万元，文江乡山芹村、昭文村道路混凝土铺设各4500元，助学63人58.3万元，资助特殊教育学校2.1万元，爱心包裹2.3万元，慈善超市1.9万元。

（詹金花）

【婚姻与孩子收养登记】 2015年，县民政局婚姻登记服务大厅办理结婚登记4468对、离婚登记544对，补发结婚证书518对、离婚证书33本，出具无婚姻登记记录证明2980份。办理孩子收养登记1件。

（詹金花）

【社会福利中心建设】 2015年，县民政局完成社会福利中心部分室外附属工程建设，投资180万元。

（詹金花）

【农村幸福院建设】 2015年，全县建设集日间照料、就餐、文化娱乐、健身为一体的农村幸福院有均溪镇和丰坪村，太华镇群团村、池园村，湖美乡湖上村，武陵乡桃溪村，梅山乡梅山村，文江乡大安村、后洋村8个村，上级各补助20万元，其中，每个院省财政厅、民政厅补助17万元，中央专项彩票公益金补助3万元，计160万元。

（詹金花）

【助孤工程】 2015年，民政部门经调查核实，全县有孤儿87人，发放基本生活费88.5万元，月人均847元。慈善救助孤儿10人，发放助养费1万元，每人每年补助1000元。

（詹金花）

【福利彩票销售】 2015年，全县销售福利彩票1044.75万元，其中，电脑福利彩票494.27万元、刮刮乐37.5万元，“中福在线”512.98万元。

（詹金花）

老龄工作

【概况】 2015年，县老龄委继续宣传贯彻、执行党和国家有关老龄工作的方针、政策，围绕“六个老有”（老有所养、老有所依、老有所教、老有所学、老有所乐、老有所为），目标开展敬老活动。在春节、老年节期间慰问高龄老人，困难老人。巩固9个老年基金会、有资金60万元。全县有60岁以上老年人4.28万人，占全县总人口10.8%。

（林启亮）

【高龄老人慰问】 “老年节”期间，县老龄委慰问高龄和在院老年人781人，发放慰问金10.27万元，其中90—94周岁656人、慰问金100元/人、计6.56万元，95周岁98周岁87人、慰问金200元/人、计1.74万元，100虚岁4人、慰问金300元/人、计1200元，100周岁9人、慰问金1500元/人、计1.35万元，在院老人25人、慰问金200元/人、计5000元。

（林启亮）

【高龄老人生活补贴】 2015年，全县高龄老年人发放生活补贴，80周岁—89周岁人月30元，共5318人、发放补贴191.45万元；90周岁—99周岁人月补贴50元，共619人、发放补贴37.14万元；100周岁的月补贴300元，共9人、发放补贴3.24万元。

（林启亮）

库区移民工作

【概况】 2015年，大田县库区移民开发局（简称“县移民局”）围绕“移民富、库区美”的目标，促进移民经济发展，民生改善，维护库区安定稳定。一是推进“平安库区”创建，县政府向全县大中型水库库区8个乡镇政府下达“平安库区”责任书，纳入年终综治考核。县、乡政府和村委会及时调整充实县、乡、村三级信息网络和库区维稳信息员、网络舆情引导员和维稳群众工作队等“三支队伍”，建立健全库区综治信访维稳1+N调解领导小组和调委会。全年共受理移民群众信访件4件，没有发生移民群体事件和越级上访事件。二是继续实施库区环境综合整治和移民村庄建设，在均溪镇城东村、谢洋乡坑口村、湖美乡高才、宏才村等移民村庄开展移民村庄环境综合整治，投入移民资金926万元。其中，均溪镇城东村建绿化带休闲公园设施项目投入102万元；“库区移民村庄亮化工程” 湖美乡岬才、济阳乡国庆、文江乡大安等村共架设路灯293盏，投入145万元；完成湖美乡宏才、仁美、湖上村、谢洋乡科里、坑口村、济阳乡砚坑、芳林村、吴山乡梓溪村等村内道路混凝土路面铺设17.64公里，总面积3.87万平方米，投入334万元；济阳乡芳林、大儒村机耕道路建设6.1公里，投入121万元；谢洋乡坑口村环境综合整治及配套设施项目，沟渠整治砌筑3.8公里、绿化9000平方米、房屋立面装修14座、2240平方米，投入274万元。三是做好库区移民后期扶持，发放直补资金346.05万元，开展“温暖在库区，倾心为移民”慰问活动，为困难库区移民663户（人）和老年移民发放慰问金19.36万元；为湖美乡湖美、宏才、旺建挂包村争取帮扶资金128万元。

（李求景）

【城东村轻工业（一期）标准厂房项目竣工】 12月，均溪镇城东村轻工业（一期）标准厂房竣工，5层框架结构、建筑面积4154平方米，投资802万元。产权为城东村集体所有，并对外招租，石狮东华服饰有限公司中标，生产服装及饰品，自营和代理进出口业务。为城东村及清网移民提供就业岗位500个。

（李求景）

【库区移民创业小额贷款贴息试点】 2015年，大田县被省移民局列为全省“移民创业小额贷款贴息试点县”，经贷款银行自审、自核、自贷、自收，贷款额度在10万元（含10万元）以内、期限在3年（含3年）以内的生产开发和生产经营贷款项目，在贷款期满全部还本付息后，可获得同期贷款基准利率的贴息补助。

至年底，有186户移民办理贷款2339万元，发放贴息资金100万元。

（李求景）

社会新风

【概况】 2015年，县委宣传部、团县委、文明办等部门做好宣传引导，在全县城乡居民委培育和试行社会主义核心价值观，加强思想道德建设，组织讲文明树新风和社会志愿活动，倡导崇尚科学、团结互助等，树立社会主义新风尚。举办首届道德模范故事比赛，并评选道德模范，褒奖群众身边看得见、摸得着、学得到的凡人善举，营造助人为乐、扶贫济困、见义勇为、孝老敬亲、诚实守信、团结和谐的社会环境。

（王尧钦　周善智）

【关爱留守儿童活动】 1月23日—3月11日，团县委等组织“关爱留守儿童，共享一片蓝天”活动。旨在唤起社会各界对留守儿童的关注，让更多的留守儿童能得到帮助。首日募集善款8.36万元，由县邮政局统一定制“爱心礼包”1045个，发放给6周岁—14周岁的贫困留守儿童。

（王尧钦）

【开展“暖冬行动”】 2月4日，团县委组织大田一中等青年志愿者服务队到县汽车客运站开展春运期间志愿服务活动。向乘客发放春运出行宣传材料，普及文明安全乘车知识；帮扶老弱病残孕乘客上下车。

（王尧钦）

【大学生爱家乡教育活动】 2月12日，团县委组织20名返乡大学生到城区街道、屏山乡等地，开展“大手牵小手，爱心暖童心”关爱农村留守儿童活动。感受美丽乡村建设情况，借助大学生群体传播面广的优势，强化热爱家乡意识、引导他们为家乡建设尽力。通过走村入户，将福建驻京团工委捐赠的40个价值各200元的爱心礼包分发给屏山乡留守儿童。

（王尧钦）

【志愿者服务活动】 3月5日，团委组织城区各中学开展以“美丽家园、美好生活”为主题的志愿服务活动。志愿者们捡垃圾，扫道路，整理车棚，清理卫生死角；到均溪镇敬老院慰问老人，送上鸡蛋、面食、水果、蔬菜等食品，打扫卫生，与老人们谈心。组织国际低碳志愿者慰问县武警中队10名退伍战士，与战士们一起包水饺、烹佳肴，按当地风俗为退伍的战士敬上红蛋、送上美好祝愿。6月20日，组织20名学生志愿者到县老人院开展“端午粽香送爱心”慰问孤寡老人活动。暑假期间，团县委协同县关工委组织以一中、五中、城二小、玉田村关工委为主体的大田“第二集美学村”爱国主义教育基地志愿者服务队，为来自全国各地的高校师生和部队官兵提供导游、讲解服务。8月，团县委组织150名志愿者为“浩沙杯”全国健美操锦标赛提供竞赛、礼仪、医疗、接待、应急、文秘、导游等服务。

（王尧钦）

【“最美家庭”入候选榜】 3月27日，县吴兰芳、吴美华、涂众志3户家庭入选市妇联、市委文明办联合举办的三明市第二届寻找“最美家庭”活动候选榜。

（周善智）

【祭扫革命烈士墓活动】 清明期间，桃源、武陵、谢洋等中小学师生1200多人开展祭扫革命烈士墓活动。4月3日上午，团县委组织城区中小学生、县直部门、部队官兵等共360余人到县革命烈士陵园开展祭扫缅怀教育活动。

（王尧钦　周善智）

【捐资助学】 5月10日，团县委联合县妇联、红十字会、华正义工联合会在时代广场举行“为了母亲的微笑——母亲健康1＋1”母亲节公益募捐活动。佳龙超市、县食为天电子商务有限公司等一批企业发动员工加入捐款行列，参与此次活动的孩子均获赠一支康乃馨，孩子们用爱心换来一份献给母亲的礼物。当天，共募捐到善款1.35万元。5月19日，团县委向受助学生的家人发放“许清水青少年医疗救助金”共2万元。5月28日，团县委组织为宁化、清流两县“5·19”特大洪灾捐款，共募捐到爱心资金4.72万元。6月5日下午，团县委联合县交警大队举行希望工程“阳光助学，播撒希望”驾驶员爱心助学金发放仪式，15名学生受助2万元。5月30日，团县委、大田岩视眼镜店在鸿图中学开展爱眼公益活动，为孩子们送上爱眼“礼包”，为贫困学生赠送眼镜100副、价值1万多元。6月25日，团县委组织30名青年志愿者在屏山学校开展"微心愿·团干来实现"关爱留守儿童活动，共捐赠价值5000多元的"微心愿"学生礼物。

（王尧钦）

【百名劳模事迹巡展】 5月27日，由三明市总工会主办"劳动光荣·劳动圆梦"百名劳模事迹到大田巡展，通过展板宣传了全市100位具有时代特色和独具代表性的典型事迹，县共有8名劳模名列其中。

（周善智）

【讲"道德模范、身边好人"故事赛】7月23日，由县委宣传部主办，县委文明办承办，县供电有限公司协办的首届"道德模范、身边好人"讲故事比赛在县供电公司举办，有8个单位各选1人参加。经角逐，均溪中心小学林银燕、公安局黄钰婷及电视台周富健分获一、二、三等奖。

（周善智）

【福建版"爸爸去哪儿"进入大田】 8月6—30日，沃沃亲子联手福建经济生活频道大型亲子真人秀节目《回到爸爸的童年》，邀请大田的亲子家庭与福州的亲子家庭共40人到桃源镇畲族村进行两天一夜的亲子之旅。

（周善智）

【"东坂情·台湾爱"工作假期活动】 8月14—19日，县委统战部、县农办联合台湾宝灏工作团队首次在桃源镇东坂畲族村举办"东坂情·台湾爱"工作假期主题活动。台湾地区志愿工作者37人参与，参观体验的全省各地游客近千人。两岸同胞共同开展动植物生态导览、DIY彩绘及工艺品制作、搭建竹架长廊、环境维护整治、环境教育座谈等活动。弘扬志愿服务精神、展示少数民族文化，加强大田与台湾地区文化交流。

（周善智）

【道德模范和身边好人巡讲】 9月11日，县文明办在建设镇举办首场"大田县道德模范与身边好人基层巡讲"活动，讲述有关事迹5件、听众150人。让道德模范及身边好人的感人事迹在社区、村镇、企业、学校传颂，营造崇高、热爱、学习、争当道德模范的社会氛围。

（周善智）

【"计生文化下乡"走进武陵】 9月22日，为纪念抗战胜利70周年，三明市卫生和计生委主办的2015年"计生文化下乡"到大田革命老区武陵乡进行慰问演出，向老区人民展示当代计生生活的新风尚。

（周善智）

【捐建屏山红军无名战士纪念碑】 11月，由厦门大学、集美大学国防生和大田县民政局、屏山乡共同捐建，位于屏山村的红军无名战士纪事碑竣工落成，该碑和瞻仰栈台旨在纪念1929年红四军无名战士，传承革命传统、进行爱国主义教育。

（周善智）

【"文明创城"行动】 12月15—17日，团县委根据"文明创城"总动员要求，集中开展责任路段和责任区环境大整治，组织志愿者300人次上街进行文明劝导、卫生保洁等工作，共规范车辆停放、占道经营等1000多起。

（王尧钦）

人民生活

【概况】 2015年，全县在岗职工1.89万人，年人均工资5.07万元，其中，国有单位职工6.07万元；城镇集体4.4万元；机关事业单位离退休人员年人均退休金3.49万元，企业2.55万元；城镇居民人均可支配收入2.72万元，人均消费性支出1.93万元。农村居民人均可支配收入1.29万元，人均生活消费性支出1.0万元、居住面积69平方米。

2015年大田县农民人均食品消费情况表

表11

品　名	单位	2015年	2014年
合 计	元	3970.45	3696.8
谷 物	元	648.04	587.6
薯 类	元	57.37	74.1
豆 类	元	21.30	23.4
食品油	元	135.55	130.1
蔬菜及制品	元	400.74	353.3
肉、禽、蛋、奶及制品	元	1409.72	1321.0
水产品及制品	元	131.74	102.1
烟、酒	元	555.53	528.2

续表 11

品　名	单位	2015 年	2014 年
茶叶、饮料	元	76.83	77.0
其他类食品	元	533.63	500.0

2015 年大田县每百户农民期末主要耐用消费品拥有情况表

表 12

品　名	单位	2015 年	2014 年
洗衣机	台	84	78
电冰箱	台	94	89
热水器	台	86	78
摩托车	辆	99	101
电话机	部	30	38
移动电话	部	275	277
彩色电视机	台	114	111
家用计算机	台	51	49
影碟机	台	0	0
空调	台	20	23
抽油烟机	台	11	13
微波炉	台	13	16
照相机	架	3	3
汽车	辆	13	13

（叶丽珠）

职工生活　2015 年，全县在岗职工 1.89 万人，比上年减少 408 人，其中，国有单位职工 1.06 万人，平均人数 1.05 万人；城镇集体单位职工 3104 人，平均人数 3092 人。全年在岗职工工资总额 9.58 亿元，同比增长 11.14%，其中，国有单位职工工资总额 6.35 亿元，月人均 5057 元；城镇集体职工工资总额 1.36 亿元，月人均 3666 元。县社会劳动保险管理中心为离退休人员 6550 人发放养老金 1.6 亿元，月人均 2036 元，机关社保管理中心为离退休人员 1863 人发放养老金 7335 万元，月人均 3281 元，其中为财政代发 1068 人、4564 万元，月人均 3561 元。

（吴仁孝）

【农民生活】　2015 年，县农调队抽样调查测定全县农村居民人均可支配收入 1.29 万元，比上年增长 9.32%；人均生活消费支出 1.0 万元，同比增长 7.41%，其中，食品消费支出 3970.45 元，同比增长 7.38%，衣着支出 537 元，同比增长 3.63%，居住支出 2165 元，同比增长 10.35%，交通通信支出 963 元，同比增长 5.94%，医疗保健 623 元，同比增长 8.4%。年底，全县农户固定资产投资额 3.65 亿元，同比增长 7.99%，人均居住面积 68.95 平方米，同比增长 5.12%。

（叶丽珠）

乡镇概况

□编辑 魏庆赐

均溪镇

【概况】2015年，全镇辖村23个、居委会8个，村民小组205个，总户数2.91万户，总人口7.79万人。其中，非农业户1.42万户、人口3.34万人。镇财总收入1582.01万元，比上年增长16.2%。

农业 2015年，全镇耕地面积710.67公顷，其中，水田523.12公顷，旱地187.55公顷；拥有农机总动力1.6万千瓦；粮食总产量6185吨，同比增长0.98%。农林牧渔业总产值4.12亿元，同比下降6.79%。

工业 2015年，全镇规模以上企业31家，与上年持平，其中，国有1家、集体2家，私营28家；职工总数1.71万人，拥有固定资产10.37亿元；完成规模以上工业总产值50.12亿元，同比增长11.75%；销售收入40.09亿元；实现利税2.12亿元；实施技改项目16项，投入资金2.58亿元。

招商引资 2015年，全镇三资企业8家，总投资3.63亿元，吸引外资4500万元，完成外贸供货值1.91亿元。

商业服务 2015年，全镇社会消费品零售额8247万元，同比增长3.96%；集市贸易额26.27亿元，同比增长4.83%。流通领域国有、集体、私营企业及个体工商户共1174家；有金融机构2家，服务网点6个。第三产业增加值5644万元，同比增长5.84%。

交通邮电 2015年，全镇机动车1582辆（客车48辆，轿车830辆，卡车371辆，农用车145辆，拖拉机188辆），同比增加38辆。固定电话1.82万部，同比增加400余部，移动电话5.14万部，同比增加1600部。

社会事业 2015年，全镇教育事业投入257万元，民办鸿图中学改为公办，周田、上太2村开办日托学前班；县第二实验幼儿园纳入重点建设项目筹建；有各类学校39所，在校学生2.52万人，同比增加416人。闭路电视用户2.47万户，同比增加321户；广播电视覆盖率100%，97%以上的村与县城联网开通数字电视。均溪医院有病床59张，医务工作人员70人；97%的人口饮用自来水。

人民生活 2015年，全镇农村居民人均可支配收入1.52万元；同比增长13.43%；农村居民人均住房36平方米，城镇居民32平方米；每百户拥有洗衣机81台，自行车93辆，电视机107台（彩电104台），电冰箱58台，收录机35台，摩托车85辆；92%以上的农户用上厨电设备。

社会保障 2015年，全镇享受低保村民1402人，发放低保金106.72万元，享受基础养老金村民4723人，发放养老金420万元。村民参加新农合3.79万人、参合率98.9%，收取医保基金454.75万元。为2.95万人次支付医疗补偿费2227.74万元。

（刘利佳）

【“第二集美学村”旧址被列为市廉政文化教育基地】 11月，三明市纪委发文将均溪镇玉田“第二集美学村”旧址陈列馆确定为全市两个首批廉政文化教育基地之一。

（刘利佳）

【镇成立“三官一律”联络室】 2015年，均溪镇成立法官、检察官、警官、律师“三官一律”联络室入驻，“开通调解室”，通过提升调解公信力，将矛盾纠纷化解在内部、解决在基层，促进诉调、检调、公调等多调对接。引导群众应用法治思维和法治方式解决矛盾纠纷，全年共接受群众纠纷案件176件、调解152件。

（刘利佳）

【村委会成员直选试点】 2015年，均溪镇良元村作为县首个按选民自己的意愿直接投票选举产生村委会成员试点村。全村有选民790人，760人参选，选出村委会委员3人。村党支部书记兼任村委会主任。

（刘利佳）

广平镇

【概况】 2015年，全镇辖村14个，林果场1个，村民小组193个；总户数9820户，人口4.25万人，其中非农业户1263户、人口2085人。镇财政收入860万元、比上年增长24.46%。开展干群结对帮扶济困，至年底，结对帮扶38户，帮扶资金5.2万元；完成水稻投保1785.67公顷，获得理赔11.6万元；发放农民种粮综合直补资金228.36万元、粮种补贴26.79万元，农机具购置补贴16.74万元。进行科技培训，开展各类实用技术培训12场，受训达500多人次。

农业 2015年，全镇耕地面积1331.8公顷，其中，水田1267.33公顷，旱地64.47公顷；继续培育铭溪早晚稻机械化生产及五峰再生稻高产示范片面积333.33公顷；粮食总产量1.16万吨，同比增长2.65%。开发“五龙山”和大帽山2个茶叶基地，产茶叶4600吨，其中“龙宫”生态茶250吨，“五龙山”牌加图形绿茶、红茶被市优势品牌办公室评为三明市优势品牌产品；油茶种植面积233.33公顷，年销售10吨、产值100万元；种植烟叶42.67公顷，产值248万元；培育元沙、广平蔬菜大棚10公顷，花卉6.67公顷，甘蔗基地33.33公顷，新建民生茶油合作社和绿林甘蔗专业合作社各1家。出栏生猪1.69万头；农机总动力1.48万千瓦。全镇农林牧渔业总产值4.93亿元、同比增长8.59%。

工业 2015年，全镇有重点项目16个，其中省重点项目水井坑、元沙煤矿和广平矿区配套项目竣工投产，投资3.8亿元。秦朝木业科技有限公司投资900万元，产碳化木6000立方米和地热地板200万平方米，产值2100万元。规模以上企业15家，与上年持平，职工总数5086人，工业固定资产13.9亿元；完成工业总产值20.27亿元，同比增长4.11%。销售收入7.69亿元，实现利税6005万元；实施技改项目7项，投入资金1.26亿元。

商业服务 2015年，市重点项目铭溪农产品专业市场和县重点项目鑫盛物流园区项目一期均竣工投入使用，共投资8000万元。新引进艺森竹木业加工和五龙戏水庄园2个项目开工建设，总投资2.1亿元，全镇社会消费品零售额5049万元，同比增长1.7%；集市贸易额1.99亿元，同比增长2.05%；流通领域集体、私营企业及个体工商户共428家；金融机构服务网点3个。第三产业增加值2.9亿元，同比增长11.45%。

交通邮电 2015年，全镇机动车913辆（客车20辆、卡车93辆、农用车109辆、拖拉机70辆、小汽车621辆），同比增加100辆；固定电话2360部，移动电话3.01万部，同比增加1700部。

社会事业 2015年，全镇教育事业投入33万元，有各类学校16所，在校生3821人、同比增加281人；闭路电视用户4890户、同比增加240户；镇卫生院有病床30张，医务工作人员18人；97%以上人口饮用自来水。

人民生活 2015年，全镇农村居民人均可支配收入1.3万元、同比增长10.17%；村民人均住房70平方米，居民48平方米；每百户拥有洗衣机75台、自行车41辆、彩色电视机110台、电冰箱61台、摩托车106辆；75%以上农户用上液化气、电磁炉。

社会保障 2015年，全镇享受低保村民958人，发放低保金173.69万元；享受五保的80人，发放五保金52.9万元；村民享受基础养老金4475人，发放养老金402.8万元。参加新农合3.41万人，参合率98.14%，收集医保基金388.76万元，为1.68万人次支付医疗补偿费355万元。

（叶建兰）

【美丽乡村建设】 2015年，广平镇抓好栋仁特色村建设，新建文化廊桥1座，修建防洪堤、防洪沟2000多米，清理河道3公里，投资102万元；铭溪中心村完成沿街立面装修1.1万平方米，公共地绿化5500平方米，修复水毁石护栏1200米，清理河道8公里，安装太阳能路灯135盏；保护中国第三批传统村落万宅村，建设银杏公园，共投入160万元。同时，开展农村“家园清洁行动”，农村环境卫生实行常态化管理，拆除“两违”建筑70处，建筑面积3.58万平方米。

（叶建兰）

【生态保护】2015年，广平镇落实“河长制”，开展省重点县和省重点乡镇水土流失整治，打击水洗砂、水洗矿等违法行为，全年共打击非法洗砂点7个、取缔河道捞砂4处，扣押农用车、铲车5辆，捣毁铲车1辆、大型设备2台。同时加强森林资源管护，完成绿化工程145.6公顷，其中，人工造林43.33公顷，“绿色村镇”项目6公顷，“两沿一环”（沿路、沿河、环城镇）绿色屏障项目23公顷，幼林抚育73.2公顷。新建防火林带3条30公顷，投资800万元。

（叶建兰）

【水利工程项目】 2015年，广平镇实施水利工程建设，完成河道清淤10公里、河堤砌筑2.3公里、渠道防渗22条、长9公里，新建水坝1座，修复3座，投资330万元。

（叶建兰）

【弘扬孝道文化】 2015年，广平镇弘扬郭居敬《二十四孝》孝道精神为重点的传统美德，加强以孝老爱亲为基础的家风家教建设，12月15日，开展以“弘扬孝道精神，守望幸福广平”为主题的系列实践活动，并评选出郭立志等“孝老爱亲”10人，“孝道文化”优秀作品12篇。

（叶建兰）

【《广平风物》出版】 12月，广平镇政府与县政协文史委编撰的大田文史资料第二十八辑《广平风物》由海峡出版发行集团、海峡书局出版社发行，印刷2000册，全书分广平镇概况、史迹撷英、古建筑、民间故事、民间歌谣、广平人物、览胜记、附录等8部分，29.7万字、图150幅。

（叶建兰）

上京镇

【概况】 2015年，全镇辖村16个，村民小组161个；总户数6799户、总人口2.54万人，其中非农业2036户、人口2765人。镇财政收入1021.6万元（含上级补助各项专项资金）、比上年增长54.79%。

农业 2015年，全镇耕地面积998.93公顷，其中，水田893.6公顷，旱地105.33公顷；农机总动力9279千瓦；粮食总产量7533吨、同比下降3%；出栏生猪1.46万头。农林牧渔业总产值2.15亿元、与上年持平。

工业 2015年，全镇有企业61家（集体2家、私营23家、个体36家）、同比增加5家；职工总数4275人，工业固定资产21.3亿元；其中规模以上企业20家，完成工业总产值41.67亿元、同比增长9.66%。销售收入43亿元，实现利税7.31亿元；实施技改项目2项，投入资金2.4亿元。

招商引资 2015年，镇引进三资企业5家（岩荔建材科技、京富服装、凯鑫工贸、华友贸易、京景竹业有限公司），总投资2.33亿元。

商业服务 2015年，全镇社会消费品零售额7864.9万元，同比增长5.3%；集市贸易额7032.89万元，同比增长13%；流通领域国有、集体、私营企业及个体工商户共1009家，同比增加62家；金融服务网点3个。第三产业增加值2843万元、同比增长4.48%。

交通邮电 2015年，全镇有机动车984辆（客车12辆、卡车313辆、小汽车367辆、农用车37辆、拖拉机265辆），同比增加6辆；固定电话2395部，同比减少1495部，宽带用户1975户，移动电话1.24万部，与上年持平。

社会事业 2015年，全镇教育事业投入211万元，辖区内初级中学、中心小学各2所，初小5所，民办、企业办幼儿园各1所，在校生2798人，同比减少523人。卫生院有病床30张，医务人员21人；91%以上的人口饮用自来水。

人民生活 2015年，全镇农村居民人均可支配收入1.47万元，同比增长10.5%；村民人均住房62平方米、集镇居民52平方米；每百户拥有洗衣机75台、自行车24辆、彩电98台、电冰箱45台、摩托车68辆；81%以上的农户用上液化气、电磁炉。

社会保障 2015年，全镇享受低保村民422人、五保71户，发放低保金111.3万元、享受基础养老金村民2401人，发放养老金245万元。村民参加新农合1.93万人，参合率98.31%。收集医保基金173.45万元，为1.77

万人次支付医疗补偿费616.92万元，民政二次补偿19.02万元。

（蒋鹏　唐名谦）

【小流域水土流失治理】 2015年，上京镇在溪尾、赤水、延京、溪口、下溪口、三阳、上平、桂坑等8个村实施上京溪小流域水土流失治理，综合治理面积562公顷，其中，坡改梯29公顷、建水保林48公顷、封山育林485公顷，铺设混凝土道路3公里、建蓄水池21口，整理排水沟876米，砌筑护岸1.04公里，总投资474.55万元，其中，省级补助资金379万元，县财政配套资金95.55万元。受益人口1.16万人。

（蒋鹏　唐名谦）

【泉南高速上京互通口建设】 2015年，泉南高速公路上京互通口完成投资1.58亿元，其中投资建安1.27亿元，占合同金额71.4%。

（蒋鹏　唐名谦）

【美丽乡村建设】 2015年，上京镇在梅林、三阳、上平、上京、南坑、桂坑、城口等7个村进行美丽乡村建设，其中梅林村、三阳村为省级“千村整治、百村示范”试点，梅林村被列为三明市第一批历史文化名村。铺设混凝土道路4条、长5.7公里，架设安装路灯70盏、砌筑河堤400米，总投资367万元，

（蒋鹏　唐名谦）

【“萝村”有机蔬菜基地建设】 2015年，上京镇在“萝村”建设有机蔬菜基地，建大棚0.67公顷，种植棚外蔬菜0.73公顷，投入50万元，5月开始订单配送服务，至年底有客户80余户。当年，生产各类蔬菜30吨，产值36万元。

（蒋鹏　唐名谦）

【梅林村被列入市廉政文化建设联系点】 11月，梅林村被三明市纪委列为三明市第一批廉政文化建设联系点。该村通过挖掘田氏“忠、和、廉、礼”文化内涵，设立具有“三田”（田一俊、田项、田琯）文化特色的廉政文化展馆、主题公园和文化长廊等。

（蒋鹏　唐名谦）

【水利设施建设】 2015年，上京镇实施上京、隆美、三阳、溪口、灵川等村水利基础设施建设，完成灌溉渠道11条、8130米，排洪沟3条、3650米，筑水坝5处、总投资280万元。

（蒋鹏　唐名谦）

桃源镇

【概况】 2015年，全镇辖村13个，村民小组83个。总户数7127户、人口2.28万人，其中非农业1706户、4687人。镇财政收入757万元，比上年增长11.7%。1月，省委宣传部授予省农林宣传思想文化工作示范镇称号；3月，司法部、民政部授予蓝玉村“全国民主法治示范村（社区）”称号；5月，省委、省政府授予第十二届文明乡镇、省政府授予东坂村民族团结进步模范集体称号。

农业 2015年，全镇耕地面积1320公顷，其中，水田997.4公顷，旱地322.6公顷；农机总动力2.28万千瓦；粮食总产量8505吨，同比增长11.34%；出栏生猪2.17万头。农林牧渔业总产值2.69亿元，同比增长7.6%。

工业 2015年，全镇企业508家（集体5家，私营39家，个体464家），职工总数1356人，工业固定资产15.6亿元，其中规模以上企业8家，完成工业总产值13.69亿元，同比增长14.18%。销售收入14.2亿元，实现利税4221.87万元；实施技改项目24项，投入资金1.71亿元。

招商引资 2015年，全镇三资企业2家，总投资8500万元，吸引外资6000万元。

商业服务 2015年，全镇社会消费品零售额1123.26万元，同比增长11.81%；集市贸易额5497.46万元，同比增长5.7%。流通领域国有、集体、私营企业及个体工商户共508家，有金融机构服务网点2个。第三产业增加值1.41亿元，同比增长17.5%。

交通邮电 2015年，全镇机动车1316辆（客车6辆，卡车252辆，小汽车414辆，农用车381辆，拖拉机263辆），同比增加39辆；固定电话1812部，同比减少69部，移动电话1.71万部，同比增加368部。

社会事业 2015年，全镇教育事业投入1952万元，各类学校4所（中心幼儿园、桥山中心小学、东风农场欣航天幼儿园、大田三中），在校学生1619人，同比增加253人；闭路电视用户2082户，同比增加73户。镇卫生院有病床38张，医务工作人员20人；97%的人口饮

用自来水。

人民生活 2015年，全镇农村居民人均可支配收入1.56万元，同比增长11.43%；村民人均住房24.7平方米，集镇居民16.8平方米；每百户拥有洗衣机67台、自行车40辆、电视机99台（彩电94台）、电冰箱32台、摩托车94辆；37%的农户用上液化气、电磁炉。

社会保障 2015年，全镇村民享受低保450人，发放低保金70.2万元；享受五保政策的45人，发放五保金27.54万元；享受基础养老金村民2103人，发放基础养老金189.27万元。村民参加新农合1.56万人，参合率99.4%，收集医保基金170.35万元，为1.10万人次支付医疗补偿费142.78万元。

（陈彩玲）

【省委书记到蓝玉村调研】 1月8日，省委书记尤权一行，到蓝玉村调研乡村旅游发展情况。实地察看蓝玉溪亲水平台、游客综合服务中心、“和兴”民宿示范点、县文物保护单位流泗桥和大白菊种植示范基地。尤权对桃源镇乡村旅游工作给予肯定。市委书记邓本元和县委书记汤俊生等人陪同。

（陈彩玲）

【亲子教育基地项目落地】 2月，桃源镇引进福建省小风车投资开发有限公司“世外桃源·沃沃亲子”教育基地项目，在桃源、蓝玉、东坂、前厝、广汤等村和赤头坂国有林场，利用自然和人文资源，以亲子教育为主题规划建设集教育、科普、实训、游乐、餐饮及住宿于一体的亲子教育基地，形成儿童教育文化产业链。计划投资2.8亿元，规划建设用地18公顷，建筑面积3.5万平方米。

（陈彩玲）

【综合文化活动中心投入使用】 5月，桃源镇综合文化活动中心投入使用，该项目位于桃源镇桃新村田垅后，2014年7月动工建设，占地302平方米，建筑面积535平方米，投资200万元。集图书阅读、广播影视、宣传教育、文艺演出、科技推广、科普培训、健身休闲为一体。文化中心藏书2200余册，配备文化一点通、电脑、棋牌桌、跑步机、乒乓球桌、仰卧起坐拉力器等设施。

（陈彩玲）

【院士专家工作站成立】 6月16日，经省委组织部、财政厅、科技厅、科协审批。三明市竞源生物技术有限公司院士专家工作站在桃源镇政府成立，当天举行揭牌仪式，南方生物医学研究中心主任陈骐、福建师范大学生命科学学院副院长肖华山、南方生物医学研究中心教授李达谅、南方生物医学研究中心博士蔡少丽、副县长涂剑峰等20余人参加，工作站以中国农业科学研究院和南方生物医学研究中心专家组团队为技术支撑，并独创“原生境金线莲繁育体系”，开发具有地域优势的药用植物种质资源。3月，竞源生物技术有限公司，“原生境金线莲繁育体系”经国家工商总局商标局注册“兰之源”商标。

（陈彩玲）

【市、县老年体育工作会在蓝玉召开】 6月30日，全市老体协农村基础工作暨创建“健康乐家园”现场会在蓝玉村召开，参加会议有市老体协主席刘鑫及市老体协、体育局、老龄办、市直各行业老体协及各县（市、区）文体局、老体协领导等50余人；当年，蓝玉村被福建省体育局、老龄办、老体协联合授予“老年人健身康乐家园”称号，县委、县政府授予“三星级老年人健身康乐家园”称号。

（陈彩玲）

【省级农业标准化示范区验收】 10月22日，桃源镇兰源蔬菜专业合作社通过福建省农业标准化工作领导小组办公室“第七批省级蔬菜种植农业标准化示范区”验收，是全县唯一通过验收的项目。该合作社于2007年10月组建，2008年12月正式注册登记，2015年有成员114户，种植蔬菜333公顷，年产值800多万元。

（陈彩玲）

【蓝玉、东坂入选省级特色景观旅游名村】 2015年，桃源镇委托福建农林大学和台湾休闲农业专家完成《生态休闲旅游编制》《发展休闲农业、体验乡村旅游》规划，并注册成立乐源乡村旅游有限公司和东坂乡村旅游合作社，发展民宿6栋50间、农家乐6家。蓝玉村、东坂村被福建省住房与城乡建设厅、省旅游局确定为第二批省级特色景观旅游名村。

（陈彩玲）

【小城镇项目建设】 2015年，桃源镇实施小城镇项目23个（基础设施项目6个、产业项目

11个、城建项目4个、公共服务项目2个），总投资18.28亿元，其中在建项目15个、竣工6个。当年完成投资6.84亿元，其中，基础设施项目完成投资9108万元，产业项目5.14亿元，城建项目7389万元，公共服务项目500万元。小型农田水利工程、桃新溪小流域水土流失治理、农业特色精品园和农机具机库等项目竣工，大湾新村造福工程农户入住使用，综合文化活动中心对外开放。

（陈彩玲）

太华镇

【概况】 2015年，全镇辖村24个，村民小组280个。总户数8044户、人口3.84万人，其中非农业户691户、1741人。镇财政收入299万元，比上年增长0.67%。

农业 2015年，全镇耕地面积1592公顷，其中，水田1365.93公顷，旱地226.07公顷；农作物播种面积6064公顷，其中粮食播种面积3118公顷；粮食总产量1.64万吨，同比增长5.81%。农机总动力2.4万千瓦；生猪出栏1.62万头；农林牧渔业总产值4.39亿元，同比增长4.28%，其中，农业产值3.16亿元，林业产值5989万元，牧业产值6178万元，渔业产值160万元。

工业 2015年，全镇企业121家，其中规模以上16家、规模以下105家；职工总数2786人，固定资产17.9亿元；规模以上企业完成工业总产值45.09亿元，同比增长12.7%；销售收入28.3亿元，实现利税2.34亿元。实施技改11项，投入资金11.31亿元。

商业服务 2015年，全镇社会消费品零售额3.10亿元，同比增长0.32%；集市贸易额3.27亿元，同比增长4.81%。流通领域国有、集体、私营企业及个体工商户共1523户；金融机构2家，服务网点3个。第三产业增加值8700万元，同比下降33.08%。

交通邮电 2015年，全镇机动车1747辆（客车30辆、卡车453辆、小汽车741辆、农用车312辆，拖拉机211辆），同比增加88辆。固定电话9903部，同比减少61部；移动电话2.67万部，同比增加82部。

社会事业 2015年，全镇教育事业投入655万元，各类学校12所，在校学生2749人，同比增加17人；闭路电视用户3448户，同比减少608户；数字电视用户1534户，同比增加744户。镇卫生院有病床48张；医务人员24人。97%的人口饮用自来水。

人民生活 2015年，全镇农村居民人均可支配收入1.3万元，同比增长9.24%；村民人均住房58平方米，集镇居民35平方米；每百户拥有洗衣机91台、彩色电视机100台，电冰箱94台，摩托车99辆；82%的农户用上液化气、电磁炉。

社会保障 2015年，全镇村民参加新农保1.84万人，参保率98.62%。享受基础养老金村民4324人，发放基础养老金389.16万元；享受低保村民510人，发放低保金132.08万元；参加新农合3.08万人，参合率98.82%，收集医保基金277.42万元，为8345人次支付医疗补偿费954.34万元。

（林 威）

【山贵崎矿山二号井水土流失治理】 2015年，太华镇对山贵崎矿山二号井水土流失治理，一是治理矿山地貌，将煤矸石场平整成为项目用地2万余平方米，闲杂地种植香樟等名贵树种1000余棵，种植花草等53.33公顷；二是对矿山污水治理，砌筑三级沉淀池3个、共900立方米，综合沉淀池1个、500立方米；三是治理弃渣，修筑拦矸坝、排渣场900平方米，二次利用煤矸石资源；四是铺设矿区路面混凝土1.5公里，在治理平整的场地上规划建设一座集娱乐、健身为一体的多功能综合大楼、健身房，配游泳馆等，建筑面积1300平方米，投入1000余万元。

（林 威）

【小流域治理】 2015年，太华镇实施太华小河流域治理，疏通河道4.9公里，加固护岸944.7米，新建排涝涵洞、涵管8处、92米，投入1991.6万元。

（林 威）

【桔子山新村动工】 2015年，太华镇在汤泉村动工建设桔子山新村，用地1.75万平方米，其中，水田476.06平方米，旱地1.41万平方米，闲杂地2919.18平方米，总建筑面积1.59万平方米。年底建房41座，建筑面积6300平方米，搬迁入住82户301人，安装自来水管道800米。新村道路铺设混凝土500米，投入10万元；砌筑挡土墙250立方米，投入90万元；下水道排水管道820米，投入20万元；边坡支护工程投入140万元，总投入260万元。

（林　威）

【镇中小学设施建设】 2015年，太华镇中心小学改造食堂60平方米，太华中学操场铺设塑胶跑道长300米，投资30万元。

（林　威）

【温仕休闲公园建设】 2015年，太华镇在温坑村和仕坑村两村的连接处建造温仕生态休闲公园，沿山势砌盘旋石阶1130米，建休闲亭3座，河堤砌筑石栏杆600米，种植景观树200余棵、果树500棵，投入资金,58万元。

（林　威）

建设镇

【概况】 2015年，全镇辖村12个，村民小组123个。总户数6009户，总人口3.01万人，其中，非农业户463户，人口4132人。镇财政收入903万元，比上年增长27.54%。2月，被中央文明办授予"第四届全国文明村镇"称号。

农业 2015年，全镇耕地面积983.2公顷，其中，水田852.2公顷，旱地131公顷；拥有农机总动力9443千瓦；粮食总产量8511吨，同比下降2.83%；生猪出栏3.3万头。农林牧渔业总产值2.98亿元，与上年持平。

工业 2015年，全镇企业1138家（集体19家、私营13家、个体1106家），同比增加13家，职工总数4551人，工业固定资产13.98亿元。其中规模以上企业17家，工业产值21.44亿元，同比增长9.50%，销售收入8.14亿元，实现利税7631万元。实施技改项目3项，投入资金7420万元。

招商引资 2015年，全镇引进三资企业6家，总投资1.57亿元，吸引外资643万元，完成外贸供货值729万元。

商业服务 2015年，全镇社会消费品零售额17.37亿元，同比增长36.87%；集市贸易额14.3亿元，同比增长17.98%；流通领域国有、集体、私营企业及个体工商户共932家，金融机构2家，服务网点2个；第三产业增加值1.78亿元，同比增长16.34 %。

交通邮电 2015年，全镇机动车1039辆（客车35辆，卡车169辆，小汽车606辆，农用车117辆，拖拉机112辆），同比增加23辆。固定电话3112部，同比增加7部；移动电话2.33万部，同比增加10部。

社会事业 2015年，全镇教育事业投入18.2万元，各类学校10所，在校学生4294人，同比增加316人；闭路电视用户3825户，同比增加7户；卫生院病床38张，医务人员32人；100%的人口饮用自来水。

人民生活 2015年，全镇农村居民人均可支配收入1.5万元，同比增长11.5%；村民人均住房59平方米，集镇居民48平方米；每百户拥有洗衣机101台，自行车20辆，彩电221台，电冰箱119台，摩托车217辆；100 %的农户用上液化气、电磁炉。

社会保障 2015年，全镇享受低保村民503人，发放低保金103.45万元；村民参加新农保1.32万人，享受基础养老金村民3867人，发放养老金390.97万元；村民参加新农合2.17万人，参合率99.9%，收集医保基金239.7万元，为8364人次支付医疗补偿费192.76万元。

（苏文健）

【村道混凝土路面铺设竣工】 4月，建乐小学路口至高中流家道路混凝土路面铺设工程动工，总长800米，路面宽3米，9月竣工。投入33万元，其中，"一事一议"财政补助11万元，村自筹22万元。7月，建丰东边洋村道混凝土铺设动工，总长约1.9公里，路面宽3.5米，10月竣工，投入42.47万元，其中，"一事一议"财政补助14.16万元，村自筹28.31万元。

（苏文健）

【湖坂后山壳拱桥工程竣工】 5月，大同村湖坂后山壳拱桥工程动工，桥长29米，宽2米，架设铁栏杆58米。9月工程竣工。投入42.47万元，其中，"一事一议"财政补助14.16万元，村自筹28.31万元。

（苏文健）

【澄江小区道路拓宽工程竣工】 9月，建国村306省道至澄江小区道路拓宽工程动工，总长1.05公里，路面宽4.5米，12月竣工。投入59.02万元，其中，“一事一议”财政奖补30万元，村自筹19.02万元。

（苏文健）

【村级饮水工程建设】 9月，建设镇实施村级安全饮用水工程建设，在建民村大山垅铺设自来水净化管道3公里，投入24.08万元，其中，“一事一议”财政补助8.54万元，村自筹15.54万元。

（苏文健）

【古银币交易市场建设】 10月，建设镇实施文化产业示范项目建设，规划分二期建设海西古银币交易市场，总面积869.8平方米，一期工程建店面26间，投入300万元。

（苏文健）

【“美丽乡村”示范点建设】 2015年，建设镇在建国村、建强村开展“美丽乡村”示范点建设，完成房屋改造50余座，拆除乱搭乱盖1800平方米，增设垃圾箱32个，村道拓宽路面铺设混凝土4000多米，安装路灯120盏，种植名贵树木1000余株，加固改造防洪堤2.56公里，建绿色生态休闲步道630米，总投入400余万元。

（苏文健）

石牌镇

【概况】 2015年，全镇辖村16个，村民小组136个；总户数4859户、总人口2.09万人，其中，非农业户718户、人口1206人。镇财政收入775.79万元，比上年增长5.35%。

农业 2015年，全镇耕地面积698.13公顷，其中，水田501公顷，旱地197.13公顷；农机总动力8000千瓦；粮食总产量4699吨，同比下降2.63%；生猪出栏2.1万头。农林牧渔业总产值1.64亿元，同比增长22.39%。

工业 2015年，全镇企业55家（集体3家、私营52家），与上年持平，职工总数1705人，工业固定资产2.91亿元。其中，规模以上企业7家，完成工业产值11.87亿元，同比增长17.06%，销售收入14.01亿元。实施技改项目1项，投入资金6532万元。

招商引资 2015年，镇三资企业1家，总投资3000万元，吸引外资969万元，完成外贸供货值1113万元。

商业服务 2015年，全镇社会消费品零售额6240万元，同比增长8.41%；集市贸易额2043万元，同比增长13.5%；流通领域国有企业3家，私营企业38家，个体工商户832家；金融机构服务网点1个。第三产业增加值1.09亿元，同比增长7.92%。

交通邮电 2015年，全镇机动车831辆（客车5辆、卡车371辆、小汽车255辆、农用车170辆、拖拉机30辆），同比增加13辆；固定电话2922部，同比减少40部，移动电话1.03万部、同比增加132部。

社会事业 2015年，全镇教育事业投入11.87万元，有各类学校4所，在校生2139人、同比增加649人；闭路电视用户2629户、与上年持平；镇卫生院有病床21张，医务人员18人；饮用自来水人口100%。

人民生活 2015年，全镇农村居民人均可支配收入1.11万元，同比增长12.69%；农村居民人均住房41平方米，集镇居民28.2平方米；每百户拥有洗衣机54台、自行车23辆、电视机97台（均为彩电）、电冰箱49台、摩托车97辆；85%农户用液化气、电磁炉。

社会保障 2015年，全镇居民享受低保468人，发放低保金67.54万元；为60周岁以上居民2461人发放养老金258.1万元。农村居民参加新农合1.7万人，参合率99%，收集医保基金189.42万元；为1.55万人次支付医疗补偿费742.86万元。

（冯　凤）

【村级组织换届】 4—5月，石牌镇作为县村级组织换届选举工作试点，全镇16个村选举产生新一届村“两委”成员84人，其中村党支部委员50人、村委会委员49人。支部书记连任7人、村委会主任连任9人；3个村党支部书记兼任村主任，村“两委”成员交叉任职15人，35岁以下24人，女性19人（支部书记1人），大专以上学历2人。

（冯　凤）

【省纪委书记倪岳峰到村级换届调研】 6月，省纪委书记倪岳峰到长溪村调研村级组织换届选举工作，阅看材料、召开座谈会、入户走访等，了解基层群众生产生活，听取群众对村级组织换届选举工作的意见建议。省纪委秘书长江玉平、市纪委书记冯新婷、县委书记汤俊生、县长熊旭明陪同。

（冯　凤）

【中科院院士郑有炓到镇考察】 8月28日，大田籍中国科学院院士、南京大学物理系教授郑有炓到三九军大科技有限公司、广联木业有限公司等企业走访。听取项目业主汇报，对非公企业发展和技术创新、环保设施投入及引进科技含量高的企业等提出建议。副县长缑泽昆、镇党委书记吴文旗、镇长范成火陪同。

（冯　凤）

【市委组织部长陈炎标到农村基层党建调研】 11月18日，三明市委常委、组织部长陈炎标到长溪村主持召开农村基层党建工作座谈会，听取镇党委农村基层党建工作情况汇报，对“党支部＋专业协会＋涉车企业”的发展模式、“带创党员＋致富能人＋涉车村民”的富民载体、“村级组织＋企业项目＋困难农户”的共帮平台“三道加法”给予肯定，并对加强村级政治引领和壮大村级集体经济等提出意见建议，县委组织部部长蔡建明、副部长张春桃等陪同。

（冯　凤）

【村级“一事一议”财政奖补项目竣工】 2015年，石牌镇7个村“一事一议”财政奖补项目竣工，财政奖补资金共110.32万元，其中重点项目2个。9月，小湖村、鳌江村、下洋村环村安装路灯共195盏，总投资82.42万元，其中，群众筹资8.67万元、筹劳折资45.21万元，财政奖补资金28.54万元； 11月，上坡村上坡洋防洪堤（桥亭至曲丘后）200米（重点项目）和长溪村防洪堤200米竣工，总投资87.08万元，其中，群众筹资4.2万元、筹劳折资24.06万元，部门配套资金15万元，村集体资金5.54万元，财政奖补资金38.28万元；12月，马山村盂后至上盂自然村道路320米和三坊村老人活动中心及上洋至长坑自然村道路500米竣工，总投资95.02万元，其中，群众筹资3.82万元、筹劳折资20.7万元，社会捐资10万元，部门配套资金12万元，村集体资金5万元，财政奖补资金43.5万元。

（冯　凤）

【长隆物流集散中心项目建设】 2015年，长隆物流集散中心在长溪完成物流集散中心办公大楼和长胜机动车检测检验中心、长鑫物流、长亿汽车修理厂、华城物流等业务大楼和运营场地基础设施建设，用地13.33公顷，已建建筑面积2.5万平方米。当年，销售各种汽车700多辆，其中货车200多辆，销售额1.2亿元，上缴税收650万元。

（冯　凤）

【三九军大生物科技有限公司项目建设】 2015年，福建三九军大生物科技有限公司在石牌镇上坡村圆伞续办总投资5亿元的三九军大科技园，主要生产压榨精炼茶籽油、浸出茶籽油、茶多酚、姜精油、茶皂素、洗洁粉等18种油茶产品。项目占地6.56万平方米，建筑面积3.84万平方米，至年底已投资4400万元。

（冯　凤）

【上坡村新农村建设】 2015年，上坡村新农村建设共投入资金678.5万元。其中，在小汤泉片建设防洪堤766米，河道整治1.6公里，达到水清河畅，投入450万元；新建垃圾转运点1处，垃圾池8个，购手推垃圾车3辆，并对房前屋后、路沟渠等环境卫生进行综合整治，投入5.3万元；新安装路灯7盏，投入3.2万元；3个自然村道路铺设混凝土3公里，投入120万元；在上坡片区河边新建休闲长廊公园、漫步道、生态护岸350米，新增公共停车位18位，面积3300平方米，在三九军大科技园下方新建休闲绿地近2700平方米，配置健身器材，共投入100万元；村民进行房屋立面装修和坡屋面改造15座，危房改造修缮7座，拆旧建新5座。

（冯　凤）

奇韬镇

【概况】 2015年，全镇辖村12个，村民小组71个。总户数4394户、人口1.52万人，其中非农业136户、341人。镇财政收入593万元，比上年增长7.62%。

农业 2015年，全镇耕地面积724.73公顷，其中，水田667.73公顷，旱地56.9公顷；农机总动力6693千瓦；粮食总产量6431吨，同比增加3.13%；生猪出栏4757头。农林牧渔业总产值 2.46 亿元，同比增长 14.95%。

工业 2015 年，全镇有企业 172 家（集体 23 家、私营 33 家、个体 116 家），职工总数 2368 人，固定资产 8.12 亿元；其中规模以上企业 7 家，完成工业产值 9.38 亿元，同比增长 16.52%；销售收入 9.3 亿元，实现利税 7663 万元；实施技改项目 8 项，投入资金 1.3 亿元。

招商引资 2015 年，全镇三资企业 22 家，总投资 8.6 亿元，完成外贸供货值 1320 万元。

商业服务 2015 年，全镇社会消费品零售额 3754 万元，同比增长 2.48%；集市贸易额 3503 万元，同比增长 2.79%。流通领域国有、集体、私营企业及个体工商户共 367 户；金融服务网点 1 个。第三产业增加值 1856 万元，同比增长 4.68%。

交通邮电 2015 年，全镇机动车 568 辆（客车 5 辆，卡车 48 辆，小汽车 462 辆，农用车 45 辆，拖拉机 8 辆），同比增加 93 辆；固定电话 1210 部，同比减少 193 部；移动电话 7964 部，同比增加 251 部。

社会事业 2015 年，全镇教育事业投入 33.2 万元，学校 2 所，在校学生和入园幼儿 1209 人（中学 247 人，小学 582 人，幼儿园 380 人），同比增加 69 人；闭路电视用户 1369 户，同比减少 71 户。镇卫生院有病床 25 张，医务人员 10 人。93% 的人口饮用自来水。

人民生活 2015 年，全镇农村居民人均可支配收入 1.39 万元，同比增长 9.45%；村民人均住房 42.1 平方米，集镇居民 30.7 平方米；每百户拥有洗衣机 63 台、自行车 10 辆、彩色电视机 98 台、电冰箱 31 台、摩托车 89 辆；45.1% 的农户用上液化气、电磁炉。

社会保障 2015 年，全镇享受低保村民 360 人，发放低保金 86.7 万元；参加新农保村民 4926 人，参保率 91.07%，享受基础养老村民 1959 人，发放养老金 223.57 万元；参加新农合 1.27 万人，参合率 99.02%，收集医保基金 141.65 万元，为 1.1 万人次支付医疗补偿费 137.57 万元，其中，门诊 1.01 万次、71.26 万元，住院 896 人次、66.31 万元。

（林昌俊）

【上级领导到镇调研】 6 月 3 日，省纪委书记倪岳峰一行 4 人，与市纪委书记冯新婷、县长熊旭明到龙坪村调查了解新农村建设和村级换届选举工作，乡镇党政主要领导陪同。

（林昌俊）

华兴乡

【概况】 2015 年，全乡辖村 10 个，村民小组 107 个。总户数 4808 户，人口 1.46 万人，其中，非农业户 277 户、625 人。乡财政收入 595.01 万元，比上年下降 1.93%。

农业 2015 年。全乡耕地面积 419.2 公顷，其中，水田 299.8 公顷，旱地 119.4 公顷；农机总动力 1750 千瓦；粮食总产量 3420 吨，同比增长 2%。生猪出栏 8131 头。农林牧渔业总产值 1.44 亿元、与上年持平。

工业 2015 年，全乡企业 467 家（集体 2 家，私营 56 家，个体 409 家），同比增加 22 家；职工总数 1821 人，工业固定资产 8.2 亿元。其中，规模以上企业 14 家，完成工业产值 23.54 亿元，同比增长 19.01%。销售收入 18.3 亿元，实现利税 5500 万元；实施技改项目 5 项，投入资金 6500 万元。

商业服务 2015 年，全乡社会消费品零售额 3336 万元，同比增长 3.99%。集市贸易额 284.5 万元，同比增长 12%。流通领域的国有、集体、私营企业及个体工商户 467 家；金融服务网点 1 个；第三产业增加值 680 万元，同比增长 41.67%。

交通邮电 2015 年，全乡机动车 238 辆（客车 1 辆，卡车 4 辆，小汽车 190 辆，农用车 21 辆，拖拉机 22 辆），同比减少 143 辆。固定电话 912 部，同比减少 23 部，移动电话 4701 部，同比增加 85 部。

社会事业 2015 年，全乡教育事业投入 544.41 万元，各类学校 5 所，在校生 371 人，同比增加 37 人；闭路电视用户 910 户。卫生院有病床 10 张，医务人员 12 人。89% 以上的人口饮用自来水。

人民生活 2015 年，全乡农村居民人均可支配收入 1.18 万元，同比增长 19.85%；村民人均住房 32 平方米，集镇居民 25 平方米；每百户拥有洗衣机 42 台，自行车 49 辆，电视机 91 台（彩电 86 台），电冰箱 7 台，摩托车 35 辆；

44%以上的农户用上液化气、电磁炉。

社会保障 2015年，全乡村民享受低保365人，发放低保金76.2万元；享受基础养老金村民1696人，发放养老金173万元，村民参加新农合1.22万人，参合率99.44%，收集医保基金109.66万元，为2988人次支付医疗补偿费76.12万元。

（林炳锻）

【京口警务室设立】 3月，华兴乡派出所在京口经济开发区管委会大楼一层设立京口警务室，建筑面积110平方米，投资30万元，其中，县公安局补助5万元，京口工业区管委会补助10万元，乡自筹15万元。

（林炳锻　田民洵）

【众森生态观光农业项目建设】 6月，华兴乡引进众森生态观光项目，在京口村阔岬山，流转土地66.67公顷、铺设混凝土道路2.1公里，种植油茶33.33公顷，砂糖橘、雷笋各1.33公顷，抚育杉木18公顷，养殖麻羊、黑山羊1200多头，建特色木屋2幢、350平方米，观光游步道1公里，停车场1个、700平方米。

（林炳锻　田民洵）

【村级换届选举】 2015年，华兴乡完成10个村换届选举工作，选出新一届中共支委会和村委会成员各32人，其中村党支部书记兼任村委会主任1人，占10%，支委、村委交叉任职4人，占6.67%，女委员11人，占11.19%；党支部书记连任5人、村主任连任3人。初中文化32人，占53.3%，高中27人，占45.7%；35岁以下13人，占21.7%。

（林炳锻　田民洵）

【杞溪村入选省级传统村落名录】 10月21日，杞溪村被福建省住房和城乡建设厅列入第一批省级传统村落名录。

（林炳锻　田民洵）

【村道混凝土铺设】 12月，京口村至横坑村长4.2公里、宽4.5米道路混凝土铺设竣工。工程于2013年8月动工，总投资220万元，其中县移民局补助49万元，林业局补助40万，“一事一议”县财政补助30万元，县农办补助5万元，乡自筹96万元。

（林炳锻　田民洵）

屏山乡

【概况】 2015年，全乡辖村13个，村民小组151个。总户数4799户、人口1.58万人，其中非农业户344户、458人。乡财政收入411.20万元，比上年增长3%。

农业 2015年，全乡耕地面积622.87公顷，其中水田577.73公顷，旱地45.14公顷；农机总动力4549千瓦；粮食总产量5058吨，同比增长8.33%；生猪出栏1.02万头。农林牧渔业总产值1.85亿元，同比增长3.93%。

工业 2015年，全乡有企业512家（集体6家、私营86家、个体420家），比上年增加26家，职工总数1215人，工业固定资产6.3亿元。其中，规模以上私营企业3家，与上年持平。工业产值3.38亿元，同比增长11.18%，销售收入3.38亿元，实现利税831万元。

招商引资 2015年，全乡三资企业2家，总投资4860万元，吸引外资280万元，完成外贸供货值465万元。

商业服务 2015年，全乡社会消费品零售额2680万元，同比增长19.9%；集市贸易额935万元，同比增长2.4%。流通领域国有、集体、私营企业及个体工商户共375家；金融机构2家，服务网点2个；第三产业增加值917万元，比上年增长3.2%。

交通邮电 2015年，全乡机动车284辆（客车2辆，卡车30辆，小汽车180辆，农用车35辆，拖拉机37辆）。固定电话780部，同比减少80部，移动电话4200部，同比减少100部。

社会事业 2015年，全乡教育事业投入40万元，各类学校4所，在校学生264人，同比增加14人。创建乡“公共文化服务体系”，发展旅游、民俗传统文化等，投入50万元。闭路电视用户400户，同比增加10户。乡卫生院病床4张，医务人员10人。85%以上的人口饮用自来水。

人民生活 2015年，全乡农村居民人均可支配收入1.21万元，同比增长11.01%；村民人均住房52平方米，集镇居民42平方米；每百户拥有洗衣机55台，自行车40辆，电视机62台（彩电48台），电冰箱63台，摩托车123辆；

12%以上的农户用上液化气、电磁炉。

社会保障 2015年，全乡享受低保村民322人、发放低保金53.1万元，享受基础养老金村民2189人、发放养老金239万元，村民参加新农合1.32万人、参合率99%，收集医保基金106.47万元，为6648人次支付医疗补助费81.63万元。

（程 炜）

【《福建文学》屏山创作基地成立】 1月9日，《福建文学》创作基地在屏山乡茶园举行成立和授牌仪式。福建文学杂志社将不定期组织作家到屏山开展文学采风、文学研讨等活动，宣传屏山、培养地方文学创作人才。

（程 炜）

【“高山茶乡民俗年”走进屏山】 1月31日—2月1日，福建省电视台《回到爸爸的童年》栏目第一季第四期（高山茶乡民俗年）在屏山乡茶园拍摄。本次活动由沃沃亲子、县旅游局和屏山乡政府联合主办，以亲子共同体验爸爸的童年生活为主线，感受乡间自然清爽，纵享童年时光。

（程 炜）

【内洋村被列入省“百村示范”村】 4月7日，省宜居办公布2015年“千村整治、百村示范”美丽乡村建设、景观带创建名单，内洋村名列其中。为县唯一入选全省美丽乡村示范村创建的村。

（程 炜）

【屏山村入选市历史文化名村】 5月6日，三明市人民政府公布第一批市级历史文化名村98个(传统村落、红色文化村落)，大田县12个村榜上有名，即桃源镇东坂村，广平镇万宅村，济阳乡济阳、大儒村，太华镇小华村，建设镇建国村，上京镇梅林村，华兴乡杞溪村，武陵乡桃溪、百束村，屏山乡屏山村，湖美乡高才村。

（程 炜）

【三明百家旅行社到屏山踩线】 5月25日，三明市旅游局组织各县（市、区）近百家旅行社到屏山雾海茶人家休闲区踩线，通过茶艺表演、糍粑制作、旅游消防安全应急演练等活动，宣传推介屏山乡村旅游景点。

（程 炜）

【“美丽大田·青春助力”主题实践活动在屏山启动】 6月23日，县“美丽大田·青春助力”主题实践活动在屏山乡启动，基层团委书记、部分共青团员、少先队员110人参加仪式。活动通过入户宣传、发放倡议书，组织团干、少先队员开展环境卫生整治等志愿服务。

（程 炜）

【检察工作联络点、联络室挂牌】 7月6日，市检察院涉台巡回检察大田联络点、县检察院派驻屏山巡回检察联络室在屏山乡挂牌成立，联络室为屏山、吴山、济阳、谢洋、武陵高山片区5个乡的群众举报、报案、控告、申诉等提供服务，方便群众及时表达诉求和预防犯罪，及时化解矛盾。

（程 炜）

【利民茶叶专业合作社入选国家级示范社】 7月23日，屏山乡利民茶叶专业合作社被农业部等九部委联合评为国家农民合作社示范社，其生产的铁观音（茶）感官品质符合GB/T 19598-2006《地理标志产品 安溪铁观音》指标要求。

（程 炜）

【屏山乡被评为“中国最美茶乡”】 7月28日，屏山乡经中国互联网新闻中心、新华网、中国网等新闻媒体网络调查，评选为“中国最美茶乡”。

（程 炜）

【市文联“结对子、种文化”活动启动】 8月11日，市文联“结对子、种文化”活动在屏山乡举行启动仪式，将组织11个文艺家协会、文艺院等文艺志愿者团队到屏山开展多种方式文艺结对帮扶，定期举办“讲述屏山故事”“相约屏山”“舞动屏山”“翰墨屏山”等采风创作活动，做到“月月有活动主题”，打造“最美茶乡”——屏山文艺品牌，创建国家公共文化服务体系示范区。

（程 炜）

【国际友人到茶乡禅修】 8月13日，澳大利亚、荷兰和德国等32名国际友人到屏山乡雾海茶人家休闲区进行14天的禅修、休闲训练等活动。大田籍澳大利亚墨尔本自然门功夫学院院长柳德明，以屏山高山气候、万亩茶园、天然森林氧吧等自然条件吸引禅修的外宾。

（程 炜）

【内洋村入选“中国乡村旅游模范村”】 8

月 18 日，在黄山举办的全国乡村旅游提升与旅游扶贫推进会上，公布首批中国乡村旅游模范村、模范户和金牌农家乐名单。三明市有模范村 6 个、模范户 5 户。内洋村入选“中国乡村旅游模范村”，福建茶天下度假旅游开发有限公司（大田）入选“中国乡村旅游模范户”。

（程　炜）

【“中国梦·茶乡美”音舞诗会举办】 9 月 5 日，由市文联、市作家协会、大田县委宣传部、屏山乡政府等单位联合主办的第二届三明（屏山）“中国梦·茶乡美”音舞诗会在屏山乡内洋水尾森林茶吧举行，有茶主题文艺、诗歌联诵、歌伴舞、诗琴画联袂表演、双人舞、古琴独奏等节目。

（程　炜）

【“高山美人”茶企业标准发布】 10 月 17 日，由县茶叶学会提出、福建省江山美人茶业有限公司和县质量技术监督局等单位起草，大田高山美人茶企业标准审查会在福州举行。省农业厅、农林大学、农科院茶叶所、茶叶质量检测中心站的 7 名专家组成员，对高山美人茶栽培和加工技术规程进行审查，以标准资料齐全，内容科学，具有针对性和可操作性，一致同意通过。10 月 28 日，该标准由省质监局发布，2016 年 1 月 1 日起实施。

（程　炜）

【“江山美人”茶叶获市十大龙头品牌】 10 月 25 日，屏山乡大方广茶业有限公司产品“江山美人”茶叶，经市委农村工作领导小组评选，为首批农特产品十大龙头品牌之一，是县唯一获此称号的特色农产品。

（程　炜）

【森林防火工作培训】 10 月 29 日上午，屏山乡召开森林防火工作会暨森林火灾防治培训会，邀请大仙峰省级自然保护区管理处领导、县森林防火指挥部领导授课，乡政府分管领导、林业站工作人员、各村党支部书记、村委会主任、驻村干部、森林防火应急突击队成员等 60 多人参加。

（程　炜）

【市政协港澳台侨委与三明第一医院义诊活动】 11 月 21 日，市政协港澳台侨委组织三明第一医院委员小组到屏山乡，开展墟天义诊活动，医学专家、医护人员 11 人参加，有内分泌科、呼吸内科、儿科、肿瘤外科等 10 多个科目，诊治 800 余人次。

（程　炜）

【屏山至和洋三级公路通车】 12 月 19 日，屏山至横七线公路混凝土路面铺设完工。起点吴山乡和洋村省道 306 线，途经甲格坑、黄歧坂、屏山乡内洋村坑里连接石牌至屏山公路，全长 8.39 公里。按照三级公路标准建设，路基宽 7.5 米，路面 6.5 米，设计时速 30 公里。边沟、防护栏等安保设施和公路绿化在施工，工程于 2014 年 9 月动工，完成投资 4200 万元。

（程　炜）

吴山乡

【概况】 2015 年，全乡辖村 9 个，村民小组 90 个；总户数 2931 户、人口 1.28 万人，其中，非农业户 514 户、人口 2923 人。乡财政收入 808.92 万元，比上年增长 7%。

农业 2015 年，全乡耕地面积 389.33 公顷，其中，水田 272.53 公顷，旱地 116.8 公顷；农机总动力 1.1 万千瓦；粮食总产量 3982 吨，同比增长 7.71%；生猪出栏 7150 头。全乡农林牧渔业总产值 2.2 亿元，同比增长 0.46%。

工业 2015 年，全乡有企业 672 家（集体企业 1 家，有限责任公司 5 家，私营 23 家，个体 643 家），同比增加 1 家，职工总数 2135 人，拥有工业固定资产 13.5 亿元。其中，规模以上 3 家，完成工业总产值 25.5 亿元，同比增长 16.8%；销售收入 15.43 亿元，实现利税 1.06 亿元。

商业服务 2015 年，全乡社会消费品零售额 6008 万元，同比增长 10.42%；集市贸易额 7424 万元，同比增长 9.8%。流通领域国有、集体、私营企业及个体工商户共 527 家；金融机构服务网点 1 个。第三产业增加值 2944 万元，同比增长 7.5%。

交通邮电 2015 年，全乡机动车 203 辆（客车 4 辆，卡车 48 辆，小汽车 81 辆，拖拉机 70 辆），同比增加 6 辆。固定电话 1698 部，同比增加 4 部，移动电话 9336 部、与上年持平。

社会事业 2015 年，全乡教育事业投入 70 万元，各类学校 3 所，在校学生 912 人，同比增加 22 人。闭路电视用户 573 户，同比增加 8 户。乡卫生院有病床 20 张，医务人员 12 人。98% 以上的人口饮用自来水。

人民生活 2015 年，全乡农村居民人均可支配收入 1.36 万元，同比增长 10.5%；村民人均住房 65 平方米，集镇居民 35 平方米；每百户拥有洗衣机 82 台，自行车 41 辆，电视机 143 台，电冰箱 81 台，摩托车 113 辆；70% 以上的农户用上液化气（或沼气）。

社会保障 2015 年，全乡村民享受低保 234 人、发放低保金 47.1 万元，享受基础养老金村民 1179 人，发放养老金 120. 26 万元。村民参加新农合 8583 人，参合率 100%，收集医保基金 120.62 万元，为 8024 人次支付医疗补偿费 93.61 万元。

（林惠萍）

【高山茶文化创意产业园建设】 2015 年，吴山乡高山茶文化创意产业园完成广场石材铺设、茶叶交易市场店铺装修、步行街地面铺贴室外照明安装、库调试安装和消防设施配套建设、供电设施安装、茶博馆维护等。至年底，入驻茶业企业 88 家。

（林惠萍）

【岩兴工业气体生产项目建设】 2015 年，吴山乡在吴山村洋头建设岩兴工业气体生产项目，完成空分厂房、甲类仓库、制氢车间、600 立方米循环水池和 10 千伏配电房等土建工程；3 个 1000 立方米液氮储罐外筒、空分冷箱、分子筛系统、空冷塔、水冷塔、高低温膨胀机、空压机和循环压缩机等设备安装。投资 2.1 亿元。

（林惠萍）

【伊鑫新型建筑材料】 2015 年，伊鑫新型建筑材料项目完成综合楼、仓库装修及附属设施等建设，并购置设备，投资 3600 万元。10 月，水泥助磨增强剂车间投入生产，至年底，生产 300 吨，产值 600 多万元。该项目位于吉州工业园区，2013 年动工，业主林渊标。

（林惠萍）

济阳乡

【概况】 2015 年，全乡辖村 12 个、村民小组 113 个，总户数 2895 户，总人口 1.05 万人，其中非农业户 64 户、219 人。乡财政收入 309.23 万元，比上年增长 27.31%。当年，济中、大儒、上丰等村被省住建厅确定为“省级传统村落”；济中村被省环保厅评为“省级生态村”，被省旅游局评为省级“乡村旅游特色村”，被省住建厅评为“省级美丽乡村”，被市住建局评为市级美丽乡村示范村。

农业 2015 年，全乡耕地面积 388.53 公顷，其中，水田 382.53 公顷，旱地 6 公顷；农机总动力 5372 千瓦；粮食总产量 4779 吨，同比增加 1.25%；生猪出栏 5947 头。农林牧渔业总产值 1.63 亿元，同比增长 7.95%。

工业 2015 年，全乡企业 151 家（集体 2 家，私营 45 家，个体 104 家），同比增加 4 家；职工总数 1123 人，工业固定资产 2610 万元；其中规模以上企业 5 家，完成工业产值 12.04 亿元，同比增长 12.21%；销售收入 10.3 亿元，实现利税 2561 万元；实施技改 5 项，投资 2.35 亿元。

招商引资 2015 年，全乡引进三资企业 2 家，总投资 8800 万元。

商业服务 2015 年，全乡社会消费品零售额 6360 万元，比上年增长 4.1%；集市贸易额 851 万元，同比增长 8%。流通领域国有、集体、私营企业及个体工商户 149 家；金融机构服务网点 1 个。第三产业增加值 1.81 亿元，同比增长 16%。

交通邮电 2015 年，全乡有机动车 219 辆（客车 2 辆，卡车 72 辆，小汽车 120 辆，农用车 10 辆，拖拉机 15 辆）。固定电话 560 部，同比减少 23 部，移动电话 5020 部，同比增加 185 部。

社会事业 2015 年，全乡教育事业投入 51 万元，学校 1 所，在校学生 332 人，同比减少 123 人。闭路电视用户 457 户，同比增加 10 户。乡卫生院有病床 13 张，医务人员 10 人。100% 人口饮用自来水。

人民生活 2015 年，全乡农村居民人均可支配收入 1.43 万元，同比增长 10%；农村居民人均住房 36 平方米，集镇居民 27 平方米；每百户有洗衣机 76 台，自行车 31 辆，彩色电视机 86 台，电冰箱 26 台，摩托车 43 辆；91% 的农户用上液化气、电磁炉。

社会保障 2015 年，全乡享受低保村民

243人，发放低保金39.03万元；享受基础养老金村民1213人，发放养老金131.59万元。村民参加新农合8115人，参合率100%；征收医保基金97.30万元，为5363人次支付医疗补偿费71.59万元。

（涂祥鹏）

【倪岳峰到乡接访】 1月，省纪委书记倪岳峰到济阳乡进行工作调研，开展信访接待，受理7批10人次，2批2人次的问题当场解决。

（涂祥鹏）

【《古镇·名村·济阳》一书发行】 1月，县政协文史委、济阳乡政府联合编辑的大田文史资料第二十七辑《古镇·名村·济阳》一书，由海峡出版发行集团和海峡书局出版发行。经6年编撰，共20万余字，收入图照500幅，印刷3000册。

（涂祥鹏）

【“灵动济阳”微信公众号创办】 3月，济阳乡创办村办乡管的微信公众号“灵动济阳”，至年底，共推出微信36期，平均点击率达2000人次以上，最高点击率达2万多人次。

（涂祥鹏）

【旅游接待中心“凤来居”改造完成】 3月，济阳乡对济中村旧村部改造、建设游客接待中心——“凤来居”，占地2400平方米，建筑面积960平方米，11月，工程竣工，投资80万元。当年，“凤来居”被国家旅游局评为“中国乡村旅游金牌农家乐”。

（涂祥鹏）

【“油菜花开·灵动济阳”摄影赛举办】 3月，济阳乡举办“油菜花开·灵动济阳”为主题摄影赛，共收到参赛作品1577幅（组），其中，手机组188幅（组），相机组1389幅（组），在三明市同期摄影作品比赛中投稿数量位居首位。9月，完成作品评选，评出一等奖1幅、二等奖3幅、三等奖6幅。

（涂祥鹏）

【鼓浪屿万石国画院济阳分院开设】 10月，厦门鼓浪屿万石国画院济阳分院在济中村岱山堂（明代宗祠）开设，展出书画作品70余幅；并公开出版发行《诗画大田·灵动济阳》书画册，印刷5000册。

（涂祥鹏）

【“诗画大田·灵动济阳”主题书画摄影展举办】 12月11—21日，三明市文广局、大田县政府、济阳乡联合在三明市艺术馆举办“诗画大田·灵动济阳”为主题书画摄影展，共展出作品140幅，其中摄影作品100幅，书画作品40幅，吸引参观者1500人次，日均近百人次。

（涂祥鹏）

【小流域治理】 2015年，济阳乡实施7个村小型水利工程改造与渠系配套改造，重点实施济阳小流域、大儒片仙峰溪流域水土流失治理，新增节水灌溉面积57公顷，改造拦河坝2座、排水沟3条长1.2公里，渠道配套改造9条长11公里，新建蓄水池40个、有效容积950立方米。

（涂祥鹏）

【乡村特色旅游项目实施】 2015年，济阳乡实施“灵动济阳”乡村特色旅游项目，完善“灵动济阳”核心区（济中、济阳片）基础设施建设、整治村容村貌、修缮古建筑群、规划乡村旅游布局。总投资1300万元。

（涂祥鹏）

谢洋乡

【概况】 2015年，全乡辖村14个，村民小组91个，总户数2144户、人口8253人，其中非农业户133户、182人。乡财政收入418.02万元、比上年增长9.4%。当年，获县宣传工作二等奖、综合考评三等奖。

农业 2015年，全乡耕地面积746公顷，其中，水田264.8公顷，旱地481.2公顷；农机总动力2860千瓦；粮食总产量5168吨、同比下降1.3%；生猪出栏5847头。农林牧渔业总产值1.57亿元，同比增长2.61%。

工业 2015年，全乡企业177家（私营5家、个体172家），职工658人，固定资产5200万元，其中规模以上企业1家，完成工业产值1.28亿元、同比增长8.47%，销售收入3850万元，实现利税263万元。

商业服务 2015年，全乡社会消费品零售额903万元，同比增长3.86%；集市贸易额315万元，同比增长6.71%；流通领域国有、集体、私营及个体工商户319家；金融机构服务网点2个。第三产业增加值826万元，同比增长2.54%。

交通邮电 2015年，全乡机动车415辆（客车3辆、卡车153辆、小汽车66辆、农用车142辆、拖拉机51辆）、与上年持平；固定电话1879部，移动电话4868部。

社会事业 2015年，全乡教育事业投入104万元，各类学校3所，在校生138人；闭路电视用户616户，乡卫生院病床12张，医务人员8人；98%的人口饮用自来水。

人民生活 2015年，全乡农村居民人均可支配收入1.1万元、同比增长12.05%；村民人均住房45平方米，集镇居民37平方米；每百户拥有洗衣机65台、自行车31辆、电视机132台（彩电100台）、电冰箱75台、摩托车68辆；75%的农户用上液化气、电磁炉。

社会保障 2015年，全乡村民享受低保和五保250人、发放低保金79.83万元，为1194人发放基础养老金134.7万元。村民参加新农合7234人，参合率100%。收集医保基金77.86万元，为5284人次、支付医疗补偿费81.45万元。

（吴英儒）

【村道路面铺设】 2015年，谢洋村、仕福村5.1公里的农村公路已铺设混凝土路面3.2公里，投资300多万元。

（吴英儒）

【三和新村配套工程建设】 2015年，谢洋乡三和新村建设户外文体活动中心和茶叶产业示范园，占地6000平方米，完成房屋外墙装修77座，安装路灯52盏和改造自来水管道3210米，铺设排污管道385米，投资2000万元。

（吴英儒）

【库区环境综合治理】 2015年，谢洋乡实施城区水资源地坑口水库周边科里村、白玉村环境连片综合整治，建设污水管网820米，微动力污水处理站和垃圾中转站各1座，垃圾收集屋10座，一体式化粪池102座，置摩托式保洁车4辆，垃圾转运车1辆，总投资160.31万元，受益353户、1416人。

（吴英儒）

武陵乡

【概况】 2015年，全乡辖村9个，村民小组94个，总户数3185户、人口1.24万人，其中非农业168户、248人。乡财政收入1153.74万元，比上年增长133.28%。

农业 2015年，全乡耕地面积595.14公顷，其中，水田483.5公顷，旱地111.64公顷；农机总动力8045千瓦；粮食总产量4437吨，同比增加9.47%；出栏生猪6563头。农林牧渔业总产值1.50亿元，同比增长9.49%。

工业 2015年，全乡企业28家（集体企业5家，私营8家，个体15家），职工总数547人，工业固定资产1.67亿元。其中，规模以上企业6家，完成工业产值8.87亿元，同比增长12.14%；销售收入9.6亿元，实现利税2589万元。

招商引资 2015年，全乡引进“三资”企业1家，总投资1000万元，吸引外资1000万元。

商业服务 2015年，全乡社会消费品零售额4267.3万元，同比增长1.6%；集市贸易额2157.3万元，同比增长1.23%。流通领域集体、私营企业及个体工商户298户；金融机构服务网点1个。第三产业增加值3073.5万元，同比增长5.1%。

交通邮电 2015年，全乡机动车381辆（客车2辆，卡车31辆，小汽车316辆，农用车16辆，拖拉机16辆），同比增加6辆；固定电话170部，同比减少412部，移动电话6516部，同比增加136部。

社会事业 2015年，全乡教育事业投入176万元，各类学校3所，在校生747人，同比增加92人；闭路电视用户980户，同比增加100户。乡卫生院有病床15张，医务人员7人；92%的人口饮用自来水。

人民生活 2015年，全乡农村居民人均可支配收入9474元，同比增长10.03%；村民人均住房35平方米，集镇居民28平方米；每百户拥有洗衣机59台、自行车17辆、电视机68台（彩电67台）、电冰箱40台、摩托车63辆；79%的农户用上液化气、电磁炉。

社会保障 2015年，全乡村民享受低保238人、发放低保金45.08万元，享受基础养老金1633人、发放养老金177.52万元；村民参加新农合1.07万人，参合率99.83%；收集医保基金117.18万元，为7366人次支付医疗补偿费 57.77 万元。

（郭传来　张善涛）

【低压电网改造】 1月，武陵乡进行9个村低压电网改造和增容，新增100—400千伏变压器共12台。10月，改造工程完工，总投资516万元。受益1.2万人。

（郭传来　张善涛）

【美丽乡村建设】 1月，武陵乡在大石村下尾片点，实施美丽乡村建设，危房改造30户，房前屋后环境整治80座，建设栅栏1.2公里，修建小型休闲公园1座，占地600平方米。年底，项目完工，总投资90万元。

（郭传来　张善涛）

【桃溪香池坑小区建设】 3月，武陵乡实施桃溪香池坑小区建设，建绿色长廊，栅栏222米，设置花箱126个，修建人口文化主题公园1座，占地700平方米。8月，项目完工，投入资金80多万元。

（郭传来　张善涛）

【旧街地质灾害治理】 3月，武陵乡实施旧街地质灾害治理项目，修建普通锚杆和预应力锚杆1561平方米、清理土石方5000立方米，筑混凝土挡土墙500平方米，建排水孔580米、砌筑排水渠道170米，喷播绿化1495平方米。9月，项目完工，总投资143万元。

（郭传来　张善涛）

【“红武陵大石休闲度假区”建设】 5月，武陵乡动工建设大石村金水湾生态水系园区，占地15.2公顷，总投资3000万元；并整合境内的永强农场休闲采摘园、隆锦顺观光垂钓园、金水湾生态水系园和桔鑫界生态种植园，四园一体，点串成线，打造一个采摘、垂钓、观光、休闲为一体的休闲度假区。

（郭传来　张善涛）

【红色文化公园建设】 5月，武陵乡住地北侧修建文化公园，占地3600平方米。完成园林绿化3600平方米，修建步行道200米、排水管道600米，植草2000平方米。12月，工程竣工。总投资170万元。

（郭传来　张善涛）

文江乡

【概况】 2015年，全乡辖村20个、村民小组122个；总户数5307户，总人口2.33万人，其中非农业户258户、人口621人；乡财政收入580.85万元，比上年增长8.2%。

农业 2015年，全乡耕地面积930.93公顷，其中水田852.6公顷、旱地78.33公顷；农机总动力8921千瓦；粮食总产量7269吨，同比增长0.37%；出栏生猪1.32万头。农林牧渔业总产值3.26亿元，同比增长3.49%。

工业 2015年，全乡企业458家（集体6家、私营56家、个体396家），增加4家；职工总数708人，工业固定资产9.6亿元；销售收入6.72亿元，实现利税5430万元；实施技改3项，投入资金3600万元。其中，规模以上企业5家，完成工业产值7.84亿元，同比增长15.3%。

招商引资 2015年，乡有三资企业1家，总投资450万元，吸引外资295万元，完成外贸供货总值1053万元。

商业服务 2015年，全乡社会消费品零售额1.31亿元，同比增长12.93%；集市贸易额1.15亿元，同比增长5.5%；流通领域国有、集体、私营企业及个体工商户共462家；金融机构服务网点2个。第三产业增加值8933.5万元，同比增加6.16%。

交通邮电 2015年，全乡机动车725辆（客车15辆、小汽车316辆、卡车227辆、农用车109辆、拖拉机58辆），同比增加125辆；固定电话2130部，同比增加5部，移动电话1.15万部，同比增加200部。

社会事业 2015年，全乡教育事业投入120万元，有各类学校10所，在校学生696人，同比减少26人；闭路电视用户4395户，同比增加2户；乡卫生院有病床22张，医务人员28人；98%以上人口饮用自来水。

人民生活 2015年，全乡农村居民人均可支配收入1.17万元，同比增长10.38%；村民人均住房45平方米，集镇居民35平方米；每百户拥有洗衣机80台，自行车38辆，彩色电视机205台，电冰箱75台，摩托车180辆，电脑40台；65%以上的农户用上电磁炉、液化气。

社会保障 2015年，全乡村民享受低保544人、发放低保金115万元，享受基础养老金村民2981人、发放养老金340.6万元；村民参加新农合1.9万人，参合率99.8%；收集医保基金228万元，为657人次支付医疗补偿费165.8万元。

（方淑婷）

【留守儿童之家成立】 2—4月，文江乡在文江中学成立少年之家、中心小学成立儿童幸福乐园，配备电脑13台、图书2000多册、电视机2台、桌椅30套以及文体器材若干，为留守儿童提供学习、娱乐、谈心交流的活动平台，总投资12万元。

（方淑婷）

【市巡回检察现场会在文江召开】 7月2日，三明市检察院巡回检察工作现场推进会在文江召开，市检察院检察长、三明各县（市）检察院检察长、政治处主任、文江乡党委政府班子成员共65人参加。

（郑际晔）

【乡影剧院暨文化站改造项目完工】 7月，文江乡影剧院改造工程竣工，工程于3月动工，面积800多平方米，新设多功能活动室、图书室、阅览室、棋牌室、体育健身活动室等，投资58万元。

（郑际晔）

【“农村电商·计生幸福家庭”专项基金建立】 8月，文江乡建立“农村电商·计生幸福家庭”专项基金，由乡财政每年出资10万元，对发展农村电商的计生户补助5000元至1万元不等，鼓励农户发展农村电商。年底，全村有农村电商13户

（方淑婷）

【村级组织换届】 9月18日，文江乡第十一届村级组织换届结束，共选出村党支部和村委会委员105人，其中，支委会成员64人，村委会成员61人（交叉任职20人），小文村、白沙村党支部书记、村委会主任分别由1人担任，比上一届增加1个村，新一届班子结构进一步优化。

（方淑婷）

【自然村道路混凝土铺设】 11月，文江乡5条自然村道路混凝土路面铺设完工，总长4.32公里，投入资金118.9万元，其中，大中村洋梅自然村239米（已验收），仁坂村1.34公里，典坑村上阳自然村900米，昭文村玉山至洋中自然村863米，山芹下洋自然村980米。

（方淑婷）

【后洋村幸福院改造竣工】 11月，文江乡后洋村幸福院改造工程竣工，工程于7月动工，占地800平方米，建筑面积600平方米，内设聊天室、棋牌室、健身室、图书室、餐厅、厨房、厕所等功能用房，并配备相应的电器、电脑、家具、厨卫等设备，投资约20万元。

（郑际晔）

【防洪工程竣工】 12月，文江乡防洪工程竣工，河道综合治理3.5公里、新建护岸4.29公里，沿河种植草地400平方米、各种名贵观赏花木6000余株，确保两岸水田53.33公顷与320多座房屋度汛安全，投资2320万元。

（方淑婷）

【美丽乡村建设】 2015年，文江乡实施美丽乡村建设，桥下村建洋面混凝土机耕道380米，新建机械化烤烟房6座，改造烟叶示范田8公顷，种植油茶3.33公顷。房屋坡面改造16座，投资24万元；整修“人主公”庙，安装不锈钢护栏15米，投资3万元；开展家园清洁活动，建垃圾中转站和公厕各1座、垃圾池1个，投资5万元。

（郑际晔）

梅山乡

【概况】 2015年，全乡辖村21个，村民小组189个，总户数6393户，总人口2.61万人，其中非农业户289户、401人。乡财政收入1024万元，比上年增长33.86%。

农业 2015年，全乡耕地面积1163.7公顷，其中，水田940公顷，旱地223.7公顷；拥有农机总动力8856千瓦；粮食总产量1.07万吨，同比增长2.88%；生猪出栏1.8万头。农林牧渔业总产值3.9亿元，同比下降2.5%。

工业 2015年，全乡有企业185家（私营85家，个体100家）；职工总数1495人，固定资产4.85亿元。其中规模以上企业2家，完成工业总产值3.52亿元，同比增长15.03%；加

工业中竹木加工厂6家，产值3000万元。

商业服务 2015年，全乡社会消费品零售额3059万元，同比增长4.4%；集市贸易额2039万元，同比增长8.5%；流通领域国有、集体、私营企业321家；金融服务网点2个。第三产业增加值4500万元，同比增长18%。

交通邮电 2015年，全乡拥有机动车365辆，其中，客车33辆，卡车45辆，小汽车125辆，农用车102辆，拖拉机60辆，与上年持平。固定电话1540部，同比减少60部；移动电话1.6万部，同比增加60部。当年，梨坑白岩至湖美乡长坂公路铺设混凝土路面，长1.78公里，投资80万元。

社会事业 2015年，全乡初级中学、中心小学各1所，初小7所，在校生900人，同比增加43人。闭路电视用户610户，同比增加15户，卫生院有病床20张，医务人员13人，95%的人口饮用自来水。

人民生活 2015年，全乡农村居民人均可支配收入1.02万元，同比下降8.93%；农村居民人均住房49平方米，集镇居民32平方米；每百户拥有洗衣机30台，自行车2辆，电视机96台（彩电），电冰箱12台，摩托车57辆；27%的农户用上液化气、电磁炉。

社会保障 2015年，全乡村民享受低保502人，发放低保金436万元，享受基础养老金村民2890人，发放养老金346万元。参加新农合2.17万人，参合率97.89%，收取医保基金245.28万元，为1.25万人次支付医疗补偿费152.47万元。

（陈吉华）

【特色村建设和危房改造】 7月，梅山乡启动盖竹村特色村建设，修缮影剧院，建设烟基路400米、水渠2.85公里、竹篱笆1.4公里，完成村部花园和道路绿化；新建六角亭、蜂屋各1座，宣传廊架73.2平方米、廊亭67.2平方米，总投资78.5万元。对梅山、雄峰、长津、沈岭、香坪、沈口、德州、璞溪、黎坑、西书等10个村21户进行危房改造，投资21万元。

（陈吉华）

【集镇街道整治】 2015年，梅山乡进行集镇街道整治，建设街道下水道和弱电下地管网各800米，混凝土路面800米改为铺设沥青，沿街店面统一设计店招牌等，投资600余万元。

（陈吉华）

【林业生产】 2015年，全乡完成“绿色村镇”绿化6.13公顷、“绿色屏障”27.33公顷；沧州村生物防火林带建设16.93公顷，人工造林139.2公顷，幼林抚育420.53公顷。当年，长坑村、高泉村成片油茶236.87公顷，金阳村新种油茶33.33公顷。

（陈吉华）

【西坑茶园示范基地建设】 2015年，梅山乡建设西坑现代茶园示范基地，铺设生茶园混凝土路面400米、茶园坡改梯和套种樱花、海棠、桂花等名贵树种，投资100多万元，基地采取“基地+合作社+农户”的经营模式，西坑茶叶专业合作社注册资金人民币8 5万元。年底，基地有茶园2000公顷，种植铁观音、金观音、梅占等茶叶品种，当年，生产茶叶100吨，利润50万元，带动贫困户7户、20人增收。

（陈吉华）

湖美乡

【概况】 2015年，全乡辖村16个，村民小组107个。总户数4123户、总人口1.46万人，其中非农业177户、288人。乡财政收入614.29万元，比上年增长20%。当年，西燕村代表县接受省妇联“两纲”工作检查，得到一致认可。村级组织换届选举党支部书记连任1人（女），整顿转化软弱涣散党组织2个；后平村、后坑村被省环保厅评为“省级生态村”。

农业 2015年，全乡耕地面积566.4公顷，其中，水田291.5公顷，旱地274.9公顷；农机总动力5923千瓦；粮食总产量3796吨，同比增长3.04%；生猪出栏5817头。农林牧渔业总产值1.78亿元，同比增长1.71%。

工业 2015年，全乡企业50家（集体3家，私营47家），同比增加5家；职工总数877人，工业固定资产1.09亿元。其中，规模以上企业3家，完成工业产值2.93亿元，同比增长14%；销售收入1.79亿元，实现利税3024万元；实施技改3项，投入资金1230万元。

招商引资 2015年，全乡三资企业4家，总投资9500万元。

商业服务 2015年，全乡社会消费品零售额893.9万元，同比增长9.06%；集市贸易额5245万元，同比增长2%。流通领域国有、集体、私营企业及个体工商户236家；金融机构服务网点1个。第三产业增加值2788万元，同比增长4.69%。

交通邮电 2015年，全乡机动车163辆（客车7辆，卡车18辆，小汽车86辆，农用车27辆，拖拉机25辆），同比增加17辆；固定电话1382部，同比减少115部；移动电话6029部，同比增加331部。7月，后平村、长坂村通往梅山乡黎坑村的混凝土道路通车，全长1公里，投资43万元。

社会事业 2015年，全乡教育事业投入96.5万元，各类学校5所，在校学生445人，同比减少15人。闭路电视用户592户，同比减少40户。乡卫生院病床12张，医务人员8人；建设预防接种门诊中心建筑面积60平方米、投资17万元。100%的人口饮用自来水。

人民生活 2015年，全乡农村居民人均可支配收入1.32万元，同比增长11.86%；农村居民人均住房46平方米，集镇居民29平方米；每百户拥有洗衣机50台、自行车11辆、彩色电视机120台、电冰箱20台、摩托车101辆；22.3%的农户用上液化气、电磁炉、沼气池。

社会保障 2015年，全乡确定贫困户135户、352人，并建档立卡。享受低保村民272人，发放低保金52.86万元，享受基础养老金村民1466人，发放养老金124.61万元。参加新农合5471人，参合率91.5%，收集医保基金132万元，为1325人次支付医疗补偿费620万元。

（王晓华）

【浩特服饰项目投产】 2015年，湖美乡引进在京口工业园区的浩沙国际浩特纺织服饰生产项目第一期投产，生产服饰料139.1万件、4577吨，产值3.3亿元，税利3025万元；第二期主体工程完成进行后期装修。

（王晓华）

【高峰旅游设施建设】 2015年，湖美乡在高峰圆梦园寺建成寺庙1座、观音台1座，投资29万元；完成通往高峰公路混凝土路面铺设522米，挡土墙431立方米，投资175万元；高峰至梅山“鲤鱼朝天”防火路10公里，投资22.5万元。

（王晓华）

【中小河流域治理】 2015年，湖美乡实施中小河流域治理完成防洪堤总工程工作量90%，综合治理河道2187米，新建防洪堤444米、护岸2262米，排涝涵管与涵洞14处，修建一河两岸的道路、路灯、生态护岸、蓉花桥亭、亲水工程等，总投资1540万元。

（王晓华）

【乡敬老院和幸福院建设】 2015年，湖美乡完善省级“星级敬老院”建设，修缮休闲亭和护栏、添置5件残疾人健身器材等附属设施，投入28万元。完成湖上村幸福院建设，占地150平方米，建筑面积220平方米，设床位3张，投资20万元。

（王晓华）

前坪乡

【概况】 2015年，全乡辖村11个，村民小组55个，总户数1878户，总人口7762人，其中非农业户132户、人口190人。乡财政收入196万元，比上年下降57.71%。当年，被评为市级平安先行乡镇，在全县年终综合考评中获一等奖。

农业 2015年，全乡耕地面积570.54公顷，其中，水田213.07公顷，旱地357.47公顷；拥有农机总动力5580千瓦；粮食总产量2981吨，同比增长0.78%，生猪出栏7915头。农林牧渔业总产值1.3亿元，同比下降9.1%。

工业 2015年，全乡规模以上企业15家（集体1家，私营14家），与上年持平。职工总数2293人，工业固定资产13.89亿元，完成工业产值37.75亿元，同比增长15.37%；销售收入16.1亿元，实现利税8820万元。

招商引资 2015年，全乡外资企业2家，总投资2000万元，吸引外资700万元，完成外贸供货值1300万元。

商业服务 2015年，全乡社会消费品零售额623万元，同比增长0.48%，集市贸易额862万元，与上年持平。流通领域国有、集体、私营企业124家；金融服务网点机构1个。第三产业增加值4791万元，同比增长36.89%。

交通邮电 2015年，全乡机动车214辆，其中，卡车77辆，农用车43辆，小汽车70辆、拖拉机24辆，同比减少2辆；固定电话830部，移动电话2187部、同比增加7部。

社会事业 2015年，全乡教育事业投入26万元，各类学校4所，在校学生339人，同比增加37人。闭路电视用户300户。乡卫生院有病床6张，医务人员6人。98%的人口饮用自来水。

人民生活 2015年，全乡农村居民人均可支配收入1.39万元，同比增长10.32%；村民人均住房76平方米，集镇居民24平方米；每百户洗衣机40台，自行车20辆，电视机112台(彩电107台)，电冰箱31台，摩托车79辆；70%农户用上液化气、电磁炉。

社会保障 2015年，全乡居民参加新农保3294人，参保率99.8%，享受基础养老金村民892人、发放养老金75.82万元；参加新农合村民6771人，参合率98%，收集医保基金77.3万元，为3822人次支付医疗补偿费17.76万元。

（颜小虹）

【生姜深加工项目实施】 2015年，福建先福贸易有限公司与福建农林大学合作在前坪乡前坪村新建加工生姜厂房500平方米，购置加工生产设备5套，建生产线3条，投入200万元，开发饮用及泡脚2种富硒姜粉，注册小川村商标，年产姜粉100吨，产品远销厦门、广东、新疆。并与泰宁县蓝南发展有限公司合作，建设“赶街”农村电子商务项目，利用微信、淘宝等销售平台，在全省建立销售代理网点40多个，实现生姜深加工产品网络销售。

（颜小虹）

【育龙养鱼专业合作社运行】 2015年，前坪乡引导鼓励农民发展新型业态，成立大田县育龙养鱼专业合作社并投入运行。开发台湾泥鳅养殖基地10公顷，建立标准化水产养殖池塘68个，建设标准化育苗车间及合作社管理房各1座，建筑面积300平方米，购置运输车辆3部。投入500万元。有厦门、漳州、广东、杭州等地4个销售商定期收购产品，出口日本、韩国等国家。同时，开发观赏花果种植基地6.67公顷，已种植百香果、樱花、枇杷等2公顷。

（颜小虹）

【中德顺机械铸造项目建设】 2015年，前坪乡引进三明市中德顺机械加工项目，生产铸件产品，在湖坪村平整土地1.8万平方米，道路拓宽和混凝土铺设300米，扩建产房1万平方米，购置设备24台，模具60副、砂箱30套、变压器等。至年底投入资金1.1亿元。

（颜小虹）

【水土流失治理】 2015年，前坪乡推进银川矿区地质环境治理（二期）工程、三角溪小流域、重点乡镇水土流失综合治理等项目，完成排洪沟3119米、急流槽4个、沉淀池28个、机耕道5.48公里等，实施生态护岸1.35公里、栽植树木4.55万株，治理水土流失面积7000多公顷，以上项目均已竣工验收，投资8000万元。修复黎明、下地、湖坪、山川等村水渠8条、长6.4公里，机耕道5条、长3.8公里，防洪堤4条、长3.12公里，投资700万元。

（颜小虹）

【川石矿区公园建设】 2015年，前坪乡在川石矿区平整排土场1.47公顷，修砌排水沟1公里、挡土墙1400立方米，道路混凝土铺设和建休闲步道各500米，建凉亭和公共厕所各1座，种植茶花、竹柏、桂花、红叶石楠等名贵树木1.4公顷，并配备休闲设施，共投入资金100万元。

（颜小虹）

【坂头新村休闲公园建设】 2015年，前坪乡建设黎明坂头新村居民休闲公园。占地3000平方米，搭建戏台1座，建设栈道护栏800米、河道护岸600米，绿化1000平方米，改造危房5座，拆除违建附属房3座、126平方米，共投资100万元。

（颜小虹）

县城社区

【概况】 2015年，县城社区居委会8个，面积12平方公里，常住人口1.35万户、3.45万人，流动人口约2.49万人。社区工作人员62人，大学生志愿者7人，二级环卫管理人员4人、工人69人。

（魏初曦）

【赤岩社区“党员服务驿站”成立】 4月，赤岩社区成立“党员服务驿站”，共有7个辖区单位在职党员85人到社区报到服务，与困难群众结成帮扶对子38对，帮助解决问题32个。

（魏初曦）

【居委会换届选举】 6月，8个社区（居委会）党支部完成换届选举，选出新一届支部委员会委员24人。社区换届居委会委员选举中，仙亭、玉凤社区实行居民代表选举居民委员会委员，代表总数102人，参加投票99人，参选率97.05%；南街、文昌、白岩3个社区实行户代表选举居民委员会委员，登记户代表984人，参加投票864人，参选率87.8%；镇东、赤岩、东门3个社区实行全体选民直接选举，登记选民1080人，参加投票960人，参选率88.89%。全部选举一次性成功，共选出居委会委员40人。

（魏初曦）

【社区党建】 2015年，8个社区（居委会）党支部开展“三严三实”活动，查摆党员干部自身的问题和缺点21个，落实整改措施，达到“团结—批评—团结”的目的。白岩社区开展在职党员先锋、社区志愿者服务活动，文昌社区成立党员驿站和心理咨询室，南街社区开展法律援助，仙亭社区成立科普学校，东门社区成立流动人口之家等为居民提供服务。

（魏初曦）

【计生管理】 2015年，社区居委会重点提升流动人口管理服务水平，为育龄群众多办实事，提供优质服务。开展“诚信计生、幸福家庭”和“流动人口网格化管理”创建活动；8个社区居民委员会建立“诚信计生”小组，共有诚信计生户1.08万户，划分为8个大片区、223个小区，800多个网格，实行动态管理。

（魏初曦）

【综合服务】 2015年，社区居委会开展“再就业培训”，重点培训电脑基础、家政服务、家电维修、美容美发等，全年办培训班18期、1500人次，安置“零就业家庭”32户，安抚下岗弱势群体312户，办理城镇居民医保1.2万人，其中新参保985人。帮扶困难户579户，享受低保439户、976人，月发保障金、物价补贴等16.53万元。

（魏初曦）

【治安管理和纠纷化解】 2015年，社区居委会建立以派出所、辖区单位、义务联防队组成的治安防控网络管理服务体系，以南街社区“巾帼矛盾纠纷调解队”为示范点，做好社区矛盾纠纷排查和化解。当年，社区共调解民事纠纷27起，调解成功率95%，缓解治安压力，化解社会矛盾。

（魏初曦）

【环境整治】 2015年，在创建省级文明县城工作中，社区居委会组织辖区179个共建责任单位偕同县综合执法大队、均溪镇、城中村，出动1543人次，开展庭院卫生及单位周边卫生清扫整理，整治责任路段127个，清理卫生死角156处，清运垃圾153车，清理小广告1万多条、乱堆乱放244处，拆除鸡窝鸭舍175个，整治店外店26处。组织二级环卫工人清理卫生死角60余处，清理水沟17条，清运垃圾43车。组织发动村（居）民开展小巷混凝土路面铺设1200平方米。建设“生态社区”镇东示范点，建成临时农产品交易市场550平方米。

（魏初曦）

2015年大田县村级概况表

表13

乡镇别	村别	村民小组（个）	户数（户）	人口（人）	耕地（亩）	集体经济收入（万元）	农村居民人均可支配收入（元）	党支部书记	村委会主任
均溪镇	红星	19	2618	7345	284	333.17	15656	陈有尧	张登晟
	玉田	21	1917	5647	151	266.58	15572	范立朝	范联中
	福塘	17	1429	4345	421	158.66	15506	陈有桂	陈上国
	金岭	4	218	643	220	31.48	13229	陈其秘	陈其秘

续表 13

乡镇别	村别	村民小组（个）	户数（户）	人口（人）	耕地（亩）	集体经济收入（万元）	农村居民人均可支配收入（元）	党支部书记	村委会主任
均溪镇	宋京	16	769	2275	1113	40.22	14885	范庭烜	范庭烜
	良元	6	339	1042	427	17.45	14111	温乃早	温乃早
	郭村	5	246	717	179	40.63	14135	柳书政	柳书政
	翰林	5	238	739	364	27.78	13957	李勤寮	李克火
	温镇	8	840	2560	733	146.23	15076	温兴邦	温桃鸿
	周田	8	513	1589	716	59.61	14905	周仁潮	李代列
	许思坑	5	272	839	415	19.18	13945	周以际	张开用
	建成	4	275	812	392	22.50	14648	柳书明	柳书球
	东坑	12	604	1889	683	38.33	15074	廖美霞	郑祥序
	金山	6	297	900	285	13.09	14900	郑宜桧	郑四一
	上华	12	606	1921	736	65.69	15175	杨红专	杨承剧
	和丰	8	332	1029	357	21.20	14849	周仲军	周有碟
	和丰坪	6	369	1113	520	24.80	14685	周调汉	周调摇
	后华	6	336	969	525	35.97	14784	严昌垓	严志煌
	华坑	6	402	1200	423	52.24	14539	丁宜相	林章主
	上太	10	607	1783	833	38.89	14966	严景朝	乐光邓
	太山崎	7	314	985	689	15.57	13293	林善炬	林传代
	大道山	3	142	409	194	23.21	13052	郑联灶	郑联灶
	城东	11	1260	3820	0	89.53	14619	刘春雷	刘青晓
广平镇	广平	24	1452	4940	2818	40.02	13066	郭兆水	林乐标
	五峰	12	393	1864	984	35.64	13056	郑玉兰	蒋佑宝
	万筹	15	535	2649	1162	88.57	13064	郑宣斌	郑恢宋
	万宅	5	303	1135	815	40.09	13035	余有创	余有暖
	元沙	27	1286	6413	2708	70.36	13005	张乃善	张玉成
	苏桥	23	1390	6828	3087	200.07	13072	廖乃座	—
	铭溪	19	841	4330	1153	42.42	13031	池乃团	池其强
	栋仁	29	1129	5853	2472	64.80	13171	郑新明	郑福焕
	岬头	4	167	831	568	8.20	12639	林长南	林美涂
	东景	5	142	688	470	19.10	12606	李兴勇	李长禄
	西园	8	307	1482	1114	15.63	12600	王英界	王英珊
	丰庄	11	423	2079	1644	22.31	12771	罗施秀	罗春湘
	大吉	6	53	305	335	14.98	12843	郭碧芳	郭碧芳
	兴埔	3	136	623	352	6.07	12802	廖兆森	—
	龙宫场	2	—	385	295	—	—	郑振广	
上京镇	上京	18	574	2879	1694	104.78	16344	陈乘库	陈天利
	上平	16	509	2376	1447	48.30	15684	吴义社	吴元全

续表 13

乡镇别	村别	村民小组（个）	户数（户）	人口（人）	耕地（亩）	集体经济收入（万元）	农村居民人均可支配收入（元）	党支部书记	村委会主任
上京镇	黄城	13	501	2328	2102	0	13584	曾垂贤	陈兆治
	桂坑	9	251	1099	1214	23.37	13793	肖文强	肖世寿
	城口	9	275	1216	847	1.70	13212	黄来樟	陈昌双
	丰田	10	241	1203	886	1.32	13070	林初权	朱升本
	南坑	5	156	706	562	10.82	13410	吴琴凤	魏祥灯
	溪尾	8	154	768	502	0.82	13722	魏初美	魏祥存
	下溪口	10	268	1333	818	3.79	13671	刘美气	刘其熔
	溪口	11	401	1947	878	4.76	13531	刘育聚	刘开远
	三阳	6	183	925	530	2.00	15247	叶一忍	叶长久
	赤水	13	325	1547	1141	10.36	14197	魏祥胞	魏祥滕
	梅林	10	298	1487	800	1.26	16064	田美依	田守平
	隆美	8	231	1155	576	19.04	15976	田有欣	田富量
	灵川	7	217	777	477	33.51	15666	田民鑫	田民鑫
	延京	8	179	921	510	35.17	15674	陈初太	陈初太
桃源镇	桃源村	11	1156	3885	3467	131.51	15800	张宗德	张福财
	西安村	10	460	1492	1468	33.00	15691	涂志成	郑和取
	东坂村	9	273	952	1246	413.47	14509	张吉清	巫振桂
	桥山村	6	228	776	788	30.77	15208	郑得进	郑得忠
	翁厝村	8	510	1654	2271	86.69	15194	翁文普	翁文东
	前厝村	3	367	1172	1517	47.34	14921	郑永胜	郑乐生
	前村村	8	281	963	1238	30.79	15728	张兆良	张兆读
	广汤村	7	745	2512	2725	38.27	15532	俞上武	张钟伟
	杨坑村	6	296	980	1272	47.33	15307	肖兆海	柯祖满
	上举村	4	172	614	757	12.29	15441	肖先锋	肖先钦
	兰玉村	5	646	2198	2187	252.65	15446	肖基传	肖树萌
	桃新村	3	203	634	434	12.93	15525	陈月珠	苏桂明
	桃林村	3	84	288	432	16.49	13670	涂德热	涂景堤
太华镇	群团	34	702	3555	2022	115.03	13293	陈兴鸿	陈来诗
	太华	4	105	516	258	16.37	12597	田增久	郑初迁
	华溪	7	270	1368	900	47.05	12729	陈文务	陈成远
	高星	4	93	437	523	30.08	11992	黄荣积	罗振忠
	小华	12	270	1351	998	57.51	13355	林新登	林新烜
	温坑	12	243	1236	694	105.50	12764	连仁芳	陈兴泉
	仕坑	10	293	1495	829	64.84	13372	吴为堆	唐金良
	魁城	18	743	3803	2435	96.85	13411	连晋慎	连良钢

续表 13

乡镇别	村别	村民小组（个）	户数（户）	人口（人）	耕地（亩）	集体经济收入（万元）	农村居民人均可支配收入（元）	党支部书记	村委会主任
太华镇	张地	6	187	966	516	57.09	12947	连福绍	连宇体
	玉井	9	247	1191	851	21.12	12747	叶美地	叶增彩
	万湖	36	789	4022	2814	70.34	13360	詹文潭	连祖雄
	西埔	10	342	1688	820	75.51	13103	乐忠维	连礼校
	甲魁	8	184	896	560	22.97	12806	苏进电	苏进报
	大合	12	270	1340	941	27.04	13267	周调佳	廖首统
	莒坑	7	156	793	641	21.45	12304	连善智	连良诗
	坑头	9	174	887	557	29.16	13241	周初旺	周初柱
	汤泉	27	733	3510	1650	72.50	12963	陈文峰	蒋芳燕
	池元	8	206	1024	727	15.01	12142	陈代坦	陈德火
	德安	8	258	1187	1155	59.32	12253	陈开茂	陈克昌
	罗丰	14	425	2118	1494	44.83	12733	高超广	方正焕
	黄沙	6	182	877	764	63.00	12655	张流龙	张善灿
	锦溪	5	105	485	380	24.77	12228	周先继	周荣铭
	华山	8	220	1081	683	17.24	12122	章国首	章先篇
	泮车	6	156	785	668	76.26	12563	郑占桌	郑占潭
建设镇	建爱村	12	527	2647	1058	51.31	13396	黄文广	黄长造
	建忠村	12	625	3139	1523	42.26	13519	陈昌沐	吴 荣
	建设村	21	1117	4061	1689	281.14	13803	林起舜	林科双
	建强村	7	343	1739	896	128.31	13506	林书刊	池瑞建
	建民村	7	305	1495	899	21.66	13263	郑永清	李占在
	建丰村	17	673	3394	1394	16.85	13759	高忠裕	高锦栖
	建乐村	9	453	2339	1143	53.06	13303	高加禄	高忠来
	建国村	7	257	1218	783	97.07	13325	田生炳	田加油
	和平村	10	414	1956	1153	20.01	13369	郑永镇	黄开座
	元山村	8	263	1246	897	24.90	13107	池上专	池长浩
	大同村	10	455	2222	2684	22.56	13129	廖尚本	廖尚化
	香浮村	3	114	510	629	13.91	13102	周文舍	周文舍
石牌镇	石牌	6	250	1203	350	165.32	11057	陈亨国	陈亨善
	老厝	10	350	1722	425	56.21	11100	陈华坚	陈学创
	上坡	8	275	1230	394	31.34	13831	郑大温	黄兴煖
	马山	6	168	814	318	6.43	9724	陈永运	陈永运
	盖山	6	113	612	259	14.23	9351	苏启锭	陈永分
	拱桥	5	129	484	369	12.55	10272	苏亨龙	苏亨龙
	石坑	7	153	776	526	41.48	9685	陈祥碧	陈祥碧

续表 13

乡镇别	村别	村民小组（个）	户数（户）	人口（人）	耕地（亩）	集体经济收入（万元）	农村居民人均可支配收入（元）	党支部书记	村委会主任
石牌镇	长溪	13	296	1393	512	87.42	14499	李春华	李家棋
	小湖	13	400	1920	1061	31.87	11062	乐景川	乐发广
	桃山	8	320	1551	1043	12.14	10335	杜明旗	杜生芽
	桃坑	8	290	1443	1103	12.29	10024	乐生枝	乐志炳
	鳌江	14	470	2287	1545	49.62	10564	郑允超	吴文教
	三坊	9	295	1402	1071	36.07	10241	乐建景	张有坂
	下洋	10	270	1236	460	42.76	10528	魏起安	魏开仁
	龙坑	8	249	1160	645	10.94	9708	乐成贝	乐丁代
	京程	5	113	485	391	7.50	9424	池冬妹	刘起生
奇韬镇	奇韬村	23	1223	4282	3254	246.00	13801	郑上林	郑登良
	东佳村	11	397	1391	408	98.00	12948	张春校	郑成溢
	丁华村	3	97	340	975	52.00	13147	郑丁炫	郑丁炫
	西韬村	3	194	680	646	128.00	14885	吴成贤	郑光钗
	文经村	9	752	2631	532	168.00	13273	邱秀凤	方来灶
	桃东村	3	353	1234	878	159.00	16239	方来烧	方来荣
	桃舟村	3	324	1133	437	112.00	15617	黄德善	黄其为
	洋地村	5	282	987	456	99.00	13283	胡上润	胡上福
	龙坪村	4	258	904	1061	81.00	13473	黄祥阳	黄来尧
	金华村	2	101	354	527	46.00	13079	陈生耀	陈生干
	龙溪村	2	131	458	1580	74.00	13224	林上萍	林志明
	永德村	3	146	511	117	85.00	13220	刘思谨	刘梨养
华兴乡	华安村	9	576	1757	816	40.51	11222	郑贤津	郑庆重
	仙峰村	12	621	1930	748	41.87	11151	卢祥成	翁扬鑫
	早兴村	15	506	1525	779	64.33	11220	卢开室	卢维收
	张墘村	10	349	1083	600	23.60	10782	邱良智	邱良智
	杞溪村	7	230	708	326	55.33	9867	陈捷选	陈德力
	柯坑村	8	302	903	491	17.37	9348	杨连怀	杨景彻
	横坑村	12	308	976	570	53.61	9667	杨维读	杨廷韶
	京口村	17	922	2869	875	374.07	11188	叶玉团	叶良福
	昆山村	15	592	1838	788	69.01	11147	程开理	程立松
	洪坑村	2	125	405	295	54.28	10892	陈有水	颜和穴
屏山乡	屏山村	12	371	1190	738	21.75	12588	郭守榔	郭守育
	内洋村	16	618	2171	1229	123.31	13054	苏庆俊	苏庆烨
	溪头村	15	325	1121	695	43.24	11759	苏华隆	苏诗鑫
	玉屏村	16	453	1504	930	27.91	11699	陈进相	陈其捷

续表 13

乡镇别	村别	村民小组（个）	户数（户）	人口（人）	耕地（亩）	集体经济收入（万元）	农村居民人均可支配收入（元）	党支部书记	村委会主任
屏山村	芹阳村	9	204	679	401	19.61	11728	陈荣候	陈荣泰
	和坑村	18	580	2047	1241	79.03	11776	陈吉潮	陈世真
	美阳村	15	610	2058	1234	30.91	12714	郭文杰	郭显楣
	瑞美村	15	341	1205	738	67.42	12344	郭盛理	郭开敬
	内山村	6	170	630	415	19.22	11345	郭传珍	陈兴程
	王坪村	8	160	527	346	18.45	11331	章选服	章国志
	杨梅村	8	278	971	617	11.42	11377	章进怡	章进电
	蒋山村	5	155	555	342	6.73	11333	章永伟	章永渊
	许坑村	8	190	675	417	22.01	11339	章双标	章双标
吴山乡	张坑村	3	100	345	294	15.86	12967	章思礼	章彩莲
	锦山村	10	238	985	917	23.60	12220	刘贵忠	刘登提
	科山村	9	197	738	737	22.13	13294	刘珍珊	刘加才
	程堂村	8	291	1224	646	152.36	13415	陈兴繁	陈兴途
	吴山村	21	597	2485	1061	102.62	14297	陈生文	陈志耕
	和洋村	6	169	684	274	120.55	15397	陈荣耀	陈德书
	阳春村	17	449	1831	1249	87.28	13265	林开望	林开安
	东埔村	4	98	383	304	20.11	13205	林两得	林传丁
	梓溪村	12	278	1195	358	421.42	13577	林芳梓	林起明
济阳乡	济阳	17	360	1621	1070	85.50	14261	涂振级	涂经聪
	济中	11	204	953	716	38.06	14229	涂志贤	涂扬宗
	三扎	4	80	367	263	19.12	14286	涂育棍	涂育贴
	德仁	5	85	375	233	13.00	14212	涂秋龙	涂学良
	芳林	6	105	423	233	12.03	14118	章选读	章选煌
	国庆	10	194	797	375	23.41	14351	涂继星	涂德宪
	上丰	13	249	1177	729	12.98	14454	涂双跃	涂有德
	泮林	8	140	584	274	15.12	14268	涂开兴	涂文启
	高升	10	134	640	432	13.07	14299	涂凤绵	涂德俊
	砚坑	4	96	348	183	14.36	14504	章江海	章绍裕
	大儒	14	308	1456	621	44.22	14423	章桂春	章斯忠
	大乾	11	276	1097	699	8.73	14510	陈大军	章国良
谢洋乡	谢洋村	12	304	890	1200	5.29	10200	林昌明	林玉添
	怀德村	13	223	1000	2000	20.30	10203	林起满	林起满
	坑口村	4	105	480	300	5.08	11231	林开品	林起坛
	白玉村	3	100	275	100	5.00	11210	林芳靛	林起汉
	象山村	4	100	321	400	5.15	10560	林起周	林凤枢

续表 13

乡镇别	村别	村民小组（个）	户数（户）	人口（人）	耕地（亩）	集体经济收入（万元）	农村居民人均可支配收入（元）	党支部书记	村委会主任
谢洋乡	科里村	11	220	1169	1600	6.05	11120	林起超	林丁勇
	珍山村	8	200	837	1200	6.36	10423	林起树	林文基
	草垅崎村	4	104	513	700	5.03	10110	林昌多	林昌多
	三角尾村	3	55	219	300	5.15	10210	林起兴	林起兴
	上珍村	3	60	264	400	5.30	10210	陈春坦	陈春暖
	蕉坂村	2	43	183	300	5.00	10320	林起周	林开联
	和春村	6	100	421	600	5.00	11311	林开庚	林广谋
	碧山村	4	88	351	500	5.39	11012	林凤征	林丁辂
	仕福村	14	309	1148	1600	18.16	10830	林起库	林起聪
武陵乡	武陵	12	476	1850	1044	22.72	9314	林其源	林美烘
	红君	11	328	1369	822	20.75	9291	林　燕	林彩用
	桃溪	16	504	2013	1538	33.47	9220	林共河	林元意
	上岩	12	349	1578	1139	25.54	10919	叶一栽	叶先等
	百束	12	400	1556	1143	25.67	8920	林　疆	—
	茶山	7	197	763	665	47.01	9581	陈丁勇	陈玉布
	岬坪	7	143	619	584	17.91	9758	陈进保	陈进县
	大石	14	535	2157	1682	54.99	9124	林庆业	林良忠
	仕洋	3	85	281	310	31.53	9964	陈进省	
文江乡	文江	13	802	3012	1689	62.10	12438	陈汝治	余育大
	大中	11	396	1813	1067	57.35	12083	李凤铨	陈加强
	民主	9	354	1557	945	25.52	11757	吴上银	吴高荣
	大文	6	311	1393	658	49.86	8320	陈先幼	陈先安
	小文	4	144	673	543	8.51	11886	余成碧	余成碧
	典坑	3	101	401	509	9.46	11890	陈启沙	林上贡
	朱坂	12	486	2252	1656	16.92	12715	余家铭	廖启赐
	琼口	8	364	1821	977	16.77	11782	余联跃	余开科
	白沙	2	69	345	280	3.73	10850	黄其政	黄其政
	大安	4	207	973	500	88.76	11584	廖尚堆	廖世前
	桥下	3	97	421	322	10.73	12199	陈启土	陈福科
	龙门	5	243	1181	527	53.83	11769	周延炽	周学会
	光明	6	221	987	545	34.88	11503	林启加	林联山
	后洋	4	177	833	403	41.62	12057	林朝喜	林廷敬
	温厝	3	192	949	626	6.60	11680	周学贝	邓招伟
	花桥	3	124	605	470	12.53	11936	范祖现	王景行
	小芹	5	147	741	461	18.74	11292	柯日选	柯永令

续表 13

乡镇别	村别	村民小组（个）	户数（户）	人口（人）	耕地（亩）	集体经济收入（万元）	农村居民人均可支配收入（元）	党支部书记	村委会主任
文江乡	山芹	3	103	452	316	13.38	11464	林志江	林志座
	昭文	13	341	1527	845	14.98	11905	杨连秀	杨连汉
	联盟	5	170	761	625	18.12	11708	陈升彩	余志帛
梅山乡	新楼	4	96	393	171	12.31	10050	陈育苑	陈开望
	梅山	16	540	2104	1217	98.40	10083	吴日光	吴有溪
	郭井	14	423	1888	1059	25.12	10014	吴占宝	吴英炳
	秀岭	16	490	1822	1907	40.28	10091	詹宏天	陈清溪
	沈岭	9	245	1726	1210	55.68	10050	吴同针	吴同村
	沈口	9	270	1089	610	74.34	10011	陈长植	陈荣善
	雄峰	12	390	1658	925	9.71	10062	吴秉恩	吴步炉
	盖竹	2	100	460	373	48.70	11258	朱自诚	朱成纤
	德州	3	79	346	234	10.70	9987	黄初源	黄初源
	沧洲	16	498	2296	1790	54.09	10683	陈天湖	陈在灼
	璞溪	4	176	647	908	33.15	9075	苏宗古	苏开燥
	西书	13	460	1975	1375	12.20	10082	吴开炜	吴数春
	西坑	7	263	1156	968	48.30	10258	叶清涵	叶聿添
	龙口	6	176	709	340	20.61	10850	陈占柑	陈占佳
	岭后	5	190	820	464	7.22	9785	陈上楼	陈开金
	金阳	14	413	1820	797	26.50	10085	林顺仁	林顺报
	高泉	12	363	1621	1050	13.00	10040	陈占建	陈占秋
	长坑	8	217	830	554	11.03	9995	陈文炉	陈先炼
	长津	6	172	743	400	14.55	10031	陈高料	陈如权
	香坪	7	310	1085	803	24.86	10528	叶长坤	叶德禄
	黎坑	4	133	514	301	7.55	10840	吴美园	吴先选
湖美乡	大尤	4	141	570	495	22.43	13124	刘春坤	刘春占
	前进	5	238	889	682	29.43	13137	林芳佤	林芳佤
	旺建	12	478	1816	651	25.58	13051	廖应社	廖士漳
	西燕	5	291	1047	1089	26.50	13177	林桂春	张芳才
	元安	9	331	1242	916	28.44	13396	颜全路	颜建活
	仁美	10	369	1332	559	27.46	13416	郑占继	廖明金
	湖上	11	337	1217	577	29.94	13432	施素梓	施生晖
	岬才	9	252	901	336	24.05	13116	施生洲	施正步
	宏才	12	399	1416	762	24.77	13020	廖明绩	施生智
	长坂	5	171	615	286	17.21	13048	吴仁贤	吴祥卢
	后坪	4	109	373	546	9.85	12850	吴祥电	吴全友

续表 13

乡镇别	村别	村民小组（个）	户数（户）	人口（人）	耕地（亩）	集体经济收入（万元）	农村居民人均可支配收入（元）	党支部书记	村委会主任
湖美乡	高才	3	88	307	236	24.46	15825	刘建友	刘春夏
	后坑	4	104	357	397	23.57	12790	施明沦	施生奇
	林兜	6	272	982	358	28.45	13026	林高善	林高善
	汉口	4	203	735	319	21.42	13217	吴其灯	林文拱
	仁东	4	163	551	287	24.97	13267	廖生瑞	廖明塘
前坪乡	前坪	6	180	636	932	31.67	12547	蒋加物	蒋芳探
	黎明	7	214	935	1025	57.34	12535	陈其木	蒋先斜
	上地	4	109	495	641	21.70	12465	林长流	林初益
	下坑	7	255	1087	975	93.43	12588	廖春麻	廖新粮
	下地	4	115	519	634	17.46	12466	林绍楼	林荣志
	山川	4	124	588	618	150.05	13503	林建场	丁长池
	湖坪	7	205	930	1066	61.52	12516	林青烧	林青松
	黄龙	6	171	776	828	42.95	12539	林建翁	林芳秋
	北坑	2	86	323	450	37.05	12446	杨先修	杨腾艳
	福井	4	162	669	745	24.41	12556	张春巍	张春茂
	吉坑	4	125	514	644	22.02	12347	林廷昌	林启耀

2015 年社区居委会基本情况统计表

表 14

居委会	常住		流动人口（人）	区域面积（平方公里）	享受低保		补助金额（每月 / 元）	医保情况（人）	支部书记	居委会主任
	户数	人口			户数	人数				
白岩	1921	5012	3915	1.30	69	146	32900	1240	连荣诗	连荣诗
文昌	1689	4315	3306	0.82	41	93	21670	1505	唐清香	唐清香
玉凤	2388	7033	5236	0.86	87	194	44400	2350	郭秀花	郭秀花
仙亭	1569	3826	2535	3.25	41	91	20990	2059	陈玉音	陈玉音
南街	2105	5313	2506	0.68	69	150	33260	1059	刘晓玲	刘晓玲
赤岩	1236	2951	2565	1.60	38	82	18270	1349	陈春辉	陈春辉
东门	1503	3530	2655	1.73	57	135	30210	1033	柳梅妹	郑爱萍
镇东	1116	2517	2188	1.87	37	85	19740	1405	林开发	林开发
合计	13527	34497	24906	12.11	439	976	221440	12000	—	—

人物

□编辑 郑祥景

先进人物

林建楠 大田县公安局森林分局局长，一级警督，大田县均溪镇人。1970年1月出生，大学文化，1987年8月参加工作，1992年4月加入中国共产党，1993年1月参加公安工作。2012年5月，被公安部评为“全国公安机关爱民模范”“全国优秀人民警察”。

2004年3月，林建楠任大田县公安森林分局局长，在工作中敢捅“马蜂窝”、敢啃“硬骨头”；主动出击、查源头、强防范；注重协调关系。抓典型案件打击整治的“大田模式”被省内外同行借鉴。查处整治矿产业、项目建设等乱占滥用林地违法犯罪案件211起、清理非法占用林地面积48.5公顷，挽回经济损失500多万元。他在全省森林公安中率先普及应用技侦办案，先后侦破省、市公安挂牌督办的2005年“10·28”、2008年“10·14”、2010年“5·25”等系列毁林案件，被省、市森林公安确认为技侦破案的成功案例。在清网行动中，他带领民警摸索出一套电子警务管理模式，建立信息主导下“打、防、管、控”一体化格局，提高驾驭林区治安管理的能力。2011年，在全国“法网追逃”工作中，大田分局共抓获网逃21人，率先完成清网率100%的目标。

他本着“严管出战斗力，团结凝聚合力，爱警激发活力”队伍建设思路，实现“增素质、上水平、求效率、凝警心、塑形象”五大工作目标，创新机制抓队伍建设。通过建章立制，实行层级管理，开展作风建设和创先争优活动，实现“无违纪基层单位”的目标；精简和整合内设机构，增强基层实战单位战斗力；筹措资金140万元，用于基层基础设施建设，实现森林公安派出所队伍建设、执法工作、“三室”（候问室、询问室、询问室）建设等工作规范化，民警基本素质和执法水平得到提升。2008—2012年，大田公安局森林分局先后被国家林业局、省公安厅评为“先进集体”，荣立“集体三等功”，分局党支部被中共三明市委授予“先进基层党组织”称号。

（大田公安局森林分局办公室）

吴祥江 大田县公安局谢洋派出所所长，2015年4月，被中共中央、国务院授予“全国先进工作者”称号（其事迹参见《大田年鉴（2015年）》257页）。

（县公安局）

蒋承伟 福建省2010届选聘生。大田县广平镇人。1986年9月出生，本科文化，2008年1月加入中国共产党，2010年8月参加工作。2015年6月被中国科学技术协会评为“全国农村科普带头人”。

2011年4月，他创办大田县陵百兔业养殖和食乡土烤兔连锁品牌，在自我提高养殖技术的同时还常到养殖户中普及科学养殖技术，提供义诊和优质种苗，免费接收农户到基地学习实践。其《大田黑兔高效优产科技示范项目》被福建省老区经济发展促进会列为老区科技示范项目进行推广，至今已带领发展规模养兔场7家，联系肉兔养殖户200多户，接待省内外学员31人次。2012年7月，在养殖场设立“大学生村干部创业富民实训基地”，至2015年底，接待县内外大学生村干部参观实践293人次。2013年5月，大田陵百兔业获得国家地理标志保护产品“大田肉兔”标志专用权。他工作以来，先后获得“福建省优秀共青团员”“福建省五四青年奖章”“福建省农村科普带头人”等称号。2015年，大田陵百兔业被中国科学技术协会列为“全国农村科普惠农服务站”。

（武陵乡政府）

邱斯煌　大田县华兴乡张墘村党支部书记。1961 年 10 月出生，1984 年 9 月加入中国共产党，1994 年 7 月任村支部书记。2015 年 12 月，被省政府授予“福建省见义勇为模范”。

1989 年 7 月，邱斯煌和同村少年黄某某上山砍柴。因天气较热，黄某下河游泳时手脚抽筋，邱斯煌见势不妙，立即放下肩上柴火，便跳入河里将黄某救起。

2014 年 8 月 15 日早上 9 时许，邱斯煌听到有人叫喊：“救命啊，我不会游泳。”得知有人落水。当他了解到落水的大致方向后，立即向事发地点奔去。他到河岸时，看到远处一个小男孩在水里扑腾。而在小男孩不远处母亲杨淑美也快沉入河中，这时邱斯煌不顾身上 2000 多元的经费发票，纵身跳入水里，奋力朝即将沉入水里的杨淑美救到河岸。又听到岸上“小孩子快被冲走了”的呼声，邱斯煌心想不妙，又再次跳入水中，朝小男孩的方向游去，抱住面颊已发黑、奄奄一息的小孩，奋力往岸上游去，在众人的帮助下，将不省人事的小孩救到岸边。在大家无从着手的情况下，他抓住小男孩双腿倒立提起，经多次尝试后，小孩终于吐出河水，哗哗大哭，小孩得救了。事后，孩子的父亲拿些钱要弥补他因救人导致发票报废的损失，邱斯煌婉言相拒，他说“这是我应该做的”。

（县综治办）

逝世人物

陈英（1925.2—2015.1）男，江苏高邮人。1944 年 2 月参加工作，1946 年 1 月加入中国共产党。历任新四军战士、苏中一区卫生部学员、苏中九分区七团一营部医务所所长。新中国成立后，历任福建省军区新训团卫生所主任、惠安县兵役局科长、大田县七一厂城关区总支书记、县医院院长、县卫生局局长等职。1983 年 3 月离休。享受县（处）级待遇。

（陈辉文）

操升荣（1922.11—2015.1）男，安徽潜山人。1946 年 8 月参加工作，1947 年 2 月加入中国共产党。历任中国人民解放军皖西军区指挥连班长、政治指导员、空军高炮汽车连政治指导员、“5592” 五五医院大队长，福建省石油学校负责人、大田县供销社组织干部科科长、梅山供销社主任、商业局副局长等职。1985 年 3 月离休，享受县（处）级待遇。

（陈辉文）

翟思泓（1926.10—2015.1）男，山东蒙阴人。1949 年 2 月参加工作，1978 年 4 月加入中国共产党。1949 年 2 月南下，历任华东青州总队队员，七支队、四中队出纳员，永安专署财粮科会计，大田县人民政府财粮科会计、审计股长、副科长，财政科副科长，财政局副局长、局长等职。1984 年 1 月离休，享受县（处）级待遇。

（陈辉文）

林善茂（1928.6—2015.4）男，大田县武陵乡人。1949 年 6 月参加工作，历任中国人民解放军二分区司令部通讯员，永安专属公安处警卫连通讯员、战士，三七七六部队三支队总务。1952 年 5 月复员回乡务农。1956 年 3 月至 1980 年 8 月历任建设、太华、武陵供销社统计员。1980 年 9 月退休，1983 年改办离休。

（陈辉文）

詹联辉（1957.9—2015.11）男，大田梅山乡人。1978 年 1 月参加工作，1985 年 6 月加入中国共产党。历任县农科所技术员、广平镇副镇长、太华镇镇长、县物委副主任、县农业局经作中心主任等职。

（施巧文）

涂启通（1929.2—2015.12）男，大田济阳乡人。1951 年 4 月参加工作，1954 年 4 月加入中国共产党。历任屏山区公所公安员、县公安局治安股股长、县委组织部干事、桃源镇党委书记、县人大常委会法制委主任等职。1990 年 1 月退休。

（施巧文）

重要文件选编

□编辑：范立洋

中共大田县委 大田县人民政府 文件

中共大田县委 大田县人民政府关于全面推进农村改革加快特色现代农业发展的实施意见

田委发〔2015〕1号

各乡（镇）党委、政府，县直各单位：

2015年我县农业农村工作的总体要求是：全面贯彻落实中央、全省、全市农村工作会议精神，围绕建设“机制活、产业优、百姓富、生态美”的新福建和市委“念好发展经、画好山水画”工作主题、县委“转型驱动、绿色发展”发展思路，大力发展现代特色农业，积极创建美丽乡村。主要预期目标是：农林牧渔业增加值增长5.2%，农民人均可支配收入增长11.5%。

一、加快发展特色现代农业

（一）切实保障粮食安全。全面开展永久基本农田划定工作，确保全县粮食播种面积稳定在37.6万亩、粮食总产12万吨以上。大力推广粮食增产增效关键技术，继续抓好2个万亩粮食高产示范片建设。推进抛荒山垅田复耕项目。新建标准化储备粮仓容1万吨，以稻谷计算建设日处理原粮110吨粮食应急加工厂。

（二）发展优势特色产业。重点扶持“两茶两花两水”项目建设。茶叶产业：抓好省现代农业（茶业）生产项目，以屏山大方广和吴山茶城周边为重点，改造提升生态茶园1万亩，力争全县茶园面积达10万亩；大力推广茶叶不落地清洁化初加工和集中精制加工生产，组织制定高山美人茶地方标准，创意营销中国高山茶城，打响高山茶品牌。油茶产业：抓好华兴、梅山、湖美等丰产油茶示范乡村、示范基地建设，新开发油茶林3000亩，低产林改造1万亩以上，力争全县油茶面积达15万亩；加快推进三九军大的竣工投产，开发食用油、化妆品、洗涤产品。提高产品附加值。洛神花产业：通过福建富仁堂生物科技有限公司带动，推广种植洛神花1万亩，重点开发蜜饯、花茶、精油等中高端产品。樱花产业：在茶园和美丽乡村景观点种植樱花，重点推进屏山台湾樱花观赏养生基地项目建设，全县新种植樱花1万亩。矿泉水产业：重点扶持仙师泉矿泉水和芭峰矿泉水，做好品牌营销，提升知名度。

（三）加快富硒产业开发。积极参加首届中国富硒农业技术与产业创新论坛、第二届硒产品博览交易会，加强与富硒地区硒产业发展交流与协作；加强与国内知名高校合作，加快富硒产业规划编制，争创“中国高山硒谷”；加强与省地矿厅合作，抓好1∶1万大比例尺详查，规划桃源、上京和武陵3个富硒产业基地。选育优良品种，按照“公司＋农户＋基地”模式，建立10个百亩富硒农产品示范基地，带动富硒农产品种植1万亩以上。加快富硒农产品研发包装，开发富硒大米、萝卜、生姜、地瓜、洛神花等富硒系列农产品30个以上。

（四）强化农业科技支撑。加强与台湾农业合作与交流，抓好茶叶、洛神花、樱花培育等领域的合作。加强槐猪等地方畜禽品种资源保护与开发，加快春香橘柚新品种的推广。加快推广适合我县丘陵山区农业、林业生产条件的农机、林机设备，提高茶叶、油茶等特色产业机械化水平。建立智能温室大棚1万平方米，提升智能化、集约化、规模化水平。抓好桃源蓝玉胡羊、太华华锦肉牛、上京京呈肉猪、珍山立体养殖等标准化设施畜禽养殖项目。稳定和加强农技推广等公益性服务机构，改善基层农技推广人员工作和生活条件。

（五）发展乡村民宿旅游。借鉴台湾产业发展理念经验，制定加快乡村民宿旅游发展的实施方案，以屏山乡内洋村，桃源镇蓝玉村、东坂村，东风农场盂坂村，济阳乡济中村为重点，开展民宿旅游试点工作。依托人文资源和生态资源，发展茶乡休闲体验、民俗风情体验、传统民居体验等多种形式的民宿旅游。加强乡村民宿旅游景区的基础设施建设，推行乡村旅游开发项目资金与惠农项目资金集中整合使用。引进台湾客商参与民宿旅游开发，引导、扶持成立民宿旅游发展公司或协会等组织，制定行业标准，实现自我服务、自我管理。

（六）完善农产品质量安全体系。建立全程可追溯、信息互联共享的农产品质量和食品安全监管平台，将市级以上农业龙头企业和列入省级规范社名录的农民合作社所生产的食用农产品纳入监管范围。建立高山美人茶质量体系，规范美人茶生产，提高茶叶品质。加强农产品质量安全监管能力建设，所有乡镇均配备专职人员和必要的检测设施设备。完善畜禽定点屠宰监管制度。严惩各类食品安全违法犯罪行为。

（七）加强农业农村生态治理。大力推广生物有机肥、低毒低残留农药，开展测土配方施肥、畜禽粪便资源化利用。全面关闭拆除禁养区内生猪养殖场、可养区内小规模不达标生猪养殖场。持续抓好“四绿”工程，完成植树造林 3.2 万亩，严格落实重要区位和生态脆弱区“三年禁伐”制度，严格执行重点生态林地“占一补一”制度。落实河道岸线和河岸生态保护、饮用水水源地保护、地下水保护“三条蓝线”，完善提升“河长制”“库长制”和生态综合执法、环境监察机制，强化坑口水库和乡村饮用水源地保护。全面推行“五园”治理模式，重点推进银川矿区矿山地质环境治理、废弃矿山复垦、小流域治理等项目，治理水土流失面积 5 万亩以上。加快闽江上游尤溪流域（大田段）防洪工程二期、中小河流治理、武陵雪山水库、桃源土坑水库等项目建设。深化生态乡镇、生态村创建，全力推进省级森林县城和国家生态文明建设示范区创建。

（八）提升农产品流通效率。合理布局商贸网点、专业市场和社区便利店，引进一批仓储、冷链、配送中心项目，推动高山茶城、长隆物流等项目建设。制定我县硒产品专用标志管理办法，打响富硒品牌。鼓励发展新型业态，建设“赶街”农村电子商务项目，支持地产品网上营销。推进合作社与超市、学校、企业、社区对接。

二、加大惠农促增收力度

（九）完善强农惠农富农政策。把农业农村作为财政支出的优先保障领域，持续增加财政农业农村支出。整合财政涉农投入，切实加强涉农资金监管，建立透明规范的管理制度。继续落实种粮农民良种补贴、农资综合补贴、储备订单粮食直接补贴、农机具购置补贴、农林种植保险等政策。

（十）推进农村三次产业融合发展。围绕农业办工业，完善“公司 + 基地 + 农户”产业化运作模式，鼓励发展设施农业、品牌农业、观光农业，扶强做大农翔食品、大方广、仙顶实业、三九军大等深加工企业，力争每类农产品都有龙头企业带动，推动“一产接二连三”。出台进一步扶持富硒产业发展配套政策措施，创建闽中富硒农产品产业园。推动特色农业产业基地、民俗文化与民宿旅游联动发展，培育屏山雾海茶人家、蓝玉美丽乡村、东坂畲家村寨、济中文化名村等一批具有历史、地域、民俗、人文特点的乡村旅游示范点。

（十一）促进农民转移就业和创业。逐步推进进城农民工及随迁家属平等享受城镇基本公共服务，扩大城镇社会保险对农民工的覆盖面，完善随迁子女在当地接受义务教育和参加中高考相关政策。对高等院校毕业生回乡发展现代农业、乡村旅游项目的，申报纳入“福建省大学生创业引领计划”给予扶持。

（十二）提高农村扶贫开发实效。完善社会扶贫参与机制，落实扶贫捐赠税前扣除、税收减免等扶贫公益事业税收优惠政策。继续推进第四轮省、市、县扶贫开发重点村挂钩帮扶工作。落实精准扶贫措施，推进产业扶贫工程，确保每个贫困乡（镇）有1家企业进入市级农业龙头企业行列，每个贫困村有一村一品和村财增收项目，每个有劳力贫困农户有产业帮扶措施。完成800户3200人造福工程危房改造搬迁任务，确保1—2点列入省级造福工程集中安置区。

三、扎实推进城乡发展一体化

（十三）强化农村基础设施建设。新建农村公路30公里，重点推进上京互通、国道“纵五”项目建设，建成华石线二期、屏吴公路，“吉泉”快速铁路、“莆炎”高速前期工作，加强乡村公路建设和管护。完善农村沼气建管机制。继续实施农村电网改造升级工程，动工建设京口110千伏输变电站。加强气象预测预报能力建设，增加自动气象站密度，实现所有乡镇全覆盖。加强防汛防台风抗灾设施和山洪灾害防治项目建设。

（十四）提升农村公共服务水平。改善农村义务教育薄弱学校基本办学条件，新建梅山、太华中心幼儿园。支持乡村两级公办和普惠性民办幼儿园建设。加快发展高中阶段教育，推进中等职业教育和职业技能培训全覆盖。改造提升3所乡（镇）卫生院和80个村卫生所，2015年基本公共卫生补助经费提高到每个常住人口人均35元左右，新农合筹资水平提高到每人每年不低于450元。推进定点机构与省内新型农村合作医疗信息系统的互联互通。深入实施“生育文明·幸福家庭”促进计划，不断完善计生利益导向政策体系。拓展文化惠民项目服务“三农”内容。完善城乡居民养老保险一体化制度，提高农村低保、五保供养标准。

（十五）大力推进美丽乡村建设。按照美丽乡村“一好五美”目标要求，每个乡（镇）重点抓好1个中心村、2个特色村建设，积极培育一批新型农村社区。实施“点、线、面”攻坚，推进蓝玉、内洋2个市级示范村和桃源镇整镇推进、屏山吴山济阳连片打造。实施水源清洁、家园清洁、田园清洁三项工程，推进农村环境持续改善。落实传统村落保护发展规划。

（十六）引导和鼓励社会资本投向农村。对社会资本利用荒山荒地进行植树造林的，在保障生态效益、符合土地用途管制要求的前提下，大力发展林下经济、森林旅游等生态产业。对于政府主导、财政支持的农村公益性工程和项目，可采取购买服务、政府与社会资本合作等方式，引导企业和社会组织参与建设、管护和运营。对于能够商业化运营的农村服务业，向社会资本全面开放。

四、持续深化农村改革

（十七）推进农村经营组织再造。扶持壮大农业产业化龙头企业、农民专业合作社、家庭农场、专业大户等新型组织，探索“龙头企业+合作社+种养大户+农户”的生产经营和利益联结机制。引导农民以土地经营权入股农民合作社和龙头企业。推广土地股份、土地信托、土地托管规模经营模式，引导土地向新型经营组织集中，促进农业适度规模经营。推荐2–3家龙头企业参加新一轮农业产业化省级重点龙头企业评审认定。引导农民合作社规范发展，落实“千人带千社”活动，指导帮助合作社完善规章制度、规范经营管理，扶持培育一批农民合作社示范社。鼓励发展规模适度的家庭农场。推进新型职业农民培育，开展农业技能培训1500名。落实村级组织运转经费和村干部基本报酬，抓好蓝玉村村财增收试点，推动发展村集体经济。加快供销合作社和东风农场改革发展。

（十八）发展农业适度规模经营。加快建设县级土地流转交易平台，完善提升乡镇土地流转服务平台功能，健全村级土地流转信息收集制度，强化土地流转供求信息、合同签订、金融支持、纠纷调处等服务，积极引导土地经营权规范有序流转，大力推动土地股份合作、土地托管、土地信托等行之有效的土地流转和规模经营方式，完善对规模经营主体的支持服务体系。加强对工商资本租赁农地的监管，确保农地农用。

（十九）推进农村产权制度改革。全面启动农村土地承包经营权确权登记颁证工作，基本完成2个试点村确权登记颁证，年底全县推开，到2017年全面完成。深化集体林权制度改革。推进国有林场改革。开展重点生态区位商品林改革试点，探索推动森林碳汇工作，严守森林与林地等林业生态红线。支持组建农民用水户协会，探索通过购买服务建立企业、社会组织和个人竞争参与农田水利的管护。

（二十）审慎稳妥推进农村土地制度改革试点。按照中央和省、市统一部署，审慎稳妥推进农村土地制度改革，做好农村宅基地制度改革试点工作。稳步推进农村房屋所有权登记工作。

（二十一）创新金融服务“三农”机制。大力推进各类商业银行创新“三农”金融服务。扩大农业经营主体担保抵押物范围，探索推进承包土地的经营权和农民住房财产权抵押担保贷款试点。稳妥开展农民合作社资金互助试点，支持组建村级融资担保基金。大力发展政府支持的“三农”融资担保和再担保机构，完善银担合作机制。创新小额信贷机制，增加县农业发展协会担保金，扩大龙头企业、专业合作社、种养大户和贫困户信贷资金。完善农户农业生产性贷款担保风险补偿政策。扩大政策性农业保险覆盖面。

五、加强农村民主法治建设

（二十二）推进农业依法行政。加快转变政府职能，减少涉农领域行政审批事项和环节，做好行政审批下放衔接工作。推行政府权力清单制度。加大农资市场监管、农产品质量安全监管等重点领域执法力度。深入开展农村法治宣传教育，增强法治观念和守法意识，加强对农民的法律援助和司法救助。

（二十三）加强农村基层组织建设。落实“168”农村基层党建工作机制，促进“六要”群众工作法、乡村干部服务群众做好群众工作制度和民情工作机制落地见效。依法依规扎实做好换届工作。建立机关、企事业单位干部驻村蹲点帮扶制度。严肃处理违反党规党纪行为。进一步完善农村“六大员”制度，整合村级服务队伍，实行规范管理和一体化运作。严格落实党建工作责任制，全面开展乡（镇）党委书记抓基层党建工作述职评议考核。

（二十四）完善乡村治理机制。进一步规范村“两委”职责和村务决策管理程序。依法加强农民负担监督管理。落实村、社区工作准入制度。推进平安和谐乡（镇）、村居（社区）建设，加快农村网格化综合信息平台建设，全面推行农村网格化服务管理。深入开展涉农重大事项的社会稳定风险评估，从源头预防和减少矛盾纠纷的发生。深入开展农村矛盾纠纷排查和化解工作，扎实做好农村重大案（事）件防范处置工作，努力防止重特大恶性案（事）件发生。

（二十五）加强农村精神文明建设。深入开展中国特色社会主义和中国梦宣传教育，提高农民综合素质。继续参与“文明乡镇”竞赛等创建活动。广泛开展具有乡土特色的文化活动。持续开展“扫黄打非”集中行动。推进农村传统文化资源普查、收集，编辑整理农村民俗文化、宗祠文化、乡规民约、祖训家规，吸引和凝聚各方人士支持家乡建设，共创乡村文明。

2015 年 3 月 5 日

中共大田县委关于制定大田县国民经济和社会发展第十三个五年规划的建议

（2015 年 11 月 26 日中国共产党大田县第十二届委员会第十次全体会议通过）

（田委发〔2015〕3 号）

“十三五”时期，将实现我们党确定的“两个一百年”奋斗目标的第一个百年奋斗目标，是全面建成小康社会的决胜期，是全面深化改革的攻坚期，是全面依法治国和全面从严治党的关键期。为全面贯彻落实党的十八届五中全会、省委九届十五次全会和市委八届十一次全会精神，加快推动大田科学发展跨越发展，县委十二届十次全会紧密结合本县实际，就制定国民经济和社会发展第十三个五年规划，提出以下建议。

一、把握重要战略机遇期，努力开创加快发展新局面

1.“十二五”时期经济社会发展成就。过去的五年是我县克难奋进加快发展的五年，也是各项工作取得较大成效的五年。在省委、省政府和市委、市政府的正确领导下，县委、县政府团结带领全县人民，坚持以邓小平理论、“三个代表”重要思想和科学发展观为指导，深入贯彻习近平总书记系列重要讲话和对福建发展重要指示精神，认真落实中央支持福建发展的重大决策部署，牢牢把握稳中求进工作总基调，积极应对复杂多变的外部环境和经济下行压力，主动适应经济发展新常态，明确提出“转型驱动、绿色发展”工作主题，推动大田加快科学发展跨越发展，顺利完成“十二五”规划确定的各项目标任务。我们坚持稳增长、调结构、促改革、惠民生，促进经济平稳健康发展，预计地区生产总值年均增长 12.1%，京口省级经济开发区建设初具规模，上京省级机械铸造产业集聚区开发顺利启动，继打响高山茶、油茶两个国字号品牌之后，又荣获“中国洛神花之乡”和“中国高山硒谷”称号，被列为省级加工贸易梯度转移重点承接地、省级农村电子商务示范县，2011—2013 年连续三年蝉联全省“县域经济发展十佳县”。我们坚持城乡统筹，城市“东拓南进北扩西延”战略深入实施，小城镇和美丽乡村建设初显成效，国道纵五线（一期）、泉南高速上京互通基本建成，兴泉铁路、莆炎高速即将开工建设，梅大高速前期工作进展顺利，县体育文化中心、城区主干道改造和县职专、中医院迁建等项目建成使用，城镇化水平稳步提高，被列为省级新型城镇化试点县；我们坚持改革开放，被列为全国小微企业信用体系建设试验区，在全省率先组建生态综合执法局，“河长制”成为全省复制推广的典型，“中国高山茶文化节”成为我县对外开放的重要名片，被列为全国首个大体操培训基地，成功举办全国艺术体操、健美操锦标赛等国家体育赛事活动；我们坚持生态立县，水土流失综合治理力度加大，被授予“省级生态县”，列为省级重点生态功能区，全面启动国家生态文明先行示范区创建工作；我们坚持发展为民，社会事业、民生保障、民主法治、社会治理以及党的建设等均取得重大进展，被评为国家级卫生应急综合示范县、全国法治县创建活动先进单位，荣获第四届省级文明县城、省平安先进县称号。这些都为“十三五”时期发展奠定了坚实基础。

2.“十三五”时期面临的机遇和挑战。未来的五年，国内外宏观环境将继续发生深刻变化，机遇与挑战相互交织，总体形势机遇大于挑战。中央支持福建省加快科学发展跨越发展的力度空前，把福建列为全国生态文明建设先行示范区、中国（福建）自由贸易试验区、21 世纪海上丝绸之路核心区，把三明市列为国家扶贫改革试验区、全境列入《赣闽粤原中央苏区振兴发展规划》，把大田县列为省级新型城镇化试点县、省级重点生态功能区等一系列含金量高、强有力的重大政策措施，为我县发展带来了新的历史机遇，开启了重要的时间窗口。省委、省政府和市委、市政府继续加大对苏区老区、山区县的支持力度，也有利于我县进一步坚定发展信心，改善发展条件，拓展发展空间。

但是，今后一个时期我县发展仍面临诸多困难和挑战。我县产业转型任务艰巨，多数制造业处于产业链和价值链的中低端，传统产业占比过大，新兴产业增长缓慢，高新技术产业所占比重低，现代服务业发展滞后。推动科学发展跨越发展的体制机制不够完善，干部队伍在新常态下抓发展的本领有待提高，社会和谐稳定任务繁重。我们要准确把握我县“十三五”发展阶段性特征，准确把握战略机遇期内涵的深刻变化，强化机遇意识、忧患意识，坚定信心、保持定力，立足优势、真抓实干，不断开创大田科学发展跨越发展的新局面。

3.“十三五”时期我县发展的指导思想。高举中国特色社会主义伟大旗帜，全面贯彻党的十八大和十八届三中、四中、五中全会精神，以马克思列宁主义、毛泽东思想、邓小平理论、“三个代表”重要思想、科学发展观为指导，深入贯彻落实习近平总书记系列重要讲话精神和对福建工作的重要指示，坚持“四个全面”战略布局，坚持发展是第一要务，着力创新发展、协调发展、绿色发展、开放发展、共享发展。按照省委省政府和市委市政府决策部署，牢牢把握中央支持海峡西岸经济区建设和福建加快发展的重大机遇，突出“转型驱动、绿色发展”工作主题，以保持经济稳定较快增长为目标，以转型升级为主线，以提高发展质量和效益为中心，加快形成引领经济发展新常态的体制机制和发展方式，全面推进经济建设、政治建设、文化建设、社会建设、生态文明建设和党的建设，推动经济社会发展再上一个新台阶，努力为建设机制活、产业优、百姓富、生态美的新福建做出新贡献。

基本要求是：

——**坚持创新发展**。主动适应经济发展新常态，把发展基点放在创新创造上，把战略重点和主要抓手放在加快转型升级上，大力实施创新驱动战略，实施“中国制造2025”行动计划，推进大众创业、万众创新，用创新的方式和手段提升产业核心竞争力和可持续发展能力，打造大田产业升级版，推动产业向中高端迈进。

——**坚持协调发展**。全面促进城乡协调发展，推进“多规融合”，科学布局生产、生活和生态空间，积极构建与重点生态功能区定位相适应的绿色产业体系、城镇化格局和生态安全屏障，促进工业化、信息化、城镇化、农业现代化“四化”同步，不断增强发展的整体性和协调性。

——**坚持绿色发展**。加强环境保护和生态建设，坚定走生产发展、生活富裕、生态良好的文明发展道路，积极创建国家生态文明先行示范区，持续推进省级重点生态功能区建设，推行绿色循环低碳生产方式，倡导节约健康环保文明生活方式，不断提高生态文明水平，努力实现经济、社会和生态效益有机统一，打造“天蓝、山绿、水清、城美”的清新大田。

——**坚持开放发展**。着力破除制约发展的思想障碍和制度藩篱，以更大的决心和勇气突破重点领域改革，理顺发展的体制机制，进一步激发发展活力。积极承接自贸区溢出效应，融入21世纪海上丝绸之路核心区建设，加强与港澳台侨产业合作，争创对外开放新优势，打造开放型经济新格局。

——**坚持共享发展**。把保障和改善民生作为一切工作根本出发点和落脚点，推动更多财力和资源向民生倾斜，全面推进精准扶贫精准脱贫，促进基本公共服务均等化和普惠化，提高公共服务共建能力和共享水平，促进社会事业全面进步，让人民群众共享改革开放发展成果。

4.“十三五”时期经济社会发展的主要目标。“十三五”规划要与中央和省、市规划目标相衔接，与我县科学发展跨越发展的战略部署相衔接，与全面建成小康社会奋斗目标相衔接。综合考虑未来发展趋势和条件，确定今后五年经济社会发展的主要目标是：

——**综合实力持续提升**。经济保持中高速增长，地区生产总值增速按“前低后高、稳步提升”原则进行计划安排，年均增长9%以上，总量突破300亿元，城乡居民人均可支配收入提前实现比2010年翻一番。主要经济指标更加协调，主导产业更加突出，经济结构更加优化，工业化和信息化更加融合，先进制造业、现代服务业和新产业新业态的贡献率加大，发展的质量和效益明显提升。

——**城乡区域协调发展**。以“山区县绿色发展”为主题的新型城镇化试点有序推进，中心城区辐射带动作用不断增强，小城镇和美丽乡村建设协调发展，城乡综合承载能力不断提升。新型城镇化质量明显改善，常住人口城镇化率达到52%以上，户籍人口城镇化率达到46%左右，城乡一体化和区域协调发展新格局基本形成。

——**改革开放全面推进**。重点领域和关键环节改革取得新突破，若干领域成为三明乃至全省、全国改革的排头兵和试验田，服务型政府建设进一步推进，市场主体活力进一步增强。对内对外开放广度深度不断拓展，参与对外合作和竞争能力明显增强，开放型经济发展水平持续提高。

——**创新创业活力增强**。健全完善创新驱动发展的激励机制，增强企业自主创新能力和应用先进适用技术，科技进步对转型升级和经济发展的贡献率明显提升，高新技术产业增加值占地区生产总值的比重达3%以上。优化营商环境，推动大众创业、万众创新，加快发展动力转换，培育发展新兴产业和新型业态，充分发挥创新创业对经济增长的驱动作用。

——**生态文明先行示范**。生产、生活、生态空间配置更加优化，生态功能空间占国土空间不低于80%。生态环境质量显著改善，主要污染物排放得到有效控制，全县森林覆盖率在75%以上，力争水土流失程度逐年下降，流失面积占国土面积比重下降至5%左右，出境断面水质达到国家地表水Ⅱ类标准，成为闽江上游重要的生态屏障，建成国家生态文明先行示范区。

——**人民生活更加幸福**。城乡居民收入持续提高，社会保障体系进一步完善，价格总水平保持基本稳定，基本公共服务进一步均等化、普惠化，人民群众生活质量水平不断提高，力争现有标准下的贫困人口提前两年全部实现脱贫。人民群众思想道德素质、科学文化素质和健康素质持续提高，社会主义民主法制更加健全，社会文明程度显著提高，社会更加和谐稳定。

二、坚持三轮驱动，保持经济平稳发展

5. 扩大有效投资。着力优化投资结构，把投资的重点放在“补短板、调结构、惠民生”上，围绕市政、交通、水利、环保、能源、电网、信息通信、美丽乡村等重点领域打好项目组合拳，精准扩大有效投资，增加战略性新兴产业、高端制造业的投资比重，推动投资向社会民生、社会治理等领域倾斜。着力拓展投资载体，深入实施项目带动战略，完善重点项目储备、推进机制，形成重点项目“规划一批、储备一批、开工一批、竣工一批”的滚动开发格局。着力创新投资方式，研究对接国家和省、市投资导向，积极争取国家专项建设债券等项目和资金支持；加强与央企、民企合作，推进“田商回归”工程，促进“三维”项目对接落地；创新基础设施和公共服务投融资体制，推广应用政府与社会资本合作的PPP投资模式；鼓励企业通过上市、新三板、债券融资、并购重组等方式直接融资。

6. 释放消费需求。着力提升消费能力，推进大众创业万众创新，多渠道增加居民收入，促进城乡居民收入稳定增长。着力挖掘消费潜力，更加重视扩大农村消费需求，重点拓展汽车、住房、家电、养老、健康、教育、文化、体育、休闲、旅游等服务消费，积极培育电子商务、信息消费等基于“互联网+”的新模式、新热点，推动消费结构升级。着力优化消费环境，提升县城商业服务聚集区，完善社区商业网点和乡镇农贸市场，改造提升城乡商贸流通体系；加强农村信息网络、农村公路、物流快递等设施建设，解决农村电商配送“最后一公里”问题，争创国家级农村电子商务示范县。加强市场监管，切实保障市场供应、价格稳定，维护流通市场秩序，营造安全消费环境。

7. 推动出口增长。优化出口结构，以纺织服装、机械制造、林木制品等优势产业为重点，提高生产性出口比重，推进重点出口企业改进技术和产品研发创新，加大关键设备和核心技术引进。拓展出口市场，挖掘美欧、日韩等传统市场出口潜力，积极开拓东盟、中东、印度、非洲等“一带一路”沿线市场。建设新型外贸服务平台，大力扶持中小企业加入阿里巴巴“出口通”、邮政“速卖通”等平台，开展外贸跨境电子商务业务，降低出口成本。鼓励外贸企业出境参展，建立出口担保体系，降低企业出口风险。

三、加快转型升级，建立绿色产业体系

8. 调整优化产业布局。依托泉南高速和省道306线、307线，即将开工建设的兴泉铁路、莆炎高速和拟纳入规划的梅大高速等交通路网建设，科学布局贯穿南北的“工”字形产业带，促进交通走廊沿线区域产业集群发展、链式发展。“南线”：以兴泉铁路、泉南高速和省道307线为主轴，以县城区为核心，辐射吴山、屏山、桃源、谢洋、济阳、武陵等乡镇，重点发展商贸流通、仓储物流、休闲旅游、文化体育、健康养老、轻纺服饰、装备制造、新能源、富硒产品、高山茶等产业，做好城市经济文章，打造县域人口、经济和公共服务聚集区。“北线”：以莆炎高速为主线，以广平循环经济产业园为依托，涵盖奇韬、文江、梅山、前坪、湖美等乡镇，主动对接三明生态工贸区辐射，重点发展农林产品加工、矿产品加工、商贸物流等产业，打造北部产业发展新平台。“纵线”：以省道306线和拟纳入规划的梅大高速为纽带，以上京省级机械铸造产业聚集区为依托，包括上京、太华、建设、广平等乡镇，重点发展新型建材、机械铸造、矿产品精深加工、新材料、商贸物流等产业，打造先进装备制造业生产基地。

9. 发展特色现代农业。健全农业投入稳定增长机制，财政投入继续向农业农村倾斜。推进百亿农业产业跨越发展行动计划，在稳定粮食生产基础上，突出茶叶、油茶、富硒产品等优势特色产业，推动一产接二连三，大力发展精致型、集约型、外向型高附加值农业，拓展农业产业链，形成“一村一品”产业格局，培育发展休闲农业区，争创国家富硒农业公园。推动农业科技体制创新，加强“五新”推广，开展农业标准化建设和“三品一标”认证，持续打响高山茶、油茶、洛神花、高山硒谷等四个国字号品牌。鼓励发展专业大户、家庭农（林）场、农民合作社、产业化龙头企业等多种形式的适度规模经营，大力发展“互联网＋农业”，推动经营模式和组织形式创新，培育农业生产经营新业态。加强农田水利、高标准农田、设施农业、旱地农业、数字农业等基础设施建设，深化农村小型农田水利设施产权制度改革，推进山水田林路综合治理。建立互联共享的农产品质量安全可追溯信息平台和农资监管信息平台，健全完善农产品质量安全保障体系。

10. **加快发展新型工业**。深入实施“中国制造2025”行动方案，推动传统产业组织重构和商业模式创新，积极推行创新制造、绿色制造、智能制造、集群制造，到2020年，实现“机器换工”的规模以上工业企业达50家以上，培育省级以上企业技术中心5家以上、工业物联网示范应用龙头企业1–2家，机械装备制造企业数控化率达50%以上。

促进传统产业改造升级。按照抓龙头、铸链条、建集群的思路，做大做强机械铸造、新型建材、轻纺新型面料、矿产品深加工等四大传统主导产业，提升产业发展层次和核心竞争力，到2020年，全部建成产值超百亿元的产业集群。机械铸造产业，加快上京省级机械铸造产业集聚区建设，承接闽南沿海机械装备制造产业转移，以环保机械、液压机械、矿山机械和消防、水暖、汽车、机床配件、风电装备、智能制造装备及零部件等为重点，引进和培育龙头企业，增强整机生产和产业链上下游产品配套能力，推动机械铸造向中高端装备制造转型。新型建材产业，加快推进广平循环经济产业园建设，依托现有的红狮、新岩、鑫城等水泥生产企业，发展干混砂浆、预拌砂浆、预拌混凝土、水泥基材等水泥产业链延伸产品和以生活垃圾、煤矸石、固体废弃物等为主要原料的新型墙体材料生产，打造闽中重要的新型建材生产基地。轻纺新型面料产业，加快推进轻纺新型面料产业园开发，支持入驻企业生产发展和项目建设，以服装、鞋业、家具、箱包等为重点，引进和培育一批档次高、配套能力强的核心企业，培育一批体现产业实力的核心品牌，尽快形成集研发、设计、制造和服务为一体的海西轻纺新型面料基地。矿产品深加工产业，加快推进前坪循环经济示范园、陶瓷文化产业园和高端石英材料产业基地建设，重点发展低品位煤矸石、褐铁矿、锰矿综合利用和高岭土、石英石、石灰石、石墨等矿产品精深加工，延伸拓展高附加值产业链条，提升资源利用效益和市场竞争能力，打造矿产资源产业转型升级示范区。

促进新兴产业规模化发展。通过完善产业配套、延伸产业链条，提升新兴产业发展水平，加快培育发展以生活垃圾资源化处理装备、烟气治理装备、大宗固废利用、余热发电等为重点的节能环保产业，以光伏发电、陆上风电、地热利用、储能电池、智能电网等为重点的新能源和清洁能源产业，以高端石英、结晶硅、碳化木、碳纤维、石墨微粉、纳米碳酸钙等为重点的新材料产业，以医药保健品、医用酶制剂、天然植物药、药用化妆品等为重点的生物医药产业。

促进工业园区集聚化发展。加强园区规划引导和资源整合，推动产业集聚、要素集中、资源集约，突出抓好京口省级经济开发区、上京省级机械铸造产业集聚区、均溪双茂新型建材工业区、广平循环经济产业园、济阳金鸡化工园、前坪循环经济示范园等“三区三园”建设，打造产业升级的重要平台和载体，拓展产业发展空间。盘活园区经营性资产，吸引各类股权投资基金参与园区基础设施开发建设，积极争取山海共建园区，打造沿海产业转移重点承接地。

11. **大力发展现代服务业**。重点发展现代物流、电子商务、金融服务、科技服务等生产性服务业和休闲旅游、健康养老、商贸服务、餐饮住宿等生活性服务业，围绕商业模式改造和新型业态创造，促进服务业与一二产业深度融合，实现服务业转型升级。提升现代物流产业，推进一批专业市场和综合体建设，支持流通企业利用互联网技术创新业态，做优做强一批知名连锁经营企业，打造“闽中重要物流节点”。整合旅游资源，培育发展高山茶苑休闲游、温泉养生度假游、土堡民俗探秘游、乡村民宿体验游等特色旅游产品，策划精品线路，创新旅游网络营销模式，按5A级建设中国高山茶休闲养生旅游景区，打造闽南沿海的“后花园”、

"心灵憩息地"。积极推进健康消费、医养结合，重点引导发展高山休闲养老、中医理疗、健身运动、舞蹈瑜伽、温泉养生等健康服务业，支持社会力量参与社区居家养老服务中心建设和管理。落实"互联网+"行动计划，推动移动互联网、云计算、大数据、物联网与传统产业结合，完善电子商务快递物流配送体系，积极拓展农村电商、跨境电商，推进电子商务产业园、电子商务示范村建设，争创国家电子商务示范县。

四、激励创新创业，增强发展内生动力

12.**增强自主创新能力**。引进高校、科研院所、大型企业在我县设立研发机构，重点推进威斯特环保科技院士工作站、竞源生物院士工作站、宝山机械博士后工作站等研发机构建设，力促中科院海西分院（大田）非金属研究所加快落地。探索"政校企、产学研"合作机制，由政府主导建立技术创新公共服务平台，整合科技创新资源，构建开发、共享、互动的创新网络，联合攻关产业链关键技术，突破产业链短板。强化企业的创新主体地位，探索设立企业创新引导基金，完善和落实激励措施，扶持培育一批高新技术企业、创新型企业。

13.**推进大众创业万众创新**。建立健全激励创新创业的体制机制，鼓励发展众创、众包、众扶、众筹支撑平台。依托京口省级经济开发区、上京省级机械铸造产业聚集区、电子商务产业园等，引进创投机构、龙头企业、高等院校等建设和运营一批创业创新、孵化投资相结合的新型孵化器。整合地方创新创业资源，按照"一乡一业""一村一品"的要求，吸引返乡农民工、大学生或退伍军人回乡创业，建设一批众创基地、创新创业社区、创业大本营和农村创新驿站，支持个人创业和草根创新。鼓励盘活老厂房、旧仓库、存量商务楼宇等资源改造成为新型众创空间。

14.**加快人才培养引进和使用**。继续实施人才强县战略，推进人才发展体制改革和政策创新。坚持引进急需紧缺人才与用好本土人才并重，突出机械铸造、电子商务、轻纺新型面料等紧缺人才的培养和引进。充分发挥院士工作站、博士后工作站、产学研基地等聚才育才作用，深化与高等院校、科研院所的定向合作，培养和引进一批创新团队和专门人才。推进县职专创新办学模式，探索开展现代学徒制职业教育和专项培养机制。完善人才评价激励机制，健全有利于吸收和留住人才的政策体系，解决好住房保障、配偶安置、子女就学、医疗保障、社会福利等问题。

五、推进新型城镇化，促进城乡协调发展

15.**实施"大城关"战略**。高起点、高水平抓好城市规划和建设，继续实施"南进、东拓、北扩、西延"的空间发展战略，加快城市东部新城核心区、南部城市综合体、西北新区、三旧改造"四大板块"建设，稳步推进县城区行政区划调整，构建老城区、新城区、开发区三区同城和均溪、华兴、石牌三镇同城的"大城关"发展格局。强化城市产业功能，按照"以产促城、产城融合"的开发思路，加快"二产入园、三产进城"，稳步推进城区中部城市商贸服务中心、北部物流集散中心、东部轻纺新型面料产业园、西部机械铸造产业园、南部电子商务聚集区等"两心两园一区"建设。完善城市公共服务配套，推进城市道路、公交、供水、供电、供气、防洪排涝、污水及垃圾处理、信息通信等市政公用设施建设，科学布局教育、卫生、文化、广电、体育、养老等公共服务设施，提升县城区综合承载能力。按照"山水一色、生态岩城"的城市特色风貌，推进城市园林绿化、城市绿道、河滨景观等建设，开展城乡环境综合整治，构建"城在山中，山在城中，绿水环绕"的生态城市景观。推进智慧城市建设，建立信息资源交换共享平台，重点抓好教育、文化、卫生、公用事业、城市交通和社会保障等社会公共领域的智慧化应用。

16.**加快美丽乡村建设**。创新小城镇管理体制，开展均溪镇省级小城镇机构改革试点，持续推进建设镇、桃源镇市级中心镇建设，加强与周边乡镇互动，实现连片融合发展，因地制宜培育一批农业大镇、工业强镇、商贸重镇、旅游旺镇和文化名镇。完善农村人口聚集机制，科学规划农村住宅和居民点建设，统筹安排农村基础设施建设和社会事业发展。围绕"一好五美"目标要求，继续开展美丽乡村创建活动，重点抓好"五清楚"（扫清楚、拆清楚、摆清楚、分清楚、粉清楚），统筹布局乡村空间，注重

个性塑造和文化传承,形成一批美丽乡村典型。实施农村环境综合整治、生活垃圾处理体系建设、造福工程搬迁、农村危房改造、农业综合开发、农村路网、农村饮用水、农村电气化等工程，加强历史文化村落和传统古村落保护，提倡乡村形态多样性，保持特色风貌，努力形成一村一韵、一村一景的建设格局。

17. **打赢脱贫攻坚战**。推进国家扶贫改革试验区建设，深化“348”精准扶贫机制，实施专项扶贫、行业扶贫、社会扶贫“三位一体”，推进乡村扶贫担保、家门口就业、精准扶贫试点示范、乡村教育助学、就业技能培训等“五大工程”，落实强镇帮扶贫困乡、科技特派员帮扶、贫困空壳村村财增收等“三大行动”。建立健全干部结对帮扶机制，通过产业帮扶、易地搬迁安置、生态保护脱贫、医疗救助扶持、生育关怀帮扶、教育扶贫、低保政策兜底等方式，精准帮扶贫困户脱贫致富。到2018年，2个市级扶贫开发重点乡、34个建档立卡贫困村全部脱贫，现有建档立卡扶贫人口全面完成省定贫困线标准的精准脱贫任务，坚决打赢脱贫攻坚战。

六、加强基础设施建设，强化发展支撑保障

18. **完善交通运输网络**。统筹推进铁路、高速公路、县乡路网等基础设施建设，形成闽中重要交通节点和物资集散地。加快铁路建设，完成兴泉铁路大田段以及小湖货运站、大田客运站等场站建设，积极争取动车线路经过大田;加快高速公路网建设，建成泉南高速上京互通及连接线、莆炎高速大田段，推进三明梅列至大田高速公路项目建设;加快普通公路网建设，建成国道纵五线大田段，加快横六、横七及主要县道建设，推进农村公路网络化连接、农村公路提级拓宽改造和养护示范路建设，形成主干线、干线、支线相连接的公路交通网络。建设绿色智慧公共交通，完善汽车站、公交总站、石牌镇高速公路旅客接驳站等综合客运枢纽，基本形成便捷舒适的公众出行服务体系和经济高效的现代交通物流体系。

19. **提高能源保障水平**。调整优化能源结构，重点推进风力发电、光伏发电等新能源项目建设，建成海诚新能源50兆瓦农业光伏发电和六角宫水库60兆瓦水面光伏发电项目，分批推进济阳、屏山、武陵、太华、前坪等5个风电场项目建设，新增装机容量15万千瓦以上，再造一个“大田电力”。加强输变电网建设，新建220千伏百石变、110千伏福塘变和35千伏建设变、湖美变、谢洋变、屏山变，扩建110千伏太华、前坪变等输变电工程建设，继续实施农配网改造工程，不断提升电力保障质量。

20. **完善信息化基础设施**。拓展提升“数字大田”建设，推进下一代互联网和广播电视网建设，加快三网融合，实现4G全覆盖，固定宽带家庭普及率达80%以上，建制村具备20M宽带接入能力。实施大数据战略，推进数据资源在不同领域、不同部门的开放共享和社会化应用。完善网络与信息安全应急平台建设，加强信息网络基础设施安全防护和个人信息保护。

21. **健全水利和防灾减灾体系**。加快雪山水库、土坑水库等一批中小型水库蓄水工程建设，落实坑口水库、牛沟岭水库和高云水库等水源地保护,完成重点地区水库水闸除险加固，完善抗旱和供水应急设施，增强水旱灾害防御能力，保障生产、生活用水。加快推进万里安全生态水系建设，实施中小河流域治理、防洪工程、农村河道整治、山洪灾害防治、城乡防洪排涝、灌区水利等工程。建立现代水利管理体制和机制，提升水行政执法能力，落实水资源管理制度，推动水权、水价、投融资等领域改革。加强地震和气象灾害等监测、防控和治理办法，完善救灾物资储备库、应急避难场所等设施建设，加快建立地质、地震、气象、农业生物、森林等防灾减灾保障体系，提高综合防灾减灾能力。

七、推进重点生态功能区建设，打造秀美山川

22. **争创国家生态文明先行示范区**。严格按照主体功能定位发展，优化国土空间开发格局，推进经济社会发展规划、城乡建设规划、土地利用规划、生态环境保护规划等“多规合一”，统筹配置生产、生活、生态空间。按照国家生态文明先行示范区指标体系、标准和管理规程，深入推进生态经济、生态环境、生态人居、生态制度、生态文化“五大生态体系”建设，不断提升能源资源利用效率、污染防治能力、生态环境质量，着力构建节约资源和保护环境的空间格局、产业结构、生产方式、生活方式，到2020年，全县国土空间开发强度控制在10％以内，受保护国土面积比例达到25%，全县森林覆盖率保持在75%以上，城区环境空气质量达到或优于国家二级标准，出境断面水质力争达到国家地表水Ⅱ类标准，环境质量达到或优于国家生态文明先行示范区指标。

23. **大力实施生态环境保护工程**。全面实施生态环境保护“五大”工程：矿山地质环境治理方面，以矿山植被恢复治理为重点，开展大规模国土绿化行动，实施山水林田湖生态保护和修复，矿山地质环境治理率力争达到80%以上；城乡环境卫生综合整治方面，加快垃圾清运保洁、农村生活污水处理等设施建设，城镇生活垃圾无害化处理率、污水集中处理率分别达到97%和85%以上；水土流失综合治理方面，实施矿山“五园”治理模式，落实重点小流域环保、水保和生态恢复措施，力争水土流失程度逐年下降，流失面积占国土面积比重下降至5%左右；节能降耗方面，大力发展循环经济，推进重点耗能行业企业节能技改，加强园区循环化改造，强化资源回收利用，单位GDP能源消耗下降4%；污染物防治方面，推进水体、大气和土壤综合防治。加强水生态环境保护，落实饮用水源保护措施，推进文江、均溪河流域综合整治，加强大气污染防治，推进重点行业脱硝、脱硫和除尘设施建设，加强土壤污染监测，推进土壤污染防治工作有效开展。

24. **健全生态环境保护体制机制**。建立健全生态文明制度体系，落实中央和省、市关于建立环境保护督察、生态环境监测网络建设、领导干部自然资源资产离任审计、党政领导干部生态环境损害责任追究、自然资源资产负债表、生态环境损害赔偿制度改革等新机制，着力构筑产权清晰、多元参与、激励约束并重、系统完整的制度体系。建立并完善生态文明评价体系，将资源消耗、环境损害、生态效益纳入评价体系，编制领导干部生态环保“责任清单”，实行重大生态责任事故一票否决。健全生态文明建设体系，加快建立国土空间开发保护制度和生态保护红线管控制度，划定城市开发边界、永久基本农田红线、生态功能红线，探索实行耕地轮作休耕制度。加强水资源管理，落实用水总量控制、用水效率控制和水功能区限制纳污“三项制度”。强化企业环保主体责任，加快环境诚信体系建设，落实生态补偿机制、土地复垦制度、重要矿产资源勘查开发准入和监管制度、矿山环境恢复治理保证金制度。巩固提升“河长”制、“街长”制、“库长”制，加快建设“生态环境保护指挥中心”。加大环境执法力度，深化生态综合执法局、生态巡回检察室、生态法庭、“生态警察”建设，依法严厉打击环境违法行为。

八、加快改革开放步伐，增强经济社会发展活力

25. **继续深化重点领域改革**。在认真贯彻落实上级改革部署的同时，全力推进县委十二届六次全会确定的产业转型升级、政府职能转变、市场体系建设、生态文明建设、社会事业建设、社会治理创新等重点改革，力争若干领域改革走在三明乃至全省、全国的前头。

26. **增强市场主体活力**。健全市场准入制度，激发民间投资创业。用好国有融资平台，增加建设资金。鼓励国有企业开展股权多元化改革，健全协调运转、有效制衡的国有企业公司法人治理结构。改善民营经济发展环境，落实支持民营经济发展的各项政策措施，进一步放开民间投资准入条件，降低垄断行业和公共领域进入门槛，建立健全民间资本进入基础产业、社会事业以及特许经营领域的政策措施。

27. **建设阳光高效服务型政府**。推进政企、政事、政社、政资分开，推动政府职能向创造良好发展环境、提供优质公共服务、维护社会公平正义转变。坚持简政放权、放管结合、优化服务，全面实施“权力清单”“责任清单”制度，加快实行“负面清单”，进一步规范权力运行。推进行政审批的标准化、信息化，全面推行“一站受理”服务模式，完善“三证合一”“一照一码”登记制度，最大限度减少投资项目审批、生产经营活动审批、资质资格许可认定。加强电子政务建设，推进行政审批服务网络化，完善“网上办事大厅”建设，全面实行网上审批。加强与行政审批相关的中介机构的整顿，规范中介服务事项、服务时限和收费标准。深入推进机关效能建设。深化预算管理制度改革，探索建立跨年口径预算管理。落实中央、省上税制改革。加强政府性债务管理，

理顺上下级政府间的债务关系。

28. **提高对内对外开放水平。**积极承接福建自贸区外溢效应，创新外商投资管理服务体制，提高外商投资便利化水平。积极承接沿海地区产业转移，加强山海协作，主动参与厦漳泉沿海地区的产业分工。主动融入海上丝绸之路核心区，鼓励建材、轻纺、机械等重点行业企业“走出去”，开拓“一带一路”沿线新兴市场，加快产业链向外延伸。加强与“长三角”“珠三角”“港澳台”等区域的经济合作，拓展招商渠道，创新招商方式，力争在引进央企、世界500强、民企500强和台湾百大企业方面取得新突破。坚持“引资”与“引智”相结合，创造适合产业发展、项目孵化的政策环境，吸引更多先进技术和高层次创新人才，吸引更多港澳台企业和海外侨胞来田投资兴业。出台支持本土企业发展壮大政策措施，鼓励本土企业家“二次创业”，积极引导“田商”回归，推动对内对外开放相互促进、引进外资和激活内资双轮驱动。

九、加强保障和改善民生，促进基本公共服务均等化

29. **提升教育发展质量。**坚持优先发展教育，保证教育发展规划优先安排、教育投入优先保障、公共资源优先满足教育和人力资源开发需要。以创建“教育强县”为目标，扩充普惠性学前教育资源，基本满足适龄儿童就近入学需求，提高异地务工人员随迁子女就读义务教育公办学校比例。持续推动义务教育均衡发展，合理布局城乡教育资源，实施城区小学扩容工程、农村义务教育薄弱学校改造，在县城东、城南、城北新建3所小学和3所幼儿园。普及高中阶段教育，扩大优质高中资源，提高办学质量，在城区新建1所寄宿制高中，实现大田一中整体搬迁，逐步对普通高中家庭经济困难学生免除学杂费，2020年实行普通高中免费教育，大田职专争创省级示范性现代职业学校；推进特殊教育向学前和高中阶段“两头延伸”，重视发展老年教育，支持更多的老同志参与关心下一代工作。促进教育公平，加强教师队伍建设，继续开展城乡教师交流，强化师德师风建设，提高教师队伍整体素质。

30. **促进文体事业发展。**以社会主义核心价值观和中国梦凝聚共识、汇聚力量，弘扬好新时期苏区老区精神。深化创建国家公共文化服务体系示范区活动，完善县、乡、村三级公共文化设施网络，促进各类文化设施免费开放或优惠开放，实现公共文化服务全覆盖；引导社会资金以多种方式投入公共文化服务体系建设，建立政府购买文化产品和文化服务并提供社会共享制度。鼓励挖掘土堡文化、茶文化、章公祖师文化、田台宗亲文化、红色文化、戏曲文化、民俗文化等特色文化内涵，打造富有地域特色的群众文化活动品牌。创新文化产业发展机制，深入推进文化产业“一县一品牌、一县一园区、一县一实体”建设，促进文化与相关产业融合发展。引导社会资本以多种形式投资文化产业，鼓励和支持文化创意产业发展。加强大田土堡群等文物，济阳、东坂、万宅等中国传统村落和历史文化名村，大田板灯龙、朱坂阔公戏等非物质文化遗产的保护和传承。大力发展大体育产业，拓展赛事经济，发挥全国大体操培训基地作用，保持每年承办一场高水平体育赛事。推进全民健身公共服务体系建设，广泛开展全民健身活动，营造全社会强身健体的良好氛围。

31. **提高全民健康水平。**健全完善医疗卫生服务体系和公共卫生体系，优化医疗卫生资源合理配置，继续完善县、乡、村三级医疗卫生机构的基础设施建设，提升城乡医疗整体水平。坚持医保、医药、医疗“三医”改革联动，全面深化县级公立医院综合改革，逐步建立以医疗服务收费和财政投入为主的公立医院补偿机制，缓解群众看病贵问题。改革和完善食品药品安全监管体制机制，完善食品检验检测技术支撑体系，强化食品药品生产、流通和使用全过程质量监管。积极防治重大传染病、慢性病、职业病，提高疾病预防控制水平。加快发展中医药健康服务，全面提升中医药服务能力，推动中医药传承与发展。鼓励民营资本兴办健康服务业。坚持计划生育基本国策，全面落实一对夫妇可生育两个孩子政策，综合治理出生性别比失衡问题，完善计划生育利益导向政策，加强流动人口计划生育服务管理，促进人口均衡发展。

32. **健全社会保障体系。**坚持公平和适度普惠的原则，以统筹城乡、整合制度、完善功能、强化服务为重点，加快建设与经济社会发展相适应的社会保障体系。巩固和扩大各类基本社会保险覆盖面，建立架构统一、城乡统筹、梯次合理、水平适度的社会保障体系，推进城乡居民医疗保险、养老保险一体化。发展社会救助和社会福利，建立健全城乡社会救助体系，完善城乡居民最低生活保障制度，实施临时救助制度，推进重大疾病医疗救助等专项救助制度。落实优抚对象抚恤补助、残疾军人护理、义务兵优待等待遇，提高服务特殊困难群体保障水平。积极发展养老产业，加快养老服务设施建设。构建覆盖城乡的养老服务体系，引导社会资本进入养老领域，推动公办养老机构逐步实现社会化运营，推动医疗卫生与养老服务融合发展。加强殡葬服务工作，推进城乡公益性公墓及骨灰楼堂设施建设。积极发展妇女儿童和残疾人事业，提高妇幼保健、托幼等公共服务水平。

十、加强改善党的领导，为“十三五”发展提供坚强保障

33. 充分发挥党的领导核心作用。党的领导是实现“十三五”时期经济社会发展目标的根本保证。各级党委必须坚持统揽全局、协调各方、科学谋划发展蓝图、完善领导经济工作的体制机制；提高决策科学化水平，完善党委研究经济社会发展战略、定期分析经济形势、研究重大方针政策的工作机制，健全决策咨询机制；深化干部人事制度改革，健全领导干部选拔任用机制，完善干部考核评价体系，加强干部日常监督管理，形成正确的选人用人导向。加强党的各级组织建设，不断强化基层党组织的政治功能和服务功能，发挥党组织战斗堡垒作用和党员先锋模范作用，引导广大党员干部投身全面建成小康社会伟大实践。加强党风廉政建设，坚持全面从严治党，落实“三严三实”要求，严明党的纪律和规矩，落实党风廉政建设主体责任和监督责任，严格执行中国共产党廉洁自律准则和纪律处分条例，强化权力运行制约和监督，构建不敢腐、不能腐、不想腐的有效机制，努力实现干部清正、政府清廉、政治清明，为经济社会发展营造良好政治生态。坚持经济建设和国防建设相统筹，严格落实党管武装制度，深化国防教育，抓好民兵、预备役部队建设，广泛开展双拥共建活动，持续创建全国双拥模范县。

34. 运用法治思维和法治方式推动发展。坚持依法治县，实行国家机关“谁主管谁普法，谁执法谁普法”的普法责任制，重点加强领导干部和国家工作人员法治教育。推进依法行政，完善各级政府及其部门的行政组织和行政程序制度，依法划分事权和职责，推进机构、职能、权限、程序、责任法定化。推行政府法律顾问制度，建立重大决策终身责任追究制度及责任倒查机制。坚持严格规范公正文明执法，完善执法程序。强化对行政权力制约和监督，提高监督制约实效。强化司法公正，支持法院、检察院依法独立公正行使审判权和检察权。建立领导干部干预司法活动、插手具体案件处理的记录、通报和责任追究制。健全公安机关、检察机关、审判机关、司法行政机关各司其职，侦查权、检察权、审判权、执行权相互配合、相互制约的体制机制。

35. 加强和创新社会治理。完善党委领导、政府主导、社会协同、公众参与、法治保障的社会治理体制，推进社会治理精细化，构建全民共享的社会治理格局。深入实施“七五”普法，加强法制宣传教育，引导社会遵法学法守法用法。加强社会诚信建设和公民道德建设，完善守信激励和失信惩戒机制。推动社会组织多元健康发展，加大政府向社会组织转移职能和购买服务力度，鼓励社会组织参与公益慈善活动，积极发展志愿服务组织。建设覆盖城乡、惠及全民的公共法律服务体系，完善法律援助制度，维护困难群众合法权益。加强基层组织建设，完善城乡网格化服务管理，提升社区自治功能。深化新一轮“平安大田”建设，全面落实省综治“三化一龙头”部署，重视安全生产工作，推进安全生产责任体系建设，健全重大工程项目建设和重大政策制定的社会稳定风险评估机制，推进农村视频监控系统建设，完善立体化社会治安防控体系。

36. 确保“十三五”规划建议落到实处。制定“十三五”规划纲要和专项规划，要坚决贯彻中央和省、市委决策部署，落实本建议确定的发展理念、主要目标、重点任务、重大举措。

各级各类规划要增加明确反映创新、协调、绿色、开放、共享发展理念的指标，增加政府履行职责的约束性指标，确保全会确定的各项决策部署落到实处。

全县各级党组织和广大党员要更加紧密地团结在以习近平同志为总书记的党中央周围，把思想和行动统一到中央和省、市委的决策部署上来，在县委的正确领导下，以更加昂扬的状态、更加饱满的精神、更加扎实的作风，凝心聚力，开拓进取，扎实工作，为实现全面建成小康社会目标，推动大田经济社会发展再上新台阶而努力奋斗！

附件：有关名词解释

名词解释：

▲“中国制造 2025”：中央提出的应对新一轮科技革命和产业变革，围绕创新驱动、智能转型、强化基础、绿色发展、人才为本等关键环节，以及先进制造、高端装备等重点领域，加快制造业转型升级、提升增效，力争到 2025 年从制造大国迈入制造强国行列。

▲“多规融合”或“多规合一”：以经济社会发展规划为依据，强化城乡建设、土地利用、环境保护等各类规划衔接，确保“多规”确定的保护性空间、开发边界、城市规模等重要空间参数一致，并在统一空间信息平台上建立控制线体系，以实现优化空间布局、有效配置土地资源、提高政府空间管控水平和治理能力的目标。

▲“一带一路”：中央提出的“丝绸之路经济带”和“21 世纪海上丝绸之路”的简称。福建省被列为 21 世纪海上丝绸之路核心区。

▲“三品一标”：无公害农产品、绿色食品、有机农产品和农产品地理标志的统称。

▲“一好五美”：县委提出的美丽乡村创建目标，即基层组织好和产业精美、生态优美、村庄秀美、乡风和美、生活甜美。

▲“348”精准扶贫机制：市委创新提出的精准扶贫工作新机制，“3”指在贫困对象识别上采取一申请、两比选、三公示“三步工作法”；“4”指在致贫原因分析上围绕查找因病、因残、因学、因灾和缺技术、缺资金、缺劳力、缺动力“四因四缺”；“8”指在落实帮扶措施上积极探索干部入户、农户入社、资产入市、土地入股、龙头带动、基地联动、项目推动、资金驱动“八种类型”。

▲“五园”治理模式：我县创新提出的矿山水土流失治理新模式，根据矿山地质条件、产权性质等不同类型，采取“一矿一策”，编制矿山示范点治理工作方案，致力将矿山修复打造成公园、工业园、物流园、田园、家园，并逐步在全县推广。

▲“三证合一”“一照一码”：将企业依次申请的工商营业执照、组织机构代码证和税务登记证等三证合为一证，并通过一口受理、并联审批、信息共享、结果互认，实现由一个部门核发加载统一社会信用代码的营业执照。

▲“三严三实”：习近平总书记提出的有关推进作风建设的重要论述，即：既严以修身、严以用权、严以律己，又谋事要实、创业要实、做人要实。

▲“三化一龙头”：省委政法委提出的创新综治平安建设的新举措，即治安防控立体化、城乡社区服务管理网格化、矛盾纠纷调解多元化和以落实综治责任为龙头。

统计资料

□编辑：魏庆赐

【国民经济和社会发展统计】

经济统计资料

2015 年大田县国民经济和社会发展情况统计表

表 15

项　　目	单 位	2015 年	增长（%）
一、综合	—	—	—
大田县生产总值（GDP）	亿元	157.55	8.9
其中：第一产业	亿元	28.02	4.6
第二产业	元	81.98	9.0
第三产业	亿元	47.55	11.3
人均生产总值	元	50497	8.5
第三产业占全县生产总值比重	%	30.20	1.8
二、农业	—	—	—
农林牧渔业总产值	亿元	47.64	4.6
其中：农业产值	亿元	31.74	7.8
林业产值	亿元	6.85	-2.4
牧业产值	亿元	7.63	1.0
渔业产值	亿元	1.10	18.1
农林牧渔服务业	亿元	0.32	6.5
粮食产量	万吨	12.32	2.4
其中：谷物产量	万吨	8.43	1.4
薯类产量	万吨	3.27	3.6
豆类产量	万吨	0.62	6.0
甘蔗产量	万吨	2.52	9.0
烟叶产量	万吨	0.41	0.3
蔬菜产量	万吨	55.76	7.0
瓜果产量	万吨	4.31	5.8
油料作物产量	万吨	1.39	6.3
水产品产量	万吨	0.71	15.0

续表 15

项　　目	单 位	2015 年	增长（%）
其中：淡水养殖	万吨	0.71	15.0
肉蛋总产量	万吨	1.86	-15.8
生猪出栏数	万头	14.58	-29.4
羊出栏数	万头	2.38	10.6
家禽出栏数	万只	149.91	-0.5
农村居民人均可支配收入	元	12925	9.9
三、工业	—	—	—
1. 规模以上工业增加值	亿元	106.67	9.3
规模以下工业增加值	亿元	3.05	8.4
2. 规模以上工业产值	亿元	340.56	9.3
四、邮政业务总量	万元	2656.7	6.0
五、固定资产投资（不含农户）	亿元	229.26	20.7
六、社会消费品零售总额	亿元	43.70	12.0
七、财政、金融	—	—	—
（一）地方公共财政收入	亿元	6.87	2.6
（二）地方公共财政支出	亿元	20.29	19.8
（三）本外币存款余额	亿元	86.50	8.8
（四）本外币贷款余额	亿元	76.19	2.2
八、文化、教育、卫生	—	—	—
小学在校学生数	人	24747	7.3
普通中学在校学生数	人	12398	3.9
医院床位数	张	1248	32.8
卫生技术人员	人	1412	16.2
九、劳动工资	—	—	—
单位从业人员	人	20677	0.2
其中：国有	人	11556	2.1
城镇集体	人	3198	-10.5
其他	人	5686	3.1
单位从业人员全年平均劳动报酬	元	48675	11.1
其中：国有	元	56822	17.0
城镇集体	元	43576	-2.3
其他	元	34958	5.5
十、人口	—	—	—
总户数	户	100491	0.1
总人口（以计生为准）	人	414195	0.9
其中：城镇人口	人	108623	16.7
非城镇人口	人	305572	3.5

续表 15

项　　目	单 位	2015年	增长（%）
出生人数（以计生为准）	人	9118	—
出生率（以计生为准）	‰	22.01	—
死亡人数（以计生为准）	人	4016	—
死亡率（以计生为准）	‰	9.70	—
自然增长率（以计生为准）	‰	12.31	—

（黄初齐）

附 录

□编辑：陈 妮

教育 文化 卫生单位名录

【主要教育单位名录】

2015年大田主要教育单位名录

表16

名 称	类型	地 址	电话	负责人
大田一中	高中	均溪镇文山路17号	7223612	颜良重
大田二中	完中	建设镇建设村272号	7408219	郑兴民
大田三中	完中	桃源镇桃源街108号	7382819	柯文炳
大田四中	初中	吴山乡吴山新村161号	7328007	郭兆志
大田五中	完中	均溪镇天山路43号	7266826	连青阳
大田六中	初中	均溪镇白岩山南路116号	7335006	田剑锋
大田职专	职专	均溪镇福田路160号	7223634	林凤璎
鸿图中学	完中	均溪镇白岩山南路118号	7320099	吴成本
石牌初级中学	初中	石牌镇石牌村46号	7249666	郑承国
上京初级中学	初中	上京镇上京村京南路4号	7363103	陈宗冠
太华初级中学	初中	太华镇群团村	7391390	林文华
广平初级中学	初中	广平镇五峰村151号	7416386	余志味
奇韬初级中学	初中	奇韬镇奇韬村399号	7438122	陈育海
文江初级中学	初中	文江乡文江村162号	7458005	郑宝珍
梅山初级中学	初中	梅山乡龙际路003号	7468005	陈春买
湖美初级中学	初中	湖美乡湖美街22号	7488013	颜全圣
华兴初级中学 中小学生社会实践基地	初中	华兴乡华兴街6号	7232212	章志钢
武陵初级中学	初中	武陵乡宏图街44号	7358023	刘永志
柯坑初级中学	初中	上京镇柯坑村	7366250	池上裕
教师进修学校		均溪镇玉山路12号	7237838	林再生
电大工作站	大学	均溪镇玉山路12号	7233968	俞建营
实验小学	小学	均溪镇文山路8号	7240909	吴建玲

续表 16

名　称	类型	地　址	电 话	负责人
城关第一小学	小学	均溪镇雪山北路 58 号	7226693	杜肆贰
城关第二小学	小学	均溪镇玉山路 22 号	7322688	吴生煌
城关第三小学	小学	均溪镇福田路 103 号	7333189	陈光养
均溪中心小学	小学	均溪镇温镇村 53 号	7201999	徐明煦
石牌中心小学	小学	石牌镇石牌村 061 号	7242939	叶建穗
上京中心小学	小学	上京镇上京村 90 号	7363027	郑超盛
桃源中心小学	小学	桃源镇桃源村 4 号	7382961	郑得星
太华中心小学	小学	太华镇太华村 36 号	7391131	苏元炜
建设中心小学	小学	建设镇建设村 274 号	7408112	柯传琦
广平中心小学	小学	广平镇广平村 133 号	7416838	林其渊
奇韬中心小学	小学	奇韬镇奇韬村 399 号	7438133	程传章
文江中心小学	小学	文江乡文江村 175 号	7458977	林 泉
梅山中心小学	小学	梅山乡梅秀新街 246 号	7408612	施生劲
前坪中心小学	九年一贯制	前坪乡黎明村 8 号	7478596	郭守寨
湖美中心小学	小学	湖美乡湖美街 19 号	7488016	廖明嵩
华兴中心小学	小学	华兴乡华安村 4 号	7232212	陈仁稳
屏山中心小学	九年一贯制	屏山乡屏山村兴屏路 2 号	7308256	陈联生
吴山中心小学	小学	吴山乡吴山村 163 号	7328001	章进锋
济阳中心小学	九年一贯制	济阳乡济阳村 14 号	7348820	章赞扬
谢洋中心小学	九年一贯制	谢洋乡谢洋村文兴路 14 号	7338158	涂振接
武陵中心小学	小学	武陵乡宏图街 11 号	7358033	柳成铭
柯坑中心小学	小学	上京镇柯坑村	7366278	叶聿祥
实验幼儿园	幼儿园	均溪镇前山路 33 号	7226966	王雯君
特殊教育学校	特校	均溪镇玉山路 12 号	7335399	林秀梅
青少年学生校外活动中心	校外活动中心	均溪镇玉山路 12 号	7231606	林芳锃

（陈吉胜）

【主要文化单位名录】

2015 年大田主要文化单位名录

表 17

名　称	类型	地址	电话	负责人
大田县文体广电出版局	文化	大田县建山路 14 号	0598-7222157	林春忠
大田县广播电视台	文化	大田县文山路 13 号	0598-7222562	李建政
大田县文化市场综合执法大队	文化	大田县建山路 15 号	0598-7337133	连福石

续表 17

名 称	类型	地址	电话	负责人
大田县文化馆	文化	大田县建山路 14 号	0598-7222012	连福石
大田县博物馆	文化	大田县建山路 14 号	0598-7230968	陈其忠
大田图书馆	文化	大田县银山北路 2 号	0598-7222216	郑圣泉
大田县少体校	文化	大田县银山北路 2 号	0598-722215	王建民
大田县影剧院	文化	大田县建山路 14 号	0598-7226211	林乐朝
大田县文联	文化	大田县凤山西路 40 号	0598-7222093	张知松

（严序雄）

【主要卫生单位名录】

2015 年大田主要卫生单位名录

表 18

名 称	类 型	地 址	电 话	负责人
大田县卫生和计划生育局	卫生	建山路 19 号	7222132	陈永晶
大田县医院	卫生	雪山北路 180 号	7222137	林其汉
大田县中医院	卫生	福田路 137-1 号	7222047	高石麟
大田县疾病预防控制中心（县卫生监督所）	卫生	香山路 181 号	7222017	郑雪珍
大田县妇幼保健院	卫生	建山路 8 号	7222038	林大平
大田县卫生进修学校	教育	建山路 19 号	7222312	陈小忠
大田县计划生育服务站	计生	建山路 184 号	7223204	陈文清
大田县均溪社区卫生服务中心	卫生	建山路 17 号	7222085	施发权
大田县石牌卫生院	卫生	石牌镇石牌街 62 号	7242970	施发珏
大田县桃源中心卫生院	卫生	桃源镇桃源村 81 号	7382377	陈瑞华
大田县上京卫生院	卫生	上京镇京南路 5 号	7363105	杨连熠
大田县太华卫生院	卫生	太华镇太华村 42 号	7391350	詹光治
大田县建设中心卫生院	卫生	建设镇建设街 273 号	7408159	涂黎明
大田县广平卫生院	卫生	广平镇五峰村 148 号	7416368	蒋联义
大田县奇韬卫生院	卫生	奇韬镇奇韬村 372 号	7438113	高加堘
大田县文江卫生院	卫生	文江乡文江新村 40 号	7458095	黄裕润
大田县梅山卫生院	卫生	梅山乡龙际路 14 号	7468008	陈之耀
大田县前坪卫生院	卫生	前坪乡红萍路 15 号	7478178	郑启红
大田县湖美卫生院	卫生	湖美乡仁美村 18 号	7488008	刘朱远
大田县华兴卫生院	卫生	华兴乡华兴街 7 号	7335769	肖佳篇
大田县屏山卫生院	卫生	屏山乡兴屏路 41 号	7308224	苏庆棋
大田县武陵卫生院	卫生	武陵乡宏图街 10 号	7358031	郭建统

续表 18

名　称	类 型	地 址	电 话	负责人
大田县吴山卫生院	卫生	吴山乡吴山村 15 号	7328191	陈加文
大田县济阳卫生院	卫生	济阳乡新街 12 号	7437120	林生军
大田县谢洋卫生院	卫生	谢洋乡文兴路 18 号	7338008	林起庙
大田县民生医院	卫生	建设镇建设街	7409066	陈生前
大田县协和医院	卫生	建山路 206 号	7222088	郑 昌
大田县东南医院	卫生	凤山东路 80 号	7231938	林传权
大田县平安医院	卫生	建山路 231 号		林泽锋

（郭曾荣）

企业名录

【部分工业企业名录】

2015 年大田部分工业企业名录

表 19

登记名称	企业类型	法定代表人/负责人	注册资本（万元）	经营范围	成立日期	住　所
福建省大田石凤企业公司	全民所有制	吴美采	2126.00	仅供合资及清理债权债务用。（以上经营范围涉及许可经营项目的，应在取得有关部门的许可后方可经营）	1989-08-09	均溪镇建山路 188 号
福建省大田灵川水泥有限公司	有限责任公司（国有控股）	苏始烟	2420.40	普通硅酸盐水泥制造、销售。（以上经营范围涉及许可经营项目的，应在取得有关部门的许可后方可经营）	1994-10-29	大田县上京镇灵川村
福建省大田县岩城水泥有限责任公司	有限责任公司（国有控股）	吴美采	14552.86	一般经营项目：普通硅酸盐水泥、熟料、水泥包装物的生产、销售（以上经营范围涉及许可经营项目的，应在取得有关部门的许可后方可经营）	2001-06-28	大田县广平镇万筹村
福建省大田县华太铁矿深加工有限公司	其他有限责任公司	吴士鑫	1000.00	铁矿精选、加工，铁矿、铅锌矿、铜矿、石灰石的购销（依法须经批准的项目，经相关部门批准后方可开展经营活动）	1998-04-16	福建省大田县太华镇黄沙村
福建省大田县济阳五建石凤水泥有限公司	有限责任公司（国有控股）	吴美采	2111.00	32.5R 普通硅酸盐水泥的制造、销售。（以上经营范围涉及许可经营项目的，应在取得有关部门的许可后方可经营）	1996-07-30	大田县济阳乡济中村

续表 19

登记名称	企业类型	法定代表人/负责人	注册资本（万元）	经营范围	成立日期	住　所
福建省大田铭溪石凤水泥熟料有限公司	有限责任公司（国有控股）	吴美采	1349.32	水泥熟料的生产、销售，对外投资。（以上经营范围涉及许可经营项目的，应在取得有关部门的许可后方可经营）	1997-01-02	大田县广平镇铭溪下坪
福建省大田县岩城水泥熟料有限公司	有限责任公司（自然人投资或控股）	庄祖坤	2435.37	水泥熟料的制造、销售。（以上经营范围涉及许可经营项目的，应在取得有关部门的许可后方可经营）	1994-06-27	大田县广平镇万筹村
岩泉啤酒（福建）有限公司	有限责任公司（自然人投资或控股）	蔡荣誉	1632.00	啤酒（熟啤酒）的生产（有效期至2014年10月31日）。（以上经营范围涉及许可经营项目的，应在取得有关部门的许可后方可经营）	1994-12-26	大田县均溪镇白岩山北路4号
福建省大田县昌盛机械制造有限公司	有限责任公司（自然人投资或控股）	李陆华	1000.00	一般经营项目：铸钢球的制造（仅限分公司经营）；铸造生铁、铸件的制造及销售；金属材料、建筑材料、废旧金属的购销（以上经营范围涉及许可经营项目的，应在取得有关部门的许可后方可经营）	1995-04-06	均溪镇凤山东路80号
浩沙实业（大田）有限公司	有限责任公司（外商投资企业法人独资）	施鸿雁	2000.00	一般经营项目：高档织物面料的织造，高档内衣、泳装、健身服及其他服装、服饰，体育用品、橡胶制品、包装制品的制造（不含漂及出口配额许可证管理品种）。（以上经营范围涉及许可经营项目的，应在取得有关部门的许可后方可经营）	2013-11-11	福建省三明市大田县京口工业集中区
福建华闽纸业有限公司	有限责任公司（自然人投资或控股）	郭友实	2000.00	机制纸、卫生纸、纸制和纤维制生活卫生用品的制造（仅限分支机构经营）、销售及进出口贸易业务。（以上经营范围涉及许可经营项目的，应在取得有关部门的许可后方可经营）	2000-08-25	大田县均溪镇福塘工业园区C幢三层
福建省三明市佳宝科技有限公司	有限责任公司（自然人投资或控股）	温荣归	3000.00	电子产品、保健用品、健身器材、枕头、多功能护理床、清洁用品，建筑材料的制造、销售。（以上经营范围涉及许可经营项目的，应在取得有关部门的许可后方可经营）	2000-12-11	大田县均溪镇凤山东路688号

续表 19

登记名称	企业类型	法定代表人/负责人	注册资本（万元）	经营范围	成立日期	住　所
福建省大田县弘惠纸业有限公司	有限责任公司（自然人投资或控股）	孙惠强	2210.00	一般经营项目：机制纸制造（限分支机构经营）、销售。(以上经营范围涉及许可经营项目的，应在取得有关部门的许可后方可经营)	2001-04-30	大田县华兴乡仙峰村
福建省大田县金门油压机制造有限公司	有限责任公司（自然人独资）	黄成存	1500.00	工业专用设备的制造、销售；钢材、机电产品的批发、零售及从事本企业产品的对外贸易业务。(以上经营范围涉及许可经营项目的，应在取得有关部门的许可后方可经营)	1997-02-26	均溪镇后坂洋4号
农翔（福建）食品有限公司	有限责任公司（自然人独资）	乐初且	2000.00	农产品的初加工；蜜饯(有效期限至2015年11月26日）、茶叶（仅限分支机构经营）的加工，预包装食品（有效期至2016年01月08日）；林木（仅限分支机构经营）的销售林木种植（依法须经批准的项目，经相关部门批准后方可开展经营活动）	2003-04-22	福建省三明市大田县均溪镇北山路19号，福建省三明市大田县均溪镇文山路6号(经营地址）
大田县闽发纸业有限公司	有限责任公司（自然人投资或控股）	刘仁杰	1000.00	生活用卫生纸的生产；各种机制纸的销售。(以上经营范围涉及许可经营项目的，应在取得有关部门的许可后方可经营)	2003-10-20	大田县吴山乡吉洲工业区
福建省大田县新岩水泥有限公司	有限责任公司（自然人投资或控股）	田承衍	1000.00	生产销售水泥；水泥用石灰岩开采（仅限分支机构营经）、石灰石销售。(以上经营范围涉及许可经营项目的，应在取得有关部门的许可后方可经营)	2003-10-29	上京镇梅林洋石岩
福建省大田县鑫城水泥工业有限公司	有限责任公司（自然人投资或控股）	黄秀琪	10300.00	水泥熟料、水泥的制造、销售；水力发电（仅限分支机构经营），水泥用石灰岩地下开采（仅限分支机构经营）。（依法须经批准的项目，经相关部门批准后方可开展经营活动）	2003-12-26	广平镇下坪

续表 19

登记名称	企业类型	法定代表人/负责人	注册资本（万元）	经营范围	成立日期	住 所
大田县岩锋矿业有限公司	有限责任公司（自然人独资）	郑爱华	2000.00	铁矿、铜矿、锰矿、铅锌矿的破碎加工及销售，石灰石、瓷土、石英石、钾长石、叶蜡石、硅灰石、方解石矿、铁精矿粉、生铁、焦炭、氧化铁皮的销售。（以上经营范围涉及许可经营项目的，应在取得有关部门的许可后方可经营）	2005-09-06	大田县均溪镇上华村埔山
福建省宝山机械有限公司	有限责任公司（自然人独资）	杜建辉	1300.00	破碎、化工、矿山设备及铸件的制造、销售；橡胶制品、机电产品的销售；对外进出口贸易业务（国家限制或禁止公司经营的商品和技术除外）。（以上经营范围涉及许可经营项目的，应在取得有关部门的许可后方可经营）	2006-11-09	福建省大田县均溪镇福田路246号
福建省金杉木业有限责任公司	有限责任公司（自然人投资或控股）	陈建全	1800.00	复合木板、杉拼板、杉芯条、杉松板材、方料、杉、松切片、指接板的加工。（依法须经批准的项目，经相关部门批准后方可开展经营活动）	2006-11-24	大田县上京镇灵川村京东
大田县福源工程机械厂	个人独资企业	曾万道	1300.00	装载机、挖掘机、叉车零部件的加工。（以上经营范围涉及许可经营项目的，应在取得有关部门的许可后方可经营）	2006-12-04	福建省三明市大田县均溪镇福塘村过境路石坑垅
大田县伊鑫新型材料有限公司	有限责任公司（自然人投资或控股）	林凯	3000.00	绿色生态节能墙板、其他水泥助磨增效剂、专用抹面砂浆的制造，新型建筑材料、钢材、五金、水泥、石灰石、石灰、矿产品、工业废渣的销售，物流（不含普通货物运输）（依法须经批准的项目，经相关部门批准后方可开展经营活动）	2007-02-08	大田县吴山乡程堂村吉州自然村
福建省大田县原美化工有限公司	有限责任公司（自然人投资或控股）	谢宝琼	2000.00	硫酸（工业用）生产，矿产品的购销。（依法须经批准的项目，经相关部门批准后方可开展经营活动）	2008-03-03	大田县广平镇铭溪村

续表 19

登记名称	企业类型	法定代表人/负责人	注册资本（万元）	经营范围	成立日期	住　所
三明市富友石墨矿业有限公司	有限责任公司（自然人投资或控股）	游正余	1000.00	一般经营项目：石墨原矿的加工，硫铁矿的浮选，精矿粉、石墨矿粉、硫铁矿、矿产品的销售，酒店的管理。（以上经营范围涉及许可经营项目的，应在取得有关部门的许可后方可经营）	2008-05-22	大田县建设镇建爱村赤坂
大田红狮水泥有限公司	有限责任公司（自然人投资或控股）	章小华	18000.00	水泥、熟料的制造、销售，工业余热供应，水泥用石灰岩的开采。（依法须经批准的项目，经相关部门批准后方可开展经营活动）	2008-05-28	福建省大田县太华镇小华村
大田县长鑫船舶配件制造有限公司	有限责任公司（自然人投资或控股）	刘莺官	6000.00	铸件的制造、销售。（以上经营范围涉及许可经营项目的，应在取得有关部门的许可后方可经营）	2007-08-30	大田县上京镇三阳村
大田县源兴木业有限公司	有限责任公司（自然人投资或控股）	陈元清	1000.00	松水泥模板、杉芯条、杉板材、方料、杂锯材、杂胶合板的加工；木制品、家居用品、建筑装潢材料、家纺家具、床上用品、电线电缆、五金交电、农副产品、预包装食品的销售。（依法须经批准的项目，经相关部门批准后方可开展经营活动）	2007-09-27	大田县桃源镇桃源村谷口自然村
福建省大田县晨华铸造有限公司	有限责任公司（自然人投资或控股）	陈永挺	2100.00	焦炭、生铁、水渣、钢材、木材、家具、煤、矿产品及铸件的购销。（以上经营范围涉及许可经营项目的，应在取得有关部门的许可后方可经营）	2007-12-06	大田县前坪乡湖坪村大岬头
福建省大田县岩盛铸造有限公司	有限责任公司（自然人投资或控股）	林魁祥	3000.00	铸铁件、铸钢件制造及销售。（以上经营范围涉及许可经营项目的，应在取得有关部门的许可后方可经营）	2008-01-11	大田县武陵乡大石村下坑
大田县华能达机械铸造有限公司	有限责任公司（自然人投资或控股）	郑允训	1000.00	铸铁件、铸钢件制造、销售，机械加工、销售。（以上经营范围涉及许可经营项目的，应在取得有关部门的许可后方可经营）	2008-01-29	大田县太华镇小华村瓦沟岬

续表 19

登记名称	企业类型	法定代表人/负责人	注册资本（万元）	经营范围	成立日期	住 所
福建省大田县双兴矿业有限公司	有限责任公司（自然人投资或控股）	王春亭	1015.00	瓷石、石英石的加工，矿产品的销售。（依法须经批准的项目，经相关部门批准后方可开展经营活动）	2008-09-16	大田县吴山乡吉洲工业区1号综地
福建好的生活用品有限公司	有限责任公司（自然人投资或控股）	陈春霞	1000.00	卫生纸、纸巾、餐巾纸、卫生巾、卫生垫、纸制和纤维制婴儿尿布的制造、加工、销售及进出口贸易业务。(以上经营范围涉及许可经营项目的，应在取得有关部门的许可后方可经营)	2008-10-16	福建省大田县福塘轻工业园区标准厂房D栋二层
福建华伦特重工股份有限公司	股份有限公司	周 敏	5300.00	大型铸件制造销储	2008-12-30	大田县桃源镇谷口工业园区
福建万华实业有限公司	有限责任公司（自然人投资或控股）	李 敏	22288.00	从事合成革、无纺布、革用浆料的生产及销售。(以上经营范围涉及许可经营项目的，应在取得有关部门的许可后方可经营)	2009-03-20	大田县吴山乡吉洲处吴山工业园
大田县建设镇德兴木材加工厂	个人独资企业	林进福	2300.00	木包装箱板，杉、松板材、方料，杉芯条的加工。(依法须经批准的项目，经相关部门批准后方可开展经营活动)	2010-07-07	大田县建设镇建设村40号
福建鑫欣源竹木有限公司	有限责任公司（自然人投资或控股）	曾森建	3600.00	加工竹香芯、竹帘、竹碳、竹胶板、竹地板、胶合板、细木工板、指接板（有效期至2013年12月31日）。(以上经营范围涉及许可经营项目的，应在取得有关部门的许可后方可经营)	2010-10-15	大田县桃源镇前厝村后丘坪工业园区
福建大田县金阳矿业有限公司	有限责任公司（自然人投资或控股）	李卓捷	3000.00	结晶硅、硅锰的加工，结晶硅、硅锰、矿产品、矿山机械、建筑材料、水渣的销售，提供劳务（依法须经批准的项目，经相关部门批准后方可开展经营活动）	2010-11-10	大田县石牌镇上坡村小汤泉工业集中区
福建省大田县铭和建材有限公司	有限责任公司（自然人投资或控股）	池昌森	1500.00	煤矸石多孔空心砖的生产与销售；金属材料、矿产品、五金交电、建筑材料、木材等销售。(以上经营范围涉及许可经营项目的，应在取得有关部门的许可后方可经营)	2010-11-19	大田县广平镇兴埔村陈坑

续表 19

登记名称	企业类型	法定代表人/负责人	注册资本（万元）	经营范围	成立日期	住 所
福建育灯纺织有限公司	有限责任公司（自然人投资或控股）	蔡进展	2000.00	PU 革、无纺布、化纤布的生产及销售。（以上经营范围涉及许可经营项目的，应在取得有关部门的许可后方可经营）	2011-04-28	大田县华兴乡京口工业集中区
三明建华纺织有限公司	有限责任公司（自然人投资或控股）	王伟华	2000.00	从事高档仿真人工皮革材料生产项目的筹建、人造合成革的销售。（以上经营范围涉及许可经营项目的，应在取得有关部门的许可后方可经营）	2011-05-13	大田县京口工业集中区
三明旭日纺织有限公司	有限责任公司（自然人投资或控股）	张金盾	3000.00	PU 合成革的生产及销售。（以上经营范围涉及许可经营项目的，应在取得有关部门的许可后方可经营）	2011-05-20	大田县京口工业集中区
福建大联新型材料发展有限公司	有限责任公司（自然人投资或控股）	张贻尧	5000.00	一般经营项目：PU 革、PU-PVC 复合革、无纺布的生产、销售及对外贸易（以上经营范围涉及许可经营项目的，应在取得有关部门的许可后方可经营）	2011-05-25	大田县京口工业集中区
大田县华阳光电有限公司	有限责任公司（自然人投资或控股）	施发济	3000.00	工业硅的生产与销售。（以上经营范围涉及许可经营项目的，应在取得有关部门的许可后方可经营）	2011-06-14	大田县上京镇隆美村
福建省大田县汇鑫铸造有限公司	有限责任公司（自然人投资或控股）	丁华通	10000.00	机械铸造、销售及对外贸易。（以上经营范围涉及许可经营项目的，应在取得有关部门的许可后方可经营）	2011-01-14	大田县太华镇仕坑村仙人谷
大田县腾龙新型建材有限公司	有限责任公司（自然人投资或控股）	田守平	1000.00	石灰的生产、销售。（以上经营范围涉及许可经营项目的，应在取得有关部门的许可后方可经营）	2012-11-16	大田县上京镇隆美村清水坑
福建省铭晟机械有限公司	有限责任公司（自然人投资或控股）	周小丽	2000.00	机械铸件制造，机械铸件、煤炭的购销，对外投资（依法须经批准的项目，经相关部门批准后方可开展经营活动）	2012-07-10	大田县太华镇罗丰村百垅

续表 19

登记名称	企业类型	法定代表人/负责人	注册资本（万元）	经营范围	成立日期	住　所
福建仙顶实业有限公司	有限责任公司（自然人投资或控股）	刘起堵	5000.00	许可经营项目：茶叶（乌龙茶、红茶、绿茶）制造，一般经营项目：茶叶树种植，生态农业观光，茶具、茶叶机械设备、矿产品的销售（以上经营范围涉及许可经营项目的，应在取得有关部门的许可后方可经营）	2012-03-15	大田县福田大道标准厂房A幢
三明市福润新型建材有限公司	有限责任公司（自然人投资或控股）	林炳钗	1000.00	煤矸石页岩空心砖生产与销售。（以上经营范围涉及许可经营项目的，应在取得有关部门的许可后方可经营）	2011-11-23	大田县广平镇栋仁村犁田峰工业园区
福建省大兴工贸有限公司	有限责任公司（自然人投资或控股）	陈志德	3000.00	铁矿破碎；销售建筑材料、金属材料、机械设备、五金交电、矿产品、农畜产品、化工产品；再生物资回收；煤炭批发（有效期至2016年4月25日）。（以上经营范围涉及许可经营项目的，应在取得有关部门的许可后方可经营）	2013-01-24	大田县广平镇万宅村风头架
大田县元庄新型墙体材料有限公司	有限责任公司（自然人投资或控股）	庄德雄	1000.00	一般经营项目：煤矸石页岩空心砖的生产与销售。（以上经营范围涉及许可经营项目的，应在取得有关部门的许可后方可经营）	2013-12-18	福建省三明市大田县上京镇梅林村东边坑
大田县建设镇林池木竹加工厂	个人独资企业	池上卫	3000.00	许可经营项目：板材、方料、杉、松切片的加工（有效期至2014年12月31日）。一般经营项目：板材、方料、杉、松切片的销售。（以上经营范围涉及许可经营项目的，应在取得有关部门的许可后方可经营）	2013-10-24	福建省三明市大田县建设镇建国村
大田县尧顺发体育用品有限公司	有限责任公司（自然人投资或控股）	乐光宾	1000.00	一般经营项目：包袋加工、销售，体育用品的销售。（以上经营范围涉及许可经营项目的，应在取得有关部门的许可后方可经营）	2013-11-06	福建省三明市大田县均溪镇福塘轻工业区标准厂房第一幢第三层

续表 19

登记名称	企业类型	法定代表人/负责人	注册资本（万元）	经营范围	成立日期	住 所
福建省大田县凯力机械加工有限公司	有限责任公司（自然人投资或控股）	连华潭	1000.00	一般经营项目：矿山机械设备制造，机械本配件加工，生铁、焦炭、矿产品的购销；废旧物资的回收（不含危险废物、废弃电器、电子产品）（以上经营范围涉及许可经营项目的，应在取得有关部门的许可后方可经营）	2013-11-11	大田县武陵乡大石村
大田县玖条龙服装有限公司	有限责任公司（自然人独资）	池仁龙	1000.00	服装的制造、销售。（依法须经批准的项目，经相关部门批准后方可开展经营活动）	2014-11-17	福建省三明市大田县建设镇商贸大厦五楼
福建省大田县艺森竹木业有限公司	有限责任公司（自然人独资）	王孔灯	1000.00	竹胶板、竹香芯、竹地板、竹工艺品、指接板、细木工板、防滑板、装饰板、指接条的加工与销售。（依法须经批准的项目，经相关部门批准后方可开展经营活动）	2014-12-16	福建省三明市大田县广平镇梨田峰工业园区
福建力劦实业有限公司	有限责任公司（自然人投资或控股）	李炜	5000.00	鲜湿面制造，金属矿、非金属矿、煤炭、纸制品、五金、化工、建材的销售（依法须经批准的项目，经相关部门批准后方可开展经营活动）	2014-12-26	福建省三明市大田县吴山乡高山红精制茶工业园
三明市中德顺机械有限公司	有限责任公司（自然人投资或控股）	苏友帮	2000.00	黑色金属铸造，通用零部件、汽车零配件的制造、销售及进出口活动（依法须经批准的项目，经相关部门批准后方可开展经营活动）	2015-02-05	福建省三明市大田县前坪乡湖坪村下溪
大田县铭晖竹业有限公司	有限责任公司（自然人投资或控股）	池昌回	1000.00	竹制品制造，林产品销售。（依法须经批准的项目，经相关部门批准后方可开展经营活动）	2015-05-14	福建省三明市大田县广平镇铭溪村下坪
福建省佳特服装织造有限公司	有限责任公司（自然人独资）	施少腾	1000.00	机织服装、针织或钩针编织服装、服饰的制造，棉织造加工，化纤织造加工，针织或钩针编织物织造（依法须经批准的项目，经相关部门批准后方可开展经营活动）	2015-04-09	福建省三明市大田县华兴乡京口工业集中区

续表 19

登记名称	企业类型	法定代表人/负责人	注册资本（万元）	经营范围	成立日期	住 所
大田县旺开木业有限公司	有限责任公司（自然人独资）	陈承旺	1000.00	杉、松锯材、杉、松切片，竹片的加工与销售，林产品、木质装饰材料的购销，对交通运输业的投资。	2015-04-29	福建省三明市大田县文江乡文江村
福建京富服装有限公司	有限责任公司（自然人投资或控股）	林小妹	1000.00	机织服装、服饰、床上用品、窗帘及布艺类产品、纺织面料鞋的制造，服装、鞋帽、日用品、五金产品的销售（含网上销售）。（依法须经批准的项目，经相关部门批准后方可开展经营活动）	2015-09-16	福建省三明市大田县上京镇京延路3号
福建港泰箱包有限公司	有限责任公司（自然人独资）	张春扳	1000.00	箱包、丝带、织带的制造、销售。（依法须经批准的项目，经相关部门批准后方可开展经营活动）	2015-07-16	福建省三明市大田县均溪镇福田路345-6号
福建省鑫远通新能源汽车组装有限公司	有限责任公司（自然人投资或控股）	刘章树	1000.00	新能源汽车组装、汽车零配件制造、新能源汽车研发。（依法须经批准的项目，经相关部门批准后方可开展经营活动）	2015-07-16	福建省三明市大田县吴山乡和洋村
三明中工塑胶有限公司	有限责任公司（自然人投资或控股）	林碧海	5000.00	胶粘制品、胶水、薄膜、纸制品的制造、销售；化工产品（不含危险化学品）的批发、零售；普通货运。（依法须经批准的项目，经相关部门批准后方可开展经营活动）	2015-11-06	福建省三明市大田县华兴乡京口村（福建大田经济开发区）
大田县恒通机械制造有限公司	有限责任公司（自然人投资或控股）	乐兴城	1000.00	通用零部件制造、黑色金属铸造。（依法须经批准的项目，经相关部门批准后方可开展经营活动）	2015-11-30	福建省三明市大田县武陵乡大石村下坑工业项目区
三明市大田玉达利工贸有限公司	有限责任公司（自然人投资或控股）	陈斌	1000.00	淀粉制造，农产品、预包装食品、金属矿、非金属矿、煤炭、建材、五金产品、化工产品（不含危险化学品）的销售。（依法须经批准的项目，经相关部门批准后方可开展经营活动）	2015-12-24	福建省三明市大田县均溪镇赤岩山路6号6幢一层

（黄清渊）